U0936007

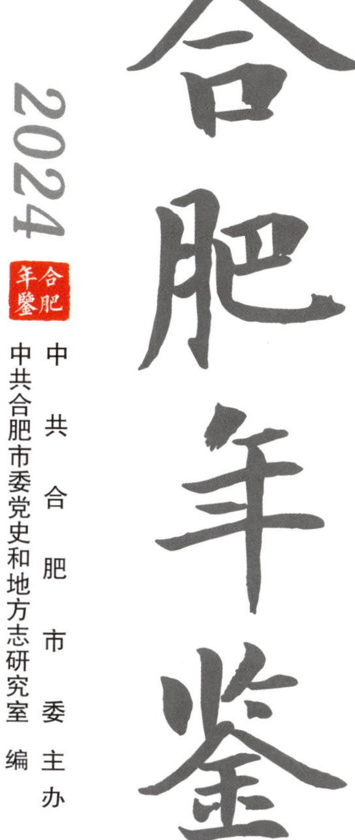

合肥年鉴

2024

合肥年鉴

中共合肥市委 主办

中共合肥市委党史和地方志研究室 编

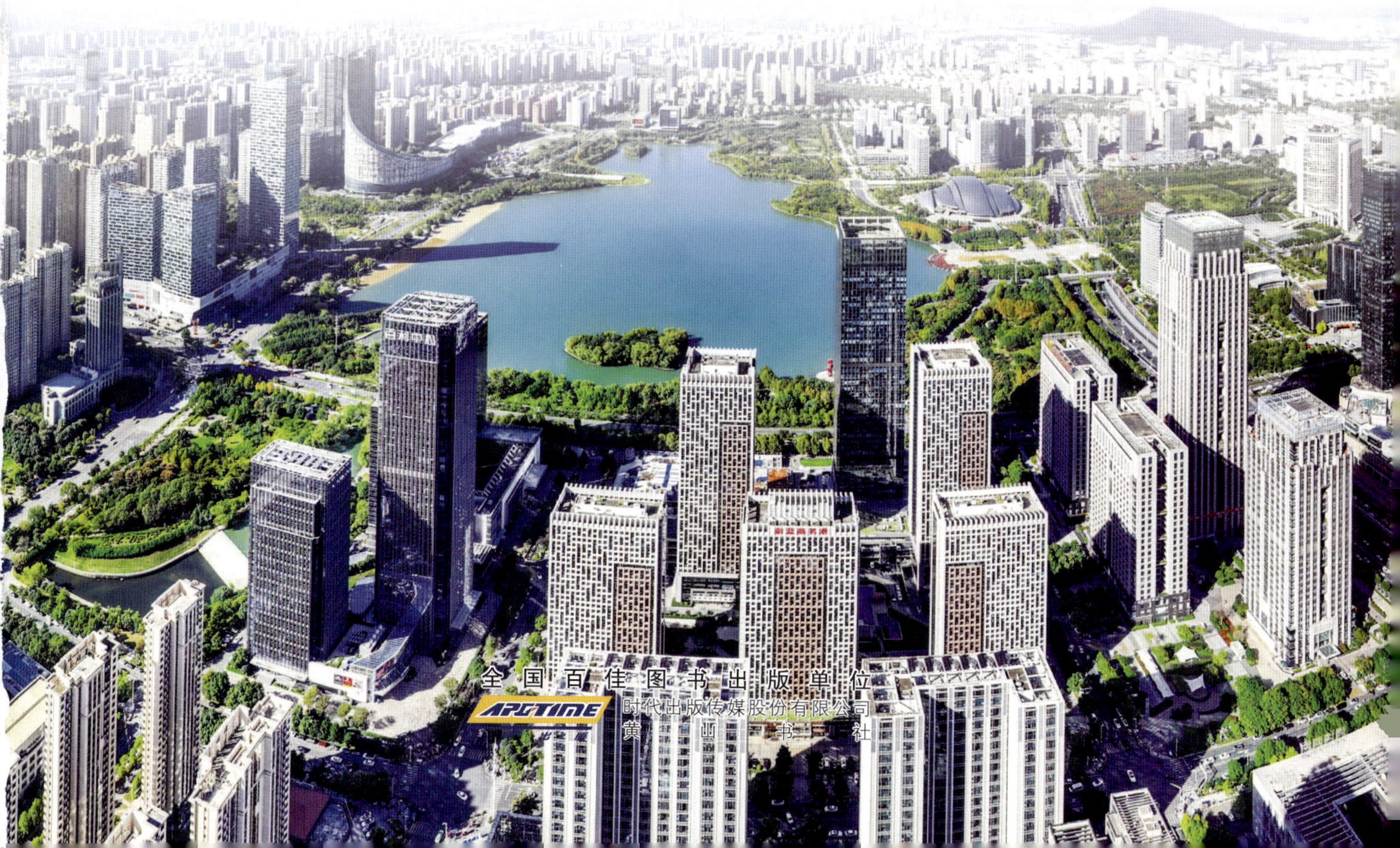

全国百佳图书出版单位
APGTIME 时代出版传媒股份有限公司
黄山书社

图书在版编目（CIP）数据

合肥年鉴. 2024 / 中共合肥市委党史和地方志研究室编.
-- 合肥 : 黄山书社, 2024. 12.
-- ISBN 978-7-5737-1218-9
Ⅰ. Z525.41

中国国家版本馆CIP数据核字第2024BF3019号

合肥年鉴（2024）
HEFEI NIANJIAN
中共合肥市委党史和地方志研究室　编

出 品 人　葛永波
责任编辑　马奔奔
装帧设计　艺杭文化传媒
出版发行　黄山书社
地址邮编　安徽省合肥市蜀山区翡翠路 1118 号出版传媒广场 7 层　230071
制　　版　合肥艺杭文化传媒有限公司
印　　刷　合肥添彩包装有限公司
版　　次　2024 年 12 月第 1 版
印　　次　2024 年 12 月第 1 次印刷
开　　本　889 mm × 1194 mm　1/16
字　　数　800 千字
印　　张　31.25
插　　页　56 页
书　　号　ISBN 978-7-5737-1218-9
定　　价　160.00 元

服务热线　0551-63533706
销售热线　0551-63533761
官方直营书店（https://hsss.tmall.com）

《合肥年鉴（2024）》编辑委员会

主　任：单　虎（市委常委、秘书长，宣传部部长）

副主任：刘晓宏（市委副秘书长、市委办公室主任）

翟新明（市委党史和地方志研究室主任）

委　员：市人大常委会办公室主要负责人

市政府办公室主要负责人

市政协办公室主要负责人

市纪委、市监委机关分管负责人

市委组织部分管负责人

市委宣传部分管负责人

市委统战部分管负责人

市委政法委分管负责人

市委政策研究室主要负责人

市发展和改革委员会主要负责人

市教育局主要负责人

市科学技术局主要负责人

市工业和信息化局主要负责人

市民政局主要负责人

市司法局主要负责人

市人力资源和社会保障局主要负责人

市生态环境局主要负责人

市城乡建设局主要负责人

市农业农村局主要负责人

市文化和旅游局主要负责人

市卫生健康委员会主要负责人

冬日环湖大道（王世保/摄）

《合肥年鉴（2024）》责任审稿

主　　　审：单　虎（市委常委、秘书长，宣传部部长）

副　主　审：刘晓宏（市委副秘书长、市委办公室主任）

翟新明（市委党史和地方志研究室主任）

分 类 审 稿：各供稿单位主要负责人

特别责任审稿：市委办公室

《合肥年鉴（2024）》编辑部

主　编：翟新明

副主编：王德桡

编　辑：（按姓名笔画排序）

王尚先　王晓燕　田　文

赵永军　贾南田　徐仙春

崔建军　储茂仁

天鹅湖朝阳　　（王世保/摄）

编辑说明

一、《合肥年鉴》是系统记述合肥市政治、经济、文化、社会、自然和生态等方面情况的年度资料性文献。2000年创刊，逐年编纂，本卷是第25卷。

二、本卷坚持以马克思列宁主义、毛泽东思想、邓小平理论、“三个代表”重要思想、科学发展观、习近平新时代中国特色社会主义思想为指导，全面贯彻党的二十大和二十届二中、三中全会精神，系统记述2023年度合肥市经济社会发展情况和特点，为读者提供认识、了解合肥各方面情况的权威性、综合性、实用性、基础性材料。

三、本卷主体内容以合肥市现行行政区划为记述范围，记述时限为2023年1月1日至12月31日。

四、本卷按分类法编辑，主体内容分为类目、分目、条目三个层次，全书设类目39个、分目269个，收入条目1351条、随文图照313幅、图表103张。坚持“质量第一、常编常新”的原则，全书框架和内容在上年的基础上进行了一些调整。主要有以下变化：将“生态建设与环境保护”类目名称调整为“经济社会发展全面绿色转型区建设”，并将“水务”类目中“河（湖）长制”分目内容划入该类目；在“工业”类目中，将“主导产业”分目细化为“首位产业”和“重点产业”分目；在“民营经济”类目中，增设“各领域代表性民营企业”分目；在“商贸服务业”类目中，增设“消费品市场”和“楼宇经济”分目；在“经济监督与管理”类目中，增设“市场主体建设”分目；在“应急管理”类目中，增设“森林防火”分目；在“科技”类目中，增设“科研院所”分目；在“文化旅游传媒”类目中，增设“文旅活动”分目。

五、本卷年鉴所载录的文章和条目，均由合肥市各承编单位提供并经其主要负责人严格审核，文中主要数据由市统计局提供，文字和数据记述时限为2023年。

2023

美丽合肥，我的家……

合肥名片

国际湿地城市

新能源汽车推广应用示范城市

国家特色型信息消费示范城市

智慧城市国际标准试点城市

中国先进制造业重点城市

知识产权强市建设示范市

全国首批园林城市

全国社会信用体系建设示范城市

全国首个科技创新型试点城市

全国双拥模范城市

全国文明城市

外籍人才眼中最具吸引力的中国城市

世界区域创新集群百强

全国质量魅力城市

社会治理创新典范城市

中国最具幸福感城市

国家公交都市建设示范城市

十佳数字阅读城市

中国服务外包示范城市

全国优秀旅游城市

国家森林城市

全国水生态文明城市

营商便利度提升最快的城市

合肥市测绘设计研究院研究有限公司　编制　审图号：皖合S（2023）15号

图例
省级行政中心
市级行政中心
县级行政中心
乡镇级行政中心
村委会、居委会
枢纽、互通
山峰、机场
机场
河流、湖泊
高铁及车站
铁路及车站
高速公路
在建高速公路
国道及编号
省道及编号
市政道路
市界
县（区）界
引江济淮工程
芜合高速
G206
S601
紫蓬山 188
巢湖市
庐江县
无为市
桐城市
舒城县
肥西县
白湖农场
巢湖
马鞍山市
芜湖市
铜陵市
安庆市
六安市

合肥市区图

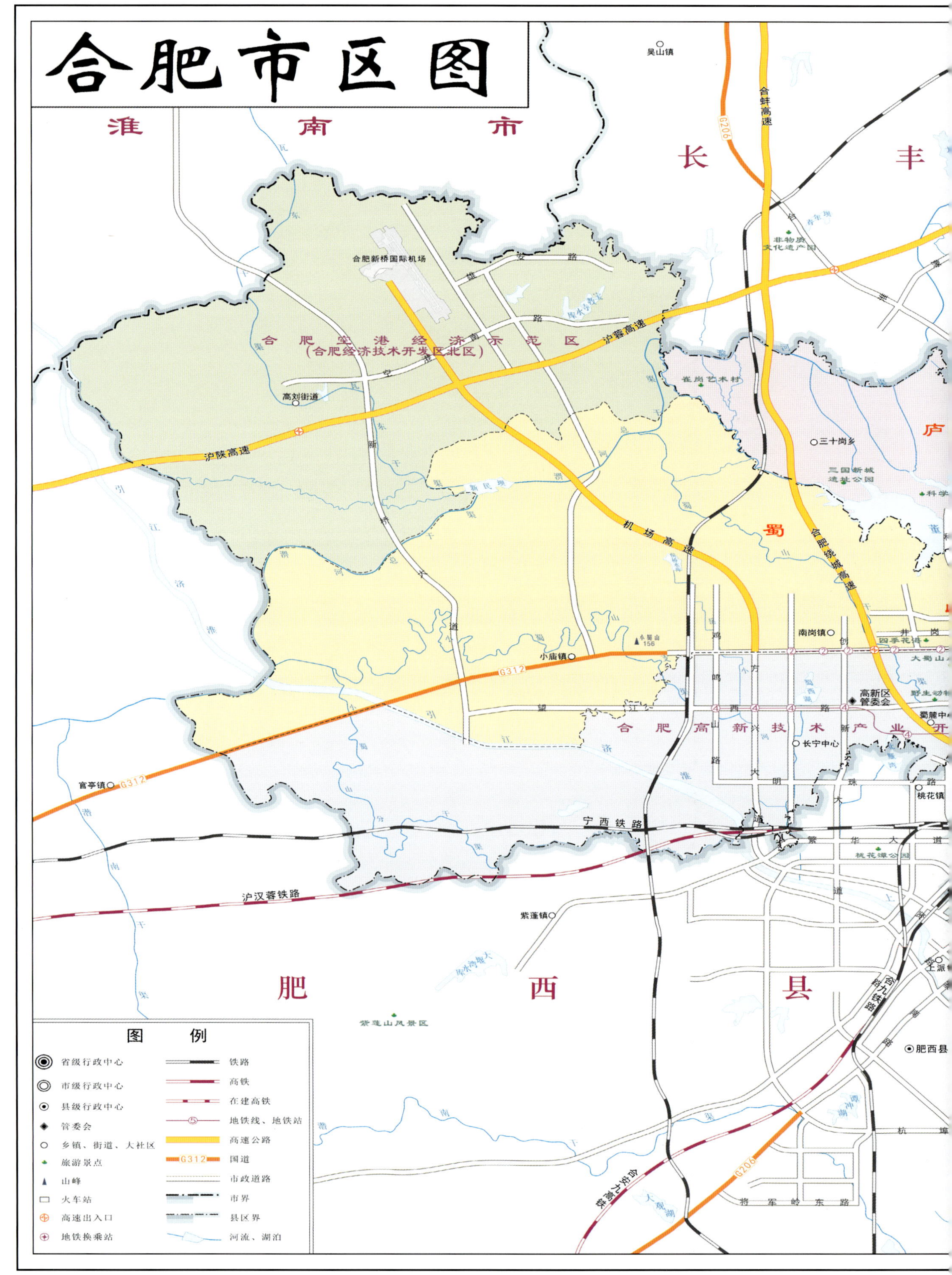

合肥市测绘设计研究院有限公司　编制　审图号：皖合S（2023）21号

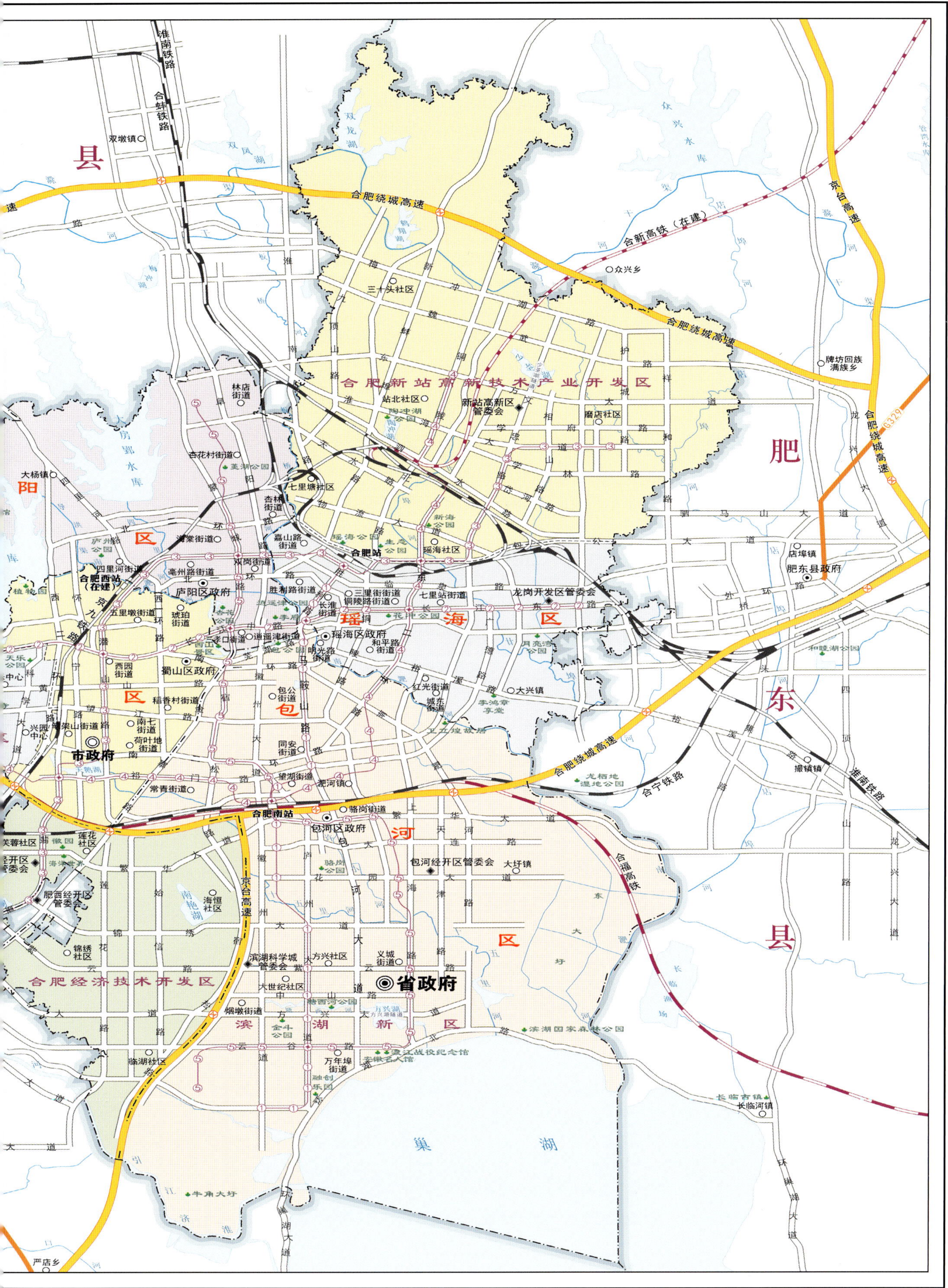

合肥新站高新技术产业开发区
瑶海区
包河区
庐阳区
蜀山区
滨湖新区
合肥经济技术开发区
肥东县
省政府
市政府
合肥站
合肥南站
合肥西站（在建）
合肥绕城高速
京台高速
合福高铁
合宁铁路
淮南铁路
合蚌铁路
合新高铁（在建）
巢湖
众兴水库
双凤湖
董铺水库
庐阳区政府
瑶海区政府
蜀山区政府
包河区政府
肥东县政府
新站高新区管委会
龙岗开发区管委会
包河经开区管委会
滨湖科学城管委会
肥西经开区管委会
双墩镇
众兴乡
牌坊回族满族乡
店埠镇
撮镇
大兴镇
大杨镇
长临河镇
严店乡

2023年9月14日，合肥市学习贯彻习近平新时代中国特色社会主义思想主题教育动员会议召开 （张大岗/摄）

2023年1月2日，合肥市第十七届人民代表大会第二次会议闭幕 （张大岗/摄）

2023年12月29日，中国人民政治协商会议第十五届合肥市委员会第二次会议开幕 （郭如琦/摄）

2023年2月3日，中国共产党合肥市第十二届纪律检查委员会第三次全体会议召开
（市纪委监委/供）

2023年7月10日，十二届市委第五轮巡察集中反馈会议暨第六轮巡察动员部署会召开
（市纪委监委/供）

2023年8月2日，全市机关党建工作半年推进会召开 （市直机关工委/供）

2023年3月17日，包公街道红色小管家走访入户　　（叶玉庭/摄）

2023年3月9日，“合肥市清廉课堂暨流动团校进基层”活动第一站走进合肥供水集团

（祝　鑫/摄）

2023年11月，合肥市举办第六届“举旗帜·送理论”微宣讲比赛　　（市社科联/供）

2023年10月25日，“讲好中国故事、唱响合肥声音”海外传播活动举办。活动期间，外国网红博主向海内外网友展示他们镜头里的真实中国和中国式现代化新征程上的合肥篇章 （市委网信办/供）

2023年9月12日，由市委史志室和市农业农村局举办的纪念农村改革45周年座谈会在肥西县小井庄召开 （邹雪锋/摄）

2023年7月30日，94岁老兵张崇岫向武警安徽总队合肥支队执勤二中队官兵讲述老照片背后的战斗故事，传承红色精神 （郭如琦/摄）

2023年4月26日，第二届中国(安徽)科技创新成果转化交易会在合肥召开（市科技局/供）

2023年4月24日，“中国航天日”主场活动启动。活动期间，中国航天文化艺术论坛、院士及航天员进校园等20余场航天科普展览、论坛、交流活动精彩纷呈（张大岗/摄）

2023 年 2 月 23 日，科大硅谷核心区二期开园三期开工暨科创平台项目代表签约仪式举行
（刘　畅/摄）

2023 年 4 月 25 日，合肥市武汉大学创新技术研究院新院启用仪式举行。该院为合肥政产学研合作探索出一条新的路径
（刘　畅/摄）

2023 年 9 月 5 日 17 时 34 分，“合肥高新一号”卫星进入预定轨道
（张大岗/摄）

科技创新

2023年5月31日，国际上首个在超导量子路线上具有实现量子优越性潜力、对外开放的量子计算云平台——“祖冲之号”量子计算云平台在合肥发布 （张正朋/摄）

2023年10月24日，第六届声博会暨科大讯飞全球1024开发者节开幕式上，科大讯飞发布讯飞星火大模型V3.0，综合能力上全面对标ChatGPT （科大讯飞/供）

2023年11月15日，第二十五届中国国际高新技术成果交易会在深圳举行。高交会期间，科大硅谷深圳创新中心揭牌成立
（宋炎骏/供）

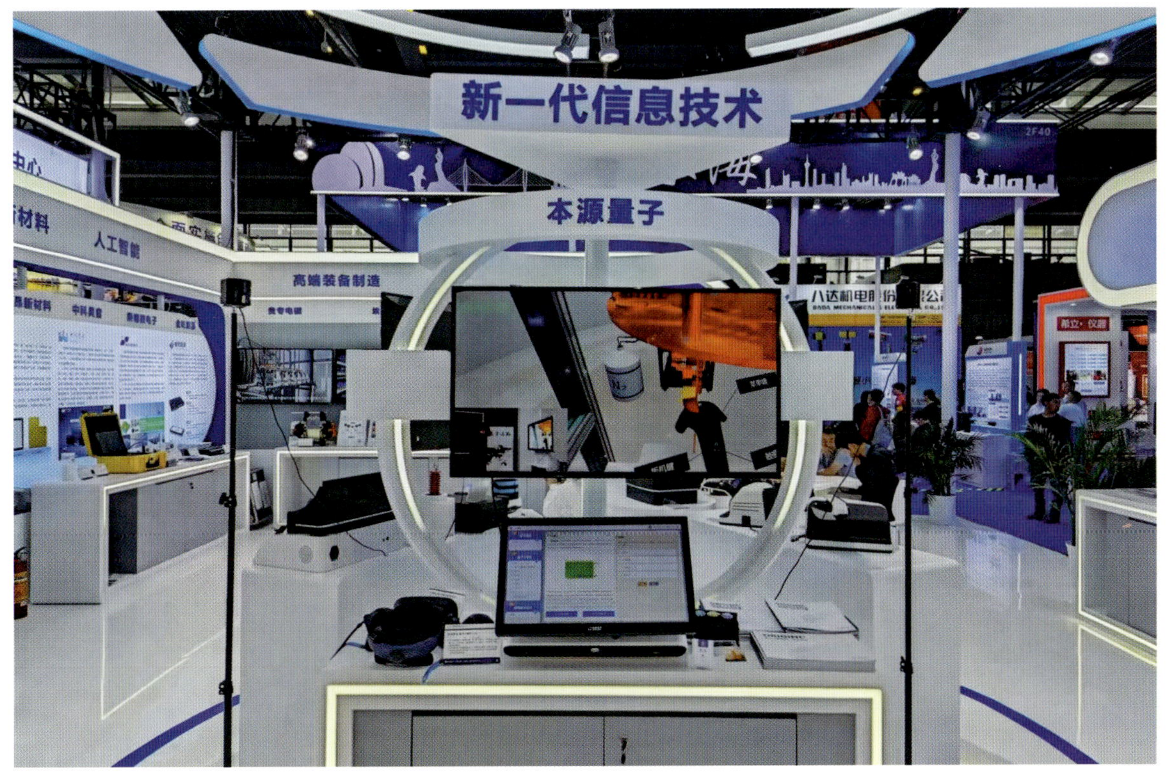

2023年11月15日，第二十五届中国国际高新技术成果交易会在深圳举行。高交会上，合肥本源量子展示量子计算沉浸式体验系统
（宋炎骏/供）

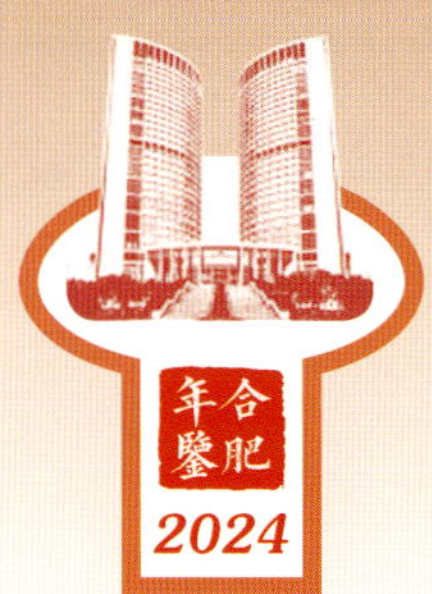

2023年9月20日，世界制造业大会上展示的亿航智能载人级自动驾驶飞行器　（杨凤炆/摄）

2023年9月20日，世界制造业大会上展示的美亚脊柱外科手术机器人　（杨凤炆/摄）

截至2023年底，合肥市已建成全超导托卡马克、稳态强磁场、同步辐射光源3个国家重大科技基础设施。图为稳态强磁场装置 （市科技局/供）

2023年1月5日，合肥综合性国家科学中心协同创新交叉研究平台地球和空间科学前沿研究中心完工 （市重点局/供）

2023年12月5日，合肥综合性国家科学中心协同创新交叉研究平台医学前沿科学和计算智能前沿技术研究中心完工 （市重点局/供）

2023年12月25日，大科学装置集中区 （王世保/摄）

2023年4月25日，空天信息未来产业大会在滨湖国际会展中心举行 （张大岗/摄）

2023年6月28日，长三角G60科创走廊（合肥）跨境电商发展大会举办 （蜀山经开区管委会/供）

2023年9月20日，世界制造业大会重大项目集中签约现场　（张大岗/摄）

2023年5月5日，第十六届安徽国际茶产业博览会在滨湖国际会展中心举办　（王世保/摄）

2023年11月21日，大众零部件公司在合肥经济技术开发区投产　　（经开区管委会/供）

2023年2月20日，大众学院签约揭牌仪式在中德合作创新园举行　　（合肥学院/供）

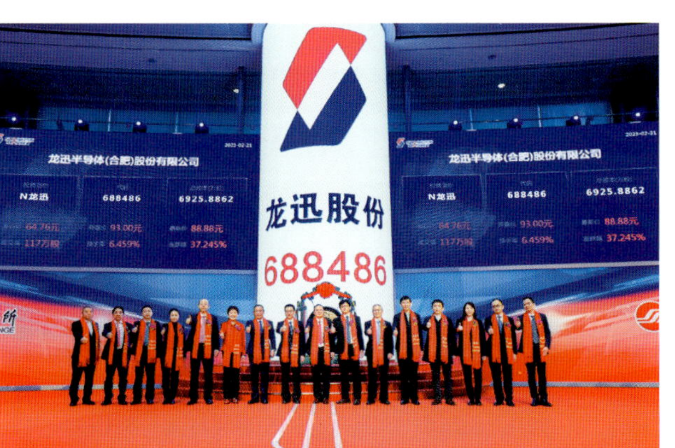

2023年2月21日，龙迅半导体（合肥）股份有限公司科创板上市　　（经开区管委会/供）

2023年4月20日，颀中科技在上海证券交易所科创板上市　　（市国资委/供）

2023年5月5日，晶合集成在上海证券交易所科创板上市，创下安徽最大IPO记录　　（新站高新区管委会/供）

2023年1月28日，长安汽车工厂工人在车间内忙碌 （黄洋洋/摄）

2023年9月21日，新型显示产业大会在合肥召开。图为主展馆展出的维信诺柔性车载显示屏 （郭如琦/摄）

产业发展

2023年3月7日，安徽合力股份有限公司工人在车间生产　（杨凤炆/摄）

2023年12月7日，彩虹（合肥）光伏有限公司智能工厂内，一片片光伏玻璃经机械臂快速转送到生产线　（郭如琦/摄）

2023年9月8日，合肥中车轨道交通车辆有限公司总装车间技术工人正在制造地铁列车　（郭如琦/摄）

2023年11月，肥西新能源汽车智能产业园项目建设现场　　（郭如琦/摄）

2023年8月28日，皖能综合能源港下塘梧桐大道站正式运营。该站是安徽省首座“五位一体”能源供给服务站，集“油、气、充电、换电、加氢”等多种服务为一体　　（郭如琦/摄）

2023年3月28日，智能制造试点项目——科大讯飞人工智能研发生产基地（一期）项目现场（刘永吉/摄）

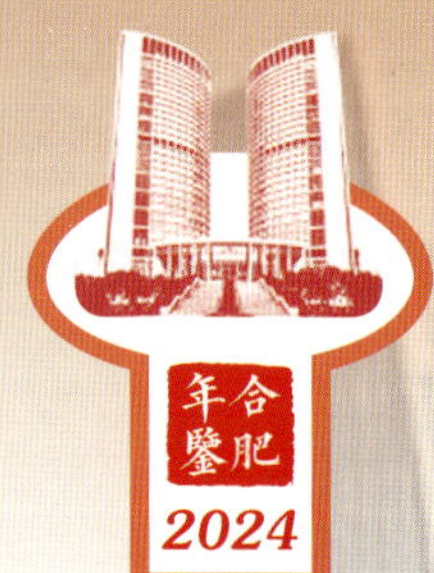

国务院自由贸易试验区工作部际联席会议

简　报

第 15 期

（总第 222 期）

联席会议办公室　　　　　　　　　　2023 年 11 月 29 日

安徽自贸试验区合肥片区以制度创新推动“科技－产业－金融”协同发展

安徽自贸试验区合肥片区（以下简称合肥片区）坚持推动科技创新与实体经济发展深度融合，探索“科技－产业－金融”良性循环的实践路径，聚焦科技成果转化、赋能产业发展、强化金融供给开展集成式制度创新，促进创新链、产业链、资金链、人才链深度融合。

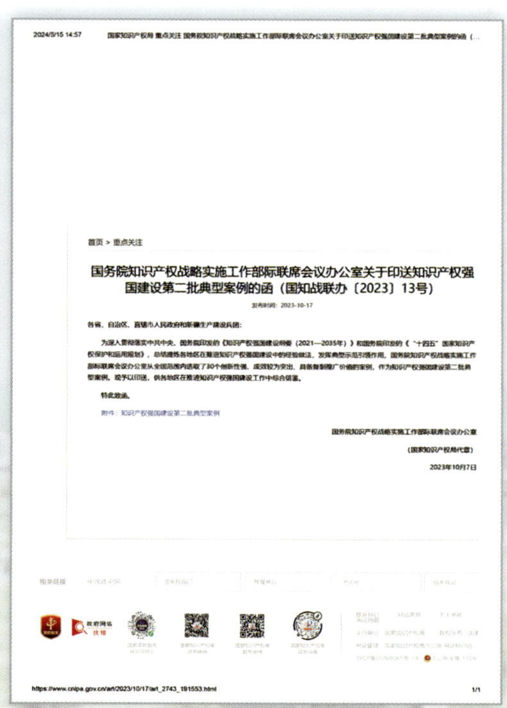

首页 > 重点关注

国务院知识产权战略实施工作部际联席会议办公室关于印送知识产权强国建设第二批典型案例的函（国知战联办〔2023〕13号）

发布时间：2023-10-17

各省、自治区、直辖市人民政府和新疆生产建设兵团：

为深入贯彻落实中共中央、国务院印发的《知识产权强国建设纲要（2021—2035年）》和国务院印发的《“十四五”国家知识产权保护和运用规划》，总结提炼各地区在推进知识产权强国建设中的经验做法，发挥典型示范引领作用，国务院知识产权战略实施工作部际联席会议办公室从全国范围内选取了30个创新性强、成效较为突出、具备复制推广价值的案例，作为知识产权强国建设第二批典型案例。现予以印送，供各地区在推进知识产权强国建设工作中综合借鉴。

特此致函。

附件：知识产权强国建设第二批典型案例

国务院知识产权战略实施工作部际联席会议办公室

（国家知识产权局代章）

2023年10月17日

序号	案例名称	案例摘要
14	中国科学技术大学探索“赋权+转让+约定收益”模式，提高知识产权转化运用效益	中国科学技术大学深入探索促进科技成果转化的机制，提出“赋权+转让+约定收益”模式，建立赋权项目制度管理及专业化服务体系，科研团队利用赋权知识产权成立公司，获得全部知识产权作价入股，学校不持有转化公司的任何股份，但是通过转让协议享有知识产权的未来收益，简化了职务科技成果转化时的国资管理程序，有效吸引社会资本和风险资本，提高了知识产权转化运用效益。
15	厦门海关多维“画像”，精准打击进出口侵权违法行为	厦门海关突破以往针对单票报关单进行分析处置的模式，从侵权高风险企业、侵权高风险商品、侵权高风险商标等入手提炼整合同类型侵权案件特征，进行多维度分类“画像”，通过信息与侵权画像交叉比对，开展风险线索关联匹配分析，将各个零散的单一信息有机融合，由点到面进行综合处置，实现从查处一个案件到查处一类案件的转变，提升侵权查处效能，对进出口侵权货物实施快速精准拦截。
16	福建省德化县加强版权保护，护航陶瓷产业发展	**福建省**德化县强化陶瓷产业政策扶持引导，健全知识产权快速维权机制保障，成立版权工作领导小组和县级知识产权审判巡回法庭，组建陶瓷行业诚信建设综合执法队，坚持监管和服务并重，发挥版权社会服务机构作用，以“一个机构、一窗通办、个性化定制”为企业提供一体化、系统化服务，上线“果核知产”知识产权服务网络平台，成立县级版权协会，强化知识产权教育普及，护航陶瓷产业发展。
17	江西省抚州市知识产权局探索创建知识产权基层服务站	江西省抚州市知识产权局围绕市重点产业和特色产业，按照“一套标准+三贴近+三合一”要求，贴近基层、贴近园区、贴近企业在全市 13 个县区建立知识产权基层工作站，制定建站标准，将知识产权创造运用、知识产权保护、商标监管三项职能梳理整合，赋予基层工作站，强化上下层级联动、线上线下联动、专家特派员与企业联络员联动，为企业提供近距离知识产权快捷服务。

2023 年，合肥市深化科创金融改革实验区建设，全国首创科技成果“赋权+转让+约定收益”做法入选知识产权强国建设第二批典型案例

（自贸区合肥片区／供）

2023年11月3日，合肥市中级人民法院签约长三角G60科创走廊九城市法院司法协作协议
（市中院/供）

2023年11月8日，长三角家政一体化发展大会暨安徽省“家政进社区”—合肥示范行动开幕
（市妇联/供）

2023年11月24日，由安徽省教育厅、江苏省教育厅、浙江省教育厅、上海市教育委员会共同主办，合肥学院牵头承办的第三届长三角双元制教育国际合作研讨会在合肥召开
（合肥学院/供）

2023年12月28日，长三角国际航空合肥物流分拨中心揭牌，开辟全省对外贸易新通道
（经开区管委会/供）

2023年2月，大众汽车集团管理董事会主席奥博穆参访罍街　（市外办/供）

2023年7月25日，上海港合肥内河集装箱中心（ICT）项目启动仪式在合肥派河港举行。图为满载44个集装箱的“晶澳科技号”首航，将直达上海港，再发往荷兰鹿特丹

（杨凤炆/摄）

2023年8月19日，江淮运河九条集装箱航线开航仪式在合肥派河港举行。此次河南省周口港、淮滨港与阜阳港、合肥港、芜湖港“五港联动”，正式开通江淮运河九条集装箱航线

（杨凤炆/摄）

2023年7月28日，国家发展改革委发布2023年国家物流枢纽建设名单，合肥生产服务型国家物流枢纽入选
（经开区管委会/供）

2023年12月，大型机械在合肥派河港吊装集装箱
（郭如琦/摄）

2023年1月10日，中国（安徽）国际贸易单一窗口在中国（安徽）自由贸易试验区合肥片区RCEP企业创新服务中心挂牌运营 （张　锐/摄）

2023年8月11日，庐州海关关员为企业签发RCEP原产地证书 （庐州海关/供）

2023年9月21日，庐州海关保障安徽首个大型西方油画真迹展顺利举办 （庐州海关/供）

2023年9月22日，安徽首趟“铁路快通”中欧班列合肥—阿拉山口—阿拉木图开行　　（姚　瑶/摄）

2023年10月26日，合肥首辆跨境电商中欧公路专车开行　　（庐州海关/供）

2023年9月26日，第十四届中国（合肥）国际园林博览会开幕。展期中，累计接待服务游客632

2023年3月20日，引江济淮金寨南路桥主体结构完工　　　　（张大岗/摄）

），平均每天约6.8万人（次），创历届园博会新高　　（滨湖科学城管委会/供）

2023年5月23日，宿松路快速化改造工程（方兴大道互通）现场　　（武其亮/摄）

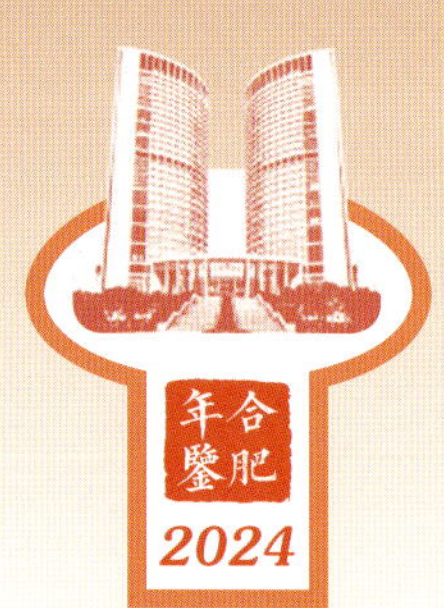

2023年8月2日，合肥市科技馆新馆迎来首轮压力测试，与市民见面　　（杨凤妏/摄）

2023年8月18日，合柴1972空中景观廊桥鸟瞰　　（杨凤妏/摄）

2023年9月17日，金寨路高架桥绑宽（南二环-习友路）工程放行通车（市重点局/供）

2023年9月20日，桥头集路（包公大道-龙城路）快速化改造工程放行通车（王世保/摄）

2023年12月31日，文忠路高架放行通车（王世保/摄）

2023年8月7日，新合肥西站项目施工现场 （杨凤炆/摄）

2023年3月21日，合肥市新能源汽车充电设施综合体工程建设现场。该项目为合肥首个充电综合体，通过“充电+商业”运营模式，更好服务车主出行 （杨凤炆/摄）

2023年6月20日，安徽省规模最大的通用机场——肥东白龙机场获取通用机场使用许可证并投入运营 （杨凤炆/摄）

2023年8月25日，合肥一中淝河校区项目建设现场 （杨凤炆/摄）

2023年8月24日，合肥金融广场项目建设现场。该项目总建筑面积约36万平方米，打造长三角金融、科技、总部经济区域集聚区 （杨凤炆/摄）

2023年8月31日，合肥幼儿师范高等专科学校梅冲湖校区建设现场 （杨凤炆/摄）

2023年，合肥市推进城市更新工作，整合优化现状土地空间资源，补齐基础设施和公共服务短板。图为12月，蜀山区大铺头片区城市更新项目现场 （王世保/摄）

2023年12月8日，中国科学院临床研究医院建设项目施工现场。该项目建成后，将构建临床医学、药学、新工科与人工智能等多学科交叉和技术集成的产学研医深度融合的新型医院 （杨凤炆/摄）

2023年10月21日，俯瞰肥西县铭传乡启明社区，山清水秀，景色如画　　（郭如琦/摄）

2023年11月26日，蜿蜒曲折的庐南川藏线，与两边色彩斑斓的树木构成一幅秀美画卷　　（王世保/摄）

2023年9月，长丰县杨庙镇马郢村航拍 （市农业农村局/供）

2023年8月21日，长丰县左店镇举行“我们的节日·七夕——夏季村晚乡村行音乐故事会”主题活动

（长丰县委史志室/供）

2023年3月4日，第二十届长丰草莓文化旅游节开幕，活动通过网络直播，吸引众多网友线上观看 （戴 磊/摄）

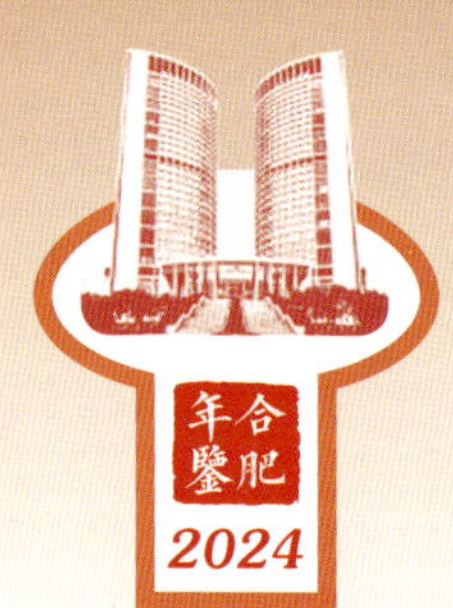

2023年8月5日，肥东县山口凌村露营基地 （杨凤玟/摄）

2023年5月，包河区大圩镇数字化种植工厂内番茄已经挂果。该数字化种植工厂通过“智慧农业园区管理云平台”，对园区中的作物、环境、设备、物资、人员进行全过程可视化管理 （郭如琦/摄）

2023年10月，庐江县白湖镇桃冲村马发群米面作坊一派忙碌，晾晒后的手工米面通过农村电商远销外地 （庐江县委史志室/供）

2023年9月，市民在肥东县桥头集镇一葡萄园采摘葡萄。近年来，合肥市推进观光农业和生态乡村游融合发展，促进乡村振兴 （郭如琦/摄）

2023年9月12日，肥东县八斗镇盛岗社区一绿色防控示范片田里，农技员在讲解水稻绿色防控技术，推进乡村振兴战略实施 （郭如琦/摄）

2023年，合肥市首次进入全国“周边游近郊游”排行榜第6位，旅游民宿功不可没。图为肥东县长临河镇畈塘民宿群

（肥东县委史志室/供）

2023年，庐江县依托河湖水域优势，发展“稻虾鱼”共作模式进行生态种养，带动农户增收致富

（左学长/摄）

2023年11月6日，庐江县金牛镇铺岗村，金灿灿的稻田与错落有致的村庄、道路相互映衬，构成一幅美不胜收的田园丰收画卷

（左学长/摄）

2023年4月9日，省部共建幸福河湖少荃湖 （市水务局/供）

2023年12月，雪后的滨湖国家森林公园分外妖娆 （王世保/摄）

2023年6月27日，合肥晴空万里，蓝天、白云、碧水与城市建筑相互映衬，构成一幅美丽的城市画卷　（郭如琦/摄）

2023年6月，杏花公园——城市公共绿地缩影　（何　刚/摄）

2023年11月，园博园层林尽染，举目皆风景　　（杨凤玟/摄）

2023年，巢湖平均水质稳定在IV类，下半年平均达到III类，创1979年有监测记录以来最好水平。图为巢湖南岸

2023年11月18日，庐江县黄陂湖湿地，成群的天鹅、大雁等候鸟在湖面上、湿地里嬉戏、觅食（左学长/摄）

2023年11月28日，越冬候鸟在十五里河入湖口处的水面上嬉戏（张大岗/摄）

（巢湖市委史志室/供）

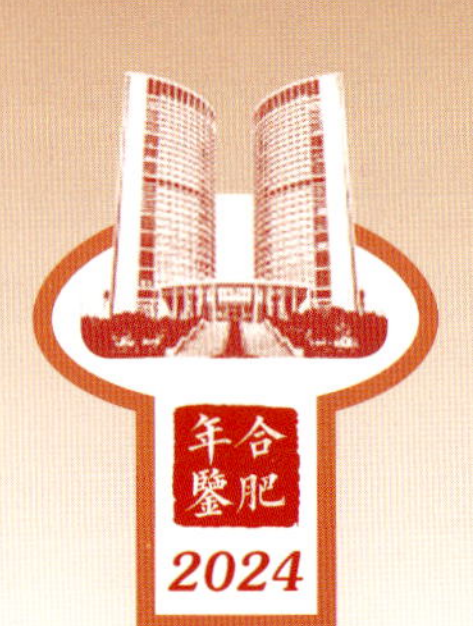

2023年7月14日，在合肥董铺水库开展保护合肥人的“大水缸”水上工作专项行动

（葛宜年/摄）

合肥高新技术产业开发区再生资源综合基地是合肥首个由政府主导建设的装修垃圾资源化利用项目。图为2023年9月，工作人员将装修垃圾关联的废弃物，进行破碎筛分

（董　敏/摄）

2023年10月10日，合肥胡大郢体育公园。该公园地上是城市体育公园，地下是污水处理厂，是合肥城市更新的一个缩影

（杨凤炆/摄）

2023年12月，位于肥西县花岗镇的合肥最大"渔光互补"光伏电站全容量并网发电。该光伏电站利用水塘、低洼水坑等资源，形成"板上发电、板下养鱼"的绿色生态模式

（市经信局/供）

2023年11月，包河工人文化宫整体完工。包河工人文化宫建筑面积约4.14万平方米，总投资3.4亿元，打造集文化艺术、体育健身、教育培训、展览展示、职工服务为一体的综合性公益场所（郭如琦/摄）

2023年11月8日，磨店家园三期项目建设现场。该项目位于新站高新区，安置7480户，是全市重要民生工程（张大岗/摄）

2023年12月20日，历经2年2个月建设的龙河口引水工程全线完工　　（祝　鑫/摄）

2023年6月30日，合肥六水厂提升改造工程投产，日产能从60万立方米跃升至90万立方米，是目前安徽省内制水规模最大的水厂　　（张正朋/摄）

2023年12月，位于包河区至德路与万罗山路交口的跃动公园建成开放　（郭如琦/摄）

2023年，合肥市新开公办幼儿园65所。图为板桥里幼儿园　（郭如琦/摄）

2023年8月23日，合肥市第三十八中学新校鸟瞰　（郭如琦/摄）

2023年3月9日，上海市胸科医院合肥区域心胸疾病诊疗中心落户市第二人民医院
（市二院/供）

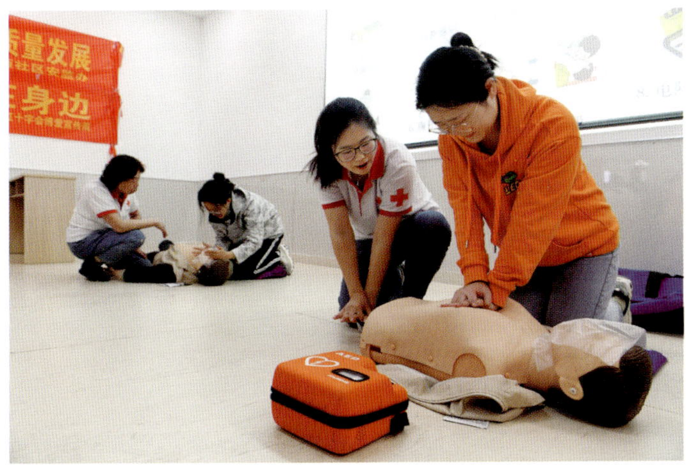

2023年5月，包河区竹西社居委开展“生命教育，救在身边”主题宣传活动，为辖区居民讲解创伤救护、骨折固定、突发事件处理等急救知识（郭如琦/摄）

2023年7月，蜀山区琥珀街道北苑村，社区健康口腔行动爱牙互护活动举办（童朝飞/摄）

2023年5月26日凌晨零点，合肥120调度中心成功切割升级（合肥急救中心/供）

2023年5月29日，“合肥请您来，20万个岗位供您选”活动首场现场对接会在合肥体育中心举行　（张大岗/摄）

2023年7月24日，合肥市“暖蜂”政协委员工作室委员代表和市快递行业协会共同深入邮政快递基层场站，为奋战在一线的快递员们送去清凉　（刘　静/摄）

2023年6月，包河区“新徽菜·名徽厨”技能培训班在义城街道迎淮社区开班　（杨凤妏/摄）

2023年7月6日，在新站高新区七里塘社区，交警向消暑纳凉的社区居民普及交通安全法律法规常识　（市公安局/供）

2023年5月31日，市公安局交警支队新站大队联合新站高新区文明办、团工委开展“百校万生”爱心助考志愿服务活动　（杨凤炆/摄）

2023年12月23日，园博快闪音乐会举办，合唱团的同学们为观众献上一场视听盛宴

（刘　杨/摄）

2023年12月23日，新站高新区少荃体育中心体育馆启用。该馆建筑面积约7.3万平方米，固定坐席数9558座，为合肥市体量最大、功能性最全的甲级体育馆

（郭如琦/摄）

目 录

图 照

专 记

大 事 记

合肥概览

中国共产党合肥市委员会

合肥市人民代表大会

合肥市人民政府

中国人民政治协商会议合肥市委员会

中国共产党合肥市纪律检查委员会合肥市监察委员会

军　事

民主党派与工商联

群众团体

法 治

改革开放

经济社会发展全面绿色转型区建设

工　业

民营经济

信息产业与信息化

农业农村

乡村振兴

水　务

商贸服务业

交通　邮政

自然资源和规划

城乡建设与管理

建筑业与房地产业

财政　税务

金　融

经济监督与管理

应急管理

科 技

教 育

文化　旅游　传媒

卫生健康

体　育

社会民生

经济开发区

县（市）区概览

人 物

附 录

索 引

Catalogue

专　记

合肥市扎实开展学习贯彻习近平新时代中国特色社会主义思想主题教育

合肥市参加习近平新时代中国特色社会主义思想主题教育的有市级领导班子、9个县（市、区）、4个市属开发区、83家市直单位、14家市属学校、8家市属医院、23家市属企业，2.20万个基层党组织、49.40万名党员，其中县处级以上领导干部2019名。

市委一体落实理论学习、调查研究、推动发展、检视整改等重点措施，以生动的合肥实践，印证习近平新时代中国特色社会主义思想的真理伟力和实践伟力。中央《简报》3次、省《简报》43次、中央媒体226次推介合肥做法。

注重领导指导，着力扛起政治责任

把开展主题教育作为重大政治任务，压紧压实责任，精心组织实施，推动主题教育走深走实。

强化组织领导。成立由市委主要领导任组长的主题教育领导小组，召开18次常委会会议、4次主题教育领导小组会议，制定全市主题教育《工作方案》、市委常委会《工作方案》、“四下基层”《实施意见》等。省委常委、市委书记虞爱华认真履行第一责任人职责，带头落实各项重点措施。市委常委切实履行“一岗双责”，抓好分管领域主题教育工作，市人大常委会、市政府、市政协党组自觉扛起主体责任，发挥示范带动作用。制定党委（党组）主要负责人抓主题教育15项责任清单，把主题教育开展情况作为巡察、年度综合考核、党组织书记抓基层党建工作述职评议考核重要内容，传导责任压力、推动任务落实。

强化督促指导。建好用好“三个清单”：制定“七个领域”（即农村，街道社区，机关、事业单位，学校系统，国有企业，非公企业，社会组织）基层党组织主题教育正面清单130条，防范形式主义负面清单20条，调研成果转化运用清单，明确“应该做什么、不能做什么、做成了什么”。建立市级领导联系指导机制，16名市领导联系指导9个县（市、区）、4个开发区及3个市直单位，明确7项联系指导具体事项，强化政治把关、政策指导。市委主题教育办加强统筹协调和具体指导，召开主题教育推进会、座谈会、调度会等20余次，制发《工作提示》36期，编发《简报》28期，有力有序推进主题教育；对各参学单位工作方案、理论学习安排、读书班方案、调研选题、整改问题清单等从严审核，对调研成果交流会、专题民主生活会等派员列席、全程指导，对上级下沉督导发现问题及时反馈、督促整改。

强化宣传引导。建立正面宣传引导机制，指导各参学单位通过宣传标语、海报及图解等形式，开展适当的氛围营造。组织市级主要媒体开设专题专栏，宣传解读习近平总书记关于主题教育系列重要讲话、重要指示批示精神、全市各地各单位经验做法等，累计刊播报道2.1万余篇（条）。对接中央和省级媒体推介合肥市主题教育做法，累计发稿250余篇。加大身边典型选树宣传力度，市委、市政府奖励表扬第十四届中国（合肥）国际园林博览会筹办工作先进集体19个、先进个人120名，组织党员干部学习收看专题节目《榜样8》，开展向吴秋瑾同志学习活动。加强舆情信息收集和分析研判，主题教育期间全市舆论环境健康平稳。

注重入脑入心，着力强化理论学习

把理论学习作为首要任务贯穿始终，综合运用个人自学、举办读书班、开展专题研讨、讲专题党课等方式，引导广大党员干部学深悟透党的创新理论。

全面系统学。坚持两复：学习上复习、工作上复盘，推动三化：深化、内化、转化，做到四真：真学、真懂、真信、真用，组织党员干部原原本本研读党的二十大报告、党章和习近平总书记系列著作，及时跟进学习习近平总书记重要讲话、重要指示批示精神。市委集中一周时间举办读书班，开展理论学习中心组学习15次。细化34条针对性举措，抓实县处级领导班子和“七个领域”基层党组织理论学习。各参学单位精心办好读书班，严明读书班纪律，对学习时间不够的安排集中补课；先后开展理论学习中心组学习1268次，组织基层党组织依托“三会一课”集中学习10.30万余次。全面落实讲党课要求，市委主要领导带头为全市“80后”县处级年轻干部作专题党课报告，市四大班子领导讲党课22次，县处级以上领导班子成员讲党课1490次，基层党组织书记讲党课2.60万人（次）。

突出重点学。牢牢把握习近平总书记关于安徽工作的十个方面要求，特别是对合肥提出的“养人的地方”“创新的天地”“让巢湖成为合肥最好的名片”等重要指示，开展跟进式学习、解读式研讨、穿透式分析、闭环式落实。市委常委会聚焦“牢记嘱托再出发、踔厉奋发建新功”，列出“牢记‘三个务必’、凝心铸魂筑根本”等5个专题，深入开展交流研讨。各参学单位认真梳理习近平总书记关于本行业本系统的重要讲话重要指示精神，有针对性开展集中研讨1073次，基层党组织围绕“过去学得怎么样、现在干得怎么样、将来打算怎么办”交流学习体会7.10万余次。

灵活方式学。市领导集体赴蜀山烈士陵园接受革命传统教育，到省党风廉政教育馆开展警示教育，带动全市各级党组织就近就便开展党性教育32万余人（次）。坚持市县乡村四级联动，组建干部、专家、百姓、青年、行业等宣讲团，开展宣讲5100余次，受众27.30万余人（次）。开展“党课开讲啦”活动，摄制《“胜利”的一课》《我的社区不见“外”》《主题教育学党史》等主题党课、教育片、微视频300余部，线上线下同步展播。针对流动党员、“三新”领域党员（即新经济组织、新社会组织和新媒体领域中工作或活动的党员）等特殊群体，组织党建指导员、红色小管家等成立“送学小组”，依托1600多个党群服务阵地打造主题教育学习课堂，实现“15分钟学习圈”。召开主题教育“三述三讲”（即述责任讲担当、述感悟讲体会、述思路讲举措）交流会17场，促进互学互鉴。

注重求真求实，着力深化调查研究

落实“深、实、细、准、效”要求，组织党员干部以高质量调查研究找准问题、破解难题。

聚焦真问题。将中央及省委明确的调研内容细化为20项，市委主要负责同志带头承领1个牵头课题和1个专项课题，带动县处级以上领导班子成员确定调研课题943个。按照“基层点题、上级答题”的思路，向59个基层单位征集调研需求88条，由市领导和市直单位牵头开展调研。市委常委会梳理全市科技创新、产业发展、巢湖治理等方面经验做法，建立反面问题清单，确定反面典型案例，各地各单位确定171个正面和168个反面典型案例。

开展真研究。市委主要负责同志带头到基层一线，采取“三分法”：分专题、分板块、分行业调研，开展重点产业“面对面”交流、地标企业“一对一”会商、重大项目“点对点”调度，现场办公解决问题，研究出台高端装备9条、总部经济10条、平台经济11条、智能家电11条、先进光伏18条、新能源汽车36条等政策，其他市委常委开展实地调研265次，示范带动各级党员干部开展调研7100余次，发现问题

2800余个。市委常委会采取座谈走访、实地查看、全面复盘、专家论证等方式，围绕正反面典型案例进行解剖式调研，提出18条改进举措，各地各单位党委（党组）领导班子提出对策措施1500余条。针对“上级点、基层提”的94个问题需求，通过调研提出解决措施134条。

推动真解决。市委常委会带头召开主题教育调研成果交流会，分析产业发展、对外开放、生态环保、民生保障等方面49项短板不足，提出改进工作对策举措124条，围绕深化巢湖综合治理、建设现代化产业体系等，制定出台《加强巢湖流域农业面源污染防治的决定》《关于推动战略性新兴产业融合集群发展加快建设现代化产业体系的实施意见》等政策文件20多项。各地各单位认真开好调研成果交流会，制定调研成果转化运用清单，列出问题2309个、提出对策措施4941条，出台政策或完善机制1095项。

注重实践实效，着力推动事业发展

坚持教育实践两手抓、两促进，引导党员干部实干担当促发展、践行宗旨惠民生，推动合肥在现代化美好安徽建设中走在前、作示范。

完善发展思路。聚焦打造科技创新策源地等目标，深入开展“思想大解放、环境大优化、能力大提升、作风大转变、工作大落实”大讨论，科学谋划2024年经济社会高质量发展的思路举措。召开市委十二届七次全会暨市委经济工作会议，提出在培育新兴产业、构建科技创新体系、激发有潜能的消费、扩大有效益的投资、全面深化改革开放、宜居韧性智慧城市建设、乡村全面振兴、改善生态环境、增进民生福祉、统筹发展和安全等10个方面实现新突破。

增强发展动能。把创新作为最大政策，塑造创新驱动发展新优势，服务和保障国家实验室建设，推动量子信息、聚变能源、深空探测等三大科创引领高地建设，全社会研发投入强度达3.91%，高于全国近1.40个百分点，跃居《自然》杂志全球科研城市第13位；加快科技成果转化应用，组建全国首个城市场景创新平台公司，新增国家级孵化器13家、增量居全国城市第2位，新增新型研发机构19家、总数达52家，全市技术合同交易额突破1200亿元。实质化运作“两委一院一集团”：市委科创委、市战新委、市产业研究院、市科创集团，大力实施产业强链补链、企业梯度培育、创新能力提升等六大工程，系统谋划打造“6+5+X”产业集群（即打造新能源汽车、新一代信息技术、先进光伏及新型储能、生物医药、智能家电、高端装备及新材料6大主导产业集群，量子信息、空天技术、聚变能源、下一代人工智能、合成生物5大先导产业集群，持续跟踪若干前沿技术方向、创建国家未来产业先导区），战略性新兴产业占规上工业比重达56.50%、创近5年同期新高，全市新能源汽车产量近75万辆、居全国城市第3位，新能源汽车、先进光伏、动力电池“新三样”等对规上工业增长贡献率超100%。据赛迪发布，合肥位居2023先进制造业全国百强市第13位。全年新签约项目1301个，其中，百亿元项目12个、同比增加6个、创历史新高，大众全球第二研发中心、大众整车二工厂等一批标志性项目接连落户。

破解发展难题。推进开发区“一区多园”改革，高新技术产业开发区整体托管南岗科技园、柏堰科技园，经济技术开发区整体托管新港工业园。深化人才发展体制机制改革，构建市委人才办、市人才发展促进中心、市人才集团“三位一体”工作机制，设立25亿元人才发展资金池，开展“合肥专班高校行、高校师生合肥行”，全年新增就业参保大学生35万人、同比多增5万人，人才总量达264万人。深化机构编制改革，撤销“小散弱”事业单位99家、收回空编632名，新设汽车产业处、科技招商处、种业处等业务处室37个，撤并调整市直机关内设机构122个。围绕打造一流营商环境，推进安徽（合肥）创新法务区建设和营商环境改革创新示范区建设，颁布《合肥市优化营商环境行动方案（2023版）》，实施160条营商环境提升举措。

共享发展成果。实施碧水、安澜、富民“三大工程”和点源、线源、面源、内源“四源同治”，深化巢湖综合治理，巢湖水质上半年好转为Ⅲ类，创1979年有监测记录以来最好水平；打造环巢湖旅游休闲圈，环湖岸边建成泊位3100个、厕位347个、重点露营位4处，

“最好的名片”成为市民“最好的去处”。补齐公共服务短板，实施“名医名科名院”工程，建成名医工作室100个，新增省级重点专科5个，国家儿童、创伤、中医3个区域医疗中心开诊，新桥国际医院投入使用，上海六院安徽医院、安徽医科大学第一附属医院南区开诊，市属医院与京沪高水平医院建立特色专科联盟17个，市民在家门口就能享受高水平医疗服务。推进城市更新，改造城镇老旧小区117个，解除D级危房2.40万平方米，城区260个供水自管小区、320个消防无水小区完成改造。实施“喝好水”工程，总投资15亿元、总长53千米的龙河口引水工程建成通水，每年可输送1.20亿立方米优质原水。创新开展“六情”活动：知民情、降警情、防危情、减访情、控舆情、增感情，接访走访群众115万人(次)，现场化解矛盾纠纷5.50万余件，实现“两个提升”：初信初访化解率达98.20%、同比提升6个百分点，初信初访一次性化解群众满意率达98.30%、同比提升3.40个百分点。

注重从严从实，着力抓好检视整改

坚持边学习、边对照、边检视、边整改，着力解决发展所需、改革所急、基层所盼、民心所向的问题难题。

建立清单全面改。市委常委带头查摆问题16个、制定整改措施51条，全市141家参学单位查摆问题1087个，制定整改措施3292条，全部完成整改销号。把专题民主生活会剖析问题纳入检视整改内容，市委常委会带头召开专题民主生活会，常委会班子和常委个人查摆问题223个。坚持“当下改”与“长久立”相结合，实现从解决“一件事”到办好“一类事”。市委制定《关于学习推广“四下基层”优良传统走好新时代党的群众路线的实施意见》，推动“四下基层”常态化长效化；市人大常委会出台《合肥市住宅小区物业管理条例》，规范业委会和物业企业运行，加强物业纠纷调处。各地各单位制定出台各类制度693项，把主题教育探索的好做法好经验以制度形式固定下来。

回应关切即时改。畅通群众诉求渠道，发挥12345热线、“民声呼应”、小微权力“监督一点通”等平台功能，做到接诉即办、即知即改。12345热线等平台受理群众和企业诉求122.20万件（次），梳理转交承办单位办理38.57万件，办理满意率99.20%。市县两级“民声呼应”平台刊载群众反映问题3898个，办结3711个。“监督一点通”平台，受理群众投诉2746件，办结问题2708件，群众投诉件办理满意度99.45%。针对群众投诉较多的“物业矛盾突出”问题，开展小区物业大排查大整治大提升攻坚行动，排查解决问题1万余项，依法暂停140个物业管理项目，公开发布8个典型案例。

专项整治深入改。聚焦群众反映强烈、长期没有解决的难题，实事求是、量力而行确定30个专项整治项目，其中，市县两级党委领导班子成员牵头负责12个，其他参学单位领导班子成员牵头负责18个。实施“城中村”改造三年攻坚行动，征迁463万平方米、完成三年总任务的58%，蜀山区大铺头、包河区周谷堆、瑶海区和平路、庐阳区龙高照等一批群众期盼已久的“老大难”片区改造取得重大进展。深化“难安置”专项治理，推动货币化安置、房票安置，全年安置16.30万套、1535万平方米，超期过渡费从最高每年40多亿元降到13亿元。针对热点地区就近入学难问题，建立热点区域学校学位预警机制，优化中小学、幼儿园布局国土空间专项规划，新建中小学、幼儿园110所，新增学位托位超10万个，幼儿园公办率、普惠率分别达60%、92%。围绕纵深推进全面从严治党，深入开展政治生态大修复、作风建设大提升等以案促改“三大行动”，营造风清气正良好政治生态。

前后衔接联动改。持续开展“半拉子工程”“形象工程”“面子工程”和统计造假、基层治理不良现象等问题专项整治，1个“半拉子工程”项目整改完成，6项统计造假专项治理任务完成2项、按要求序时推进4项。持续为基层减负，市级层面督检考、发文、开会同比下降24%、16%、26%。围绕深入查找“表现在基层、根子在上面”的问题，分类梳理上报需要第一批主题教育单位从源头上解决的问题和需要第一批、第二批主题教育单位联动解决的问题5项；专门下发工作提示，督促市直对口单位积极承接落实省里下发的63项上下联动问题，43项完成整改、20项完成阶段性目标。（凌　志）

2023 年合肥市科技创新跑出加速度

合肥市是长三角世界级城市群副中心、国家重要的科研教育基地、现代制造业基地和全国性综合交通枢纽，是国家“一带一路”和长江经济带双节点城市，具有较为雄厚的科技基础和“左右逢源”的区位优势。先后获批综合性国家科学中心、科技成果转移转化示范区、科创金融改革试验区、知识产权保护示范区等一大批国字号品牌。

近年来，合肥市牢记习近平总书记殷殷嘱托，下好创新先手棋，坚持面向世界科技前沿、面向经济主战场、面向国家重大需求、面向人民生命健康“四个面向”，依托国家实验室、综合性国家科学中心、科大硅谷等重大平台，持续巩固创新优势，全市科技创新工作取得新进展、实现新突破。2023 年，合肥市财政科技支出 246 亿元，占一般公共预算支出 17.40%，跻身全球“科技集群”第 40 位、全球“科研城市”第 13 位，分别较 2022 年提升 15 位、3 位，首次进入全国城市创新能力百强榜前 10 位。

深化科技创新机制改革。坚持党对科技事业的全面领导，市委科技创新委员会统筹全市科技创新工作。树立科技即产业理念，系统布局重大创新平台、重点项目、种子基金等要素，形成全市上下一盘棋、“政产学研用金”一体的“大科技”格局。将科技项目评审、政策兑现审核等事务性工作交由市科创集团承接。建设合肥“科创大脑”平台，实现全市科创资源汇聚、对接。健全科技创新政策体系，突出产业导向，出台加强科技成果转化若干措施、新型研发机构分类支持管理细则等政策，聚焦科技成果转化、企业研发攻关、创新平台建设等关键环节，加大资金支持力度，最大限度引导和激发各类创新主体提升科技创新能力。

强化战略科技力量体系建设。加速建设国家实验室、综合性国家科学中心、大科学装置等“国之重器”，国际先进技术应用推进中心在全国首个挂牌。能源、大健康、人工智能、数据空间、环境等 6 大研究院建成运行，聚变堆主机园区交付启用，已有、在建和预研大科学装置 13 个。规划建设未来大科学城，装置集聚度处于全国领先水平。推动构建以国家实验室为引领、全国重点实验室为支撑的实验室体系建设。2023 年以来，获批组建全国重点实验室 4 个，累计获批 6 个。与大院大所、高层次人才团队、龙头企业建设高水平新型研发机构，新型研发机构累计达 53 家。打造城市生命线安全工程“合肥模式”并在全国范围推广。

推进科技成果转化。牢固树立“科技即产业”理念，构建闭环式全链条科技成果转化体系。2023 年，新增市级及以上孵化器众创空间 68 家，新增国家级科技企业孵化器 13 家、新增数量居全国第 2 位，国家级孵化器、众创空间总数达 65 家。成立实体化运作的长三角 G60 科创走廊科技成果转化促进中心和联盟，促进跨区域成果落地转化。摸排高校院所可转化的科技成果 4319 项，推动科技成果转化在合肥成立企业 636 家，其中独角兽类企业 42 家。“大科技成果转化”模式入选国家自主创新示范区改革创新典型案例。

加强原创性引领性科技攻关。坚持做“有用的科研”，强化“科学发现—技术发明—产业发展”一体，设立市自然科学基金，支持应用研究支撑引领产业发展。完善自由探索型和任务导向型科技项目分类评价，在市科技攻关项目试行“经费包干制”，激发科研人员工作热情。2023 年，通过“揭榜挂帅”等方式，合肥市实施 14 个科技重大攻关“揭榜挂帅”项目，78 个关键共性技术研发“揭榜挂帅”项目，组织 196 项科技攻关项目验收，5 个项目的产品技术水平国际领先，75 个项目的成果实现进口替代，91 个项目的成果国内领先。

壮大科技型企业主体。打造科创企业森林，健全“国家科技型中小企业—国家高新技术企业—科技领军企业”全链条梯度培育机制，统筹推进“科技成果转化、创新平台建设、科技招商”三条主线融通，高标准实施高新技术企业提质“破万”行动（即 2025 年高新技术企业达 10000 户），将发展国家高新技术企业纳入各县（市、区）、开发区“一把手”工程。2023 年，合肥市国家高新技术企业总数达 8406 户，国家科技型中小企业入库数量首次“破万”，达 11045 户，获批省级科技领军企业 8 家。

*构建四链深度融合创新生态。*推动创新链、产业链、资金链、人才链深度融合，2023 年，合肥市聚焦高层次人才和高新技术企业，落地科技招商项目 200 余个。以科创金融改革试验区为抓手，实施企业与金融机构“共同成长”计划，建立“共同成长”企业库，推出科创金融产品 204 款，科创板上市企业 20 家，居全国第 6 位。全市人才总量超 260 万人，在站博士后近 3000 人，新增就业参保大学生 35 万人。成功举办第二届中国（安徽）科技创新成果转化交易会、首届中法科技日推介交流会、2023 年量子产业大会、第三十五届中国仿真大会等系列活动，全社会关注创新、参与创新氛围愈加浓厚。

（季丰收）

2023年合肥市新能源汽车产业发展纪实

近年来，合肥市落实习近平总书记重要指示精神，贯彻省委、省政府新能源汽车产业的战略部署，加快整车、零部件、后市场“三位一体”布局，持续扩大新能源汽车产业强劲发展势头。

2023年，合肥新能源汽车产业集群企业营收超4000亿元。新能源汽车产量达74.60万辆，同比增长1.43倍，占全国总量超8%，产量跃居全国城市第3位。

汇聚行业资源，
打造引领前沿的创新体系

2023年，合肥市推动优质创新资源向汽车领域汇聚，抢占汽车科技最前沿。

*建强创新载体。*与大院大所共建6家汽车领域新型研发机构，组建国家工程研究中心等70家创新平台。新获批电磁信息控制、电能高效高质转化等汽车相关全国重点实验室。围绕共建开放型汽车生态实验室，与省新经济联合会对接洽谈，在核心技术攻关、组建产业基金等方面达成合作意向。

*聚力协同攻关。*通过“揭榜挂帅” 发布车载类项目21项，其中12项获安徽省科技重大专项支持。推动 “车芯屏”协同，发布《合肥市车芯屏协同发展工作计划》，组织开展20余项新能源汽车技术研发项目，完成16种零部件、23种芯片的本地化验证。

*深化产教融合。*加大专业建设力度，新增智能网联汽车技术应用、新能源汽车检测与维修等37个产业发展亟需专业。打造“双元制”（即企业和学校共同担负培养人才的任务，按照企业对人才的要求组织教学和岗位培训）职业教育试点，促进合肥学院与大众汽车成立合肥学院大众学院。开展“订单班”（由大型企业提前预订或签约学生组成班级）培养，合肥职业技术学院与蔚来汽车合作筹备共建新能源汽车产业学院。每年输送汽车人才8000名，新能源汽车产业集聚人才超10万人。组织11家技工院校与12家新能源汽车企业建立校企合作关系，合作实习2400余人。

聚焦集群培育，
打造融合发展的产业格局

2023年，合肥市紧盯打造万亿级新能源汽车产业集群目标，一体推进整车、零部件、后市场提升。

*精准服务整车。*加快推进蔚来、大众安徽工厂准入事项，推动合肥比亚迪导入高附加值车型在肥生产，支持江汽与 DeepWay、货拉拉等加大新能源重卡、城配、氢燃料车合作推广，形成以新能源乘用车为引领，重卡、轻卡、环卫车等多品类并发的良好态势。

*链式招引配套。*以整车找总成、以总成找部件，精准招引优质零部件项目，赴德国、日本等国招引项目，签约落地中车IGBT（即绝缘栅双极型晶体管）基地等亿元项目160个、投资超2000亿元，居全省双招双引平台投资额第1位，精准招引优质零部件项目，通过大众安徽供应链大会引入40家供应商；优化整零供需对接，举办8场“整零协同”“芯车协同”供需对接会，近百家产业链企业与6家整车企业建立沟通机制。

*延伸拓展后市场。*推动制造向“产品+服务”延伸，招商车研华东研发检测基地项目开工建设，汽车行业全球最大的第三方检测机构德凯测试中心试运营；优信汽车再制造工厂店正式营业。释放新能源汽车消费潜能，发放汽车消费券2.36亿元，举办汽车促消费活动50余场。

培育产业生态，
打造优质高效的发展环境

2023年，合肥市加大新能源汽车产业发展支持力度，打造全周期、全要素、全领域服务环境。

*建强基础设施。*深化国家换电试点、双智试点城市建设，加快完善充换电体系，全年新建各类充电桩6.70万个、累计超16万个，建设换电站86座，车桩比达1.45:1，实现城市小区、旅游景点全覆盖。

*壮大金融资本。*迭代升级“产业+基金”“项目+基金”驱动模式，建立16只汽车产业相关基金，总规模超600亿元；已投资踏歌智行、域驰科技、格陆博等重点项目20余个。加快招引一批头部企业

在合肥落户汽车类金融公司，创新新能源汽车融资租赁、消费信贷、保险理赔等金融服务。

拓展应用场景。推动智能网联汽车加速实现全域开放、全无人、规模化、商业化、融合化，争创国家车联网先导区。开放骆岗公园无人驾驶体系等场景机会20个，发布科大讯飞“智能座舱”等场景解决方案20个，累计开发测试道路超1000千米，成为全国首个全域开放的省会城市。举办新能源汽车产业链供应链大会暨展览、中国大学生电动方程式大赛等主题活动40余场，推动汽车文旅融合发展。

（石晓映）

第十四届中国（合肥）国际园林博览会精彩永不落幕

经过3年多精心筹备，占地3.23平方千米的园博园顺利建成。2023年9月26日，第十四届中国（合肥）国际园林博览会盛大开幕，12月26日，闭幕。3个月展期中，各具特色的城市展园、美食荟萃的园博小镇、活动不断的百姓舞台，为市民游客奉献了一场喜庆、节俭、安全的园博盛会，在中国园林史上写下浓墨重彩的一笔。展期中，园博会累计接待服务游客632万人（次），平均每天约6.80万人（次），创历届园博会新高。其中，省外游客超120万人（次），占比近20%。上榜国庆假期国内热门旅游目的地TOP20，中国国家地理携手B站发布的全国100个兴趣必游之地，合肥园博园排名第1位。《央视新闻》10月1日上午直播国庆当天盛景，中央和省级等数10家媒体跟踪报道，累计推出园博会报道近600篇。

规划建设匠心独运

紧扣“生态优先　百姓园博”主题，努力做到“四精”：精准对标、精心谋划、精雕细刻、精打细算。

精准对标，打造百姓园博。践行“人民城市人民建、人民城市为人民”理念，在城市最好位置建设园博园，把城市最美空间留给老百姓，将园区建设成为习近平生态文明思想和关于城市工作重要论述的生动实践地和精彩呈现地。

精心谋划，打造精彩园博。把群众感受作为第一标准，全园开放共享、不设围墙、不收门票。实行“大师领衔、集群设计”，聚集14家顶尖设计单位，集结一大批资深和新锐设计大师集众智谋划建设，秉承全龄友好理念，满足各类群体对公园的体验需求，倾心打造“三区一馆”（即百姓舞台展区、生态园林展区、城市更新展区和城市建设馆）+38个城市展园；擦亮生态底色，依托原有林木、水域，建设梅花园、牡丹园等17个生态片林，联通十五里河、锦绣湖内外水系，蓝绿空间达75%以上；增强科技亮色，搭建智慧运营管理平台，配置智慧导览、智慧体育、智慧科教等智慧功能；规建治一体化，成立高规格的园博园品质品位提升指挥部，市委主要领导任指挥长，统筹园博园“规建治”各项工作，坚持功能为先，对航站楼、南入口等重点项目试行“总师负责制”，对规划实施情况全程把控，对设计、施工环节出现的问题及时发现、及时纠偏。

精雕细琢，打造品质园博。从黄山黟县等地邀请100名能工巧匠，将传统工艺木雕、砖雕、石雕、彩画艺术等近百项非遗工艺体现到一墙一角、一砖一瓦。选聘一批经验丰富、责任心强的老专家、老师傅，现场“挑刺”“找茬”，坚持“算着干、现场看、盯着办”，健全全环节管控体系，落实质量安全终身负责制，坚决防范“规划大而不当”“建设大手大脚”“治理大而化之”，做到与市民游客需求相适应、与周围环境相适应，经得起历史和人民检验。

精打细算，打造节俭园博。统筹当前和长远、园内和园外，建设高端创新载体、培育发展新兴产业、配套多元商业业态，多渠道增加经济收益，基本实现片区建设资金平衡。践行城市更新行动，坚持以留为主，改、拆、移为辅，不新建主场馆、不砍一棵大树、不外运一方土，活化利用林水资源、建筑遗存，为老建筑注入新潮新意，既节约建设成本，又提升发展效益。完整保留3.30千米大跑道、14万平方米停机坪以及航站楼、大机库等，近100栋老建筑旧貌换新颜。创新“小管办+大公司”运营架构，引驻首店、特色店、网红店，实现开园即开业，打造商业新地标、网红打卡地，提升园博园自身造血功能。

文化活动好戏连台

围绕“有热度、有看头、有爆点”目标，细化61项具体任务，策划6大类33项传统与时尚交相辉映、民俗与高雅融合呈现的精彩活动。

宣传工作有声有色。市委宣传部牵头，营造热闹、喜庆、欢乐的园博氛围。与世界制造业大会等宣传相结合，设置3座高速落地广告牌、21座户外形象标识、90座户外桁架、1000套注水道旗、2000套灯杆旗，调动全市2万余个电子屏和100多处工地围挡刊播宣传画面。在北京站前广场东、上海徐家汇地铁站、南京1912街区等大屏播放园博会主画面。设计开发纪念封、明信片、雪糕、地铁卡、徽章等近300款系列文创产品，展现安徽文化、体现合肥元素。开展“身边榜样游园博”活动，组织道德模范、身边好人和警察、环卫工人代表等70位“身边榜样”出席开幕式并游园。

文艺演出精彩纷呈。以打造文旅融合新样板为目标，组织1000余场丰富多彩的文艺演出。突出地域性，精心举办园博会开幕式演出，邀请皖籍名家大家（周涛、赵普、吴琼、王莉、丁余、程晓瑛等）助演，举办“包公故里行 经典永流传”包公题材展演6场。突出群众性，举办“奋进新时代 欢唱园博会”文化惠民音乐会，“大地欢歌”广场舞展演、“大地情深”优秀群众文艺作品展演、巢湖音乐节、大湖飞歌总决赛、青年文化夜市、“月是故乡明”中秋音舞诗画荟等形式丰富多彩、群众喜闻乐见的文化活动，让群众文化走进园博。突出互动性，加强吃、住、行、游、购、娱等多元文旅供给，各类互动式、沉浸式等文旅休闲业态竞相呈现，让游客既看生态美景，又品文旅大餐。

特色活动热火朝天。举办花卉园艺惠民展销活动，花卉胜景走进街头巷尾，走进市民身边，让市民“赏花更方便、买花更优惠”，免费发放价值500万元的苗木花卉消费券，企业展销两旺，市民赏购双赢。举办百项非遗进园博活动，邀请市内外100个特色非遗项目登场，其中，国家级非遗项目23个，省级非遗项目39个，市、区级非遗项目38个，游客沉浸式打卡体验曲艺、绘画、手工等多种非遗项目。举办盆景展及盆景技能大赛活动，盆景展邀请全国25个省直辖市参展，各具特色的精品盆景达400盆，供盆景爱好者和游客近距离欣赏，感受盆景带来的美学魅力和文化内涵；盆景技能大赛有20个省、直辖市，190余名选手参加，竞赛产生的近200件盆景作品留在合肥，成为永久展示的高水平盆景艺术作品。举办奇才达人打卡园博活动，邀约“网红壁画师佳佳”“阿进萌叔组合”“特技达人智刚”等10大类近百名奇才达人走进园博园打卡拍照、展示才艺，带动园区气氛，宣传园博会盛况、展示合肥城市形象。举办一园尝遍全国美食活动，网罗国内外数10个省、市及省内16个市的上百家特色美食，聚合美食领域品牌旗舰，实现视觉和味蕾的双重享受。举办童手绘园博活动，以少先队员视角，聚焦城市发展和生态环境保护，用画笔展现心目中的园博园，把一园一主题、一园一特色绘生动、绘立体，用图画方式传播徽风皖韵的美丽合肥。

综合保障安全周全

接待服务细致周到。60家市直对口接待单位积极沟通、密切协作，调度各类保障用车120余辆（1520余次），接待保障参会嘉宾和工作人员11200余人（次）。与会嘉宾充分感受大湖名城的热情和合肥园博会的精彩。

应急保障同频共振。设立综合应急保障指挥部，对重要场所、重点区域开展联合检查，严格落实现场搜爆安检、人员管控、交通维护、突发事件应急处置、反恐怖防范处置系列措施，确保园博会开幕式等重大活动安全顺利举办，园区安全平稳运行。

志愿服务用心用情。定向招募来自中国科学技术大学、安徽警官职业学院等20余所在肥高校，近5000名优秀青年志愿者，重点招募220名园林、规划、外语等专业学生作为园博会首席运营官，70余名红领巾讲解员用童稚的语言讲述园博故事，共同打造园博园最靓丽的风景线。

展会有限期，精彩无穷期。第十四届中国（合肥）国际园林博览会闭幕后，保留的城市展园、特色建筑将拓展功能，各类文艺活动、产品展销将持续上演，永不落幕的园博会拉开帷幕。

（贾　焕）

责任编辑：王晓燕

大 事 记

1月

1日 中国人民政治协商会议第十五届合肥市委员会第二次会议闭幕。此次大会于2022年12月30日开幕。会议增选十五届市政协常务委员，通报市政协十五届一次会议以来优秀提案、提案承办优秀单位及优秀个人考核情况，通报2022年度市政协委员履职量化考核情况，通过政协第十五届合肥市委员会提案委员会关于十五届二次会议提案审查情况的报告，通过市政协十五届二次会议决议。

2日 合肥市第十七届人民代表大会第二次会议闭幕。此次大会于2022年12月31日开幕。大会以无记名投票方式，选举72人为合肥市出席省第十四届人民代表大会代表，选举结果将按规定报省人大常委会代表资格审查委员会审查后确认；选举黄维群为市监察委员会主任；选举13人为市十七届人大常委会委员。新当选的市监察委员会主任，市十七届人大常委会委员集体进行宪法宣誓。会议表决通过关于政府工作报告的决议，关于合肥市2022年国民经济和社会发展计划执行情况与2023年计划的决议，关于合肥市2022年预算执行情况和2023年预算的决议，关于合肥市人民代表大会常务委员会工作报告的决议，关于合肥市中级人民法院工作报告的决议，关于合肥市人民检察院工作报告的决议。

4日 省委常委、市委书记虞爱华主持召开骆岗公园及园博园建设工作2023年第一次调度会，市领导单虎、何逢阳、杨伟，相关建设、园林专家参加。会议听取公园规划、设计、建设质量督查检查情况汇报，就相关事项逐一分析梳理，研究改进措施。

5日 虞爱华主持召开市委常委会会议暨市委理论学习中心组学习会议，传达学习习近平总书记近期重要讲话精神及省委有关会议精神，研究全市贯彻落实举措。会议强调，2023年是全面贯彻落实党的二十大精神的开局之年，要继续在全面学习、全面把握、全面落实上下功夫，增强信心干，攻坚克难干，团结奋斗干，确保开好局、起好步。要强化系统观念，自觉把各项工作放在大局中考量，做到真心爱党、时刻忧党、坚定护党、全力兴党。要始终把实践作为检验各项政策和工作成效的标准，不提不切实际目标，不做不切实际事情，激励干部愿担当、敢担当、善担当。要平稳有序做好岁末年初各项工作。

6日 2023年安徽省第一家科创板过会企业诞生，合肥高新技术产业开发区企业埃科光电科技股份有限公司（首发）事项获通过。

8日 市国土空间规划委员会2023年第一次主任办公会召开。省市领导虞爱华、罗云峰、葛斌、单虎、何逢阳，有关建筑设计、色彩专家参加。会议研究安徽省文化新馆和非物质文化遗产展示馆项目规划方案，以及安徽建科科技创新总部基地、新智造产业园等5个项目。

9—10日 虞爱华率队赴深圳拜访华为、比亚迪、汇川技术等行业头部企业，推进有关合作事项。市委常委袁飞参加。

13日 商务部发布2022年国家级经济开发区综合发展水平考核评价结果，合肥经济技术开发区综合排名跃居全国第六，创历史新高。

同日 世界经济论坛发布最新一批全球“灯塔工厂”名单，联想集团合肥产业基地、海尔合肥创新产业园榜上有名。至此，加上此前入选的联合利华合肥工业园、美的洗衣机合肥工厂，合肥的全球“灯塔工厂”数量达4家，居全国第二位。

19日 中国气象局发布2022年气候生态品牌创建示范活动评审结果，合肥市通过国家气候标志认证，荣获“中国气候宜居城市”称号，成为全国首个获此殊荣的省会城市。

30日 虞爱华主持召开全市高质量发展暨“一改两为”推进大会。会议强调，2023年是贯彻党的二十大精神的开局之年，要在全面学习、全面把握、全面落实上狠下功夫，一以贯之落实省委“一改两为”要求，以实施“十大提升行动”为抓手，出实招、重实干、求实效，努力把开局之年变成奋进之年。“十大提升行动”分别为：“人才招引和服务保障大提升”行动、“科技创新栽树工程大提升”行动、“扩大有效投资大提升”行动、“产业强市大提升”行动、“城市品质大提升”行动、“房地产平稳健康发展大提升”行动、“物流体系建设大提升”行动、“国资国企改革大提升”行动、“平安合肥建设大提升”行动、“干部能力作风大提升”行动。

2月

3日 2023年蚌埠合肥产业合作对接会举行。

6—11日 市投资促进局联合市发展改革委、市政府外事办公室、合肥高新技术产业开发区、合肥经济技术开发区，组成合肥招商小队赴日本开展招商交流，拜访11家企业，签署2份项目投资意向书，实质性推动一批项目，拓展一批新企业。

13日 合肥市发布2023年重点项目清单，计划安排亿元以上重点项目3395个。

16日 市大物流体系建设领导小组第一次全体会议召开。虞爱华主持并讲话。会上，揭牌成立合肥物流控股集团有限公司，通报全市大物流体系建设工作情况，听取有关单位工作进展情况汇报，通过2023年工作要点。

同日 在首批省级“徽菜龙头企业”和“徽菜师傅创业街区”遴选中，合肥市有2家企业及2个街区上榜，同庆楼餐饮股份有限公司、安徽青松食品有限公司被认定为省级“徽菜龙头企业”，合肥罍街、国购广场被认定为省级“徽菜师傅创业街区”。

17日 合淮同城化发展座谈会在淮南召开。

同日 大众安徽第二届供应商大会在合肥举行。虞爱华出席并致辞。大众中国采购执行副总裁贝铭杰作主旨演讲。大众汽车采购领域境内外300多家供应商企业参加。

同日 合肥市人民政府与中国农业银行安徽省分行签署战略合作协议。虞爱华与中国农业银行党委书记、董事长谷澍商谈深化合作并见证签约。

18日 第二届淮南转型发展大会在淮南举行，虞爱华出席并讲话。会上，举行新桥科技创新示范区（合淮合作区）启动仪式，进行相关合作事项和项目签约。

21日 长江中游城市群省会城市第九届会商会以视频会议形式召开。虞爱华出席并讲话。市委副书记、市长罗云峰出席。此次会商会以“全面开启长江中游城市群协同发展新征程，在服务全国发展大局中担当更大使命发挥更大作用”为主题，通报第八届会商会以来工作进展情况，签署《长江中游城市群省会城市合作行动计划（2023—2025年）》《长江中游城市群2023年重点合作事项》等文件。

22日 中国（合肥）数字经济创新峰会举行。虞爱华出席并致辞。会上，签约8个招大引强项目，发布《合肥市数字经济产业发展白皮书》及“合企来”为企服务平台、合肥通融媒体平台，推介合肥数字经济，颁发首席数据官聘书。

同日 2023中国（合肥）高功能薄膜行业市场与技术发展高峰论坛在合肥开幕。

23日 市统计局发布2022年全市人口变动情况调查数据。2022年，合肥市常住人口963.4万人，较上年净增16.9万人。

23—24日 市十七届人大常委会第八次会议在市政务中心举行，决定任命张泉为市人民政府副市长。

27日 第九届中国徽菜产业博览会文化旅游美食节在滨湖世纪金源大饭店举行。

3月

1—3日 虞爱华率队在北京拜访国家发展改革委、教育部、商务部、中国科学院、深空探测实验室北京分部，以及招商局集团、中国国家铁路集团有限公司、中国中车集团、百度集团等重点合作企业，推进有关工作和项目建设。

11日 由省妇联指导，市委组织部、市委宣传部、市妇联、市文旅局、市总工会、团市委主办，“为爱‘皖’留 ‘合’创未来”——安徽省暨合肥市青年人才交流交友项目启动仪式在肥东六家畈举行。来自重点产业链入库企业、专精特新企业以及党政机关、企事业单位200余名青年人才参加本次活动。

12日 2023年全国青年游泳锦标赛在合肥体育中心游泳馆开赛。

13日 合肥市2023年春季“招才引智高校行”活动走进天津，首站来到天津大学，向学子们发出热情邀约。

17日 中国科学技术大学牵头完成的“实现超冷三原子分子的量子相干合成”成果入选科技部高技术研究发展中心（基础研究管理中心）发布的2022年度中国科学十大进展。

19日 在第十三届“挑战杯”中国大学生创业计划竞赛终审决赛中，中国科学技术大学获1项金奖、1项银奖、3项铜奖，合肥工业大学获1项金奖、1项银奖、2项铜奖。

20日 合肥市庐江县龙桥镇黄屯老街入选住建部公布的第六批中国传统村落名录。

23日 2023中国（合肥）装备制造业博览会在合肥滨湖国际会展中心举行。国内外380余家装备制造业知名企业参加，达成合作成果近百项，现场签约项目15个，总投资64亿元。

27日 由国家体育总局棋牌运动管理中心、中国桥牌协会主办的2023年全国桥牌团体赛暨第五届全国智力运动会桥牌比赛测试赛在合肥举办。

28日 在苏州召开的全国文化和旅游产业发展工作会议上，合肥包河创意文化产业园被授牌为“国家级文化产业示范园区”，这是安徽省此次唯一上榜的文化产业园区。

4月

2日 合肥市庐江县与光势能新能源签署合作协议，光势能年产10.8GW异质结叠层电池及组件智能制造项目正式落户。虞爱华与光势能新能源董事长赵学文商谈深化合作并见证签约。

4日 清华大学合肥公共安全研究院第三届管理委员会会议在合肥召开。

7日 2023合肥时装周开幕式在瑶海区长江180艺术街区举行。

8日 “2023第28届中国中西部（合肥）医疗器械展览会”在滨湖国际会展中心开幕，集中亮相近2万种高端医疗装备，产品涵盖医疗器械行业从源头到终端整条医疗全产业链。

9日 “创新·传承”2023合肥市首届科技文化艺术节在庐阳区庐州意库启动。

12日 长三角三市一区民政工作合作交流会在合肥举行。市长罗云峰，省民政厅厅长余向东出席并致辞。上海市浦东新区民政局、南京市民政局、杭州市民政局负责人出席并作交流发言。会上，三市一区民政局签订《长三角三市一区民政工作合作框架协议》。

16日 合肥市第一届手工制茶技能竞赛在庐江县汤池镇举办。

17日 安徽省暨合肥市首批“全国国防教育示范学校”授牌仪式在合肥市青年路小学举行，合肥市11所“全国国防教育示范学校”被集中授牌。

20日 合肥新能源汽车产业供需对接会举行。虞爱华主持会议并见证项目签约。欧菲智能车联、康宁车载玻璃事业部、联想集团、博微智能、容知日新、安徽广银、豫北转向系统等7家供应链企业推介智能驾驶、车载玻璃、车计算、智能网联等。

同日 全国首个省会城市应急领域专业协会——合肥市应急协会成立。

24日 以“格物致知 叩问苍穹”为主题的2023年“中国航天日”启动仪式暨中国航天大会开幕式在合肥举办。省委书记韩俊出席，为中国航天基金会“钱学森最高成就奖”获奖代表颁奖，并与工业和信息化部副部长、国家航天局局长张克俭共同启动活动。省长王清宪致辞。张克俭致辞并为中国科学技术大学授“中国航天日”旗帜。开幕式上，国家有关部委，航天领域院士专家及高校、企业代表，以及来自40多个国家的航天机构、国际组织、驻华使领馆和科研机构的外宾共约1200人参加。

同日 国家知识产权局印发

《关于确定第一批国家知识产权保护示范区建设城市(地区)的通知》，合肥被确定为全国首批国家知识产权保护示范区建设城市，成为全国十个知识产权“双示范”建设城市之一。

25日 2023年“中国航天日”系列主场活动之一，主题为“合作共赢 飞向深空”的首届深空探测（天都）国际会议开幕式暨主论坛在巢湖之滨举办，重点介绍中国深空探测领域工程规划，推动国际月球科研站深度合作。中国深空探测重大专项总设计师吴艳华、深空探测实验室主任吴伟仁院士分别作题为《中国的深空探测》《国际月球科研站——国际大科学工程》主旨报告，深度解读中国深空探测规划及国际月球科研站建设方案。

26日 以“推动创新链产业链资金链人才链深度融合，提高科技成果转化和产业化水平”为主题的第二届中国（安徽）科技创新成果转化交易会开幕式在合肥举办。韩俊宣布大会开幕。省长王清宪致辞。科技部副部长吴朝晖、中国人民银行副行长潘功胜分别致辞。省政协主席唐良智，省委副书记程丽华，省领导张西明、刘海泉、虞爱华、陈舜、张韵声、丁向群、费高云、王贵胜、杨光荣、任清华、张祥安出席。省委常委、副省长张红文主持部分活动并发布《合肥科创金融改革试验区建设方案》。

26—28日 第二届中国（安徽）科技创新成果转化交易会在合肥举行，主题为“推动创新链产业链资金链人才链深度融合，提高成果转化和产业化水平”。27日，举办“科技成果竞价与交易”专项活动，现场成交项目22项，成交总金额6991万元，成交项目涉及专利技术、软件著作权、集成电路、外观设计、新型医药及植物新品种等。

27日 虞爱华与华润集团党委书记、董事长王祥明就全面深化合作举行工作会谈。双方商定，围绕医药健康、汽车芯片、新型储能、产业基金、城镇燃气、城市建设运营等领域持续深化合作，一以贯之推动已有项目大抓大发展，新的项目好谈好落地，共同把合作的蛋糕越做越大，实现互利共赢发展。会上，合肥合燃华润燃气有限公司、华润立方药业（安徽）有限公司揭牌，华润三九中药有限公司总部项目签约落户。

5月

4日 “中国环境谷”第三届院士峰会暨重大项目签约落地活动在合肥蜀山经济开发区举行，6个项目集中签约，总投资约71亿元。

5日 合肥晶合集成电路股份有限公司在上海证券交易所科创板挂牌上市，成为安徽省首家成功登陆资本市场的纯晶圆代工企业。

5—8日 2023第十六届安徽国际茶产业博览会在合肥滨湖国际会展中心举办。此届茶博会展览展示总面积近4万平方米，吸引省内外及境外共702家茶产业全产业链企业参展，邀请到省内外2300余家采购和经销商参会，超过10.8万人次爱茶人士进馆参观采购；累计交易对接金额38.92亿元，比上届增长60%。其中线上线下交易和对接金额6.75亿元，同比增长39.17%；意向采购订单金额32.17亿元，同比增长66%。合肥、六安、宣城、池州、安庆、黄山和铜陵等单位共报送37个茶产业签约项目，累计签约金额21.34亿元，涉及茶叶加工、冷链物流、茶旅文化、品牌推广等多种类型。

11日 住房和城乡建设部推进城市基础设施生命线安全工程现场会在合肥召开。住房和城乡建设部部长倪虹讲话，省长王清宪致辞。

同日 市政府、合肥高新技术产业开发区与中国民生银行分别签署战略合作框架协议和金融科技研发中心项目投资合作协议。虞爱华与中国民生银行党委书记、董事长高迎欣会谈并见证签约。

14日 在合肥综合性国家科学中心数据空间研究院成立一周年之际，首届数据空间大会在合肥召开。王清宪致辞并宣布开幕。省委常委、常务副省长费高云和中国工程院副院长吴曼青为数据空间研究院揭牌。国家自然科学基金委员会主任窦贤康致辞。市长罗云峰出席。会上，发布数据空间领域优秀科技成果，举行数据空间研究院与政府有关部门单位、高校院所、企业集中签约活动。

17日 市退役军人事务局、市发展改革委、市财政局等7部门联合发布《合肥市退役军人和其他优抚对象免费乘坐市内公共交通工具和免门票游览景区实施方案》。方案规定，自5月22日起，退役军人和其他优抚对象在合肥免费乘坐市内公共交通工具、免门票游览景区，有效期5年。

17—21日 为迎接“5•19”中国旅游日及“520”安徽文旅惠民消费季，“一次尝遍合肥美食”主题活动在合肥市包河区磨滩大街举行。此次活动挖掘筛选出合肥100个商家，囊括最具合肥特色的小吃、糕点、炒货、饮品，供游客选择。根据游客多日投票评选，分两轮发布此次活动20个人气美食榜单。

18日 省委书记韩俊、省长王清宪在合肥市调研骆岗公园建设情况。韩俊强调，要坚持以习近平生态文明思想为指引，深入学习贯彻习近平总书记关于安徽工作的重要讲话重要指示精神，放百年眼光，树全球视野，拉高标杆、精益求精，打造高品质现代化城市公园，更好满足人民群众对美好生活的向往。省领导虞爱华、单向前参加。

19日 经省有关部门批准，安徽省市长协会第三届会员代表大会在合肥召开。会议审议通过《安徽省市长协会第二届理事会工作报告》《安徽省市长协会第二届理事会财务工作报告》《安徽省市长协会章程》，选举产生安徽省市长协会第三届理事会领导机构。新当选会长、合肥市市长罗云峰出席并讲话。

20日 中国量子计算产业联盟大会在合肥召开。会上34家企业、机构、高校加入量子计算产业联盟。同时举行中国第二届量子金融赛道班启动仪式，并邀请行业专家分享量子计算行业应用进展报告。经过5年多发展，该联盟成员数已超过80家。合肥市集聚量子核心企业19家、上下游配套企业28家，培育上市企业1家、独角兽企业2家。

22—23日 来自全国多地的26所高校领导和就业指导等部门负责人及500余名博士生代表，到合肥参观考察，并于23日上午，参加高校毕业生就业创业座谈会暨校地合作签约活动。虞爱华出席座谈会并讲话。

27日 合肥市女科技工作者协会成立大会暨2023年“玉兰奋进 科创芳华”合肥科技菁英女性发展对话在科学岛举行。

28日 “投资安徽 与机遇同行”系列活动启动大会在合肥举行。会上发布“安徽全球招商合作伙伴”名单；进行投资项目集中签约。此次大会期间，合肥签约6个项目，投资额254亿元。

30日 大众汽车（中国）科技有限公司项目签约仪式在合肥举行。省委书记韩俊，省委副书记、省长王清宪见证签约。大众汽车集团（中国）董事长兼首席执行官贝瑞德致辞。虞爱华出席。费高云主持。罗云峰致辞。

6月

1日 国家知识产权保护示范区建设动员部署会在合肥召开。国家知识产权局副局长胡文辉出席会议并向合肥市授牌，张红文出席会议并讲话。罗云峰作工作报告。

2日 合肥市召开2023年退出领导岗位干部到村任职工作动员会，欢送新一轮退出领导岗位干部到村任职。经审核筛选，市委组织部确定50名同志作为新一批到村任职人选。他们平均年龄58.2岁，将围绕“建强村党组织、推进强村富民、提升治理水平、为民办事服务”职责，开启3年“乡村振兴指导员”任期，在农村广阔天地再立新功。此前，2021年8月、2022年5月，合肥市先后选派两批116名退出领导岗位的“老同志”到村任职，为乡村振兴汇智聚力。到村任职以来，“老同志”们围绕强组织、兴产业、优治理、促振兴目标，走村入户调研、健全乡村治理网格，建立规章制度、促进村级事务规范，科学谋划产业、发挥优势争跑项目。累计为群众办实事1200余件，解决历史遗留问题近300件，落实项目近200个，赢得基层干部群众一致欢迎和好评。

6日 长三角一体化发展高层论坛在安徽省合肥市举行。长三角三省一市主要领导、有关专家学者，围绕“携手高质量一体化、奋进中国式现代化”主题，进行深入交流。上海市委书记陈吉宁、江苏省委书记信长星、浙江省委书记易炼红、安徽省委书记韩俊讲话。上海市委副书记、市长龚正，江苏省委副书记、省长许昆林，浙江省委副书记、省长王浩，安徽省委副书记、省长王清宪，国家发展改革委有关负责同志出席论坛。长三角三省一市常务副省（市）长，三省一市党委、政府秘书长，国家有关部委负责同志，三省一市有关单位负责同志，长三角高校、企业家代表，媒体代表，合肥市委、市政府主要负责同志和有关负责同志等出席论坛。

8日 虞爱华与华为副董事

长、轮值董事长胡厚崑商谈深化合作。华为中国区副总裁白利民、安徽总经理丁肇一，市领导袁飞参加。双方商定，加快推进安徽区域总部等已有项目，深化拓展人工智能等领域合作，推动更多新技术新产品新模式，在合肥试点示范推广，携手答好合作新课题、开启共赢新篇章。此前，华为已与合肥市签署全面战略合作协议，华为安徽区域总部已完成初步设计，计划2023年底前开工建设。

10日 由安徽省非物质文化遗产保护中心指导、合肥市文化和旅游局主办，合肥市文化馆等承办的2023年“文化和自然遗产日”合肥市非遗专场活动在庐江水西门启动。此次活动围绕“加强非遗系统性保护、促进可持续性发展”主题，结合中国茶文化，打造“物·花·器·茶”沉浸式体验空间，开辟非遗工坊、非遗集市、健康非遗、非遗AR数字化体验、舞台展演等多个互动区域。同时，由合肥市文物保护中心联合庐阳区文旅局等举办的“走进文物保护单位 探寻城市历史记忆——庐阳区淮河路文物主题游径试游活动”也于当日在李鸿章故居陈列馆启动。

15日 市人大常委会主任汪卫东在市政务中心会见由吉尔吉斯斯坦议会副议长伊萨耶娃率领的中亚议会政党干部联合考察团一行。

27—28日 市十七届人大常委会第十次会议在市政务中心举行。会议决定任命袁飞为市人民政府副市长，并组织宪法宣誓；决定免去刘卫宝的市人民政府副市长职务。

28日 长三角G60科创走廊（合肥）跨境电商发展大会在合肥举办。

29日 合肥综合保税区迎来封关运行八周年。八年间，合肥综保区跻身全国综保区20强，园区进出口贸易值从2015年的7250万元增长至2022年的208.9亿元。

同日 合肥市产业融合对接会产教融合专场活动在合肥新站高新开发区举办，共吸引33户企业和10家技工院校参与。此次活动是“合肥市产业融合对接会”首场以产业人才供需对接为主题的对接活动，旨在通过企业院校“面对面”沟通交流，深化产教融合和校企合作，推动产业技工人才升级。合肥市产业融合对接会已连续举办60多场，参与企业超过2000户次，达成合作意向超过100家，实现对接成果35亿元。

7月

3—7日 全国人大常委会副委员长蔡达峰率执法检查组到安徽省，开展科学技术进步法执法检查。先后赴合肥、马鞍山、芜湖等地，深入高校、科研院所、重点实验室、企业等开展实地检查，详细了解科技进步法实施情况。在合肥期间，汪卫东、袁飞陪同检查或参加有关活动。

3—11日 虞爱华率合肥代表团赴德国、意大利、法国，开展经贸招商活动。代表团用9天时间到访3个国家的8座城市，考察23家企业、机构，其中世界500强企业5家，深入商谈40余个具体项目，签署一批合作协议，形成一系列超预期的合作成果。

6日 第二届中国新能源和节能环保产业博览会在合肥滨湖国际会展中心开幕。此届博览会主题为“推动绿色发展，共创美好未来”，围绕新能源和节能环保产业，设置智慧光伏和储能展、节能环保产业展两大重点展区。来自全国20余个省份的近500家行业品牌企业参展。展会为期三天，配套举办安徽省新能源和节能环保产业“双招双引”推介会、光储融合创新发展论坛、减污降碳绿色发展峰会等超30场会议活动。安徽省新能源和节能环保产业推进组工作专班、合肥高新技术产业开发区、蜀山区，共签约25个产业项目，签约金额249亿元。

7日 省委、省政府在合肥召开大力实施人才兴皖工程加快打造人才发展和创新高地工作会议。省委书记韩俊出席会议并讲话。会议以电视电话会议形式召开。罗云峰在合肥分会场出席并作交流发言。市领导汪卫东、韩冰、路军、张泉参加。

8日 合肥市产业融合对接会汽车产业链专场（第二场）活动在市政务中心举行。江汽集团、蔚来汽车、大众（安徽）、合肥比亚迪、长安汽车、奇瑞汽车6家整车企业及40余家汽车产业链企业参会。会上，伏达半导体、智芯半导体等9家供应链企业分别进行技术、产品推介。

11日 合肥市2023年度空军飞行学员录取通知书颁发仪式在合肥市第四中学举行。全市有18名高考生被中国人民解放军空军航空大学录取为空军飞行学员。

14 日 合肥市产业融合对接会节能环保专场在市政务中心举行，市直相关单位、市节能协会和全市 110 余户重点企业参加。对接会上，元贞电力、明腾永磁、凯泉电机、中盛水务、节源环保、安徽天方、三马科技等多家企业分别进行节能环保技术、装备和服务的推介。与会企业结合自身需求进行现场交流，表达积极的合作意愿。

16 日 安徽省海军青少年航空学校 2023 年海军飞行学员录取通知书发放仪式在合肥市第十中学举行，该校 2023 届“海军航空实验班”21 名毕业生收到录取通知书，正式成为海军飞行学员。2023 年，合肥市共有 32 名优秀学子被录取为海军飞行学员。

同日 合肥一中 2023 届毕业生丁卓立同学荣获国际物理奥林匹克竞赛决赛金牌，成为安徽省获此奖项的第一人。

18 日 安徽通航合作项目集中签约暨肥东白龙机场开航活动在合肥举办。肥东白龙机场总投资 3.8 亿元，由省通航控股集团建设运营，是安徽省内规模最大、保障设施最完备的 2B 级 A1 类通用机场，可以开展短途的航空运输、航空培训、航空科普教育等活动。

28 日 市委宣传部、市退役军人事务局、合肥警备区政治工作处联合发布 2023 年度“合肥市最美退役军人”。

8 月

2 日 罗云峰与“港资企业合肥行”考察团一行举行工作会谈。

4 日 2023 中国（合肥）场景创新峰会主会场活动暨独角兽发展论坛在合肥举行。省科技厅厅长罗平，市长罗云峰出席并致辞，共同为合肥场景公司揭牌。

9 日 第 21 届全国大学生田径锦标赛在安徽职业技术学院开幕，390 所高校 4800 余名运动员、教练员从全国各地奔赴而来，参赛高校及人数均创历史之最。副省长任清华出席开幕式并宣布大赛开幕，张泉出席开幕式。

11 日 虞爱华到市科技馆新馆，调研初步展陈和试运行工作，并主持召开现场办公会，研究优化措施。市领导袁飞参加。

16 日 肥西县与安徽医科大学第一附属医院合作共建签约仪式在市政务中心举行。

19 日 第二届 CCF 量子计算大会暨中国量子计算产业峰会在合肥举办。全国近百家量子计算企业和近千名专家学者汇聚合肥，共同探讨量子计算技术和产业发展前景。中国科学院院士郭光灿、杨金龙、钱德沛，中国工程院院士陈左宁出席。省科技厅厅长罗平、市长罗云峰出席并致辞。

21 日 袁飞在市政务中心会见北京国电高科科技有限公司董事长吕强一行，双方共同参加“合肥高新一号”冠名仪式。

22 日 中国共产党合肥市第十二届委员会第六次全体会议召开。全会由市委常委会主持。虞爱华出席会议并讲话。市委副书记、市长罗云峰，市人大常委会主任汪卫东，市政协主席韩冰，市委副书记路军，市委委员、市委候补委员出席。全会坚持以习近平新时代中国特色社会主义思想为指导，全面贯彻党的二十大精神，认真落实省委十一届五次全会部署，听取和讨论虞爱华受市委常委会委托作的工作报告，审议通过《关于推动战略性新兴产业融合集群发展 加快建设现代化产业体系的实施意见》《中国共产党合肥市第十二届委员会第六次全体会议决议》等。虞爱华就《实施意见（讨论稿）》向全会作说明。

同日 市民政局与合肥职业技术学院合作共建的合肥民政学院挂牌成立。

24 日 首届全国工业互联网创新大赛在合肥闭幕。大赛共有 169 支队伍展开激烈角逐，最终 30 支参赛队伍分别获得一、二、三等奖。在大赛的企业路演环节，合肥邀请梅花、云岫等天使投资机构开展“投早投小投科技”，同时，“搭桥”讯飞羚羊、合力、海尔卡奥斯等一批本地工业互联网龙头企业，围绕应用场景需求调整优化方案，让“纸上”的案例，真正“落地”生根，形成以市场需求为导向的基础研究成果转化。

26 日 合肥市第五次全国经济普查单位清查正式启动，全市约 1.2 万名普查员和普查指导员身穿普查马甲，统一佩戴证件，手持电子终端，开始对 170 万户普查对象逐门逐户开展清查工作。

29—30日 市十七届人大常委会第十二次会议在市政务中心举行。市人大常委会主任汪卫东主持第一次全体会议，出席第二次全体会议并讲话。常委会组成人员52人出席会议，出席人数符合法定人数。会议表决通过《合肥市地下综合管廊条例》《合肥市居家养老服务条例》，表决通过《关于批准合肥市2022年市级决算的决议》《关于批准合肥市2023年市级预算调整方案的决议》，表决通过关于批准《合肥市人民政府关于提请合肥市与白俄罗斯布列斯特市缔结友好城市关系的议案》的决定，表决通过关于个别代表的代表资格报告和人事任免案，并组织宪法宣誓。

9月

2日 虞爱华主持召开市规划委员会2023年第9次专项工作会。市领导路军、单虎、何逢阳参加。会议听取庐阳区四里河左岸片区城市更新规划方案汇报，肯定项目总体方案，要求继续完善。强调城市更新工作既要立言立行，也要积极稳妥，做到“五坚持五严防”。一是坚持“留改拆”并举，严防大拆大建。二是坚持精打细算成本账，严防随意增加政府负债。三是坚持说干就干、干就干好，严防久拖不拆完、久拆不安置，而出现“烂尾工程”。四是坚持创新作为，严防套用老思路老办法。五是坚持依法依规，严防出现不清廉行为。会议研究某大科学装置项目规划预方案，要求进一步优化完善，做到“三性”统一。一是功能实用性，把满足科研需求作为首要原则，确保好用实用。二是布局合理性，坚持空间布局整体性谋划，多设置灵活可变的弹性空间。三是特色标识性，注重优秀传统文化在城市规建治中的传承和发展，努力打造让人震撼的经典作品。

5日 “合肥高新一号”在山东省海阳市“中国东方航天港”成功发射并进入预定轨道，正式成为我国首个低轨物联网星座——“天启星座”的一员。

8日 2023文化贸易投融资博览会在合肥滨湖国际会展中心开幕。此次文贸会以“世界文化共享，全球贸易共赢”为主题，由中国世界贸易组织研究会指导，中国对外贸易经济合作企业协会、北京国际文化贸易促进会、安徽省国际商会和中设国际会展集团共同主办，至10日闭幕。

14日 全市学习贯彻习近平新时代中国特色社会主义思想主题教育动员会议召开。虞爱华主持并讲话，省委第一巡回督导组组长陈昌虎出席并讲话。罗云峰传达中央、省委有关会议精神，汪卫东、韩冰，省委第一巡回督导组副组长刘涛，路军，市委常委，市人大常委会、市政府、市政协负责同志参加。

15日 合肥六安两市合作交流座谈会召开。虞爱华，六安市委书记叶露中出席并讲话。罗云峰、六安市市长潘东旭分别介绍合六同城化推进情况。合肥市领导汪卫东、韩冰、张泉、袁飞，六安市领导付新安、陈家本、刘洪洁、霍绍斌、李煜、张秀萍参加。会上，双方就产业发展、交通路网、水利建设、环境保护、干部挂职等方面，达成具体合作事项，并商定市级定期化推进机制。

17日 虞爱华现场检查园博园项目建设收尾工作。市领导单虎、何逢阳、杨伟参加。

同日 合肥市第十九届青少年科技创新市长奖颁奖活动在合肥科技馆新馆举行。罗云峰出席活动并为获奖者颁奖。袁飞主持活动。活动宣读《合肥市第十九届青少年科技创新市长奖表彰决定》，授予丁卓立等7名同学“合肥市第十九届青少年科技创新市长奖”、何连天泽等7名同学“合肥市第十九届青少年科技创新市长奖提名奖”。

19日 第十四届中国（合肥）国际园林博览会新闻发布会在市政务中心举行。住房和城乡建设部城市建设司副司长杨宏毅，省住房和城乡建设厅厅长常业军，罗云峰出席发布会，介绍园博会相关情况。省住房和城乡建设厅副厅长吴桂和，副市长何逢阳出席并回答记者提问。

同日 在2023世界制造业大会即将开幕之际，由外交部邀请的外国驻华使节代表团到合肥参访，并出席“发现合肥”专场推介会。来自安哥拉、南非等18个国家的驻华使节、外交部有关司局相关负责人出席活动。罗云峰出席活动并致辞。

20日 2023世界制造业大会开幕式暨主旨论坛在合肥举行。全国政协副主席王勇致辞并宣布大会开幕。省委书记韩俊致辞，省委副书记、省长王清宪主持。全球中小企业联盟全球主席克里斯蒂安·武尔夫，工业和信息化部党组成员、副部长辛国斌，福建省副省长林瑞良，中国机械工业集团有限公司董事长张晓仑分别致辞。大众汽车集团（中国）董事长兼首席执行官贝瑞德、比亚迪股份有限公司董事长兼总裁王传福发来视频致辞。国务院国资委党委委员、副主任王宏志，中国侨联副主席、民盟中央副主席程红，全国工商联副主席安立佳，中国政府中东问题特使翟隽，省政协主席唐良智，省委常委，省人大常委会、省政府、省政协负责同志，省高级人民法院院长、省人民检察院检察长，中国科学技术大学党委书记出席。在主会场出席开幕式的还有：国家有关部委领导，部分省区市领导；外国驻华使节、领事官员、参展国代表、国际组织负责人；院士和专家学者；世界 500 强及跨国公司高管，中国 500 强高管，知名制造业企业负责人；境内外商协会和投资机构负责人；央企、民企、外企、港澳企、台企、侨企、徽商代表等，共约 1000 人。开幕式上发布“2023 中国制造业企业 500 强”榜单和一批制造业领域新技术、新产品，举行省部合作、重大项目签约仪式。

此次大会由工业和信息化部、科技部、商务部、国务院国资委、中国工程院、全国工商联、中国对外友协、中国中小企业协会、全球中小企业联盟和安徽省人民政府共同主办，福建作为主宾省。20 日至 24 日，大会围绕“智造世界·创造美好”主题，举办开幕式暨主旨论坛，展览展示，大会发布，央企、民企、外企、港澳企、台企、侨企“六百”项目对接，专题活动，专业化论坛等系列活动。

21 日 2023 年新型显示产业大会在合肥召开。虞爱华出席并致辞。都有为、郭太良、严群、梁新清、张百哲等院士、专家，罗云峰、张泉参加。会上，赛迪顾问发布《2023 新型显示十大城市及竞争力研究》报告，合肥、深圳、成都位列“2023 中国新型显示十大城市”前三位，颁发中国新型显示行业高质量发展成就奖、中国新型显示优秀企业奖，举行“合肥市新型显示产业协会”揭牌活动。

23 日 第 26 届全国高校计算机系主任/院长论坛在合肥举行。中国科学技术大学校长包信和出席并致辞。同济大学校长郑庆华，陈国良、管晓宏、沈向洋、高文等院士专家出席。罗云峰出席并致辞。

同日 2023 中国智能育种技术创新院士论坛在合肥滨湖国际会展中心举行。中国工程院院士盖钧镒、张佳宝出席。罗云峰出席并致辞。

24 日 第十五届中国国际种业博览会暨第二十届全国种子信息交流与产品交易会在合肥开幕。大会吸引 1300 多家种业企业、科研院校、制种基地单位参展参会。开幕式上，举行合肥智能育种加速器预研项目启动仪式、荃银科技孟加拉子公司与孟加拉公司 ACI 签订合作协议、中农发种业集团股份有限公司与河南省新乡农科院签订“新麦 58”产业化战略合作协议、杭州瑞丰生物科技有限公司与合肥高新区管委会社会发展局签订落户协议。大会期间，丰乐种业、荃银高科、大北农创种科技、农发种业、隆平高科等一批优势种企集中展示新品种、新技术、新成果和新服务，吸引 2 万余人次观展。大会展示 346 个水稻新优品种，权威发布全国农作物种子供需形势、2022 年度重点作物推广面积前十大品种和种业企业销售排名，公布第三批国家农作物展示评价基地入选名单等。大会围绕行业关切，举办中国智能育种技术创新院士论坛、生物育种产业化论坛、新生代种业企业家论坛、种子价值提升论坛、种业金融论坛、农作物种粮一体化论坛等 6 场论坛，谋划发展路径。大会聚集产业链资源，举办一系列配套活动，包括中国种业经销商大会、种业企业人才对接、优质稻和鲜食玉米优良品种食味品鉴、水稻优良品种田间展示观摩、双交会二十周年主题成果展等，搭建起一个深化交流协作的平台，促进种业各领域共同发展。

同日 2023 量子产业大会在合肥开幕，省委常委、副省长张红文出席并致辞，中国科学院院士赵政国、俞大鹏，中国电信副总经理李峻出席相关活动。袁飞参加。

26 日 第十四届中国（合肥）国际园林博览会在合肥开幕。省委书记韩俊，省委副书记、省长王清宪，省政协主席唐良智，住房和城乡建设部党组成员、副部长秦海翔，省委副书记程丽华，省领导虞爱华、费高云、魏晓明，住房和城乡建设部总经济师杨保军出席并共同启动开幕装置。秦海翔在开幕式上讲话，虞爱华致辞，费高云主持。此届园博会由住房和城乡建设部、安徽省人民政府共同主办，合肥市人民政府、安徽省住房和城乡建设厅承办，展期 3 个月，规划建设百姓舞台展区、城市更新展区、生态园林展区和城市建设馆。园博会结束后，将全部保留城市展园和88个特色建筑，并拓展运动、文创、体验、游购、科普、康养等功能。园博园处处体现着科创元素、智慧理念，梦想大草坪前身为骆岗机场跑道，生态园林展区汇聚了国内外38个城市展园。此届园博会与城市更新有机融合，成为广大群众亲近自然、共享绿色美好生活的乐园，充分展示中国优秀园林文化，共同推进城市绿色发展。

9月29日至10月4日 以“绿动未来 智领世界”为主题的2023年合肥国际新能源汽车展览会在合肥滨湖国际会展中心举行。此次展览会是迄今为止国内规模最大的新能源汽车展，总规模20万平方米，采取“室内展示+室外主题活动+区域联动”的形式，共吸引蔚来、比亚迪、小鹏、理想、特斯拉、宝马、奔驰、奥迪、别克、一汽大众、广汽丰田、江淮、奇瑞、吉利、红旗等95个品牌携全系新能源车型参展，参展车辆达1000余辆。展会累计吸引观众53.50万人次，销售车辆18037辆，销售额超过31.70亿元，获购车意向信息约21万条。17个国内一线新能源汽车品牌携蔚来EC6、吉利银河L6、比亚迪海豚50万辆纪念版、方程豹5、特斯拉Model 3焕新版等新车型，以及激光雷达、全场景辅助驾驶、超级智能四驱系统等新技术首发首秀，集中展示世界新能源汽车产业新产品、新技术的最新成果。车展期间，聚焦汽车智能化、网联化领域，同期举办2023年全球智能汽车产业大会，这是迄今中国最具影响力的智能汽车产业高端对话平台。会上发布《合肥市智能网联汽车测试全域开放方案》，为合肥在智能出行领域的崭新篇章拉开序幕。

10月

11日 中国科学技术大学潘建伟、陆朝阳、刘乃乐等组成的研究团队与中国科学院上海微系统所、国家并行计算机工程技术研究中心合作，成功构建255个光子的量子计算原型机“九章三号”，再度刷新光量子信息技术世界纪录，求解高斯玻色取样数学问题比目前全球最快的超级计算机快一亿亿倍，在研制量子计算机之路上迈出关键一步。

13日 中国安徽名优农产品暨农业产业化交易会在合肥滨湖国际会展中心开幕。省委书记韩俊出席并宣布开幕，省委副书记、省长王清宪，农业农村部国家首席兽医师（官）李金祥，中国农产品市场协会会长张玉香分别致辞。省政协主席唐良智，省领导虞爱华、张韵声、费高云、陶明伦、杨光荣、马传喜，中国科学院院士韩斌，加蓬驻华大使波德莱尔·恩东·埃拉等部分国家驻华使领馆官员出席，副省长张曙光主持。此届农交会由安徽省人民政府主办，中国农业产业化龙头企业协会、中国农产品市场协会、中国绿色食品协会、安徽省农业农村厅、合肥市人民政府承办，以“生态·品牌·开放·创新”为主题，至15日闭幕。合肥市在主展馆和6、7、8号馆设置龙头企业、合作共建、美丽乡村、农机装备等展厅，遴选118家龙头企业和3000多种特色名优农产品进行展示、展销。

14日 第三十五届中国仿真大会在合肥开幕。中国工程院院士、中国仿真学会理事长曹建国，虞爱华出席并致辞。此次大会主题为“数字经济、仿真发展”。开幕式上，颁发2023年度中国仿真学会科学技术奖创新技术一、二等奖，自然科学一、二等奖等；发布启动第十七届国际先进机器人及仿真技术大赛等四项全国仿真大赛；举行合肥高新区－航天联志“空天算力科技园”、芜湖市－东方通“工业互联网板块项目”等签约仪式。合肥市作招商投资环境推介。

15日 安徽省暨合肥市2023年世界粮食日和全国粮食安全宣传周主会场活动在合肥骆岗公园举办。

19日 第一届气候变化科学大会在合肥召开。

20日 2023中国·合肥苗木花卉交易大会在中国中部花木城（肥西）开幕。安徽省政协主席唐良智，省委常委、合肥市委书记虞爱华，国家林草局党组成员、副局长唐芳林，大会主宾省吉林省委常委、常务副省长蔡东，安徽省副省长单向前出席并巡展。罗云峰、韩冰出席。开幕式上发布《2024年全国苗木供需分析报告》《2024年全国草种供需分析报告》，新华社中国经济信息社发布新华·中国（合肥）苗木价格指数，举行安徽省林业“双招双引”项目集中签约仪式。大会通过市场化招商，共邀请到超过600家行业知名企业参展。展会将“双招双引”作为重要内容，推动安徽苗木花卉产业高质量发展，共促成36个、总投资超113.56亿元的项目进行现场签约，涵盖木本油料、苗木花卉、林下经济、生态旅游等多个领域。

同日 高质量建设全国林长制改革示范区研讨会在合肥举办，首次发布安徽省“十佳基层林长”。其中，合肥市庐江县汤池镇三冲村村级林长郑军入选。

22日 由中国科协和安徽省人民政府共同主办的第二十五届中国科协年会在合肥召开。

同日 2023中国海外人才创新创业大赛招待会在合肥举行。当天，大赛总决赛在合肥举行，一大批海外青年人才携创新项目，展开激烈角逐、展示独特风采。此届大赛由中国科协、安徽省人民政府主办，以“共享机遇 共创未来”为主题，旨在吸引汇聚天下英才，展示全球创业者风采，服务国家人才强国战略，共创开放、信任、合作的美好未来。

24日 第六届世界声博会暨2023科大讯飞全球1024开发者节在合肥开幕。省委书记韩俊出席并宣布开幕。开幕式上，发布讯飞星火认知大模型V3.0、十二大行业模型，与华为联合发布基于昇腾生态的“飞星一号”平台。虞爱华、中国科大党委书记舒歌群为2023年世界声博会十大人工智能新锐团队颁奖。

25日 第五届全国智力运动会开幕式在合肥举行。此届智运会由国家体育总局棋牌运动管理中心主办，安徽省体育局、合肥市人民政府承办，会期自10月25日至11月4日。

29日 2023全国中小企业数字化转型大会开幕式在合肥举行。省长王清宪作主题报告，工业和信息化部副部长徐晓兰致辞。虞爱华出席有关活动，张红文主持开幕式。此次会议由工业和信息化部与安徽省人民政府联合举办，主题为“数实融合 赋能万企”。

30日 全市全面推进乡村振兴工作会在市政务中心召开。虞爱华出席会议并讲话。罗云峰主持会议。韩冰、路军、杨志斌、程雪涛、单虎等参加。市领导王连贵就《合肥市委市政府关于加快建设彰显合肥特色的宜居宜业和美乡村实施方案》作解读。

11月

3日 科大硅谷“环境与资源”科技成果发布会在蜀山区举行。此次在“科大硅谷”蜀山园率先发布的“交通地动”“DAS2.0”两款创新产品，分别来自合肥八方地动科技有限公司、智地感知（合肥）科技有限公司两家应用地球物理领域科技企业。

8日 虞爱华在国家会展中心（上海）出席第六届中国国际进口博览会2023长三角G60科创走廊高质量发展要素对接大会并致辞。

同日 2023中国大学生方程式系列赛事（合肥站）开幕式在合肥园博园举行。罗云峰出席并致辞。市领导程雪涛出席。

9日 罗云峰赴浙江省嘉兴市出席长三角一体化数字文明共建共享——数字长三角发展大会，并以本年度嘉宾城市身份作合肥城市推介。

10日 2023安徽秸秆暨畜禽养殖废弃物综合利用产业博览会在合肥滨湖国际会展中心开幕。

12日 中央文明办发布2023年第三季度“中国好人榜”，合肥市翟大胜、商宗年上榜。至此，全市“中国好人”已达199位。

16日 第四届长三角国际文化产业博览会在国家会展中心（上海）开幕。合肥市三河古镇文旅创新融合发展案例、“走读老城”——庐阳区老城文商旅融合创意提升项目、合柴1972文创园入选首批长三角人文经济典型案例。沈福村文化创意特色小镇、安徽数字文化科技产业园两项目入选2023年度长三角文化及相关产业重大项目。

18日 2023合肥科创金融峰会举办。此次峰会活动包括合肥科创金融综合服务平台上线、合肥科创金融研究院揭牌、合肥市科创金融工作站授牌、合肥市科创金融专家库专家授聘、长三角科创金融指数发布等。现场还发布科创金融产品，并开展签约活动。

19日 上午7时30分，2023合肥马拉松暨全国马拉松锦标赛（第五站）在滨湖新区融创乐园广场鸣枪起跑。比赛由中国田径协会、安徽省体育局、合肥市人民政府主办，合肥市体育局、合肥市文化和旅游局、包河区人民政府、安徽省田径运动协会承办。

24日 全市生态环境保护大会暨市委理论学习中心组学习会议

召开，会上邀请生态环境部华东督察局分党组书记、局长杨永康通过视频作专题辅导报告。

24—26 日 在广州举办的第七届全国高校城市地下空间工程专业大学生模型设计大赛决赛中，合肥工业大学城市建设工程系“宛陵之光”代表队以第一名的成绩获全国特等奖，“砼心协力”代表队获全国二等奖。

25 日 由国家体育总局体育文化发展中心主办的 2023 中国·安徽体育文化艺术展演在合肥奥体中心举行。本场展演将富有江淮地域人文特色的非遗文化、红色文化与奥运文化、体育运动文化结合，设有黄梅戏、花鼓灯非遗项目展示、体育纪念文物展览、体育艺术会演及体育知识科普等活动。

28 日 中国建筑业协会公布《2022—2023 年度第二批中国建设工程鲁班奖（国家优质工程）入选名单的通知》，安徽公安学院黄麓校区建设项目荣获中国建筑行业工程质量最高荣誉奖——鲁班奖（国家优质工程），这也是巢湖市建筑领域首次荣膺该奖项。

29 日 安全应急产业重点领域研讨会暨中国应急管理学会应急产业工作委员会第一届委员会第三次全体会议在合肥召开。此次研讨会主题为“推动应急产业全链条发展，服务总体国家安全观战略”，由中国应急管理学会应急产业工作委员会主办，邀请应急管理等领域专家、学者以及从事应急管理、信息技术的企业家参会，还举办了《安全应急装备重点领域发展行动计划（2023—2025 年）》解读等多场专题报告以及“合肥话应急，发展共参与”圆桌论坛等活动。

30 日 国家级非遗项目“巢湖民歌”省级传承基地在黄麓师范学校揭牌，这是巢湖市首个“巢湖民歌”省级传承基地。

同日 教育部网站公布《教育部关于同意合肥学院更名为合肥大学的函》。根据《中华人民共和国高等教育法》《普通高等学校设置暂行条例》《普通本科学校设置暂行规定》有关规定以及第八届全国高等学校设置评议委员会评议结果，经教育部党组会议研究决定，同意合肥学院更名为合肥大学，学校标识码为 4134011059；同时撤销合肥学院的建制。

12 月

5 日 安徽省见义勇为基金会到合肥慰问见义勇为先进个人并举办“安徽省见义勇为弘扬正气奖”表彰仪式，对合肥市见义勇为先进个人尹向阳、蔡文俊、董超开展慰问表彰。

7—8 日 2023 中国长三角青年企业家论坛在合肥举行。此次论坛以“奋进长三角，携手共发展”为主题，来自沪苏浙皖的 350 余名青年企业家齐聚一堂，围绕一体化和高质量发展的新使命、新愿景进行深入探讨，为谱写长三角一体化发展新篇章建言献策。

8 日 “绿色创新赋能城市低碳未来”国际交流活动在合肥举行。此次活动由中国科学技术交流中心主办，安徽省科技厅、合肥市人民政府、保尔森基金会、清华大学支持，举办了低碳转型—战略与路径等分论坛。

同日 2023 年“合创汇”年度盛典在合肥高新技术产业开发区中安创谷举行。活动以“新质生产力 时代新动能”为主题，揭牌 2 个新型研发机构，签约 8 家科大赋权企业、6 个科大硅谷全球合伙人，落地发展一批优质双创项目。

9 日 长三角科普联盟科创科普游论坛在合肥开幕。此次论坛由长三角科普联盟、合肥市科学技术协会、合肥市教育局、合肥市文化和旅游局主办。来自上海、杭州、南京等长三角部分城市科协代表和科普基地代表、旅行社、科普领域知名专家等约 200 人参会。合肥也将把科普游当作“第一游”，充分发挥科创资源富集、科技人才聚集、科普氛围浓厚优势，全面打响“科技创新看合肥、科普研学到合肥”品牌。

11 日 一列满载货物的列车从合肥派河站鸣笛启程，驶向宁波舟山港北仑港站，标志着“合肥派河站—宁波舟山港”海铁联运成功首发。

14 日 长三角 G60 科创走廊生成式人工智能和数字经济暨 2023 年度九城市政协委员企业联盟人工智能产业小组活动在科大讯飞举行。

18 日 第三届中国高校科技成果交易会在合肥开幕。虞爱华与中国工程院院士、天津大学校长金东寒，以及华南理工大学、合肥工业大学、中国矿业大学、南京林业大学、东北师范大学、安徽大学、安徽理工大学等高校参会嘉宾商谈。开幕式上，发布《合肥宣言》，15个重大合作项目现场签约。大会以“促进产学深度融合 携手创新共赢发展”为主题，全国350所高校携11000多项高新技术成果、350余件高价值可转化专利等参展，规模为历届之最，至20日闭幕。

20日 2023徽商助力安徽高质量发展大会暨徽商总会成立大会在合肥召开。大会期间，同步举办新能源汽车产业链对接会、徽商文化论坛、大黄山建设产业对接会、合肥都市圈产业对接会、金融赋能徽商发展恳谈会、科大硅谷创新论坛、通用人工智能助力新型工业化高质量发展论坛、皖北振兴产业对接会等专场活动和“徽商家乡行”考察等系列活动。

同日 合肥都市圈产业对接会在合肥举行。虞爱华出席并致辞。省政府常务副省长单向前主持，省直有关部门负责人，合肥、淮南、滁州、六安、马鞍山、芜湖、安庆等7市政府负责人，以及有关专家、徽商代表等参加。此次合肥都市圈产业对接会，是2023徽商助力安徽高质量发展大会暨徽商总会成立大会子活动，会上省发改委介绍合肥都市圈发展情况，都市圈7座城市推介本地优势产业，7家单位开展项目路演和主题发言。现场，多个重大项目集中签约。

22日 虞爱华主持召开首次“政府、海关、企业”三方对接会，研究解决具体问题。会议商定，完善“政府、海关、企业”三方常态化对接机制，各方同向发力、形成合力，助力合肥加快培育外贸新动能。

26日 第十四届中国（合肥）国际园林博览会在合肥闭幕。此届园博会围绕“生态优先 百姓园博”主题，统筹历史文化、地域特色、业态发展与城市园林绿化相融合，坚决不搞大拆大建，实施“老机场建新园博”，将生态福祉惠及全城百姓，实现“办好一次会，扮靓一座城”的目标。自9月26日开幕后，依托“三区一馆”、38个城市展园等空间载体，组织1500余场文艺演出活动，单日游客最高40万人次，外省游客近20%，累计接待游客超630万人次，创园博会历史新高。闭幕式还举办最佳城市展园颁奖、园博会会旗交接活动，下一届园博会将在温州市举办。

27日 安徽医科大学第一附属医院南区举行开诊活动。

28日 亿航EH216-S无人驾驶载人航空器全球商业首飞演示启动活动在合肥骆岗公园举行。虞爱华、罗云峰、程雪涛、袁飞等出席。活动现场，亿航智能发布商业化运营方案，合肥市发布低空经济超级场景方案、低空行动方案20条，国先中心（合肥）发布全空间无人体系应用示范项目建设成果，合肥市低空经济运营公司揭牌成立，一批低空经济产业链项目集中签约，与会嘉宾共同观看了EH216-S商业首飞演示。

31日 一列满载汽车配件的中欧班列（合肥）经阿拉山口口岸发运至俄罗斯吉洪诺沃。至此，中欧班列（合肥）2023年全年发运868列，同比增长13.02%，较上一年净增100列。

（徐仙春）

责任编辑：储茂仁

合肥概览

基本市情

【地理位置】 合肥位于北纬30°56′～32°33′、东经116°40′～117°58′。地处安徽中部、江淮之间、长江三角洲西翼，因东淝河与南淝河均发源于此而得名。是全国唯一环抱五湖四海之一——巢湖的省会城市，是全省政治、经济、文化、信息、交通、金融和商贸中心，也是全国性综合交通枢纽、长三角世界级城市群副中心、“一带一路”和长江经济带的重要节点城市。

【面积人口】 全市土地总面积1.14万平方千米，约占全省土地面积的8.20%，其中，市辖区面积1339平方千米。截至2023年末，全市户籍人口806.60万人，比上年增加6.40万人。常住人口985.30万人，增加21.90万人；常住人口城镇化率85.55%，提高0.91个百分点。全年出生人口7.80万人，出生率7.98‰；死亡人口6万人，死亡率6.16‰；自然增长率1.82‰，比上年回落1.76个千分点。

【行政区划】 合肥辖肥东、肥西、长丰、庐江4个县，1个县级巢湖市，以及瑶海、庐阳、蜀山、包河4个区。截至2023年底，全市有乡镇81个、街道（大社区）64个、城市社区（居委会）628个、村及农村社区（村委会）1146个。

【历史沿革】 合肥所在的巢湖流域是古人类重要发祥地之一，早在新石器时代，就有人类在此活动，有文字记载的历史约4000多年。有巢氏位列中华人文始祖之首。夏商西周时期，淮夷国族生活于此，与中原王朝既相互交往，又攻伐不断。春秋战国时期，为徐、楚、吴、越等诸侯国争夺之地，终归于楚。秦汉时期，正式建立合肥县，属九江郡，至今有2100多年；东汉刘秀升合肥为侯国；三国时属魏国淮南郡，为扬州刺史治所；东晋于合肥地区侨置豫州汝阴郡、南谯郡等；南北朝时期侨置郡县时设时撤。隋唐和两宋时属庐州，为庐州州治。元朝时期设庐州路。明清时属庐州府，为府治；清咸丰年间，合肥曾为安徽省临时省会。民国初，庐州府废，合肥县直属安徽省。抗日战争胜利后，国民政府安徽省省会由立煌县（今金寨县）迁至合肥。1949年1月21日合肥解放，2月1日根据中共江淮区党委的决定，将原合肥县划设为合肥市、肥东县和肥西县。1952年8月25日，安徽省人民政府正式成立，省会驻合肥。1964年9月，由肥东、肥西、寿县和定远四县各一部分新建长丰县，隶属合肥市；肥东县、肥西县隶属关系几经调整，1983年6月由巢湖地区、六安地区复属合肥市；2011年8月，安徽省实施部分行政区划调整，撤销原地级巢湖市，原居巢区改设县级巢湖市，由安徽省直辖、合肥市代管，庐江县划入合肥市。

自东汉末年以来，合肥数为州郡治所，一直是江淮地区重要的行政中心和军事重镇，素有“淮右襟喉、江南唇齿”“江淮首郡、吴楚要冲”之称，历来是重要商埠和兵家必争之地。西汉时，合肥是全国除长安外十八大商贸市场之一。三国时，合肥成为“恩化大行”“官民有畜”的江淮“巨镇”。隋唐时期，合肥社会繁荣，百姓殷富。宋元时期，合肥为江淮之间首屈一指的政治军事重镇。南宋筑斗梁城，城中“百货骈集，千樯鳞次”，金斗河（淝河流经城区的一段）两岸“悉列货肆，商贾喧阗”。直到鸦片战争前，合肥的经济社会发展水平和全国大部分地区相比，仍毫不逊色。

【自然环境和资源】 合肥境内有丘陵岗地、低山残丘、低洼平原三种地貌，以丘陵岗地为主，江淮分水岭自西向东横贯全境。全市海拔多在15～80米，平均海拔20～40米，海拔最高为境西的595米的牛王寨。主城区地势由西北向东南倾斜，岗冲起伏；西南部属大别山余脉，层峦叠嶂。

合肥地处中纬度地带，属亚热带季风性湿润气候，季风明显，四季分明，气候温和，雨量适中。年均气温15.70℃，年均降水量约1000毫米，年日照时间约2000小时，年均无霜期228天，平均相对湿度为77%。

合肥自然条件优越，水资源、土地资源、农产品资源、矿产资源和旅游资源丰富。可利用水资源充裕，天然水资源总量为38.85亿立方米。地表水系较为发达，以江淮分水岭为界，岭南为长江水系，主要有南淝河、派河、丰乐河、杭埠河、滁河、裕溪河、兆河、柘皋河、白石天河、西河等；岭北为淮河水系，主要有东淝河、沛河、池河等。境内巢湖东西长54.50千米，南北宽21千米，水域面积770平方千米，号称“八百里巢湖”，湖底海拔5米，湖水容量随水位高程的不同而不同，当水位高程达14米时，湖水容量为63.70亿立方米。

全市耕地面积4826.40平方千米，是全国重要的农副产品生产区，粮食作物以水稻、小麦为主，经济作物主要有油菜、棉花、瓜果、蔬菜等，畜禽养殖业发达，特色农产品丰富，被授予“中国淡水龙虾之都”“中国坚果炒货之都”称号。长丰草莓、大圩葡萄、三十岗西瓜、中埠番茄、燕之坊杂粮、白云春毫茶叶、巢湖银鱼和白虾、合肥龙虾、肥西老母鸡等优质农产品深受消费者喜爱。

合肥的矿产资源丰富，有白云石、花岗石、磷、铁、铅、锌、银、明矾石、石膏、灰岩、矿泉水等。其中，肥东县磷矿储量居全省第二位；庐江县素有“地下聚宝盆”之称，铅、锌、硫铁矿、明矾石储量居全省首位，铜矿居第二位，硫铁矿储量占全省二分之一，铁矿储量占全省三分之一。

合肥自然环境优美，名胜古迹众多，城中有园，园中有城，是国家首批命名的3个全国园林城市之一，也是全国文明城市、全国优秀旅游城市。2023年，全市城市建成区绿地率40.30%，人均公园绿地14.92平方米，湿地保有量11.82万公顷，湿地率10.33%，湿地保护率76%。

【地方文化】 合肥地处古人类最早的发源地之一的巢湖流域，历史文化悠久，人文底蕴丰厚。自古以来，在合肥大地上，中原文化、楚文化、吴越文化和巢湖文化交融辉映，形成有巢氏文化、三国文化、包公文化、淮军文化等；20世纪初以来，合肥作为一块富有光荣革命传统的红色土地，红色文化资源丰富，截至2023年底，有革命历史类纪念设施、遗址和爱国主义教育基地363个，改革开放以来，创新文化特色日益鲜明。

合肥人杰地灵、从古到今孕育了无数杰出人物，在历史上产生了重要的影响。楚汉相争时的“亚父”范增，三国名将周瑜，“五代十国”时期吴国缔造者杨行密，北宋著名清官包拯，晚清重臣洋务派首领李鸿章，台湾光复后首任巡抚刘铭传，清朝直隶提督聂士成，抗法名将刘秉璋，北洋军阀皖系首领段祺瑞，北洋海军提督丁汝昌，淮军将领吴长庆，民国初期总理李经羲、龚心湛、贾德耀，辛亥革命时期上将倪映典、吴旸谷、范鸿仙，爱国将领冯玉祥，抗日名将卫立煌、孙立人、郭寄峤，“和平将军”张治中，中国共产党隐蔽战线卓越领导人李克农，国民党高级官员吴忠信，革命英烈柯武东、刘敏、徐百川，诺贝尔物理学奖获得者杨振宁，著名作家鲁彦周等。

【民族和宗教】 合肥市属少数民族散杂居地区，是安徽省民族工作重点市。至2023年底，全市有55个少数民族成分，常住人口中少数民族人口6.93万人，占全市常住人口的0.74%。有1个民族乡，12个少数民族聚居村和2个少数民族聚居社区，6所民族中小学校。合肥有佛教、道教、伊斯兰教、天主教、基督教五大宗教。市区较大宗教活动场所有明教寺、开福寺、清真寺、天主教堂、基督教堂等。

（方　志）

党的建设

【概况】 2023年，中国共产党合肥市委员会（以下简称“市委”）坚持以习近平新时代中国特色社会主义思想为指导，全面贯彻党的二十大精神和习近平总书记关于安徽工作的重要讲话重要指示精神，深入学习领会习近平总书记关于党的建设的重要思想、关于党的自我革命的重要思想，认真落实党中央决策部署及省委工作要求，深入推进全面从严治党，以高质量党建引领保障高质量发展。

【政治建设】 2023年，市委聚焦用党的创新理论武装全党、教育人民这个首要政治任务，扎实开展学习贯彻习近平新时代中国特色社会主义思想主题教育，聚焦“学思想、强党性、重实践、建新功”总要求，一体推进理论学习、调查研究、推动发展、检视整改、建章立制等工作，教育引导全市上下坚定拥护“两个确立”、坚决做到“两个维护”。加强党对经济工作的领导，每月召开市委常委会扩大会议分析部署经济工作，高效运行“两委一院一集团”（即市委科创委、市战新委、市产业研究院、市产投集团），经济运行保持稳中向好态势。加强党对生态文明建设的领导，完善“四管”工作机制（即市委副书记专职分管、省巢管局一口统管、职能部门齐抓共管、财政资金专户专管），系统实施碧水、安澜、富民“三大工程”和点源、线源、面源、内源“四源同治”，巢湖水质上半年好转为Ⅲ类，为1979年有监测记录以来最好水平，连续3年未发生大面积蓝藻水华。支持和保证人大、政府、政协、法院、检察院等依法依章程履行职能、开展工作。加强党对统一战线工作和群团工作的领导，持续完善大统战工作格局，市总工会、妇联、残联完成换届。落实党管武装制度，争创全国双拥模范城“十连冠”。

【思想建设】　2023年，市委全面学习贯彻习近平文化思想，坚决落实意识形态工作责任制，持续做好正面宣传、负面把控、全面鼓劲，开展“举旗帜·送理论”等宣传宣讲活动8.20万场、受众逾千万人（次），中央媒体正面报道合肥稿件超2.70万篇。统筹推动文明培育、文明实践、文明创建，持续推进“好人成名人”道德实践工程，新增“中国好人”6人，累计200人、居省会城市第2位。繁荣发展文化事业和文化产业，打造“一标识四中心”（即创新包容的城市文化标识、常来常往的科普文化中心、文艺精品的创作孵化中心、文化产业的辐射带动中心、文旅融合的消费集聚中心），包公题材优秀剧目展演、“合肥之春”非遗晚会等深受好评，省“五个一工程”（即一部好的戏剧作品，一部好的电视剧作品，一部好的电影作品，一部好的社会科学方面图书，一部好的社会科学方面理论文章）获奖数量创历史新高并首次实现“大满贯”，获批国家级文化产业示范园区、文化和科技融合示范基地各1个，淮河路步行街获评全国示范步行街，骆岗公园上榜国庆假期热门景区前20位。

【组织建设】　2023年，市委坚持以正确用人导向引领干事创业导向，提拔或进一步使用县处级干部244人，交流轮岗县处级干部187人，调整不适宜担任现职县处级干部2人，2022年度选人用人工作民主评议满意度考核全省第1位、为10余年来首次。深化机构编制改革，累计清理“小散弱”事业单位99家、精简率48.30%，收回空编632名，撤并调整机关内设机构122个，其中新设种业管理处、汽车产业处、楼宇经济处等37个。构建市委人才办、市人才发展促进中心、市人才集团“三位一体”工作机制，开展合肥专班“高校行”、高校师生“合肥行”“20万个岗位供您选”等活动，新增就业参保大学生35.20万人。坚持大抓基层导向，抓基层党建考核连续三年全省第1位。新选派50名退出领导岗位干部担任“乡村振兴指导员”，实施村级集体经济“百村示范、千村提升”行动，深化“村企联建”，经济强村占比81%、提升17个百分点。推动“社区治理”向“小区治理”延伸，实行“党管、企管、自管”三管齐下，77家物业企业被提前解聘或清退，89家物业企业受到“红黄牌”惩戒和信用扣分，90%以上建成小区可防性案件“零发案”。制定“党建惠企百条”，帮助企业解决招工、融资等问题3668个。

【作风建设】　2023年，市委落实中央八项规定精神及省委实施细则，修订市委作风建设“三十条”，从严落实严管厚爱“八个不得”行为规范，查处违反中央八项规定精神问题400个647人，给予党纪政务处分317人。树立和践行正确政绩观，严防“半拉子工程”“形象工程”“面子工程”和统计造假等问题。持续为基层减负，市级层面督检考、发文、开会同比下降24%、16%、26%。践行“四下基层”，用好“民声呼应”平台，开展党建引领“六情”活动（即知民情、降警情、防危情、减访情、控舆情、增感情），化解各类矛盾纠纷超5万起，初信初访一次性化解率、群众满意率均提高到98%以上。

【纪律建设和反腐败斗争】　2023年，市委落实管党治党政治责任，每半年专题研究纪检监察机关案件查办工作，推动市、县两级纪委落实“敢办案、会找案、能防案”和“抓紧办、持续办、提级办、交叉办、文明办”要求，强化对反腐败斗争全过程领导。实施集中巡察、集体反馈、集成整改，实现对16个副县级镇、149个重点单位二级机构、152个开发区所属村（社区）“三个全覆盖”。巩固提升“四小四大”整治成果，开展“四域四化”专项整治，实施肥东县作风建设大提升、肥西县政治生态大修复、清廉轨道大整治等“三大行动”，加强新时代廉洁文化建设，打造包公清廉文化品牌，包公故里文化园开园，第八届“包公杯”曲艺作品、第五届“清廉合肥”三微作品征集数创新高。

（周丽媛）

经济社会发展

【概况】 2023年，合肥市加快构建新发展格局，精准有效落实党中央和省市各项决策部署，全力以赴拼经济、稳增长、强动能，现代化产业体系建设取得积极进展，新质生产力加快培育，供给需求稳步改善，民生保障有力有效，高质量发展迈出坚实步伐。根据地区生产总值统一核算结果，2023年全市生产总值（GDP）12673.78亿元，按不变价格计算，同比增长5.80%。分产业看，第一产业增加值377.20亿元，增长3.50%；第二产业增加值4642.21亿元，增长7.10%；第三产业增加值7654.38亿元，增长5.10%。

【农业】 2023年，合肥市农林牧渔业总产值576.28亿元，按可比价计算，增长3.80%。粮食产量再创新高，全年粮食产量298.74万吨，连续十年稳定在300万吨左右，亩产实现“七连增”，2023年达378公斤／亩。蔬菜产量254.63万吨，同比增长1.60%；水果产量54.52万吨，增长4.40%；猪牛羊禽肉产量36.75万吨，增长3.50%；禽蛋产量22.38万吨，增长5.90%；牛奶产量10.28万吨，增长6.10%。

【工业】 2023年，合肥市规模以上工业增加值同比增长10.60%，创近21个月新高。传统生产力、新质生产力协同共进。战略性新兴产业产值同比增长11.10%，创年内新高。新能源汽车和智能网联汽车产业链产值超1700亿元，同比增长54.60%，对规上工业增长贡献率达84.50%，新能源汽车产量达74.60万辆，同比增长1.40倍。光伏及新能源产业链产值超1300亿元，同比增长18.20%，太阳能电池、锂离子电池产量分别达2209.73万千瓦、2225.78万只。家用电器制造业增加值同比增长11.90%，冰箱、洗衣机产量均创历史新高，分别达2382.37万台、2688.62万台。

【投资】 2023年，合肥市固定资产投资同比增长3%，其中项目投资和房地产投资分别增长2.20%和4.60%。工业投资增长16.70%，占固定资产投资的32.20%，创近6年新高。战新产业投资增长17.60%，对全市工业投资增长贡献率达97.30%；新能源汽车投资、新能源产业投资分别增长19.20%和54.80%。新动能加快培育。高技术产业投资增长13.70%，占全部投资的20.40%，创近8年新高，其中科技成果转化服务、检验检测服务、环境监测及治理服务投资分别增长3.10倍、1.90倍和1.50倍。数字经济投资同比增长17.10%，占全市投资的20.30%，同比提高2.40个百分点。

【现代服务业】 2023年，合肥市规模以上服务业实现营业收入2513.25亿元，增长9.40%，其中现代服务业营业收入2066.33亿元，增长10.90%，对规上服务业增长的贡献率达94%。科技推广和会展等生产性需求显著增强，科技推广和应用、会议展览及相关服务业营收同比分别增长37.50%和1.50倍；交通运输等出行服务增长明显，铁路运输业、航空运输业营收同比分别增长43%和57.60%；信息传输、软件和信息技术服务业，租赁和商务服务业实现两位数增长，分别为14.30%和18.10%。

【消费】 2023年，合肥市社会消费品零售总额5270.83亿元，同比增长5%。住宿餐饮业营业额突破700亿元，达704.96亿元，同比增长17.50%。新业态加速成长，限上实物商品网上零售额515.25亿元，增长8.40%，占限上零售额的22.30%，同比提高1.50个百分点。大宗消费支撑有力，石油、汽车类零售额合计占全市比重超四成、达42.40%，同比提高3.80个百分点，拉动全市限上零售额增长3.70个百分点。绿色低碳消费表现亮眼，新能源汽车零售额增长58.20%，占限上零售额的8.40%，同比提高3.50个百分点。

【财政收支】 2023年，合肥市一般公共预算收入929.63亿元，同比增长2.20%，其中税收收入674.03亿元，同比增长0.50%。一般公共预算支出1411.34亿元，同比增长2.30%，其中教育、社会保障和就业支出252.20亿元、160.50亿元，同比增长6.70%、16.20%。

【金融供给】 2023年末，合肥市本外币存贷款余额突破5.50万亿元，同比增长13.10%。其中，贷款余额2.81万亿元，同比增长17.10%，连续16个月保持15%以上增长；存款余额2.73亿元，同比增长9%。

【居民收入】 2023年，合肥市居民人均可支配收入52594元，同比增长7.70%。其中，城镇居民人均可支配收入59609元，增长6.10%；农村居民人均可支配收入31140元，增长8.40%。城乡居民收入比由上年的1.96缩小为1.91。

【就业物价】 2023年，合肥市新增就业参保47.40万人，同比增长8.70%，城镇新增就业14.93万人。居民消费价格与去年基本持平。分类别看，食品烟酒价格上涨0.30%，衣着价格上涨1.80%，居住价格下降0.10%，生活用品及服务价格下降0.20%，交通通信价格下降3.20%，教育文化娱乐价格上涨1.50%，医疗保健价格上涨0.20%，其他用品及服务价格上涨3%。

表1　　新时代十年合肥市主要经济指标情况一览表

	2013年	2023年		平均增速（%）	占全省比重变动（%）	绝对量在全国省会城市位次变动
	总量	总量	增速（%）			
生产总值（亿元）	4696.0	12673.8	5.8	7.7	22.8→26.9	15→10
一般公共预算收入（亿元）	438.6	929.63	2.2	7.8	21.1→23.6	13→10
规模以上工业增加值	—	—	10.6	10.7	—	—
固定资产投资	—	—	3.0	8.5	—	—
工业投资	—	—	16.7	12.1	—	—
社会消费品零售总额（亿元）	2210.3	5270.83	5.0	8.5	25.6→22.9	16→8
进出口总额（亿美元）	181.9	509.08	-6.2	10.8	39.9→44.5	9→8
出口（亿美元）	119.0	330.61	-4.2	10.8	42.1→44.5	8→8
金融机构本外币存款余额（亿元）	8232.6	27322.94	9.0	11.7	30.8→32..8	16→10
金融机构本外币贷款余额（亿元）	7055.0	28141.41	17.1	14.6	37.0→36.1	14→10
城镇居民人均可支配收入（元）	28083	59609	6.1	7.8	—	13→7
农村居民人均可支配收入（元）	10352	31140	8.4	11.6	—	17→6

注：十年平均增速按2013—2023年均增速计算；2012-2013年金融机构存贷款为人民币口径，存贷款余额平均增速以人民币口径计算。

表2　　2023年合肥市与万亿元城市经济总量比较（单位：亿元、%）

城市	总量	增速	城市	总量	增速
上　海	47218.7	5.0	无　锡	15456.2	6.0
北　京	43760.7	5.2	长　沙	14332.0	4.8
深　圳	34606.4	6.0	郑　州	13617.8	7.4
广　州	30355.7	4.6	佛　山	13276.1	5.0
重　庆	30145.8	6.1	福　州	12928.5	5.2
苏　州	24653.4	4.6	济　南	12757.4	6.1
成　都	22074.7	6.0	合　肥	12673.8	5.8
杭　州	20059.0	5.6	泉　州	12172.3	4.8
武　汉	20011.7	5.7	西　安	12010.8	5.2
南　京	17421.4	4.6	南　通	11813.3	5.8
天　津	16737.3	4.3	东　莞	11438.1	2.6
宁　波	16452.8	5.5	烟　台	10162.5	6.6
青　岛	15760.3	5.9	常　州	10116.4	6.8

表 3　　2023 年合肥市与长三角主要城市主要经济指标比较

	合　肥			上　海		南　京		杭　州		宁　波		苏　州	
	绝对量	在长三角位次	增长（%）	绝对量	增长（%）	绝对量	增长（%）	绝对量	增长（%）	绝对量	增长（%）	绝对量	增长（%）
生产总值（亿元）	12673.8	7	5.8	47218.7	5.0	17421.4	4.6	20059	5.6	16452.8	5.5	24653.4	4.6
一般公共预算收入（亿元）	929.63	7	2.2	8312.5	9.3	1620.0	4.0	2616.8	6.8	1785.9	6.3	2456.8	5.5
规模以上工业增加值（亿元）	—	—	10.6	—	1.5	—	3.6	—	2.4	—	6.6	—	3.6
固定资产投资（亿元）	—	—	3.0	—	13.8	—	-1.9	—	2.8	—	7.5	—	5.0
工业投资（亿元）	—	—	16.7	—	5.5	—	1.5	—	29.9	—	9.9	—	10.1
社会消费品零售总额（亿元）	5270.83	5	5.0	18515.50	12.6	8201.07	4.7	7670.57	5.2	5212.56	6.5	9582.92	6.4
进出口总额（亿元）	3588.13	10	-0.6	42121.61	0.7	5659.94	-9.3	8029.72	6.1	12779.33	0.9	24514.10	-4.6
出口（亿元）	2327.07	13	1.2	17377.94	1.6	3333.12	-11.8	5338.72	3.7	8287.82	0.7	15081.59	-2.5
金融机构本外币存款余额（亿元）	27322.94	6	9.0	204429.29	6.3	54279.92	9.6	77588.65	11.5	34071.55	8.9	53638.46	13.1
金融机构本外币贷款余额（亿元）	28141.41	6	17.1	111766.72	7.3	54337.89	11.4	68641.55	9.5	38132.99	15.6	52589.95	12.1
城镇居民人均可支配收入（元）	59609	18	6.1	89477	6.5	79858	4.2	80587	4.6	80144	4.5	82989	4.3
农村居民人均可支配收入（元）	31140	21	8.4	42988	8.2	36789	6.1	48180	6.6	48350	6.3	46385	5.9

表 4　　2023 年合肥市与中部省会城市主要经济指标比较

	合　肥			武　汉		郑　州		长　沙		太　原		南　昌	
	绝对量	在中部省会城市位次	增长（%）	绝对量	增长（%）	绝对量	增长（%）	绝对量	增长（%）	绝对量	增长（%）	绝对量	增长（%）
生产总值（亿元）	12673.8	4	5.8	20011.7	5.7	13617.8	7.4	14332	4.8	5573.7	3.8		
一般公共预算收入（亿元）	929.63	4	2.2	1601.2	6.4	1165.8	3.1	1227.1	2.1	449.2	2.7		
规模以上工业增加值（亿元）	—	—	10.6	—	4.6	—	12.8	—	6.8	—	1.7	—	
固定资产投资（亿元）	—	—	3.0	—	0.3	—	6.8	—	-6.8	—	-18.3	—	
工业投资（亿元）	—	—	16.7	—	-6.8	—	31.1	—	1.7	—	-8.8	—	
社会消费品零售总额（亿元）	5270.83	4	5.0	7531.9	8.6	5623.1	7.7	5561.67	6.2	1912.88	8.6		
进出口总额（亿元）	3588.13	3	-0.6	3606.17	2.9	5522.34	-9.0	2628.48	-16.3	1349.71	-7.7	1112.91	-13.8
出口（亿元）	2327.07	2	1.2	2167.31	1.9	3569.11	-0.8	1723.49	-25.3	826.94	-14.6	787.62	-13.0
金融机构本外币存款余额（亿元）	27322.94	4	9.0	38483.85	7.6	30657.00	4.2	30715.63	10.2	19265.15			
金融机构本外币贷款余额（亿元）	28141.41	4	17.1	47517.12	7.1	37263.2	6.2	32970.58	9.6	19570.26			
城镇居民人均可支配收入（元）	59609	3	6.1	61693	5.6	48740	5.3	67276	3.2	45835	4.9		
农村居民人均可支配收入（元）	31140	3	8.4	31560	7.7	30383	7.6	43200	6.2	24488	7.3		

（晏　飞）

责任编辑：王晓燕

中国共产党合肥市委员会

综　述

【概况】 2023年，中国共产党合肥市委员会（以下简称“市委”）坚持以习近平新时代中国特色社会主义思想为指导，全面贯彻党的二十大和二十届二中全会精神，坚定拥护“两个确立”、坚决做到“两个维护”，勇当科技和产业创新的开路先锋，全市呈现发展势头好、干事劲头足、群众心头暖的喜人局面。

【开展学习贯彻习近平新时代中国特色社会主义思想主题教育】 2023年，市委把握“学思想、强党性、重实践、建新功”总要求，围绕科技创新、新兴产业、耕地保护、生态环境保护等“国之大者”，创新开展分专题培训，进行解读式传达、穿透式分析、闭环式落实，教育引导党员、干部在以学铸魂、以学增智、以学正风、以学促干上下功夫见实效。践行“四下基层”（即宣传党的路线、方针、政策下基层，调查研究下基层，信访接待下基层，现场办公下基层），分产业链开展调研，与地标企业“一对一”会商，出台高端装备9条、总部经济10条、平台经济11条、智能家电11条、先进光伏18条、低空经济20条、新能源汽车36条等政策，以高质量发展成果检验主题教育成效。

【推动经济高质量发展】 2023年，市委完整、准确、全面贯彻新发展理念，推动高质量发展，全市实现地区生产总值（GDP）12673.78亿元、同比增长5.80%，高于全国0.60个百分点，总量居全国城市第20位，较上年前进1位。一般公共预算收入929.63亿元，同比增长2.20%。规模以上工业增加值同比增长10.60%、居GDP超万亿元城市第3位。固定资产投资同比增长3%，工业投资同比增长16.70%，占固定资产投资比重超30%、创近6年新高。本外币贷款余额2.77万亿元、同比增长17.40%，增速居GDP超万亿元城市第1位。净增涉税经营主体10万户、总数达86.70万户，市场主体总数达168.90万户。新增境内上市、过会企业13户，总数达82户、居全国城市第12位。新增国家级专精特新“小巨人”企业52户，总数达188户、居全国城市第14位。新晋独角兽和潜在独角兽企业31户、总数达51户。入库国家科技型中小企业1.10万户。净增国家高新技术企业1994户、总数达8406户、居全国城市第15位。新增百亿产值工业企业6户、总数达22户。新增“灯塔工厂”（即在第四次工业革命尖端技术应用整合工作方面卓有成效，堪为全球表率的领先企业）3户，总数达5户、居全国城市第2位。

【打造科技创新策源地】 2023年，市委服务保障国家实验室、综合性国家科学中心建设，国际先进技术应用推进中心实质化运行，科大硅谷、未来大科学城加快建设。国家未来网络试验设施合肥分中心基本建成，合肥先进光源、雷电防护试验设施开工建设。“‘拉索’发现史上最亮伽马暴的极窄喷流和十万亿电子伏特光子”“揭示光感受调控血糖代谢机制”2项成果入选国家自然科学基金委员会评选的中国科学十大进展。财政科技投入246亿元，占一般公共预算支出17.40%、居全国城市前列。新获批组建深空探测等全国重点实验室4个，新增国家级孵化器13家、总数37家、增量居全国城市第2位。新增新型研发机构19家、总数52家。技术合同交易额突破1200亿元。万人发明专利拥有量超70件，成为国家知识产权强市建设示范城市和国家知识产权保护示范区。在世界知识产权组织发布的2023年创新指数报告中，合肥居全球“科技集群”第40位、较上年提升15位。在“自然指数—科研城市2023”中，合肥居全球第13位、较上年提升3位。开展“合肥专班高校行、高校师生合肥行”系列招才引智活动，全年新增就业参保大学生35.20万人、同比多增5.10万人，新增进站博士后949人、在站总数达2983人。

【打造新兴产业聚集地】 2023年，市委统筹推进传统产业升级、新兴产业壮大、未来产业发展，实质化运作市委科技创新委员会、市战略性新兴产业委员会、市产业研究院、市科创集团，系统谋划打造现代化产业体系。根据赛迪发布，合肥居全国先进制造业百强市第13位。战略性新兴产业产值占规模以上工业比重达54.70%。新能源汽车“首位产业”迎来爆发式增长，全年产量74.60万辆、居全国城市前5位。集成电路、新型显示产业获首批国家级战略性新兴产业集群评价“优秀”等次，数量居全国城市第2位。先进光伏和新型储能产业全年产值突破1500亿元，光伏并网装机容量居全国省会城市前列。智能家电“四大件”（即冰箱、洗衣机、空调、彩电）产量超6400万台、同比增长12.40%，产量和增幅均居全国城市前列。全国首个万卡规模的3000P国产算力集群“飞星一号”平台建成投用。生物制造、低空经济、量子信息、空天信息、聚变能源等新赛道有力布局。新签约项目超1300个，其中百亿元项目12个、同比增加6个、创历史新高，引进世界500强项目16个。大众全球第二研发中心、京深深向新能源重卡智能化制造项目、亿航智能全空间无人系统综合应用示范项目、华晟5GW高效异质结电池和组件项目、中国电信量子科技产业化项目等一批标志性项目成功落地。

【提升现代服务业发展水平】 2023年，市委加快打造现代服务业升级版，德凯汽车测试中心投入运营，招商检测华东测试基地加快建设。新增国家级工业设计中心3家、总数达13家，居全国省会城市第2位。整合陆港公司新组建合肥物流集团，江淮运河全线贯通，新增、复航10条国际及地区客货运航线，中欧班列开行868列、同比多开100列。获批生产服务型国家物流枢纽、国家加工贸易承接转移示范地。服务保障世界制造业大会、第二届中国（安徽）科技创新成果转化交易会、“中国航天日”主场活动暨中国航天大会等展会超600场、同比增长2倍，连续8年获评“中国最具竞争力会展城市”。

【打造改革开放新高地】 2023年，市委全面深化改革开放，实施重点改革举措114项，形成制度性成果70余项。推动机构编制改革创新，首批撤销“小散弱”（即机构规模较小、设置分散、职能弱化）事业单位99家，精简率48%，收回空编632名。新设汽车产业处、场景创新推进处、科技创新协调处等业务处室37个，撤并调整市直机关内设机构122个。推进安徽（合肥）创新法务区、科创金融改革试验区、营商环境改革创新示范区建设，在全国工商联发布的“万家民营企业评营商环境”中，合肥居全国省会及副省级城市前10位。推动外资外贸高质量发展，全年进出口总额3588亿元，居全国省会城市第7位。新增外资企业205户、创历年新高。服务和融入长三角一体化发展，与长三角城市共建集成电路、生物医药、新能源汽车、人工智能4个产业链联盟，加快合肥都市圈建设，蔚来电驱动二期等高质量项目落地新桥合淮合作区。

【打造经济社会发展全面绿色转型区】 2023年，市委全力打造巢湖“最好的名片”，巢湖水质上半年好转为Ⅲ类，创1979年有监测记录以来最好水平，连续3年未发生大面积蓝藻，南淝河水质近年来首次达到全年Ⅲ类。“山水林田湖草沙一体化保护和修复工程”绩效考评连续2年居全国第1位。中央及省环保督察交办问题、信访件销号率99.40%。单位GDP能耗相当于全国1/2，度电GDP为全国1.70倍，获国家低碳城市试点评估“优良”等次。举办第十四届中国（合肥）国际园林博览会。

【提高城乡规划建设治理水平】 2023年，市委扎实推进规划建设治理一体化，新建幼儿园配建“三件套”（即游园、公厕、家长等候区）等做法获国家住房和城乡建设部全国推广。全市大建设投资超1100亿元，累计建成及在建城市快速路近320千米。据百度地图发布的中国城市交通报告，合肥交通拥堵指数由2020年全国主要城市10位左右降到40位左右。轨道交通总里程突破200千米，地铁1、2、3号延长线开通运营。龙河口引水、长江供水等“喝好水”工程建成使用。启动实施“城中村”改造三年攻坚行动，全年征迁463万平方米、完成三年总任务58%。落实最严格的耕地保护制度，新建高标准农田20000公顷、总数突破26.67万公顷，粮食面积、产量分别稳定在52.67万公顷、300万吨左右。种业销售额超110亿元、居全国城市第3位，水稻种子出口连续5年居全国城市第1位。庐江农舍总部经济、长丰都市休闲农业成效明显，集体经营性收入50万元以上、经营收益25万元以上的村达80%。

【助力文化强省建设】 2023年，市委守正创新做好宣传思想文化工作，中央宣传部“高质量发展调研行”高度评价合肥发展成就，《人民日报》《求是》《光明日报》《经济日报》、新华社、中央广播电视总台等中央媒体多次头版、整版报道合肥。市属媒体原创视频网上传播量50万以上作品达502个、同比增长超30%。新增“中国好人”6名，总数达200名、居全国省会城市前列。掌握党对意识形态工作领导权，全年没有发生重大负面舆情。发展科普研学游等，加快打造环巢湖旅游休闲圈、骆岗公园、江淮运河百里画廊、未来大科学城等“一湖一园一廊一城”现象级科创文旅新地标。全年接待国内旅游人数1.40亿人（次），旅游收入1866亿元，同比分别增长69.80%、85.60%。

【人民生活品质提高】 2023年，市委坚持以人民为中心的发展思想，全市居民人均可支配收入增速快于GDP增速、快于全国和全省增速。教育投入252亿元，新建中小学、幼儿园110所，新增学位托位超10万个，从严规范义务教育招生入学，全面整治违规“择校”。合肥学院更名合肥大学，合肥理工学院获批。新桥国际医院、上海第六人民医院安徽医院、安徽医科大学第一附属医院南区开诊，与京沪高水平医院建立特色专科联盟17个。建立大安全大应急框架，全年生产安全事故数、亡人数分别下降18.60%、14.20%，未发生重大及以上生产安全事故。获评“全国社会治安防控体系建设示范城市”“全国市域治理现代化试点合格城市”“国家食品安全示范城市”，治理重复信访、化解信访积案专项工作获评全国优秀。

【深化民主法治建设】 2023年，市委支持人大、政协依法依章程履行职责，践行全过程人民民主。市人大常委会制定修改优化营商环境条例、住宅小区物业管理条例等法规5件，基层立法联系点、民生实事项目代表票决制等工作在全国人大有关座谈会上作经验交流。市政协围绕“产业集群化发展”召开社情民意座谈会，就“引导规范民办教育发展”等召开重点提案办理协商会，“有事好商量”基层协商平台建设得到全国政协肯定。支持各民主党派、无党派人士和党外知识分子、新的社会阶层人士开展“凝心铸魂强根基、团结奋进新征程”主题教育，加强党外代表人士队伍建设，宗教领域常态化督查工作获全省推广。一体推进法治合肥、法治政府、法治社会建设，巩固拓展全国法治政府建设示范市创建成果，连续14年居全省法治政府建设考核第1位。落实党管武装制度，深化国防动员体制改革，召开合肥警备区第七次党代会，军政、军民团结持续巩固。市总工会、市妇女联合会、市残疾人联合会等完成换届，群团组织政治性、先进性、群众性进一步增强。

2023年9月26日，第十四届中国（合肥）国际园林博览会开幕

（市委宣传部/供）

【推进全面从严治党】 2023年，市委深入学习贯彻习近平总书记关于党的建设的重要思想，以正确用人导向引领干事创业导向，推进领导干部能上能下，激励干部担当作为，交流轮岗县处级干部187人。推进党建引领基层治理，推动“社区治理”向“小区治理”延伸。落实中央八项规定及其实施细则精神，力戒形式主义官僚主义，持续为基层减负。支持配合省委巡视，每半年听取市、县两级纪检监察机关案件查办情况专题汇报，每月市委常委会扩大会议安排警示教育，推动国企总会计师、纪委书记和市属医院纪委书记大交流。支持审计机关依法独立开展工作，发挥经济监督职能作用。系统开展清廉轨道

大整治、政治生态大修复、作风建设大提升行动，均取得阶段性明显成效。

（朱王素）

重要会议

【**市委全体会议**】 2023年，中国共产党合肥市第十二届委员会召开1次全体会议，即中国共产党合肥市第十二届委员会第六次全体会议。

2023年8月22日，中国共产党合肥市第十二届委员会第六次全体会议召开。全会由市委常委会主持。全会坚持以习近平新时代中国特色社会主义思想为指导，全面贯彻党的二十大精神，认真落实省委十一届五次全会部署，听取和讨论省委常委、市委书记虞爱华受市委常委会委托作的工作报告，审议通过《关于推动战略性新兴产业融合集群发展 加快建设现代化产业体系的实施意见》《中国共产党合肥市第十二届委员会第六次全体会议决议》等。虞爱华就《实施意见（讨论稿）》向全会作说明，并作讲话。

【**市委常委会会议**】 2023年1月5日，虞爱华主持召开市委常委会会议暨市委理论学习中心组学习会议，传达学习习近平总书记相关重要讲话精神及省委有关会议精神，研究合肥市贯彻落实举措。听取信访工作情况汇报、全市思想政治工作情况汇报。研究春节慰问相关工作。

1月19日，虞爱华主持召开市委常委会会议，传达学习习近平总书记相关重要讲话精神及省委有关会议精神，研究部署合肥市贯彻落实工作。审议通过新修订的《市委贯彻落实中央八项规定精神深入推进作风建设三十条规定》。

2月2日，虞爱华主持召开市委常委会会议暨市委理论学习中心组学习会议，传达学习习近平总书记相关重要讲话精神、中央有关文件精神及省委有关会议精神，研究部署合肥市贯彻落实工作。

2月16日，虞爱华主持召开市委常委会会议暨市委理论学习中心组学习会议、市委党的建设工作领导小组会议，传达学习习近平总书记在新进中央委员会的委员、候补委员和省部级主要领导干部学习贯彻习近平新时代中国特色社会主义思想和党的二十大精神研讨班开班式上的重要讲话精神，中央和省有关会议精神，研究部署合肥市贯彻落实工作。研究市委党的建设工作及全市组织、宣传、统战、政法工作。听取市人大常委会、市政协下一步工作安排的汇报。

2月23日，虞爱华主持召开市委常委会会议暨市委理论学习中心组学习会议，传达学习习近平总书记相关重要讲话精神及省委有关会议精神，研究部署合肥市贯彻落实工作。讨论研究《十大提升行动方案》。会议对全市关工委工作给予充分肯定。听取全市青年工作情况汇报，审议并原则通过《合肥市青年发展型城市建设试点实施方案》。

3月24日，虞爱华主持召开市委常委会会议暨市委理论学习中心组学习会议，传达学习习近平总书记相关重要讲话精神及省委有关会议精神，研究部署贯彻落实工作。

4月6日，虞爱华主持召开市委常委会会议暨市委理论学习中心组学习会议、市委科创委员会会议，传达学习习近平总书记相关重要讲话精神、党中央及省委有关会议精神，研究部署合肥市贯彻落实工作。

4月21日，虞爱华主持召开市委常委会会议暨市委理论学习中心组学习会议、市委全面依法治市委员会会议，传达学习习近平总书记相关重要讲话精神，重温习近平总书记关于安徽工作的重要讲话重要指示精神，研究贯彻落实工作。同意追授市公安局交警支队庐阳大队一中队中队长华杰同志“合肥市优秀共产党员”。

5月19日，虞爱华主持召开市委常委会会议，传达学习习近平总书记相关重要讲话、重要回信贺信精神，研究合肥市贯彻落实工作。审议通过深入开展“四域四化”专项整治工作方案。

7月27日，虞爱华主持召开市委常委会会议暨市委理论学习中心组学习会议，传达学习习近平总书记相关重要讲话精神及省委有关会议精神，研究合肥市贯彻落实工作。听取平安合肥建设及公安工作情况汇报。

8月17日，虞爱华主持召开市委常委会会议，传达学习习近平总书记相关重要讲话精神和省委有关会议精神，研究合肥市贯彻落实工作。讨论《合肥市区城中村改造三年攻坚行动实施方案（2023-2025）》。听取《市委常委会工作报告（讨论稿）》《中共合肥市委关于推动战略性新兴产业融合集群发展 加快建设现代化产业体系的实施意见（讨论稿）》起草情况汇报，决定召开市委十二届六次全会。

8月31日，虞爱华主持召开市委常委会会议暨市委理论学习中心组学习会议，传达学习习近平总书记相关重要讲话精神及省委有关会议精神，研究合肥市贯彻落实工作。审议通过《合肥市加快建设国际一流新能源汽车之都行动计划》《合作园区移交国家级开发区整体托管方案》。

9月14日，虞爱华主持召开市委常委会会议暨市委理论学习中心组学习会议，传达学习习近平总书记相关重要讲话精神及省委有关会议精神，研究合肥市贯彻落实工作。审议通过《中共合肥市委常务委员会工作规则》。

10月19日，虞爱华主持召开市委常委会会议，传达学习习近平总书记相关重要讲话精神及省委有关会议精神，研究合肥市贯彻落实工作。

10月26日，虞爱华主持召开市委常委会会议暨市委理论学习中心组学习会议，传达学习习近平总书记相关重要讲话精神及省委有关会议精神，研究合肥市贯彻落实工作。研究合肥理工学院筹备工作。

11月30日，虞爱华主持召开市委常委会会议暨市委理论学习中心组学习会议，传达学习习近平总书记相关重要讲话精神及省委有关会议精神，研究贯彻落实工作。听取关于奖励表扬园博园建设和第十四届中国（合肥）国际园林博览会筹办工作先进集体、先进个人情况的汇报。

12月6日，虞爱华主持召开市委常委会会议暨市委理论学习中心组学习会议、市委平安建设领导小组会议，传达学习习近平总书记相关重要讲话精神及省委有关会议精神，研究贯彻落实工作。研究市委巡察工作规划方案。审议《合肥市国民经济和社会发展第十四个五年规划和2035年远景目标纲要实施中期评估报告》。研究2024年市“两会”有关事项。

12月22日，虞爱华主持召开市委常委会会议暨市委理论学习中心组学习会议、市委网络安全和信息化委员会会议，传达学习习近平总书记相关重要讲话精神及省委有关会议精神，研究贯彻落实工作。

12月27日，虞爱华主持召开市委常委会会议暨市委理论学习中心组学习会议、市委外事委员会会议，传达学习习近平总书记相关重要讲话精神及省委有关会议精神，研究贯彻落实工作。决定召开市委十二届七次全会暨市委经济工作会议。

【市委常委会扩大会议】 2023年3月17日，虞爱华主持召开市委常委会扩大会议暨市委理论学习中心组学习会议，深入学习党的二十届二中全会、中央政治局会议、全国“两会”精神，以及省委有关会议精神，研究合肥市贯彻落实工作。

3月31日，虞爱华主持召开市委常委会扩大会议，分析总结2023年以来全市经济运行情况，部署下一步重点工作。会上，市委副书记、市长罗云峰对县（市、区）、开发区经济运行情况进行点评并作工作部署。市领导张泉就当前经济发展重点问题作工作安排。部分市直单位及合肥海尔工业园、欧菲光电科技有限公司、合肥詹记食品有限公司代表作发言。

5月5日，虞爱华主持召开市委常委会扩大会议，深入学习贯彻4月28日中央政治局会议精神，分析总结2023年以来全市经济运行情况，部署下一步重点工作。会上，罗云峰对各县（市、区）、开发区经济运行情况进行点评并作工作部署。市领导黄维群对有关县（市）所属开发区巡察情况进行通报。部分区、市直单位及国轩高科股份有限公司、市创新科技风险投资有限公司代表作发言。

5月30日，虞爱华主持召开市委常委会扩大会议，开展党风廉政教育，集体观看警示教育片，分析2023年以来全市经济运行情况，部署下一步重点工作。会上，罗云峰对各县（市、区）、开发区经济运行情况进行点评并作工作部署。市领导何逢阳就“城中村”征迁改造三年攻坚行动方案进行解读并作工作部署，瑶海区、庐阳区、蜀山区、包河区、新站高新技术产业开发区等区代表作表态发言。伏达半导体公司作交流发言。会议就中高考、防汛抗旱、“三夏”（即夏收、夏种、夏管）生产、高校毕业生就业等工作进行具体部署。

6月30日，虞爱华主持召开市委常委会扩大会议，开展党风廉政教育，集体观看警示教育片，分析2023年以来全市经济运行情况，部署下一步重点工作。会上，罗云峰对各县（市、区）、开发区经济运行情况点评并作工作部署。美亚光电技术股份有限公司、安科生物工程（集团）股份有限公司和部分区、市直单位代表作发言。

7月31日，虞爱华主持召开市委常委会扩大会议，传达学习7月24日中央政治局会议精神、省委财经委第三次会议精神等，集体观看警示教育片，深入开展党风廉政教育，分析上半年全市经济运行情况，部署安排下半年重点工作。会上，罗云峰对各县（市、区）、开发区经济运行情况点评并作工作部署。市领导张泉对“五经普”（即第五次全国经济普查）工作进行具体安排，康宁显示科技（合肥）有限公司、皖维高新材料股份有限公司、农业银行合肥分行、蜀山区井岗镇和部分市直单位代表作发言。

10月27日，虞爱华主持召开市委常委会扩大会议，集体观看警示教育片，分析研判2023年前三季度经济运行情况，部署下一步重点工作。会上，市领导张泉对2023年以来全市各县（市、区）经济运行情况进行点评并作工作部署。清电光伏科技有限公司、洽洽食品股份有限公司、沛顿存储科技有限公司、万宇科技有限公司、合肥热电集团和肥西县代表作发言。

12月1日，虞爱华主持召开市委常委会扩大会议，深入学习贯彻习近平新时代中国特色社会主义经济思想和11月27日中央政治局会议精神，集体观看警示教育片，分析研判1—10月份全市经济运行情况，部署安排下一阶段重点工作。会上，罗云峰对2023年以来全市各县（市、区）经济运行情况进行点评并作工作部署。晟泰克汽车电子股份有限公司、同路生物制药有限公司、岭雁科技有限公司和市经济和信息化局代表作交流发言。

【专题会议】 全市高质量发展暨“一改两为”推进大会。2023年1月30日，虞爱华主持召开全市高质量发展暨“一改两为”（即改进工作作风、为民办实事、为企优环境）推进大会。会上，各县（市、区）、开发区主要负责同志分别就项目投资情况作交流发言。会议强调，高质量发展是首要任务，项目建设是关键环节，“一改两为”是重要保障。全市上下要坚决拥护“两个确立”、坚决做到“两个维护”，拿出“拼”的状态、强化“争”的意识、鼓足“创”的勇气、永葆“闯”的劲头，奋力实现“五个走在前列”（即在深入实施科技创新“栽树工程”上走在前列、在三次产业高质量协同发展上走在前列、在全面深化改革开放上走在前列、在保障改善民生上走在前列、在提振干部精神状态上走在前列）。

市委常委会2022年度民主生活会。2月14日，市委常委会召开2022年度民主生活会，围绕主题，联系市委常委会工作实际，深入检视问题，进行党性分析，严肃认真开展批评和自我批评。会上，通报市委常委会党史学习教育专题民主生活会整改落实情况和本次民主生活会征求意见情况。虞爱华代表市委常委会作对照检查，从6个方面深入查摆存在的突出问题，深刻剖析思想根源，提出下一步整改措施。虞爱华带头作个人对照检查，市委常委依次进行，自我批评见人见事见思想，相互批评直面问题、直截了当，展现从严从实的要求和较真碰硬的精神。虞爱华主持会议并作总结讲话。

市委农村工作会议。2月17日，市委农村工作会议召开。虞爱华出席会议并讲话。会议传达学习中央、省委农村工作会议精神，听取2023年“小田变大田”、持续巩固拓展脱贫攻坚成果等重点工作安排。虞爱华强调，要对表对标习近平总书记重要讲话精神，进一步求新思变、善谋实干，奋力在农业强省建设中走在前列。

市委统战工作会议。3月10日，市委统战工作会议召开，虞爱华出席并讲话。会议强调，要加强党对统战工作的全面领导，主要领导带头抓，统战部门牵头抓，各地各单位分头抓，推动统战工作融入日常、融入基层治理、融入群众工作，形成左右联合、内外联通、上下联动的大统战工作格局。全市统战干部要保持时时放心不下的责任感，确保政治站位跟上党的要求、思想观念跟上形势发展、工作方法跟上技术创新、自身能力跟上使命任务。

2022年度县（市、区）委（工委）书记抓基层党建述职评议会。3月10日，虞爱华主持召开2022年度县（市、区）委（工委）书记抓基层党建述职评议会。省委组织部副部长、省委非公工委书记季星到会指导。会议现场听取16位县（市、区）委书记、开发区党工委书记、部分市属党委（工委）书记、3个党委（工委）班子述职，虞爱华代表市委逐一进行针对性点评。与会同志进行现场评议。

市委审计委员会第六次会议。3月21日，虞爱华主持召开市委审计委员会第六次会议，深入学习贯彻习近平总书记关于审计工作的重要讲话指示批示精神，研究部署下一步重点工作。会议强调，全市审计系统要深入学习贯彻党的二十大精神，紧扣发展大局履行审计职责，更好发挥“经济体检”、反腐“利剑”和参谋助手作用，以高质量审计保障高质量发展。

十二届市委深改委第五次会议。3月21日，虞爱华主持召开十二届市委深改委第五次会议。会议传达学习中央深改委有关文件及十一届省委深改委第五次会议精神，讨论研究加强应急物资储备安全管理、深化院前急救体系改革等事项。会议强调，要深刻学习领会习近平总书记关于全面深化改革的重要思想，全面贯彻落实党的二十大对改革的部署要求，大兴调查研究，围绕国资国企、教育医疗、农业农村、城市规建治、人才服务保障等重点领域和关键环节，系统谋划一批原创性改革、集成性改革、迭代性改革，力争推出更多管用好用、对发展有促进、让群众得实惠的标志性改革成果。

十二届市委编委第二次会议。5月31日，虞爱华主持召开十二届市委编委第二次会议，传达学习全国、全省编办主任会议精神，研究有关机构编制事项。会议强调，要深入学习贯彻习近平总书记关于机构编制工作的重要论述，主动识变应变求变，以新理念引领机构编制改革新突破，为高质量发展提供高水平机构编制保障。

全市学习贯彻习近平新时代中国特色社会主义思想主题教育动员会议。9月14日，全市学习贯彻习近平新时代中国特色社会主义思想主题教育动员会议召开。虞爱华主持并讲话，省委第一巡回督导组组长陈昌虎出席并讲话。虞爱华指出，全市上下要深刻认识开展主题教育的重大意义，坚持不懈用党的创新理论统一思想、统一意志、统一行动，更加深刻领悟“两个确立”的决定性意义，增强“四个意识”、坚定“四个自信”、做到“两个维护”。要围绕“学思想、强党性、重实践、建新功”总要求，一体推进理论学习、调查研究、推动发展、检视整改、建章立制等工作，努力在以学铸魂、以学增智、以学正风、以学促干方面取得实实在在的成效，切实把主题教育抓出高质量好效果。

全市推进乡村振兴工作会。10月30日，全市推进乡村振兴工作会在市政务中心召开。虞爱华出席会议并讲话。会上，观看庐江县乡村振兴工作视频，肥东县、肥西县、长丰县、巢湖市代表作交流发言。市领导王连贵就《合肥市委市政府关于加快建设彰显合肥特色的宜居宜业和美乡村实施方案》作解读。虞爱华强调，乡村干部要努力做到政治过硬、本领过硬、作风过硬，努力成为懂农业、爱农村、爱农民的干部。全市上下要对“三农”干部充分理解、充分信任，格外关心、格外爱护，真抓实干、难中求成，奋力开创全市乡村全面振兴新局面。

市委常委会全面从严治党专题会。11月14日，虞爱华主持召开市委常委会全面从严治党专题会并讲话。会议传达学习习近平总书记关于全面从严治党重要论述，听取贯彻落实省纪委监委有关纪检监察建议和“四域四化”专项整治、以案促改“三大行动”等开展情况汇报。会议强调，全面从严治党是长期战略和永恒课题，要以永远在路上的清醒和坚定纵深推进全面从严治党，不断巩固风清气正的良好政治生态。

全市生态环境保护大会。11月24日，全市生态环境保护大会暨市委理论学习中心组学习会议召开，会上邀请生态环境部华东督察局分党组书记、局长杨永康通过视频作专题辅导报告。虞爱华主持第一阶段会议并讲话。罗云峰主持第二阶段会议。会议指出，要深入学习贯彻习近平生态文明思想，全面贯彻全国、全省生态环境保护大会精神，用包公精神铁腕治污，用愚公精神久久为功，努力实现高质量发展和高水平保护良性互动，在打造经济社会发展全面绿色转型区上走在前、作示范。

全市组织工作会议。11月30日，全市组织工作会议召开。虞爱华出席会议并讲话。会议传达学习习近平总书记对党的建设和组织工作作出的重要指示和全国、全省组织工作会议精神，长丰县、庐阳区、高新技术产业开发区、经济技术开发区、市发展和改革委员会、市产业投资控股（集团）有限公司等6家单位代表作发言。会议指出，要深入学习贯彻习近平总书记关于党的建设的重要思想和关于安徽工作的重要讲话重要指示精神，扎实推进新时代新征程组织工作的重点任务，为奋力谱写中国式现代化合肥篇章提供坚强组织保证。

（张随新）

重要决策

【加强重特大事件档案工作】2023年2月10日，经市委、市政府同意，市委办公室、市政府办公室印发《合肥市加强重特大事件档案工作若干举措》（以下简称“《若干举措》”）。《若干举措》从压实重特大事件档案工作责任、明确重特大事件文件材料归档要求、规范重特大事件档案工作程序和档案归属流向、持续提升重特大事件档案利用效能、加强对重特大事件档案工作的组织领导等5个方面，提出15项具体举措，切实加强合肥市重特大事件档案工作，确保重特大事件档案记录完整、收集齐全、保管集中、利用充分。

【实施十大提升行动】 2023年3月10日，经市委、市政府同意，市委办公室、市政府办公室印发《〈人才招引和服务保障大提升行动方案〉等“十大提升行动方案”》（以下简称“《行动方案》”）。《行动方案》全面贯彻党的二十大精神，落实省委、省政府工作要求，围绕城市高质量发展重点领域，开展人才招引和服务保障大提升、科技创新栽树工程大提升、扩大有效投资大提升、产业强市大提升、城市品质大提升、房地产平稳健康发展大提升、物流体系建设大提升、国资国企改革大提升、平安合肥建设大提升、干部能力作风大提升等10

项行动，带动全市各项工作全面提升，将党的二十大精神学习成效转化为合肥高质量发展实干实效。

【全面推进乡村振兴】 2023年4月10日，市委、市政府印发《关于做好2023年全面推进乡村振兴重点工作率先建成农业强市的实施意见》（以下简称“《实施意见》”）。《实施意见》以农业强省建设规划为引领，从农业农村发展最迫切、农民反映最强烈的实际问题入手，围绕科学谋划和系统推进“三农”（即农业、农村、农民）工作、坚持把粮食和重要农产品稳定安全供给作为头等大事、强化农业基础设施建设、持续实施“两强一增”（即推进科技强农、机械强农，多管齐下增加农民收入）行动、巩固拓展脱贫攻坚成果、推动乡村产业提质增效、推进宜居宜业和美乡村建设、推动农业农村系统集成改革、健全党组织领导的乡村治理体系、强化政策保障和体制机制创新等10个方面，提出30项重点任务，持续促进农业经济质的有效提升和量的合理增长，稳扎稳打加快乡村全面振兴，在全省率先建成农业强市。

【大兴调查研究】 2023年4月23日，经市委同意，市委办公室印发《关于在全市大兴调查研究的实施方案》（以下简称“《实施方案》”）。《实施方案》围绕全面贯彻落实党的二十大精神，贯彻新发展理念、构建新发展格局、推动高质量发展，聚焦党中央及省委明确的调研内容，紧扣合肥改革发展实际，科学选定贯彻落实党中央决策部署和习近平总书记关于安徽工作的重要讲话重要指示精神的主要情况和重点问题、勇当科技创新的开路先锋、勇当产业创新的开路先锋等20个主题，指导全市分板块、分行业、分系统开展穿透式调研，打通贯彻执行中的堵点淤点难点，促进调查研究工作同全市中心工作和决策需要紧密结合，持续推动全市各项事业发展取得长足进步。

【建设青年发展型城市】 2023年6月21日，经市委、市政府同意，市委办公室、市政府办公室印发《合肥市全国青年发展型城市建设试点实施方案》（以下简称“《实施方案》”）。《实施方案》深入贯彻落实习近平总书记关于青年工作的重要思想，从打造青年创新“科创之城”、青年云集“活力之城”、青年安居“幸福之城”等3个方面，提出17项主要任务，扎实推进全国青年发展型城市建设试点工作，力争到2025年，青年群体理想信念更加坚定，青年发展规划工作机制更加健全，青年优先发展理念得到社会广泛认同，青年发展政策更具体系化、更有普惠性，青年投身城市发展的主动性和贡献度明显提升，青年在奋力谱写中国式现代化合肥篇章中先行军、排头兵作用更加凸显。

【开展党建引领“降警情、减访情、增感情”活动】 2023年7月3日，经市委同意，市委办公室印发《合肥市党建引领“降警情、减访情、增感情”活动工作方案》（以下简称“《工作方案》”）。《工作方案》坚持党建引领、人民至上、底线思维、依法治理、系统治理5项基本原则，提出收集排查研判、分级分类分流、接待化解处理、跟进反馈督办等4项工作举措，完善矛盾纠纷多元化解机制，搭建精准化排查问题、闭环式化解矛盾、面对面服务群众的基层治理平台，畅通群众诉求表达、利益协调、权益保障通道，做到群众的“话”有人听、群众的“事”有人管、群众的“难”有人解，压降有效警情、减少信访总量，严防发生严重影响社会稳定的事件和舆情，切实提升群众安全感、满意度。

【推动战略性新兴产业融合集群发展】 2023年8月22日，市委印发《关于推动战略性新兴产业融合集群发展加快建设现代化产业体系的实施意见》（以下简称“《实施意见》”）。《实施意见》围绕做大做强6大主导产业集群、前瞻布局5大先导产业集群、统筹发展现代农业和现代服务业等3项发展重点，提出实施产业强链补链、企业梯度培育、创新能力提升、产业融合发展、产业人才引育、产业要素支撑等6项主要任务，着力打造一批具有国际竞争力的战略性新兴产业集群，前瞻布局一批引领发展的未来产业集群，加快建设现代化产业体系，勇当全国科技和产业创新的“开路先锋”，为全面推进中国式现代化“合肥实践”提供强大支撑。

【加强财会监督工作】 2023年8月31日，经市委、市政府同意，市委办公室、市政府办公室印发《合肥市进一步加强财会监督工作若干举措》（以下简称“《若干举措》”）。《若干举措》围绕健全监督体系、推动贯通联动、加强重点领域监督、优化监督方式方法，强化监督成果运用等5项重点任务，细化29项具体措施，推动各级各部门进一步健全完善财政财务管理、资产管理、内部控制等制度，强化财会监督队伍建设，确保各项工作任务落地见效。

【开展学习贯彻习近平新时代中国特色社会主义思想主题教育】 2023年9月14日，市委印发《关于深入开展学习贯彻习近平新时代中国特色社会主义思想主题教育的工作方案》（以下简称“《工作方案》”）。《工作方案》围绕学思想、强党性、重实践、建新功的总要求，牢牢把握深入学习贯彻习近平新时代中国特色社会主义思想这一主题主线和根本任务，充分借鉴运用第一批主题教育有效做法和成功经验，提出把握总体要求、突出抓好县处级以上领导班子和领导干部主题教育、抓实基层党组织主题教育、加强组织领导等4个方面、12项重点措施，坚持学思用贯通、知信行统一，坚持理论学习、调查研究、推动发展、检视整改、建章立制等重点措施有机融合、一体推进，全面落实“以学铸魂、以学增智、以学正风、以学促干”要求，确保实现凝心铸魂筑牢根本、锤炼品格强化忠诚、实干担当促进发展、践行宗旨为民造福、廉洁奉公树立新风的目标。

【制定市委常务委员会工作规则】 2023年9月15日，市委印发《中共合肥市委常务委员会工作规则》（以下简称“《工作规则》”）。《工作规则》依据《中国共产党章程》和《中国共产党地方委员会工作条例》等党内法规和规范性文件制定，从总则、工作职责、组织原则、议事决策、督查落实、纪律作风、附则等7个方面，提出23条具体规则，贯彻落实党的民主集中制，发挥市委常委会的集体领导作用，促进市委常委会工作科学化、民主化、制度化。

【加快建设新能源汽车之都】 2023年11月12日，市委、市政府印发《合肥市加快建设具有国际影响力的新能源汽车之都行动计划》（以下简称“《行动计划》”）。《行动计划》聚焦电动化、智能化、网联化、共享化、生态化新能源汽车产业发展方向，提出实施价值提升、智造升级、创新发展、人才引育、服务提升、场景建设、文化赋能、开放合作等8大行动、36项重点任务，推进“产业链”“创新链”“人才链”“资金链”“政策链”五链融合，着力建设具有国际影响力的新能源汽车之都。

【加快建设和美乡村】 2023年12月30日，市委、市政府印发《关于加快建设彰显合肥特色的宜居宜业和美乡村的实施方案》（以下简称“《实施方案》”）。《实施方案》从乡村产业提质增效、人才建设、文化促进、生态提升、组织引领等5个方面，提出18项具体任务，强化资金保障、用地保障、人才激励、城乡融合等4个方面政策支撑，在打造具有全国竞争力的现代农业和全省宜居宜业和美乡村建设中走在前、当示范。

（徐瑞雪）

市委综合事务

【概况】 2023年，中共合肥市委办公室（以下简称“市委办”）全面学习贯彻习近平总书记关于办公厅工作重要讲话和指示批示精神，扎实开展学习贯彻习近平新时代中国特色社会主义思想主题教育，做好服务发展、服务决策、服务落实“三服务”工作。落实总体国家安全观，开展国家安全宣传教育，推进信创工作，规范例外采购，统筹全市终端替代和业务系统改造。服务保障省委巡视见面会、动员会、工作汇报会等会议，安排谈话143人次，调阅材料46批519项，下沉调研30余次，市委办获评全省党委办公厅（室）系统先进集体。

【完善管理机制】 2023年，市委办完善市委办公室、市委政研室、市委督查办行政财务、组织人事、机关党建和离退休工作一体化管理机制，总结经验做法，向全市推广。组建综合文稿、重大活动等工作专班，统筹协调各项任务。优化升级电视会议系统会控辅助软件，实现会场画面、主备系统等一键切换；开发上线“学习”APP，方便党员干部随时检索学习习近平总书记系列重要讲话原文；研发综合文稿自动搜集软件，实现一键快速搜集全网材料；开展全省中央、省委文件网上传递和办理试点工作。

【服务工作大局】 2023年，市委办保障省委常委会会议、省辖市市委书记市长季度点评会等20余次，服务长三角地区主要领导座谈会、“中国航天日”主场活动暨中国航天大会、第二届中国（安徽）科技创新成果转化交易会等重大活动，做好《人民日报》《经济日报》《学习时报》报道合肥基础素材提供，全年整理文稿超400篇、150余万字，起草审核新闻稿近300篇、超20万字。牵头承办、指导协办市委全会、市委常委会扩大会议等会议200余次。谋划组织产业发展、科技创新、民计民生、城市建设等各类调研活动60余次。保障国家领导人在合肥考察，省委主要负责同志来合肥调研30批次。对接合肥代表团参加省党代表会议和省“两会”。衔接市委主要负责同志参加中央、省委省政府召开的各类会议30余次，保障市委主要负责同志率团赴欧洲开展经贸活动。做好外地党政代表团（考察团）来访接待。审核各类文稿240余件，实现向省委报备规范性文件及时率、通过率和申请配套率“3个100%”。办理、制发、分发公文近2万份，收发机要件、信件等1万余份，收发电报3470余份，传输办理13800余份，提写拟办意见280余条。编报《合肥信息》965期，向中央办公厅报送信息795条，向省委办公厅报送信息1476条，得到省市领导批示60次，3篇稿件被国家层面单篇采用，合肥信息在省委办公厅采用得分实现15连冠。出台《合肥市加强重特大事件档案工作若干举措》等6项制度规范，档案工作创新做法被《中国档案报》刊载，并在全省会议作经验交流，档案宣传工作被《中国档案》评为“先进单位”。“互联网+政务服务”事项全年办件覆盖率、好评率均100%。完善“值班+专班”“应急+服务”机制，建立覆盖乡镇街道联络员队伍，成立信息编审专班，统筹市委常委参与带班27次，开展全覆盖检查抽查618次，全年接报紧急信息2308条，承办相关文件1395件，呈送信息简报4500余件，没有发生迟报、漏报、错报等情况。开展“保密宣传教育月”等宣教活动，对110家单位进行保密隐患排查，督促整改261个问题隐患，保障重要随行通信任务8批次，保障市委重要会议56场。联合市委宣传部共同举办“习语合风”学习贯彻党的二十大精神音乐思政课。制定《市委办公室后勤保障有关工作操作规程》，调度市委车队出车2995次，行驶里程近15万千米。严格财经纪律，做好信创工程、保健对象医疗、专用通信等重大项目资金保障，落实离退休干部“两项待遇”，做好保健服务，举办4次机关健康大讲堂。

（刘　徽）

组　织

【概况】 截至2023年底，中共合肥市委直接管理的党组织中，有9个地方党委，4个开发区党工委，66个党组（党委）。全市有基层党组织23434个，其中党委1702个、党总支1262个、党支部20470个；党员502076人，其中35岁及以下128144人、占25.50%，女党员156639人、占31.20%，大专以上281960人、占56.20%。全市有公务员（含参公人员，下同）25719人，其中，市直机关10830人、占42.10%，县（市）区14538人、占56.50%，四大开发区351人、占1.40%。全市有市厅级领导干部54人；市管干部1930人，其中正县级371人、副县级1559人；市管干部实职1365人。全市人才总量264万人。全市集聚“两院”院士144人，其中全职29人、院士工作站23人、高校兼职46人、科研合作35人，省“创新创业领军人才特殊支持计划”340人（含省部属），省“115”产业创新团队（即安徽省支持建设100个左右“产业创新团队”，选聘100名左右“创新团队带头人”和500名左右“带头人助理”，集中开展重点产业项目的科技攻关、新产品研发和科技成果转化工作）213个（含省部属）。

【领导班子和干部队伍建设】 2023年，中共合肥市委组织部（以下简称“市委组织部”）完成党的二十大精神集中轮训，培训各级领导干部近8000人。实施党的创新理论教育培训计划，举办各类培训班39期、培训干部4800人（次）。举办“双招双引”（即招商引资、招才引智）、城市规建治等专题培训班16期，培训干部1700人，外派340名干部到沪苏浙地区跟班学习，选派482名干部到“双招双引”、信访维稳等一线历练。审核干部调配方案190批1910人（次），未同意或暂缓任用32人，抽查个人有关事项675人（次），取消考察对象资格1人、诫勉1人、批评教育12人。对50家单位开展选人用人专项检查，采取“能下+能转”方式调整不适岗的干部。优化市委综合考核，提高关键指标权重，首次开展线上测评，评出“优秀”班子40个、干部411人。以正确用人导向引领干事创业导向，提请市委常委会研究干部682人（次），提拔和进一步使用县处级干部244人，其中主要负责同志45人，交流县处级干部187人。加强专业干部选配，遴选13名省直单位、高校、企事业单位干部调任市直单位负责人，选拔5名懂政策、懂产业、懂建设的专业干部充实到县（市、区）领导班子。加大职级激励力度，晋升一至四级调研员485人。推进干部年轻化，新增“80后”县处级干部56人、总数达198人，新增“90后”乡科级实职干部155人、总数514人。面向社会考录公务员937人，其中专项招考市直急需紧缺公务员115人、乡镇机关公务员111人。聚焦重大专项任务开展公务员及时奖励，以市委、市政府名义奖励表扬第十四届中国（合肥）国际园林博览会筹办工作先进集体19个、先进个人120名。1名干部获评全国“最美公务员”。

【基层党组织和党员队伍建设】 2023年，市委组织部增强党建引领城市基层治理效能，推动“社区治理”向“小区治理”延伸，全覆盖成立3785个小区党组织，新配备社区工作者655人、总数超1万人，新配备小管家6766人、总数近1.90万人。对1620个党群服务阵地实行亲民化改造，超一半实现延时、错时服务；建立月点评、季考评、年比评工作机制，加强党建引领物业提升，新增小区业委会（含物管委）1479个、总数达2216个，推动1660名小区党组织书记兼任物业副经理。庐阳区清华社区作为全省唯一代表，在全国社区党组织书记和居委会主任培训班上作案例交流。激活抓党建促乡村振兴动能，新补充村“两委”干部110人、后备干部529人，市委、市政府表彰干事创业担当作为村党组织15个、村党组织书记45名。选派第三批50名退出领导岗位干部到村任职。整顿软弱涣散村党组织53个。实施新型农村集体经济高质量发展三年行动计划，集体经营性收入50万元以上、经营收益25万元以上的村937个、占比81.30%。出台乡风文明评议方案，在全市1065个村推进党建引领信用村建设、占比达92.10%，累计授信67.20亿元，用信46.40亿元。提升新兴领域党建工作实效，实施“单独组建行动计划”，非公领域党组织净增2207个，覆盖率提升14.40个百分点、达49.30%。加大产业链党建力度，成立量子、空天信息等13个市级、36个县级产业链党委，覆盖上下游企业4100多户。更新55项暖“新”（即新业态新就业群体）服务清单，打造100个“八有八建”党群驿站示范站点（即已建成新时代文明实践微站点、社会志愿服务公益点、惠民惠企政策宣传点、城市文旅形象宣传点、基层综合治理网格点、新就业群众综合服务点、户外劳动者服务站点、便民公共服务窗口点）和602个“歇歇角”，累计服务新就业群体2万余人（次）。开展党建惠企专项行动，帮助企业解决融资等问题3600多个，相关做法获得中组部调研组肯定，并在《党建研究》等刊载。

2023年10月24日，“合肥千企万岗请您来”中国科大专场活动举办
（张大岗／摄）

【人才强市建设】 2023年，市委组织部组织“两行”：合肥专班“高校行”、高校师生“合肥行”，市领导带队赴全国17城47所高校开展招才引智，线上线下收到简历6.7万份，邀请全国40余所高校800多名博士生、校领导等来合肥参观考察，与北京大学、清华大学等14所高校签署校地合作协议，促进“两来”：人才来就业、成果来转化。举办“合肥请您来，20万个岗位供您选”活动，举办现场对接会13场，达成就业意向超10万人。全市新增就业参保大学生35万人、同比多增5万人，新增进站博士后825人、在站总数达2947人。启动新一轮人才政策修订，建立顶尖人才“一事一议”政策储备库，为3000多名高层次人才“量身定制”服务政策。6月，在深空探测实验室创新开展人才政策“引前评定、到岗兑现”，推行人才自主评价试点，12月全面推行，为400多家重点企业授权近1200个高层次人才自主认定名额。试点推行“合肥人才码”（即人才在合肥享受各类人才政策和优惠服务的电子凭证），实现“购房补贴申报”等37项场景。完善市委人才办、市人才发展促进中心、市人才集团“三位一体”工作机制，设立人才发展资金池，全年支出31.05亿元。建立国际化推进专班，建成9个国际化社区，加快国际医院、国际学校等设施配套，服务保障1500多名外

籍人才。

（凌 志）

宣 传

【概况】 2023年，合肥市宣传思想文化系统实施“文化体制改革攻坚年”和“能力作风建设提升年”行动，“三报一刊”（即《人民日报》《光明日报》《经济日报》和《求是》）发稿实现新突破，2篇文章在《求是》刊发。中央媒体正面报道合肥稿件超2.70万篇，《人民日报》、新华社、中央电视台新闻联播以头版、整版、专题形式报道27次。新增“中国好人”6名，累计200人，位居省会城市第2位。包河区获批国家级文化产业示范园区、国家文化和科技融合示范基地，淮河路步行街入选全国示范步行街、为全省唯一，明珠广场风情街入选国家级夜间文旅消费集聚区。散文《想把人间唱遍》、舞蹈《延乔兄弟》等文艺精品获评或入围国家级奖项，10部作品获省“五个一工程”奖（以评选优秀电影、电视剧、戏剧、图书和理论文章为内容），获奖数量创历史新高，首次实现“大满贯”。

【理论武装】 2023年，合肥市把学习贯彻习近平新时代中国特色社会主义思想作为首要政治任务，市委常委会以上率下，开展习近平新时代中国特色社会主义思想主题教育，落实“第一议题”制度，市委理论学习中心组开展集中学习研讨、专题辅导、现场教学27次，带动全市各级党组织学思想、强党性、重实践、建新功，相关经验做法被“学习强国”“学习安徽网”等平台宣传推介。开展“举旗帜·送理论”等各级各类宣讲8万余场、受众千万人（次），连续5届蝉联全省理论微宣讲竞赛一等奖第1名和优秀组织奖。举办合肥市“习语合风”读书会暨学习贯彻党的二十大精神音乐思政课，深入学校、企业、社区演出60余场、受众5万余人（次）。首次创演沉浸式艺术党课，在渡江战役纪念馆连演20余场。推出“合肥党史”系列微视频，传播量超1200万。承办第十九届安徽省社科知识普及活动月活动，开展系列活动158项160余场。培育命名11家市级理论宣讲示范基地、15家合肥市社科普及基地。开展9项省、市领导圈定课题和118项社科规划课题研究，8项成果获省、市领导批示肯定，10项成果转化运用为部门决策，《合肥：以科技创新赋能高质量发展》《下好创新“先手棋”》等2篇文章在《求是》刊发，9项成果在南京大学、北京大学中文社科类期刊发表。编纂历史文化丛书和社科普及丛书，推出《漫画我们的节日》。

【新闻宣传】 2023年，市委宣传部策划“深入学习贯彻党的二十大精神”“习近平总书记考察安徽三周年”“学习贯彻习近平新时代中国特色社会主义思想主题教育”等重大主题宣传，组织“提信心、拼经济”等专题宣传，抓好“中国航天日”、世界制造业大会、中国（安徽）科技创新成果转化交易会、第十四届中国（合肥）国际园林博览会、“合肥请您来，20万个岗位供您选”高校毕业生现场对接会、“合肥千企万岗请您来”进高校、国际新能源汽车展等重大活动宣传，市属媒体推出专题专栏300多个，刊发稿件25.30万余篇（条）。做好“新春走基层”、中央宣传部“高质量发展调研行”“新时代新征程新伟业”“新质生产力”等主题采访活动，省级以上主要媒体正面报道合肥稿件9万余篇（条），其中中央媒体超2.70万篇，《人民日报》以“头版＋专版＋评论”形式，深度报道长丰县从贫困县到百强县的跨越式发展。上线“合肥媒体云”平台，建强“合肥通”客户端、“合意”应用程序（APP），“合肥通”入选全国报业技术赋能媒体融合优秀案例，市属媒体全网原创视频传播量50万以上作品502个、同比增长超31.5%。推进县级融媒体中心发展，长丰县融媒体中心参与采编的《潮起东方，寻找百强“共富”密码》获评中国新闻奖。

【文化事业】 2023年，市委宣传部繁荣文艺创作，散文《想把人间唱遍》获第十届冰心散文奖，舞蹈《延乔兄弟》《大湾春歌》分别入围中国舞蹈“荷花奖”当代舞、民族民间舞终评名单，《延乔兄弟》获全国舞蹈展演优秀节目奖、为全省唯一。庐剧《等不到今生等来世》等10部文艺作品获省“五个一工程”奖。原创舞剧《立夏》进京展演。创排全国首部科技创新题材舞台戏曲《逐梦》，《人民日报》予以报道。开展剧院演出季活动，引进舞剧《红楼梦》、话剧《人世间》。举办首届科技文化艺术节、“科里科气”文艺进高校演出及2023全民阅读活动、巢湖音乐节、“大湖飞歌”青年歌手大赛、中秋诗会、“大爷大妈大舞台”等品牌活动。市中心图书馆加快项目优化调整，市博物馆开工建设，市城市记忆馆、美术馆等项目有序推进。新增100个艺术空间、140个城市阅读空间，3家实体书店入选年度“皖美书店”，村级综合性文化服务中心覆盖率99.80%。

【文化产业】 2023年，市委宣传部推进创意文化产业链“双招双引”（即招商引资、招才引智），新东方文旅安徽总部落户合肥，加快推进数字音乐版权基地项目落地。参加第四届长三角国际文化产业博览会，市委宣传部获评“金灯塔组织贡献奖”，5家参展企业获评“金灯塔数字文创奖”和“优秀展示奖”。落实“科技创新看合肥、科普研学到合肥”理念，举办各类社会科普活动5000余场、参与市民群众近百万。全年全市规模以上文化企业501家，实现营业收入1118.30亿元、同比增长10.60%。

【社会主义核心价值观宣传】 2023年，市委宣传部开展“同升国旗、同唱国歌”等活动，庆祝中华人民共和国成立74周年。统筹市直单位开展“强国复兴有我”群众性主题宣传教育活动。做好党史学习教育和“四史”（即中共党史、国史、改革开放史和社会主义发展史）宣传教育，合肥蜀山烈士陵园1名讲解员获第四届全国红色故事讲解员大赛第2名，创安徽省最好成绩。推进“好人成名人”道德实践工程，打造“好人地铁专列”，设立好人帮扶礼遇专项资金，16名个人（集体）被列为全省重大先进典型。举办“思政七进”（即进企业、进农村、进机关、进社区、进学校、进军营、进网络）主题宣讲活动30余场（次），市思想政治工作研究会获评全国思想政治研究会工作优秀单位。依托全市1800个新时代文明实践中心（所、站），开展文明实践活动8.40万余场（次），组织5万余名志愿者参与保障世界制造业大会、第十四届中国（合肥）国际园林博览会等重要活动。新增全国学雷锋志愿服务“四个100”（即100个最美志愿者、100个最佳志愿服务组织、100个最佳志愿服务项目和100个最美志愿服务社区）先进典型3个，累计34个，位列全国省会和副省级城市第1位。统筹推进文明城市和卫生城市创建，推动9类约1454个创建重难点问题整改提升，完成率超96%。

2023年国庆期间，园博园上榜假期国内热门旅游目的地TOP20

（滨湖科学城/供）

【意识形态工作】 2023年，市委宣传部压实意识形态工作责任制，加强意识形态领域阵地管理。深化“扫黄打非”进基层活动，肥西县三河镇和庐州海关入选全国“扫黄打非进基层”示范点。推进版权保护工作，1家单位获评省版权示范单位，3家单位获评省软件正版化示范单位。全年意识形态领域未出现舆论导向差错和重大意识形态安全问题，未出现“低级红、高级黑”事件。

【第十四届中国（合肥）国际园林博览会宣传】 2023年，市委宣传部组建第十四届中国（合肥）国际园林博览会宣传工作组，策划百家美食吃在园博、百名达人演在园博、百场赛事办在园博、百项非遗展在园博、百种高科技用在园博“五百”系列活动，组织千余场演出，为园博会营造浓厚氛围。成立园博会新闻中心，市属媒体开设“生态优先，百姓园博”专题专栏，推出新闻报道千余篇、阅读量3000万+。中央和省级媒体推出相关报道近千篇。组织百名奇才达人打卡园博活动，邀约“网红壁画师佳佳”“阿进萌叔组合”“特技达人智刚”等10大类近百名奇才达人走进园博打卡拍照、展示才艺。开展“全国奇才达人逛园博”专题宣传，鼓励达人在自有社交平台推出作品70余篇、传播量4000万+。其中，与网红壁画师佳佳合作的两则视频在全网播放量近2000万。发布主题曲《满园芳华》，全网传播量破亿。与世界制造业大会、新能源汽车展等户外宣传结合，在省、市政务中心、主会场、驻地酒店、机场、火车站、高速公路出入口等设置3000多座户外宣传广告，调动全市2万余个电子屏和100多处工程建设工地围挡刊播宣传画面。推出

2023年2月21日，“合肥之春”非遗传承·戏曲歌舞晚会上演（市委宣传部/供）

吉祥物“小喜”，设计制作16个“小喜”人偶，在园博园、淮河路步行街、罍街、天鹅湖周边等重点点位与市民游客互动。开展“身边榜样游园博”活动，组织70名道德模范、好人、警察、环卫工人代表等出席开幕式并游园。举办开幕式演出、“包公”题材优秀节目展演、“一园尝遍全国美食”等各类文旅活动1500多场。园博会期间接待游客突破600万人（次），其中，“双节”（即中秋节、国庆节）期间开展活动1350场，接待游客约225万人（次），骆岗公园上榜国庆假期热门景区TOP20，国庆节当天接待约40万人（次）、进入全国前10名。加强园博会微信、微博、抖音、小红书、快手、B站等6大平台官方账号建设运营，发布作品近700条。与凤凰安徽、新浪安徽等15家网络平台和商业网站合作，开展网络宣传，传播总量超5亿次。联动支付宝、滴滴、携程等服务类应用程序（APP），开展“让你的手机为园博喝彩”网络传播活动，其中支付宝“双节”期间全量推送省域用户手机服务信息（push）、覆盖人次5000万。各商业网站平台搭建园博会相关话题13个，访问量1.40亿次。

【“合肥之春”2023非遗传承·戏曲歌舞晚会】 2023年2月21日，市委宣传部主办，合肥演艺集团、合肥市广播电视台、合肥市文化馆承办的“合肥之春”2023非遗传承·戏曲歌舞晚会在合肥大剧院上演。晚会首次以戏曲歌舞形式、结合全息投影等手段，对合肥地区非物质文化遗产进行一次大展示，为省内首次创新尝试。“学习强国”平台、人民网、中国网等20多家平台同步直播，全网在线观看人数近千万，中央及省市主要媒体传播量超2.80亿。

【“一次尝遍合肥美食”活动】 2023年5月17日至21日，“一次尝遍合肥美食”活动在包河区磨滩大街举办。活动筛选合肥100名商家，提供最具合肥特色的小吃、糕点、炒货、饮品等近500道美食，现场还举办草坪狂欢音乐节、非遗文化展演、青年文化夜市、水乡文化体验、公共艺术展览等五大特色活动，打造多元消费场景，累计吸引30万人（次）现场体验，相关微博、抖音话题阅读量近3000万，现场成交额近700万。

【传承弘扬包公文化】 2023年，市委宣传部打造包公文化品牌，挖掘弘扬包公文化。8月25日，召开包公文化传承发展座谈会，为打造包公文化品牌谋划思路举措。开展“包公”主题系列文化活动，在园博园、合肥大剧院等场地举办“包公故里行 经典永流传”包公题材优秀节目展演、全国优秀包公题材折子戏展演，在包公园、包公故里文化园开展包公巡游、非遗秀包公、包公故事讲座等活动，举办“少年包青天”2023合肥市校园戏曲优秀节目展演、线上线下观众破百万。制作动画片《包公的故事》、获评广电总局优秀国产电视动画片，推出盲盒、手办等“包公”主题文创产品，提升包公文化品牌影响力。

【“春风行动，云上招聘”直播带岗活动】 2023年2月2日，合肥市开展“春风行动，云上招聘”直播带岗活动，与比亚迪、联宝电子、格力、海尔、长虹美菱、阳光电源等6家企业人力资源（HR）联动，以“政策解读＋企业展示＋岗位推介”形式，向广大网友推荐优质岗位4万个。活动通过市人力资源和社会保障局抖音官方账号同步直播，2个小时吸引1400万人（次）观看，相关话题登上当日抖音平台“全国热榜”“全国社会榜”“抖音同城榜”实时热度第1位，连续“霸榜”热搜，创造全国网络直播带岗新纪录。

（周玉凤）

统 战

【概况】 2023年，中共合肥市委统一战线工作部（以下简称“市委统战部”）举办13期“同心论坛”，10条统战工作直报信息被中央统战部采用。市欧美同学会连续4年获“创响中国”安徽省创新创业大赛活动优秀组织奖。合肥海外联谊会高新区林溪联络站、庐阳区雁栖联络站被授予安徽“海联同心驿”。市委统战部获评中央统战信息工作直报点三等奖、全省统战信息工作先进单位。

【思想政治建设】 2023年，市委统战部开展学习贯彻习近平新时代中国特色社会主义思想主题教育，支持各民主党派、无党派人士和党外知识分子、新的社会阶层人士开展“凝心铸魂强根基、团结奋进新征程”主题教育，开展纪念中共中央发布“五一口号”75周年系列活动。举办宗教界、党外干部、无党派人士和归国留学人员等专题培训班，深化各领域人士思想引导和政策宣讲。开展中央及省委、市委统战工作会议精神宣讲30余场（次），近5000人参加。

【参与社会治理】 2023年，市委统战部依托“两个中心”（即小区居民活动中心、党群服务中心），创新建成114个同心驿站、315个功能型工作室，发挥统战成员“助推器、服务者、调节剂”作用。在高校资源丰富的县（市、区）、开发区开展“校地统战联盟”建设工作，将原本独立的院校、驻地串联，推动互联互通、协同配合，全市建

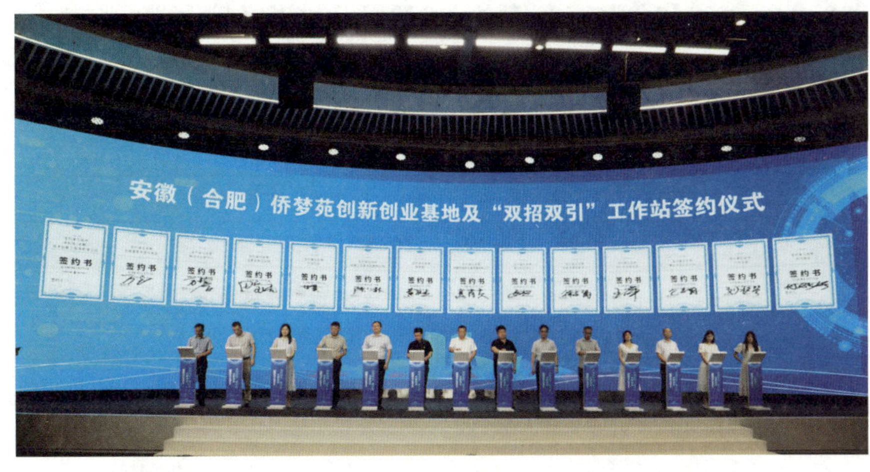

2023年7月30日，安徽（合肥）侨梦苑创新创业基地及“双招双引”工作站签约仪式举行 （市委统战部/供）

立“校地统战联盟”11个。

【助力“双招双引”】 2023年，市委统战部发挥侨商联合会、工商界联合会异地商会等桥梁纽带作用，举办“联谊八方·合创未来——合肥海外‘双招双引’推介会”等重大活动，引进优质项目24个，总投资106.76亿元。支持欧美同学会长三角海创中心、安徽（合肥）侨梦苑建设发展，在市域内拓展建设一批创新创业平台，打造区域性金字招牌，第一批7个创新创业平台落地，建设、招商等工作有序推进。

【民主党派工作】 2023年，市委统战部助力各民主党派深化“五化五好”（即社会化、项目化、清单化、规范化、品牌化，组织领导构建好、网络平台建设好、制度健全运行好、宣传教育引导好、优势教育发挥好）建设，市各民主党派献计出力，全年形成调研报告127篇、社情民意1339条。支持民主党派和无党派人士参政议政，开展巢湖生态环境保护民主监督一线调研近20次，形成调研成果8篇、意见建议18条。中国民主建国会合肥市委员会会员社会服务志愿者团队获评“2023年度长三角科技志愿服务先进典型”。开展市各民主党派基层组织建设情况调研，推进各民主党派基层组织建设。协助市委制定并落实《2023年度政党协商计划》，健全政党协商闭环管理机制。市中华职业教育社完成换届选举。

【民族团结】 2023年，市委统战

表1 2023年合肥市获评侨梦苑、长三角海创中心创新创业基地一览表

序号	名称	类别
1	合肥经济技术开发区智能产业园	安徽（合肥）侨梦苑创新创业基地
2	包河区中关村产业园	安徽（合肥）侨梦苑创新创业基地
3	肥东县长临河侨乡	安徽（合肥）侨梦苑创新创业基地
4	庐阳区中科大校友产业园	安徽（合肥）侨梦苑创新创业基地
5	蜀山经济技术开发区	安徽（合肥）侨梦苑创新创业基地
6	肥西县桃花工业园	安徽（合肥）侨梦苑创新创业基地
7	长丰县双凤开发区	长三角海创中心创新创业基地

表 2　　2023 年合肥市省级新的社会阶层人士实践创新基地一览表

序号	名称
1	肥东县“凝新聚理”实践创新基地
2	肥西县“爱新 +”实践创新基地
3	庐江县“魅力庐江 · 同心荟”实践创新基地
4	瑶海区“云 @ 海”实践创新基地
5	庐阳区“老城新派”实践创新基地
6	庐阳区“e 网之光”实践创新基地
7	庐阳区“艺岗新栈”实践创新基地
8	包河区“e 网情深”实践创新基地
9	合肥高新技术产业开发区“e 港合心汇”实践创新基地
10	安徽巢湖经济开发区“新瓜盟”实践创新基地

部出台《合肥市贯彻落实〈“十四五”民族团结进步事业规划〉实施方案》《合肥市民族团结进步示范单位命名办法（试行）》，深化民族团结进步宣传教育和示范创建。加强城市少数民族流动人口管理服务，落实国家民族事务委员会“三项计划”（即各族群众互嵌式发展计划、各族青少年交流计划、旅游促进各民族交往交流交融计划），举办全国试点示范项目——安徽省“皖疆融情”各族青少年交流营活动。开展民族团结进步示范单位评选，举办迎新年民族团结进步知识竞答，营造铸牢中华民族共同体意识的浓厚氛围。推进少数民族和民族聚居地区“共同发展”聚力振兴行动，落实 23 个市直单位结对帮扶少数民族村（社区）工作机制，全市 14 个民族村（社区）产业发展、基础设施和人居环境明显提升，集体经济收入均超 50 万元。

【宗教工作】　2023 年，市委统战部举办“学习贯彻习近平总书记关于宗教工作的重要论述座谈会”，推进宗教活动场所规范化管理，在 637 处宗教活动场所建立“统战工作干部联系点”、374 处建立“资金管理云平台”，588 处纳入“雪亮工程”，实现宗教领域要素管控数字化转型。推进宗教界崇俭戒奢主题教育，落实宗教团体季度学习制度，支持宗教界从严治教，建设和谐寺观教堂 16 个。市道教协会完成换届。推进宗教执法队伍和信息员队伍建设，强化统战（民宗）、教育、公安、国安、民政等部门协同配合，加强非法宗教活动治理。开展互联网宗教信息服务主体清理整顿工作。探索重点领域风险防范方法路径，“四联四抓”（即上下联通，一处不漏抓排查；部门联合，一刻不停抓整治；疏堵联治，一着不让抓预防；县区联动，一严到底抓责任）工作做法在全省推广。

【促进非公有制经济发展】　2023 年，市委统战部出台《合肥市年轻一代民营经济代表人士培养规划（2023—2027 年）》，建立年轻一代民营经济代表人士数据库。落实《〈合肥市促进民营经济发展条例〉实施细则》，召开民营经济统战工作联席会议和民营企业家座谈会，收集企业问题及意见建议 36 条，逐一联系业务主管部门协调解决。指导市总商会人民调解委员会发挥职能，调解案件 2273 件。指导市光彩事业促进会完成换届。举办学习贯彻习近平总书记致中华全国工商业联合会成立 70 周年贺信精神座谈会，组织市青年商会开展“合肥科创杰出青年”评比活动，激励优秀年轻企业家助力全市科技创新。引导非公有制经济人士参与光彩事业、公益慈善事业和“万企兴万村”乡村振兴行动，5 家企业和庐江县分别获评省“万企兴万村”行动典型项目（企业）、典型县。

【党外知识分子工作】　2023 年，市委统战部牵头举办第二届长三角 G60 科创走廊党外知识分子研讨会，深化“双树双建”（即树牢理想信念、树好社会形象，建功立业争创一流业绩、建言献策服务发展大局）活动，开展全市党外知识分子“双树双建”先进个人推荐，15 人获评先进个人。开展无党派人士政治面貌认定工作，推荐认定省级 15 名，市级 55 名。截至年底，全市有省级无党派人士 35 人、市级无党派人士 132 人。完善无党派代表人士数据库，充实无党派代表人士。支持市欧美同学会双创大赛和长三角海创中心建设，召开学习贯彻习近平总书记重要贺信精神座谈交流会，举办庆祝欧美同学会成立 110 周年图片展等活动。截至年底，全市有县区级欧美同学会组织 6 个。

【新的社会阶层人士统战】　2023 年，市委统战部出台《合肥市新的社会阶层人士统战工作实践创新基地建设管理办法》，推动“三化”“六有”（三化：即规范化、常态化、特色化；六有：即有党组织覆盖，有思想引领，有活动品牌，有骨干队伍，有条件保障，有制度规范）

标准全覆盖。召开全市新的社会阶层人士统战工作联席会议暨实践创新基地建设交流会，推进实践创新基地建设，截至年底，打造全国实践创新基地重点项目1个，省级实践创新基地10个。指导市网络界人士联谊会开展“寻美合肥•2023团结奋斗新征程”暨“纪念中共中央发布‘五一口号’75周年——‘网红打卡地’”活动，活动访问量370万余次。“寻美合肥”主题活动获2022年度寻美安徽“最佳组织奖”。指导市新的社会阶层人士联谊会成立“合新合谊”志愿服务团和科创服务、文化宣传、建言献策、学习教育、社会服务5个专委会，开展“合新合谊走进县区”等活动11次，服务各界群众600余人（次）。

【港澳台及海外统战工作】 2023年，市委统战部召开合肥港澳台代表人士新春座谈会，深化港澳工作联席会议制度。开展“合肥请您来”台湾青年学生合肥行活动，组织在合肥港澳台代表人士参加“携手并进 筑梦江淮”——皖港澳台侨界杰出青年论坛。开展华文教育，指导合肥师范附小举办“2023线上中华文化大乐园—大洋洲园”活动，选派9名教师参加葡萄牙园线下活动。

【党外代表人士队伍建设】 2023年，市委统战部落实《合肥市加强党外代表人士队伍建设若干举措（试行）》，举办党外干部暨无党派人士和归国留学人员培训班，完善党外代表人士发现储备、教育培养、选拔使用、监督管理四项制度。召开党外干部队伍建设座谈会，完善党外干部年度履职报告制度，选派一批优秀党外干部到地方任职、挂职。

【统战文化建设】 2023年，市委统战部落实《关于加强全市统战文化建设的指导意见》，召开全市统战文化建设座谈会，推动统战理论政策研究和实践创新。出版《合肥统战纪事》。加强统战文化“同心”品牌建设，连续8年组织市各民主党派、工商界联合会、党外知识分子联谊会、新的社会阶层人士联谊会代表人士等共植“同心林”。开展“同心”书籍进阅读空间活动，设置“同心”书籍阅读空间93处，实现全市县（市、区）、开发区全覆盖。开展“同心”书籍进社区、进楼宇、进学校等活动，捐赠“同心”书籍20000余册。

（罗 静）

对台工作

【概况】 2023年，合肥市对台系统坚持以习近平新时代中国特色社会主义思想为指导，全面贯彻党的二十大精神，落实新时代党解决台湾问题的总体方略和省委市委工作要求，扎实推进与台湾地区交流与合作，为推动两岸关系和平发展、融合发展，推进祖国统一进程，服务中华民族伟大复兴大局发挥省会优势，贡献合肥力量。

截至年底，在肥台商台胞2000余人，其中台青1000余人，主要分布在长鑫存储、晶合集成等高新技术企业。国家级涉台经济合作园区3个：海峡两岸集成电路产业合作试验区、海峡两岸青年创业基地、台湾农民创业园；省级涉台经济合作园区5个：台湾工业园、合肥电商园、科大讯飞、科大先研院、联宝电子“皖台青年创业基地”。其中，海峡两岸集成电路产业合作试验区内与台湾地区紧密合作的近60家企业，产值超400亿元，台籍专家、技术和管理人员1200余人。

【合台经贸合作】 2023年，合肥市对台系统接待台湾企业团组68批（次），办理商务赴台活动122批315人（次），举办合肥市台商协会成立二十周年庆典暨第七届理监事会就职典礼、台资汽车零部件企业与新能源汽车产业链对接会、

2023年8月11日，合肥海峡两岸青年创业基地经贸合作交流会在上海举行
（贺广梅／摄）

合肥海峡两岸青年创业基地经贸合作交流会等，支持长鑫存储、晶合集成、国轩高科等一批外向型企业赴台开拓市场。4月，合肥颀中科技股份有限公司正式登陆科创板；5月，合肥晶合集成电路股份有限公司在科创板挂牌上市，成为安徽省最大规模的IPO，也是继新汇成微电子、颀中科技后，合肥市第3家登陆科创板上市的台资企业。截至年底，全市现存注册台资企业401家，当年签约台资项目9个、总投资24.24亿元。全市对台湾地区进出口28.34亿美元、同比下降21.10%（其中，出口5.57亿美元、同比下降23.30%；进口22.77亿美元、同比下降20.60%）。进出口产品主要为集成电路及微电子组件、半导体器件，主要进出口企业为，晶合集成、新汇成微电子、捷敏电子、阳光电源、沛顿存储、联合利华、联宝（合肥）电子、海晨仓储、新宁供应链、鑫晟光电、维信诺、长鑫存储。

【人文交流交往】 2023年，合肥市对台系统创新举办2期“‘合肥请您来’台湾青年学生合肥行”活动，台湾康桥学校秀岗校区和台湾铭传大学50余名师生来肥参访。开展“庐州月　云聚在此时”中秋诗会、“铭传亲缘肥西行——2023年基隆市里长联谊会交流团”“2023台湾邻里长安徽行”“2023海峡两岸祭拜刘铭传”等对台交流活动项目18个，参与台胞680余人。其中，岛内来肥台胞532人，“首来族”247人。安排专项经费，加大海峡两岸交流基地（刘铭传故居、包公园）升级改造力度，提升基地品质；省对台交流基地（合肥幼儿师范高等专科学校），积极恢复开展线下活动，主动承接各类对台交流活动，3个交流基地年度考核均为“优秀”等次。

【涉台服务保障】 2023年，合肥市在台胞台商集中区就近设立服务专窗，专人受理辖区台胞台企涉台业务，让数据“多跑路”，台胞“少走路”。完善市台商权益保障联席会议机制，召开台企专题调研会、校企对接会等10余次，收集梳理关于人才、用工、用地、融资等意见建议30余条，均给予政策答复或转办交办。依法依规协调解决长亨汽车、统一企业、世巨科技、日益和半导体、盛州医药等台企反映的问题。稳妥解决台胞费某拆迁补偿求助案件，历经20个月跟进协调，实现维护台胞合法权益和保障地方民生发展“双赢”，相关经验做法被省台办作为典型案例推广。开展2020—2022投诉调处案件大排查及涉台营商环境问题摸排，涉台信访事项120条均予以办结。全年协调解决台胞台商台企各类诉求31条，239名台胞子女入读优质中小学、幼儿园。

（张　松）

政　法

【概况】 2023年，全市政法机关推动平安合肥、法治合肥建设，完成第十四届中国（合肥）国际园林博览会等200余场重要活动维稳安保任务。开展平安建设大巡防、大联调、大宣传、大联动、优服务“四大一优”活动，群众安全感提升至97.33%。开展党建引领“知民情、降警情、防危情、减访情、控舆情、增感情”活动，组织“六情”大走访5.87万场（次），覆盖群众111.08万人。全市法院审结各类案件30.40万件、法官人均结案575.20件，执结各类案件7.90万件、执行到位169.23亿元。检察机关办理各类案件3万件，7个案例入选最高检察院典型案例。推进安徽（合肥）创新法务区建设，开展政法机关依法护航企业高质量发展专项行动，助力打造一流法治化营商环境。合肥市获评全国市域社会治理现代化试点合格城市、首批全国社会治

2023年12月26日，合肥市召开全市学习贯彻纪念毛泽东同志批示学习推广“枫桥经验”60周年暨习近平总书记指示坚持发展“枫桥经验”20周年大会精神会议

（市委政法委／供）

安防控体系建设示范城市、第二批全国法治政府建设示范市。

【护航高质量发展】 2023年，市委政法机关启动安徽（合肥）创新法务区建设，做好发展规划编制、项目选址落地、产业需求对接、法务功能落位、法商资源招引等工作，序时推进揭牌工作。开展政法机关依法护航企业高质量发展专项行动，严惩一批侵企犯罪、清理一批涉企“挂案”（即公安机关立案后，在不同诉讼阶段长期不处理、没有结论的案件）、攻坚一批困企积案、落准一批护企政策、做实一批助企举措、化解一批扰企矛盾，建立政企沟通机制，落实政法领导干部联合接待、领导包案等工作制度。

【维护社会稳定】 2023年，市委政法机关注重源头预防，推进重大决策社会稳定风险评估刚性前置，备案评估重大项目956件。落实涉稳信息源头化解稳控机制，涉稳事件提前化解率提升至94.70%。建立矛盾纠纷预防化解专班工作体系，统筹推进房地产、涉众金融、征地拆迁、涉法涉诉、物业纠纷等重点领域矛盾风险攻坚化解。市人大常委会通过《关于促进全市矛盾纠纷多元化解的决定》，推进矛盾纠纷“一站式”多元化解实体平台和工作机制建设。全年人民调解组织调解各类矛盾纠纷9.40万件，法院诉前调解各类案件17.90万件。培育设立“百姓评理说事点”1156个，搭建“惠解忧”“左邻右舍”“老张说事”“庐州街坊”等一批矛盾纠纷调解阵地。加快市综治中心信息化建设，研发四级指挥调度、警民联调、网格服务管理等16个实战模块，同步推进市、县、乡、村四级综治中心标准化建设。

【服务社会治理】 2023年，市委政法机关完成全国市域社会治理现代化试点任务，工作项目全部落地，通过省级验收。开展平安合肥建设大提升行动，落实道路交通安全、社会治安防控、重点领域矛盾纠纷化解、安全生产风险排查整治、平安建设基层基础等5项任务。开展平安建设大巡防、大联调、大宣传、大联动、优服务“四大一优”活动，为群众参与平安建设搭建更多平台，群众安全感、矛盾纠纷化解率、扫黑除恶满意率、平安建设参与率等4项指数高于全省平均水平。推进社会治安重点地区排查整治，常态化开展扫黑除恶斗争，工作成效居全国省会市和计划单列市第2位。防范打击电诈取得进展，破获重大电诈案件6起。全力侦办民生案件，全市有效警情、可防性案件同比分别下降3.17%、40.68%。

【政法领域改革】 2023年，市委政法机关推进第三批全国法治政府建设示范创建，合肥市依法应急单项项目进入评审阶段。深化司法体制改革，压实院、庭长监管责任，建立审委会委员“庭审亲历”、重点案件院、庭长“阅核”等制度，推广二审巡回审判工作。建立“12368”热线集约服务中心，实现市、县两级法院案件查询、诉讼咨询、联系法官、信访举报、投诉建议“一站式”服务。制定《推进检察工作现代化实施方案》，出台《刑事案件繁简分流改革工作试行办法》，规范检察办案组运行有关规定。探索“大部制”警务运行机制，侦查研究中心实体化运行，3个公安分局完成区域治安管辖权和机构调整。首席法律咨询专家制度市县全覆盖，会商研判重大复杂案件13件。

【政法队伍建设】 2023年，市委政法机关举办全市学习贯彻习近平新时代中国特色社会主义思想提升基层治理能力水平培训班等，轮训政法干警1.70万人（次）。法院系统举办综合素能提升培训班29期、培训干警3760人（次）；检察机关举办“合检大讲堂”7期，建立“检察官教导团”；公安机关组织业务培训1024期；司法行政机关组织“合肥司法讲坛”学习讲座3次。聚焦作风纪律建设，培树“忠专实、勤正廉”优良作风。释放监督执纪问责震慑效应，推进审务督察、专项检务督察。

（洪晨晨）

机构编制工作

【概况】 2023年，合肥市委机构编制委员会办公室（以下简称“市委编办”）强化党对机构编制工作的集中统一领导，推进事业单位改革、内设机构调整、编制资源优化配置、基层管理体制改革，为合肥经济社会发展提供有力保障。全年市直减少事业单位99家，精简率48.30%，收回空编632名；县（市、区）1215家事业单位精简429家，精简率35.30%，为重点民生、基层一线、新业态等领域机构编制保障提供“源头活水”。

【事业单位改革】 2023年，市委编办按照“四个一批”推进事业单位改革：撤销一批，原则上市级不再保留10名及以下编制事业单位，县（市、区）不再保留5名及

2023 年 7 月 26 日，合肥市深化事业单位改革推进会召开（市委编办 / 供）

以下编制事业单位。撤销市财政局财政信息计算中心、市城乡建设局散装水泥管理中心等 56 家人员较少、功能弱化的事业单位；整合一批，对服务对象、内容高度重合的事业单位予以整合，如将市人力资源和社会保障局所属企业养老、机关事业养老、失业、工伤 4 个保险管理中心整合为 1 个事业单位，累计将 70 个事业单位整合为 28 个，实现“同类事项一个机构负责”；转型一批，引导具备条件的国有企业和社会力量承接事业单位相关服务，如市文旅博览集团规划建设新野生动物园，市林业和园林局所属老野生动物园同步移交，实现新老动物园统一运营。新设一批，盘活机构资源，组建对外经济交流中心、投资项目评审中心、教育发展保障中心等事业单位，盘活机构资源。

【内设机构调整】 2023 年，市委编办按照“三个突出”推进内设机构调整：突出新形势新业态设立机构，保持处室总量不增加，设立符合发展需要的新处室，如市发展和改革委员会新设“战新产业发展处”“总部经济处”“枢纽经济处”，市科学技术局新设“科技创新协调处”，市经济和信息化局新设“人工智能产业处”“汽车产业处”“新能源产业处”，市商务局新设“电子商务处”，市政府国有资产监督管理委员会新设“社会责任处”“资本运作处”等；突出优化职能转变，调整优化处室名称，充实新职能，如将市城乡建设局“拆迁安置处”更名为“城市更新处”，市教育局“宣传处”更名为“思想政治工作处”，市经济和信息化局“工业互联网处”更名为“产业数字化推进处”等；突出职能整合，加大业务关联性强处室和综合保障类处室整合力度，推动部门将更多力量投放到核心业务上，如将市发展和改革委员会物价相关 5 个处室整合为 2 个，市经济和信息化局负责老干部工作的处室整合为 1 个，共青团合肥市委 10 个内设机构整合为 7 个等。16 个部门通过优化调整，减少 11 个内设机构。

【重点领域改革】 2023 年，市委编办创新区域管理模式，支持合淮合作区建设，争取省委编办批复设立新桥创新示范区（合淮合作区）管理办公室。推进安徽（合肥）创新法务区建设，设立创新法务区管理办公室。完善产业发展模式，采用“行政 + 事业 + 企业”组团式发展模式，保障产业链发展，如设立合肥高等理工研究院，为产业发展提供人才和技术支撑。新设 2 个科创办驻外交流中心，深化科技交流，促进科技成果转化。开展基层执法改革，整合乡镇（街道）现有站所执法力量，在机构限额内，统一组建“XX 乡镇（街道）综合执法队”，以乡镇（街道）或委托部门名义统一开展综合行政执法。破除职数平均主义，严控总量，推动职数向发展、改革等工作任务重的部门倾斜。

【编制资源优化配置】 2023 年，市委编办加大编制、职数统筹使用和动态调整力度。开展人事财务代管试点，将机关编制数、资金数较小的市直部门财务交由市机关事务管理局代管，95 家部门所属事业单位由财务独立改为由主管部门一并代管，节约财务岗位行政人员 11 名、事业人员 143 名，推动部门将有限力量向主责主业集中。7 月，中央编办数据中心就合肥市相关做法向中央编办做专题报告。精准投放编制资源，推行“所有权”和“使用权”分离，从市直机关退休人员空出的编制中，拿出 150 名行政编制和 300 名事业编制，建立市级编制周转池，围绕产业急需的 15 类 47 个岗位，为市发展和改革委员会、市科学技术局等 14 家产业链牵头单位专项招考急需紧缺专业公务员 115 名。推进编制周转池制度建设，评估公立医院周转池编制前期使用情况，全市公立医院编制周转池建设通过省委编办评估，获批市属、县属公立医院编制周转池使用计划 937 名。做好高（职）

院校周转池工作，为合肥职业技术学院核增187名省级周转池编制，获批市属高（职）校编制周转池使用计划74名。

【清单制度建设】 2023年，市委编办深化“全省一单”（即将省市县同一系统部门政务服务事项名称、类型、行使层级、申请材料、承诺时限、办理流程和深度等要素进行全面梳理，形成标准统一、场景一致的部门政务服务事项清单办理模式和编制标准）建设成果，聚焦开发区、乡镇街道等改革发展一线，建立健全权责清单制度体系。规范行政许可事项，调整后，全市行政许可事项358项，其中市本级307项、县级253项、乡级23项。优化政府权责清单，调整后，市级权责事项3537项、公共服务事项1626项、行政权力中介服务清单142项（保留114项、规范26项）。实施开发区赋权，赋予市属省级及以上开发区更多经济管理权限，赋予市属开发区市级权限90项、县属开发区县级权限平均28项，提高开发区行政管理效能。开展县级权限赋权，将固定资产投资项目核准等471项县级审批执法事项作为下放目录，由乡镇街道认领，乡镇平均认领293项，街道平均认领198项，实现让基层治理“看得见”又“管得着”。

【机构编制管理】 2023年，市委编办加强用编审批，做到先核编制再调人员，先核职数再配干部，先核编制再核工资，防止财政供养人员无序增长。实施县（市、区）编制使用市级备案，杜绝备案外招聘事业单位人员。加强监督检查，与组织部门配合，将机构编制工作情况、纪律要求执行情况、机关职能运行情况等纳入选人用人专项检查，推进机构编制与选人用人工作深度融合，形成监管合力。加强数据分析，拓展机构编制实名制数据应用场景，如针对部门反映的人员年龄老化问题，从平均年龄、未来五年退休比、51岁以上人员占比以及领导班子平均年龄等多项指标进行关联测算、综合研判部门人员年龄结构总体情况，为精确制定部门用编进人计划提供数据支撑。

（魏治高）

老干部工作

【概况】 2023年，合肥市委老干部局（以下简称“市委老干部局”）强化离退休干部党组织政治和组织“两大功能”，开展宣讲党的二十大精神、“话传统、谈复兴、聚力量”专题调研、“银光耀庐”志愿服务三大活动，实施暖心敲门、爱心服务、舒心化解、悦心乐活四心行动，实现政治能力、业务能力、作风效能三个提升。市委老干部局获评全省老干部调研和宣传工作优秀单位。

【离退休干部党的建设】 2023年，全市老干部工作部门深入学习贯彻党的二十大精神，扎实开展习近平新时代中国特色社会主义思想主题教育，以线上线下相结合的方式，举办专题报告会、培训班130余场，开展送学上门90余次，赠送学习资料180多套，组织参观园博园11批（次），实现老同志学习教育全覆盖。市委老干部局对9个县（市、区），及13个市直单位落实中央、省委和市委关于加强新时代离退休干部党的建设工作文件情况开展调研督查，以争创全省离退休干部职工示范党支部和合肥市星级党支部为抓手，开展离退休干部党支部规范设置提升行动，全市3个离退休干部党支部获评全省示范。

【离退休干部作用发挥】 2023年，市委老干部局建立离退休干部“银发人才数据库”、志愿者和志愿服务团队信息库，组建31个离退休干部宣讲团，开展党的二十大精神宣讲活动404场，制作“微宣讲”短视频11个。全市老干部工

2023年10月31日，市委老干部局举办老干部系统首批离退休干部宣讲团成员聘书颁发仪式暨主题教育宣讲报告会

（王　思/摄）

作部门开展“话传统、谈复兴、聚力量”专题调研70余场，召开座谈会150余场。50名退出领导岗位和即将退休干部到村担任乡村振兴指导员。全市126个离退休干部志愿服务队、9800余名老同志志愿者在基层发光发热，2个团队、2名个人分别获评全省“正能量活动团队”和“正能量活动之星”。

【离退休干部服务管理】 2023年，市委老干部局开展“暖心敲门”行动，对全市119名地市级离退休干部逐人建立信息名册，坚持应慰问尽慰问，春节、“七一”期间看望慰问离退休干部1300余人，常态化登门走访易地安置离休干部等老同志687人（次），发放“暖心联系卡”580个。全市老干部工作部门走访慰问老同志9315人，收集意见建议534条，帮助解决急难愁盼问题488个。开展“爱心服务”行动，为马毛姐等67位离休干部协调入住康养中心和医养结合机构；为383名市属企业离休干部补发绩效补贴近2700万元；对38名离退休干部、16名离休干部无工作遗属给予特困帮扶，帮扶资金47.40万元；为2.70万余名离退休干部办理意外伤害保险，赔付金额近41万元；全市举办干部荣退仪式129场，为1560名老党员颁授“光荣在党50年”纪念章。开展“舒心化解”行动，全市老干部工作系统办理来电来信来访522人（次），接访、约访31人（次），解决信访反映问题154件。开展“悦心乐活”活动，市委老干部局举办首届“常青杯”离退休干部文体友谊赛等，合肥老年大学举办“常青大讲堂”专题讲座7期。合肥老年大学新校区（老干部活动分中心）二期项目建成。

（王　思）

精神文明建设

【概况】 2023年，市精神文明建设指导委员会办公室（以下简称“市文明办”）统筹推动文明培育、文明实践、文明创建，促进合肥市精神文明建设高质量发展。全市累计当选全国道德模范6人、全国道德模范提名奖8人、中国好人200名、全国文明村镇18个、全国文明单位75家、全国文明家庭4户、全国文明校园6所、全国学雷锋志愿服务“四个100”（即100个最美志愿者、100个最佳志愿服务组织、100个最佳志愿服务项目和100个最美志愿服务社区）先进典型31个。

【文明创建】 2023年，合肥市深度参与中央精神文明建设指导委员会办公室（以下简称“中央文明办”）改革创新工作，3月，完成中央文明办组织的全国文明典范城市可行性调研，5月，参加全国文明城市创建工作专题调研并交流发言，做好中央文明办2次来肥专题调研活动。首次在全市社会发展贡献奖中设置“精神文明建设”专项表彰，评选产生10个先进集体、30名先进个人。凝聚创建合力，将文明创建融入经济社会发展和城市规划建设治理全过程，推动12个部门54项指标数据汇入大数据平台，搭建文明城市“一张图”数字化场景。实施重难点问题专项整治，摸排467处空中缆线凌乱区域，对全市169个乱发小广告的通讯号码实施暂时停机处理。市文明办开展网络精神文明创建活动，建设10余个品牌专栏，吸引230万网友参与互动。开展文明城市创建重点工作月度测评，印发22期测评情况反馈。开展文明村镇创建活动，推广长丰县“简·爱行动”移风易俗志愿服务项目、“庐江县移风易俗服务平台”微信小程序等，推广“包公家宴”“积分制”等新风尚。全市县级及以上文明村占比71.60%，县级及以上文明乡镇占比97.60%，创建全国文明村镇18个。

【文明培育】 2023年，市文明办开展“我评议我推荐身边好人”活动。推进“我帮好人上头条”“我帮好人上首屏”等活动，联合新华网开展10期“微光成炬”系列宣传、打造合肥轨道地铁好人专列等宣传。合肥市6人（组）当选“中国好人”，8人（组）当选“安徽好人”、5人（组）当选“安徽省道德模范”，64人（组）当选“合肥好人”、33人（组）当选“合肥市道德模范”。开展道德模范和身边好人帮扶礼遇工作，慰问道德模范和身边好人322人（次），发放39.36万元送温暖慰问金。推进传统节日振兴工程，举办“我们的节日”主题文化活动80余场。

【未成年人思想道德建设】 2023年，合肥市推选获评安徽省“新时代好少年”2名，评选合肥市“新时代好少年”46名、“最美小创客”10名。市文明办以培育和践行社会主义核心价值观为主线，开展“扣好人生第一粒扣子”主题教育实践活动，开展“清明祭英烈”“广玉兰杯”经典诵读、“童心向党”声乐展演等活动，举办合肥市“新时代好少年”先进事迹网络发布活动，累计参与人数超800万人（次）。组织参加第三届长三

2023 年 3 月 24 日　合肥市第九届"广玉兰杯"中小学经典诵读展演举办

（市文明办 / 供）

角青少年风采展活动总结大会，市文明办、长丰县北城世纪城中学获"优秀组织奖"。强化活动阵地建设，部署开展学校少年宫暑期活动 1070 项，惠及全市 3 万余家庭、百万余人（次）学生。开展第四届合肥市文明校园创建和往届文明校园复查工作，实行动态管理。打造青少年健康成长栏目《阳光成长》，播出 180 期，受众 500 万余人（次）。

【文明实践】　2023 年，市文明办深化拓展新时代文明实践中心建设，健全评估体系，开展示范评估，新打造市级示范所、站 30 个，试点建设福彩文明实践站点 41 个，建成文明实践点基地 700 余个。建立文明实践活动月发布机制，指导各地依托新时代文明实践阵地，开展文明实践活动 8.40 万余场（次）。开展文明实践关爱行动，为赴河北涿州、山东德州抗洪抢险归来的安徽老兵救援队志愿者捐赠爱心包，为园博园志愿者捐赠爱心物资。开展家庭经济困难高校新生关爱行动，筹措 1266 余万元帮扶 3167 名家庭经济困难高校新生。

【志愿服务】　2023 年，市文明办组织 5 万余志愿者参与世界制造业大会、全国智力运动会、合肥园博会等大型展（赛）会，做好"一次尝遍合肥美食""合肥请您来，20 万个岗位供您选"等活动的志愿服务保障工作。发布"爱心护考"志愿服务倡议书，动员 1720 余名志愿者、1210 余辆爱心车辆报名参与主题志愿服务活动，中、高考期间为 2200 余名考生提供点对点送考服务。暑假期间，依托全市 247 个新时代文明实践所、站，3400 名志愿者参与，开展 6330 余场（次）活动，服务学生 8.56 万余名，缓解双职工家庭"家长上班无人看娃"的问题。以项目化推进志愿服务精准化常态化便利化品牌化，举办文明实践志愿服务项目大赛，拨付 32 余万元扶持 69 个优秀项目。开展季度学雷锋志愿服务"四个 10"（即最美志愿者，最佳志愿服务项目，最佳志愿服务组织，最美志愿服务社区、村四类，每类表彰 10 个）优秀典型推选活动，推选市级优秀典型 160 个、省级先进典型 12 个、全国学雷锋志愿服务"四个 100"先进典型 3 个，入选数位列全省第 1 位。在市属新闻媒体开设"学雷锋志愿服务"专题专栏，宣传报道志愿服务活动和先进典型事迹 1350 余篇（次），被中央、省属媒体报道或转载 670 余篇（次）。

（牛良睿）

网络安全和信息安全

【概况】　2023 年，合肥市实现世界制造业大会、新能源汽车展等重大活动网络综合传播量超 15.40 亿次，同比增长 2.30 倍。合肥网络空间安全研究院正式揭牌。在国家互联网协议第 6 版（IPv6）技术创新和融合应用试点中期评估中获评"优秀"等次。安徽创新馆、合肥科技馆入选首批全国全民数字素养与技能培训基地。"讲好中国故事、唱响合肥声音"海外传播活动获评中央网信办年度精品项目。"小霜警官"微博账号和"肥肥小警"快手账号获评中央网信办年度走好网上群众路线百个成绩突出账号。互联网企业党建工作连续 3 年获评全省先进。

【网上宣传引导】　2023年，中共合肥市委网络安全和信息化委员会办公室（以下简称"市委网信办"）开展党的二十大网络宣传，累计发布稿件作品2000余篇，网络

2023 年 11 月 17 日，合肥市举办网络安全攻防演练　　（市委网信办 / 供）

传播量1600万次。组织市属网络媒体开展“两会”宣传，发布稿件作品1400余篇，网络传播量2350余万次。开展“洞察合肥温度”“中国式现代化合肥实践”等网络主题宣传活动，网络传播量超1.20亿次。开展“皖中评”四周年暨网络文明建设专题展播等活动，引导“春风行动·云上招聘”“合肥20万个岗位供您选”等活动。面向高校开展首届“以‘评’聚力·寻找校园评论新力量”网络评论征集活动，培育新生代力量。

【网络综合治理】 2023年，市委网信办开展“从严整治‘自媒体’乱象”等“清朗”“江淮净网”专项行动14项，公开曝光典型案例65个，清理各类有害和不良信息48万条，协调处置长期恶意攻击抹黑企业的账号90个，依法约谈相关网站平台负责人8人（次），排查下架违法违规应用程序196个。优化营商网络环境，承建安徽省网络普法教育基地（合肥）项目，开展“关爱明天 普法先行”网络普法教育宣传等主题活动，《网络谣言的N种类型，你中招了没？》获评第五届中国互联网辟谣优秀作品。

【网络安全工作】 2023年，市委网信办开展网盾专项行动，组织渗透测试，举办攻防演练，遴选20家网络安全应急技术支撑单位和10家数据安全应急技术支撑单位，在重要敏感时期、重大活动期间驻场值守、应急处置，累计排查整改中高危漏洞885个。紧扣“网络安全为人民、网络安全靠人民”主题，全市线上线下开展网络安全宣传周活动1800多场。

【信息化工作】 2023年，市委网信办协调推进全市信息化工作，推动生成式人工智能、深度合成服务算法等新技术新应用发展，助力讯飞星火认知大模型上线运行。推进国家智能社会治理实验基地建设（全国10家），其中“养老基地”被中央网信办发文通报表扬，获中央网信办智能社会治理研究选题三等奖3项。长丰县国家级数字乡村试点，肥西县花岗镇、上派镇，包河区大圩镇省级数字乡村试点通过终期验收。

（张春宇）

理论社科

【概况】 2023 年，合肥市社会科学界联合会（中共合肥市委讲师团、合肥市社会科学院）（以下简称“市社科联”）抓好党委（党组）理论学习中心组学习秘书服务，推进“举旗帜·送理论”专题宣讲，承办安徽省第十九届社科知识普及活动月开幕式，开展社科普及和学术研究，用好“学习强国”合肥学习平台，推动社科类社会组织、社科知识普及基地、理论宣讲示范基地建设。选育选手参加全省第五届“举旗帜·送理论”微宣讲竞赛，获一等奖第 1 名、连续五年蝉联全省比赛一等奖和优秀组织奖。市社科联获评 2022—2023 年度全省社科普及工作先进单位。

【党委（党组）理论学习中心组学习】 2023 年，市社科联落实中央及省、市委关于党委（党组）理论学习中心组学习要求，围绕党的二十大精神理论学习要点，服务市委理论学习中心组开展集体学习 27 次，为市委理论学习中心组成员配发自学书籍 1200 余册。编印 37 期《中心组学习材料》，编制 2 期《中心组学习书单》。市委理论学习中心组学习与服务经验做法获省委讲师团肯定，并在“学习安徽网”和“学习强国”安徽学习平台推介。每月定期向各县（市、区）党委、开发区党工委、市直各单位党委（党组）发布“学习提示”，共享中心组学习材料。按季度向省、市专家学者征集宣讲报告选题，全年征集选题108个，供基层党委（党组）理论学习中心组学习和开展理论宣讲选用。

【基层理论宣讲】 2023年，市社科联组建市级宣讲团，赴县（市、区）和开发区开展学习贯彻党的二十大精神基层宣讲活动16场。组织全市开展各级各类宣讲活动（包括面对面、网络、大喇叭等）9万余场，受众1150余万人（次）。举办合肥市第六届“举旗帜•送理论”微宣讲比赛，并组织优秀选手赴基层开展巡回微宣讲。新挂牌11家市级理论宣讲示范基地。

【承办安徽省第十九届社科知识普及活动月开幕式】 2023年9月3日，市社科联承办安徽省第十九届社科知识普及活动月开幕式，现场采取“主会场+分会场”“线上+线下”互动形式进行，开幕式上，省、市领导为全省社科普及先进单位和先进个人代表颁奖，向社科普及志愿者服务团授旗，并共同启动活动月。活动月期间市社科联指导各县（市、区）、开发区、社科类社会组织、社科普及基地开展系列活动158项160余场。

【社科普及】 2023年，市社科联与省社会科学界联合会联合举办4场“安徽人文讲坛”活动。开展学习贯彻党的二十大精神及《安徽省社会科学普及条例》“社科名家大巡讲”10余场。选育优秀选手参加第二届各省区市社科普及基地讲解员大赛，获评一等奖，市社科联获优秀组织奖。参加全省“人文社科之光”社科普及短视频大赛，选送作品获评一等奖。

2023年7月25日，第二届各省区市社科普及基地讲解员大赛举办，合肥市推荐选手获大赛一等奖，合肥市社科联获赛事“优秀组织奖” （市社科联/供）

【学术研究】 2023年，市社科联组织实施9项省、市领导圈定课题研究，部分阶段性成果获市委、市政府主要领导肯定性批示。启动《学界建言》资政专报项目，将社科界研究合肥的优秀成果及时呈送省、市领导参阅，促进成果转化，全年编发15期，获省、市领导同志肯定性批示16次。在省“三项课题”（即基础学术、应用对策、社科普及）研究成果评比中，获得一、二、三等奖7个奖项，市社科联获评“三项课题”研究活动先进单位。编发《合肥日报》理论版16期、理论文章63篇。召开合肥市社科界第十三届学术年会，征集社科研究成果112篇，优选论文60篇并将其中32篇获奖作品汇编成册，为全市发展贡献智慧。

【“学习强国”合肥学习平台】 2023年，市社科联举办两期“学习强国”合肥学习平台业务培训暨工作交流会。编发各类图文及视频稿件20000余条，省“学习强国”学习平台采用6400余条，全国“学习强国”平台采用400余条。在2023年“学习强国”全国县级融媒季度赛中，合肥4部作品获全国奖项（全省获奖5部）。开展“镜头里的合肥之春”“我的‘流浪地球’”“我正在读的一本书”等主题征稿活动，刊发稿件270篇，全国“学习强国”平台采用66篇，其中“我的‘流浪地球’”主题征稿活动中4篇获全国征文三等奖。组队参加“学习强国”全国学习达人安庆挑战赛，获亚军，参加杭州“学习强国”东西南北中学习达人挑战赛获优胜奖。“学习强国”合肥学习平台获评2022年度全省“学习强国”工作优秀单位。

【基地建设】 2023年，市社科联召开3场社科普及工作现场示范教学会。命名15家第三批合肥市社会科学普及基地，合肥市逍遥津公园、肥东县长临河镇新时代文明实践所、肥西县山南镇小井庄中国农村包产到户纪念馆3家单位被评为第六批安徽省社会科学普及基地。

表 3　　合肥市第三批社会科学普及基地一览表

序号	所在地	基地名称
1	肥　东	长临河镇新时代文明实践所
2	肥　东	肥东县博物馆
3	肥　西	小井庄包产到户纪念馆
4	肥　西	肥西县档案馆
5	长　丰	长丰县图书馆
6	庐　江	泥河镇新时代文明实践所
7	巢　湖	巢湖市图书馆
8	瑶　海	明光路街道党群服务中心
9	庐　阳	逍遥津公园
10	庐　阳	庐阳区新时代文明实践中心
11	蜀　山	五里墩街道新时代文明实践所
12	蜀　山	小庙镇新时代文明实践所
13	包　河	滨湖国家森林公园
14	高新技术产业开发区	青松面食文化馆
15	市　属	合肥市图书馆

（王　昕）

市直机关党建

【概况】　2023年，中共合肥市委市直机关工作委员会（以下简称“市直机关工委”）强化政治机关意识，推进模范机关建设，推动党建和业务深度融合，以高质量党建引领高质量发展。截至年底，市直机关工委隶属的一级党组织112个，分属83个机关事业单位、15个省部属驻肥企业、14个行业综合党组织。其中，基层党组织1860个（党委130个，总支59个，支部1671个）；党员总数36909人，其中在职党员22849人，离退休党员10810人，其他党员3250人。

【政治机关建设】　2023年，市直机关工委把党的政治建设摆在首位，深化政治机关意识教育和对党忠诚教育，抓好学习贯彻习近平新时代中国特色社会主义思想主题教育。创建模范机关，对各单位创建情况进行调研，评选模范机关建设优秀案例30个。推动“三会一课”、主题党日等组织生活制度落实。定期分析、研判意识形态领域情况，在党务干部培训中专门设置意识形态相关内容课程。授牌10家第二批市直机关主题党日活动基地。落实党内关怀激励制度，颁发“光荣在党50年”纪念章243枚，划拨36万元党费（含中央及省委、市委划拨党费）用于元旦、春节期间走访慰问市直单位困难党员、老党员、老干部。向市直机关、省驻肥部属有关单位党组织推送中央党校（国家行政学院）精品课件，发放《习近平新时代中国特色社会主义思想专题摘编》等指定学习书籍21357本。举办市直单位学习贯彻习近平新时代中国特色社会主义思想主题教育“三述三讲”（即述责任讲担当、述感悟讲体会、述思路讲举措）交流会，以及党员发展对象、基层党支部书记、党务干部培训班和党建业务专题培训系列讲座，累计培训2600余人（次）。印发《市直机关青年理论学习小组规则》，推动市直单位组建机关青年理论学习小组500余个，覆盖青年干部6600余人。成立市直机关“学习宣传贯彻党的二十大精神”示范宣讲团，开展宣讲20余场（次）。举办市直机关大讲堂10期，组织市直单位机关党组织、县（市、区）直工委218名党员干部参加中央和国家机关工委《旗帜》杂志社“学思想强党性 共奋斗”线上知识挑战赛。在全市“主题阅读活动机关组朗诵大赛”和“书记讲党课”竞赛中，市直单位均获40%以上奖项，市直机关工委获优秀组织奖。在全市巾帼理论微宣讲比赛中，市直单位3人分获一等奖、三等奖和优秀奖，在全市第六届“举旗帜·送理论”微宣讲比赛中，市直单位2人分获二等奖和三等奖。

表 4　　合肥市第二批市直机关主题党日活动基地一览表

序号	类型	基地名称
1	科技创新产业创新	中国声谷人工智能体验中心
2		清华大学合肥公共安全研究院城市安全科技和产业创新基地
3		科大国盾量子技术股份有限公司展厅
4		科大国创软件股份有限公司“创ZHI党建”展厅
5		合肥市科技馆蜀西湖馆区
6		科大讯飞人工智能（党建）展厅
7		“巢湖明月”——合肥先进计算中心展厅
8	乡村振兴	合肥市长丰县马郢村
9	党风廉政	合肥市义城监狱
10	爱国主义	刘铭传故居（海峡两岸交流基地）

【基层组织建设】 2023年，市直机关工委推动基层党组织全面进步全面过硬。调研67家单位348个基层党组织，发现并督促整改问题200余个，对十二届市委巡察交办的31个单位92个党建方面问题整改情况进行督查督办，并结合述职评议中查摆的问题、市委领导点评指出的问题等，督促市直单位整改问题700余个。下发《关于做好巡视巡察发现机关党建方面共性问题整改工作的通知》，查摆整改问题300余个。《建立巡察联动机制 督促整改党建共性问题》入选中央和国家机关工委《旗帜》杂志社举办的第四届党建创新成果展示交流活动百优案例，《建立巡察发现党建共性问题督促整改联动机制》入选《合肥市党建工作典型案例选编》。将过硬、示范党支部创建融入星级党支部创评，对标晋位升星，745个复评党支部明确创评目标，150个当年首次参与创评党支部中，完成自评113个，自评率75.30%，421名星级党支部班子成员受到评先评优奖励。三星党支部申报四星党支部（过硬党支部）307个，四星党支部申报五星党支部（示范党支部）171个，1235个党支部成功创星，达党支部总数的92%，评出四星党支部（过硬党支部）267个、五星党支部（示范党支部）255个，其中，五星党支部数占创评支部数20.60%。市直单位配备专职党务干部256人，40岁以下占比40%，大学以上学历占比95%。

【党建和业务融合】 2023年，市直机关工委评选60个全市“一支部一品牌”典型、优秀案例，64个“微经验”“微党课”案例和20篇优秀机关党建研究课题报告。市直单位4篇案例获评全省党建创新成果优秀案例，占全省优秀案例的10%，5篇案例入选全省第二届“一支部一品牌”百优案例，市直机关工委以高质量机关党建引领高质量发展做法在省直机关工委《七月风》杂志刊发。在安徽百戏城建设、龙岗路建设、合肥八中建设等重点项目上，成立临时党支部近100个。与街道、社区、社会经济组织建立党建联盟，结合“四联四定”（即市级领导定镇联村、机关部门定村联企、镇村干部定片联社、镇党代表定社联户）、在职党员到社区报到等践行“四下基层”（即宣传党的路线、方针、政策下基层，调查研究下基层，信访接待下基层，现场办公下基层），推动机关资源和服务“双下沉”，1万余名党员参与基层党员阵地等建设，市直单位联系社区（村）开展各类服务活动6439次，解决群众困难1468件，化解基层矛盾361件，提供帮扶资金近900万元。

【加强统战和群团建设】 2023年，市直机关工委完善党建带群建制度机制，指导市直机关各级党组织做好党的群众工作和统一战线工作。把市直机关工青妇工作与机关党建同谋划、同部署、同推进、同考核，支持市直机关工青妇举办工会、共青团干部培训，组队参加市全民健身运动会，开展“青春心向党奋进新征程”“巾帼心向党奋进新征程”系列宣讲等活动，开展工人先锋号、青年文明号、“三八”红旗集体等创建评选，1个市直单位获评安徽省劳动竞赛先进集体，7户家庭分获省、市最美家庭，2人分获合肥青年五四奖章和合肥市最美职工。7人获市优秀共青团员、共青团干部，1个团委、3个团组织分获市五四红旗团（工）委、团（总）支部。市直机关11位女性和2个集体获合肥市三八红旗手（集体）。动员市直各单位参加99公益日募捐活动，筹得捐款2.20万余元。市直机关工委被命名为2023年度全市民族团结进步示范单位。

【效能建设】 2023年，市直机关工委开展明查暗访11轮、专项暗访8轮。开展“三项评议”（即党员自评、领导点评、群众评议），对具有行政审批权、执法权和公共服务职能的单位和岗位、窗口进行

2023年2月23日，市效能建设工作领导小组第七次会议召开

（市直机关工委/供）

重点监督，75个处室及二级机构参加“满意处长群众评”活动，50家窗口服务单位参加“社会评窗口”活动，31家窗口服务单位参加“千项办件看效能”活动。通过网上留言、来电来访，受理、办结群众效能投诉27件，线上跟踪督办“12345”热线行政效能类投诉6002件，核实效能问题42件。坚持“效能问企”，电话沟通企业939次，走访企业235次，跟随企业办件62次，收集、办理企业各类诉求55个，“百员联百企”活动收办企业各类诉求满意度100%。在县（市、区）成立33个效能监测点，定期开展作风效能测评，收到、办结企业诉求8个。发挥“办不成事”反映窗口作用，收办件389件。评选合肥市效能建设和政务服务效能典型案例25篇，其中，5篇案例获评安徽省效能典型案例和政务服务效能典型案例。《合肥日报》刊发效能建设综合报道7篇。中央和国家机关工作委员会《旗帜》杂志刊发市直机关工委《聚焦“一改两为”优化营商环境》报道。

（余　婧）

政策研究

【概况】 2023年，中共合肥市委政策研究室（以下简称“市委政研室”）成立4个常态化工作专班，服务市委开展学习贯彻习近平新时代中国特色社会主义思想主题教育，组织起草市委主要负责同志在全市主题教育动员大会、主题教育领导小组会议等讲话提纲，参与起草主题教育专报、典型案例剖析材料。聚焦推动高质量发展，牵头起草“十大提升行动”方案、推动战略性新兴产业融合集群发展实施意见、“千村引领、万村升级”工程实施方案等政策文稿。围绕市委重大决策部署、重要会议、重要活动，全年组织起草市委主要负责同志在省委常委会会议、省辖市季度工作会议、省委经济工作会议、市委全会、市委常委会会议、市委农村工作会议、市“两会”分组讨论等各类讲话稿、发言稿、素材稿590余篇。

【调查研究】 2023年，市委政研室服务市委制定《关于在全市大兴调查研究的实施方案》《市委常委会开展调查研究工作方案》。践行“四下基层”，围绕全局性战略性前瞻性问题和群众急难愁盼，深入基层听真话、看真相、取真经，全年形成专题报告20余篇，10余次获省、市领导批示转化运用。其中，聚焦智能家电、先进光伏、高端装备、生物医药、平台经济、现代种业、生产性服务业等重点产业、重要领域，推动出台促进智能家电、先进光伏 、高端装备、生物医药等产业发展的一系列政策举措，让调研成果转化为推动发展的实践成果；《贯彻落实总体国家安全观　打造安全城市》在中央国家安全委员会办公室《国安工作动态》刊发、全国推广，《关于合肥市国资引导基金运营情况的报告》获省委主要负责同志肯定性批示。

【履行市委改革办工作职责】 市委全面深化改革委员会办公室设在市委政研室。2023年，市委改革办谋划实施114项重点改革任务，牵头事业单位经营性资产划转国资运营管理改革、国防动员体制改革，推动改革举措落地见效。全年服务召开2次市委深改委会议，讨论研究10余份改革方案文件，形成70多项制度性成果，推动形成50多项原创性改革举措，市委改革办创新工作在全省作经验交流，合肥市新获批国家级试点超30项。服务保障中央改革办在肥督察数字城市建设、规范民办义务教育发展工作。拟定10项改革年度重点督察计划，牵头开展“加快推进种业振兴行动”情况督察，指导县（市、区）开展督察调研，加强督察问题整改，确保改革任务按时序进度推进。优化改革考核评分细则，探索“改革办日常赋分+专家组案例评分+县区、市直部门交叉打分”的考核方式，让考核更科学、精准。建立重点改革案例推介机制，首批择优提炼21项在全市复制推广。合肥市打造全域场景创新之城获评“全省十大改革案例”，“四小四大”专项整治、国资引导基金运营、庐江农舍经济、土地集约节约利用试点4项改革经验被《安徽改革情况》刊发。

【履行市委财经办工作职责】 市委财经委员会办公室设在市委政研室。2023年，市委财经办聚焦经济发展堵点、痛点、难点，建立完善经济部门会商机制、重点企业联系机制、智库机构协作机制、万亿城市对标机制4大机制，召开部门、企业座谈会10余次，与赛迪研究院、长城企业战略研究所开展合作研究3次。全年服务召开经济形势分析会、重点问题分析会、季度评议会、市委财经委会等11次，分析研判招商引资、项目建设、产业布局、县区发展、促进消费、新经济、营商环境等具体问题30余个，提出对策招数100多条。适应新经济发展需要，分析研究会展经济、楼宇经济、首店经济、宠物经济等7大新经济形态，推动市直单位成立楼宇经济处、宠物经济工作专班。

【履行市委党建办工作职责】 市委党的建设工作领导小组办公室设在市委政研室。2023年，市委党建办制定印发《市委党的建设工作领导小组2023年工作要点及任务分工》，部署76项工作任务。服务市委加强对党的建设重要工作和重大问题的研究，用好每月市委常委会扩大会议机制，一体部署党的建设各项工作，做到全面从严治党与经济社会发展同谋划、同部署、同推进。服务召开全面从严治党专题会议、组织工作会议、统战工作会议等全市重要会议，把党建工作落到实处。服务市委开展学习贯彻习近平新时代中国特色社会主义思想主题教育，研究起草《关于在全市大兴调查研究的实施方案》《市委常委会开展调查研究工作方案》等重要文件，深入一线开展调研，破解发展壮大村级集体经济等难题。牵头整理省辖市领导班子党建考核材料，组织制定县（市、区）党建考核指标，做好县（市、区）委书记抓党建述职评议会议文稿服务。强化基层党建品牌建设，印发党建工作典型案例37个，促进党建工作提质增效。

【载体建设】 2023年，市委政研室编撰《中国合肥·2023》，图文并茂展现合肥发展最新成果，宣传推介经济社会高质量发展亮点成效。按月编辑发行《合肥工作》，增设“产经透视”“知识课堂”等板块，提高稿源多元性、文章可读性、办刊协同性。组织起草《科创先锋——中国式现代化的合肥故事》“开放之城”篇章，由中央党校出版集团编印出版。按季度更新合肥经济社会工作重点数据汇编《数说合肥》，涵盖市情、科创、产业、城建等近40个板块，集聚数据超2000条。

（魏　玮）

保　密

【概况】 2023年，中共合肥市委保密委员会办公室（市国家保密局）（以下简称“市委保密办”）按照党管保密、依法治密要求，落实保密工作责任，提高保密管理能力，开展保密宣传教育，发挥保密督查作用，提升保密服务保障水平。

【保密宣传教育】 2023年，市委保密办开展经常性保密宣传教育。4月，开展保密宣传教育月活动，在合肥电视台、地铁及公交站点播放保密教育公益宣传片。开展“人人话保密”微视频征集活动，向省级推荐优秀作品28篇，其中市税务局《保密无小事，人人当尽责》获评优秀。开展“保密宣传下基层”活动评选，蜀山区和合肥高新技术产业开发区分别获评全国、全省表现突出基层单位。12月，开展保密公益宣传片创意文案和保密公益宣传海报征集评选工作，上报创意文案7部、海报15幅。会同市政府外事办公室，对出访公务人员开展行前保密安全教育19批次52人。

【保密监督检查】 2023年，市委保密办督导全市机关、单位开展保密问题自查自纠。加强互联网使用日常监管，全年发现并查处违规案件78起。开展各类保密专项检查6次。9—12月，联合市委办公室业务处室对市县两级69家机关单位开展保密综合调研。

【保密依法行政】 2023年，市委保密办落实“互联网＋监管”工作，及时上报和发布监管检查情况。5月，召开保密培训会，对全体执法人员进行保密行政执法培训。做好行政执法证件年审工作，因调离工作岗位注销执法证1名。联合市教育局、市公安局对各县（市）和市教育考试院试卷保密室

2023年12月14日，合肥保密工作第四协作组总结年度工作

（市委保密办/供）

进行检查。全程参与高考、中考、高中学业考试试卷安全保卫工作和应急指挥值班，为全市公务员招录、司法考试等各类统一考试提供保密服务保障。

（王翼云）

档　案

【概况】 2023年，合肥市档案系统推进智慧档案建设，加强档案监督检查，构建全方位档案宣传体系，完成“十四五”档案事业发展中期评估。档案工作对县（市、区）、开发区的目标考核分值由1分提升到2分，档案工作创新做法在全省档案会议作经验交流，档案行政执法和安全检查等工作得到市委领导批示13次，档案宣传工作被《中国档案》评为“先进单位”，《基于区块链技术的档案综合管理平台》科研项目被国家档案局评为2022年度优秀科技成果三等奖，参与省级地方标准——《城市轨道交通工程电子档案元数据规范》制定，1人入选首届“皖美兰台人”，“互联网+政务服务”事项全年办件覆盖率、好评率均为100%。

把深入开展习近平新时代中国特色社会主义思想主题教育作为重大政治任务，坚持理论学习、调查研究、推动发展、检视整改一体推进。举办全市档案局（馆）长深入学习党的二十大精神研讨班，总结交流经验做法。围绕“三服务”、档案创新发展等工作，对70余家市直单位和肥西、蜀山等7个县（市、区）开展专题调研。赴沪浙粤闽等6城市学习考察，提出12条发展建议，得到市委领导肯定性批示。举办档案人员、档案行政执法人员业务培训班11期，培训1000余人（次）。

【档案服务】 2023年，市档案局紧扣“芯屏汽合、急终生智”产业，通过业务培训、调研指导等方式，为30余家重点产业链龙头企业、领军企业，提供100余次档案服务，记录产业创新发展全过程。出台《合肥市加强重特大事件档案工作若干举措》，成立疫情防控档案工作专班，完成2021年至2022年疫情防控文件材料的归档整理，移交文书档案4462件、照片档案73件、录音录像档案21.40GB，建立专题数据库。服务第十四届中国（合肥）国际园林博览会、合肥马拉松、第五届全国智运会等重大活动，接收1.50万余卷（件）、征集300件档案进馆。指导引江济淮建设工程、合肥外贸综合码头工程、派河国际综合物流园港区等建设项目的档案工作。开展档案工作服务农村基层社会治理县级试点，全市有13个乡镇（街道）、18个村居（社区）开展县级试点，肥西县5个试点单位于2023年底提前完成试点任务。搭建档案协作平台，组织17个协作组、175家单位开展协作活动300余次，实现档案服务年度全覆盖。市档案馆开展档案异地查询、跨馆出证、社保卡身份认证查档等工作，档案馆大厅综合窗口获2022年度合肥市“群众满意窗口”。全年各级档案馆接收档案49.56万卷（件），档案查询利用16000余人（次）、调阅档案和电子原文60余万卷（件）。

【智慧档案建设】 2023年，市档案局加速推进数字档案馆（室）建设。助力巢湖市、瑶海区、庐阳区、包河区4个档案馆申报数字档案馆测评；印发《关于加快推进市直单位数字档案室建设的通知》，确定“十四五”末“基础数字档案室”建成率达100%的目标要求。全年8家单位移交电子档案近20万页、170GB进馆，完成291万页档案的数字化加工。新开通市应急管理局、市妇联等11家“数字档案室系统”账户，打通档案馆（室）互联新通道。选取市委办公室、市政府办公室等10家市直单位为试点单位，推进照片录音录像档案“单套制”归档，夯实全流程电子化的电子文件和政务数据归档基础。将1家专业档案馆，3家镇（街道）和3家村（社区）档案室，接入安徽省数字档案资源共享平台，推进档案服务向基层一线延伸。各级档案馆系统对接省档案资源共享平台、长三角服务一体化平台、国家档案查询利用服务平台，推动档案信息资源跨区域互联互查，实现长三角主要城市档案资源共享，提升档案工作一体化水平。

【档案规范化建设】 2023年，全市各级档案部门完善档案业务规范和标准。市档案局出台重大建设项目档案验收、数字档案室建设、档案协作组规则等6项重要业务制度规范。对4个县（市、区）、开发区，6家市直单位及其二级机构开展行政执法检查和“回头看”，对20家市直单位开展安全风险隐患检查，发现问题411条，书面印发整改清单48份，到期整改完成率100%。市档案馆定期开展档案安全检查，做好档案库房灭火系统、密集架、精密空调等设备维修维护，确保档案实体安全；依托档案综合管理系统等保项目，开展网络和档案数据安全检查，开展年度信息安

2023 年“6·9”国际档案日，市档案局、市档案馆联合开展档案知识进校园活动
（市档案馆/供）

全数据恢复应急演练，以及重要档案数据异地异质备份，对重要档案数据进行异地异质备份 9.60TB。推行机关档案分类方案、文件材料归档范围和档案保管期限表“三合一”制度，市档案局完成 45 家单位“三合一”制度审批，依托互联网+政务平台，完成 4 家国有企业“文件材料归档范围和保管期限表”网上受理审批工作。

【档案宣传】　2023 年，全市档案系统加强“档案观止”“档案今拾”“档案印象”3 大文化品牌建设，相关成果获省档案学优秀成果二等奖、2022 年度合肥广播电视优秀作品奖。市档案局、档案馆在“6·9”国际档案日期间，以“档案宣传进机关、校园、地铁”为主题，组织开展“小记者走进档案馆”等系列活动。市档案馆联合中国科学技术大学、安徽大学等 9 所高校，编印《学在合肥·大学篇》，与合肥广电传媒有限公司联合拍摄《合肥非遗故事》系列专题片，在《合肥晚报》推出“合肥记忆”系列报道。合肥市在中国档案网发稿量居省会城市和计划单列市前 5 名。

（彭红梅　杨文元）

史志编研

【概况】　2023 年，中共合肥市委党史和地方志研究室（以下简称“市委史志室”）坚持政治统领，聚焦主责主业，积极服务和融入长三角一体化发展，在史志编研、史志宣教、场馆建设、资料征集等方面取得新成果。省、市领导先后 20 多次对合肥史志工作作出批示指示，市委常委会听取全市党史工作汇报并给予充分肯定，合肥党史系列微视频获市委主要领导点评肯定，《合肥年鉴》连续两届获评全国地方志优秀成果（年鉴类）特等奖，合肥党史馆职工获评“中国好人”、安徽省道德模范，市委史志室连续 4 年被省委党史研究院（省地方志研究院）评为党史宣传教育先进单位，获评合肥市第十六届“文明单位”。

【史志编研】　2023 年，市委史志室召开全市党史三卷工作推进会，组建合肥党史三卷编写小组，跟进专题资料征编工作，收集专题资料 114 万余字，数字化处理 1.10T，形成《合肥党史专题资料辑存》，完成合肥党史三卷初稿 25 万余字。出版发行《中共合肥党史人物传》（第一卷）等党史正本，组织《中共合肥党史人物传》（第一卷）和《中国共产党合肥历史大事记》（1921-2021）发布会，完成《中共合肥市委历次党代会资料汇编》。编印《红色印记——合肥市革命旧址通览》，收录红色革命旧址 110 处、图片 120 张、6 万余字。巩固市县两级地方综合年鉴“一年一鉴、公开出版”全覆盖成果，《合肥年鉴》连续两届获评全国地方志优秀成果（年鉴类）特等奖。编印 6 期内刊《合肥地情活页》和《合肥大事记》。参与重大活动和会议服务，为 2023 年度长三角地区主要领导座谈会、省委主要领导来合肥调研提供史志资料；为庐州烤鸭店、合肥百货大楼集团申报“中华老字号”提供方志资料；参与指导肥东县桥头集镇等 8 个乡镇修志工作。开展全市新时代史志优秀科研成果评选，36 个作品获表彰。推荐上报“全国纪念毛泽东同志 130 周年诞辰学术研讨会”论文 2 篇，在《党史纵览》期刊发表论文 2 篇，在《安徽日报》等刊物发表相关理论文章。

【史志宣教】　2023 年，市委史志室与市委组织部联合开展第 14 个“全市党员干部党史教育日”活动，推荐全市爱国主义教育基地、党员干部党史教育基地。打造党史宣传品牌“红耀合肥”栏目，在安徽画报、合肥晚报出刊 28 期，多数文章被学习强国转载。与融媒体合作开展网上党史宣传，《合肥科技创新发展历程》《征程》2 部党史短视频，作为全省优秀党史短视

2023 年 8 月 27 日，合肥党史馆"小小讲解员"志愿活动第二期开班
（市委史志室 / 供）

频选送中央党史和文献研究院进行全国展播。与抖音合作，拍摄制作《合肥党史故事》6 集短视频；"《中国共产党合肥历史大事记》（1921—2021）和《中共合肥历史人物传》新书首发式""纪念农村改革 45 周年座谈会"等报道，在中央电视台国际在线、安徽日报新媒体客户端、中安在线等媒体刊发。全年史志信息被中央党史和文献研究院刊发 6 篇，被省委党史研究院（省地方志研究院）刊发 4 篇。

【场馆建设】 2023 年，市委史志室建好用活合肥党史馆，首次启用中英文双语自助导览系统，引进志愿讲解服务，做好讲解接待，全年进馆团队 1566 批（次），10 万人（次）。组织社会教育活动，开展"小小讲解员"活动 4 次，完成《合肥高校发展变迁》等 4 个主题微党课制作。推进合肥红色场馆联盟筹建，吸纳首批成员 11 家单位。推进省级党风廉政教育基地和合肥市第七届爱国主义教育基地申报工作。整理文物，编印《文物背后的故事》。开展市方志馆布展初步设计项目招标和方案编制工作，参与合肥城市记忆馆改造优化项目，梳理"合肥大事记"资料；整理利用合肥骆岗公园"前世今生"及建设发展史料，征集电子资料 7.30GB。

【构建大史志格局】 2023 年，市委史志室与市农业农村局联合举办纪念农村改革 45 周年座谈会，总结肥西县小井庄"包产到户"改革经验，推进乡村振兴。召开全市地方志工作调研座谈会，总结经验做法，推进地方志工作高质量发展。与合肥学院马克思主义学院共建合肥党史研究基地。推进合肥党史学会建设。

【《合肥年鉴（2022）》获评全国特等年鉴】 2023 年 12 月 29 日，由中共合肥市委主办、合肥市委党史和地方志研究室编纂的《合肥年鉴（2022）》，在中国地方志工作办公室组织开展的第九届全国地方志优秀成果（年鉴类）评审中，获评市级综合年鉴特等奖。这是继《合肥年鉴（2019）》获评第七届全国地方志优秀成果（年鉴类）一等奖、《合肥年鉴（2020）》获评第八届全国地方志优秀成果（年鉴类）特等奖之后再次获奖。

【打造"合肥党史"微视频品牌】 2023 年，市委史志室联合合肥日报传媒集团、合肥广播电视台推出"合肥党史"系列微视频，在"合肥日报"等媒体多个抖音号、视频号推广发布，总阅读量超 5000 万次，点赞量超 40 万次、转发量超 20 万次。制作"合肥党史"系列微视频"主题教育学党史专篇"7 期，受到市委主要领导多次表扬，入选学习贯彻习近平新时代中国特色社会主义思想主题教育优秀党建案例。

（陶俊生）

党校（行政学院）教育

【概况】 2023 年，中共合肥市委党校（合肥行政学院）（以下简称"市委党校"）举办各类主体班次 37 个，培训学员 6018 人（次），向省委、省政府，市委、市政府报送资政报告 12 篇，其中，9 篇获市领导肯定性批示。在各类报刊发表学术论文 30 余篇，其中核心期刊 3 篇，完成校（院）内外 46 个课题立项。

【教学培训】 2023 年，市委党校开办培训班 41 班次，培训学员 6468 人（次），其中主体班次 37 个，培训学员 6018 人（次）；社会主义学院培训班次 4 个，培训学员 450 人（次）；承办外培班次 63 个，培训学员 18350 人（次）；承担省委党校（安徽行政学院）研究生教学点教学任务，招录研究生 101 人，在校生 415 人。

优化教学内容。围绕习近平新时代中国特色社会主义思想、党的二十大精神、中央党校教学安排、习近平总书记关于安徽工作的重要讲话重要指示精神和合肥市情等方向，开展6个批次新专题试讲，开发教学专题34个。形成以习近平新时代中国特色社会主义思想为核心，以理论教育、党性教育、履职能力培训、合肥特色课程为重点的“一核四翼”教学板块。设置“总论主导、分论延展、实践实例”3大模块，完善习近平新时代中国特色社会主义思想课程体系。实践“党史寻根—信仰铸魂—党章正心—党纪守戒—剖析查摆”五位一体全周期党性教育模式，并综合运用情景式、体验式教学方式，开展“艺术党课”、历史剧本演绎等活动。构建“主干课＋特色课”的履职能力培训课程体系（涵盖通用类能力课程和具体工作领域的专业知识课程），推动能力培训精准高效。全年举办各类专题研讨班21个，领导干部上讲台近200人（次），占总课时比重超20%。

推进“用学术讲政治”教学改革。加大案例、互动等方法在教学中的应用，新开发7门互动式课程，互动式教学在主体班教学中占比超40%。深挖合肥本土资源，加大现场教学基地开发力度，校（院）有现场教学基地25个。强化组织需求和学员需求调研，在中青年干部培训班、任职培训班等班次学员中开展课程（专题）需求问卷调查，提高教学专题发布的针对性；采取“主会场＋分会场”形式，克服培训时间、空间限制，满足培训需求。

【科研资政】 2023年，市委党校制定《中共合肥市委党校（合肥行政学院）学科建设工作方案》等科研管理制度，夯实科研工作基础。围绕习近平思想及其实践、合肥经济社会发展热点难点以及党风廉政建设工作等选题，立项全市党校（行政学院）系统科研课题26个，包含“习近平生态文明思想研究”“安徽深入实施科技创新‘栽树工程’研究”等3项重大课题，“合肥科创金融体系建设研究”等17项重点课题。立项校外课题20个，包含省社科规划课题2个、省领导圈定课题1个、省社科创新发展课题3个、全省党校系统重点课题3个、全省党校系统“省委十一届五次全会精神研究”专项课题2个、市政府委托研究课题1个、市政府重大课题1个、市社科规划项目7个。校（院）教职工在各级报刊上发表学术论文30余篇，其中核心期刊3篇；在安徽省社科联、全省社会主义学院系统、全省党校系统等组织的各类优秀科研成果评选中获奖项40项。出版学术期刊《中共合肥市委党校学报》6期。向省委、省政府，市委、市政府报送咨政报告12篇，其中9篇获市领导肯定性批示。

【对外交流】 2023年，市委党校参加省内外线上、线下学术研讨会12次，包括第六届长三角——珠三角党校智库合作联盟会议、长三角G60科创走廊九城市党校智库联盟专题会议、长三角党校校长论坛、首届高端智库支持长三角G60科创走廊高质量发展研讨会、2023年浦东论坛“中国式现代化与浦东改革开放”研讨会、全省党校（行政学院）系统科研咨询工作交流会暨第十四届科研和决策咨询评奖表彰会、省、市社科联学术年会等，举办“坚守初心 为党献策”科研决资座谈会、合芜蚌自主创新

表5 2023年度智库成果一览表

序号	成果名称
1	构建大物流体系“主阵地”：高质量推动合肥国际航空货运集散中心建设
2	“双碳”背景下推动绿色零碳建筑发展的对策建议
3	新消费时代合肥市促进商业载体焕活新生的对策建议
4	打造“一体两翼” 治理网络谣言
5	建设“无废城市”推动生活垃圾分类厢房高效使用的对策建议
6	加快推进检验检测行业发展的建议
7	关于稳妥应对幼儿园关闭潮的对策建议
8	关于以乡村经营助推乡村振兴与共同富裕的建议
9	关于完善合肥市住房公积金政策的对策建议

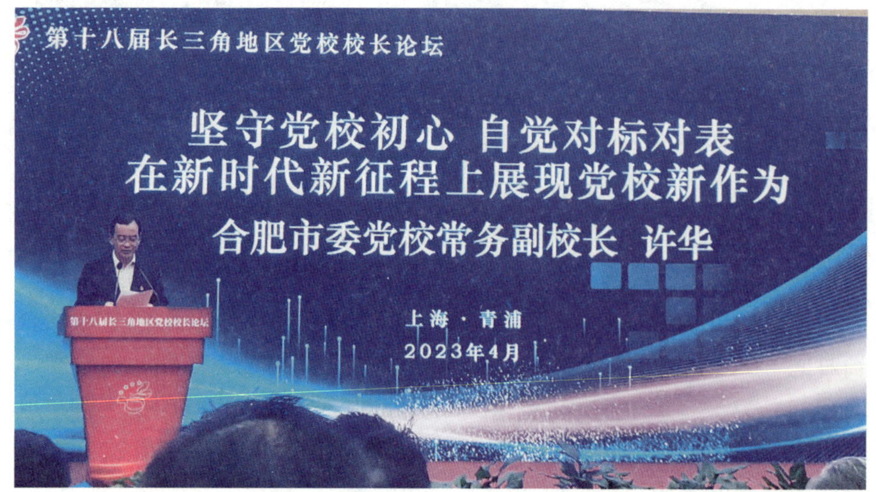

2023 年 4 月 20 日，市委党校参加第十八届长三角地区党校校长论坛

（市委党校 / 供）

示范区党校（行政学院）系统论坛、全市党校（行政学院）系统理论研讨会，促进党校（行政学院）系统之间学术交流。

【业务指导】 2023 年，市委党校加大对下级党校业务指导，制定《全市党校（行政学院）系统 2022—2025 年发展规划》，印发年度业务指导计划，各校（院）委成员深入联系点实地调研。印发《2023 年度县（市、区）委党校办学质量评估指标体系》，对各县（市、区）委党校开展办学质量评估，并督促整改落实。将县级党校 71 名教师编入市委党校 12 个教研部，抓好传帮带。组织全市党校系统优秀教学比赛、精品课程评选、师资专题培训等，开展县级党校“教学名师”“学术名家”评选，选派教师到县级党校授课，选派 2 名教学骨干、1 名管理骨干前往肥西县、庐江县、蜀山区等党校支援发展。将党员干部教育培训工作向基层延伸，挂牌成立 70 所乡镇（街道）党校，肥西县、庐江县做到基层党校全覆盖。

【新校区建设】 2023 年，市委党校按时间节点推进新校区建设。全年召开或参加各类协调推进会 200 余次，赴全国宣传干部学院、中央党校、上海党校等地调研考察 26 次，汲取建设经验。全年投入建设资金 4 亿元，各楼栋主体结构封顶并完成结构验收。

（吴 莹）

责任编辑：王晓燕

合肥市人民代表大会

综　述

【概况】　2023年，在中共合肥市委坚强领导下，合肥市人民代表大会常务委员会（以下简称“市人大常委会”）坚持以习近平新时代中国特色社会主义思想为指导，深入学习贯彻党的二十大和二十届二中全会精神，坚定拥护“两个确立”、坚决做到“两个维护”，以开展主题教育为动力，紧紧依靠广大代表，围绕中心、服务大局，忠诚履职、奋发进取，各方面工作均取得重大进展。

截至2023年底，合肥市有市人大代表516人，其中，男性375人，女性141人；中共党员343人，无党派人士1人，民主党派84人，群众88人；肥东县60人，肥西县49人，长丰县45人，庐江县60人，巢湖市53人，瑶海区62人，庐阳区55人，蜀山区67人，包河区56人，驻肥部队9人。2023年，市人大常委会完成市十七届人大二次会议确定的各项目标任务。全年举行常委会会议7次，主任会议23次；听取和审议“一府一委两院”报告18项；制定修改地方性法规5件；开展执法检查3项、专题询问1次、专题调研18项。

【市人大常委会工作】　2023年，市人大常委会牢牢把握政治机关属性，提高政治判断力、政治领悟力、政治执行力，把党的领导贯穿人大工作的全过程、各方面。

市人大常委会及机关党组开展学习贯彻习近平新时代中国特色社会主义思想主题教育，聚焦“学思想、强党性、重实践、建新功”总要求，认真开展读书班学习、集中研讨、党课报告等学习活动，围绕22个课题深入调研，在学深悟透、见行见效上下功夫，深刻领悟“两个确立”的决定性意义，以实际行动把“两个维护”落到实处。

市人大常委会将人大工作放在全市中心大局中来谋划推进，聚焦科技创新、产业创新、环境保护、民生改善等“国之大者”履行法定职责，助力经济社会发展和改革攻坚任务。认真贯彻市委十二届六次全会精神，制定《关于发挥人大职能作用　强化主业产业融合发展意识　助力战新产业融合集群发展的意见》，从加强地方立法、开展重点监督、发挥代表作用等5个方面，提出助力产业发展举措。常态化赴各县（市、区）开展“优环境、促发展”活动，累计走访企业269家，协调解决问题300个，推动市委决策部署落地落实。

市人大常委会党组强化政治引领，发挥把方向、管大局、保落实的重要作用，制定修改《市人大常委会党组议事规则》等13项制度，把党的领导贯彻到市人大工作中。自觉接受省委巡视监督。严格落实请示报告制度，完善《向市委报告重大事项清单》，重要会议、重要立法、重大问题及时请示报告，

2023年11月8日，在全国人大常委会基层立法联系点工作交流会上，市人大常委会以《在勇当科技和产业创新的开路先锋实践中加强基层立法联系点建设》为题，介绍经验做法　（市人大办／供）

全年向市委常委会会议专题汇报3次，向市委请示报告35次，并按照市委要求抓好贯彻落实。

（周家佳）

重要会议

【市人民代表大会会议】 2023年，合肥市人民代表大会会议召开1次，即市十七届人民代表大会第二次会议。

市十七届人民代表大会第二次会议于2022年12月30日至2023年1月2日举行。第一次全体会议于2022年12月30日召开，第二次全体会议于2022年12月31日召开，第三次全体会议于2023年1月2日召开，时任中共安徽省委常委、合肥市委书记虞爱华作会议讲话。会议选举72位同志为合肥市出席省第十四届人民代表大会代表；选举黄维群同志为市监察委员会主任；选举王毓江等13位同志为市十七届人大常委会委员。新当选的市监察委员会主任，市十七届人大常委会委员集体进行宪法宣誓。会议表决通过关于政府工作报告的决议，关于合肥市2022年国民经济和社会发展计划执行情况与2023年计划的决议，关于合肥市2022年预算执行情况和2023年预算的决议，关于合肥市人民代表大会常务委员会工作报告的决议，关于合肥市中级人民法院工作报告的决议，关于合肥市人民检察院工作报告的决议。

【市人大常委会会议】 2023年，市人大常委会会议召开7次，即市十七届人大常委会第八次至第十四次会议。

市十七届人大常委会第八次会议。2月23日至24日，市十七届人大常委会第八次会议在市政务中心举行。市人大常委会主任汪卫东主持第一次全体会议，出席第二次全体会议并讲话。会前，召开市人大常委会党组理论学习中心组学习（扩大）会暨常委会专题讲座，合肥学院房地产研究所所长朱德开作物业管理法律法规专题讲座。会议初次审议《合肥市科学技术普及条例（草案）》，表决通过《合肥市住宅小区物业管理条例》、关于个别代表的代表资格报告和人事任免案，并组织宪法宣誓；听取审议市政府关于2022年法治政府建设情况的报告；听取关于2022年规范性文件备案审查工作情况的报告。

市十七届人大常委会第九次会议。4月25日至26日，市十七届人大常委会第九次会议在市政务中心举行。市人大常委会主任汪卫东主持第一次全体会议，出席第二次全体会议并讲话。会前，召开市人大常委会党组理论学习中心组学习（扩大）会议暨常委会专题讲座，中国科大国际金融研究院全球经济与国际金融研究中心执行主任吴林作培育和发展高新技术企业专题讲座。会议表决通过《合肥市科学技术普及条例》《市人大常委会关于加强合肥市巢湖流域农业面源污染防治的决定》《市人大常委会关于加强老年助餐服务的决定》、关于个别代表的代表资格报告和人事任免案，并组织宪法宣誓；听取审议市政府关于2022年度环境状况和环境保护目标完成情况及巢湖综合治理进展情况的报告；听取审议市政府关于培育和发展高新技术企业情况的报告。

市十七届人大常委会第十次会议。6月27日至28日，市十七届人大常委会第十次会议在市政务中心举行。市人大常委会主任汪卫东主持第一次全体会议，出席第二次全体会议并讲话。会前，召开市人大常委会党组理论学习中心组学习（扩大）会议暨常委会专题讲座，合肥工业大学文法学院副教授邱国侠作《中华人民共和国科学技术进步法》《安徽省科学技术进步条例》《合肥市科技创新条例》专题讲座。会议初次审议《合肥市城市地下综合管廊管理条例（草案）》《合肥市居家养老服务条例(修订草案)》，表决通过人事任免案，并组织宪法宣誓；听取审议市政府关于财政教育资金安排使用情况的报告；听取审议湿地保护“一法一决定”执法检查报告；听取审议市中院关于全市法院物业服务合同纠纷审判工作情况的报告。

市十七届人大常委会第十一次会议。7月20日，市十七届人大常委会第十一次会议在市政务中心举行。市人大常委会主任汪卫东出席会议，副主任吴利林主持两次全体会议。市委常委、副市长袁飞通报全市上半年经济社会发展情况。会议表决通过有关决定及个别代表的代表资格报告。

市十七届人大常委会第十二次会议。8月29日至30日，市十七届人大常委会第十二次会议在市政务中心举行。市人大常委会主任汪卫东主持第一次全体会议，出席第二次全体会议并讲话。会前，召开市人大常委会党组理论学习中心组学习（扩大）会议暨常委会专题讲座，省人大常委会委员、省人大常委会社会建设工作委员会副主任张纯和作《中华人民共和国残疾人保障法》《安徽省残疾人保障条例》专题讲座。会议表决通过《合肥市地下综合管廊条例》《合肥市居家养老服务条例》；表决通过《关于批准合肥市2022年市级决算的决议》《关于批准合肥市2023年市级预算调整方案的决议》；表决通过关于批准《合肥市人民政府关于提请合肥市与白俄罗斯布列斯特市缔结友好城市关系的议案》的决定；表决通过关于个别代表的代表资格报告和人事任免案，并组织宪法宣誓；初次审议《合肥市优化营商环境条例（草案）》，听取审议2023年上半年国民经济和社会发展计划执行情况及下半年工作意见、2022年度市级预算执行和其他财政收支的审计工作、科学技术进步“一法两条例”执法检查、市检察院关于全市检察机关检察建议工作情况等报告。

市十七届人大常委会第十三次会议。10月30日至31日，市十七届人大常委会第十三次会议在市政务中心举行。市人大常委会主任汪卫东主持第一次全体会议，出席第二次全体会议并讲话。会前，召开常委会党组理论学习中心组学习（扩大）会议暨常委会专题讲座，省财政厅办公室负责同志作《预算法及实施条例解读与实践》专题讲座。会议表决通过《合肥市优化营商环境条例》《合肥市人大常委会关于促进全市矛盾纠纷多元化解的决定》《合肥市人大常委会议事规则》；表决通过关于个别代表的代表资格报告和人事任免案；听取审议市政府关于2022年度国有资产管理情况综合报告和金融企业国有资产管理情况专项报告、高标准农田建设情况报告、城市更新工作情况报告；听取审议残疾人保障“一法一条例”执法检查报告；听取审议关于市十七届人大二次会议议案建议办理情况的报告，并开展满意度测评。

市十七届人大常委会第十四次会议。12月18日至19日，市十七届人大常委会第十四次会议在市政务中心举行。市人大常委会主任汪卫东主持第一次全体会议，出席第二次全体会议并讲话。会议表决通过关于批准2023年市级第二次预算调整方案的决议；通过关于召开市十七届人大三次会议的决定；通过人事任免案，并组织宪法宣誓；听取审议市政府关于2022年度市级预算执行和其他财政收支审计查出问题整改情况、市“十四五”规划和2035年远景目标纲要实施情况中期评估、合肥市基本医疗保障工作情况等报告；听取审议市政府关于10项暖民心行动实施情况的报告，并开展专题询问。

（周家佳）

人大监督

【概况】 2023年，市人大常委会聚焦党委部署、群众关切，统筹运用多种形式，寓支持于监督之中，推动解决制约经济社会发展的突出问题。全年听取审议“一府一委两院”报告18项，开展执法检查3项、专题询问1次、专题调研18项，备案审查规范性文件76件。

【经济工作监督】 2023年，市人大常委会听取审议计划和预算执行情况报告，审查批准本级决算和预算调整方案，开展审计查出突出问题跟踪监督，听取审议“十四五”规划和2035年远景目标纲要实施情况中期评估、国有资产管理和金融企业国有资产管理情况等报告，开展台胞投资保护和促进情况调研，助推经济平稳健康发展。开展政府债务管理情况专题调研，提出把握政策机遇、抓实项目谋划、守牢风险底线等建议，得到市委主要负责同志批示肯定。开展《科学技术进步法》《安徽省科学技术进步条例》《合肥市科技创新条例》执法检查，听取审议培育和发展高新技术企业情况报告，以法治方式推动科技事业进步和高新技术企业发

2023年3月29日，全国人大财经委调研组来皖，专题调研一季度经济运行情况
（庄道龙/摄）

2023年5月16日，市人大常委会主任汪卫东率执法检查组赴庐江县，开展《中华人民共和国湿地保护法》《合肥市人大常委会关于加强环巢湖十大湿地保护的决定》执法检查 （庄道龙/摄）

展。听取审议高标准农田建设情况报告，促进高标准农田建得成、管得好、长受益；开展旅游民宿发展情况调研，就强化规划布局、提高运营能力、加强品牌建设等建言献策。

【民生保障监督】 2023年，市人大常委会听取审议10项暖民心行动实施情况报告并开展专题询问，助推把民生好事办好、实事办实、难事办妥；围绕儿童青少年近视综合防控等工作开展调研，守护儿童青少年光明未来。听取审议财政教育资金安排使用情况报告，促进完善投入保障机制，提升资金精细化管理水平；开展《家庭教育促进法》执法调研，推动完善学校家庭社会协同育人机制。听取审议基本医疗保障工作情况报告，推动加强医保基金监管，提高医疗服务水平。听取审议城市更新计划实施情况报告，推动城市更宜居、更亲民。开展《残疾人保障法》《安徽省残疾人保障条例》执法检查，促进相关部门完善社会保障体系，提升公共服务水平。

【污染防治监督】 2023年，市人大常委会开展《湿地保护法》《关于加强环巢湖十大湿地保护的决定》执法检查，实地查看湿地修复利用、生物多样性保护等情况，促进法律责任落实，聚力打造巢湖"绿色项链"。听取审议2022年度环境状况和环境保护目标完成情况及巢湖综合治理情况的报告，开展"庐州环保世纪行"活动，围绕提升大气环境质量、推进水环境治理、加强土壤污染防治修复等，提出改进工作的意见建议，助推绿水青山成色更足。

【执法司法监督】 2023年，市人大常委会听取审议法治政府建设情况报告，就优化法治化营商环境、加强基层社会治理等方面提出建议。开展基层"小微权力"监督工作情况调研，拓宽群众监督渠道，规范小微权力运行。听取审议物业纠纷审判工作情况报告，督促强化部门协作、加强综合治理；听取审议全市检察机关检察建议工作情况报告，推动提升检察建议质量、强化检察建议落实；开展酒驾醉驾查处工作情况调研，督促相关部门规范查处程序、细化处罚情形、守护群众出行安全。出台《监督"谁执法谁普法"普法责任制实施情况办法》，开展"宪法宣传周""江淮普法合肥行"等活动，推动提升全社会法治意识。听取审议规范性文件备案审查工作情况报告，更好维护法制统一。

（周家佳）

重大事项决定

【概况】 2023年，市人大常委会紧扣发展之重、形势所需、民生关切，依法行使重大事项决定权，作出重大事项决定4件，助推市委重大决策部署落实。

【推进农业面源污染防治工作】 2023年，市人大常委会深入贯彻"让巢湖成为合肥最好的名片"重要指示精神，着眼于加强水污染源头治理，作出《关于加强合肥市巢湖流域农业面源污染防治的决定》，强化制度规范，明确禁止行为，确保农业面源污染依法管控。

【推进老年助餐服务工作】 2023年，市人大常委会在全国省会城市中率先作出《关于加强老年助餐服务的决定》，明确建设"十分钟就餐服务圈"，推动建设覆盖城乡、方便可及的老年助餐服务体系。合肥市"小切口"立法保障老年助餐服务，获安徽省2023年度“十大法治事件”提名奖。

【推进矛盾纠纷多元化解工作】 2023年，市人大常委会作出《关于促进全市矛盾纠纷多元化解的决定》，突出数智赋能，强化源头预防，建立“一站式”多元化解平台，实现群众诉求一揽子调处，助力市域治理体系和治理能力现代化。

【推进城市友好交往工作】 2023年，市人大常委会加强“一带一路”城市友好交往，作出与白俄罗斯布列斯特市缔结友好城市关系的决定。

（周家佳）

代表工作

【概况】 2023年，市人大常委会着力发挥代表在践行全过程人民民主中的主力军作用，加强代表工作能力建设，推动代表更好接地气、察民情、聚民智、惠民生，做到民有所呼、我有所应。

【代表联系群众】 2023年，市人大常委会制定《关于推进全市人大代表联络站、群众联系点规范化建设的意见》，设立代表联络站585个、群众联系点954个，搭起代表联系群众“连心桥”。发挥好33个市人大代表小组作用，谋划组建科技创新、战新产业、现代服务业等专业代表小组，推动让“内行人”议“专业事”。深入推进民生实事项目票决（票选）制、街道选民代表会议制度，县乡两级人大票决（票选）产生579件民生实事项目。12月，在全国人大常委会民生实事项目人大代表票决制座谈会上，以《积极践行和发展全过程人民民主 扎实推进民生实事项目人大代表票决制》为题，作经验交流。加强36个党建引领全过程人民民主基层实践点建设，常态化联系指导，编发34个“党建引领全过程人民民主基层实践案例”，总结推广全过程人民民主基层实践经验。

2023年4月4日，市人大常委会主任汪卫东率队到瑶海区、蜀山区，调研人大代表线下履职平台建设情况 （袁 兵/摄）

【议案建议办理】 2023年，市人大常委会代表在市十七届人大二次会议上提出的4件议案、258件建议全部办理完毕，转化为促发展、惠民生的实际举措。开展议案建议办理情况评估，选取优化老年助餐体系议案、加强环卫工人权益保障建议，进行满意度测评，结果均为“满意”等次。深入开展“关注民生提建议、五级代表在行动”，近万名代表收集意见建议23666件，办结20531件，推动解决民生难题。加强市人大代表建议管理系统建设，将全市100多家承办单位纳入该系统，实现代表建议提交、办理、跟踪监督数字化管理。

【代表履职服务保障】 2023年，市人大常委会强化代表培训，举办市人大代表履职能力提升培训班、代表小组组长培训班，有289人次参加。拓宽代表履职渠道，邀请39名人大代表列席市人大常委会会议，组织266名人大代表参加执法检查、专题调研等活动，推荐56名代表分别担任省高院特约监督员、市效能监督员等。展示代表履职风采，中央及省市属媒体刊播相关稿件667篇次。认真做好合肥市选举的省人大代表履职服务保障工作。

（周家佳）

人事任免

【概况】 2023年，市人大常委会坚持党管干部和依法任免相统一，做好人事任免工作，任免国家机关工作人员85人次，组织33人次参加任前法律知识考试、14人次开展宪法宣誓，确保党组织推荐的人选通过法定程序成为国家机关工作人员。

【人事任免信息】 2023年2月24日，合肥市第十七届人民代表大会常务委员会第八次会议决定任命：张泉为市人民政府副市长，李劲松为市水务局局长。任命：昂朝晖为市人大常委会财政经济工作委员会副主任，郑家余为市人大常委会教育科学文化卫生工作委员会副主任，杨淼、汤中杰、胡静、宋知龙为市中级人民法院审判员。决定免去：葛斌、朱胜利的市人民政府副市长职务，郑家余的市文化和旅游局局长职务，昂朝晖的市审计局局长职务。免去：马莉、王亚明、陈思、赵玲的市中级人民法院审判员职务，傅世章的合肥高新技术产业开发区人民法院审判员职务，黄欣、刘仁华的市人民检察院检察委员会委员、检察员职务。

4月26日，合肥市第十七届人民代表大会常务委员会第九次会议决定任命：吴娅娟为市文化和旅游局局长。任命：陈捷为市人大常委会财政经济工作委员会副主任，胡明艳、张小春为市中级人民法院审判委员会委员，程佳豪为市中级人民法院审判员，魏巍为市人民检察院检察员。免去：陈捷的市人大常委会监察和司法工作委员会副主任职务，彭国超的合肥铁路运输法院执行庭副庭长、审判员职务，李春浩的市人民检察院检察员职务。

6月28日，合肥市第十七届人民代表大会常务委员会第十次会议决定任命：袁飞为市人民政府副市长。任命：王毓江为市人大常委会法制工作委员会副主任，王传俊为市人大常委会监察和司法工作委员会副主任，陈思为市中级人民法院审判员，李玲云为合肥铁路运输法院审判员。决定免去：刘卫宝的市人民政府副市长职务。免去：吴超的市人大常委会民族宗教侨务外事工作委员会副主任职务，朱治能的市中级人民法院审判员职务，宋长城的合肥高新技术产业开发区人民法院审判委员会委员、审判员职务，曹晓东的市人民检察院检察员职务，刘刚的市人民检察院检察员、合肥高新技术产业开发区人民检察院副检察长、检察委员会委员职务，杨勇的市人民检察院检察员职务。

8月30日，合肥市第十七届人民代表大会常务委员会第十二次会议任命：杨祥生为市人民代表大会财政经济委员会副主任委员、市人大常委会财政经济工作委员会主任，罗云霞为市人大常委会副秘书长，刘先杰为市人大常委会财政经济工作委员会副主任，鲍杰、张长海为市中级人民法院审判委员会委员，汪蕾为市中级人民法院刑事审判第一庭庭长，张怡为市中级人民法院未成年人案件审判庭庭长，刘付兴为市中级人民法院立案庭副庭长，张俊为市中级人民法院行政审判庭副庭长，许琛为市中级人民法院合肥知识产权法庭副庭长，李楠为市中级人民法院审判员，马晨翔为合肥高新技术产业开发区人民法院刑事审判庭副庭长，王颖为合肥高新技术产业开发区人民法院自由贸易试验区人民法庭副庭长。免去：杨祥生的市人大常委会副秘书长职务，戴中保的市人大常委会财政经济工作委员会主任职务，罗云霞的市人大常委会农业与农村工作委员会副主任职务，左学和的市监察委员会副主任职务，丁本华的市中级人民法院刑事审判第一庭庭长职务，王苗的市中级人民法院未成年人案件审判庭庭长职务，汪蕾的市中级人民法院刑事审判第一庭副庭长职务，张怡的市中级人民法院民事审判第四庭副庭长职务，吴林的市中级人民法院审判员职务，马晨翔的合肥高新技术产业开发区人民法院自由贸易试验区人民法庭副庭长职务，袁琳珠、李楠的合肥高新技术产业开发区人民法院审判员职务，张尚平的合肥铁路运输法院审判委员会委员、审判员职务，张明的合肥铁路运输法院审判员职务，杨凌娅的市人民检察院检察员职务。

10月31日，合肥市第十七届人民代表大会常务委员会第十三次会议任命：林雄为市人大常委会城乡建设环境与资源保护工作委员会副主任，李梦微、陈晓曼、蒋巍巍为市人民检察院检察员。免去：林雄的市人大常委会办公室副主任职务，颜海保的市人大常委会教育科学文化卫生工作委员会副主任职务，杨华权的市人民检察院检察员职务。

12月19日，合肥市第十七届人民代表大会常务委员会第十四次会议决定任命：陈会平为市审计局局长。任命：顾克、黄凌为合肥高新技术产业开发区人民检察院副检察长。免去：赵甄、谢玉金、谢学飞、吕爱来、姚慧勤、王艳的市中级人民法院审判员职务，崔萍的市人民检察院检察委员会委员、检察员职务。

（周家佳）

责任编辑：田 文

合肥市人民政府

综 述

【概况】 2023年，合肥市人民政府较好完成经济社会发展主要目标任务。全市实现地区生产总值12673.80亿元，同比增长5.80%，跻身全国城市经济20强之列；实现规模以上工业增加值同比增长10.60%，居全国万亿城市第3位；实现本外币贷款余额同比增长17.10%，居全国万亿城市首位；实现工业投资、工业用电量、出口总额增速均居长三角万亿城市第2位。

【产业升级】 2023年，合肥市产业能级实现提升。发展战略性新兴产业，新签约1200多个产业链项目，有5个百亿元项目开工建设，有5个百亿元项目建成投产。汽车“首位产业”爆发式增长，拥有整车厂6家，集聚上下游企业500多家，生产新能源汽车74万辆，居全国前5位，实现汽车总产量134万辆。光伏逆变器出货量全球第1位，储能电池产量突破20GW，先进光伏和新型储能产值达1500亿元。16条重点产业链实现产值同比增长10.70%，长鑫存储首发第五代动态存储芯片填补国内空白，维信诺智能像素化技术打破国外垄断。未来产业抢得先机，全国首个量子信息未来产业科技园实现挂牌运营，量子专利授权量在全国领先。空天技术产业聚集企业超百家，中科星图、航天宏图等龙头企业落地运营。成立聚变新能公司，协同推进聚变能源技术从实验室走向应用场。亿航智能获批全球首张无人驾驶载人适航证，加速低空经济全产业链集聚发展。元宇宙、深空探测、生物制造、人形机器人、下一代人工智能加速布局。重视数智赋能，新增联想集团合肥产业基地、海尔合肥创新产业园、海尔合肥空调互联工厂3家全球“灯塔工厂”，总数居全国第2位；新增国家级专精特新“小巨人”企业52户，总数居省会城市第6位；规上工业实现“智改数转”全覆盖。建成运营“巢湖明月”3300P国产化智算集群，“羚羊”工业云等赋能43万家合肥企业。现代服务业快速发展，新增国家级工业设计中心3家、质检中心2家、制造业创新中心1家。国际陆港一期工程、派河港建成运营，江淮运河实现全线贯通，新增、复航国际客货航线7条；中欧班列开行868列，净增100列。新增亿元税收楼宇30个，新引入品牌首店150家，淮河路步行街成为“全国示范步行街”，贡街获评“全国夜间经济示范街”。举办会展600余场，世界制造业大会参展企业数、中国·合肥苗交会交易量均创新高，首届国际新能源汽车展“一战成名”。

【改革开放】 2023年，合肥市改革开放持续发力。长三角一体化

2023年，淮河路步行街成为全国示范步行街 （市委宣传部／供）

推进，承办长三角地区主要领导座谈会，成立合肥国家实验室上海基地，运营G60科创走廊成果转化促进中心。牵头组建新能源汽车等4个产业联盟，建立10个产业园区，融入虹桥国际开放枢纽联动发展区，有152项高频事项实现长三角“一网通办”。新桥科技创新示范区启动建设，都市圈环线东线建成通车，合淮合作区、合六经济走廊发展取得新进展，合肥与省内城市优势互补、链式协同的产业格局加快构建。对外开放扩大，进出口总额居省会城市第7位，跨境电商交易额同比增长20%以上，获批为全国加工贸易承接转移示范地。新增国际友城4个，引进世界500强项目15个，大众全球第二研发中心等一批标志性外资项目实现成功落地，新增外资企业超200家，增幅创5年来新高。安徽自贸试验区合肥片区三年试点任务全部完成，知识产权质押融资等6项制度成果全国推广。重点领域改革实现突破，全面启动科创金融改革试验区，实施“创投城市计划”，新增总行级科创金融中心9家，财政国资参与设立股权投资基金226支，总规模超4200亿元，创历史新高。“信易贷”入选全国中小企业融资信用服务示范平台，授信总额突破2000亿元，惠及企业17万户次。实施国资国企改革大提升行动，组建市物流集团、泊车集团，提级管理市乡村振兴公司。深化土地节约集约利用综合改革试点，肥东县、长丰县入选全国首批自然资源节约集约示范县。启动建设安徽（合肥）创新法务区，推进营商环境改革创新示范区建设，企业办照、办税等七大事项1天办结，“四证齐发”实现“拿地即开工”，“包容普惠创新”“远程虚拟窗口服务”做法在全国推广。

【科技创新】 2023年，合肥市创新动能实现增强。综合性国家科学中心加快建设，6大研究院建成并运营，深空探测等4个全国重点实验室获批组建。未来大科学城建设提速，未来网络试验设施基本建成，紧凑型聚变能实验装置(BEST)、先进光源、雷电防护设施开工建设，量子精密测量实验设施可研获批。“讯飞星火”认知大模型实现正式上线，“九章三号”“墨子巡天”入选年度全国重大科技成就。科技成果加速转化，新增国家级孵化器13家，增量居全国第2位；新增国家企业技术中心3家，总数居全国第4位；新增新型研发机构19家，总数52家；新入库高校院所科技成果超3000项，转化设立科技企业400余家。成功举办中国（安徽）科交会、中国航天大会、中国科协年会、量子计算和量子产业大会等活动，全市技术合同交易额突破1200亿元，“大科技成果转化模式”入选国家典型案例。创新生态更具活力，常态化开展“合肥专班高校行、高校师生合肥行”，新增在合肥就业参保大学生突破35万人，新增进站博士后949人，集聚高层次人才1.90万人。组建城市场景创新公司，实体化运行国际先进技术应用推进中心。“科大硅谷”建设高品质创新创业空间300万平方米，全球招募36个创新单元合伙人，布局9家海内外创新中心，服务对接近万名校友，落地科技项目800多个。

【城市建设】 2023年，合肥市完善城市功能。规建治一体化全面推行，市级总规报国务院待批，县级总规完成审查，城区单元控规全域覆盖。新建住宅小区“五有一纳入（即有健身步道、有礼仪门楼、有楼栋标识、有养老用房、有文体活动室，配电房等邻避设施纳入公建）”、幼儿园“三件套（即游园、公厕和家长等候区）”做法在全国推广。城市大建设全面提速，沿江高铁、合新高铁等加快建设，铁路运营里程885千米、居长三角首位。沪武高速无岳段、明巢高速二期工程建成并通车，宁合、铜商高速开工建设，建成、在建高速公路349千米。宿松路快速化改造实现全线通车，建成、在建快速路316千米。地铁1号线三期开通运营，2号线、

2023年9月20日，合六路与方兴大道互通立交即将全部放行（市重点局/供）

3号线直达肥东县、肥西县县城，运营总里程突破200千米，轨道交通迈入市县一体时代。陕电入皖工程全面启动，龙河口引水、长江供水工程建成通水。开工建设棚改安置房7.70万套，有117个老旧小区改造焕新。加快104个“城中村”改造，三年征迁任务一年完成过半，“城中村”改造做法成为全国经验。城市治理加力，开展物业大排查大整治大提升行动，建成和美小区115个、垃圾分类示范小区100个。城区供水自管小区、消防无水小区改造基本完成。新增充电设施超1万个、停车泊位超10万个。组建城市生命线产业集团，加快示范推广和产业发展，生命线工程入选中国人居环境奖。

【乡村振兴】 2023年，合肥市乡村振兴加快。建成高标准农田2万公顷，新增耕地约1867公顷，新增玉米、杂交稻育种2个国家级重点实验室，水稻良种出口连续第5年居全国第1位。粮食种植面积、单产实现“双增”，总产超298万吨。蔬菜、肉蛋奶产量增长。特色农业壮大，新增50亿元农业企业1家，草莓、龙虾等6个产业链突破百亿元；实现农产品加工产值1860亿元，同比增长9%。实现农村产品网络销售额首次突破200亿元，休闲农业和乡村旅游营业收入同比增长30%。农业科技步伐加快，农业科技进步贡献率、主要农作物综合机械化率实现“双提升”，中国菌物谷全国首创“智慧菌房”，智慧农业谷获批省技术创新中心。肥西县入选国家现代农业产业园，庐江县、巢湖市获评全国平安农机示范县。脱贫成果巩固拓展，健全防返贫监测帮扶机制，落实“五大帮扶（即领导干部联系帮扶、单位定点帮扶、驻村帮扶、县域结对帮扶、社会帮扶）”措施，脱贫人口人均收入同比增长16%，高于农村居民人均收入增速。集体经济强村占比达70%，提高10个百分点；“百万元村”突破300个，占比26%。推进乡村建设，实施“千村引领，万村升级”工程，肥东县成为全国“四好农村路（即把农村公路建好、管好、护好和运营好）”示范县，长丰县成为全国乡村振兴示范县，创建全国文明村镇18个，新建省级和美乡村精品示范村14个、和美乡村中心村32个、美丽宜居自然村729个。

【生态环境】 2023年，合肥市生态环境实现好转。巢湖治理成效显著，巢湖水质创1979年有监测记录以来最好水平，全湖水质保持Ⅳ类，上半年保持Ⅲ类，连续第三年未发生大面积蓝藻水华。“山水工程”入选中国生态修复典型案例，巢湖越冬鸟类创有数据以来最多。推进“三大保卫战”（即蓝天、碧水、净土保卫战），空气质量连续第三年保持国家二级标准，优良天数比例86%，位居长三角万亿城市前列。马合钢等污染地块完成修复，庐江矾矿等29个废弃矿山完成治理。南淝河水质首次达到Ⅲ类，20个国考断面全部达标，水质优良率90%，创历史新高。城市园林扩量提质，新增、改造绿地708万平方米，建成城市绿道177千米；新建公园游园61个，其中千亩以上公园达20个。翡翠湖、南艳湖公园“拆围透绿”，城市公园绿地开放共享成为全国典型。第十四届国际园林博览会在骆岗公园成功举办，开园以来游客超700万人次。绿色转型步伐加快，“双碳”工作推进，光伏并网容量居全国省会城市第1位，新增国家级绿色工厂和绿色供应链企业18家。长丰县成为全国首批农村能源革命试点县之一，合肥高新技术产业开发区入选全国首批碳达峰试点园区，新站高新技术产业开发区跻身国家级绿色园区。

【民生福祉】 2023年，合肥市增进民生福祉。全面完成十大暖民

2023年，长丰县成为全国首批农村能源革命试点县之一。图为8月28日，安徽首座油气电氢一体化综合能源港——皖能综合能源港下塘梧桐大道站开业庆典举行（长丰县委史志室／供）

心行动任务，实施50项民生实事，创新开展109件“为民优服务”事项。就业创业成效明显，率先推出“稳岗贷”，稳定岗位3.60万个，兑现援企稳岗政策资金14亿元，覆盖岗位超200万个。“三公里”就业圈实现城区全覆盖，帮助5.4万就业困难人员就近就业，入选国家公共就业服务能力提升示范项目。社会保障提标扩面，一揽子提高养老、低保、特困、孤儿等6项社保救助标准，社会救助工作获全国表彰。两次降低职工门诊报销起付线，惠及职工181万人。调整优化信贷、公积金等住房政策，更好适应居民刚性和改善性住房需求。关爱“一老一小”，政府购买居家养老服务超300万人次，蜀山区、肥西县成为国家智慧健康养老示范基地，普惠托育服务入选国家示范项目。教育强市加快建设，入选全国义务教育教学改革实验区，庐阳区、包河区获批国家义务教育均衡发展先行创建区。合肥大学创建成功，合肥理工学院获批建设。教育数字化做法在全国推广，产教城互融共生经验成为全国典型。推进健康合肥建设，新桥国际医院投入使用，安徽医科大学第一附属医院南区（肥西）建成运营，新增省级重点专科5个，累计建成名医工作室100个，市属医院与54个社区共建医疗集团。儿童、创伤、中医3个国家区域医疗中心开诊，心血管、消化系统2个国家区域医疗中心分别开工、获批，与京沪高水平医院联合建立17个特色专科联盟。文化旅游融合发展，新增艺术空间、全民阅读点均超100个，市科技馆新馆、少荃体育中心建成运营，市博物馆、美术馆加快建设，包河区获评国家文化和科技融合示范基地。实施省“五个一工程”获奖数量创历史新高，首次实现“大满贯”。培育科创科普、古镇故居等旅游品牌，全年接待国内旅游人数同比增长68%，旅游总收入增长八成以上。成功举办第五届全国智力运动会、合肥马拉松暨全国锦标赛；在杭州亚运会获3枚金牌，创历史最好成绩。社会治理效能提升，全面推进四级（市、县、乡、村）综治中心标准化建设，94%的建成小区实现可防性案件“零发案”，肥西县花岗派出所获全国“枫桥式公安派出所”称号。乡镇（街道）社工站、未成年人保护工作站实现全覆盖，维护妇女儿童权益工作获全国表彰。常态化开展领导“大接访”，初信初访一次性化解率98%，信访积案化解工作全国优秀。

（李　杰）

重要会议

【市政府全体会议】 2023年，合肥市人民政府召开2次全体会议，即第3次和第4次全体会议。

市政府第3次全体会议。9月17日，市政府第三次全体会议在市政务中心召开。会议指出，2023年以来，全市大力实施“十大提升行动”，经济运行实现整体性回升，各项事业呈现稳中有进的良好态势。会议强调，各地各部门要深刻认识合肥高质量发展具备诸多长板优势，也要认清经济运行中存在短板弱项，坚定高质量发展信心决心，全力以赴完成全年目标任务。要推动投资企稳回升，强化项目全周期、清单化闭环管理，用足用好政策红利，谋划做足项目储备，争取更多实物工作量。加快消费恢复回升，精准实施增量消费政策，创新展销模式，加强产需对接，促进“地产地销”，增强批零住餐等领域消费活力。扩大外贸外资增量，提升通关便利化水平，保障重点项目设备进口，推动重点外资企业扩大在肥投资。抓实现代化产业体系建设，制定“6+5+X”产业发展行动计划，壮大新能源汽车、新一代信息技术、光伏及新型储能、生物医药等重点产业链集群规模，加快企业“智改数转”。大力提升科技创新效能，全力服务保障国家战略科技力量建设，聚力打造“一谷”“一区”“N平台”，深入实施科创金融改革试验区建设四大行动，加速科技成果转化应用，打造一流创新生态。持续深化改革开放，推进国资国企、数字合肥建设、城市更新等重点领域和关键环节改革，打造一流营商环境。完善城市功能品质，强化科学规划，坚持片区综合开发，加快“城市大脑”“智慧合肥”建设。全面推进乡村振兴，加快“种业之都”建设，严格落实耕地保护各项制度，扛稳粮食安全担子，加快“千万工程”建设。巩固提升生态质量，抓好突出生态环境问题整改，加快形成碳达峰碳中和“1+N”政策体系。办实办好民生事项，系统推进“为民优服务”等专项行动，高效妥善解决12345热线反映问题，做到民有所呼、我有所应。切实提高履职能力和水平，开展学习贯彻习近平新时代中国特色社会主义思想主题教育，强化责任担当，加强作风建设，严守纪律底线，把防风险、惠民生摆在突出位置，统筹抓好安全生产、信访维稳，积极防范金融、公共安全、防灾减灾、网络舆情等各领域风险隐患，为经济社会发展营造和谐稳定的社会环境。

市政府第4次全体会议。12月29日，市政府第四次全体会议在市政务中心召开，讨论并原则通过即将提请市十七届人大三次会议审议的《政府工作报告》《关于合肥市2023年国民经济和社会发展计划执行情况与2024年计划草案的报告》《关于合肥市2023年预算执行情况和2024年预算草案的报告》三份报告的送审稿。会议要求，要深入学习领会中央经济工作会议精神和省委十一届六次全会、省委经济工作会议精神，以改革创新的新思路、新举措承接中央决策部署及省委工作要求，在新质生产力、“四链”融合、新型工业化、乡村全面振兴等方面谋深谋实谋细，明确目标，创造性抓好贯彻落实。会议强调，近岁末年初，要做好谋篇布局，积极向上对接，用足用好用活政策，及早安排明年重点工作，推动各项工作开好局、起好步。兜牢民生底线，扎实开展走访慰问、送温暖活动，关心困难群众生产生活，保障农民工工资按时足额发放，加强食品药品安全监管，丰富节日期间群众文化生活，确保“两节”期间重要民生商品量足价稳。维护安全稳定，加强重点行业领域安全监管，保障水电气暖保供和交通保畅，健全用好“民声呼应”工作机制，强化多元矛盾纠纷处置，做好传染病防控和医疗救治工作，确保群众生产生活平稳有序。抓好主题教育和廉政建设，统筹推进主题教育和中心工作，始终坚持严的基调，坚决杜绝“节日腐败”，做到严于律己、严负其责、严管所辖，营造风清气正的良好政治生态。

【市政府常务会议】 2023年，合肥市人民政府召开25次常务会议，即市政府第28次常务会议至第52次常务会议。

市政府第28次常务会议。1月17日，市政府召开第28次常务会议，传达学习省两会精神，研究合肥市政府系统贯彻落实工作，审议《进一步促进新能源汽车和智能网联汽车推广应用若干政策》等。

市政府第29次常务会议。2月1日，市政府召开第29次常务会议，听取并审议《合肥市促进中医药振兴发展行动计划(2023～2025年)》《合肥市进一步深化市级预算管理制度改革实施方案》等。

市政府第30次常务会议。2月20日，市政府召开第30次常务会议，听取审议2022年法治政府建设相关情况、《合肥市人民政府2023年依法行政和法治政府建设工作安排》及2023年立法计划编制情况汇报等。

市政府第31次常务会议。2月27日，市政府召开第31次常务会议，听取并审议《合肥市推动经济高质量发展若干政策》《做好2023年全面推进乡村振兴重点工作的实施意见》《合肥市外资外贸高质量发展三年行动计划》等。

市政府第32次常务会议。3月21日，市政府召开第32次常务会议，专题听取并审议《合肥市优化营商环境行动方案（2023版）》起草情况及18个指标情况汇报，部署安排今年优化营商环境相关工作。

市政府第33次常务会议。3月28日，市政府召开第33次常务会议，学习《中华人民共和国反电信网络诈骗法》，听取关于安全生产工作有关情况汇报，审议《合肥市12345热线分级分类办理实施办法》等。

市政府第34次常务会议。4月10日，市政府召开第34次常务会议，审议《关于全市2022年度环境状况和环境保护目标完成情况及巢湖综合治理进展情况的报告》等。

市政府第35次常务会议。4月27日，市政府召开第35次常务会议，学习《中华人民共和国未成年人保护法》，传达学习省政府第一次全体会议精神，审议《合肥市加快盘活存量资产扩大有效投资的政策措施》等。

市政府第36次常务会议。5月17日，市政府召开第36次常务会议，审议并通过新修订的《合肥市人民政府工作规则》。

市政府第37次常务会议。5月26日，市政府召开第37次常务会议，听取并审议有关项目政策调整情况。

市政府第38次常务会议。6月1日，市政府召开第38次常务会议，听取并审议《做好合肥市2023年义务教育招生入学工作的通知》《合肥市2023年初中学业水平考试和高中阶段学校招生工作实施方案》等。

市政府第39次常务会议。6月18日，市政府召开第39次常务会议，听取并审议《合肥市地下综合管廊管理条例（草案）》，听取《合肥市居家养老服务条例》修订情况、2023年全市迎峰度夏电力保供有关情况汇报等。

市政府第40次常务会议。7月5日，市政府召开第40次常务会议，审议《合肥市提升财政支持产业发展政策效能若干规定》《合肥市支持总部经济发展若干政策》等，讨论关于党的十八大以前制定的规范性文件清理情况。

市政府第41次常务会议。7月12日，市政府召开第41次常务会议，学习《中华人民共和国安全生产法》，审议《合肥市政府投资管理办法》《合肥市政府采购支持绿色建材促进建筑品质提升试点实施方案》等。

市政府第42次常务会议。8月2日，市政府召开第42次常务会议，审议《合肥市2023年上半年国民经济和社会发展计划执行情况及下半年工作意见的报告》《合肥市“为民优服务”行动方案（2023版）》《合肥市土地节约集约利用综合改革试点实施方案》等。

市政府第43次常务会议。8月3日，市政府召开第43次常务会议，审议《合肥市优化营商环境条例（草案）》《合肥市区城中村改造三年攻坚行动实施方案（2023-2025年）》等。

市政府第44次常务会议。8月16日，市政府召开第44次常务会议，审议《合肥市进一步加强财会监督工作若干举措》等。

市政府第45次常务会议。9月9日，市政府召开第45次常务会议，审议有关项目支持政策。

市政府第46次常务会议。9月27日，市政府召开第46次常务会议，听取关于修改《合肥市土地储备实施办法》、废止《合肥市城市广场游园管理办法》等5部规章的说明。

市政府第47次常务会议。10月17日，市政府召开第47次常务会议，传达学习习近平总书记对深入推进自由贸易试验区建设作出的重要指示、在中共中央政治局第八次集体学习时的重要讲话精神和自贸试验区建设十周年座谈会精神，研究贯彻落实工作；听取关于《促进全市矛盾纠纷多元化解的决定（草案）》《市十七届人大二次会议议案建议办理情况的报告》等文件的起草情况汇报。

市政府第48次常务会议。10月26日，市政府召开第48次常务会议，学习《中华人民共和国个人所得税法》《中华人民共和国耕地占用税法》，审议《〈合肥市促进民营经济发展条例〉实施细则》《合肥市城市道路交通设施建设管理实施办法》等。

市政府第49次常务会议。11月27日，市政府召开第49次常务会议，审议《加快建设彰显合肥特色的宜居宜业和美乡村的实施方案》《合肥市基本医疗保障工作情况的报告》《深入推进质量强市建设若干举措》《合肥市暴雨灾害应对规定（草案）》等。

市政府第50次常务会议。12月6日，市政府召开第50次常务会议，审议《合肥市碳达峰实施方案》《合肥市新型储能发展规划（2023～2027年）》《合肥市促进残疾人就业三年行动实施方案（2023～2025年）》等。

市政府第51次常务会议。12月18日，市政府召开第51次常务会议，学习《中华人民共和国禁毒法》，听取关于国家知识产权强市建设示范城市和国家知识产权保护示范区建设情况汇报，审议《合肥市推进儿童友好城市建设实施方案》等。

市政府第52次常务会议。12月28日，市政府召开第52次常务会议，审议《合肥市贯彻落实第三轮省生态环境保护督察报告整改方案》，听取关于《政府工作报告（讨论稿）》《合肥市2023年国民经济和社会发展计划执行情况与2024年计划草案的报告》《合肥市2023年预算执行情况和2024年预算草案的报告》起草情况和我市生活垃圾分类工作情况等汇报。

（李　杰）

市政府综合事务

【概况】 2023年，合肥市政府办公室收集各类信息1.8万多篇，采编《政务要情》《报省办信息》《每日政务信息》《信息专报》《信息参考》5类期刊973期1万余篇（条）。其中，获市领导批示179次；上报省政府办公厅1800多篇，被采用400余篇，获省长批示85篇（次）；国务院办公厅采用22篇，获国务院领导批示11篇。市政府办公室在当年全省政务信息舆情工作综合考评中获评为全省首位。

【建议和提案办理】 2023年，市政府承办人大代表议案建议和政协提案1358件，包括省人大代表建议64件，省政协提案39件，市人大代表议案建议759件，市政协提案496件，全部按时办复，办理质量提高。

【政务公开】 2023年，合肥市聚焦以人民为中心，打造阳光透明政府，深化公开内容，规范公开程序，拓宽公开渠道，全年主动公开信息33.4万条，依申请公开信息4411条。提高政府“透明度”，优化营商环境，合肥市政府当年透明度指数保持全国前列，合肥市营商环境评价位列全国前十之列。发挥新媒体受众广、传播快的特点，建设“指尖上的政府”，合肥市人民政府发布微信公众号综合影响力居全省第一。

优化完善政务公开平台。对照《安徽省2023年政务公开重点工作任务落实清单》明确的功能要求，全面优化完善市政府门户网站政务公开模块页面设置，丰富专题栏目，建设集成式政策解读库、政策问答库、经济发展规划专题等24个政务公开专题栏目。完善市级政策文件库，建立市级政策文件库、规章库、规范性文件库，归集历史文件60176件、当前实行规章68部、当前有效文件442件。

提高基层政务公开水平。梳理编制《合肥市政府信息主动公开目录内容规范（2023版）》，为全市政务公开工作提供操作指南。按照“标识清楚、方便实用、因地制宜、节约高效”的原则，指导各地建设政务公开专区，打通政策落地“最后一公里”。加强政务公开队伍建设，邀请省办领导和第三方评估公司业务专家系统培训全市政务公开队伍，举办全市政府系统办公室业务素质提升培训班，就政务公开等业务专题培训，分批次召集市直相关单位集中整改，赴县区开展现场办公。

推动企事业单位信息公开。加大企事业单位信息公开力度，推进市、县两级政府网站栏目优化提升，建立公共企事业单位信息公开统一平台，归集展示公开各领域公共企事业单位信息。全年上线教育、医疗、交通、水电气热四个领域77家公共企事业单位信息公开专栏，其中市属企业14家。

依法规范办理依申请公开。严格按照《政府信息公开条例》和《安徽省政府信息公开申请办理答复规范》要求，规范受理、依法办理政府信息公开申请。全年受理向市政府及市政府办公室提出的政府信息公开申请257件，同比增长17%，全部按期办结。涉及行政复议和行政诉讼案件7件，未出现一起行政复议纠错和行政诉讼败诉情况。全市各单位受理依申请公开4411件，较上年度增长46%。

优化提升政府网站暨新媒体。市政府办公室当年组织开展全市政务新媒体整改提升工作，全市清理关停政务微信公众号158个，优化提升28个，节约经费700.2万元。“合肥市人民政府发布”微信公众号累计阅读量达8000万人次，阅读量超10万+的信息36条，在全省政务新媒体影响力排行保持第一。

（李　杰）

营商环境建设

【概况】 2023年，合肥市坚持把优化营商环境作为“永不竣工”的工程，聚焦重点领域，出台优化营商环境5.0版行动方案，推进营商环境改革创新示范区建设，全力打造市场化、法治化、国际化的一流营商环境。合肥市连续第二年进入全国工商联“万家民营企业评营商环境”全国十强城市之列，连续第二年在全省营商环境考核中排名第一。

【为企服务升级】 2023年，合肥市紧抓营商环境改革创新试点城市建设契机，在“减材料、减环节、减时限”基础上，强化数字赋能，以更精准、更高效的服务增强市场主体获得感。

“极简审批”提效率。年度纳税次数压减至2次，为全国最简；环评与排污许可“两证合一”后，审批周期由60天压缩到5天；简易低风险工程建设项目审批时限压缩到16天；企业上市一份“信用报告”代替多张“合规证明”后业务时限由30天缩短到3天。

“极优服务”增便利。在全国首创“设计咨询专窗”“项目经理责任制”，实现水气接入工程一键无感接通；设立长三角G60科创走廊一网通办窗口，实现企业设立、变更、注销等业务上海、合肥两地跨区域办理；开展工程领域“全程帮办代办”，实行“专人+帮办+陪办+代办”“一站式”服务，为近2500家企业办理事项7100余件。

“数字赋能”激活力。推进智能制造赋能新型工业化，规模以上工业企业关键工序数控化率60.40%，达长三角城市先进水平；建成全球“灯塔工厂”5家，总数居全国第2位，入选国家首批中小企业数字化转型试点城市之列，全市“推进产业数字化”工作获国务院表彰激励。

【企业权益保护】 2023年，合肥市坚持法治是最好的营商环境的准则，在降低市场主体制度性交易成本的基础上，更加注重发挥法治固根本、稳预期、利长远的作用，让企业吃下“定心丸”，安心谋发展。出台《合肥市优化营商环境条例》，设置7章60项条款，对全市优化营商环境改革作出全面规范。加强执法监督，创新执法信息公开方式，在全国率先全文公开行政处罚决定书，公示执法信息，全国首创的行政处罚案件群众公议制度实现全面覆盖，满意率达100%。推进智慧法院建设，在全国率先融合量子加密技术打造“5G+庭审”，用科技赋能司法审判质效提升；加强执行工作，当年受理执行案件8.70万件，执结7.90万件，执行到位金额169.20亿元。强化知识产权保护，坚持行政、司法、社会协同发力，推动市中院知识产权法庭实行“三合一”审判，建成食品、药品、环境、知识产权、森林联合执法中心，探索“行政调解 + 司法确认”等纠纷多元化解模式，获批国家知识产权保护示范区。高标准建设安徽（合肥）创新法务区，集聚国内外高端法务资源，打造全链条、“一站式”综合性法律服务平台。

【要素保障】 2023 年，合肥市聚焦解决企业关注的“关键小事”，从过去政府“有什么、给什么”变为市场主体“要什么、给什么”，为企业提供更广范围、更深层次的金融、人才、科创等服务。

激活金融活水，深化国有资本“以投带引”产投模式，打造总规模超 4000 亿元的“基金丛林”，天使、种子基金风险容忍度分别达 40%、50%，为全国最高水平；创新“政信贷”金融产品，当年支持企业融资 2.10 万笔，总授信金额近 620 亿元，补贴后利率仅为 2.18%。

做优人才服务，形成市委人才办、人才集团、人才发展促进中心“三位一体”的工作体系，建立覆盖各类别、各层次、各发展阶段的人才政策体系，并设立 25 亿元的人才发展资金池，以“舍得”精神支持人才，当年新增就业参保大学生 35 万人；创新开展“合肥请您来，20 万个岗位供您选”系列招聘活动，线上线下接收简历 21.30 万份，达成就业意向 10.40 万余人；全面推广合肥“人才码”，实现落户、住房、交通出行等 45 项优享待遇“一码通行”制。

优化科创环境，落地全国首个国际先进技术应用推进中心，汇聚国内外前沿技术创新成果和高端创新要素，推动先进创新成果直接应用转化工作；高标准建设“科大硅谷”，广泛汇聚全球科创资源，组建美国硅谷等 7 家海内外创新中心，服务对接全球校友超 8000 人次。

提升物流效率，成立市属物流集团，构建“水陆空”立体开放大通道，高铁运营里程居长三角第一，合肥到长三角主要城市铁路 2 小时可快速通达，合肥陆港成为长三角首个陆港型国家物流枢纽，合肥中欧班列覆盖亚欧 18 个国家，开行量年均增长 56%。

【惠企政策】 2023 年，合肥市聚焦解决企业生产经营中的困难问题，以政策的确定性对冲环境的不确定性，提升政策集成度、精准度、时效度，实现政策供给与企业需求的精准对接。

落实常态化民营企业家恳谈会制度，市委常委会暨月度经济形势分析会，邀请民营企业家参加并发言；市政府常务会涉企议题邀请民营企业家、商协会代表参加，推动政策制定更加精准高效。

分产业面对面调研，与地标企业“一对一”会商，出台新能源汽车、先进光伏、智能家电产业等集成式政策计 65 条，对长鑫存储、阳光电源、科大讯飞等地标企业分别出台专项政策，破解企业普遍面临的政策性、制度性问题。

市本级全年兑现政策资金 108.90 亿元，惠及企业超 2.40 万户次，其中通过“免申即享”兑现资金 11 亿元，惠及企业近 8500 家。

强化对企业的指导帮扶工作，优化机构设置，在市经济和信息化、商务、科技、农业农村等部门分别设立市场拓展指导、楼宇经济、科技招商、种业发展等处室，帮助企业了解政策、兑现政策，及时回应企业各种需求。

常态化开展“优环境、促发展”活动，领导干部当场接待企业，清单化闭环式推进企业诉求“一口收办”。当年收办企业问题超 3500 个。

（肖明君）

【数据供需对接】 2023 年，市数据资源局常态化组织开展 3 次数据资源供需对接工作，印发数据责任清单，有 175 类数据通过大数据平台编制资源目录实现归集共享，各单位各部门申请使用数据资源 431.20 亿条次。

【数字赋能政务服务】 2023 年，市数据资源局结合数据直达系统申请国家接口 236 个、省级数据 1010 类；动态保持政务服务实施清单编目比 100%，结构化占比 100%。完成 398 类 6398 万套电子证照数据归集，有 39 类业务系统和电子证照应用系统对接，聚焦招投标、不动产登记等领域，电子证照接口累计调用 482 万次。依托数据共享，市本级实现 1646 项事务“全程办”、1683 项事务“联合办”、86 项事务“智慧办”、493 项事务“自助办”、61 项事务“就近办”、10 项事务“说说办”。推进政务系统对接，实现市级“互联网 + 政务服务”平台与 13 个国家部委统建系统、53 个省直厅局统建系统、38 个市直自建系统实现对接打通，助力实现线上线下融合。围绕重点领域，打造“皖事通 • 合肥分站”17 个高频服务，累计提供服务访问 7818.35 万次。

（尹　路）

政务服务

【概况】 2023年，市政务服务管理局以服务效能提升为导向，强化一体化政务服务能力，以事项集成为抓手，创新服务方式，以场景应用为重点，全面优化企业和群众办事体验，政务服务标准化、规范化、便利化水平提升，热线服务集约化程度增强。以企业和群众满意为目标，创新打造“合满意”品牌。市本级当年办理政务服务事项2900余万件；12345热线受理459.70万件，直办率73.70%。按期反馈率和诉求答复率均为99.20%、审核办结率99.80%、诉求息诉率100%，办理满意率99.90%。

国办电子政务办、职能转变办等部门3次赴合肥市调研，对全市政务服务助力经济社会发展给予充分肯定。合肥市创新开展远程虚拟窗口建设，作为政务服务唯一创新成果在2023年度长三角地区主要领导座谈会上发布，《国务院办公厅关于依托全国一体化政务服务平台建立政务服务效能提升常态化工作机制的意见》将此项工作作为政务服务效能提升经典案例在全国推广；并蝉联全国政务热线服务质量评估A+城市，获评“全国服务创新优秀单位”；居全国32个副省级、计划单列、省会城市12345热线运行质量监测排行榜第4位，获评“十佳治理典范城市”和“协调高效典范城市”。合肥市长三角远程虚拟窗口助力区域跨省服务“云端帮、跨省办”，打造“首席审批师”团队助力“高效办成一件事”及全程帮办代办助力全市工程建设项目审批跑出“加速度”三个案例，被省委综合考核组认定为政务服务百佳案例；市政务服务管理局获评选活动优秀组织奖。

【推动“一网通办”】 2023年，市政务服务管理局高标准开展“全省通办”试点建设，完成通用表单和运行平台事项配置11.70万个，全面实施综合收件；建立市、县两级动态认领编制机制，做到专人负责，应领尽领、及时确认，落实“全省一单”。推进标准化可统一要素、格式化差异性要素、统一办事标准、乡村办事指南标准化建设。上线文化、教育、卫生等主题地图，创建医院、学校、书店、派出所、交管所等各类服务场所7037个，提供就医挂号、学区查询、预约参观、交通事故处理、户籍变更等热点服务1974个，成功运行“主题地图”。

2023年，市政务服务管理局为236家企业提供帮办代办服务。图为帮办代办现场（市政务服务管理局/供）

【拓展“一件事一次办”】 2023年，市政务服务管理局主动深化“一件事一次办”，集成服务迈出新步伐。

设置线上专区。按照“一次告知、一表申请、一套材料、一端受理、一网联办”的要求，设置高频、个人、企业三个主题，入驻一件事一次办事项132个。

设立线下专窗。为企业和群众提供线下办理各类一件事的咨询和服务。拓展移动端服务，“跨部门、跨事项、跨层级”全程网办、联办事项“新生儿出生一件事”在多个县区成功落地，通过移动端实现一次申请、一次办结新生儿出生证明办理、户籍登记、社保卡申领等服务，成功办理400余件，效果良好。

【远程虚拟窗口试点】 2023年，市政务服务管理局运用远程视频技术，通过异地“屏对屏”，实现两地“面对面”和长三角政务服务事项远程受理。长三角政务服务跨省通办远程虚拟窗口项目在第五届长三角一体化发展高层论坛上作为政务服务创新场景正式发布。“远程虚拟窗口”服务被《国务院办公厅关于依托全国一体化政务服务平台建立政务服务效能提升常态化工作机制的意见》列为全国政务服务效能提升典型经验案例在全国推广。

【全程帮办代办】 2023年，市政务服务管理局完成专业团队的招标并进入服务大厅，提供“专人+帮办+陪办”的“一站式、保姆式”

全程帮办代办服务。

主动帮扶协调。帮办代办服务团队对项目提前介入、主动对接，变“企业跑腿”为“帮办专员跑腿”，全程跟踪项目审批进展。

上门驻点服务。将“帮代办”工作前移下沉，帮代办人员直接到项目上办公，成为“驻企服务员”。

加强部门对接。与工程建设项目相关部门保持密切沟通，参与部门并联审批，打破各部门壁垒，实现信息共享，优化报建流程。

强化监督考核。出台《合肥市政务服务中心工程建设项目帮办代办窗口运行管理办法》，加强监督管理和绩效考核，做到“3个100%”（即政府投资项目帮办代办率100%，有帮办需求的其他类型项目帮办代办率100%，办件办结率100%）。

该局当年为236家企业369个项目提供帮办代办服务事项4665件，咨询783件，受到大众汽车（安徽）有限公司、中煤矿建、中铁建、华为技术有限公司等企业的广泛赞誉。《人民日报》、人民网、《安徽日报》等媒体专题报道合肥市全程帮办代办情况。

【窗口服务】 2023年，市政务服务管理局开展“我陪群众走流程”“政务服务体验员”等活动，推动政府部门工作人员以企业群众等身份进行线上线下办事换位体验，引导企业群众对政务服务提需求、谈体验、评效果。全市当年开展局长换位走流程活动，参与人数143人，发现并解决问题计91件，群众办事过程中遇到的高频、难点、堵点问题得到有效解决，服务质效得到提升。与市效能办联合开展“一改两为（即改进工作作风，为民办实事、为企优环境）”和政务服务效能典型案例征集评选活动，该局报送的《“量身定制”优服务，助推政务服务提质增效》当选为典型案例。

【热线办理】 2023年，市政务服务管理局推动热线办理工作。

增质服务。在开通为企服务专席的基础上，2月开通12345热线“营商环境监督分线”“一键接入”，精准解答，接诉即办、件件回访，工作日日均受理量225件，办结率、满意率均达100%。在第十四届中国（合肥）国际园林博览会、世界制造业大会等全市重大活动期间，开通服务专席，诉求提级提速办理。

科技赋能。规范知识库建设，统一应答口径，为“接诉即答”、自助查询提供有力支撑。上线AI“晓政”智能客服，“9”号键直达服务专区，零排队、零等待，咨询“秒回复”、服务“零距离”。智能话务座席助手在线文本转换接听内容，辅助话务人员工单录入和转办，人机协同有效提高受理效率，单次服务时长缩短20%。

提质增效。出台《合肥市12345热线分级分类办理实施办法》，修订《考核办法》，靶向办理省、市交办两级六类事项，制定《合肥市12345热线质效提升系统操作规范》。强化“五个督办（即平台督办、重点督办、专项督办、现场督办、媒体督办）”，以联合督办、效能问责等方式压实诉求办理单位责任，147.10万件转办件按期反馈率和诉求答复率均为99.20%、审核办结率99.80%、诉求息诉率100%、办理满意率99.90%，平均办理时长4.80个工作日，均超过省考核标准。强化部门联动联办，协同110、119、120等紧急热线及水电气热等公共服务热线，在线解答79.70万件。

数据辅政决策。统一归集信息，建立12345热线数据库，引入第三方专业机构开展大数据分析，挖掘民生痛点和治理堵点，推动从办理“一件事”到办好“一类事”转变。全年12345热线办理质效大幅提升，编辑民情热点、热线专报和情况通报144期，市领导批示93件次，“总客服、总前哨、总调度”的作用得到发挥。

（常汉兵）

信　访

【概况】 2023年，合肥市人民政府信访局（以下简称“市信访局”）推进信访法治化建设，完善“1+4+N”专班机制，攻坚化解信访积案。全市致省以上信访投诉平台访量同比下降10.5%；初信初访一次性化解率、群众满意率，同比分别提高6个和3.4个百分点。市信访局被中央信联办、国家信访局评为全国信访积案化解专项工作先进集体。2023年，合肥市委常委会开年第一会即研究信访工作，提出“顶格化、常态化、全员化、专班化、精准化”的抓信访工作要求，党政主要负责同志每月接访调度信访突出问题。全市常态化构建“党委副书记+政法委书记+公安局局长+N”抓信访维稳日常工作机制，党委、政府分管领导每周专题调度信访事项。加强信访制度化建设，安排优秀年轻干部和新提拔干部到市县信访部门锻炼；截至年底，全市安排近200名（其中在市信访局先后安排31名）。

【领导接访】 2023年，合肥市委、市政府主要领导率先垂范，建立党政主要领导联合，各县（市、区）、开发区和市直部门联动“双联”的信访接访机制；全国“两会”前夕，市委主要领导带领市县两级连续两天开门接访，接待群众922批1683人次。市政府主要领导挂帅开展“双欠”领域大接访活动，推动支付拖欠工程款约5.20亿元，为劳动者追讨工资2.21亿元。全年市、县两级接访群众8000余人次，推进化解疑难复杂信访事项3000余件次；市、县、乡三级每周六开展“六情（即知名情、降警情、减防情、防危情、控舆情、增感情）”大走访活动，覆盖群众90余万人次，化解矛盾纠纷5万余件。

【多级联动】 2023年，市信访局推进和完善“1+4+N”专班化解信访突出问题机制，房地产、征地拆迁、涉众金融、涉法涉诉等重点领域市分管负责同志牵头推行专班实体化运行方式，成功化解涉房地产领域信访突出问题204个、非法集资陈案54起、征地拆迁重点事项330件、涉法涉诉交办事项2649件。开展疑难复杂信访事项办理质量评查工作，组成由“两代表一委员（即党代表、人大代表，政协委员）”、法官、执业律师和专业人员等参与的评查组，责任单位到场接受质询，评查组提出指导性意见，推动“案清事明、案结事了”。

【应急处置】 2023年，合肥市在党和国家重大活动期间，成立信访维稳专班，实行实体化运作，常态化梳理排查风险隐患；对可能引发信访风险的苗头性信息，实行“一单三推［即及时将相关信息发送涉事县（市、区）、开发区分管同志、责任单位主要负责同志及县（市、区）、开发区信访局（政法办）主要负责同志进行预警］”制，及时预警预测；并跟踪督促责任单位落实核查反馈，妥善处置，体现出省会城市的担当与责任。全年梳理排查6000余名信访重点人员，下发预警指令1000余条，处置化解各类突出信访风险隐患400余起。

【双向规范】 2023年，市信访局健全并完善网上督查常态模式，压紧压实初信初访首办负责制。建立“纪信联动”“审信联动”机制，印发《关于建立重点信访事项跟进监督四项工作机制的实施意见》，将信访督查发现的重要问题纳入年度审计范围。开展“规范信访秩序、处理违法信访行为”专项工作，依法处理缠访闹访、寻衅滋事的信访违法人员。

（陈　璎）

2023年5月18日，市直机关办公用房管理平台系统培训会召开

（市机关事务管理局/供）

市直机关事务管理

【概况】 2023年，合肥市机关事务管理局实现公务安全出行5368.40万千米，保障会议14.70万人次，保障餐饮125.80万人次，接待各级来宾约970批次、2.40万人次。

【办公用房管理】 2023年，合肥市党政机关办公用房管理平台正式投入使用。市机关事务管理局印发《合肥市直机关办公用房安全管理办法（试行）》。完成市国土规划大厦等4处5.30万余平方米办公用房权属统一登记和约14万平方米办公用房基础数据采集工作。开展办公用房年度信息统计，其中，市级党政机关办公用房总建筑面积96.46万平方米，技术业务用房总建筑面积65.36万平方米。开展党政机关办公用房跨层级接收划转工作，完成省残联原办公楼等5处房产资产划转庐阳区、省民政厅原办公楼等房产实物移交庐阳区等工作。

【公务用车管理】 2023年，市机关事务管理局完善和强化公务用车的规范化、全生命周期的管理工作。全市公务用车管理信息平台引入数字员工技术，初步实现智能管理。有计划分步骤更替市直单位公务用车，新购68台，其中新能源汽车48台；处置118台，其中，报废75台，拍卖43台。加强对定点租赁、维修公务用车企业的监管，压实委托管理单位的责任，确保公务出行活动依规开展。常态化开展安全教育培训，增强安全行车意识。该局当年在全省机关事务管理系统公务用车驾驶员技能竞赛中获团体三等奖。

【公共机构节能】 2023年，市机关事务管理局以节约型机关建设为主线，以能源资源节约增效为目标，推进公共机构绿色低碳引领行动。完成公共机构节能场景应用平台项目试点工作，助力能耗数据互联共享；推进公共机构既有建筑节能改造，实施合同能源管理项目15个；加强对节约型机关创建的动态管理，组织对第一批387家单位评价复核；牵头建成全市“无废机关”24家，建成全省首批绿色食堂5家、生活垃圾分类和资源循环利用示范单位26家，确定市财政局、市公安局为市直公共机构节能示范建设单位。

【公务活动保障】 2023年，市机关事务管理局参与4批次党和国家领导人在合肥调研的警卫任务保障，完成中国航天日活动、长三角地区主要领导座谈会、世界制造业大会、第十四届中国（合肥）国际园林博览会、第五届全国智力运动会、第三届中国高校科技成果交易会等近20场大型会议和重要活动在合肥的服务保障任务，完成各级党政代表团、知名企业家来肥考察交流和各级考核组在肥指导督查的服务保障工作。全年接待各类宾客约970批次、2.40万人次。该局公务活动保障处当年被省机关事务管理局评选为全省机关事务管理系统先进集体。

【机关后勤保障】 2023年，市机关事务管理局坚持贯彻中央八项规定精神，完成市本级46家行政单位2022年度机关运行成本统计调查工作。强化事前绩效评价和小额零星采购监管，完成年度通用设备报废处置工作。抓好集中办公区秩序的维护，加强物业监管，做好设施设备维护建设工作，提升服务质量，做好市综治信访中心入驻服务保障工作。定期组织各类安全检查、联动测试、处突演练，落实信访维稳联动机制。严抓食品安全和生产安全，加强基础设施改造，改善就餐环境，长效推进餐饮节约工作，餐饮满意度保持在90%以上。当年底，蜀王优芙得食堂被评选为合肥市营养健康示范食堂。

（马千里）

驻京、驻沪事务

【驻京事务】 2023年，合肥市人民政府驻北京联络处突出招商引资和接待服务两条主线，开展对外联络、合肥外宣、信息辅政和机关建设工作。全年捕捉“双招双引”项目信息260余条，重点接洽90余个项目，拜访各类机构80余家；接待访客50余批160多人次；邀请18家企业赴合肥考察交流；参加会议、论坛、参观交流等招商活动40余次。全程服务、促进签约项目7个，其中招商引资项目6个，协议招商引资总额35.5亿元。在接待工作方面，服务保障各项活动225批次、约1300人次，出车540台次。保障市委、市政府主要负责人在京推进重点项目、拜访国家部委等系列活动14批次146人。全年报送市委、市政府政务信息计258条，被采用139条。

【驻沪事务】 2023年，合肥市人民政府驻上海联络处将“双招双引”作为第一要务，推进党建与中心工作深度融合。提升服务保障能力，接待省市领导赴上海招商参会交流等各类公务活动96批次600余人次。做好招商引资工作，促成签约项目46个，计划总投资96亿元，其中签约5亿元以上项目8个；在谈推进项目78个，其中新能源和智能网联汽车、生物医药、人工智能、集成电路等战略性新兴产业项目占比超过90%；获取招商信息200条，其中优质重点项目信息124条。向市委、市政府报送专题《上海信息》63期90余篇，通过市政务平台报送信息近400余条。该处党组织在全市驻沪单位党委2023年度党支部书记抓党建工作述职评议中被评定为“好”等次。

（李　杰）

责任编辑：田　文

中国人民政治协商会议合肥市委员会

综　述

【概况】 2023年，中国人民政治协商会议合肥市委员会（以下简称“市政协”）全面落实中央及省委、市委政协工作会议精神，坚持发扬民主和增进团结相互贯通、建言资政和凝聚共识双向发力，践行“三四二一”工作理念，紧扣全市中心大局履行职能，切实发挥专门协商机构作用，助力合肥高质量发展。

政协第十五届合肥市委员会第二次会议增补政协委员23名，截至2023年底，有委员518名，来自31个界别。按界别分，中共37人，民革19人，民盟17人，民建20人，民进14人，农工党18人，致公党7人，九三学社11人，无党派9人，共青团11人，总工会18人，妇联14人，青联2人，工商联25人，科协12人，台联5人，侨联7人，文艺14人，科技24人，社科20人，经济27人，农业21人，教育36人，体育4人，新闻出版11人，医药卫生26人，对外友好4人，社会福利6人，少数民族9人，宗教8人，特邀62人。

市政协设常务委员会，由主席、副主席、秘书长和常务委员组成。设有提案委员会、经济委员会、农业和农村委员会、人口资源环境委员会、教科卫体委员会、社会法制委员会、民族宗教委员会、港澳台侨外事委员会、文化文史和学习委员会等9个专门委员会。

2023年12月7日，市政协召开学习贯彻习近平新时代中国特色社会主义思想主题教育专题党课报告会（市政协办/供）

【政治建设】 2023年，市政协始终坚持把政治建设摆在首位，以深入开展习近平新时代中国特色社会主义思想主题教育为主线，认真做好思想引领、汇聚力量、议政建言、服务大局各项工作，为保持平稳健康的经济环境、国泰民安的社会环境、风清气正的政治环境贡献政协力量。

坚持用习近平新时代中国特色社会主义思想凝心铸魂。按照中央及省委、市委关于主题教育工作部署，紧扣“学思想、强党性、重实践、建新功”的总要求，坚持把理论学习贯穿主题教育始终，统筹抓好学习研讨、专题读书班、革命传统和警示教育及专题党课报告等，创新开展委员讲堂、“合肥政协书院”委员读书活动，组织召开全市政协系统“学习贯彻中共二十大精神，发挥政协制度效能”理论研讨会暨工作交流会，引导全市政协系统在以学铸魂、以学增智、以学正风、以学促干上下功夫、见实效。

始终把党的领导贯穿政协工作

全过程各方面。聚焦全市中心工作谋划工作思路、推进履职实践，严格执行《市政协党组向市委请示报告事项清单》，就重大事项、重要活动、重点工作向市委请示报告16次，确保在市委领导下主动负责、协调一致地开展工作。充分发挥市政协党组把方向、管大局、保落实的重要作用，认真履行全面从严治党主体责任，加强党风廉政建设，强化思想宣传，落实意识形态责任制，配合做好省委巡视工作，支持派驻纪检监察组履行监督职责，进一步营造风清气正的政治生态。

持续巩固“两个全覆盖”成果。深入贯彻全国政协、省政协党的建设工作座谈会精神，坚持以党的政治建设为统领，深化拓展“一入五建”（即全体委员加入专委会，建立专委会功能型党支部、建立委员小组、建立委员党小组、建立党员委员联系党外委员制度、建立“双联双创”工作机制），健全市政协党组成员分管专委会党建工作制度，强化专委会功能型党支部政治功能和组织功能，全年开展理论学习、调研视察、主题党日活动等170余次。按照组织关系“一方隶属，参加双重组织生活”的要求，加强党员委员教育管理，完善党员委员联系党外委员制度，发挥好先锋模范作用，推动政协党的组织和党的工作从“有形覆盖”向“有效覆盖”转变，形成以党建强政治、带队伍、促履职、固团结的良好局面。

2023年6月25日，市政协主席韩冰率队赴安徽省党风廉政教育馆开展警示教育主题活动，现场接受党风廉政教育 （市政协办/供）

【委员履职能力建设】 2023年，市政协加强履职能力建设，组织委员参加全国政协培训活动，举办十五届市政协第二期政协委员培训班，154名市及县（市、区）政协委员参训。围绕中共二十大报告、产业集群与区域发展等开展6场专题辅导报告，举办11期委员读书活动，打牢委员履职基础。完善委员履职量化考核机制，健全委员履职档案。探索与《江淮时报》联合打造“我的履职故事”栏目，通过“视频+文字”的方式，讲好委员履职故事，激发委员履职活力。

【联动协作】 2023年，市政协承担全国政协、省政协来肥调研47批次，参加省政协重大会议活动12次，提交大会发言34篇，交流特色工作，展现合肥形象。全国政协副主席兼秘书长王东峰专门听取市政协工作汇报，给予充分肯定。深入贯彻中央办公厅《关于加强和改进新时代市县政协工作的意见》及省市若干举措，认真落实市政协主席、副主席联系县（市、区）政协工作制度，定期走访调研、加强指导，着力在履职共推、资源共享、品牌共创上出实招、求实效，全市政协系统呈现出奋发有为、竞相出彩的良好局面。

【政协机关建设】 2023年，市政协以模范机关建设为抓手，创新开展集成化履职，通过清单式管理、项目化推进，把各种履职活动、平台建设、工作力量统筹起来，增强机关服务保障能力。加大专委会“一委一品”建设，切实将专业优势和大局所需结合起来，发挥好基础性作用。强化干部队伍建设，扎实开展“强作风 提能力 作表率”实践活动，擦亮“合协青年”品牌，健全考核机制，以实干实绩激励干部敢为善为。坚持“严”的主基调，大力推进廉洁机关建设，做到“忠专实”“勤正廉”。市政协机关连续8年在市委综合考核中获得“优秀”等次，反映社情民意信息工作获评2021-2022年度全省政协系统先进单位一等奖。

（王辰菲）

重要会议

【市政协十五届二次会议】 2022

年12月28日至2023年1月1日，市政协召开十五届二次会议。大会有8项议程，听取和审议政协第十五届合肥市委员会常务委员会工作报告；听取和审议政协第十五届合肥市委员会常务委员会关于十五届一次会议以来提案工作情况的报告；列席合肥市第十七届人民代表大会第二次会议，听取并讨论合肥市人民政府工作报告及其他有关报告；举行大会发言；选举事项；审议通过政协第十五届合肥市委员会提案委员会关于十五届二次会议提案审查情况的报告；审议通过政协第十五届合肥市委员会第二次会议决议；省委常委、市委书记虞爱华讲话。

【市政协十五届常委会议】 2023年，市政协十五届常委会议召开4次，即第七次至十次。

市政协十五届七次常委会议于3月28日召开。市政协主席韩冰出席会议并讲话。会议传达学习全国“两会”精神，省委、市委有关会议精神，通报《政协合肥市委员会2023年工作要点》《2023年度政协民主协商计划》，审议通过人事事项。

市政协十五届八次常委会议于6月27日召开。市政协主席韩冰出席会议并讲话。会议审议通过有关人事事项，开展“关于加强科技创新，推动先进制造业高质量发展”专题协商，通过《关于加强科技创新，推动先进制造业高质量发展的建议》。

市政协十五届九次常委会议于9月22日召开。市政协主席韩冰出席会议并讲话。会议审议通过有关人事事项，开展“关于深入推进巢湖综合治理 打造城湖共生最好名片”专题协商，通过《关于“深入推进巢湖综合治理 打造城湖共生最好名片”的建议》。

市政协十五届十次常委会议于12月29日召开。市政协主席韩冰主持会议并讲话。会议决定市政协十五届三次会议召开日期，审议通过市政协十五届三次会议议程（草案）、日程（草案），协商通过市政协十五届三次会议人事安排。审议通过《市政协常委会工作报告（草案）》《市政协提案工作报告（草案）》和有关人事事项，讨论《合肥市人民政府工作报告（征求意见稿）》。市政协主席会议成员和市政协常委作年度述职。

（王辰菲）

2023年5月11日，市政协“有事好商量”线上协商议事厅围绕“家长如何缓解孩子高考压力”开展直播活动 （市政协办/供）

政治协商

【概况】 2023年，市政协开展1次全体会议协商，2次高层次面对面协商（即市社情民意座谈会、市政协委员资政会），2次议政性常委会协商，1次市委书记领衔督办重点提案协商和若干次专题协商等，充分发挥政协职能优势，不断提升“1＋2＋2＋1＋X”协商议政格局，有效服务市委市政府科学决策、精准施策。

【高层次面对面协商】 2023年8月8日，市政协围绕“加快重点产业集群化发展，提升区域经济核心竞争力”开展社情民意座谈会协商，提出6个方面13条意见建议，相关部门梳理建议，认真办理落实。9月15日，围绕“统筹城乡水利建设，夯实现代化特大城市发展基础”开展政协委员资政会协商，提出13条具体建议，有关部门办理落实。

【议政性常委会协商】 2023年6月27日，市政协围绕“加强科技创新，推进先进制造业高质量发展”开展议政性常委会协商，持续在完善政策机制、搭建服务平台、强化要素保障等方面建言献策。9月22日，围绕“深入推进巢湖综合治理，打造城湖共生‘最好名片’”开展议政性常委会协商，从防洪减灾、蓄水灌溉、航运升级、污染减排、生态惠民等方面精准建言，所提

2023年11月14日，市委书记领衔督办市政协“引导规范民办教育发展”重点提案办理协商会召开 （市政协办/供）

11条建议逐步转化为政策举措。

【**市委书记领衔督办重点提案协商**】 2023年11月14日，市政协召开“引导规范民办教育发展”市委书记领衔督办重点系列提案协商会，所提15条建议正推进落实，助推办好人民满意的教育。

【**专题协商**】 2023年7月21日，市政协围绕“健全就业促进机制，推进就业促进行动”开展专题协商，从健全工作体系、拓展就业渠道、深化产教融合等方面提出18条建议。10月31日，就“找到传统文化和现代生活连接点，打造有全国影响力的城市文化品牌”开展专题协商。11月13日，围绕“落实‘两个毫不动摇’，促进民营经济高质量发展”开展专家协商会专题协商，提出13条建议，助推全市民营经济健康发展。

（王辰菲）

民主监督

【**概况**】 2023年，市政协坚持在协商中监督，在监督中服务，建利民之言，献惠民之策，精准发力助推问题解决，彰显政协担当。

【**专题监督**】 2023年，市政协围绕“打造科技成果‘三就地’示范区”“大力实施数字赋能行动，推进数字产业化、产业数字化”“大力实施‘两强一增’行动，全力打造全省乡村振兴示范区”“推进合肥陆港型国家物流枢纽建设”“提升环巢湖十大湿地文化内涵，助力打造合肥‘最好名片’”建议清单办理情况开展重点民主监督，助推党委政府重大决策部署落实和人民群众切身利益问题解决。就深入推进“山水工程”建设、巢湖湿地群保护与修复、“河长制”“林长制”落实情况等开展监督性调研，提出一批打基础、利长远的意见建议，不断擦亮巢湖“最好名片”。

【**民生监督**】 2023年，市政协聚焦群众“急难愁盼”，围绕“和美小区”三年行动方案推进落实情况、业主自治管理物业试点情况、推动解决异地就医等开展重点民主监督，就慢行系统建设、城区教育均衡发展、农村养老等组织调研视察，以“小切口”服务“大民生”，推动惠民政策落实落地。加大对民生类231项提案督办力度，促进转化落实，实现办好一件提案、解决一类问题、惠及一片群众。发挥社情民意信息“直通车”作用，向省政协、市委市政府反映民生事项126件，关于安徽省人民法院启用电子票据、优化合肥八中运河新城校区周边公共交通等得到省委书记韩俊批示，推动问题解决。持续开展“暖民心行动”专项民主监督活动，组织开展调研座谈26场次，提出意见建议93条，协助党委政府把民生实事办实办好。充分发挥政协委员协商监督作用，推荐56名委员担任市直相关单位特约监督员，参与民主监督工作。

【**提案监督**】 2023年，广大政协委员、政协各参加单位围绕“国之大者”“市之要事”“民之关切”，提交提案586件，经审查，并案后立案511件，交78家单位办理。截至2023年12月底，所有提案均按时办复。在所立提案中，有394位委员提交个人或联名提案，占委员总数的76%；民主党派、工商联等提交集体提案95件，占总数的16.20%。经济建设方面提案立案198件，占38.70%；政治建设方面提案立案32件，占6.30%；文化建设方面提案立案22件，占4.30%；社会建设方面提案立案226件，占44.20%；生态文明建设方面提案立案33件，占6.50%。这些提案紧扣时代脉搏，聚焦中心工作，为推动我市经济社会高质量发展作出了积极贡献。

（王辰菲）

参政议政

【概况】 2023年，市政协围绕市委、市政府中心工作，践行人民政协为人民宗旨，围绕涉及群众利益的民生问题，不断提升履职成效，助推民生改善社会和谐。

【立法协商】 2023年，市政协修订并以市政府办、市政协办名义联合印发《合肥市政府立法协商工作实施办法》。会同市人大法制工作委员会、市司法局做好立法协商，就《中华人民共和国农村集体经济组织法（草案）》《合肥市优化营商环境条例》《合肥市居家养老服务条例（修订草案修改稿）》等10项法律法规制定，提出协商建议86条，11条建议被采纳。

【专题调研】 2023年，市政协聚焦“充分发挥业主大会和业主委员会作用”开展专题调研，组织社区、业委会、物业三方代表面对面协商，提出9条针对性建议，推动全市有物业服务住宅小区业主委员会组建率从2022年的15.10%提高到2023年的71.20%。围绕“合肥中心城区义务教育学位配置情况”开展调研，在建立与人口变化相协调的学位供给等方面提出短期和中长期解决问题的意见和建议。开展山水工程建设推进情况专项调研，实地调研矿山生态修复、生态清洁小流域建设等推进情况，重点关注环保督察反馈问题整改落实情况。

【委员视察】 2023年，市政协围绕“推进我市慢行系统建设”“全市专精特新企业发展”“合肥市‘科创金融改革试验区’建设情况”“古树名木保护”“农村养老”“园博园建设”“现代化产业体系建设”等课题开展视察，咨政建言，反映社情民意。

【“双联双创”活动】 2023年，市政协完善委员联系服务界别群众机制，深化拓展“双联双创”活动，充分发挥委员工作室作用，引导委员结合自身专业优势，深入基层一线开展政策宣讲、法律服务、科技助农、送医下乡、扶贫济困等各类活动570多场，切实把“委员作业”写在群众心坎上。

【“有事好商量”平台建设】 2023年，市政协按照“协商于民、协商为民”要求，纵深推进“有事好商量”平台建设，组织召开全市政协系统“有事好商量”平台建设工作推进会，推动从试点示范到面上推广，全年新建基层协商议事厅253个，政协委员工作室81个，实现全市乡镇街道全覆盖，村居社区有试点。累计开展协商议事活动775场次，推动解决1300多项群众身边的“关键小事”，以“协商”促“善治”，赋能基层治理。

【反映社情民意】 2023年，市政协将反映社情民意信息工作作为履职的重要抓手和关键环节，不断创新工作理念，畅通信息反映渠道，提高社情民意信息撰写质量，完善办理反馈机制，反映社情民意信息工作取得较好成效。一年来，全市各级政协组织、参加单位和政协委员积极反映社情民意信息，提交社情民意信息1352篇。其中，多篇信息获省、市委主要领导批示，部分建言被市直部门采纳，并转化为工作举措，为党委政府精准施策提供有益参考，为推动相关问题解决发挥重要作用。

【乡村振兴帮扶】 2023年，市政协聚焦乡村振兴，开展“加强扶贫资产管理，发展壮大村级集体经济”协商建议成果办理“回头看”，

2023年8月8日，市社情民意座谈会召开，围绕“加快重点产业集群化发展，提升区域经济核心竞争力”主题协商议政、建言献策　（市政协办／供）

全市扶贫（衔接）资产坚持在发展中管护，助推全市112个出列村全部建成经济强村。扎实开展巢湖市烔炀镇凤凰村乡村振兴帮扶工作，推动农文旅融合发展，入选安徽省“千万工程”首批和美乡村精品示范村。

（王辰菲）

凝聚共识

【概况】 2023年，市政协以大团结大联合为主题，在宣传引导、团结各界、协调关系中增进共识，画好最大同心圆，广聚团结奋斗合力。

【加强理论武装】 2023年，市政协发挥人民政协“重要阵地、重要平台、重要渠道”作用，用好用活委员讲堂、委员小组、“合肥政协书院”委员读书活动等特色载体，结合主题教育，引导政协各参加单位和广大政协委员学深悟透习近平新时代中国特色社会主义思想和中共二十大精神，感悟真理伟力、凝聚奋进力量。

【密切合作共事】 2023年，市政协常态化开展党外委员“我看合肥新发展”专题视察，在感受新成就中更加深刻领悟“两个确立”的决定性意义，坚决做到“两个维护”。全市各民主党派、工商联和无党派人士作大会发言173次、提交集体提案95件、反映社情民意信息1352条、参加调研视察124场次，彰显新型政党制度的优势和活力。发挥政协统战职能，加强与民主党派、工商联和无党派人士团结合作，完善定期走访、谈心谈话、协同履职等经常性工作机制，实现思想政治共同进步、履职效能整体提高。

【增进团结联谊】 2023年，市政协围绕“铸牢中华民族共同体意识，促进城市民族工作”“促进侨梦苑建设”等议题协商建言、务实监督。编撰《合肥文史》（第六辑），启动市政协重要文史资料数字化建设。参加九城市政协共商G60科创走廊更高质量发展活动、长三角“六市一区”政协主席第五次联席会议，发起建立G60九城九链产业服务平台，举办九城市政协委员企业联盟人工智能产业小组活动，助力合肥深度融入长三角一体化发展。完成市政协老委员联谊会、市政协书画院换届工作，推动市政协委员企业家联谊会、合肥之友联谊会提质拓面。

（王辰菲）

责任编辑：赵永军

中国共产党合肥市纪律检查委员会
合肥市监察委员会

综　述

2023年，在省纪委监委和市委的坚强领导下，全市各级纪检监察机关坚定拥护“两个确立”、坚决做到“两个维护”，以全面贯彻党的二十大精神为主线，以开展学习贯彻习近平新时代中国特色社会主义思想主题教育和纪检监察干部队伍教育整顿为重点，自觉锚定“走在前作表率”前进坐标，始终坚持严的基调、严的措施、严的氛围，大力抓好“工作质效提升年”各项工作。深入学习贯彻党的二十大精神，政治监督更有质效；扎实开展主题教育和教育整顿，队伍建设更有质效；纵深推进反腐败斗争，不敢腐、不能腐、不想腐一体推进更有质效；持之以恒加固中央八项规定堤坝，重拳纠治“四风”顽疾更有质效；始终把纪律建设摆在更加突出位置，监督执纪更有质效；坚守政治巡察职责定位，巡察上下联动更有质效；持续深化纪检监察体制改革，各类监督贯通融合更有质效。一刻不停推动全面从严治党、党风廉政建设和反腐败斗争向纵深发展，纪检监察工作高质量发展取得新进展新成效。

（刘　杰）

重要会议

【基层小微权力“监督一点通”平台建设工作调度会议】 2023年1月5日，市纪委监委召开基层小微权力“监督一点通”平台建设工作调度会。会议对全市小微权力“监督一点通”平台运行情况进行了通报，对下一步工作进行安排部署。各县（市、区）纪委监委、开发区纪检监察工委就平台工作进展情况、存在问题进行交流探讨。

【市纪委十二届三次全体会议】 中国共产党合肥市第十二届纪律检查委员会第三次全体会议，于2023年2月3日在市政务中心召开。出席该次全体会议的有市纪委委员40人，列席257人。省委常委、市委书记虞爱华出席全会并讲话。市委常委，市人大常委会、市政府、市政协领导班子成员出席会议。全会由中共合肥市纪律检查委员会常务委员会主持。全会全面贯彻习近平新时代中国特色社会主义思想，深入贯彻落实党的二十大精神，全面落实二十届中央纪委二次全会、省纪委十一届三次全会部署，总结2022年纪检监察工作，部署2023年任务，审议通过黄维群同志代表市纪委常委会所作的《深入学习贯彻党的二十大精神，一刻不停推进全面从严治党，为奋力谱写中国式现代化合肥篇章提供坚强保障》的工作报告。全会审议通过工作报告和《中国共产党合肥市第十二届纪律检查委员会第三次全体会议决议》。全会提出，做好2023年纪检监察工作，要坚持以习近平新时代中国特色社会主义思想为指导，全面贯彻落实党的二十大精神，深入贯彻二十届中央纪委二次全会、省纪委十一届三次全会部署，按照省委、市委要求，把衷心拥护“两个确立”、忠诚践行“两个维护”作为最高政治原则和根本政治规矩，坚决贯彻全面从严治党战略部署，认真落实健全全面从严治党体系任务要求，深入开展党风廉政建设和反腐败斗争，深入推进新时代新征程纪检监察工作高质量发展，更好发挥全面从严治党政治引领和政治保障作用，为奋力谱写中国式现代化合肥篇章提供坚强保障。

【市纪委常委会2022年度民主生活会议】 2023年2月17日，市纪委常委会召开2022年度民主生活会。市委常委、市纪委书记、市监委主任黄维群主持会议并作总结讲话。省纪委监委干部监督室相关领导同志到会指导并作点评。市直机关工委有关领导、市纪委监委相关部门主要负责同志列席会议。会上，通报市纪委监委领导班子党史学习教育专题民主生活会整改措施落实情况。黄维群代表市纪委常委班子作对照检查，深入查摆存在的突出问题，深刻剖析问题产生的思想根源，提出下一步整改措施。市纪委常委班子成员围绕主题逐一开展批评和自我批评。

【市属企业纪检监察机构主要负责人述职会议】 2023年2月21日，市纪委监委召开市属企业纪检监察机构主要负责人述职会。市委常委、市纪委书记、市监委主任黄维群到会并讲话，市纪委副书记、市监委副主任单宇航，市纪委常委、市监委委员崔世平参加会议。会议传达学习党的二十大精神、中央纪委全会和省、市纪委全会精神。会上，驻市国资委纪检监察组、驻兴泰控股纪检监察组以及20家企业纪检监察机构负责同志依次进行述职。

【全市巡察工作会议暨十二届市委第五轮巡察动员部署会议】 2023年2月23日，全市巡察工作会议暨十二届市委第五轮巡察动员部署会召开。会议深入学习贯彻习近平总书记关于巡视巡察工作重要论述，贯彻落实全省巡视巡察工作会议暨十一届省委第三轮巡视动员部署会精神，传达学习时任省委常委、市委书记虞爱华在市委书记专题会议上的讲话精神，宣布十二届市委第五轮巡察组长授权任职及任务分工的决定。市委常委、市纪委书记、市监委主任、市委巡察工作领导小组组长黄维群参加会议并讲话，市委常委、市委组织部部长、市委巡察工作领导小组副组长葛建荣主持会议。

【十二届市委第四轮巡察集中反馈会议】 2023年3月3日，市委巡察工作领导小组召开十二届市委第四轮巡察集中反馈会，传达省委常委、市委书记虞爱华讲话精神，对第四轮巡察整改工作进行集中部署。市委常委、市纪委书记、市委巡察工作领导小组组长黄维群参加会议并讲话。市委常委、市委组织部部长、市委巡察工作领导小组副组长葛建荣主持会议。

【全市纪检监察干部队伍教育整顿动员部署会议】 2023年3月10日，全市纪检监察干部队伍教育整顿动员部署会议召开，传达学习全省纪检监察干部队伍教育整顿动员部署会议精神和市委工作要求。市委常委、市纪委书记、市监委主任黄维群出席会议并讲话。会议指出，开展教育整顿是以习近平同志为核心的党中央作出的重大部署，全市纪检监察机关要深入学习贯彻习近平总书记重要讲话和重要指示批示精神，自觉接受刻骨铭心的革命性锻造和深入灵魂的精神洗礼，以更高的标准、更严的纪律要求自己，做严守纪律、改进作风、拒腐防变的表率，打造忠诚干净担当、敢于善于斗争的纪检监察铁军。

【十二届市委第四轮巡察暨市委提级交叉巡察整改业务培训会议】 2023年3月21日，十二届市委第四轮巡察暨市委提级交叉巡察整改业务培训会召开。十二届市委第四轮巡察有关单位整改办负责同志，市纪委监委派驻有关单位纪检监察组组长，各县（市、区）纪委监委、组织部、宣传部、巡察办有关负责同志以及市委提级交叉巡察的乡镇（街道）整改办负责同志参加培训会议。会议强调，各被巡察单位要深入学习领会习近平总书记关于巡视巡察特别是巡视巡察整改工作的重要指示批示精神，切实落实整改主体责任，层层传导责任压力，严格对照市委巡察相关要求，从严从实落实各项整改任务，切实抓好巡察反馈问题整改。

【“廉洁家风润万家”系列活动启动会议】 2023年5月19日，市纪委监委组织召开纪检监察系统“廉洁家风润万家”系列活动启动会议，全面落实市委关于推进“清廉家庭”建设和纪检监察干部队伍教育整顿工作要求，增强家庭成员反腐倡廉意识，筑牢拒腐防变思想防线。市委巡察机构，市纪委监委各派驻纪检监察组、市直机关纪检监察工委，委机关各部门有关纪检监察干部及家属参加。

【全市纪检监察机关案件查办工作汇报会议】 2023年5月4日，省委常委、市委书记虞爱华主持召开市纪委监委案件查办工作汇报会，专题调度市县两级纪检监察机关案件查办情况。市纪委监委领导班子和9个县（市、区）纪委监委主要负责同志参加。会议强调，全面从严治党永远在路上、党的自我革命永远在路上，必须一人不放任、一天不放松、一处不放过，要聚焦办案这一关键，突出问题要突出抓，重点领域要出重拳，不断把全面从严治党引向深入。

【全市基层小微权力“监督一点通”平台工作调度会议】 2023年6月2日，市纪委监委召开全市小微权力“监督一点通”平台工作调度会。会议对全市小微权力“监督一点通”平台运行情况进行了通报，对下一步平台建设重点任务做出具体安排。肥西县、庐江县、经开区就平台工作进展情况、存在问题、经验做法进行交流探讨。会议指出，建设小微权力“监督一点通”平台是中央纪委自上而下部署的重点工作，是省、市纪委全会布置的重点任务，同时也是推动监督下沉、监督落地的重要抓手，是促进监督融入基层治理的重要载体。各级纪检监察机关要从政治和全局的高度看待这项工作，持续抓紧、用力抓好这项工作。

【市纪委监委“质效提升大家谈”座谈交流会议】 2023年6月10日，市纪委监委召开“质效提升大家谈”座谈交流会议，委机关、市委巡察机构16名同志座谈交流发言，市纪委监委领导班子全体成员；市纪委监委机关、市委巡察机构、市党风廉政教育基地全体干部参加。

【群众身边不正之风和腐败问题“1+5+N”专项整治工作部署会议】 2023年6月14日，市纪委监委召开群众身边不正之风和腐败问题“1+5+N”专项整治工作部署会。会议传达学习省、市纪委关于深入开展群众身边不正之风和腐败问题“1+5+N”专项整治工作有关文件精神，明确专项整治具体任务、工作重点和责任分工。会议要求，要深入学习贯彻党的二十大精神和习近平总书记系列重要讲话指示批示精神，提高政治站位，树牢人民情怀、站稳群众立场，巩固深化群众身边不正之风和腐败问题专项整治成果，不断增强群众获得感、幸福感、安全感。

【全市纪检监察系统廉政教育党课报告会议】 2023年7月1日，市纪委监委召开全市纪检监察系统廉政教育党课报告会。市委常委、市纪委书记、市监委主任黄维群作专题党课报告。会议要求，全市纪检监察干部要勇作党纪党规的执行者、捍卫者，以更高标准、更严要求约束和规范自身，坚持“忠专实”“勤正廉”，坚持刀刃向己强自律、真抓实干提质效，与时俱进加强自身建设，坚持不懈推进自我革命，扎实推动教育整顿高质量开展，在忠诚干净担当敢于善于斗争上走在前作表率。

【全市纪检监察系统先进典型事迹报告会议】 2023年7月1日上午，市纪委监委召开全市纪检监察系统先进典型事迹报告会，市纪委监委领导班子成员，市委巡察机构、市纪委监委各派驻机构、委机关及市党风廉政教育基地全体同志，市属开发区纪检监察工委书记、副书记，合肥滨湖科学城、省巢湖管理局、市属企事业单位纪检监察机构主要负责同志共300余人参加会议。

【十二届市委第五轮巡察集中反馈暨第六轮巡察动员部署会议】 2023年7月10日，十二届市委第五轮巡察集中反馈暨第六轮巡察动员部署会议召开。会议传达学习全国巡视工作会议暨二十届中央第一轮巡视动员部署会主要精神、合肥市委书记专题会议精神，宣布巡察组长授权任职及任务分工的决定。市委常委、市纪委书记、市委巡察工作领导小组组长黄维群出席会议并讲话，市委组织部常务副部长、市委巡察工作领导小组成员郭世碧主持会议。

【全市纪检监察工作推进会议】 2023年7月15日，市纪委监委召开全市纪检监察工作推进会，会议分析总结上半年工作，盘点“工作质效提升年”活动阶段性成效，围绕加强政治监督、推深做

2023年7月15日，全市纪检监察工作推进会召开　（市纪委监委/供）

实教育整顿、深化“四域四化”专项整治等重点工作进行部署调度，推动全年各项工作走在前作表率。市委常委、市纪委书记、市监委主任黄维群主持会议并讲话。

【第八届“包公杯”反腐倡廉曲艺作品征集启动会议】 2023年8月10日，第八届“包公杯”反腐倡廉曲艺作品征集活动正式启动，面向全国征稿。第八届“包公杯”以“曲唱廉洁风 艺谱新华章”为主题，倡导以小切口、小视角、小故事展现大主题、大内涵，着力推出一批弘扬中华优秀传统文化、培育社会主义核心价值、丰富人民精神世界、增强人民精神力量的廉洁专题曲艺精品力作，更好地反映新时代廉洁文化建设内涵，推动党风廉政建设和反腐败宣传教育更加深入人心。

【“清廉合肥”建设中期联席会议】 2023年9月1日，合肥市纪委监委召开清廉合肥建设中期联席会议，会议深入学习习近平总书记关于加强新时代廉洁文化建设重要讲话精神、省市委部署要求，通报清廉合肥建设进展情况。市教育局、市妇联、肥西县等6家地区、单位分别作交流发言。市委常委、市纪委书记、市监委主任黄维群到会并讲话。

【市纪委常委会理论学习中心组学习会议暨调研成果交流会议】 2023年9月13日，市纪委常委会召开理论学习中心组学习会议暨调研成果交流会。会议学习习近平总书记关于调查研究的重要论述，领导班子成员结合前期调研成果进行交流发言。市委常委、市纪委书记、市监委主任黄维群主持会议并讲话。

【市监察委员会第二届特约监察员聘请会议】 2023年11月3日，市监察委员会第二届特约监察员聘请会议在市政务中心召开，会议向20名第二届特约监察员颁发聘书，6名特约监察员作交流发言。市委常委、市纪委书记、市监委主任黄维群到会并讲话。

【全市纪检监察信访举报工作推进会议】 2023年11月17日，市纪委监委召开全市纪检监察信访举报工作推进会。会议传达学习中央纪委国家监委有关领导同志在全国信访举报业务培训班上的讲话精神和省纪委监委主要负责同志在全省信访举报工作会议上的讲话精神，通报2023年以来全市信访举报工作情况，肥西县纪委监委、合肥新站高新技术产业开发区纪检监察工委、驻市公安局纪检监察组等6家单位作交流发言。市委常委、市纪委书记、市监委主任黄维群到会并讲话。

【十二届市委第六轮巡察集中反馈暨第七轮巡察动员部署会议】 2023年11月25日，十二届市委第六轮巡察集中反馈暨第七轮巡察动员部署会召开。会议坚持以习近平新时代中国特色社会主义思想为指导，深入学习贯彻党的二十大精神，认真贯彻落实二十届中央第二轮巡视动员部署会、十一届省委第四轮巡视集中反馈暨第五轮巡视动员部署会精神，传达学习省委常委、市委书记虞爱华听取巡察情况汇报时的讲话要求，宣布巡察组长授权任职及任务分工的决定。市委常委、市委巡察工作领导小组组长黄维群出席会议并讲话，市委常委、市委巡察工作领导小组副组长杨志斌主持会议。

【全市纪检监察系统主题教育专题党课报告会议】 2023年12月9日，市纪委监委召开全市纪检监察系统主题教育专题党课报告会，市纪委监委领导班子成员，市委巡察机构、市纪委监委各派驻机构、委机关及市党风廉政教育基地全体同志，市属开发区纪检监察工委书记、副书记，合肥滨湖科学城、省巢湖管理局、市属企事业单位纪检监察机构主要负责同志参加会议。会议要求，深入学习贯彻习近平新时代中国特色社会主义思想，认真落实“学思想、强党性、重实践、建新功”总要求，强化理论武装，提升斗争本领，切实把党的创新理论转化为推动纪检监察工作高质量发展的有力指引和强大动力。

【市纪委监委领导班子调研成果交流会议】 2023年12月22日，市纪委监委组织召开领导班子调研成果交流会议，市纪委监委领导班子成员，市委巡察办负责同志，各派驻纪检监察组主要负责同志，委机关各部门、市党风廉政教育基地主要负责同志。会议坚持以习近平新时代中国特色社会主义思想为指导，深入学习贯彻习近平总书记关于调查研究的重要论述，结合主题教育调查研究开展情况，交流调研成果，围绕正反面典型进行剖析，讨论领导班子调研成果转化运用清单，研究提出持续推进落实和改进提高的新办法、新举措，着力把调查研究成果转化为推动纪检监察工作高质量发展的实际成效。

（刘 杰）

政治监督

【学习宣传贯彻党的二十大精神】2023年，市纪委监委把学习宣传贯彻党的二十大精神作为首要政治任务。市纪委常委会带头全面学习、全面把握、全面落实党的二十大精神，举办学习贯彻党的二十大精神专题培训班，常态化采取党课领学、党校参学、支部促学等方式，引导全市各级纪检监察干部完整、准确、全面领会党的二十大精神。综合运用纪检监察宣传“两网一微一刊一端”平台，广泛宣传全市纪检监察机关立足职能职责贯彻落实党的二十大精神的实践举措、经验成效。结合日常调研指导、检查督导、现场办公等，深入基层宣讲党的二十大精神。指导各级纪检监察机关把推动党的二十大精神落实见效作为政治监督的中心任务，清单化、闭环式开展专项监督，保障党的二十大各项决策部署在合肥落地生根。

【监督保障“国之大者”】2023年，市纪委监委把习近平总书记重要指示批示作为第一政治要件，推动党的二十大精神、党中央决策部署同合肥实际紧密结合，创新监督机制，跟进保障落实。聚焦“让巢湖成为合肥最好的名片”，设立“环巢湖”监督协作区，建立“联系指导、综合监督、联动查处”机制，推动山水工程建设、南淝河治理等综合治理项目有力实施。聚焦“牢牢守住十八亿亩耕地红线”，开展耕地保护维护粮食安全专项监督，对废弃矿山违规采砂、违建“大棚房”等耕地领域突出问题提级直办。聚焦“美丽中国建设”，统筹推动中央、省生态环保督察移交问题，以及市突出生态环境问题专题警示片披露问题整改落实，从严追责问责。聚焦“统筹发展和安全”，牵头开展全市消防领域安全隐患排查整治专项行动，形成专项督查调研报告。聚焦“高质量发展”，围绕省委、市委主要负责同志关于科技产业创新、优化营商环境、保障民生福祉等指示批示件，建立“即批即办、细查快处、建账问效”办理机制，有力保障全市“十大提升行动”交出高质量答卷。

【监督压实“两个责任”】2023年，市纪委监委协助市委认真履行主体责任，主动向省委、省纪委报告履行全面从严治党责任、落实纪检监察建议、办理重大案件等情况。对23个地区（单位）落实全面从严治党责任情况开展调研督导。从严加强对“一把手”和领导班子监督，全市约谈领导班子成员、重点岗位人员525人次。压实案发地区（单位）管党治党政治责任，指导开展肥东作风建设大提升、肥西政治生态大修复、“廉洁轨道”大整治“三大行动”，全面消除重大腐败案件影响，系统根治不正之风和腐败问题。

（刘　杰）

一体推进“三不腐”

【“四域四化”专项整治】2023年，市纪委监委切实协助市委加强对反腐败工作的全过程领导，定期召开全市案件查办工作情况汇报会，组织召开市委反腐败协调小组会议。坚持重点领域出重拳，突出问题突出抓，巩固“四小四大”整治成果，统筹城市绿化工程等领域专项整治任务，聚焦国企、工程建设、招投标等重点领域，创新开展“四域四化”专项整治，全市立案769件、党纪政务处分670人，查处一批利用工程建设、市政管养、道路保洁、信息化项目大肆敛财、损公肥私的“四域四化”典型案件。

【提高反腐败治理效能】2023年，市纪委监委制定《合肥市纪检监察机关加强办案、治理、监督、教育闭环管理的任务清单》，针对招投标领域腐败问题开展系统调研，推动完善“评定分离”监督机制，对骆岗公园等402个市级重大工程项目实行全过程监督，围绕查办的金融、国企等领域大要案，深入开展案件剖析，精准制发纪检监察建议书，会同案发单位拍摄警示教育片，一体推进“三不腐”同时、同向、综合发力。强化案件质量评查，制定完善审理业务指导、提前介入审理、派驻机构审理协作等工作机制，提升案件质效。出台信息技术辅助办案“四项规范”，持续运用信息化、大数据为办案赋能增效。制定“走读式”谈话安全工作办法，层层压实办案安全责任，守住办案安全底线。持续深化粮食购销领域腐败问题专项整治，积极配合开展统计造假专项治理、医药领域腐败问题集中整治，全力攻坚房地产领域腐败案件。高质量办理上级指定管辖、交办案件43件，受到上级机关肯定。全市纪检监察机关处置问题线索5621件，立案1950件，给予党纪政务处分1680人，挽回经济损失4.94亿元。

【惩治群众身边的“蝇贪蚁腐”】 2023年，市纪委监委统筹开展乡村振兴领域不正之风和腐败问题、漠视侵害群众利益的基层“微腐败”问题等专项整治，紧盯惠农补贴、教育医疗、社会救助等民生领域“小切口”强化监督执纪执法。常态化推进扫黑除恶斗争，实施涉黑涉恶“腐伞网”问题线索清仓处置专项行动。推动化解“难安置”项目237个，涉及房屋15.70万套、8.60万户，节约过渡安置费24.20亿元，对瑶海区安置房质量隐患、“老合钢”片区安置混乱、龙岗开发区安置难等问题深入调查、督促整改。持续治理重复举报，重复信访件占比下降9个百分点。

（刘　杰）

正风肃纪

【严惩享乐主义、奢靡之风】 2023年，市纪委监委深化违规吃喝、违规收送礼品礼金专项整治，常态化开展节点监督、交叉互查、明察暗访。紧盯公款吃喝、公款旅游、违规发放津补贴等问题，加强对“三公”经费管理使用的监督。围绕查酒局饭局事由、查参与人员、查吃喝场所、查费用来源“四必查”，深挖彻查酒驾醉驾背后的风腐交织问题。

【纠治形式主义、官僚主义】 2023年，市纪委监委协助市委加强对主题教育整改整治工作的监督检查，排查基层治理乱象及“半拉子工程”“形象工程”“面子工程”等问题，开展全市涉企“乱罚款”专项整治，严肃查纠损害营商环境、罔顾群众利益、加重基层负担的形式主义、官僚主义，督促党员领导干部树立和践行正确政绩观。

【作风建设】 2023年，市纪委监委协助市委修订作风建设“三十条”规定，制定作风建设监督指引，建立完善“按月调度、季度通报、半年分析、督促整改”常态化监督机制，创新运用电子发票等大数据信息排查“四风”问题。加强与市委督考办、市政府营商办等部门的协调联动、协同监督，严肃查纠贯彻执行不尽心、群众利益不上心等问题背后的失职失责行为和不正之风。

（刘　杰）

纪律建设

【纪律教育全覆盖】 2023年，市纪委监委严明纪律，推动纪律教育全覆盖。协助市委建立“一月一警示”机制，在每月市委常委会（扩大）会议上通过视频会议方式，组织市县乡各级“一把手”集中观看反面典型警示教育片，全年拍摄制作警示教育片8部，常态化用“片中人”警示“看片人”，以案示警效应不断彰显，全市主动投案人数同比增长200%。举办全面从严治党专题培训班，对全市“80后”县处级领导干部、党外干部集中开展廉政教育，督促各级党组织常态化用身边事教育身边人，实现经常性纪律教育全覆盖。齐抓共管、全域共建新时代廉洁文化，建立联席会议制度，以“1030红廉”项目为抓手，打造“6+N”清廉单元。不断擦亮“包公故里、清廉合肥”品牌，包公故里文化园正式开园，“艺路清风”巡演走到群众身边，第八届“包公杯”曲艺作品、第五届“清廉合肥”三微作品征集数创新高。

【深化运用“四种形态”】 2023年，严格执纪，精准运用“四种形态”。全市纪检监察机关运用“四种形态”批评教育帮助和处理5225人次。其中，运用第一

2023年10月19日，“‘艺’路清风”包公杯反腐倡廉优秀曲艺作品巡演暨巢湖市“清廉文化乡村行”主题文艺展演在巢湖市黄麓镇举行（市纪委监委/供）

种形态3472人次，占总人次的66.4%；运用第二种形态1095人次，占21%；运用第三种形态283人次，占5.40%；运用第四种形态375人次，占7.20%。进一步规范问责程序、完善问责制度，围绕食品安全监管不力、校园意识形态管控不严等失职失责问题，精准审慎对70个党组织（单位）、213名党员干部和监察对象实施问责。落实“三个区分开来”，常态化开展容错纠错、暖心回访，在充分尊重干部意愿的基础上，对受到失实检举控告的15名干部予以澄清正名。

（刘　杰）

纪检监察体制改革

【优化派驻监督】　2023年，市纪委监委研究出台《关于对派驻机构主要负责人履职情况“一案双查”的若干规定（试行）》，对履职不力的纪检监察部门负责人予以组织调整。统筹推动派驻机构和内设部门改革，合并3个派驻纪检监察组，增设3个纪检监察室，推动派驻监督更加集成、监督执纪执法力量更加聚合。加强对派驻机构的直接领导、统一管理，制定派驻机构重要情况报告办法，完成21个派驻纪检监察组人员工资、工作经费划转。强化“室组地”联合办案，深化“室组企”联动六项机制，创新建立国企纪检监察协作区，进一步整合力量、凝聚合力。

【强化基层监督】　2023年，市纪委监委推动《关于进一步加强村（社区）监督规范“小微权力”运行的实施意见（试行）》落实落细，围绕健全完善基层监督体系开展专题调研。不断提升小微权力“监督一点通”平台覆盖面、实效性，在庐江县召开全市现场推进会，将平台重点投诉事项纳入“民声回应”平台，办理群众诉求5027件。持续推进乡镇（街道）纪检监察协作区制度化规范化建设，强化实体办公、驻点办案、联动监督。市纪委监委、巢湖市纪委监委分别被评为全省“监督一点通”平台、协作区建设工作优秀单位。

（刘　杰）

2023年10月25日，全市基层小微权力“监督一点通”平台建设调研汇报会召开

（市纪委监委／供）

队伍建设

【主题教育】　2023年，市纪委监委把学习教育贯穿主题教育和教育整顿始终，持续学懂弄通做实习近平新时代中国特色社会主义思想。市纪委常委会强化落实“第一议题”制度，召开市纪委常委会会议68次、理论学习中心组学习会22次，举办“理论研讨＋实践教育”专题读书班，委领导班子成员带头讲党课、作廉政报告，切实抓好对党忠诚教育、思想政治教育、纪律警示教育，进一步纯洁思想。大兴调研之风，践行“四下基层”，市纪委常委会围绕纪检监察工作重点难点问题，聚焦“招投标领域典型案例分析”等课题开展“领题式”调研，赴杭州、宁波等长三角地区开展“对标式”学习调研，市纪委监委县处级以上干部开展课题调研105项，进一步摸清实情、总结规律、谋实举措。持续营造全员学习浓厚氛围，举办“质效提升大家谈”系列座谈活动和先进典型事迹报告会，创新“七个一”学习机制，推动广大纪检监察干部在以学铸魂、以学增智、以学正风、以学促干上取得实实在在的成效。

【教育整顿】　2023年，全市纪检监察机关发扬彻底的自我革命精神，深入开展纪检监察干部队伍教育整顿，动真碰硬查问题、抓整治、清门户。围绕“六个是否”深入开展自查自纠，分层次、有重点、全覆盖开展谈心谈话，举办专题警示教育讲座，编印忏悔警示录，说清政策、讲明底线。开展违规办案行为等五个专项整治和“两规范两提升一整治”专项行动，制定完善监督执纪问责和队伍建设等制度127项，不断健全严管体系。选聘20名市监委第二届特约监察员，主动接受社会监督。全面起底、系统分析党的十八大以来全市纪检监察干部问题线索，建立专项统计台账，形成专题分析报告。全面起底党的十八大以来纪检监察干部问题线索，清理和调整出纪检监察系统10人，进一步纯洁组织。

【自身建设】 2023年，市纪委常委会带头加强政治建设，提高政治素质，严格落实请示报告制度，及时主动向省纪委监委和市委请示报告重大事项、重大案件、重要工作。深化全员培训，持续打造业务课堂、干部讲堂、在线学堂学习平台，不断丰富干部培训需求库、课件库、师资库、精品库教学资源，全年培训干部9668人次。强化以干代训，选送13名干部赴上级纪委监委学习锻炼，选调下级纪委监委、派驻机构干部431人次参与市一级监督执纪执法。树立实干实绩用人导向，培养选拔年轻干部，推动市属高职高专院校、医院、国企纪委书记交流轮岗。完成市、县两级监察官等级首次确定工作，增强干部队伍职业荣誉感。

（刘　杰）

巡视巡察

【概况】 2023年，市委巡察工作坚持以习近平新时代中国特色社会主义思想为指导，全面贯彻巡视工作方针，发挥政治巡察利剑作用，以“工作质效提升年”为契机，持续推进市县巡察工作高质量发展。市委和省委巡视办主要负责同志3次作出批示，对巡察工作成绩予以充分肯定；巡察经验先后2次在全省推进会上进行现场交流。

【高效覆盖】 2023年，市纪委监委配合省委巡视，坚持板块轮动、分系统推进，灵活运用常规巡、提级巡、交叉巡、联动巡、专项巡等形式，组织实施第五、六、七轮巡察，对16户国有企业、16家市直单位、市属四大开发区开展常规巡察，配合省委巡视对市属四大开发区及县（市、区）的11个开发区（园区、景区）开展联动巡察，对29个市管领导干部担任“一把手”的县（市、区）直单位开展提级交叉巡察，对市属开发区的10个街道（大社区）及所属的94个村（社区）开展交叉巡察，对全市120个绿化项目、34家涉绿单位开展专项巡察。采取“推磨式”交叉巡察方式，完成对市属开发区所辖152个村（社区）党组织巡察覆盖，发现问题1542个、线索40件，均同比上涨约20%。

【联动贯通】 2023年，市纪委监委坚持市、县巡察工作一体谋划、一体部署、一体推进。对全市120个绿化项目、34家涉绿单位开展专项巡察，对623个绿化项目进行延伸巡察。9次召开巡察工作推进会、巡察办主任座谈会，专题调度、推动解决县（市、区）巡察工作突出问题。对9个县（市、区）现场指导督导全覆盖，提出102个规范完善建议，推动“立改废”制度54项。强化纪巡联动、巡审联动，制定《关于规范巡察与审计工作协调机制的意见》，抽调纪检、审计、财政等专业干部140余人参与巡察，推动巡察监督与审计等其他监督机制互通、信息共享、成果共用。强化与组织、宣传、政法等部门协调配合，探索形成巡察监督与人大监督、民主监督、舆论监督的贯通渠道，巡察结果定期向市人大常委会、市政协党组通报。

【成果运用】 2023年，市纪委监委研究制定巡察整改检查评估实施办法和问题线索会商研判工作机制，召开巡察整改培训会4次，开展4轮巡察整改情况检查评估，制发3期巡察整改情况通报，向5家整改不力的单位制发巡察整改督办函。紧盯问题整改，前四轮巡察反馈2302个问题；前四轮巡察整改期间给予党纪政务处分236人次，优化调整被巡察单位市管干部52人，整改挽回直接经济损失约1.06亿元。

【制度建设】 2023年，市纪委监委建立完善巡前与巡察组长谈话制度，出台巡察办、巡察组业务工作规程等50余项制度，一体推进巡察机构制度建设、能力建设、作风建设。全省首家在市级党报开辟专栏《市县巡察快讯》，定期展示巡察工作成果。市委巡察上下联动、强化对村（社区）巡察等经验先后2次在全省推进会上进行现场交流。

（刘　杰）

责任编辑：贾南田

军 事

合肥警备区

【概况】 2023年，合肥警备区贯彻军委主席负责制，师团两级赴合肥大科学装置集中区、金寨革命老区、安徽创新馆开展现地教学，编建任务分队，高标准完成省区域保障中心建设任务，召开民兵整组暨基层武装机构规范化建设观摩活动，推动国防动员体制改革落地，组织召开高新技术企业座谈会，筹建全市潜力企业“大数据仓”，举办“高校征兵宣传短视频大赛”、元旦征兵主题灯光秀，2023年征兵任务数、大学毕业生数均居全省第一。制定党委落实全面从严治党主体责任年度任务安排，组织坚决纠治违规喝酒专项警示教育、严守党的纪律专题纪律党课，聘请700余名社会各界代表为廉洁征兵监督员，持续释放全面从严、越来越严的鲜明信号。

【党委六届十五次全体（扩大）会议】 2023年1月31日，合肥警备区党委六届十五次全体（扩大）会议召开。省委常委、市委书记、警备区党委第一书记虞爱华出席会议并讲话，警备区党委书记、政治委员方涛作党委工作报告，警备区党委副书记、司令员王洪元讲话。会议传达有关会议精神，为2022年度先进单位和个人进行颁奖。

【中国共产党合肥警备区第七次代表大会】 2023年12月18日，合肥警备区组织召开第七次党代表大会，大会听取和审议并通过方涛同志代表警备区第六届党委所作的工作报告和何学军同志所作的纪委工作报告。大会选举产生警备区第七届党的委员会、新一届党的纪律检查委员会。大会结束后，分别召开警备区第七届党的委员会和新一届纪律检查委员会第一次全体会议，选举产生警备区第七届党委常委、第一书记、书记、副书记和新一届纪委书记、副书记。

【组织开训动员】 2023年，合肥警备区落实军委国防动员部、省军区关于组织开训动员的指示要求，采取统一计划、集中组织的方式，1月3日上午全区现役官兵和文职人员开训动员，在全区上下营造大抓练兵备战的浓厚氛围。

【民兵训练】 2023年，合肥警备区采取“理论授课、示范观摩、试讲试教、考核评定”的方法步骤，组织全市相关专业民兵教练员集训，统一组织理论辅导，规范教学流程，落实等级评定，同步遴选合肥市10名民兵专业教练员参训，

2023年1月31日，警备区党委六届十五次全体（扩大）会议召开

（合肥警备区/供）

打牢参加全省民兵教练员比武考核奠定基础。参加省军区民兵教练员比武考核，包河区选送的班（组）获单课目第6名。

5月17日至27日，选全市21名民兵抗洪抢险骨干暨教练员，赴安庆参加全省集中统训，重点进行抗洪抢险基本方法、防汛装备器材操作使用、抢险救灾“一个过程”演练等内容学训，展现合肥民兵良好形象。

聚焦动员备战需要，对标最新整组要求，以规范促提升，以标准提质效，扎实开展潜力调查、业务培训、组织调整、队伍优化、系统运用、装备配备、检查验收等各环节，通过一个流程的运转，各项指标较去年均有明显提升。

【市应急营集训】 2023年6月28日至7月10日，合肥警备区采取“统一筹划设计、军地联训联演”的方式方法，重点组织防汛抢险、地震救援、森林防火等理论知识和救援装备器材操作，以及任务行动等内容学训，重在强化民兵遂行抢险救灾任务能力。

【防汛准备】 2023年，合肥警备区协调市、县两级防汛部门，区分长江任务段和辖区内险工险段两个方向，先后对辖区内防汛工程、行蓄洪区建设和险工险段综合治理，以及防汛物资器材准备等情况进行勘察，搞清防汛面临形势，摸清险工险段真实情况，提升防汛准备工作。

【学生军训】 2023年，合肥警备区结合上半年制定的计划，严格检查督导各人武部按计划落实学生军训工作情况，师、团两级出动军训教官1917人次，完成辖区22所高校、95所高中阶段学校141791人的军训任务，圆满完成年度训练任务。

2023年3月16日，合肥市新兵入伍欢送仪式举行 （合肥警备区／供）

【四个秩序规范建设达标】 2023年，合肥警备区结合师、团两级实际，采取“新建与改建相结合、升级与配套相结合”，按照分类指导、重点督导、全面达标的原则，推动警备区四个秩序规范化建设。结合每季度安全综合检查对四个秩序规范化建设情况进行检验评估，推动基础建设较弱单位达标，督导建设较好单位稳步提升。

【征兵】 2023年，合肥警备区首次举办天鹅湖畔征兵宣传主题灯光秀活动，组织拍摄“强军征程等你入列”征兵宣传片，融合渡江战役纪念馆、巢湖、大蜀山等合肥地域特色文化，召唤热血有志青年投身军营。协调市委宣传部在瑶海区职教城、经开区大学城、淮河路步行街、政务区银泰商城、包河区漫乐城等高校集中、人流量大的场所户外电子大屏上，滚动播放合肥市征兵宣传片，让征兵宣传“全屏绽放、全城造势”。

为夯实高校征兵工作，增强学生国防观念，激发参军报国热情，在驻合肥52所高校成立军事兴趣类社团方式推进兵员预征预储工作，遴选意向学生建班集中培养，实行军事化管理和一站式服务，探索新型兵员征集补充模式。

3月16日，2023年上半年合肥市新兵入伍欢送仪式在合肥南站北广场举行，合肥市2023年上半年征集新兵，大学毕业生占比96%。

全市征集兵员工作圆满完成，其中征集大学毕业生征集比例为90%，超出省指导比例（85%）5个百分点。各级各类毕业生征集比例为97%，超出省指导比例（94%）3个百分点。征集任务总量和大学毕业生征集人数均居全省第一，全省征兵工作“五率”考评结果为优秀。

【军事设施保护】 2023年，合肥警备区全面排查全市52处军事设施，梳理军事设施基本信息、当前状况、存在问题等情况，10月，组织警备区军事设施普查建库，全面摸清“两区两范围”划定落实情况。12月，建立合肥市驻军单位军事设施保护工作协调机制。

【“八一”助学圆梦】 2023年8月30日，合肥警备区在巢湖市夏阁镇元通村开展2023年度“八一”助学圆梦活动，此次活动资助30名优秀困难学子，累计资助金额12万元。合肥警备区连续11年开展“八一”助学活动，累计帮助200多名品学兼优的贫困学生圆梦校园、完成学业。

【助力乡村振兴】 2023年，合肥警备区投入45余万元用于乡村振兴。为巢湖市夏阁镇元通村投入15万元用于提升瓜蒌籽产业园基础设施建设，进一步提升瓜蒌籽产业园收益；为阜阳市临泉县庙岔镇老店社区扶贫车间建设投入15万元，为阜阳市阜南县公桥乡唐林村农产品加工车间建设投入15万元，待车间建成后租赁给企业收取租金为社区增收。

【退役军人春季专场招聘会】 2023年3月29日，合肥市2023年度“戎腾新时代 奋发新作为”春季专场招聘会在警备区举办。本次专场招聘会吸引300余名有求职意愿的退役军人参加，现场初步达成就业意向近200人。

【国防教育示范学校授牌】 2023年4月17日，安徽省暨合肥市首批“全国国防教育示范学校”授牌仪式在合肥市青年路小学举办，省、市军地相关领导为学校授牌。

【装备展示观摩会】 2023年2月28日，合肥警备区组织装备展示观摩会，成建制展示现役、应急、伪装干扰、防化4类现役、民兵分队装备，模块化展示装备基本性能及编配标准。展出装备41型，充分展现军队体制编制调整改革以来省军区系统装备建设成果，进一步推动引领现役、民兵装备规范化精细化管理发展方向。

（徐 鹏）

2023年1月，武警合肥支队举办首届“强军兴队”事迹报告会

（武警合肥支队／供）

武警合肥支队

【概况】 中国人民武装警察部队安徽省总队合肥支队（以下简称“合肥支队”），组建于1949年2月，前身是合肥市公安大队，历经11次调整和变更，2018年由原合肥市支队和原第二支队合并整编为新的旅级执勤支队，设参谋部、政治工作部、保障部，留置和城市武装巡逻等6类勤务。

着力举旗铸魂。2023年，合肥支队统筹推进“学习强军思想、建功强军事业”教育实践活动、军委主席负责制学习教育、警官队伍“稳心尽责、奉献有为”经常性教育等，因势利导贯注“五力”系列教育，狠抓教育时间、人员、内容、制度“四落实”，1人被总队表彰为优秀政治教员。组织“强军兴队”事迹报告会，推动政治文化环境升级改造和30个书香军营落地建成，成立“青春微课工作室”，广泛开展“品味书香 共享悦读”群众性读书活动，推动“人人有目标”“人人有存款”活动，1人被表彰为安徽省“最美媳妇”、1个集体被推荐为安徽省“三八红旗手集体”；22名士兵考学提干，人数位列总

2023 年 11 月 21 日，武警合肥支队开展刺杀演练　　（武警合肥支队 / 供）

队第一，创历史新高。打好意识形态领域主动仗，抓实隐蔽斗争和“四反”工作，确保了部队纯洁巩固。

聚焦练兵备战。以专项任务为牵引，动态修订方案，严密组织多个人武部 240 名民兵挂钩训练，参加总队“卫士—2023 决胜”演习，完成东部战区专项任务监察评估，联合防卫作战能力在实践中得到磨炼。高标准完成新时代执勤安保规范化建设任务，承办总队守卫勤务深化“三共”活动现场会，确保固定目标安全，多项执勤安保任务圆满完成。承办总队守卫勤务深化“三共”活动现场会，2 人被推荐为安徽省公安联勤巡逻工作先进个人，支队被总队评为规范化执勤等级优秀单位，实现连续 42 年执勤安全无事故。立起强训鲜明导向，组织执勤分队“铸盾”、机动分队“砺剑”比武，开展军事体育“脱贫争优”活动，打赢能力进一步提升。参加总队年度军事训练考核，首长机关排名第三，总体排名第五，支队被评为非全训支队军事训练一级单位；参加总队“运筹”比武，1 人第二名、团体第三名；参加总队狙击手集训，2 人进入前三名、团体获第五名；参加总队“魔鬼周”极限训练暨特战分队年度军事训练考核，总评第二名，均是近几年最好成绩。4 名同志、2 个中队分别被总队表彰为军事训练先进个人和单位。

持续强基固本。着眼建设“三个过硬”基层，制发党委机关精准帮建计划，运行“帮建 6 步法”，建立帮建工作清单、负面清单，召开大队建设座谈会，大力推行“清单工作法”，沉心静气抓基层打基础。组织《纲要》暨党组织书记培训，开展班长队伍“五个一遍”活动，印发加强警官警士队伍建设“2 个措施”，常态走开机关女干部到基层代职路子，筹划中尉以下警官基地化轮训，着力强基提能。执勤二大队、五大队被总队表彰为“四铁”先进大队，8 个中队被支队表彰为“四铁”先进中队，1 个党支部被总队表彰为“先进党支部”，5 个后进单位“脱贫摘帽”，惠及官兵的 15 件实事如期落地。强化“安全工作每天从零开始”的理念，用好“三查一报”创安机制，组织“四个秩序”打样示范，研究形成 9 个方面 22 条抓安促稳措施，不断推动物规整、人规矩、事规范，支队通过全体官兵的艰苦努力实现了年度“六无”目标。

强化任务牵引。强化为战服务意识，建强“一组五队”应急保障力量，规范战备物资储备，加强后装队伍人才建设，协调地方有关单位签订 10 份军地应急保障协议，为部队有效履行使命提供有力支撑。支队参加总队后装专业兵比武考核获团体第三，所有专业均进入前六，10 人受到总队通报表扬，取得历史最好成绩。开展“五治八查树形象”百日教育整顿，起底整治财经秩序、招标采购、资产管理、伙食保障等领域问题，32 个违规住房问题如期清仓归零，整治成效受到军委督导检查组充分肯定。承担武警部队装备库室标准化建设试点中 4 个点位示范打样任务，探索形成装备库室文化氛围布设图册，支队被总队评定为装备管理“三化”优秀达标单位。全年开展 11 轮医疗巡诊、6 轮心理服务，投入 40 余万元为基层配发药品、400 余万元致力民生工程，向战为兵抓保障的导向更加鲜明。

扭住核心关键。常态开展党风党纪教育，扎实开展干部反腐败教育，召开警示教育大会，运用正反典型搞好双向激励。组织召开支队第二次党代表大会，修订完善党委常委会议事决策规则、党务公开实施细则，覆盖开展基层党组织考评

2023 年 9 月 27 日，武警合肥支队执勤官兵在第十四届中国（合肥）国际园林博览会现场武装巡逻执勤 （武警合肥支队 / 供）

鉴定，指导所属支部换届选举，以党建带全面建的“组合拳”有力有效。坚持高站位抓好党内主题教育，一体推进“八个一”，统筹推进学与做、查与改、破与立，教育取得了应有成效。持续推行敏感事项“优先排除法”，大力倡导“好风气是最实在的福利、好好干是最靠谱的能力、干得好是最硬邦的关系”，“靠本事立身、凭实绩进步”已深入人心、成为官兵共识，大家相信组织、依靠组织的意识不断增强。

【开训动员】 2023 年 1 月 3 日，合肥支队全体官兵在分会场同步参加武警部队 2023 年度开训动员大会。在武警部队开训动员结束后，支队全体官兵遵令而行，掀起练兵备战热潮。

【临时勤务】 2023 年 4 月 12 日，合肥支队协助合肥监狱、蜀山监狱圆满完成省外调犯火车站转押任务。任务官兵始终保持高度警惕，与目标单位及友邻力量协同紧密，圆满完成此次武装押解任务，充分展现支队官兵过硬的军政素质和良好的精神风貌。9 月 25 日至 10 月 6 日，合肥支队担负第十四届中国（合肥）国际园林博览会活动现场重点区域维持秩序任务，全力维护现场秩序治安稳定，协同公安机关处置各类突发事件。

【“铸盾”“砺剑”比武竞赛】 2023 年 11 月 20 日至 21 日，合肥支队举行第二届“铸盾”“砺剑”比武暨军人运动会，充分调动全体官兵军事训练热情，掀起群众性练兵热潮。

（梁敏响）

国防动员

【概况】 2023 年，合肥市国防动员办公室（以下简称“市国防动员办”）以提升国防动员援战能力为抓手，着力转观念、建体系、打基础、实备战、强能力，国防动员各项建设迈出坚实步伐。在国防动员重点工作目标考核中位列全省第一；探索实践“党建 + 业务”融合高质量发展路径，成果获评市直机关党建课题研究报告一等奖；“千项办件看效能”中“群众满意办件”数并列全市第一；政务服务窗口被市效能建设工作领导小组评为“群众满意窗口”。

【体制改革】 根据《合肥市深化国防动员体制改革实施方案》，合肥市按照一类国家人防重点城市的要求和履行国防动员使命任务的需要，整合经济动员、人民防空、交通战备等综合协调职能，以市人民防空办公室为基础调整组建市国防动员办公室，保留人民防空办公室牌子。2022 年 12 月 28 日，完成合肥市国防动员办公室挂牌工作。2023 年 2 月，完成机关处室负责人及工作人员职务职级任免，机关改革全部完成；9 月，召开全市国动委第一次全体会议，研究通过《合肥市国防动员委员会工作规则（试行）》等 4 份文件，指导县（市、区）参照市国动办模式召开全体会议，拟制本级国防动员体制机制运行相关文件，完成全市国防动员架构的“四梁八柱”的搭建。省委深改办对全市国防动员体制改革督察落实工作给予高度肯定；10 月，在全省国动系统中率先完成事业单位机构职能编制调整。

【思想建设】 2023 年，市国防动员办始终把思想政治建设摆在首要

2023 年 5 月 11 日，市国动办召开党的建设、党风廉政建设暨效能建设工作会议　（市国动办 / 供）

位置，坚定维护核心，坚决听党指挥。坚持把学习贯彻习近平强军思想和习近平总书记关于国防动员工作重要讲话指示批示精神纳入国动委成员单位学习计划，纳入干部教育培训内容，与习近平新时代中国特色社会主义思想主题教育紧密结合，在市委党校各类班次开设习近平强军思想、国防动员等专题课程，在公务员初任培训中安排国防动员宣传教育内容。用好“市直机关大讲堂”平台，邀请专家教授进行国防动员教育专题讲座，帮助广大机关干部认清国防形势，强化忧患意识。

【组织建设】 2023 年，市国防动员办深入贯彻新时代党的组织路线，不断强化基层党组织战斗堡垒作用发挥。结合深化国防动员机构改革，建强组织、配强骨干，完成机关党委、机关纪委换届选举，撤销 6 个机关事业单位党支部，新成立 2 个机关党支部和 1 个事业单位党总支（下设 3 个事业单位党支部）。召开党的建设、党风廉政建设暨效能建设工作会议，落实与派驻纪检监察组定期会商机制，抓好市委巡察反馈 12 项 36 类问题的整改工作。

【人防工程建设】 2023 年，市国防动员办加强与国土空间总体规划、行业专项规划的衔接，在控制性详细规划方案中，提出国防动员建设意见。完成《合肥市城市地下空间和人防工程综合利用规划》编制工作。结合主题教育实践活动，把为民办实事作为重中之重，制定《市国动办进一步优化营商环境十项措施》《关于优化人防工程平时使用证办理工作的通知》，人防审批时限由 6 个工作日减至 2 个工作日，竣工验收由 8 个工作日减至 2 个工作日，申报材料由 15 项减为 8 项，实现一个窗口办理，进一步简政放权、优化审批流程，全力提升为民办事效率，减少群众跑腿次数，为群众办实事解难题。依法开展人防工程审批，建立人防工程建设闭环管理机制。

【政策法规宣传】 2023 年，市国防动员办强化国防动员法治建设，系统梳理国防动员法律法规。开展以《宪法》为核心的普法宣传活动，重点加强对《国防动员法》《人民防空法》《安徽省实施〈人民防空法〉办法》等法律法规的学习宣传贯彻，组织国防动员专题辅导。组织“3.1”国际民防日、“4.15”全民国家安全日、“5.12”防灾减灾日、“9.18”防空警报试鸣日宣传系列活动等，发放各种宣传资料 1700 余份。完成省国动办赋予的“深入学习宣传贯彻党的二十大精神推动国防动员高质量发展”主题征文比赛任务，获得优秀组织奖，2 名同志分获一、二等奖；组织全系统参加全省“学习宣传贯彻党的二十大精神展现新担当新作为”短视频创作大赛，办获二等奖、三等奖各一名。全年在国家、省级报刊杂志发表文章共 32 篇。

【训练演练】 2023 年，市国防动员办开展省级区域综合保障中心建设。组织沪苏浙皖长三角 14 个重点城市国防动员系统指挥通信联合训练，完成“9.18”防空警报试鸣暨演练、宣传系列活动，完成全市国防动员专业保障队伍拉动点验训练任务，完成重点卫勤物资企业转扩产试点演练任务。

（杨和良）

退役军人事务

【概况】 2023 年，合肥市退役军人事务局履行退役军人工作为经济社会发展服务、为国防和军队建设服务的职责使命，推进落实《“十四五”退役军人服务和保障规划》，加强思想政治引领，夯实服务保障体系，建强军休保障机构，聚力维护退役军人合法权益，促进退役军人就业创业，在推动涉军政策落实、服务保障提质增效上取得明显成效，在解决服务对象“急难愁盼”问题上取得突破性进展，完成全国双拥模范城“十连冠”创建验收，在长三角省会城市中率先实现凭优待证免费乘坐公交地铁，在全省率先推行退役军人法律援助优待服务合作工作。

【机制建设】　2023 年，合肥市全面加强党对退役军人事务工作的领导，市委退役军人事务工作领导小组暨市双拥工作领导小组召开专题会议，推动形成齐抓共管、相互配合的退役军人工作合力。全市建立退役军人法律援助工作站 13 个、咨询窗口 13 个、联络点 242 个，遴选法律援助优待服务合作单位 19 家、志愿服务律师 106 名。建立基层信息员、代办员 1967 人，全年为退役军人帮办代办事项 1538 件。创建示范型村级服务站 556 家。开展退役军人事务系统“练兵比武”活动。创新开展“星”级服务站创评活动。在全市 5 所高校、16 家企业设立退役军人服务中心，织密退役军人服务网络。

【移交安置】　2023 年，合肥市退役军人事务局按照“人岗相适、人事相宜、人尽其才”的原则，采取“公开、平等、竞争、择优”方式，推进全市移交安置工作。为自主就业退役士兵发放一次性经济补助金 8997.50 万元。全市接收安置转业军官 98 人、政府安排工作退役士兵 304 人、军休干部和退休士官 81 人、逐月领取退役金退役军人 5 人、随军随调配偶 32 人，完成年度移交安置任务。

2023 年 7 月 28 日，2023 年度“合肥市最美退役军人”发布

（市退役军人事务局 / 供）

【拥军优属】　2023 年，合肥市退役军人事务局落实 508 名军人子女教育优待政策，做到应享尽享。开展“情系边海防官兵”活动，为驻西藏阿里地区部队寄送慰问物资 300 份，价值 10 万余元（含邮寄费）。建立和完善军地互办实事“双清单”制度，落实军地互办实事 34 项。军地合力推进解决驻合肥部队历史遗留问题 3 件。推出首批 25 家“军人驿站”。建立并发布第四届合肥籍官兵立功受奖光荣榜，286 名功臣入榜。选树 10 名合肥市“最美军嫂”。参加安徽省第 5 届“双拥杯”摄影展、“纪念双拥 80 周年”书画展，获团体优秀组织奖，选送作品获一等奖 1 项、二等奖 2 项、三等奖 3 项，取得历史性突破。

【优抚褒扬】　2023 年，合肥市退役军人事务局公布合肥市军人军属、退役军人和其他优抚对象（第一批）优待目录清单，共 7 大类 196 条服务项目。联合印发《合肥市退役军人和其他优抚对象免费乘坐市内公共交通工具和免门票游览景区园区实施方案》。开展全市烈士纪念设施“回头看”工作，不断提升烈士纪念设施管护质量。开展“2023·崇尚·清明祭英烈”活动。合作举办安徽省暨合肥市“9·30”烈士纪念日向烈士敬献花篮仪式和安徽省《烈士光荣证》颁授仪式。发挥蜀山烈士陵园全国爱国主义教育示范基地作用，掀起全市红色教育新热潮，全年累积接待 25 万人次，编纂出版红色教育书籍《我们家走出的烈士》，选派红色讲解员参加“学思想　颂英烈”全国英烈

2023年3月29日，首届长三角G60科创走廊退役军人事务局招聘月合肥专场活动举办（市退役军人事务局/供）

讲解员大赛，获一等奖；参加第四届全国红色故事大赛，获专业组第二名。

【就业创业】 2023年，合肥市退役军人事务局举办“线上+线下”退役军人及军属专场招聘会106次，提供岗位约8.60万个，约8000名退役军人达成就业意向。合作举办首届长三角G60科创走廊退役军人招聘月合肥专场活动，315家企业为退役军人提供约3300个岗位。全市全年培训退役军人1498名，完成省厅下达任务率112%。联合市公安局首次面向退役军人定向招录辅警。联合印发《关于新时代促进优秀退役军人到中小学任教加强国防教育的实施方案（试行）》。全市2名退役军人优秀创业代表荣获“安徽省退役军人创业之星”称号，1家军创企业获评“安徽省退役军人就业工作突出贡献单位”。

【权益维护】 2023年，合肥市委退役军人事务工作领导小组召开7次专题会议，推动化解疑难复杂信访问题。合肥市退役军人事务局落实“党建+信访”机制，召开4次局党组专题会议，研究制定维护退役军人合法权益的有效举措。落实领导干部接访下访、阅批群众来信和重要信访事项包案化解制度。开展全市退役军人信访问题源头治理攻坚行动，攻坚化解历史遗留问题。用心用情做好送上门的群众工作，初信初访群众满意率100%。选树发布10名合肥市“最美退役军人”。实施“兵支书”培育工程。常态化联系退役军人24223人次，投入资金2032万元。帮扶困难退役军人军属3652人次，发放帮扶资金71.34万元。组建退役军人志愿服务队伍1888支，志愿者12182人。

【军休服务】 2023年，合肥市退役军人事务局以实现“六个老有”为目标，落实好军休干部“两个待遇”。合肥军休综合服务楼建设项目有序推进，不断提升军休服务保障水平。合肥军休大学特色立校，加入长三角军休大学联盟。市军休干部参赛队伍获全国军休干部合唱比赛“时代强音奖”、全省第8届离退休干部门球赛第二名。为保健对象开辟就医“绿色通道”，在7家三甲综合医院和专科医院设立军休干部保健门诊。制定为军休干部购买居家养老服务实施方案。与社会养老机构合作，为离休干部提供医养结合服务。

（曹玲娟）

责任编辑：徐仙春

民主党派与工商联

中国国民党革命委员会合肥市委员会

【概况】 2023年，中国国民党革命委员会合肥市委员会（以下简称“民革市委会”）为第十二届委员会，有市委委员23人。主委1人，副主委3人。下设五个专门委员会，分别为：三农专委会、经济专委会、社会和法制专委会、祖国统一专委会、科教文卫体专委会。下设4个总支、1个基层委、30个基层支部。全年发展新党员45人。截至年底，有党员983人，其中具有中级及以上职称的601人，平均年龄53.10岁。党员主要分布在教育、文化、科技、医药卫生等界别，新的社会阶层，如社会法制领域近年来也是民革重点发展对象。党员中省政协委员4人（其中常委2人），市人大代表4人（其中常委1人），市政协委员29人（其中副主席1人，常委6人），县（区）人大代表11人（其中副主任1人，常委1人），县（区）政协委员81人（其中副主席2人，常委15人）。

【思想政治建设】 2023年，民革市委会印发《民革合肥市委会关于开展“凝心铸魂强根基、团结奋进新征程”主题教育工作方案》，开展主题教育。民革市委主要领导参加中共合肥市委统战部纪念中共发布“五一口号”75周年座谈会，发表《重温历史铭记初心，展望未来担当使命》文章。民革市委主要领导开展主题教育调研活动10余次，了解民情、反映民意。组织党员参加中共合肥市委统战部“同心论坛”讲座300余人次。

全面贯彻落实中共二十大精神。在理论学习中心组、全委会、常委会、机关会议中“逢会必学”，通过读原著、学原文、悟原理，准确理解中共二十大科学内涵、核心要义和实践要求。各基层组织开展学习中共二十大精神会议、活动近60次。

加强与主流媒体沟通联系，全年在团结报网等主流媒体发表宣传稿件20余篇，“合肥民革”微信公众号推送消息213条。《关于提升新时代基层统战工作的对策与建议》获全市统战理论政策研究及实践创新成果二等奖，《条块结合，经纬交错，开创基层协商工作新局面》被《安徽政协》采用。

【组织建设】 2023年，民革市委会发展党员45名，平均年龄35.80岁，公务员5名（其中正处级干部1名，90后副科实职1名）；博士1名，硕士研究生12名；中、高级职称14名。进一步完善党内干部人才库，动态更新优秀干部信息，实行有进有出的动态管理，积极推荐年轻党员。1人获全国五一劳动奖章和第八届全国维护职工权益杰出律师；1人获聘为公安部党风政风警风监督员。推进民革党员之家建设，庐阳总支建成民革党员之家。

加强领导班子建设。打造“讲政治、重团结、干实事”的坚强领导集体，不断完善领导班子学习和运行制度机制。严格落实中心组学习制度，全年学习8次。贯彻民主集中制及各项议事规则和程序，坚持重大事项集体决策。规范召开领导班子民主生活会、述职和民主评议会议。完善内部监督工作。加强廉洁从政和警示教育。

【参政议政】 2023年，民革市委会围绕大局深入调研。由民革市委主牵头、专委会和骨干党员共同承担，开展6个重点调研和协商课题。在中共市委统战部民主党派工商联专题调研成果和组织工作评比中，2篇调研报告获一等奖。

民革市委会主要领导在省政协，中共合肥市委、市政府、市政协召开的各类协商会、座谈会、情况通报会上，围绕政府工作报告、经济社会发展、重要人事事项等提出意见和建议，就党委、政府的一些重要决策充分协商。《优化文化文娱政策供给助力合肥都市科创文化休闲旅游圈》被选为省委书记领衔督办提案办理协商会口头发言。《创新消费体验赋能文旅文娱经济》被选为省政协专题协商会大会发言。7篇发言材料被市政协委员资政会和市社情民意座谈会采用。2篇发言材料被市政协专题常委会采用，其中1篇为口头发言材料。在市政协十五届二次全会上，提交大会发言2篇，集体提案10件，立案9篇，个人提案41篇，其中3篇被列为重点督办提案。民革市委会以总分第一的成绩获评“为民革安徽省委会会议发言和提案工作作出贡献的先进集体”，3名党员获评“为民革安徽省委会会议发言和提案工作作出贡献的先进个人”。

党员提交社情民意反映信息近千篇，民革市委会筛选上报115篇，其中《加快科技融资担保体系建设助力科创型中小微企业发展》被民革中央采用；民革省委会采用11篇；市政协采用11篇，其中《关于聚合区域文旅资源的建议》《关于合肥市生活垃圾分类集中投放点“邻避效应”问题和建议》被市长批示。民革市委会获评“为民革安徽省委会反映社情民意信息工作作出贡献的先进集体”；3名党员获评“民革安徽省委会反映社情民意信息工作作出贡献的先进个人”。

推进巢湖生态环境保护民主监督。年初，召开专题会议，明确监督方向，提出继续围绕环巢湖农业面源污染进一步深化民主监督工作的设想，制定并落实年度工作计划。

【社会服务】 2023年，民革市委会坚持社会服务活动常态化、品牌化、特色化，持续做强社会服务工作品牌。“博爱进社区”“中山法律服务”获合肥市民主党派、无党派人士社会服务优秀品牌项目，3名党员获评合肥市民主党派、无党派人士社会服务工作先进个人。包河总支获评民革全省社会服务先进集体，2名党员获评民革全省社会服务先进个人。

承办省企业家联合会（合肥）轮值会长会议和省企联会2023年理事会。开展“一文一商，一路一课”主题活动，增强会员之间的凝聚力。开展走访企业活动，加强会员企业的联系。召开优化营商环境与企业合规化研讨会，提高党员企业家的法律规则意识。

2023年7月23日，民革合肥市委会调研组实地调研白山镇腾云蔬菜绿色种植基地 （民革合肥市委/供）

发挥民革社会法制界别优势，成立安徽中山法律援助维权中心合肥分中心。开展法律援助、律师参与信访案件、维护社会稳定等活动，开展法律宣讲99次，法律调解313次，法律咨询28次，法律援助107次，受益人数达上千人。

依托民革基层组织，用心用情开展社会服务工作，做到为党分忧、为民解难。庐阳总支在杏林街道上城社区建立“博爱·牵手”同心驿站，包河总支积极参与方兴社区石榴红同心驿站。包河总支与方兴社区结对共建的“中山法律专家工作站”和“博爱社会服务工作站”，全年开展法律宣讲、法律咨询、健康义诊、教育咨询等公益活动10场。各基层组织开展送教送医、帮扶济困等“博爱·牵手”活动23次，党员各类捐款60余万元，捐物100余万元，“爱心助农”购买西瓜3.50万斤。

响应全市经济发展号召，把“双招双引”作为服务大局、助力全市中心工作的重要抓手和着力点，汇聚党员力量找项目、寻人才，全年提供招商线索4条，引进人才4人，接待客商7批，签约项目1个，其中，计划投资12亿元的“慧眼智剑”高端光电项目在庐阳区落地。

【促进祖国和平统一工作】 2023年，民革市委会坚决贯彻中共中央关于新时代台湾问题的总体方略和安徽省、合肥市对台工作要求。召开祖统专委会会议，及时学习民革中央、省民革关于祖统工作的内容。祖统专委会联合五个支部参加2023海峡两岸祭拜刘壮肃公活动，与参加2023海峡两岸（安徽）旅行商大会活动的台湾同胞开展安徽非遗文化现场观摩活动，和台胞共叙友情。经祖统专委会牵头，台湾风雅颂古筝乐团一行20人来合肥进行民间文化艺术交流活动。联合台湾安徽同乡联谊总会驻合肥办事处深入台资企业，开展在肥经营发展状况调研活动。在全市民革党员中征集两岸书信，收集书信1封，促进两岸民众心灵契合。

（张晓倩）

中国民主同盟合肥市委员会

【概况】 2023年，中国民主同盟合肥市委员会（以下简称“民盟市委会”），下辖1个基层委员会，7个总支部，18个基层支部。截至年底，全市有盟员1322人，平均年龄55.13岁，其中在职盟员968人，占72.33%，主体界别966人，占73.07%；高级职称588人，占44.48%；中上层人士1156人，占87.44%。盟员中省人大代表1人，省政协委员3人（常委1人），市人大代表3人（常委2人），市政协委员24人（常委6人）。

【思想建设】 2023年，民盟市委会扎实推进主题教育，梳理9类21项任务清单。发挥网站、微信公众号等媒体平台作用，发布各类新闻稿件174篇，公众号推送信息159期427篇。1人被评为“民盟中央思想政治建设和宣传工作先进个人”。成立民盟市委理论研究会，完成《探索新时代基层统战新途径》等三个理论研究课题。

【组织建设】 2023年，民盟市委会发展新盟员40人，净增率2.24%，其中重点分工领域人士27人，中级以上职称13人，平均年龄35.40岁。新盟员呈现出学历层次高、职称高、年轻化的特点。

基层组织建设。落实领导班子成员分工联系基层组织制度，加强对基层组织工作的指导，增强基层组织凝聚力。主要领导带队赴巢湖基层委、蜀山区总支、合肥大学总支调研基层组织建设，组织基层组织负责人参加市委统战部关于党派基层组织建设的调研座谈会，认真梳理分析基层组织和盟员的意见建议，积极回应整改。指导完成妇幼保健院支部换届和三中支部班子改选工作。探索盟员培训的新形式和新内容，设立新盟员支部，加强新盟员入盟教育。

作风建设。严格落实理论中心组学习制度，认真组织召开主题教育专题民主生活会，深入基层一线广泛征求意见建议，针对查找出的问题和原因，强化整改措施，不断提高领导班子自身建设水平。发挥监督委员会作用，监委会委员全程列席民盟市委重要会议，及时传达学习纪检监察工作会议精神和相关廉政教育讲话精神，开展廉洁从政和警示教育。贯彻落实纪检组关于监察监督工作要求，梳理廉政风险点，开展廉政日常提醒，加强作风建设，提升党派干部的纪律意识、红线意识。

【参政议政】 2023年，民盟市委会坚持把参政议政作为第一要务，聚焦经济社会发展及民生热点难点问题，发扬“奔走国是、关注民生”优良传统，深入开展调查研究，积极参与政治协商、反映社情民意，参政议政工作取得新成绩。

专题调研。围绕科技招商、空天信息产业、重点产业集群、城乡水利建设、大别山区污水治理、旅游民宿业高质量发展、城市文化建设、船舶污染监管等8个课题，开展实地调研，形成8篇调研报告。《破解瓶颈制约 推进人工智能产业高质量发展》被选为市社情民意座谈会口头发言，7篇材料被选为市社情民意座谈会和市政协委员资政会书面发言。在市委统战部2022年度市民主党派工商联专题调研成果评选中，《立足全流域全生态 提高巢湖流域生态环境治理水平》被评为一等奖，2篇获二等奖。

履职两会。在省十四届人大一次会议、省政协十三届一次会议、市十七届人大二次会议和市政协十五届二次会议上，民盟市委推动盟员人大代表、政协委员认真履职，共报送大会发言材料11篇，提交集体提案10件，提交个人议案、建议、提案47件。其中，《关于深入推进巢湖综合治理 释放巢湖生态红利的提案》获评省政协2023年度好提案。《加强引导规范 推动民办教育健康发展》被选为市政协大会开幕式口头发言得到市委主要领导批示，被列为市委书记督办提案并被评为优秀提案。5名盟员获市政协委员履职考核优秀等次。

社情民意。全年向民盟省委、市政协修改报送社情民意110余篇，其中被省政协采用2篇，获省委书记批示2篇，被市政协采用2篇，10篇建言被《江淮时报》刊载。民盟市委被评为2022年度市政协“优秀信息工作单位”、市委统战

2023年12月，民盟市委淝河监狱“黄丝带帮教基地”揭牌（民盟合肥市委/供）

部“统战信息先进单位”，1人被评为“统战信息先进个人”“市政协优秀信息工作者”。

论坛征文。积极发动组织盟员参加民盟中央、民盟省委举办的各类论坛和征文活动，提交的论文数量和质量均位于全省前列。《科技人才贯通式培养背景下区域产教融合平台的改进研究》获民盟中央科技论坛优秀论文奖。在民盟省委法治论坛、科技论坛上，2篇论文获一等奖，4篇获二等奖，1篇获三等奖，民盟市委获民盟省委科技论坛组织奖。

民主监督。继续对口包河区开展巢湖生态保护民主监督工作。召开专题座谈会，主要领导带队先后赴巢湖、包河等地围绕有机生态农业、船舶污染监管、农业面源污染治理、环巢湖文旅开发与保护开展专题调研，形成《加强巢湖船舶污染联合监管 减少点源对巢湖的污染影响》调研报告。

【社会服务】 2023年，民盟市委会结合实际，发挥自身优势，组织开展形式多样、内容丰富的社会服务活动，树立良好社会形象。民盟市委被评为民盟中央“社会服务工作先进集体”“‘黄丝带帮教’工作先进集体”，1人获评民盟中央“‘黄丝带帮教’工作先进个人”。

打造品牌社会服务活动。推进“皖盟同心科普行”活动，主委先后赴广州、苏州、巢湖等地中小学开展科普讲座，激发学生科学兴趣，传播科学精神；组织农业专家赴巢湖为茶叶种植、畜禽养殖提供专业技术指导，助力农业高质量发展。“美美与共”社会服务站开展心理健康科普、家庭教育指导、摄影讲座及法律咨询、安全生产督察等多项为民为企服务活动，受到社区的欢迎与肯定。“黄丝带帮教行动”再启动，赴义城监狱、淝河监狱开展国学讲座、法律咨询、非遗教学等活动。“农村教育烛光行动”先后赴长丰、包河开展送教、慰问、助学活动，主委带队赴金寨县吴家店镇包畈小学开展同心·助学“暖冬行动”。

助力“双招双引”。发动盟员紧盯重点产业链、创新链，着力引进一批重点项目和高层次、创新型、引领型人才(团队)，积极提供线索，牵线搭桥。全年上报15条招商线索和7条人才线索，拜访客商4批，接待客商10批，民盟市委会多次在全市统战系统“双招双引”专班季度调度会上作交流发言。

（吴　雷）

中国民主建国会合肥市委员会

【概况】 2023年，中国民主建国会合肥市委员会（以下简称“民建市委会”）为第十四届委员会，下辖5个基层委，3个总支部，10个直属支部，1个老委会，1个企业家联谊会，7个专门工作委员会，会员总数1342人。2023年发展会员62人，平均年龄39.30岁，其中，经济界人士52人，占比83.87%。

会员中，担任全国人大代表1人，省政府参事2人，省政协委员3人（其中常委1人），市级人大代表15人（其中副主任1人，常委1人），市级政协委员38人（其中常委9人），县（区）人大代表12人(其中副主任1人，常委2人)，县区政协委员68人（其中副主席2人，常委8人）。

民建市委会获评民建中央思想政治建设工作全国先进集体、2023年度全省先进市委。在单项评比中，获全省参政议政工作先进集体一等奖、全省反映社情民意工作先进集体一等奖、全省新闻宣传工作先进集体一等奖、全省社会服务先进集体、全省理论研究工作优秀组织奖。获市政协集体提案优秀单位、社情民意优秀信息工作单位表彰。

【思想建设】 2023年，民建市委会以深入学习贯彻习近平新时代中国特色社会主义思想为主线，紧紧围绕学习贯彻中共二十大精神和二十届二中全会精神，实现政治学习常态化、制度化。“凝心铸魂强根基、团结奋进新征程”主题教育开展以来，民建市委会牢牢把握学思想、强根基、重履职、建新功的总要求，切实激发广大会员参与主题教育的积极性，提升学习成效。民建合肥市委会及各基层组织共开展各类专题学习活动29次，市委领导班子成员深入基层组织、会员企业调研19次，收集梳理问题清单四大类32条，组织开展会员思想状况调研、民营经济发展调研、巢湖生态环境保护民主监督调研等专题调研活动9次，围绕组织建设、参政议政、机关建设等工作修订3项制度。

发挥宣传和理论研究工作在统一思想、凝聚力量、树立典型、鼓舞士气等方面的主导作用，蝉联民建安徽省新闻宣传工作先进集体一等奖、理论研究工作优秀组织奖。强化主题策划，加大对民建履职成效、重大活动、先进基层组织和优秀会员及会员企业事迹的对外宣传，全年编印《合肥民建》4期，网站编发信息300余条，在人民网、《民讯》、民建中央网站、《江淮时报》、凤凰网等省级以上媒体发稿124篇，外宣发稿数量创历年新高。5篇理论研究成果获民建省委、中共市委统战部优秀成果表彰。

【组织建设】 2023年，民建市委会紧抓“关键少数”，打造坚强有力的领导集体。全年班子成员参加各类组织活动48次，参加各类培训活动9次，共提交提案、调研报告和社情民意等参政议政成果12篇。

全年共发展会员62人，平均年龄39.30岁，经济界人士52人，占比83.87%，其中，企业法人11人，新阶层人士35人，政府机关6人。

以考核为抓手，推进基层组织规范化建设。开展年度“十佳支部”评选表彰。以活动为载体，增强基层组织凝聚力和活力。组织全市范围的大型活动，如举办第五届合肥民建运动会、企联会新春联谊会、支部建设经验交流会等。

【参政议政】 2023年，民建市委会领导班子重视课题调研工作，立项12个课题并全部结项；全年聚焦民营经济、高水平对外开放、高品质城市公园建设、社区商业、数字农业等课题开展调研，形成31篇调研成果。

紧扣社情民意工作规范化、程序化、制度化建设。全年社情民意信息1篇被民建中央采用，1篇被省政协采用；25篇被民建省委采用，采用量在全省市级组织中排名第一；16篇被市政协采用，采用量在全市各民主党派中排名第一。

高度重视参政议政成果的转化运用，在省、市党委政府决策中发出民建声音。其中，《当前民营经济现状分析和对策建议——基于省会合肥市民营企业的调查》被民建中央转化运用，《激活“数智”发展动能 打造健康中国“安徽样板”》和《扩大高水平对外开放，推动安徽省人工智能领军企业走出去》被选为省政协十三届二次会议书面发言和联组会议口头发言，《关于进一步优化合肥市中小企业发展环境的几点建议》被选为市政协十五届三次会议口头发言，《壮大创新人才队伍 促进人工智能产业高质量发展》等12篇被转化为省政协专题民主协商会、市社情民意座谈会、市政协委员资政会发言材料。社情民意《关于合肥市人民法院启用电子票据的建议》被省委书记韩俊批示，《加大涉企政策兑现落实力度，助力企业纾困解难的建议》被市委常委、统战部部长陈晓波、市政府常务副市长张泉批示。全年提交市政协提案57篇，《关于引导规范民办教育发展的提案》被时任省委常委、市委书记虞爱华督办。3篇提案被表彰为市政协十五届二次会议优秀提案，13名会员获2023年度履职优秀委员表彰。

继续对口肥东县开展巢湖生态环境保护民主监督工作。围绕“建立排水养护长效管理机制”课题积极向党委、政府有关部门反映问题、提出意见，部分建议被市生态环境局采纳并答复办理情况。

【社会服务】 2023年，民建市委会投身乡村振兴，促进共同富裕。持续推进和肥东县八斗镇共建南鲁和美乡村，南鲁文体广场、环南鲁水库健身步道成为南鲁及周边村民文化娱乐、体育休闲的主要场地，稳步推进南鲁民宿项目；持续对口帮扶民建省委和市统一战线“同心示范工程”示范点，赴南鲁、陆还村开展春节慰问高龄老人、困难家庭，六一慰问少年儿童，金秋助学等系列帮扶活动，组织企业家会员赴吴湾村考察调研，开展消费助农，帮助销售稻虾米、西瓜、黄金梨等50余万元。

持续做好“民建同心社区服务站”、民建“英才招聘校园行”“企业家会员走出去”社会服务品牌项目。四个主城区民建同心社区服务站深度扎根基层社区，收集民情民意，服务社区群众，全年开展《民

2023 年 11 月 1 日，民建合肥市委赴庐阳区大杨镇调研“助力合肥市中小企业高质量发展”课题 （崔维维 / 摄）

法典》宣讲、少儿阅读分享会、端午民俗体验、关爱孤独症儿童等各具特色的公益活动 40 余次，收集社情民意 10 余条；民建“英才招聘校园行”积极搭建企业和高校之间的人才供需平台，应高校需求，在合肥经济学院举办春季、秋季两场专场招聘会，组织百余家企业现场招聘，总计提供就业岗位 3000 余个；组织会员企业参与市人力资源和社会保障局等多家部门主办的“职引未来 —2023 年全国大中城市巡回招聘 — 合肥站”合肥学院专场招聘会活动，提供就业岗位近千个；“企业家会员走出去”活动助力民营经济发展，组织百余名企业家会员走进庐江县，邀请市直部门领导作经济形势专题讲座，考察庐江县招商项目，开展学习交流活动。

全年市委会班子走访会员单位及会员企业 40 余家；第一时间召开学习《中共中央国务院关于促进民营经济发展壮大的意见》精神座谈会，邀请专家学者解读政策要点，收集企业家意见建议，在合肥市上半年经济形势通报会上向党委政府反映。举办企业家会员中央社会主义学院培训班，邀请专家学者讲授当前宏观经济形势、企业家精神、民营经济与共同富裕；邀请民建中央常委、民建中央经济委主任、民建上海市委副主委、申万宏源研究所首席经济学家杨成长解读宏观经济形势；邀请市经济和信息化局领导分析合肥市民营经济发展情况和市政府的各项支持措施；邀请市财政局、中国科大国际金融研究院、招商证券等部门分析解读金融行业相关政策和发展趋势；组织企业家参观合肥市综合保税区集成电路产业重点企业、体验 ChatGPT 技术和讯飞星火大模型，助力会员企业进一步拓宽视野、更新理念。支持企联会开展各类学习考察交流活动，组织企联会理事参加中国非公经济发展论坛、中国风险投资论坛等，助力企业高质量发展。

（王　建）

中国民主促进会合肥市委员会

【概况】 中国民主促进会合肥市委员会（以下简称“民进市委会”）下辖 1 个基层委员会，7 个总支部委员会，50 个支部委员会，下设参政议政工作委员会、参政党理论研究会、青年工作委员会。2023 年发展新会员 35 名。截至 2023 年底，会员总数 928 人，平均年龄 54.30 岁。会员界别分布为：高等教育、普通教育、文化艺术、新闻出版传媒、科学技术、医药卫生、公有制经济、新的社会阶层、司法机关、政府机关、党派机关和团体等。其中教育界占 66.38%，中高级职称职务占 90.52%。有省政协常委 1 名；市人大代表 3 名（其中常委 2 名），市政协委员 24 名（其中常委 6 名）；各县（市、区）人大代表 14 名（其中副主任 1 名、常委 4 名），政协委员 50 名（其中常委 8 名）。

【思想建设】 2023 年，民进市委会深入系统学习贯彻习近平新时代中国特色社会主义思想，中共二十大精神，全国、省、市“两会”精神，民进中央和民进安徽省委会“凝心铸魂强根基、团结奋进新征程”主题教育动员会精神，中共安徽省委书记韩俊在省各民主党派走访座谈时的讲话精神等重要精神，引导广大会员不断提高政治素质和理论素养，形成层层推动、广泛参与的良好学习氛围。开展“凝心铸魂强根基，团结奋进新征程”主题教育。围绕主题教育、作风建设

2023 年 12 月 23 日，民进合肥市委召开青年工作委员会成立大会
（民进合肥市委 / 供）

主题年度重点工作开展会内会外宣传。向民进中央、民进安徽省委会，省市政协和省市委统战部报送各类新闻稿件、理论文章 200 余篇，在中央和省市级媒体上刊发稿件 100 余篇。民进市委会获民进全国及全省宣传思想工作先进集体表彰，1 名机关干部获民进全国宣传思想工作先进个人表彰。强化理论研究队伍建设，积极响应民进中央理论研究课题招标工作，“多党合作优良传统的民进体现研究”课题成功中标，这是连续第 4 年中标。

【组织建设】 2023 年，民进市委会践行领导班子联系基层组织制度，严格执行民主集中制，坚持“集体领导、民主集中、个别酝酿、会议决定”的议事规则，规范召开民进市委领导班子专题民主生活会、述职和民主评议会，进一步提升领导班子履职能力。

成立民进合肥四中支部——合肥四中首个成立的民主党派基层组织，巩固民进教育界别组织基础。推进入会积极分子的推荐考察，加强对入会积极分子的培养。继续保持会员发展的精英化和年轻化，发展新会员 35 名，平均年龄 34.43 岁，大学本科 25 人，硕士研究生 8 人，博士研究生 1 人。推进“同心驿站·民进会员之家”建设，成立庐阳总支、高新区支部会员之家 2 个。开展 2021-2022 年度先进基层组织和优秀会员评选工作，对做出突出贡献的 6 个先进基层组织和 40 名优秀会员进行表彰。

重视梯队建设，成立青年工作委员会，为优秀青年会员提供交流成长的平台，培育青年会员干事创业的先锋力量。先后组织近 60 名会员参加合肥民进参政议政骨干会员培训班，50 余名会员参加安徽民进新会员培训班，20 名会员参加 2023 年民进安徽省委会基层组织负责人培训班，3 名会员参加全省民主党派基层组织负责人培训班，2 名会员参加党外干部培训班。积极支持上级组织工作，向民进安徽省委会科技医卫委员会、教育委员会、开明画院、企业家联谊会等专门委员会推荐人选 6 人，向省青年工作委员会推荐委员人选 1 人，向合肥市市场监督管理局、中级人民法院、人社局等单位推荐特约监督员 3 人。深入开展“作风建设”主题年工作，充分发挥内部监督委员会作用，严格纪律要求，形成优良作风。

【履职尽责】 2023 年，民进市委会多举措提升参政议政水平。调查研究上，完成调研报告 16 篇，在市民主党派工商联专题调研成果和组织工作评比中，调研报告《高校服务乡镇 助力产业升级——以合肥学院“山南清莲”乡村振兴项目组与山南镇长庄村合作为例》获二等奖、《提升“网络 + 网格”服务水平 推进智慧社区建设》获三等奖，民进市委获优秀组织工作单位。

“两会”履职上，在省政协十三届一次大会上，合肥民进《关于加快解决老旧小区停车难的建议》被采用为省民进集体提案。在市政协十五届二次会议上提交提案 53 件，其中集体提案 13 件，全部被立案；个人提案 40 件，39 件被立案（含联名 1 件）；1 件被省委书记阅批，2 件被市长、副市长领办，2 件被市政协副主席领衔督办。《提升“网络 + 网格”服务水平 推进智慧社区建设》被选为大会口头发言。民进市委集体提案《净化通信市场环境，打造“空中文明”》及会员个人提案《将耳聋基因检测纳入政府民生工程》《精准解决就业困难人员灵活就业问题》等 3 件提案被评为优秀提案。3 名委员被表彰为优秀政协委员。

协商建言上，多次参加省市政党协商、政府协商和政协协商，围绕重点专题，积极协商建言。3 篇调研报告被选为市政协委员资政会书面发言，2 篇调研报告被选为市政协十五届九次常委会议书面发言，4 篇调研报告分别被市政协“健全就业促进机制，推进就业促进行动”“高标准建设国际化社区”“铸牢中华民族共同体意识，促进城市民族工作”专题协商会选为口头发言，11 篇被选为市政协专题协商会书面发言。

社情民意上，报送社情民意 207 篇，87 篇被采用。其中 5 篇被省政协采用，3 篇被省委统战部采用，67 篇被省民进采用，5 篇被市政协采用，20 篇被市政协协商会等会议采用，省市领导批示 3 篇（其中《关于加快安徽种业创新的建议》被省委书记韩俊批示）。3 篇被列为社情民意座谈会书面发言。2023 年民进市委会被评为民进市级组织反映社情民意信息工作先进单位、市政协社情民意信息工作优秀信息单位，2 名会员被评为优秀信息撰稿人，1 名机关干部被评为优秀信息工作者。

【民主监督】 2023 年，市民进市委会围绕“数字引领 强化保障 打造合肥最好名片”课题，针对巢湖流域农村生活污水治理问题进一步开展调研。针对农村生活污水治理技术标准不完善、长期运行维护缺乏有效资金保障等四大类问题，从加快技术标准和规范建设、探索多种商业模式等四个方面提出解决建议，为市委市政府决策提供参考。

【社会服务】 2023 年，市民进市委会深化民进中央“同心·彩虹行动”，整合会内专家资源，赴贵州金沙开展教育科技医疗帮扶活动，向金沙县教科局捐赠价值 8 万元的无人机科教器材和价值 5000 元的图书，并面向学生开展无人机科普体验课，面向教师开展专业素养提升培训讲座，面向医生开展超声诊断专题讲座，并开展眼科义诊活动。继续贯彻落实《民进合肥市委会加强合肥市统一战线“同心工程”示范点建设提质升级实施方案》，组织会内医生赴陆还社区和杨庙养老服务中心开展送医送药活动，为 200 多名村民提供疾病诊断和健康咨询，免费测血压、血糖百余人次，赠送 30 余种价值近 9000 元的药品和近 3000 元的健康礼包。举办“春联万家·奔赴新征程”活动 5 场，参与会员 68 人次，书写春联 1200 余副，“福”字 800 余张。引导各基层组织提升社会服务工作实效，开展“彩虹课堂”送培送教、爱心助残、捐资助学等各类志愿服务活动 10 余次。2023 年民进市委会被民进安徽省委会评为民进市级组织社会服务工作先进单位。

【双招双引】 2023 年，民进市委会深入开展“双招双引”工作。提供“安徽歆智生物科技融资项目”等招商线索 5 条，拟投资金额 27.50 亿元，其中图麟科技“AI+工业”项目、安智杰科技毫米波雷达及图形识别摄像头研发生产 2 个项目落地签约；引进人才 4 人，接待金划算集团、中国创投、沈阳原研药港等客商 8 次。

（高　雅）

中国农工民主党合肥市委员会

【概况】 中国农工民主党合肥市委员会（以下简称“农工党市委会”）成立于 1959 年 6 月 14 日，是以医药卫生、人口资源和生态环境领域高中级知识分子为主，由一部分社会主义劳动者、社会主义事业建设者和拥护社会主义的爱国者组成的，具有政治联盟特点的中国特色社会主义参政党。2023 年农工党合肥市委会为第十二届委员会，有主委 1 人，副主委 4 人，常委 15 名，委员 41 名。

截至 2023 年底，全市农工党党员 974 名，男 449 人，女 525 人，平均年龄 55.80 岁。其中医药卫生、人口资源、生态环境主界别党员 575 人，占 59.03%；中高级职称 827 人，占 84.91%。大学以上学历 702 人，占 72.07%。其中：博士研究生 13 人，硕士研究生 149 人，大学学历 540 人。

党员中：省人大代表 1 人、省政协委员 4 人（其中常委 2 人）、市人大代表 5 人（其中常委 1 人）、市政协委员 23 人（其中副主席 2 人，常委 5 人；农工党界别 18 人、工商联界别 1 人、医卫界别 2 人、教育界别 1 人、文化艺术界 1 人）区县级及巢湖市人大代表 17 人（副主任 1 人、常委 4 人）、区县级及巢湖市政协委员 64 人（其中常委 8 人）。

【思想政治建设】 2023 年，农工党市委会以主题教育为主线，强化思想政治工作。将“凝心铸魂强根基、团结奋进新征程”主题教育作为思想政治工作的主线，围绕“学思想、强根基、重履职、建新功”总要求，扎实推进主题教育走深走实。在农工党中央 2023 年度理论研究优秀论文评选中，市委会组织报送的理论论文获一等奖 1 篇，三等奖 2 篇。发挥市委会网站和微信公众号的作用，推出 129 篇宣传报道宣传市委会和基层组织工作，宣传农工党员的先进事迹、参政议政优秀成果。增进与新闻媒体的联系，拓宽宣传渠道，宣传报道市委会重要会议和活动。

【参政议政】 2023 年，农工党市委会着力履职尽责，强化责任担当“聚智慧”“聚力量”。

协商建言。在4次市委政党协商、3次省政协专题协商、2次市政协常委会专题协商、中共合肥市委社情民意座谈会和市政府政协委员资政会等会议上提交发言材料20篇，其中口头发言6篇。

民主监督。继续对口巢湖市开展环巢湖湿地资源修复保护和利用情况专项监督调研。完成专项民主监督调研报告，围绕生态、蓄洪、利用三个方面，提出9条建议。

提案和社情民意。向农工党省委会上报集体提案10件，1件被选用为农工党中央全国两会集体提案，3件选用为省政协提案。市政协十五届二次会议以来，提交提案47件，有2件提案被选为市政协重点提案。市政协十五届一次会议以来，市农工党及农工党界别委员提交的“关于打造科技成果三就地示范区” 等4件提案考核为市政协优秀提案，有6名农工党员在市政协考核中获优秀等次。全年组织农工党员征集、报送社情民意信息124篇，全国政协采用1篇，农工党中央采用4篇，省政协、省委统战部采用3篇，农工党省委采用60篇，市政协采用11篇，社情民意信息《推进氢能产业融合集群发展的建议》得到省委书记韩俊的批示，《关于加强国有企业统战工作的建议》得到省委常委、省委统战部部长张西明的批示。市委会获农工党省委会2022—2023年度反映社情民意信息工作先进集体、2023年度全市统战信息工作先进集体，4人获评农工党省委会2022—2023年度反映社情民意信息先进个人，1人获评2023年度全市统战信息工作先进个人。

【社会服务】 2023年，农工党市委会着力服务社会，发挥资源优势“聚品牌”“聚亮点”。

开展“环境与健康宣传周”。组织党员赴合肥锦雯言语康复中心捐赠学习用品、康复训练器械等，宣讲言语康复知识，参加自闭症患儿感统训练课程，协调组织中心50余名儿童参加免费体检。引导各基层组织结合自身实际积极开展健康知识宣讲、义诊咨询、科普讲座、书画笔会等活动，推动环境与健康知识普及进社区、进乡村、进学校等。市委会及各基层组织开展各类义诊，咨询，科普讲座等活动32次，参与的农工党党员145人次。

参加“凝心铸魂强根基 团结奋进新征程”合肥市各民主党派、无党派人士社会服务成果展。组织近年来社会服务材料，着力在医药卫生、生态环境、法律服务、文艺下乡等方面打造社会服务品牌。市委会和蜀山区基层委、包河区基层委获评农工党省委会2022-2023年度社会服务工作先进集体，1人获评农工党省委会2022-2023年度社会服务工作先进个人。

开展“双招双引”。全年接待客商7批次，提供招商企业线索8条，招引2家企业在肥注册，相关资金投入落地。其中招引的企业上海悦鲲环保科技有限公司落户签约蜀山区，作为公司安徽区域总部项目，专注于城市垃圾分类、可再生资源回收、处置等服务。

（王 娟）

2023年7月5日，农工党合肥市委会湿地保护与利用调研组一行赴武汉调研
（石金平/摄）

中国致公党合肥市委员会

【概况】 2023年，中国致公党合肥市委员会（以下简称“致公党市委会”）下设2个基层委员会、3个总支部委员会，2个直属支部委员会。全市各级组织23个。截至年底，全市党员370人。其中，本科以上学历330人，占党员总数89.20%；有侨海关系323人，占党员总数87.30%；中上层人士357人，占党员总数96.50%；副高副处以上等高层次人士156人，占党员总数42.20%。党员中担任致公党中央委员1人，致公党安徽省委

2023 年 11 月 20 日，致公党合肥市委会举办“合肥致公小课堂”培训
（致公党合肥市委 / 供）

委员 2 人（省委常委 1 人、省委委员 1 人）。各级人大代表、政协委员 82 人次。其中全国人大代表 1 人，市级人大代表 2 人（含市人大常委 1 人）、县区人大代表 6 人（其中常委 4 人）。省级政协委员 2 人、市级政协委员 15 人（含市政协副主席 1 人、市政协常委 4 人）、县区级政协委员 57 人（含区政协副主席 3 人、区政协常委 11 人）。党员中担任厅局级领导职务 2 人、县处级职务 11 人、党风党纪、行政执法监督员等各类社会特约职务 8 人次。

【思想建设】 2023 年，致公党市委会开展“凝心铸魂强根基、团结奋进新征程”主题教育。市委会获评致公党省委会“宣传信息工作先进集体”，全年推送微信公众号 97 期发稿 155 篇，在《团结报》《江淮时报》等中央及省级媒体发稿 36 篇。举办党史专题讲座 2 次，参加致公党安徽省委会纪念“五一口号”发布 75 周年征文活动，投稿 3 篇理论文章；参加全市政协系统“学习贯彻中共二十大精神，发挥政协制度效能”理论研讨会；向市委统战部提交 3 篇统战理论政策研究和统战工作实践创新成果。

【组织建设】 2023 年，致公党市委会致力提高领导班子“五种能力”，全年召开主委会议 5 次，全委（扩大）会议 2 次。领导班子成员多次开展谈话谈心活动，坚持定期学习制度，召开学习会议 7 次。贯彻“人才兴党”战略，全年发展具有海外关系的优秀党员 18 位，平均年龄 38 岁，均为中上层人士。组织开展“合肥致公小课堂”专题培训 3 期 4 场，组织党员 22 人次参加致公中央宣传骨干培训班、社会服务干部培训班、省委统战部党外基层组织负责人培训班等活动。组织新党员参加致公党省委会新党员培训班。致公党市委会获评“致公党安徽省机关建设先进集体”，2 名同志获评“致公党安徽省机关建设先进个人”。市委会获评“全市公务员（干部）统计优秀报表单位”。

【参政议政】 2023 年，致公党市委会坚持以参政议政为本，加强参政议政队伍建设，建立合理有效奖励机制，不断提高参政议政水平。市委会获评致公党中央“参政议政工作先进集体”、致公党安徽省委会“参政议政工作先进集体”。市委会主要负责同志获评致公党中央“参政议政工作先进个人”。

*民主协商议政。*参加市委、市政府召开的专题协商会、党外人士座谈会、情况通报会，就打造区域性医疗中心、推进高品质城市公园建设、政府工作报告等提出意见建议，得到市委、市政府充分肯定，相关建议被采纳。

*开展调查研究。*围绕党委政府中心工作和自身建设需要，确定重点调研课题，围绕“文化产业发展”“培育新质生产力”“巢湖生态环境治理”“恢复和扩大消费”等多项课题开展调研，形成 9 篇高质量调研报告。市委会主要负责同志撰写的《加强淮河文化资源开发利用 加快推进皖北地区全面发展》获得省委主要领导批示。《关于提升巢湖人文品位打造“最好名片”的建议》，获得市委主要领导批示。《培育新型消费 创新消费场景 促进消费升级 提升生活品质》获得中共中央领导批示，撰稿者单位收到致公党省委会的感谢信。《以提升消费获得感为导向增强消费意愿 恢复扩大消费》被选作省政协“恢复和扩大消费”月度专题协商会口头发言。

*做好两会履职。*先后向全国和省市两会提交大会发言、提案、议案和建议 45 件。全国人大建议 1 件。在省政协十三届一次会议上，市委会提交提案 3 件。省政协月度协商会口头发言 2 篇，书面发言 6 篇。在市政协十五届二次会议上，市委会提交口头发言 1 篇，提案 35 件。《关于发展红色文化产业 促进乡村振兴的提案》《关于推动合肥市

开展青少年模拟政协活动的提案》被评为市政协优秀提案。2名党员在市政协2023年度委员履职考核中获得优秀等次。在市政协十五届三次会议上，市委会作《做强新型研究机构 催生合肥新质生产力》口头发言。

开展专项民主监督。配合并参与致公党中央对口安徽开展长江生态环境保护民主监督工作调研。开展《以巢湖城湖共生开启治理新业态新模式》课题调研，调研成果作为市委会在合肥市2023年度巢湖生态环境保护民主监督工作座谈会上的口头发言，并被致公党中央采用。

积极反映社情民意。市委会组织各市属组织和党员聚焦经济社会发展重点问题，聚焦民生热点，及时反映社情民意。全年反映社情民意信息65篇，被致公党中央采用3篇，被省政协采用5篇，被致公党省委会采用7篇，获得时任省委副书记批示1篇。

【对外联络】 2023年，致公党市委会践行“致力为公、侨海报国”宗旨，组织党员参加市委统战部举办的合肥市归国留学人员新春座谈会。1名党员获合肥市“留学报国奖”，4名党员获合肥市“留学报国提名奖”。参加致公党中央第十一届副省级城市暨第八届省会城市党务工作联席会议，围绕“推动地方组织开展外联工作”进行交流发言；组织党员企业参与致公党安徽省委会2023年江淮海归对接会，共享发展机遇，实现合作共赢。

参加全市统战系统“双招双引”工作座谈会暨海外招才沙龙活动、工作通报会、合肥海外双招双引推介会等；赴杭州、上海等地学习了解先进经验，赴庐阳区开展侨务工作调研，参加瑶海区欧美同学会庆祝欧美同学会成立110周年座谈交流会。包河总支承办涉侨涉外企业高质量发展会议，助力搭建涉侨涉外企业交流合作平台。高质量完成“双招双引”工作，全年报送8条项目线索，6条人才线索，接待商客8次，拜访客商4次。重点项目迪福润丝（合肥）生物科技有限公司于10月26日在合肥高新技术产业开发区举行开业典礼，正式开业运营。疫苗产业化生产基地项目启动，项目注册资金5000万元。

【社会服务】 2023年，致公党市委会参与市委统战部举办的合肥市各民主党派、无党派人士社会服务成果展。市委会社会服务品牌“‘同心·暖心’帮扶行动”“海归驿站”获评“合肥市各民主党派社会服务优秀品牌项目”，3位党员获评“合肥市各民主党派、无党派人士社会服务工作先进个人”。持续推进南门小学和天堂寨镇同心小学的教育帮扶落地落实，协调并参与致公党省委会赴合肥市南门小学开展“同心示范工程”教育帮扶调研活动；组织党员参与助力帮扶点寿县谭套村秋月梨线上销售；参加致公党省委会组织的党员书法家赴谭套村写送春联活动。各市属组织开展捐资助学、义诊、关爱女童、养老服务等公益活动。党员们以创建服务社区工作室、开展青少年“模拟政协”活动、参与电台科普节目录制、参与公益电影拍摄等形式广泛开展社会服务工作，提升党派影响力和凝聚力，展现新时代中国特色社会主义参政党的良好形象。

（张　艳）

九三学社合肥市委员会

【概况】 2023年，九三学社合肥市委员会（以下简称“市九三学社”）发展新社员49人（净增38人），净增率4.90%。其中，高级职称、博士等高层次人才24人，占比49%，女社员19人，平均年龄37.90岁。下辖瑶海、庐阳、蜀山、包河、巢湖5个基层委员会（32个支社）、1个机关直属小组。社员总数809人，平均年龄51.21岁，其中，高级职称446人，占社员总数的55.10%；女社员294人，占社员总数的36.34%。社员有担任社安徽省委委员2人（副主委1人），省人大代表2人，省政协委员2人（常委1人），市人大代表6人（常委2人），市政协委员22人（副主席1人，常委7人），县区人大代表11人（常委2人），县区政协委员81人（副主席2人，常委14人）。副处级及以上职务社员约30人，其中，3人任副县（区）长，1人挂职副区长。

市九三学社获评社中央“全国宣传思想工作先进单位”“2022年全国十佳网站”“2021—2022年参政议政先进集体”；获评社安徽省委“新闻宣传工作先进集体”“参政议政工作先进集体”“反映社情民意信息工作先进集体一等奖”。“百名专家乡村学堂讲科普”获社安徽省委和省科协联合表彰为15周年“优秀组织奖”。获评市政协“优秀信息工作单位”；获评市委统战部“全市统战信息工作先进单位”“市民主党派工商联专题调研工作优秀组织奖”；“百名专家乡村学堂讲科普”“关爱城市美容师”项目被市委统战部评为“合肥市各民主党派社会服务优秀品牌项目”。

【思想建设】 2023年，市九三学社先后召开全委会、主委会、机关办公会议17次；各基层组织及专门委员会、工作委员会均召开会议进行专题学习。多次召开推进会、座谈会，开展“凝心铸魂强根基、团结奋进新征程”主题教育，举办40多场主题教育，足迹遍布金寨县革命博物馆等，重温红色历史，凝聚奋进力量。

【组织建设】 2023年，市九三学社认真落实“人才强社”战略，社市委领导带队赴40余位新社员单位考察，与所在单位党组织负责人进行谈话，了解其政治素质。基层组织规范化建设持续推进，连续5年对基层组织进行年度考核，促进基层组织健康发展。

3月，组织女社员赴瑶海区物联网产业园、东部新中心参观考察。5月，社市委青工委组织青年社员走进长丰县造甲乡参观中共合肥北乡支部纪念馆。7月，社市委妇女工作委员会开展“我和许鹿希”读书沙龙活动；联合社安徽省委妇工委举办戏剧沙龙活动；“合肥九三合唱团”开展8期。8月，参加社安徽省委“青年社员赛社章”活动并获一等奖。10月，组织老年社员参观第十四届中国（合肥）国际园林博览会。

【参政议政】 2023年，市九三学社“两会”提交议案、提案100多件。提交社安徽省委作为省政协集体提案10篇，其中2篇作为省政协大会口头发言，并分别获时任省委书记郑栅洁、省政协主席唐良智批示，1篇为书面发言。何庆瑞主委撰写的《关于运用互联网思维提升为企服务能力的提案》被列为省委书记韩俊领衔督办系列重点提案之一，并参加省委书记领衔督办省政协“营造市场化、法治化、国际化一流营商环境”系列重点提案办理协商会；该提案被评为“省政协2023年度好提案”。提交市政协集体提案14件，社员提交市“两会”议案提案41件，1篇作为大会口头发言，9篇为书面发言。《“抓两头 稳中间” 引导合肥民办教育健康发展》被列为时任省委常委、市委书记虞爱华领衔督办重点提案。1篇被列为市人大3号议案。

专题协商会提交材料70篇。其中口头发言6篇，书面发言40篇。在省政协常委会会议暨资政会上，1篇为口头发言，2篇为书面发言。在省政协“恢复和扩大消费”等月度专题协商会上，18篇作为书面发言。在市政协社情民意座谈会上，2篇作为口头发言，2篇作为书面发言。在市政协“健全就业促进机制 推进就业促进行动”等专题协商会上，3篇作为口头发言，18篇作为书面发言。参与市委统战部围绕组织的政党协商会，并广泛征集社员意见，汇总成政党协商材料上报。

深入一线开展调研。围绕市政协重点协商主题及社安徽省委参政议政招标课题，市九三学社确定立项课题13个，全部结题。在社安徽省委对2022年度参政议政优秀成果表彰中，4篇报告被评为一等奖，14篇被评为二等奖，11篇被评为三等奖。全年收到上报社情民意信息258篇，其中《推动民营企业走专精特新发展之路》被零讯采用，《关于全面提升测土配方施肥科技支撑能力的建议》等11篇被社中央采用，《关于深化“科技特派员”制度的建议》等5篇被省政协、省委办公厅及统战部采用，社安徽省委采用103篇，市政协采用17篇。其中，《关于进一步提升安徽省农业机械装备服务保障能力的建议》获副省长张曙光批示。

【民主监督】 2023年，市九三学社组织专家参加社安徽省委、市委统战部举办的巢湖生态环境保护民主监督工作研讨班、培训会等。参加市政协“深入推进巢湖综合治理打造城湖共生最好名片”委员讲堂。围绕社安徽省委确定的“优化巢湖治理体系”课题赴胡大郢净水厂开展调研，形成《依托“数字巢湖”平台，打造“智慧巢湖”的建议》等2篇材料作为市政协“深入推进巢湖综合治理打造城湖共生最好名片”专题协商会书面发言材料。

【社会服务】 2023年，市九三学社开展“百名专家乡村学堂讲科普”活动提质升级。社市委邀请社内来自心理健康、口腔等方面的14位专家分赴16所中小学开展20场讲科普活动，为4400多位学生送去精彩的科普讲座。

“两站”工作走进社区。发挥专家工作站和医疗工作站的优势，全年为社区居民、学生、家长等特定人群开展18次讲座及活动。其中，成立家长成长动力小组，采用团体辅导的形式开展10次团体辅导；为学生作“预防甲流传染病知识”等3场科普课程；为居民作“中国过敏防治周”等2场讲座；开展3次健康义诊进社区活动。

助力“双招双引”工作。全年社市委收集上报9条真实有效的招

2023年8月14日，九三学社合肥市委在庐阳区城管局举行“关爱城市美容师”活动 （九三学社合肥市委/供）

商线索；上报人才信息3条，3位在合肥就业；拜访接待客商19条。其中，12月社员介绍的国药控股创服医疗技术（上海）有限公司完成签约。

组织社员投身社会公益。继续开展2023年“关爱城市美容师”活动，为庐阳区10名考取大学且家庭较为困难的环卫工人子女每人捐赠3000元助学金。获评市城管局“2022年度关爱环卫工人爱心单位”。6月，社市委妇委会组织社员赴蜀南庭苑社区开展健康义诊活动。

（欧金玲）

合肥市工商业联合会（市总商会）

【概况】 2023年，合肥市工商业联合会（市总商会）（以下简称“市工商联”）对照《合肥市工商联党组全面从严治党主体责任清单》，落实党组织书记“第一责任人”职责、党组织班子成员“一岗双责”责任。圆满完成机关党总支和党支部换届工作，认真执行“三会一课”制度，开展主题党日活动，召开组织生活会，加强机关党建规范化、标准化建设。制定《2023年度市工商联党风廉政建设工作要点》，开展“三个以案”警示教育和“四小四大”“四域四化”专项整治，落实机关新一轮风险点排查工作，强化廉政风险防控。

【思想建设】 2023年，市工商联深入学习宣传贯彻党的二十大精神，落实党的二十大精神专题学习，完成党组中心组集中专题学习3期、专题研讨2次。制定《市工商联所属商会党委党的二十大精神宣贯方案》，举办所属商会学习贯彻党的二十大精神培训班一期，在市工商联第十五届会员履职第一期培训班开设党的二十大精神课程。以所属商会星级党支部评定为契机，以模范基层党支部创建为抓手，聚焦党的二十大对于民营经济做出的重大决策部署，找准党建与业务深度融合的切入点、着力点，以高质量党建引领保障民营经济高质量、高水平发展。认真开展深入学习贯彻习近平新时代中国特色社会主义思想主题教育。根据主题教育开展的时间节点及市工商联所属商会党建工作安排，组织开展4场所属商会党组织书记培训班，参训人数超过200人。

【民营经济人士理想信念教育】 2023年，市工商联教育引导民营经济人士深入学习习近平新时代中国特色社会主义思想，组织学习习近平总书记出席全国政协民建、工商联界委员联组会的重要讲话精神等，持续宣传阐释党中央、国务院以及省委省政府、市委市政府关于促进民营经济发展的一系列政策举措，引导民营经济人士坚定理想信念、增强发展信心。收集30多篇企业家学习心得，形成微信公众号推文《沉着冷静应变 积极作为破局》。组织形势政策教育培训，举办市工商联（市商会）第十五届会员履职第一期培训班并开设党的二十大精神宣讲、企业党建专题培训及工商联章程解读等课程，累计参训人数700余人。

【优化营商环境】 2023年，市工商联根据全国工商联和省工商联统一安排，每季度开展一次营商环境评议和民营企业运行情况调查，每年开展一次“万家民企评营商环境”问卷调查。将调查点企业从原来的300多家扩容到500多家，从原来的以中小微企业为主体调整为大中小企业兼顾，从原来的传统行业为主转变为传统行业与新兴产业并重。2023年组织填报问卷13次，收集问卷6000余份。民营企业调查点工作获评全国工商联“2023年度调查点工作先进基层工商联”和省工商联“2023年全省民营企业调查点工作市级先进单位”。

2023 年度“万家民营企业评营商环境”，合肥市位列“前 10 省会及副省级城市”和“前 10 最佳口碑省会及副省级城市”。

【参政议政】 2023 年，市工商联在市政协十五届三次会议上提交提案 10 件，提交大会发言 4 篇，工商联界别委员胡优华代表市工商联在市政协十五届三次大会上作题为《关于建设高品质城市公园的建议》的口头发言。工商联界别委员 11 人入选 2023 年度履职优秀委员，市工商联团体提案《关于加强动力电池循环利用，完善新能源产业链》等 6 篇提案获评市政协十五届二次会议优秀提案。完成提案办理 3 件、社情民意信息办理 2 件。对企业反映的共性问题和典型问题认真研究，全面归纳总结，通过《工商联直通车》向市委、市政府领导反映相关问题，市营商办督办、涉及单位答复、办理结果反馈企业，形成工作闭环。向市营商办报送涉企诉求，共同建立问题协调解决机制，增强民营企业获得感。

【调查研究】 2023 年，市工商联始终将走访企业作为密切与民营企业联系的重要手段，落实“周调研、月报告、季总结”工作机制，坚持问题导向，实行分层分级调研，做到“四个全覆盖”，广泛宣传助企纾困政策，帮助企业树立信心，用好用足政策，积极收集问题建议，调研了解企业生产经营、助企政策落地、营商环境建设等方面的情况，特别是企业最急最忧、影响企业生存的突出困难和问题。市工商联领导班子成员带队开展走访调研 251 次，走访企业 217 次、召开商协会 71 次，现场答复及协调解决问题 43 个，收集企业反映问题和意见建议 69 条。

【经贸服务】 2023 年，市工商联搭建“双招双引”平台，加强外引内联，探索项目合作新途径。与市商务局联合举办推进“徽动全球”万企百团出海行动——合肥市外贸助企帮扶系列主题活动启动仪式，组织 150 余家有意愿企业参加活动，带领 6 位企业家随市政府外事办出访俄罗斯，参加萌芽国际论坛等分论坛。赴长三角、珠三角、京津冀等先发地区开展“双招双引”活动 14 场次，接待 13 批次来肥意向投资客商和考察团，承办成都企业家、上海合肥商会企业家、香港城市大学 EMBA 校友会企业家组团来肥考察活动 3 批次。摸排到 74 个意向在肥投资企业，收集 47 个投资项目线索，产业涉及绿色能源、生物医药、人工智能、新型储能等领域。借助在长三角地区举办的大项活动和本市举办的世界制造业大会、世界集成电路大会、2023 徽商助力安徽高质量发展大会暨徽商总会成立大会等大型会展活动，以商招商、以展招产、以会促招。省联认定“双招双引”新增有效项目数 9 个，市投促局认定新增人才线索 8 条。

2023 年 8 月 2 日，市工商联与徽商银行合肥分行战略合作协议签约暨“工商联 e 贷”发布会举办（市工商联 / 供）

加大对民营企业的融资支持力度，统筹惠企金融服务方式，拓宽金融服务渠道，在深化与建行金融合作的同时，与徽商银行合肥分行签订战略合作协议，联合打造服务工商联所属商会、会员企业和中小微企业的特色金融产品——“工商联 e 贷”。截至 2023 年底，建行方面累计推介企业 4061 户，其中实现投放 2461 户，累计投放 106.20 亿元，其中小微企业 2432 户，累计投放 75.40 亿元；徽行方面累计推介企业 1343 户，其中实现投放 48 户，累计投放 2.20 亿元，其中小微企业 47 户，累计投放 2.16 亿元。

发动合肥市 345 家企业参加省“民营企业百强排序”活动，有 83 家企业入围，113 次上榜，较 2022 年增加 4 家企业，3 次上榜。其中，营收百强企业 39 家，服务业百强企业 45 家，制造业综合百强企业 29 家。

【“万企兴万村”行动】 2023年，市工商联严格按照全省行动部署，积极融入合肥市乡村振兴建设，引导民营企业立足实际、发挥优势，为乡村振兴凝心聚力、聚势赋能。全市1734家企业参与各地项目，“兴村”项目总数2370个，“兴村”总数959个，投资经营类项目投资总额80.13亿元，累计实际到位资金53.13亿元，公益捐赠类捐款捐物总额1.30亿元，多项排名位居全省前列。经省“万企兴万村”行动工作领导小组评选，庐江县获评安徽省“万企兴万村”行动典型县，本市5家企业获评安徽省“万企兴万村”行动典型项目（企业）。

【稳岗就业】 2023年，市工商联广泛动员会员企业挖掘就业潜力，联合合肥学院开展“2023年合肥市工商联会员企业合肥学院专场招聘会”活动，线下招聘会邀请46家企业参加，提供145个就业岗位，招聘600人，现场收到简历198份，初步达成就业意向51人。积极服务企业人才队伍建设，联合市人社局开展“工商联会员单位管理层人员培训”，分2期62名企业管理层人员完成培训。

【法律服务】 2023年，市工商联受理调解案件5221件，调解成功2273件，调解成功率44%；市本级受理案件817件，调解成功277件，调解成功率34%，调解案件的数量和调解成功率都有明显提升。明珠法庭商调委结案率排在入驻高新法院调解组织的前列，1名总商会人民调解委员会专职调解员获“全国模范人民调解员”表彰。涉案企业合规工作积极推进，遴选第三方监督评估机制专业人员库第一批专家成员97名，拟定《合肥市企业合规第三方监督评估机制费用管理办法（征求意见稿）》并经合肥市涉案企业合规第三方监督评估机制管委会第二次联席会议审议通过。通过线上与线下相结合的方式组织法律宣传15次，开展“惠企暖企 普法先行”主题普法活动，深入安徽迪科数金科技有限公司等企业开展法律咨询和义务法律顾问工作，为企业发展提供合法性建议，解决企业当前面临的矛盾问题。利用商调委20个工作站和县（区）商调委开展对外法律咨询服务，全年接待咨询人数达500人次。

【组织建设】 2023年，市工商联制定《合肥市工商联企业家副主席、副会长轮值制度》《合肥市工商联企业家副主席、副会长述职考核办法》《合肥市工商联副主席、副会长联系常执委制度》等系列规章制度，进一步提升工商联（市商会）领导班子履职能力，强化副主席、副会长企业与常执委企业的沟通交流。召开市工商联十五届二次主席（会长）会议和十五届二次执委（扩大）会议，对部分执委会人员进行调整，优化队伍建设。2023年，市工商联发展直属新会员47人，并对市、县两级工商联执委及所属商会副会长以上企业家二代接班人进行摸底筛选，建立新兴产业青年企业家信息库。

指导成立合肥市衢州商会等5家商会，指导合肥市淮南商会等16家商会完成换届工作，新吸纳安徽省企业转型升级发展促进会等3家商会为团体会员，4家商会完成注销，3家商会正在办理注销手续。推荐合肥市建材商会等8家商会为全国“四好”商会，合肥市河南商会等20家商会为全省“四好”商会。瑶海、肥西、长丰三个县区加速推进乡镇街道商会登记注册工作。截至年底，合肥市工商联联系的商协会为123家（由市工商联业务主管并在民政局登记的有70家）。其中，合肥异地商会42家，行业协会23家，其他类商会5家，团体会员41家，异地合肥商会12家。市工商联所属商会党组织52个，其中直属商会党组织29个（含功能型党支部8个），指导新成立商会同步建立党组织数7个，党组织覆盖率达到80%，较2022年提高20%，新发展党员10名。所有任期届满党组织如期顺利完成换届，所属商会党支部实现党建入章全覆盖，启动所属商会党委专用账户，结合“一支部一品牌”“星级党支部”等评选工作，促进党建与商会建设、企业发展同频共振、互促共进。

表 1

合肥市工商联直属商会一览表

（截止 2023 年底）

序号	组织名称	序号	组织名称
1	市温州商会	36	市吉安商会
2	市泉州商会	37	市青岛商会
3	市福州商会	38	市衢州商会
4	市淮南商会	39	市漳州商会
5	市无为商会	40	市绍兴商会
6	市皖西商会	41	合肥市策划协会
7	市庐江商会	42	合肥市门窗幕墙协会
8	市定远商会	43	合肥市工程机械商会
9	市桐城商会	44	合肥市玻璃商会
10	市阜阳商会	45	合肥市厨具协会
11	市台州商会	46	合肥市钢贸商会
12	市蚌埠商会	47	合肥市五金商会
13	市永康商会	48	合肥市建材商会
14	市黄山商会	49	合肥市建筑租赁商会
15	市阜亳商会	50	合肥市百货流通协会
16	市池州商会	51	合肥市铝材商会
17	市莆田商会	52	合肥市华南城服装商会
18	市亳州商会	53	合肥市家用纺织品商会
19	市宿松商会	54	合肥市汽车租赁协会
20	市天台商会	55	合肥市石材商会
21	市滁州商会	56	合肥市白马服装城商会
22	市芜湖商会	57	合肥市清洗保洁行业协会
23	市许昌商会	58	合肥市副食品商会
24	市宣城商会	59	合肥市健康养生协会
25	市冀商商会	60	合肥市职业经理人协会
26	市南通商会	61	市小微企业金融服务促进会
27	市丽水商会	62	合肥市旗袍文化协会
28	市徐州商会	63	商（协）会秘书长协会
29	市黄冈商会	64	合肥中小微企业商会
30	市扬州商会	65	市南安商会
31	市河南商会	66	合肥市华南城建材商会
32	市宿州商会	67	合肥市电器商会
33	市周口商会	68	合肥市华南城五金商会
34	市南阳商会	69	合肥市锁业协会
35	市铜陵商会	70	合肥市汽车汽配用品商会

（侯　静）

责任编辑：赵永军

群众团体

合肥市总工会

2023 年 2 月 21 日，合肥市工会第十七次代表大会开幕　（市总工会/供）

【概况】 2023 年，合肥市总工会先后 2 次在全国会议上作交流发言，获市级以上荣誉 15 项，合肥市总工会选树“科里科气”工匠人才的经验做法获全国人大常委会副委员长、全国总工会主席王东明批示肯定。

思想引领。扎实开展学习贯彻习近平新时代中国特色社会主义思想主题教育。组织开展“中国梦·劳动美·合肥篇章”主题宣教活动 374 场次，覆盖职工 11.80 万人次。大力弘扬劳模精神劳动精神工匠精神，获评全国五一劳动奖章 3 个、工人先锋号 2 个；省五一劳动奖状 3 个、奖章 17 人、工人先锋号 10 个；合肥聚能电物理高技术开发有限公司车间主任，高级实验师、高级工陈建林当选全国年度“最美职工”并入围 2023 年“大国工匠年度人物”提名人选，4 人获评首届“长三角大工匠”，2 人入围“2023 安徽工匠年度人物”人选，评选命名“合肥工匠”30 名，首次认定“合肥数字工匠”30 名；选树合肥市“最美职工”20 人；17 人获安徽新就业群体“最美”人物。

助力发展。深化产业工人队伍建设改革，挂牌成立合肥工匠学院。出台《合肥市职工职业技能等级提升激励暂行办法》，对获得技师及以上职业技能等级的职工给予经费激励。举办示范性竞赛 20 余场，带动全市各级工会开展劳动和技能竞赛近千场，70 万职工立足岗位练兵比武。开展第九届职工技术创新成果和 2023 年职工“五小”活动创新成果评选，征集创新项目 2252 项，其中 88 项获省职工创新竞赛“金项目”“金成果”“金点子”。合肥市总工会在全国县级工会“五小”活动现场会上作经验交流。

关爱职工。2023 年帮扶困难职工 1165 人次，工会“四送”服务慰问职工超 10 万人次，组织职工疗休养 3 万人次。全市累计建成 1336 家工会幸福驿站，年服务户外劳动者 176 万人次。新建“女工家园”24 家，科大讯飞等两家企业获评“全国爱心托育用人单位”。连续 6 年开展“绿色出行”普惠行动，参与职工超 220 万人。持续开展“温暖返肥路”“工会暖‘新’人”等“工惠温暖”系列活动，超 40 万职工关注参与。举办青年人才交友活动 23 场，2732 人参加。维护劳动者合法权益，成功调解劳动争议案件 1808 件，为职工挽回经济损失 4600 余万元。

自身建设。召开合肥市工会第十七次代表大会，选举产生市总工会新一届领导班子。截至 2023 年底，全市基层工会组织数 1.82 万个，新增 1344 个；工会会员 195.10 万人，新增 12.50 万人。全市国有企业、事业单位职代会、厂务公开建制率保持在95%以上，百人以上已建工会非公企业职代会、厂务公开建制率保持在91%以上。合肥市工人文化宫入选首批“全国标准化工人文化宫”。合肥劳模工匠馆获评全国职工爱国主义教育基地。合肥工会云平台再获全国工会“市级十佳”。“合肥工会”微信公众号关注量突破74万，传播力位列全国省会城市工会第三。

【合肥市工会第十七次代表大会召开】 2023年，合肥市工会第十七次代表大会于2月20日至22日在合肥召开，出席大会正式代表401名，特邀代表19名。大会全面总结市工会十六大以来的工作，确定今后五年的奋斗目标和工作任务，选举产生市总工会第十七届委员会和第十七届经费审查委员会。选举产生合肥市总工会第十七届委员会主席1名、副主席9名。

【创新型工匠培育】 2023年，市总工会制定《合肥工匠学院建设实施方案》，按照“工会+政府部门+院校+企业”模式，统筹建设市、县工匠学院，紧扣产业企业需求、职工技能需求，开展学历提升教育和技能提升培训，截至年底全市挂牌成立3个工匠学院（即合肥工匠学院、肥西工匠学院、长丰工匠学院）。层层开展工匠培育选树，构建“县级（企业）工匠—合肥工匠—安徽工匠—长三角大工匠—大国工匠”的工匠梯队。在全省率先开展“数字工匠”认定工作，助力合肥市数字产业发展。截至年底，累计选树县级（企业）工匠300余人、合肥工匠90人、合肥数字工匠30人；全市职工获评大国工匠提名人选2人、长三角大工匠4人（全省共10人），安徽工匠44人（全省200人）。

【户外劳动者服务站点建设】 2023年，由市总工会牵头，建立市发改委等单位参与的联席会议制度，先后出台《合肥市户外劳动者服务站点（合肥工会幸福驿站）建设实施方案》《关于在全市建设1000家合肥市户外劳动者服务站点（合肥工会幸福驿站）的通知》《合肥工会幸福驿站管理与服务暂行办法（试行）》等文件，规范驿站建设管理。打造24小时自助服务智能驿站、一站式工会驿站服务综合体，驿站服务与党建活动、政策宣讲、爱心公益相结合，将驿站建设成党的大政方针的宣传站，为民为企办实事的服务站。2023年新建驿站1161家，全市累计建成1336家，年服务户外劳动者176万人次，其中13家驿站被全国总工会评为“最美工会户外劳动者服务站点”。

【激励政策】 2023年，市总工会制定出台《合肥市职工职业技能等级提升激励暂行办法》，对职工职业技能等级晋升为技师、高级技师、特级技师、首席技师的，分别给予1000元、2000元、5000元、10000元一次性物质激励，鼓励产业工人立足岗位提升职业技能，办法自2023年10月1日起施行。

【关心关爱新就业形态劳动者】 2023年，市总工会制定《合肥市总工会推进新就业形态劳动者工会工作三年行动计划（2023—2025年）》，努力实现工会组织覆盖、工作覆盖、服务覆盖，累计组建货车司机等四类重点新就业形态基层工会369个、会员12万人。积极推动“饿了么”平台在合肥揭牌建立首家蓝骑士驿站，协调推动更多新就业形态企业加大对劳动者的服务保障力度。全年累计向新就业形态劳动者会员赠送互助保障计划2.20万份，为基层劳动者、新就业形态劳动者免费体检2054人次。

表1　2023年合肥市“最美工会户外劳动者服务站点”一览表

序号	站点名称	序号	站点名称
1	合肥工会驿站桐城路站	8	合肥工会幸福驿站琅琊山路站
2	合肥工会幸福驿站和平广场站	9	合肥工会幸福驿站新安江路站
3	合肥工会幸福驿站龚湾路站	10	合肥巢湖市洗耳池公园工会户外劳动者幸福（犇巢）驿站
4	合肥工会幸福驿站环北站	11	合肥工会幸福驿站淮肥佳苑站
5	合肥工会幸福驿站工人文化宫站	12	合肥工会幸福驿站唐杨站
6	合肥工会幸福驿站芙蓉社区站	13	合肥庐江县高新区工会幸福驿站
7	合肥工会幸福驿站天湖路站		

（谷康霞）

中国共产主义青年团合肥市委员会

【概况】 2023年，中国共产主义青年团合肥市委员会（以下简称“团市委”）坚守为党育人主责主业，以学习贯彻习近平新时代中国特色社会主义思想主题教育为契机，抓好党的二十大精神的学习宣传贯彻，紧密围绕市委、市政府中心工作，持续提升共青团在服务中心大局贡献度，团结带领全市广大团员青年凝心聚力，笃行不怠，为奋力谱写中国式现代化合肥篇章贡献青春力量。团中央对合肥市青年发展型城市建设试点中期评估为优秀等次。“四链协同，打通专业—就业—产业通道，助力大学生就业”获团中央书记处表扬，相关经验刊登《中国共青团》。在2023年度长三角地区主要领导座谈会、2023世界制造业大会、第十四届中国（合肥）国际园林博览会等重要活动上，组织青年志愿者全程做好服务保障，得到参会群众、参展企业等肯定。

截至年底，合肥市共有团组织20542个。其中，团领导机关9个，基层团委636个，基层团工委82个，团总支833个，团支部18101个。团员29.11万人；其中，学生团员10.57万人，机关事业单位团员1.46万人，国有企业团员1.21万人，非公企业和社会组织团员2.65万人。团干部2.26万人。其中，专职团干部58人，兼职团干部22619人。

【青年思想引领】 2023年，团市委加强理论武装。组织全市各级团组织开展习近平新时代中国特色社会主义思想专题和党的二十大战略部署专题学习，352万人次团员青年参学“青年大学习”网上主题团课。指导全市基层团组织开展“万场宣讲进青年”活动，累计开展20余场，覆盖青少年2000余人次。前往全市各级机关单位开展“清廉课堂”10场，撰写《合肥各级团组织打造“清廉课堂”品牌活动》在《中国青年报》客户端上刊发，宣传推广“清廉课堂”工作品牌。

推动团员和青年主题教育走深走实。成立团员和青年主题教育领导小组，设立协调、组织、联络、宣传4个综合组以及系统行业团员和青年等5个专项组，将全市所有高校、重点行业系统列入团市委团员和青年主题教育指导组对接清单，确保机制顺畅、全面覆盖、重点突出。依托省市青年讲师团资源，组织青年榜样、思政教师、大学生骨干组成宣讲团，按照“思想旗帜”“坚强核心”“强国复兴”“挺膺担当”4个专题有序开展“送学上门进支部”，开展宣讲120余场。

用好团属新媒体矩阵。打造“合肥共青团”新媒体矩阵，市级共青团“两微一抖”新媒体矩阵粉丝量482余万，推出《青春合肥》《追光而行》等一批高质量原创文化产品，被新华社安徽频道、《安徽日报》、学习强国平台等网络主流媒体转发，其中《追光而行》宣传片网上浏览量达40万。开展“我的青春在合肥”网络直播活动3场，聚焦青年非遗传承人、乡村振兴青年先锋、园博园青年志愿者，展现合肥青年的奋斗姿态，观看量累计30余万。

健全党、团、队一体化制度体系。党团队一体化育人建设相关经验在全省推广，合肥“人造太阳”网上主题队课在“红领巾爱学习”平台上向全国推广，“青年马克思主义者培养工程”品牌入选中央团校典型案例、《中国青年报》头版头条报道。在合肥“科里科气”的城市气质中塑造青少年的精神品质，形成“红领巾科普+”“庐小志”等一批品牌项目，主办“青年科学家进校园”活动、开展红领巾科普讲堂实践营和直播课千余场，启动“萌芽计划”，覆盖少先队员50余万人次。打造71个各具特色的少先队和共青团实践教育基地，开展特色鲜明的“丰收的故事我来讲”“合肥的地标我打卡”等主题活动，引导少先队员在广阔的社会实践中得到成长锻炼。

【青年价值引导】 2023年，团市委发挥先进典型示范引领作用。表彰第12届“合肥青年五四奖章”25个，市级“两红两优”集体和个人545个。选树50名合肥市向上向善好青年，评选第十届合肥市“最美学生”“十佳学生”，开展“青年文明号”“青年安全生产示范岗”等岗号手创建。举办2023年安徽省见义勇为集中宣传周英模事迹报告会活动，凝聚榜样力量。

组织青年服务社区。实施社区青春行动，构建共青团参与社区治理人员、项目、阵地、资源“四位一体”工作模式，形成共青团社会领域富有时代特色的组织体系、工作方式和运行机制。12个试点社区分别为青春行动提供约100-1000平方米不等的活动场地，开展各类服务项目143个，覆盖青少年53986人。根据青年群体的实际需求，推进“青年夜校”建设，打造“青春合肥”普惠公益公共文化服务品牌，依托合肥市少年宫、青年之家等团属阵地，推出各类公开

2023年5月22日，共青团促进高校毕业生就业创业座谈会召开（程　晨/摄）

课20余种，总课时超400个，覆盖青年群体10万人次，推进城市与青年的双向奔赴。

【服务青年】　2023年，团市委推进《合肥市落实〈安徽省中长期青年发展规划（2018—2025年）〉实施方案》落实，树立“青年优先发展理念”，制定《合肥市全国青年发展型城市建设试点工作方案》，明确建设试点重点任务，让城市对青年更友好、青年在城市更有为。2023年团中央对合肥市青年发展型城市建设试点中期评估等次为优秀，清单化分解目标任务和落实部门责任、组织动员青年投身创新创业热潮等先进经验向全国推广。

深化实践育人功能。将大型赛会志愿服务工作作为重要的实践育人平台，推动广大青年群体深度融入城市发展、实现共同成长。在“合肥请您来，20万个岗位供您选”活动中主动作为，设置35个国有景区青年服务驿站，组织513名青年志愿者提供景区讲解、游玩导览等服务。组织9710名青年志愿者参与2023年度长三角地区主要领导座谈会、2023世界制造业大会、第十四届中国（合肥）国际园林博览会、2023合肥马拉松暨全国马拉松锦标赛等大型赛会志愿服务活动，上岗志愿者41932人次，累计服务时长超42万小时。获评中国青年志愿者优秀个人1个，优秀组织1个，优秀项目2个。

优化就业帮扶行动。参与“合肥千企万岗请您来”活动，组建7个工作组，赴北京、上海等15个城市41所高校，选聘“青春合肥”志愿推介官，引导更多毕业生来肥就业创业。开展“扬帆计划”暨返家乡社会实践活动，招募1400余岗位，在合肥市各级党政机关、企业、街道、社区开展不少于一个月的社会实践。连续开展3期高校学子就业创业合肥行活动，邀请30余所高校团委及500余名博士生代表来合肥参观，建立外地重点高校团委书记和团市委联络沟通机制，让高校师生更加充分认识合肥。做好2023“春暖皖江”安徽共青团组织服务青年就业系列公益招聘会，在各县（市、区）范围内摸排提供岗位1456个，加强对一般院校低收入家庭学生就业帮扶力度，全年结对370人。做好安徽共青团促进大学生就业行动推进会（合肥）暨大学生社会实践计划对接会、共青团促进高校毕业生就业创业座谈会，与“科大硅谷”服务平台共同主办“青创徽商　时代榜样”2023青年科创徽商对接会等活动，参与第六届世界声博会暨2023科大讯飞全球1024开发者节活动，协助做好2023中国长三角青年企业家论坛活动，推动青年科创事业高质量发展。组织开展安徽省第十届“挑战杯”揭榜挂帅专项赛，启动合肥市青少年土壤污染防治与修复科技创新和科普实践“揭榜挂帅”项目，征集3个重大课题、19个子课题，筹集项目奖金150万元。

关爱青少年健康成长。常态化开展面向青少年的法治宣传活动，组织全市各级团组织开展普法宣传、法治实践等活动600多场次。组织合肥市女童保护讲师团等常态化开展防性侵、防欺凌等自护讲座307场次，覆盖青少年5万余人。组织社会观护团完成社会调查案件363起，指派合适成年人到场参与办案126人次，指派心理咨询师提供一对一心理评估及辅导矫正19次，为约500名涉案青少年提供观护服务。以合肥市12355青少年服务台为依托，重点开展青少年的法律维权服务和心理健康服务，接听接访632人次，其中为328名青少年及家长提供一对一心理服务，挽救有自杀倾向的青少年6名。

【从严治团行动】　夯实基础团务。2023年，团市委有序开展“学社衔接”工作，协调好应届毕业生团组织关系的转接。规范团员发展程序，做好2023年全市发展团员工作，新发展团员15487人。通过在全市范围开展发展团员核查，严肃团组织生活、规范发展团员程序，为推进全面从严治团奠定坚实基础。

深化县域基层组织改革。在全市推开县域基层组织改革工作，提高县域改革工作力度，开设“合青改革案例”专栏，推送各县（市、区）推报的关于县域改革优秀案例7期，宣传具有标志性的地方改革成果。

做好团属单位管理改革。推进团属单位管理改革，严格落实脱钩不托管的要求。指导合肥市青少年权益保护和预防犯罪工作协会召开第三届会员大会，规范开展章程修订、新一届领导机构选举等工作。

加强组织体系建设。加强“两新”领域组织覆盖，截至年底全市成立外卖送餐、律师、注册会计师、快递等重点行业团组织，覆盖团员青年6万多人。

（陈娜娜）

合肥市妇女联合会

【概况】 2023年，合肥市妇女联合会（以下简称“市妇联”）成功召开合肥市妇女第十三次代表大会，圆满完成换届工作，选举产生新一届妇联领导班子，束红英当选为主席。推选出席全国、省妇代会代表，市妇联执委林清、任萍萍、束红英3名代表当选全国妇联执委。

开展学习贯彻习近平新时代中国特色社会主义思想主题教育，妇联党建工作在全市连续7年获评好等次。坚持守好底线，高度警惕关键节点出现的风险隐患，成功处置舆情20多起，妇女儿童舆情总体平稳可控。借助“99公益日”品牌感召力，全年募集社会爱心资金332万元，保障“合肥妇儿关爱行动”开展，“春蕾计划”、暖冬关爱、寒暑假“把爱带回家”以及心理关护项目等工作受益面持续扩大，关爱困境家庭4200余户。“两癌”免费筛查城镇低保妇女502名，救助资金330万元。办结法援案件17件，挽回经济损失264.50万元。

在2023年度全省妇联系统目标管理考核中，市妇联获评先进集体。小区妇联、暖心一件事等30余篇亮点工作被《中国妇女报》、女性之声专题报道；学习宣传贯彻《习近平关于妇女儿童和妇联工作重要论述摘编》和网上妇联建设工作在全国作交流发言。苏琴、汪蓉、林清等优秀女性获评“全国三八红旗手标兵（个人、集体）”荣誉。《中国故事》女主角交欣科技任子晖登上女性之声头条；元琛科技梁燕在联合国妇女地位委员会第67届会议边会上作主题演讲；交通警察钱小四入选“百个巾帼好网民故事”名单。

【妇联改革创新】 2023年，合肥市儿童友好迈入国家级阵营。成功入选国家儿童友好城市第二批建设名单，坚持战略规划、政策创新、单项指引、试点建设“四位一体”有效推进，市政府常务会议研究并印发实施方案，“2023年儿童友好十项举措”和7个单项指引全面落实，发布儿童友好城市LOGO和宣传片，建设儿童友好试点单元百余个，儿童友好公交助学专线29条，社区（村）儿童友好成长营86个，一批儿童可触可感的项目成效显现，儿童优先发展的理念成为全社会共识。

党政主导的维权工作体系效应凸显。维权联席会议纳入市域社会治理、平安合肥建设，同部署、同考核；合肥市一站式妇女儿童维权中心在市综治中心挂牌，家庭暴力、婚姻家庭矛盾纠纷案件做到“一案三书”“一案三推”，实现专班化推进、个案跟踪、闭环处置。全年家暴警情7978起、同比

2023年10月17日，“‘童’享合肥 美好未来——合肥市儿童友好城市LOGO发布暨‘好家庭 好家教 好家风’百场公益示范课首场讲座”拉开帷幕

（市妇联／供）

下降20.40%，家暴告诫书发放率由20.80%上升到61.20%。婚姻家庭纠纷人民调解委员会实现县级全覆盖，“和合码”试运行，逐步推动婚姻家庭纠纷“一网通办”“一网统管”。组建“娘家人”后援团109个1626人，联动走访重点家庭1万多户，心理疏导5800余人次。市民政局等4家单位（个人）获全国维护妇女儿童权益先进集体（个人）称号；庐江县婚姻家庭纠纷人民调解委员会获评全国模范人民调解组织称号。

基层妇联改革作用发挥彰显。全年成立小区妇联159个，通过组织优秀女性加入、引领社会资源导入、推动多元服务植入，开展“一老一小一困”服务、化解邻里矛盾纠纷、参与文明小区建设，服务群众5.6万人（次）。全国妇联副主席冯玲称赞“一米阳光”小区妇联是妇联系统贯彻落实“枫桥经验”的积极探索，对合肥基层妇联改革工作给予肯定。

【思想引领】 2023年，市妇联以主题教育为引领，打造“1+3”的宣传引领团队，即妇联干部宣讲团和“守心”巾帼宣讲团、维权普法律师团、家庭教育讲师团“四支”团队，深化理论学习。

结合开展“双百暖心工程”，在全市组建184支“合肥大姐”志愿服务队、实施343个“合肥大姐暖心一件事”，公益创投近20万元扶持培育一批巾帼志愿服务项目30个。蜀山区南七街道获评全国文明实践巾帼志愿阳光站，包河区云华社区获全省巾帼志愿服务优秀社区，蜀山区阿甘之家家长互助中心获全省巾帼志愿服务优秀组织。

以全国婚俗改革实验区和全国妇联移风易俗试点县区为抓手，推进社会主义核心价值观在家庭落地生根。开展廉洁家风润万家，市委组织部、市妇联联合开展县（市、区）干部家属座谈会，夯实“家庭助廉”基础作用；推进“合美万家”家风家教宣传月系列活动，培育新时代婚恋观、家庭观。积极践行中华民族共同体意识，开展“皖和一家亲”“皖台联姻徽乡行”“恒爱行动”等活动。

【服务发展】 助力科技创新。2023年，市妇联围绕“科技创新栽树工程”，牵头成立合肥市女科技工作者协会，吸纳127位航空航天、生物医疗、信息技术等领域的优秀女科技人才成为会员。发布“科技创新巾帼行动——合肥宣言”支持政策，打造12个“广玉兰”合肥女科技工作者能量驿站，设立巾帼科创基金、巾帼科技贷等金融产品，举办合肥科技菁英女性发展对话、WO·MEN系列活动，助力女科技人才在前沿探索中勇攀高峰、竞相领跑。支持6个女性科创项目，资金1200万元，发放贷款5.40亿元。

助力产业发展。响应女企业家们的呼声与诉求，组织知名业内专家“传经送宝”“问诊把脉”，开展女企业家大讲堂、圆桌论坛，助力女企业家洞察行业趋势，谋准企业转型新赛道。女企业家协会先后组织女企业家参加“一带一路”女性领导力论坛，与粤港澳大湾区、长三角、北京、澳门等地女商会、女企业家交流互访，服务合肥“双招双引”。

助力乡村振兴。围绕“千村引领、万村升级”工程，出台《合肥市乡村振兴巾帼行动十项举措》，全年建设省级美丽庭院6户，市级美丽庭院120户，县级美丽庭院1000户，妈妈的家宴30户，肥东山口凌、庐江少间王卫里等地成为合肥市民的“诗与远方”。扶持女性农业合作社、家庭农场、电商平台、家政公司14个，撬动社会资金446.32万元。全省学习浙江“千万工程”经验现场推进会在合肥召开。

【服务家庭】 开展青年交友项目。2023年，市妇联落实省市“人才招引和服务保障”的部署，回应家庭期盼，联合组织部门打造“为爱‘皖’留 ‘合’创未来”——合肥青年人才交流交友项目。累计举办17场次，来自科大讯飞、比亚迪、蔚来等重点企业人才5000多人次参与，让留肥来肥人才“此心安处是吾乡”更有温暖。

助力家庭教育。抓住家风“小切口”，推动廉洁家风润万家，推进“合美万家”家风家教宣传月系列活动，开展“皖和一家亲”“皖台联姻徽乡行”“恒爱行动”等活动。完善学校家庭社会协同育人机制，新建社区示范家长学校10个，打造“爱的教育”心理健康周末行、“好家庭好家教好家风”公益示范课、寒暑假儿童关爱服务“四个一百”等线下品牌，累计举办500场次，服务广大家庭4万人（次），提供个案家庭教育指导200余人次，合力点亮孩子们的精彩生活。

提质扩容家政服务。落实市委交办“抓好家政产业发展”的任务，双线调研积极推动家政进社区、建网点。举办长三角家政一体化高质量发展大会，发布13项地方（团体）标准，20家企业签订合作意向；开展广场舞大赛，宣传家政进社区相关政策，组织便民服务、就业招聘、技能培训等136场，《合肥李娜的故事》引爆朋友圈。

（王晓梅）

合肥市科学技术协会

【概况】 2023年，合肥市科学技术协会（以下简称“市科协”）深化系统改革，加强基层组织建设和推进科技资源科普化；推动《合肥市科学技术普及条例》颁布施行，持续提升全民科学素质水平，科技馆蜀西湖馆区试运营和展陈优化提升稳步推进。先后获评全国科普日活动优秀组织单位、2018-2023年度省科协系统先进集体等，党建考核获评“好”等次，合肥国家离岸基地获中国科协考评“优秀”等次，被继续认定为“国家海外人才离岸创新创业基地（合肥）”。

【服务科技工作者】 点亮精神火炬。2023年，市科协组织全市科协系统围绕“点亮精神火炬”主题，开展“全国科技工作者日”系列活动，共7个版块170余场。三河镇杨振宁故居、植物园陈俊愉事迹陈列馆获评“省科学家精神教育基地”（全省10家）。指导各县（市\区）、开发区科协广泛开展“讲述科学家的故事 弘扬科学家精神”等科学家精神进校园、进社区系列活动100余场。

*汇聚榜样力量。*开展“最美科技工作者”学习宣传，王菁等20名同志获“最美科技工作者”及提名，余彦、许永生获省“最美科技工作者”（全省10人）。做好创新争先奖、企业“创新达人”等举荐申报，张素贞等4名同志获省科协系统先进个人。走访慰问基层优秀科技工作者，召开座谈会听取意见建议，当好科技工作者的“娘家人”。

*夯实引才磁场。*组织开展拔尖人才、高层人才采集申报。开展科学传播职称继续教育学习，为技术人员提供便捷、高效、优质服务。围绕“人才强市”战略，举办第四届合肥市海外人才资本项目对接会、海外人才路演对接会和 “科创安徽”科技经济融合发展论坛等活动，助企纾困融资对接资源，强化国家海外人才离岸创新创业基地（合肥）建设，招引海外人才、落地双创项目。承办2023中国海外人才创新创业大赛总决赛暨颁奖活动。开展“科技领域新的社会阶层人士统战工作调查研究”等问卷调查，500余名科技工作者参加。做好科学传播职称推荐申报服务，79名科普工作一线同志获科学传播职称，其中副高6人，中级4人。

【服务创新发展】 发挥学会作用，强化创新动能。2023年，市科协根据第二十五届中国科协年会活动方案，做好任务分工。承办量子科技体系化创新能力高峰论坛，协助产业链专班精准对接相关全国学会，为引进科技项目、产业项目和人才项目创造条件。制定《关于组织第二十五届中国科协年会嘉宾参观合肥园博园的工作方案》，印发3500份参观指南，年会期间组织12批次约124名嘉宾参观园博园。接待中国科协科技经济融合专门委员来肥调研工作，配合省科协做好科技入皖行工作。

*发挥智力优势，坚持质量强刊。*图书馆学会、创造学会、青少年科技创新教育学会、市珠算心算协会、市护理学会等学会分别成功举办诗词大会、第十八届宋庆龄少年儿童发明奖、青少年人工智能创新实践大赛、海峡两岸珠心算通信比赛和护理用品创新大赛等活动。抗癌学会、营养学会、健康管理协会等学会开展各类科普活动500余场次。实施“科技专家服务基层志愿行”活动50余场次，受众达5000余人次。继续实施学术论文“标杆工程”，《生物学杂志》再次入选中国科学引文数据库（CSCD）2023—2024来源期刊，入编《中文核心期刊要目总览》2023年版（即第10版）之生物科学（除植物学／人类学）类核心期刊。

发挥平台作用，促进产学融合。合肥国家离岸基地与12家合作单位续签协议、新增总部空间1家；组建创新创业综合服务平台，各大型企业园区全年举办“创新创业”沙龙7场，对接产学研校企6家，开展知识产权、法律咨询进园区服务4场、举办“天使之约”投融资面对面沙龙3场。

*叠加联盟动能，夯实科普产业。*拓展联盟“朋友圈”，2023年新加盟企业10家。召开合肥市科普产业联盟第四次常务理事会，搭建科普产业发展框架。出台《合肥市科普产业“十四五”发展规划》。加强区域联动和资源共享，为企业发展牵线搭台，全力推动合肥市科普企业和产业发展，深化与长三角地区科普场馆合作交流。

【服务群众】 强化制度保障，发挥引领作用。2023年7月颁布的《合肥市科学技术普及条例》，发挥法治引领作用，落实科学普及与科技创新同等重要的制度安排。加强全民科学素质领导小组建设，成员单位增至32家，制定全民科学素质年度工作要点，明确成员单位职责任务。推进市政府《合肥市全民科学素质行动计划纲要实施方案（2021-2025年）》落实。针对五类重点人群，推动科普观念、传播方式、内容载体、运行机制等创新。

强化科普能力，提升科学素质。

承办2023年宋庆龄少年儿童未来科学日暨第十八届宋庆龄少年儿童发明奖，合肥揽获3个金奖、6个银奖以及10个铜奖的优异成绩，获奖总数居全国前列。举办青少年科技创新市长奖评选、青少年科技创新大赛、青少年机器人竞赛等一系列青少年科技素养类赛事活动；强化与《合肥日报》、凤凰安徽、人民网等主流媒体和网络平台合作，拓展传播领域，讲好合肥科普故事，上线“合小普”虚拟形象，提升品牌传播效能，为合肥科普增添新活力；开展全国科普日活动，发动市级学会、科普基地和社会各界于科普日期间开展群众性示范科普活动活动近2000场，让科普服务更加均衡普惠。联合市直单位开展全民科学素质大赛、科普读书月、科技活动周、防灾减灾日、食品安全宣传周等主题科普活动，增进公众对科普工作的了解和支持，积极营造崇尚创新和科学理性的社会氛围。

*赋能基层科普，推动重心下移。*以新时代文明实践中心、党群服务中心等为阵地，零距离、常态化、全覆盖开展科技志愿服务，构建联动科普志愿服务体系，实现科普服务有效对接，打通科普传播最后一公里。承担社会责任，推进校内外协同科技教育体系建设，推动全市中小学校与科普基地结对共建，推荐科技工作者担任近百所中小学校科技副校长，支持学会结合自身特点重点开展乡村振兴、生命健康、助力双减等学术活动。建成合肥市科技辅导员工作室30个，组织科技教育辅导员培训，促进科技教育资源均衡，提升科技辅导员队伍能力素质，为提升全市青少年科技素养保驾护航。

*推动科普融合，发挥科教资源优势。*推动科普与旅游、文化、体育融合发展，绘制完善《合肥市科普地图》，开发科普游线路，常态化开展“合肥科普游”活动，参与学生超10000人，组织长三角科普联盟科创科普游论坛，培育科普旅游市场；开展科技资源科普化课题研究，挖掘5个科技资源科普化典型案例，探索科技资源科普化样板。立足前沿科技成果走近大众，面向公众开展人造太阳、量子、深空探测等前沿科技科普工作，与中科院等离子体所建立人造太阳科普工作室，推动量子企业在合肥市一中、六中、十中等市属高中成立量子科学探究实验室，与科大地空学院联合开展九章论坛暨院士科普讲堂活动，广撒科学种子，厚植科技沃土。

*夯实科普阵地，构建科普全域新格局。*历时近6年的建设，合肥市科技馆蜀西湖馆区于8月2日起试运行，迅速成为科普“顶流”、新晋“网红”。以现代科技馆体系建设为主线，合肥市科技馆构建起“一馆两区”的新格局，成为合肥科普核心阵地。截至年底，蜀西湖馆区试运行70天，参观量近30万人次；黄山路馆区参观量仍然保持高位，全年接待公众达48万人次。各类线上线下科普资源高频输出，全馆累计开展各类科普教育活动3867场，成功举办2023年全国科普场馆展览展品研发与创新培训班，先后被评为“国家全民数字素养与技能培训基地”“安徽省科普示范单位”“第九批合肥市学雷锋活动示范点”“合肥市科技旅游示范基地”“合肥市全民国家安全教育示范基地”。推进县区科技馆、社区科普馆建设，肥东县科技馆建成试运行。制定《合肥市科普教育基地管理办法》，实现科普教育基地规范管理，截至年底，全市有126家市级、21家省级、23家国家级科普教育基地。联合市直部门认定10家合肥科普游基地、13家防震减灾科普基地、14家科技旅游示范基地。

【资政服务】 加强智库建设。2023年，市科协印发《合肥市科学技术协会项目评审专家库管理暂行办法》和《合肥市科学技术协会项目专家评审管理暂行办法》，组建全新评审专家库，建立评委抽选

2023年3月29日，安徽省科学技术普及项目——航空航天科普进校园活动举办 （市科协/供）

表 2 合肥市科技辅导员工作室一览表

序号	工作室	领衔人	备 注
1	吴斌机器人创新教育工作室	吴斌	市青少年科教学会执行会长童宗兵
2	刘涛科学与艺术工作室	刘涛	蜀山区教育体育局
3	刘兵人工智能教育工作室	刘兵	合肥市第五十五中学新校区
4	邵和义科技创新工作室	邵和义	合肥市第四十五中学
5	任传龙机器人工作室	任传龙	合肥市第四十六中学
6	张素贞人造阳新能源科学科技辅导员工作室	张素贞	中科院合肥研究院等离子体
7	许永生科技创新机器人工作室	许永生	巢湖市第二中学
8	合肥市高中青少年科技教育工作室	鲍康胜	合肥市第六中学
	合肥市高中青少年科技教育工作室	赵言言	合肥市第十中学
	合肥市高中青少年科技教育工作室	朱焱军	合肥市滨湖寿春中学
9	合肥市黄新科学影像工作室	黄新	合肥市南门小学
10	合肥市张守功科普教育工作室	张守功	合肥市大店小学
11	陈明 3D 智能设计合肥市科技辅导员工作室	陈明	安徽省庐江实验中学
12	蔡冬冬智能创新教育工作室	蔡冬冬	肥东县青少年活动中心
13	青少年 STEAM 创新教育工作室	容兰	合肥市第八中学
	青少年 STEAM 创新教育工作室	范良欢	合肥市创造学会
14	合肥市高中机器人教育工作室	汤磊	合肥市第一中学
	合肥市高中机器人教育工作室	胡波	合肥市第八中学
15	青少年人工智能（编程）教育马敏工作室	马敏	合肥一六八玫瑰园学校
16	殷志国青少年科技创新教育工作室	殷志国	肥西县青少年校外活动中心
17	樊磊科技创新教育工作室	樊磊	合肥北城中学
18	顾鹏程人工智能教育工作室	顾鹏程	安徽省庐江第二中学
19	陈传军人工智能教育工作室	陈传军	合肥市五十中学西校
20	方晓磊新时代中小学科学教育工作室	方晓磊	包河区教育体育局电教与装备中心
21	尹斌人工智能科技教育工作室	尹斌	合肥高新创新实验小学
22	刘文成科普活动工作室	刘文成	合肥市淮合花园小学
23	刘宜萍人工智能创新教育工作室	刘宜萍	合肥市一六八中学
24	李磊中职创新教育工作室	李磊	合肥市通用技术学校
25	孙裴兰科学探究工作室	孙裴兰	中科院合肥物质科学研究院 合肥现代科技馆
26	三人行科创荟工作室	刘立杰	合经区教育发展中心教学教研室
	三人行科创荟工作室	邓威	合肥市莲花小学
	三人行科创荟工作室	苏婷	清华附中合肥学校
27	合肥市青少年气象天文科普教育工作室	杜瑞和	合肥一六八玫瑰园学校教育集团 东校区
	合肥市青少年气象天文科普教育工作室	蔡兴林	合肥市第十中学
28	学生数字素养提升辅导员工作室	王菁	合肥市亳州路小学
	学生数字素养提升辅导员工作室	宋蓓蓓	合肥市第四十五中学橡树湾校区
29	合肥市青少年信息学教育工作室	汪义超	合肥市第一中学
		金鑫	合肥市第八中学
		樊高雁	合肥师范学院
30	合肥市青少年数字智造创新工作室	戴厚贵	合肥市第六中学
		丁昕	合肥市琥珀小学

表 3 合肥市科普教育基地一览表

序号	单位	年度	级别
1	安徽省科学技术馆	2021—2025	国家级科普教育基地
2	合肥市科技馆	2021—2025	国家级科普教育基地
3	清大中创科技创新研学基地	2021—2025	国家级科普教育基地
4	安徽医科大学人体结构与功能医学科普教育基地（实验教学中心）	2021—2025	国家级科普教育基地
5	安徽省地质调查院（安徽省地质科学研究所）	2021—2025	国家级科普教育基地
6	中国科学院等离子体物理研究所	2021—2025	国家级科普教育基地
7	火灾科学国家重点实验室（中国科学技术大学）	2021—2025	国家级科普教育基地
8	清华大学合肥公共安全研究院	2021—2025	国家级科普教育基地
9	安徽青松食品有限公司粮油食品科普基地	2021—2025	国家级科普教育基地
10	国家同步辐射实验室（中国科学技术大学）	2021—2025	国家级科普教育基地
11	合肥气象科普馆	2021—2025	国家级科普教育基地
12	安徽省地质博物馆	2021—2025	国家级科普教育基地
13	安徽新华印刷文化综合体验馆	2021—2025	国家级科普教育基地
14	安徽博物院	2021—2025	国家级科普教育基地
15	安徽创新馆	2021—2025	国家级科普教育基地
16	安徽朗巴航空科普馆	2021—2025	国家级科普教育基地
17	合肥市智能机器人研究院（原哈工大机器人（合肥）科普研学基地）	2021—2025	国家级科普教育基地
18	合肥工业大学资源与环境工程学院	2021—2025	国家级科普教育基地
19	中国科学院科学传播研究中心	2021—2025	国家级科普教育基地
20	安徽省中医院（徽派炮制实训中心、中药识别科普馆）	2021—2025	国家级科普教育基地
21	茶树生物学与资源利用国家重点实验室（安徽农业大学）	2021—2025	国家级科普教育基地
22	合肥现代科技馆	2021—2025	国家级科普教育基地
23	合肥植物园	2021—2025	国家级科普教育基地
24	安徽省图书馆	2020—2024	省级科普教育基地
25	安徽质量文化长廊	2020—2024	省级科普教育基地
26	“四季童耕”科普探索馆	2020—2024	省级科普教育基地
27	合肥景鉴量子教育科技有限公司量子探梦科普研学教育展厅	2020—2024	省级科普教育基地
28	安徽中烟工业有限责任公司合肥卷烟厂卷烟制作生产线	2020—2024	省级科普教育基地
29	肥西县档案馆	2020—2024	省级科普教育基地
30	安徽德丰生态农业有限公司科普教育基地	2020—2024	省级科普教育基地
31	安徽省高速公路试验检测科研中心有限公司	2020—2024	省级科普教育基地
32	安徽省院士专家联谊会院士风采展厅	2020—2024	省级科普教育基地
33	合肥子木园博物馆	2020—2024	省级科普教育基地
34	中国科学技术大学化学实验教学中心	2020—2024	省级科普教育基地
35	合肥格易集成电路有限公司集成电路科技馆	2020—2024	省级科普教育基地
36	巢湖市气象局巢湖市气象科普馆	2020—2024	省级科普教育基地
37	合肥现代农业气象示范基地	2021—2025	省级科普教育基地
38	庐江台湾农民创业园	2021—2025	省级科普教育基地
39	安徽工业经济职业技术学院地球科学科普教育基地	2021—2025	省级科普教育基地
40	安徽省七星工程测试有限公司科普教育基地	2021—2025	省级科普教育基地
41	国仪行云科学少年派科学探究基地	2021—2025	省级科普教育基地
42	赛为智能科普中心	2021—2025	省级科普教育基地
43	合肥中科深谷科技发展有限公司科普教育基地	2021—2025	省级科普教育基地
44	合肥工业大学智能制造技术研究院	2021—2025	省级科普教育基地
45	安徽肥东管湾国家湿地公园	2023—2026	市级科普教育基地
46	合肥龙栖百鸟园	2023—2026	市级科普教育基地
47	肥东县猫头鹰近视防控基地	2023—2026	市级科普教育基地
48	安徽巳合文化欢乐森林	2023—2026	市级科普教育基地
49	合肥肥东白龙通用机场	2023—2026	市级科普教育基地
50	肥西县青少年校外活动中心	2023—2026	市级科普教育基地

续表

序号	单位	年度	级别
51	合肥创农水培基地	2023—2026	市级科普教育基地
52	安徽皖美物流科技馆	2023—2026	市级科普教育基地
53	肥西县井庄情生态农业农民专业合作社	2023—2026	市级科普教育基地
54	安徽咏禾农业生态基地	2023—2026	市级科普教育基地
55	合肥万丰生态稻虾养殖专业合作社	2023—2026	市级科普教育基地
56	安徽沃土稻虾养殖专业合作社	2023—2026	市级科普教育基地
57	肥西县航空航海模型协会	2023—2026	市级科普教育基地
58	合肥少年疆来科技教育研学基地	2023—2026	市级科普教育基地
59	合肥市金伶俐家庭农场	2023—2026	市级科普教育基地
60	合肥市祥林生态水果种植家庭农场	2023—2026	市级科普教育基地
61	合肥李庄生态农业基地	2023—2026	市级科普教育基地
62	合肥磐石智能科普馆	2023—2026	市级科普教育基地
63	肥西县双枣社区	2023—2026	市级科普教育基地
64	TCL 合肥冰洗基地科普馆	2023—2026	市级科普教育基地
65	长丰县科技馆	2023—2026	市级科普教育基地
66	长丰县气象局气象科普馆	2023—2026	市级科普教育基地
67	中科合肥智慧农业协同创新研究院	2023—2026	市级科普教育基地
68	合肥市锦韵多肉植物园	2023—2026	市级科普教育基地
69	庐江县千万家农作物种植专业合作社	2023—2026	市级科普教育基地
70	安徽微特电机科普基地	2023—2026	市级科普教育基地
71	庐江县雅蕊生态养殖基地	2023—2026	市级科普教育基地
72	安徽茂壮农业科技教育基地	2023—2026	市级科普教育基地
73	庐江县食用菌协会	2023—2026	市级科普教育基地
74	安徽腾云生态农业科普教育基地	2023—2026	市级科普教育基地
75	安徽皖涛农业生态基地	2023—2026	市级科普教育基地
76	合肥市喜洋洋现代农业生态基地	2023—2026	市级科普教育基地
77	安徽经纬度航空基地	2023—2026	市级科普教育基地
78	巢湖市青少年科技辅导员协会	2023—2026	市级科普教育基地
79	安徽工布智造工业科技基地	2023—2026	市级科普教育基地
80	合肥职业技术学院建筑工程学院	2023—2026	市级科普教育基地
81	合肥职业技术学院现教中心	2023—2026	市级科普教育基地
82	合肥职业技术学院医学院	2023—2026	市级科普教育基地
83	萌兽王国儿童乐园	2023—2026	市级科普教育基地
84	合肥市瑶海区方庙街道办事处	2023—2026	市级科普教育基地
85	合肥市瑶海区城东街道合裕路社区	2023—2026	市级科普教育基地
86	合肥市瑶海区明光路街道办事处	2023—2026	市级科普教育基地
87	合肥市第二人民医院	2023—2026	市级科普教育基地
88	瑶海区长淮街道临泉路社区	2023—2026	市级科普教育基地
89	合肥市瑶海青少年活动中心	2023—2026	市级科普教育基地
90	合肥市瑶海区和平路街道荻港路社区	2023—2026	市级科普教育基地
91	七里站街道恒通社区	2023—2026	市级科普教育基地
92	安徽省勘查技术院（安徽省地质矿产勘查局能源勘查中心）	2023—2026	市级科普教育基地
93	合肥市庐阳区四里河街道桃花园社区居民委员会	2023—2026	市级科普教育基地
94	合肥综合性国家科学中心能源研究院（安徽省能源实验室）	2023—2026	市级科普教育基地
95	合肥市庐阳区大杨镇夹塘社区	2023—2026	市级科普教育基地
96	庐阳区青少年视力保护基地	2023—2026	市级科普教育基地
97	安徽省妇女儿童活动中心	2023—2026	市级科普教育基地
98	大隐原乡科普集市	2023—2026	市级科普教育基地
99	元・书局	2023—2026	市级科普教育基地
100	安徽无人机科普基地	2023—2026	市级科普教育基地
101	安徽芸林生态农业科普教育基地	2023—2026	市级科普教育基地

续表

序号	单位	年度	级别
102	合肥市海棠街道藕塘社区居民委员会	2023—2026	市级科普教育基地
103	庐阳区青少年科技创新实验中心	2023—2026	市级科普教育基地
104	合肥盐业科普教育基地	2023—2026	市级科普教育基地
105	怡居书坊	2023—2026	市级科普教育基地
106	蜀山区笔架山街道文博苑社区	2023—2026	市级科普教育基地
107	蜀山区笔架山街道天鹅湖社区工作站	2023—2026	市级科普教育基地
108	合肥蜀山万象汇	2023—2026	市级科普教育基地
109	蜀山区稻香村街道合作化南路社区	2023—2026	市级科普教育基地
110	蜀山区五里墩街道清溪路社区	2023—2026	市级科普教育基地
111	蜀山区五里墩街道青阳路社区红色口述史馆	2023—2026	市级科普教育基地
112	蜀山区五里墩街道龙居社区工作站	2023—2026	市级科普教育基地
113	蜀山区井岗镇十里庙社区居民委员会	2023—2026	市级科普教育基地
114	合肥市图书馆	2023—2026	市级科普教育基地
115	安徽省红十字应急救护培训指导中心	2023—2026	市级科普教育基地
116	科创驿站科学岛站	2023—2026	市级科普教育基地
117	无人机飞行训练实验室	2023—2026	市级科普教育基地
118	合肥托特教育科技基地	2023—2026	市级科普教育基地
119	合肥庐村生态文化基地	2023—2026	市级科普教育基地
120	合肥桐科电子科技基地	2023—2026	市级科普教育基地
121	安达科学博物馆	2023—2026	市级科普教育基地
122	合肥南动车运用所	2023—2026	市级科普教育基地
123	创梦剧场科普教育基地	2023—2026	市级科普教育基地
124	滨湖青少年视力保护基地	2023—2026	市级科普教育基地
125	祺点青少年人工智能体验基地	2023—2026	市级科普教育基地
126	包河区常青街道妇女儿童服务中心	2023—2026	市级科普教育基地
127	清枫低碳小屋	2023—2026	市级科普教育基地
128	蓝藻科普馆	2023—2026	市级科普教育基地
129	滨湖国家森林公园	2023—2026	市级科普教育基地
130	包河区烟墩街道滨湖明珠社居委	2023—2026	市级科普教育基地
131	云谷创新园·人工智能体验中心	2023—2026	市级科普教育基地
132	合肥本源量子计算体验中心	2023—2026	市级科普教育基地
133	马塔塔动物王国	2023—2026	市级科普教育基地
134	合肥创新院科普教育基地	2023—2026	市级科普教育基地
135	合肥高创科普教育基地	2023—2026	市级科普教育基地
136	禁毒教育基地	2023—2026	市级科普教育基地
137	安徽科博产品检测研究科普教育基地	2023—2026	市级科普教育基地
138	科大讯飞人工智能体验馆	2023—2026	市级科普教育基地
139	欧普康视近视防控科普体验馆	2023—2026	市级科普教育基地
140	安徽中科昊音科普教育基地	2023—2026	市级科普教育基地
141	中科星图 GEOVIS 数字地球全球总部基地	2023—2026	市级科普教育基地
142	科大国盾量子科普教育基地	2023—2026	市级科普教育基地
143	合肥经济技术开发区临湖社区管理委员会	2023—2026	市级科普教育基地
144	合肥鹰视眼科近视防控基地	2023—2026	市级科普教育基地
145	联宝（合肥）科技科普基地	2023—2026	市级科普教育基地
146	安徽双马生态农场	2023—2026	市级科普教育基地
147	安徽中医药大学中药资源中心	2023—2026	市级科普教育基地
148	安徽中医药大学人体科学馆	2023—2026	市级科普教育基地
149	安徽中医药大学新安医学文化馆	2023—2026	市级科普教育基地
150	安徽尊贵现代农业科技园	2023—2026	市级科普教育基地
151	“少年工匠”国轩高科创新实践基地	2023—2026	市级科普教育基地

续表

序号	单位	年度	级别
152	合肥市新型显示高端装备科普教育基地	2023—2026	市级科普教育基地
153	海棠花海	2023—2026	市级科普教育基地
154	合肥职业技术学院“职业教育与合职发展”展览馆	2023—2026	市级科普教育基地
155	磨店社区光明社居委	2023—2026	市级科普教育基地
156	淮合社居委	2023—2026	市级科普教育基地
157	新站区七里塘社区张洼社居委	2023—2026	市级科普教育基地
158	安徽巢湖经济开发区消防安全体验馆	2023—2026	市级科普教育基地
159	巢湖学院化学与材料工程学院实验实训中心	2023—2026	市级科普教育基地
160	巢湖学院旅游管理学院茶艺实训中心	2023—2026	市级科普教育基地
161	安巢经开区半汤街道西山社区	2023—2026	市级科普教育基地
162	合肥市包河区常青街道竹西社区居民委员会	2023—2026	市级科普教育基地
163	三国	2023—2026	市级科普教育基地
164	合肥市第一人民医院	2023—2026	市级科普教育基地
165	“庐州珠算”科教基地	2023—2026	市级科普教育基地
166	合肥市护理学会	2023—2026	市级科普教育基地
167	合肥市心理咨询师协会	2023—2026	市级科普教育基地
168	合肥市茶文化研究会	2023—2026	市级科普教育基地
169	合肥市青少年心理研究会	2023—2026	市级科普教育基地
170	合肥市创造学会	2023—2026	市级科普教育基地

“双盲”方式，规范科普赛事评审专家库的运行管理制度。

加强合作共享。组织学会建言献策，省市共建工作站航海学会、市老科协巢湖工作处等学会撰写多篇调研报告，市老科协巢湖工作处《深入推进新一轮巢湖综合治理，全力打造巢湖最好的名片》一文，被《安徽省科技工作者建议》刊用。各学会根据学科建设情况，建立本学科人才专家库。

【组织建设】 抓制度规范。2023年，市科协建立和完善《合肥市科技馆内控制度》《“合肥市科技馆人才码”应用场景接入方案》《合肥市青少年机器人竞赛裁判员管理制度》《合肥市科创服务中心为企服务工作要求》等4项制度。从单位内部管理制度着手，进行整合优化、查漏补缺，在制度层面形成规范，做到按制度办事，按规矩办事。

夯实科协基层基础。加强企业园区科协建设，新成立滨湖卓越城文华园科协、市二院科协等一批企业科协，截至年底，有企业科协281家，高新技术企业占比77%，指导企业科协积极开展活动，交流展示100余篇工作信息，国轩高科、丰乐农化等企业科协接受中国科协企业创新服务中心专访报道。指导巢湖、长丰科协改选换届。做好省科协十一大代表推选，推选54名同志，基层一线科技工作者占比70%，组织合肥代表团成员参加省科协十一大，肥西县科协、市护理学会等获省科协系统先进集体。

（王家琦）

合肥市文学艺术界联合会

【概况】 2023年，合肥市文学艺术界联合会（以下简称“市文联”）下辖肥东县、肥西县、长丰县、庐江县、巢湖市、瑶海区、庐阳区、蜀山区、包河区9个县（市、区）文联组织，市文学艺术创作研究所、市书画院、合肥·久留米友好美术馆、亚明艺术馆4个事业单位，市作家协会、市美术家协会、市书法家协会、市摄影家协会、市音乐家协会、市舞蹈家协会、市戏剧家协会、市曲艺家协会、市民间艺术家协会、市电影电视艺术家协会、市文艺志愿者协会11个文艺家协会。被安徽省文联表彰为2023年度优秀团体会员单位。

2023年，市文联强化文联政治机关意识，全面落实党建主体责任，从严落实“三重一大”事项决策和监督机制，配合市委巡察和经济责任审计。深入开展第二批主题教育，系统梳理“五类问题”15项，结合“四下基层”，形成4篇调研报告和2篇正反案例剖析材料。严格对外宣传“三审”制度，健全“三重”任务包保机制。按照主管主办主责的原则，加强对展览展示、创作采风、论坛讲座以及网络平台等活动阵地的监督管理。

【文艺实践活动】 2023年，市文联围绕学习宣传贯彻党的二十大精神和市委市政府的中心工作，组织开展一系列主题鲜明、特色突出、影响广泛的主题文艺活动。文学方面，组织《走村——合肥乡村振兴纪实》文学主题创作活动；美术方面，举办大美合肥——合肥市第二届美术大展，新时代 新风采——庆祝改革开放45周年合肥市写生创作邀请展，合肥当代版画精品展，美丽合肥 丹青之约——美术作品学术交流暨写生创作活动；书法方面，举办第三届“包公杯”全国书法篆刻大赛，首届“庐州杯”新文艺群体书法大赛；摄影方面，举办合肥第二届摄影艺术双年展，《百味合肥》摄影展，一条大河波浪宽——影像记录引江济淮展，“中国梦·劳动美——致敬奋斗者”2023年合肥市职工摄影大赛；音乐方面，举办庐州遗韵《西麓堂琴统》打谱会；民间文艺方面，举办“非遗贺新春”2023庐州传统手工技艺展，“翰墨新春 只此芳华”2023传统书画与手工服饰主题展。配合第十四届中国（合肥）国际园林博览会宣传工作，参与景点命名和题写，开展诗歌、散文征集，采写景点故事，寻找最佳摄影点、网红打卡点，创作“园博十景图”，举办书画名家邀请展、“我来拍园博”摄影大赛。传承中华优秀传统文化，举办“合肥市首届少儿书画大展”。加强文艺界统战工作，举办“讴歌新时代·同心跟党走——第二届合肥市文艺‘两新’美术作品邀请展”。适应网络新形势，举办“视觉合肥”“劳动者之歌”等6个系列网络摄影展，“瑞兔呈祥·丹青迎春”等5次网络美术作品展，以及“淝上烟云”书画家作品系列展，受到广泛关注和好评。

推动合肥文艺“走出去”“请进来”，先后赴上海、江苏、浙江开展美术馆建设学习交流，赴山西太原、大同开展书法交流，赴池州、宣城开展文学交流。争取上级资源，引进中国美术馆“‘为新时代人物塑像’作品巡展（合肥站）”。加强与长三角地区文化交流，举办第三届长三角中青年版画家邀请展，风韵·风骨——长三角地区美术馆专职艺术家作品展，第二届“马郢杯”长三角“美丽乡村”书法大赛，“壶中日月”书画紫砂名家作品邀请展，“漫话合肥——首届中国（合肥）漫画展”，活态传承 创新发展——长三角民间工艺美术名家作品邀请展，又见一年春·长三角女画家作品邀请展。参加合肥与韩国原州结好20周年纪念活动，举办庆祝两市结好20周年文艺演出和两市友好交流20周年摄影图片展。

【文艺精品创作】 2023年，市文联实施文艺精品创作工程，探索打造“合肥代表作”。加大创作生产的统筹选题、组织引领、创作调度和对口指导。《追风》等10部作品获省“五个一工程”奖，各艺术类别均有斩获，首次实现大满贯。7个文艺门类11件作品入选“国元证券杯”安徽省文艺创作年度推优活动优秀作品，居全省首位。文学方面，在省级以上文学刊物发表各类文学作品近百万字，部分作品在《人民文学》《诗刊》《人民日报》刊发，1人获冰心散文奖，小说《分水岭上》入选中国作协“山乡巨变”项目；舞蹈方面，《延乔兄弟》入选第十四届全国舞蹈展演创作奖、入围“荷花奖”终评名单，《快乐皮影娃》等3部作品获得省少儿舞蹈会演一等奖、入围“小荷风采”全国少儿舞蹈展演；摄影方面，2人入选第29届全国摄影艺术展，96件作品入选第22届安徽省摄影艺术展；书法方面，2人入选全国第三届书法临帖作品展，4人入选全国第九届篆刻作品展览，5人入选全国第九届楹联书法作品展，7人入选2023“中国书法·年

2023年9月19日，“大湖之约 青春新站——艺术名家大讲堂”在合肥幼儿师范高等专科学校举行 （市文联/供）

展”全国书法篆刻作品展；美术方面，10人入选国家级展览，51人在省级展览中获奖；曲艺方面，《李逵夺鱼》获2023中国宝丰马街书会传统长篇大书擂台赛一等奖，《夜半对话》入围第十一届中部六省优秀曲艺展演，4部作品入围第十一届安徽曲艺展演。

【文艺志愿服务】 2023年，市文联坚持送文化种文化传精神相结合，发挥文艺志愿者协会引领作用，引导广大文艺工作者深入重大工程现场、企业、农村、社区、学校，到生活腹地发掘创作高地，“采”“种”结合，推动文艺志愿服务与满足人民精神文化需求有效衔接。广泛开展“百名书法家义务为民写春联”20余场，现场书写赠送春联福字1万余幅，1名同志获中书协2023年两节期间“送万福进万家下基层公益活动”先进个人。常态组织“合肥文艺志愿者在行动”等文艺志愿服务活动200余场，举办“大湖之约——艺术名家大讲堂”3场。发挥美术馆公教功能，开设中小学生美育课堂，举办各类少儿书法美术展览及公益教学活动11场。承担中国文联“文艺进万家，健康你我他”新时代文明实践文艺志愿服务项目，采取群众点单、文联下单、艺术家接单、观众评单方式，形成市、县、乡、村四级联动模式。肥东县包公镇青春社区入选全国宣传推选学雷锋文艺志愿服务“四个100”时代风尚先进典型“最美文艺志愿服务社区”。

【文联组织建设】 加强基础建设。2023年，市文联推动文联深化改革。落实《市文联文艺家协会工作制度》，修订《市文联各文艺家协会主席团、理事会成员履职工作规则》。围绕推动基层文联高质量发展等4个方面深入开展大调研，指导蜀山区、肥西县文联完成换届，3人入选江淮文化名家工作室，1人入选江淮文化名家领军人才，2人入选江淮文化名家青年英才，4人被遴选为第三批合肥市宣传文化名家工作室领衔人。

加强协会建设。开展会员信息摸排，各协会吸纳和发展新会员500余名，推荐获批省级会员180余名，推荐获批国家级会员23名。截至2023年底，有国家级会员513人，省级会员2416人市级会员6288人。指导协会成立专业委员会，推进“双百”人才培养计划，配合完成省级文艺家协会集中换届人才推荐工作。

加强阵地建设。推进合肥美术馆项目建设，完成主体结构施工；亚明艺术馆完成维修改造。加强对合肥·久留米友好美术馆、亚明艺术馆、市书画院、市文研所等文艺阵地的指导和管理，合肥·久留米友好美术馆全年举办展览28场，接待观众4万人次；亚明艺术馆举办展览17场，接待观众3万人次；市书画院、市文研所举办学术活动11次；《合肥文艺》出刊6期，发表文学作品50万余字，多部作品被其他刊物选载。

（王　春）

合肥市归国华侨联合会

【概况】 2023年，合肥市归国华侨联合会（以下简称“市侨联”），在中国侨联第十一次侨代会上，2名代表参会，其中1人当选中国侨联委员，1名基层侨联干部获“全国侨联系统先进工作者”表彰，3名侨界代表获“全国归侨侨眷先进个人”表彰。2023世界制造业大会“百家侨企”项目组织工作获省侨联“优秀组织奖”表扬，各项工作取得新成效。

【双招双引】 2023年，市侨联做好重大项目落户对接，参与

2023年9月20日，市侨联组织参加世界制造业大会“百家侨企”签约活动，现场签约高新侨企合作项目5个，投资总额11.91亿元　（市侨联/供）

2023 世界制造业大会“百家侨企”项目对接、“巢湖侨创峰会”等活动，新增侨企签约项目 4 个，总投资额 7.81 亿元。累计提供县干招商项目信息 25 条，人才线索 2 条，5 个招商项目签约落地，投资总额 11.91 亿元，2023 世界制造业大会“百家侨企”项目组织工作获省侨联“优秀组织奖”表扬。推动市侨商会打造市级侨创孵化基地（合肥市侨创科技孵化器有限责任公司），成立“合肥市侨商会青年企业家联盟”。

【联络联谊】 2023 年，市侨联先后接待美国、英国、德国、丹麦、智利、越南、新西兰、澳门等海外、境外侨商侨领近 40 人次，随省侨联赴浙江考察，先后到访宁波、青田、丽水等地，与当地侨联、侨社团开展深入交流，对接侨务资源。组织港澳地区侨界杰出青年参加全省首届“皖港澳台侨界杰出青年论坛”，与 40 位嘉宾同场会话。参加省侨联外访团出访东南亚地区，与《区域全面经济伙伴关系协定》(RCEP) 15 个成员国的安徽商会建立联系。联合新华社安徽分社、省侨联在六家畈“侨胞之家”举办“侨联”端午“新华”传情活动，现场连线海外侨胞，指导基层依托“侨胞回家过节”品牌，结合重大活动和节日，组织开展丰富多彩的侨主题活动 86 场，联络联谊侨胞千余人次。

【文化宣传】 2023 年，市侨联通过侨的视角，以侨见、侨感讲好合肥故事，邀请中新社、国际在线、新华社安徽分社等主流媒体记者来肥采风，实地感受并通过他们向海内外华侨华人宣传合肥经济社会发展取得的非凡成就。举办“再回故里 相聚半汤——海内外艺术家交流联展”，展出美籍华人青年艺术家把蔓沁等十余位艺术家优秀作品。组织参加中国侨联、全国台联、人民日报海外版、快乐作文杂志联合主办的第二十三届世界华人学生作文大赛征文活动，动员近 5 万余名在校学生参赛，选送参赛作品 3600 余篇，获一等奖 26 名、二等奖 116 名、三等奖 172 名，各奖次均位列全省乃至全国侨联系统前列，创历届参与面、参赛质量和获奖篇数新高。市侨联、肥东县侨联、巢湖市侨联获“优秀组织单位”奖。

【阵地建设】 2023 年，市侨联推动侨胞之家活动融入党建、融入民生、融入侨界群众活动、融入新侨工作。庐江县矾山镇“侨胞之家”等 6 家省级侨胞之家获批挂牌，亳州路街道财富广场侨胞之家、长丰（双凤）经开区邻湖社区侨胞之家、和平路街道星级侨胞之家获评省侨联“星级侨胞之家”。逍遥津公园、罍街、瑶海区长江 180 艺术街区成功申报省级华侨国际文化交流基地。推动蜀山区揭牌首个经中国侨联批准授牌的“侨心书苑”。

【为侨服务】 2023 年，市侨联持续开展“我为侨界群众办实事”活动。建立侨企恳谈制度，召开专题恳谈会。组织侨商会会员企业中科重明资助 4 名困难大学生，牵线美国纽约华人总商会“芳草春晖”慈善项目向长丰县造甲乡捐款奖（助）学金、助教金 20 万元，开展“侨爱心·光明行”公益活动，为眼疾群众无偿实施白内障、胬肉手术千余例。开展慰问企业退休老归侨、困难归侨侨眷活动，发放救助金 15.64 万元，惠及侨胞 113 人次。深化依法护侨工作，与庐阳区侨联联动开展“弘扬宪法精神，依法维护侨益”活动。召开法顾委合肥工作站工作对接会，组织法顾委专业律师资源与基层对接，为信访人提供法律援助，全年累计办结信访件 8 件。

（吴　俊）

合肥市残疾人联合会

【概况】 2023 年，合肥市残疾人联合会（以下简称“市残联”）牵头实施 5 项合肥市民生实事惠残项目，康复救助 24807 人、职业技能培训和创业培训 2022 人次、无障碍改造困难重度残疾人家庭 2165 户、资助残疾学生 801 人次、阳光家园计划托养残疾人 6763 人。

【市残联第八次代表大会召开】 2023 年 2 月 22 日，市残联第八次代表大会召开。会议审议并通过市残联第七届主席团工作报告，选举产生市残联第八届主席团和出席省残联第八次代表大会代表，推举并通过执行理事会理事长、副理事长、理事，通过各专门协会主席、副主席。选举产生市残联新一届主席团主席、新一届执行理事会理事长和副理事长。会议强调，全市各级残联组织要深入贯彻落实党的二十大精神，扎实推进残疾人多层次社会保障制度和残疾人康复服务体系建设，提升残疾人教育水平，助推残疾人就业创业增收，维护残疾人合法权益，推进残疾人文化体育事业发展，打造“过硬残联”“暖心残联”“清净残联”，全面推动残疾人事业迈上新台阶，为奋力谱写中国式现代化合肥篇章贡献残联力量。

【康复服务】 2023年，市残联实施残疾人精准康复服务行动，20464名残疾人得到基本康复服务、3722名残疾人得到基本辅助器具适配服务。出台《合肥市残疾人基本型辅助器具适配补贴实施细则》，明确适用对象，规定113种基本型辅具的使用年限、补贴标准、评估要求和不同适用对象的补贴比例。推广残疾儿童康复基本公共服务标准化成果，试点完善30家残疾儿童康复救助定点机构康复的服务模式、救助方式、救助标准、管理形式和风险管控，有效探索残疾儿童康复基本公共服务的实施路径和标准规范。

【残疾人就业创业】 2023年，市残联实施促进残疾人就业三年行动方案和残疾人就业创业10项行动，新增残疾人就业2686人、职业技能培训2258人次。落实残疾人就业创业教育培训资金管理办法，扶持阳光大棚41个、残疾人辅助性就业机构52家、盲人保健（医疗）194家，灵活就业社保补贴2002人，设施农业项目补贴40人、职业技能补贴624人、教育资助1691人，按比例安排残疾人就业2550人、超比例（安置残疾人）奖励7家。蜀山区阳光家园托管中心入选全国首批“美丽工坊”，安徽德远人力资源、安徽风之星投资控股、合肥燕鳐智能科技被认定为国家级“残疾人大学生就业创业实习（见习）基地”。

表4　　2023年市残联实施民生实事惠残项目一览表

项目名称		牵头单位	全年任务	全年完成数
困难群体救助	困难残疾人康复救助（名）	市残联	14822	24807
	残疾人职业技能培训和创业培训（人次）	市残联	1259	2022
	困难重度残疾人家庭无障碍改造（户）	市残联	1921	2165
	残疾学生资助（人次）	市残联	应补尽补	801
	残疾人托养服务（人）	市残联	5000	6763

【残疾人权益保障】 2023年，市残联坚持“属地管理、分级负责，谁主管、谁负责”原则，落实残疾人权益保障各项帮扶措施，办理“12345政府服务直通车”109件、全省信访系统2件、群众来信19件，接待来访群众134批次，妥善处置2008年正三轮车主社保接续，信访事项办理群众满意度并列全市第一。购买残疾人意外保险3.0242万人，发放机动轮椅车燃油补贴1687人。

【残疾人事业宣传】 2023年，市残联组织开展残疾人事业宣传活动，举办“诵读新时代·逐梦新征程”残疾人线上读书日、第三十三次“全国助残日”暨包河区“爱心助残益起行”、第二十四次全国爱耳日等宣传活动，进一步丰富残疾人精神文化生活。推进残疾人专题专栏，开设《手语新闻》电视专题节目1个、《共有这片蓝天》广播专题节目1个，刊发《合肥晚报·温馨残联》专版24期，评选残疾人事业好新闻18件、“与爱同行——关爱残疾人”征文20篇。更新“合肥残联”微信公众号468条、网站发布1495条。组团参加省第五届特殊奥林匹克运动会，获13金4银10铜奖牌；参加杭州第四届亚残运会，获1银1铜奖牌；参加2023年世界残奥举重锦标赛，获1金1银奖牌。

2023年2月16日，合肥市第十六届残疾人职业技能竞赛举办　（市残联／供）

【组织建设】 2023年，市残联扎实推进基层组织规范化建设，圆满完成市、县、乡三级残联换届任务，选优配强乡镇街道残疾人专职委员194人、村（社区）残疾人协（助）理员1915人，残疾人协会覆盖率达100%。召开专门协会工作总结交流会，建立专门协会活动室，举办盲人飞镖、环巢湖骑行、水果采摘、孤独症家庭赋能培训、脊髓损伤者“希望之家”生活重建训练营等系列活动，提升专门协会的凝聚力。组织开展2023年全国持证残疾人基本状况调查，动态更新18万名残疾人基本信息。优化残疾人证的办理流程和残疾评定事项清单，全年核发残疾人证13523本。

（吴晓岚）

合肥市贸易促进委员会（市博览局）

【概况】 2023年，合肥市贸易促进委员会（市博览局）（以下简称“市贸促会”）推进会展经济、双招双引、国际联络、企业服务等重点业务，会展经济大幅增长，全年举办展会活动640场，同比增长220%；推动23个商贸项目开业运营，实现固定总投资超220亿元；与20多家国内外商协会交流合作，搭建平台，精准服务企业“走出去”。市贸促会被人力资源和社会保障部、中国贸促会评为“全国贸促工作先进单位”。

【会展服务】 2023年，市贸促会举办展会活动640场，是2022年的3.20倍。全年参展参会观众585.60万人次，直接收入89.50亿元，间接收入820亿元。对住宿、餐饮业拉动明显，全市住宿行业同比增长22.80%，餐饮行业同比增长16.60%。

会展品牌显著增强。世界制造业大会、世界显示大会、世界声博会等世界性展会品牌影响力持续跃升，2023中国·合肥苗木花卉交易大会、中国安徽名优农产品暨农业产业化交易会、第十六届安徽国际茶产业博览会、第十六届中国坚果炒货展、第六届中国国际现代渔业暨渔业科技博览会等专业性展会持续壮大；中国（合肥）国际园博会、中国航天日、国际商协会大会、中国科协年会、全国智力运动会等国际性、全国性展会成功举办。

会展经济升级扩容。积极对接英富曼博览集团、中国会展经济研究会等境内外知名会展机构，引进中国乡村振兴展、中国植保展等10万平方米以上国际性、全国性品牌展会超30场；促成青岛金诺与安徽安采合资成立安徽金诺会展公司，在肥举办亚洲机床展；推动苏州新源集团来肥合作，积极帮助安徽节庆会展集团在肥注册成立，设立会展推广中心，开展招展引会工作，将策划举办多种类品牌展会。

会展+产业深度融合。围绕合肥市战略性新兴产业链和主导产业，举办各类会展活动254场，占全市的39.70%。围绕人工智能产业，打造世界集成电路大会、科大讯飞1024开发者节；围绕装备制造业打造安徽装备展、中国合肥机床展；围绕农产品深加工产业打造中国坚果展（规模世界第一）、中国苗交会、安徽茶博会；围绕新能源汽车产业，首次举办合肥国际新能源汽车展，集聚95个新能源汽车品牌，超50万人次观展，实现销售额32亿元。

【双招双引】 2023年，市贸促会统筹全市商务领域招商引资，瞄准招引新模式新业态商业大项目。先后赴北京、上海、深圳、香港、澳门等13个城市登门精准招商17次，宣传报道合肥76次。实地考察洽谈王府井百货、王府中环、北京银泰in、合生商业、“这有山”等新消费业态，“点对点”对接招商局集团、华润集团、环球嘉年华集团、加多宝集团、亿嘉和股份、速亚动力等知名企业。成功推动华

2023年9月7日，国际商协会大会在合肥开幕 （市商务局/供）

润集团启动升级改造政务万象城，引进山姆会员店、银泰 in66 落户合肥。全年开业运营 23 个商贸项目，总投资超 220 亿元。建立招引目标企业目录，促成大众研发中心落户合肥，蔚来中国总部项目扩大在肥投资，英国渣打银行等完成项目签约。

【国际联络】 2023 年，市贸促会发挥贸促渠道优势，强化与欧盟中国商会、中国美国商会、英中贸易协会、中国贸促机械协会、中国商业联合会、中国果品流通协会等 30 多家境内外贸促机构联系合作。组织 300 多家企业参加首届链博会、2023 金砖国家女性领导力论坛、第 19 届西博会、第 17 届欧洽会、亚欧博览会等经贸活动，帮助合肥企业“走出去”；完成“2023 国际商协会大会”“2023 年外资企业安徽行”、迪拜安徽投资贸易推介会等相关工作，协调施乐辉、艾伯维、波士顿等 50 多家外企来合肥考察访问重点园区，推介合肥营商环境和产业特色，吸引外商关注并投资合肥。

（余洪滔）

合肥市红十字会

【概况】 2023 年，合肥市红十字会聚焦主责主业、推动深化改革，加强透明度建设，肥东县、长丰县红十字会按期换届，全市红十字系统发稿 800 余篇，中央电视台、中国青年报、新华网、人民网等对合肥市急救知识及 AED 进校园、志愿者捐献造血干细胞等感人事迹进行报道。开展志愿服务活动 381 场，参与志愿者 9780 人次，服务群众 11 万余人次，服务时长 58800 余小时。蜀山区美虹社区获评全国学雷锋“最佳志愿服务社区”，1 名志愿者获评中国红十字会“会员之星”，志愿者获评安徽好人 1 名、合肥好人 4 名、“四个 10”最美 2 名，6 个项目在全省获奖。中国南丁格尔志愿护理服务总队合肥市第一人民医院志愿护理服务队正式成立。

【“三救”活动】 2023 年，合肥市红十字会开展“三救”（即救援、救护、求助）活动。

救援。为提升应急救援水平，肥西县、长丰县红十字救援队开展日常训练 59 场次、执行保障任务 40 余场次。巢湖市红十字会四级救灾备灾储备库通过标准化验收。

救护。开展急救知识普及 154 场次，普及 38.90 万余人次；开展救护员培训 180 场次，培训红十字救护员 6614 名。举办第三届红十字应急救护比赛。公共场所 AED 设备成功施救 3 人。

救助。开展“博爱送温暖”活动，筹集款物总价值 78.37 万元，受益群众 5960 余名。接收社会捐款 248.16 万元、捐物价值 476.40 万元。帮助 39 名白血病患儿、19 名先心病患儿申报总会“天使”救助金 165.50 万元。赴“四联四定”联系点长丰县东黄村慰问 10 名困难儿童，并组织合肥学院大学生开展暑期支教。组织参与“5·8 人道公益日”互联网众筹活动。

【“三献”活动】 2023 年，合肥市红十字会开展“三献（即无偿献血、造血干细胞捐献、遗体器官捐献）”活动。

利用“世界献血者日”开展主题宣传及荣誉表彰，做好王军麾、於云 300 次无偿献血宣传，开展高校“热血天使”评选。举办造血干细胞捐献突破 100 例天鹅湖灯光演示活动，营造“好人好报、德者有得”的社会氛围。推动“生命接力”事业，在春分日开展遗体器官组织捐献者缅怀诵读会。开展“益”起为爱奔跑“三献”宣传活动。

2023 年全市血液采集总量 19.70 万单位，同比增长 7%，其中全血采集 16.70 万单位，同比增长 4.69%；单采血小板采集 3.09 万治疗量，同比增长 32%，第八次获评全国无偿献血先进市。完成造血干

2023 年 9 月 15 日，市红十字会开展应急救护知识进校园活动（张 妍／摄）

细胞捐献20例，传递生命希望。实现遗体捐献58例，器官捐献63例，角膜捐献81例，全市累计登记遗体器官捐献志愿者5.33万人次，占全省16.59%，组织开展人道慰问关怀。

（张　妍）

合肥中华职业教育社

【概况】　2023年，合肥市中华职业教育社（以下简称“市职教社”）新发展个人社员2名、团体社员2名。截至2023年底，市职教社有个人社员254名，团体社员50名，社员小组12个，县级职教社5个。6月21日，肥西县中华职业教育社召开第三次社员代表大会，完成换届工作。

【第四次社员代表大会】　2023年2月6日，市职教社召开第四次社员代表大会。中华职业教育社总社发来贺信，时任省委常委、市委书记虞爱华作出批示。省政协原副主席、省中华职业教育社原主任李修松，市委常委、统战部部长陈晓波出席会议并讲话。会议听取并审议通过《合肥市中华职业教育社第三届社务委员会工作报告》和《合肥市中华职业教育社第四次社员代表大会决议》，选举产生新一届社务委员会领导班子。

【社委会议】　2023年6月30日，市职教社召开四届一次社务委员会议，传达学习党的二十大精神、中央统战工作会议精神及习近平在中共中央政治局第五次集体学习时的重要讲话精神，审议通过合肥市中华职业教育社社务委员会委员调整事项和安徽省中华职业教育社第七次代表大会有关人事事项。与会同志对市职教社工作提出意见建议。

【建言献策】　2023年3月28日至5月23日，市职教社负责人率队赴市直有关部门和各县（市、区），对合肥市职业教育发展的基本情况、存在的困难和问题进行调查研究，形成调研报告。调研报告受到市委常委、统战部部长陈晓波和市委副书记、市长罗云峰肯定性批示。

2023年2月6日，市中华职教社召开第四次社员代表大会

（市中华职教社／供）

【参评黄炎培职业教育奖】　2023年10月10日，省中华职业教育社启动第八届黄炎培职业教育奖评选推荐工作，市职教社响应号召，开展宣传推荐工作。经过省级专家筛选推荐、总社专家初审、评审委员会复审后，本社报送的合肥理工学校获优秀学校奖，安徽建工技师学院两位老师获优秀教师奖。

（苏嘉麟）

合肥市计划生育协会

【概况】　合肥市计划生育协会（以下简称“市计生协”）成立于1988年5月，是党领导下的22个群众团体之一。截至2023年底，有基层协会组织1849个，会员12.67万人，志愿者1.55万人，工作人员1096人。12个县（市、区）、开发区均成立协会组织。

【政治建设】　2023年，市计生协发放《计生协会员群众学习贯彻党的二十大精神手册》，推动镇、村计生协采取多种形式开展学习培训和宣传活动，把党中央战略部署转化为计生协工作任务和工作实效，推动计生协事业高质量发展。计生协全体党员参加市卫健委主题教育，严格按照学习计划进行学习，开展计划生育特殊家庭需求调研，并制订落实相关工作措施。

【新时代婚育文化宣传】　2023年，市计生协围绕“倡新时代婚育文化　助家庭和谐幸福”主题，联合合肥新站高新技术产业开发区，召开省暨合肥市托育服务宣传月启动仪式和“5.29”计生协会员日活动。活动现场通过展板、设立咨询台、发放宣传单等方式，设置有奖问答互动、安心托幼、计生协会员活动等版块，向居民宣传优生优育、婴幼儿照护等知识。长丰县围绕主题举办“简•爱”移风易俗集体婚礼，活动现场为16对新人赠送一份具有纪念意义的婚书，引导广大人民群众践行婚育文化新风尚。包河区美湖社区计生协开展“唯美旗袍秀、绣出新生活”活动，邀请社区居民参加旗袍走秀，展现女性风采。合肥高新技术产业开发区携手省人口基金会开展“助家庭健康和谐 护花朵幸福绽放”文艺汇演宣传活动。肥东县开展“家庭保健知识讲座”，宣传普及家庭健康知识，培育传承良好家风，推进健康成为新时代的家风。庐江县开展“5.29”文艺汇演活动。通过“微聚庐江”公众号向全县居民发出婚育新风进万家倡议书，号召广大居民朋友们树立新型婚育观，共同破除、抵制高价彩礼陋习。肥西县举办会员活动日文艺汇演，通过新颖创意的节目，加强群众婚恋观家庭观引导，传播新型婚育观念。计生协通过系列宣传服务活动的开展，倡导广大群众积极践行新时代婚育文化，扩大协会的影响力，提升协会的的凝聚力，把学习贯彻党的二十大精神与为群众办实事相结合，把主题教育学习成果落到为民服务实践中。全市开展宣传服务活动350余场次，慰问计生家庭349户，资金21.50万元，举办健康知识讲座300场次，受益群众近3万人，发放宣传材料12万份。在省计生协网站发表宣传稿件57篇。中国计生协《人生》杂志社在合肥市调研期间对协会宣传活动给与肯定。

【“暖心工程”项目示范】 2023年，瑶海区三里街街道暖心家园，庐阳区向日葵小屋，中国科技大学等3所青春健康高校成功申报实施中国计生协国家级项目。蜀山经济开发区暖心家园、包河区青春健康沟通之道、长丰县新型婚育文化建设、合肥高新区、新站区家庭健康促进行动等13个单位成功申报实施省级项目，获得省级项目资金62万元。

市计生协充分利用中国计生协、省计生协下发21.80万元项目资金实施暖心工程，合肥经济技术开发区按照1：1配套相关资金，采购5344份健康包，为计生特殊家庭及时送去防护物资。根据《合肥市优化生育政策促进人口长期均衡发展实施方案》要求，由市计生协牵头，各县（市、区）、开发区人民政府负责落实暖心家园建设，合肥市在蜀山区三里庵街道、庐阳区亳州路街道、蜀山区西园街道、瑶海区三里街街道，建设4个国家级暖心家园，在瑶海区嘉山路街道、蜀山经开区、长丰县双墩镇、庐阳区四里河街道建设4个省级暖心家园。庐江县制定《庐江县计生特殊困难家庭社会关怀项目实施方案》，因地制宜形成颇具特色的帮扶模式。

【健康合肥战略】 2023年，市计生协深度参与健康合肥建设，配合市爱国卫生运动委员会办公室开展创建国家卫生城市工作。以“安心托幼”项目为抓手做好生育支持服务，积极做好托幼各项相关政策落实。参与医疗领域专项整治工作，改善就医环境，保障人民健康权益。组织全市各级计生协参加中国计生协“网上计生协”系统的信息录入、项目申报。参加省计生协六届二、三次常务理事会议，选举省计生协专职副会长、常务理事和秘书长。

举办12期家庭健康指导员培训班，培训班邀请相关专家从行为健康素养促进、心理健康素养促进等多方面、多角度给大家普及家庭健康指导员应具备的基本健康知识。培训家庭健康指导员1750人次。提升基层卫健办、计生协的家庭健康服务能力，搭建健康知识进

2023年5月26日，安徽省暨合肥市托育服务宣传月启动仪式和“5.29”计生协会员日活动举办（市计生协/供）

入家庭的桥梁。举办健康知识巡讲68场次，通过活动的开展，普及健康生活方式，全面提升家庭健康素养。

坚持“为群众所好、为群众所乐、为群众所需”的工作思路，开展“好家风·健康行”行动，根据合肥市区人口分布情况，制定不同的宣传措施。在辖区内设置以生殖健康、艾滋病防治、关爱女孩等内容为主的宣传栏等，营造良好的宣传氛围，宣传品进村入户率达95%以上，群众对政策、法规、健康知识知晓率达90%以上。充分依托各社区家庭发展服务中心、会员之家、园区微信公众号等阵地，开展群众喜闻乐见的健康宣传活动。全市举办主题推进活动1115次，线上活动参与22113人次，线下活动参与49671人次，宣传覆盖18万人次，制作发放家庭健康干预工具数量2.40万件，制作发放宣传品数量11万份，征集“健康家·优育”好故事活动案例4例，征集“健康家·味道”优秀案例2份。

【关爱计生家庭】 2023年，市计生协以人口健康基金为支撑，持续关爱计划生育家庭，12个县（市、区）、开发区募集人口健康基金603万元，为帮扶计生困难家庭提供充足保障。通过节日慰问、大病、慢性病救助等方式，慰问帮扶1630人次，150余万元；为新发生的185户失独家庭发放55.50万元的紧急慰问金；为4户失独家庭提供7.30万元的圆梦行动资助，帮助其中3户通过试管婴儿生育2男1女；为156名新考入大学的大学生提供31.20万元的助学金，帮助他们迈入象牙塔；为7558名计生特扶家庭投入75.06万元购买保险，累计赔付160.10万元，赔付率达213.30%；为5991名卫健专干购买意外伤害保险，累计赔付18.30万元，理赔率110%。与中国人寿合作，开展计生家庭意外保险，为全市计划生育家庭提供价低质优的保险服务，全年投保16.47万户，累计赔付1321.58万元。长丰县连续3年为全部计生家庭投保计生家庭意外险。

（吕广发）

责任编辑：赵永军

法　治

人大立法

【概况】 2023年，市人大常委会注重“小切口”“小快灵”立法，突出务实管用，体现地方特色，全年围绕科技、产业、城市治理、民生等领域，制定修改法规5件，开展立法调研6项，全国人大常委会法工委基层立法联系点工作获全国人大常委会法工委肯定。

【科技和产业创新立法】 2023年，市人大常委会制定《合肥市科学技术普及条例》，从科普工作组织实施、活动开展、资源转化等方面作出创新性规定，在全国首次将“青少年科技创新市长奖”写入地方性法规，推动科普工作规范化、法治化。制定《合肥市优化营商环境条例》，对标世界银行评价体系，在市场环境、政务环境、创新环境、法治环境等方面作出规定，为营造稳定公平透明可预期的营商环境提供法治保障，合肥市在2023年度“万家民企评营商环境”中进入全国（省会及副省级城市）10强。

【城市治理立法】 2023年，市人大常委会制定《合肥市地下综合管廊条例》，对管廊规划、建设、运营、管理等进行顶层制度设计，助力合肥推进全国第二批管廊试点城市建设。围绕环境噪声污染防治、公共厕所建设管理、机动车停车场管理、志愿服务等开展立法调研，夯实立法基础。

2023年3月14日，《合肥市科学技术普及条例（草案修改稿）》立法意见征集会在包河区方兴社区党建引领全过程人民民主基层实践点召开

（孙　玲／摄）

【民生福祉改善立法】 2023年，市人大常委会制定《合肥市住宅小区物业管理条例》，对组建物业管理委员会、健全纠纷调解机制等作出创新性规定，构建党建引领社区治理的物业管理新格局，获得市委主要负责同志肯定批示。修订《合肥市居家养老服务条例》，以清单形式列明基本养老服务内容，为失能、独居、空巢等特殊困难老年人提供探访关爱服务，用法治力量守护幸福“夕阳红”。

【全国人大常委会法工委基层立法联系点工作】 2023年，市人大常委会完成《治安管理处罚法》《金融稳定法》等7部法律草案意见征集工作，上报建议131条。围绕《科学技术进步法》等法律实施情况上报调研报告，获得全国人大常委会法工委主要负责同志肯定批示。11月，全国人大常委会法工委基层立法联系点工作交流会上，市人大常委会以《在勇当科技和产业创新的开路先锋实践中加强基层立法联系点建设》为题，介绍经验做法。

（周家佳）

法治政府建设

【概况】 2023年，合肥市巩固拓展全国法治政府建设示范市创建成果，新增第二批全省法治政府建设示范县（区）2个、单项项目1个，市本级申报的“依法应急”单项项目入围第三批全国法治政府建设示范创建候选项目。在法治安徽专项劳动和技能竞赛中，获优秀组织奖3个、团体奖11个、个人奖26个（个人第1名5人），获奖总数和等次居全省第1位。在法治政府建设考核中连续15年居全省第1位。连续2年获评“万家民营企业评营商环境”全国十强城市，全国城市综合信用指数排名第4位。全市两公律师法律事务参与率100%，村（居）法律顾问覆盖率100%，公共法律服务实体平台建成率100%。全年办理法律援助案件12129件，挽回经济损失1.78亿元。

【加强党的领导】 2023年，市委常委会会议带头学法10余次，市政府常务会会议会前学法6次，举行市管干部任前法律知识考试11批160人（次），实施“法治为民办实事”项目131个。入选全省年度“十大法治人物”1人、提名1人，提名“十大法治事件”2件。《合肥日报》开设专栏，征集并刊登全市各地各部门党政主要负责人学习习近平法治思想心得体会文章12篇。创新组织网络直播述法，33万人在线观看。

【法治政府建设示范创建】 2023年，合肥市创新开展县、乡法治政府建设重点工作评价。承办2023年省暨合肥市“宪法宣传周”活动启动仪式及宪法宣传进村居主场活动，被《人民日报》专题报道。建成省、市级法治宣传教育（青少年法治教育实践）基地30个，县级法治公园、村（居）法治文化阵地实现全覆盖；建成国家、省、市级民主法治示范村（社区）833个，规范培养乡村“法律明白人”8665人，82%的行政村有农村学法用法示范户。

【优化法治营商环境】 2023年，合肥市落实《优化营商环境条例》，开展“优环境、促发展”活动，“一口收办”涉企问题3000余个。开通12345热线“营商环境监督分线”，工作日日均受理企业诉求222件，办结率、满意率均达100%。推动惠企政策免申即享、即申即享，市级产业政策累计兑现资金108.94亿元，惠及企业超2.38万户（次），“政信贷”产品（即依托政府增信、风险补偿和业务补助等方式，引导金融机构、融资担保机构提升中小微企业、“三农”主体融资服务水平的财政金融产品）为1.15万户企业授信超655亿元。推进公共政策兑现和政府履

表1 省、市级法治宣传教育（青少年法治教育实践）基地一览表

类别	基地
省级法治宣传教育基地（4个）	合肥市包河区滨湖天山法治公园
	合肥市人民检察院预防职务犯罪警示教育基地
	合肥市法治乡村教育基地
	合肥民法典公园
省级青少年法治教育实践基地（1个）	合肥市包河区检察院青少年法治教育实践基地
市级法治宣传教育基地（21个）	合肥市（5个）：监狱；戒毒所；清风影院；合肥市公共资源交易法治宣传教育基地；熠能星安全文化体验馆
	肥东县（1个）：肥东县和睦湖法治文化公园
	肥西县（2个）：张祠新村法治宣传教育基地；中国农村包产到户纪念馆
	长丰县（2个）：长丰县法治文化公园；中共合肥北乡支部法治宣传教育基地
	庐江县（1个）：庐江县城东法治文化公园
	巢湖市（2个）：汪桥集法治文化广场；巢湖市人民法院法治宣传教育基地
	瑶海区（1个）：合肥民法典主题园
	庐阳区（1个）：合肥市庐阳区青少年校外活动中心
	蜀山区（1个）：青阳路红色法治街区
	包河区（2个）：渡江战役纪念馆（安徽名人馆）；合肥市未成年人法治教育中心
	经开区（1个）：经开区红色法治文化教育中心
	新站区（1个）：瑶海区人民法院廉政法治文化馆
	安巢区（1个）：安巢经开区法纪文化公园
市级青少年法治教育实践基地（法治资源教室）（4个）	合肥市青少年法治教育实践基地（3个）：肥东县第一中学；庐阳区青少年校外活动中心；包河区未成年人法治宣传教育基地
	合肥市青少年法治资源教室（1个）：合肥市师范附属第三小学青少年法治资源教室

约践诺专项行动，兑现问题涉及资金超 2.22 亿元。推进安徽（合肥）创新法务区建设，对接知名律所、知识产权等法律服务机构。深化“法律服务进万企”活动，走访民营企业2172家，出具法治体检报告440份，提出法律意见建议 2566 条，协助企业依法依规申请政策支持 214 次。

【规范行政权力运行】 2023 年，合肥市开展道路交通安全和运输执法领域突出问题专项整治行动，60 个查实问题全部完成整改，办结率 100%。推进落实轻微违法行为依法不予行政处罚清单制度，在重点执法领域明确免罚事项 557 项。赋权乡镇、街道县级审批执法权限 471 项，完成赋权事项承接确认书签订工作。对 139 件市委、市政府文件和 602 个市政府常务会等会议议题进行合法性审查，依法处理涉法事务 592 件（次），清理文件 709 件，废止失效文件 63 件。

【构建多元解纷格局】 2023 年，合肥市组建“八五”普法讲师团、普法志愿服务队，开展重点领域专项普法活动 2656 场，走访服务群众 24 万人（次），排查纠纷 2 万人（次）。推进市、县、乡、村四级“一站式”矛盾纠纷多元化解平台建设，建成“百姓评理说事点”1156 个，全市人民调解组织受理调解纠纷 10 万余件，调解成功率 96.29%，获评“全国市域社会治理现代化试点合格城市”。发挥化解行政争议主渠道作用，行政复议首选率为行政诉讼的 1.85 倍。全市受理行政复议案件 3099 件，办结 2734 件，行政败诉率降至 8.10%，行政机关负责人出庭应诉率 100%。

（李玉为）

2023 年，合肥市人民调解组织受理调解纠纷 10 万余件，调解成功率 96.29%。图为调解现场　（市司法局 / 供）

公　安

【概况】 2023 年，合肥市公安机关纵深推进“155”机制（即大数据建设应用平台；应急处置、要素管控、侦查研究、事故预防、执法与民意五中心；大队建、大治安、大侦查、大交通、大支撑五大区块），打造服务型、法治型、整合型、预防型、智慧型“五型警务”，完成第十四届中国（合肥）国际园林博览会、长三角地区主要领导座谈会等 246 场大型活动安保和 224 批（次）重大警卫任务。全市社会治安呈现“七降四升”的良好局面，即有效警情、治安类警情、交通类警情、群众求助类警情、可防性案件、涉众型经济案件、交通事故死亡人数同比分别下降 2.90%、18.70%、0.60%、49%、33.90%、38.20%、18.30%；刑事拘留、行政拘留、黄赌案件查处、交通违法查处同比分别上升 1.70%、3.20%、0.50%、79.70%。全市各级公安机关 76 个集体、759 名民警、辅警受到市级以上表彰奖励，3 名同志被授予（其中 1 名追授）全国公安系统二级英雄模范。合肥市获评“全国社会治安防控体系建设示范城市”和全国市域治理现代化试点合格城市，肥西县花岗派出所获评第三批全国“枫桥式公安派出所”，全市 10 个派出所、9 个警务室（站）入选全省首批“枫桥式标杆派出所、警务室（站）”。合肥市公安局（以下简称“市公安局”）获评“2023 年度全省优化营商环境工作优秀单位”。

【优化营商环境】 2023 年，市公安局组建“为企服务专班”，建立“联动联办、定期调度、跟踪督办”等 7 项工作机制，推出“为民利企护航发展 12 项举措”等 52 条便民惠企措施。开设 37 个“为企服务专窗”，推出“无证明”办事服务，涉企事项审批材料、办理时限再压缩30%以上，为企服务 4.30 万余次。开展警企议事活动，召开警企恳谈会、警企直通车911场，现场集约办事1224起，解决问题矛盾1353件。组建728个“警企议事群”，开展法制宣传、提醒告知、隐患排查等各类服务4.30万次。建立护企110专席，推出涉企警情“一警三派”（即分局包保领导、辖区派出所所长、社区民警）工作机制，与12345市长热线联动解决涉企问题1321件。开展涉企案件领导领办包保、涉企犯罪快侦快破快结等工作机制，侦破各类侵企案件358起，追赃挽损2.30亿元。侦办的“科大讯飞6·20”职务侵占案，为企业挽回直接经济损失1.13亿元，被第五届全国民营经济法治建设峰会列为“全国五大典型案例”。

【智慧警务】 2023年，合肥市新增接入公共场所视频资源8734路，整合汇聚铁路沿线摄像机449路。全市视频前端整体在线率稳定在98%以上，市级天网工程、雪亮工程在线率高于99%。市公安局为治安管理等提供“新警综平台警情案件查询接口”等23个数据服务接口，依托新一代公安网开发数据接口1232个，为住建、公积金、人社等社会面业务系统提供常住人口等调用服务914万余次；在公安部大数据建模、技战法科技创新类竞赛中，获一等奖3项、二等奖5项、三等奖1项、优秀奖1项；在第一届全省公安系统大数据智能化应用大赛中，获一、二等奖各1项，三等奖2项，优秀奖5项，优秀组织奖1项；“警务联动指挥中心”等6个项目进入试运行状态，搭建新模型772个，累计运行26577次；与中国科学技术大学、公安部第一研究所、华为等40多家国内知名企事业单位建立合作关系，建立“智慧警务联合创新中心”“府通打防犯罪联合实验室”等17个科创平台；开展数据整合接入和融合治理，接入单位行业数据61类约34.50亿条，完成与长三角重点城市数据交换合作工作。

【打击违法犯罪】 2023年，市公安局立刑事案件39497起，破案11306起，打击处理18099人。侦办黑社会性质组织案2件、恶势力犯罪集团案15件，黑恶案件侦办数量同比增长41.67%，侦破涉黑涉恶九类刑事案件566起，采取刑事强制措施2714人。扫黑除恶工作成效居全国省会城市、计划单列市第2位。接电诈警情27559起，同比上升20.67%；立案20481起，同比下降12.92%；破电诈现行案件1739起，打击处理3709人；追赃挽损1.34亿元，同比上升87%。全市诈骗及上下游犯罪公诉3441人，同比上升28.83%；破公安部挂牌重大电诈案件10起，发全国集群战役3起；带回缅北回流人员553人，采取刑事强制措施550人，批捕349人；下发“断卡”（公安部为斩断电诈犯罪资金、通信链条，开展集中打击治理开办、租借、贩卖“银行卡”“手机卡”违法犯罪，严惩犯罪团伙，惩戒失信单位和人员，整治开办“两卡”较多的运营商和银行营业网点）线索6452条，抓获4471人，惩戒3889人。立四类侵财案件6604起，同比下降27.37%，破案2836起，同比下降6.59%；采取强制措施2259人，同比上升4.92%；全市检察机关公诉“两抢一盗”（即抢劫、抢夺、盗窃）犯罪嫌疑人1329名，盗窃罪判处五年以上重刑19人。打击拐卖妇女儿童犯罪，全年核查办结涉拐线索30余条；依托全国公安机关查找失踪被拐儿童DNA数据库，找回历年失踪及走失妇女儿童21名；立现行拐卖案件7起，实现现行拐卖案件发现一起侦破一起。破获食药环知森领域刑事案件334起，采取刑事强制措施961人。会同市商务局、市场监督管理局等部门出台《关于完善综合监管制度促进商业特许经营规范有序发展工作方案》，侦破“轻卡鹿奶茶”“鹿春堂咖啡”等多起案件，“××农用科技有限公司非法占用农用地案”受到公安部贺电表彰。

2023年12月，市公安局情指中心迁驻新址，设置“两区四中心”（市公安局/供）

2023年7月，市公安局开展夏夜治安巡查宣防第一次集中统一行动（市公安局/供）

【维护社会稳定】 2023年，市公安局处置重大敏感警情73起、劝导挽救轻生倾向人员5597人、帮助找到走失人员2.90万人、救援群众2.40万次、化解各类矛盾隐患15.90万个，短信评警满意度升至99.10%。开展17次“筑安”系列统一行动，清查各类场所6万余家。侦办黄赌案件3548起，抓获黄赌违法犯罪嫌疑人14826人，发起2个全国集群战役，6起案件受到公安部贺电表扬。开展19次民爆行业联合检查，对10347家次剧毒易制爆危险化学品单位开展数据清洗检查。开展列管精神障碍患者走访、调度、送医等工作，全年送医1713人。抓获拒不支付劳动报酬犯罪人员61人，帮助农民工群体追回工资5.31亿余元。开展烟花爆竹“四非”（即非法生产、经营、运输、储存）打击整治，收缴烟花爆竹44775箱，采取刑事强制措施30人、行政处罚159人，全市未发生涉烟花爆竹安全事故、敏感舆情。

【道路交通管理】 2023年，市公安局推进“减量控大”（即削减交通事故总量及控制特大交通事故发生）行动，全市“亡人交通事故起数”“交通事故亡人数”同比分别减少97起101人，分别下降14.40%和14.70%，短信评警满意率同比上升0.16个百分点，现场交通违法查处总量同比上升7.18%。推动交通、应急、城管等部门赴企业开展联合督导并约谈企业716次，对200余家违规运输企业依法处罚。

2023年12月，合肥市出台《道路交通设施建设管理实施办法》，市公安局编制《合肥市智能交通设计导则》（2023年版）等规范，开展道路交通重点违法行为整治，全年现场查处交通违法358万起，精准查处疲劳驾驶、失驾、非法运输成品油、厢式货车违法载人、面包车超员等严重交通违法2.60万余起，电动自行车头盔佩戴率上升至85%以上。加大重点区域道路隐患治理，挂牌治理741处道路隐患，排查治理绿化遮挡视线类隐患1.40万处。完成150处交通拥堵点（市级15处、区级135处）、28处占道经营突出点位治理。全市新建7000余个公共停车泊位，在55条道路设置1535个夜间、周末及节假日限时停车泊位。

【出入境管理与服务】 2023年，市公安局批准出国（境）申请503084人（次），为外籍专家及家属办理签证证件1565人（次），开展政策宣传30余次，走访外籍人员2800余人，受理外国人永久居留申请164人（次），其中人才类 150人，占比92%。推广出国境证件办理“绿名单”制度，优化企业赴港澳商务备案管理，为442家重点企业、15272家高新技术企业提供精准服务。报列法定不批准出境25305人（次）。侦办各类跨境赌博案件105起，国督案件2起，省督案件2起，抓获犯罪嫌疑人635人。

（赵 洁 柳 强）

检 察

【概况】 2023年，合肥市人民检察机关办理各类案件30458件，同比上升23.88%，7件案件入选最高人民检察院典型案例、20件案件获评省级典型案例，46个集体、38名个人获省级以上表彰，其中全国性荣誉11项，合肥市人民检察院（以下简称“市检察院”）获评首批全国检察机关重大职务犯罪案件办理团队（基地），1名干警被最高人民检察院记个人一等功。

【服务中心大局】 维护国家安全和社会稳定。2023年，合肥市人民检察机关依法受理审查逮捕6459人、审查起诉17005人。参与反分裂、反暴恐、反邪教斗争，起诉14人。依法严惩故意杀人、抢劫、强奸等严重暴力犯罪，起诉274人。常态化推进扫黑除恶斗争，开展涉黑涉恶全量线索起底清仓攻坚行动，起诉229人。落实宽严相济刑事政策，依法适用认罪认罚从宽和相对不起诉制度，不捕2486人、不诉2639人，认罪认罚从宽制度适用率90.06%。

优化法治化营商环境。开展依法护航企业高质量发展专项行动，起诉破坏市场经济秩序、侵害企业和企业家合法权益等犯罪1168人，开展涉企“挂案”动态清理70件。深化涉案企业合规改革，办理合规案件18件，对合规整改合格的提出宽缓量刑建议起诉10人，决定不起诉15人。深化“企业家约见检察长”制度，两级人民检察院检察长会见、走访企业家160人(次)。

加强知识产权保护。强化知识产权检察综合履职，起诉侵犯知识产权犯罪266人，办理民事和公益诉讼案件8件。参与共建G60科创走廊知识产权检察保护中心；开展跨部门保护协作，与法院、公安、市场监管部门共建商业秘密保护协作机制。合肥高新技术产业开发区人民检察院获评全国知识产权保护工作成绩突出集体。

守护金融安全。参与全市地方金融风险处置攻坚行动，起诉集资诈骗、非法吸收公众存款等涉众型经济犯罪129人；依法惩治电信网络诈骗及其关联犯罪，起诉1997人。全链条打击洗钱犯罪，起诉12人。依法从严打击证券违法犯罪，蜀山区人民检察院办理某私募基金项目公司郭某挪用资金案，入选最高人民检察院、最高人民法院联合发布典型案例。

助力社会治理。制发社会治理检察建议185件，回复采纳率100%，4件检察建议获评全省人民检察机关优秀社会治理类检察建议。深化“府检联动”，跟进落实14个联动项目，协同推进法治政府、法治社会建设。落实“谁执法谁普法”责任，开展进社区、进校园、进企业等法治宣传470余场（次）。

2023年10月31日，长三角G60科创走廊知识产权检察保护中心启动
（市检察院/供）

【司法为民】 办好民生案件。2023年，合肥市人民检察机关惩治“黄赌毒”“盗抢骗”等群众身边的案件，起诉4348人。推进医保领域打击欺诈骗保专项整治行动，起诉27人。保障食品药品安全，起诉132人，办理公益诉讼案件85件。保护公民个人信息安全，针对通信、外卖、快递等重点领域泄露贩卖公民个人信息等情形，起诉34人，办理公益诉讼案件51件。

办好群众信访。落实“群众信访件件有回复”，两级人民检察院接收信访4807件，同比下降22.08%，其中新收涉检信访115件，同比下降30.30%。开展矛盾纠纷排查化解，办理最高人民检察院交办的重复信访4件，化解率100%；办理省涉法涉诉信访化解攻坚专项行动有关事项92件，化解率95.65%。

护航未成年人健康成长。依法严惩侵害未成年人犯罪，起诉273人；挽救涉罪未成年人，决定附条件不起诉109人；办理违规接待未成年人入住、违规向未成年人销售烟酒、利用网络侵害未成年人权益等行政公益诉讼案件93件，办理全省首例网络侵害未成年人隐私权民事公益诉讼案。深化未成年人检察工作社会支持体系建设，依托合肥市苞正未成年人司法社会服务中心开展社会调查、考察帮教等530人（次）。

保护特殊群体合法权益。开展无障碍环境建设公益诉讼专项行动，办理案件24件。聚焦农民工“讨薪难”，起诉恶意欠薪犯罪13人，支持提起民事诉讼329件，帮助追回“辛苦钱”700余万元。开展司法救助，救助因案致生活陷入困境的当事人803人，发放救助金520余万元。庐阳区人民检察院办理的姚某某国家司法救助案入选最高人民检察院典型案例。

【法律监督】 刑事检察监督。2023年，合肥市人民检察机关加强刑事立案和侦查活动监督，深化侦查监督与协作配合办公室实质化运行，提前介入重大复杂案件188件；监督立案256件，监督撤案301件；书面纠正违法602件，纠正漏捕漏诉206人。加强审判活动监督，提出抗诉31件，采纳率92.86%；两级人民检察院检察长列席人民法院审判委员会会议62次。加强刑事执行活动监督，在全省率先实现社区矫正机构检察室全覆盖，开展监狱、看守所、社区矫正机构巡回检察，制发检察建议63件，书面纠正违法176件；对不当“减、假、暂”（即减刑、假释、暂予监外执行）提出纠正意见129件，采纳率100%。

民事检察监督。开展民事检察监督质效“攻坚年”行动，对认为确有错误的民事判决、裁定，提出再审检察建议34件，人民法院采纳25件；提出抗诉9件，人民法院采纳8件。加强民事审判程序违法监督，提出检察建议104件，采纳率100%。支持人民法院破解“执行难”，发出民事执行检察建议306件，采纳率97.06%。依法惩治虚假诉讼行为，监督纠正虚假诉讼20件。包河区人民检察院办理的赵某某等人与某公司民间借贷纠纷虚假诉讼监督案入选最高人民检察院典型案例。

行政检察监督。加强行政生效裁判监督，提出抗诉1件，提出再审检察建议2件。加强行政审判和执行活动违法监督，制发检察建议141件，采纳率99.29%。实质性化解行政争议122件，做到案结事了。推进行刑反向衔接，对被不起诉人应受行政处罚的提出检察意见44件。开展道路交通执法领域专项监督，提出检察建议14件。参与依法推进政府公共政策兑现和政府履约践诺专项行动，联合市政府督促有关行政机关兑现公共政策14件。

公益诉讼检察监督。立案办理公益诉讼案件678件，同比上升26.49%；发出诉前检察建议501件，诉前回复整改率98.41%；依法提起行政公益诉讼7件。以环巢湖生态环境保护为重点，办理公益诉讼案件219件；探索“碳汇”赔偿办案模式，市检察院办理全省首例以认购碳汇替代履行生态损害惩罚性赔偿责任的民事公益诉讼案件，入选省级典型案例。立案办理新领域案件362件，会同军事检察机关围绕人防工程领域发出检察建议48件；聚焦安全生产溯源治理，发出检察建议62件。

协同办案。办理最高人民检察院、省人民检察院交办的重大职务犯罪案件10件10人。强化监检衔接配合，受理移送审查起诉职务犯罪案件98件107人，提起公诉74件82人。坚持受贿行贿一起查，审查起诉行贿案件16件23人。依法惩治群众身边腐败，审查起诉“四域四化”专项整治相关案件65件72人。提升检察侦查专业化水平，立案查办司法工作人员职务犯罪2件2人。

【检察工作现代化】 智慧检务。2023年，合肥市人民检察机关落实“数字检察”战略，创建大数据法律监督模型32个，办理监督案件518件，市检察院入选全省唯一首批最高人民检察院数字检察工作联系点。合肥高新技术产业开发区人民检察院研发应用“刑事检察办案全流程智能化辅助系统”，获评全国政法机关智慧检务创新案例。

检察文化建设。培育优秀检察文化，“新时代包公文化”“检心护巢”2个基层院文化品牌获评全省优秀检察文化品牌。搭建合检大讲堂、检察官教导团、集贤优才班等特色载体，实战实训提升干警素能。

（吴永峰）

法 院

【概况】 2023年，合肥市两级法院受理各类案件330368件，结案304292件，分别占全省法院收结案数20.94%、20.99%，法官人均结案575.2件。市中级人民法院受理案件32333件，结案28831件；一审案件服判息诉率88.71%，法定审限内结案率96.66%。在2022年安徽省法院审判执行质效综合评估中，市中级人民法院位居第2位；全市两级法院17个集体和21名个人获得省级以上表扬表彰。

【刑事审判】 2023年，合肥市两级法院审结各类刑事案件10860件，判处罪犯13567人。

涉黑恶犯罪惩处。贯彻反有组织犯罪法，审理全国扫黑除恶专项领导小组办公室挂牌督办等涉黑恶案件51件545人，重刑率32.62%，执行到位涉黑恶财产金额1083万余元。落实“一案一整治”，发出司法建议10份，移送各类线索29条。推进“断卡行动”，审结电信网络诈骗犯罪及其关联犯罪案件500件1018人，对涉缅甸电诈27人，以黑社会性质组织犯罪定罪处刑。

危害群众安全犯罪惩处。打击颠覆国家政权、间谍、邪教等犯罪，维护国家政治安全。严惩故意杀人、抢劫、强奸等严重暴力犯罪案件326件，盗窃、诈骗等多发性侵财案件1967件，涉“黄赌毒”犯罪案件844件，非法吸收公众存款、集资诈骗等涉众型经济犯罪案件105件。审理危害食品药品安全案件81件、危险驾驶案件3273件、侵犯公民个人信息案件24件。防范化解金融风险，郭某挪用资金案入选“两高”依法从严打击私募基金犯罪典型案例。严惩腐败犯罪，审结贪污、贿赂、渎职等犯罪案件70件74人，行贿受贿一起打击，审结行贿犯罪案件10件15人。

人权司法保护。把握宽严相济刑事政策，启动非法证据排除15次，对7517名罪行较轻的被告人依法判处缓刑、管制或免予刑事处罚。推进刑事案件律师辩护全覆盖，为2192名被告人指派援助律师。从严审结减刑、假释案件6399件，拒绝“纸面服刑”（即未去监狱服刑却拿到“刑满释放证明书”）。

2023年2月28日，市中院发布服务保障科创企业发展二十条举措
（市中院/供）

【民商事审判】 2023年，合肥市两级法院审结民商事案件163891件。

优化法治营商环境。与沪苏浙法院建立司法协作机制，参与签订《新亚欧陆海联运通道司法协作框架协议》。加大对涉休闲农业、民宿经济、农产品销售等案件审判力度，审结涉农案件840件，审结破坏生态环境资源等案件2244件，建成全省首个涉林案件“碳中和”生态修复基地。开展“依法护航企业高质量发展专项行动”，审结涉企案件35988件，对333家企业采取“活封活扣”措施，为9159家失信被执行企业修复信用，发布上市公司审判白皮书及典型案例。建立院长接待企业家制度，开展“法院干警访千企，依法用心解难题”活动，走访企业1130家，听取意见建议600余条。审结反垄断、不正当竞争案件54件。开展“惠民暖企”集中执行活动，执结涉企案件32283件，执行到位金额103.60亿元。召开办理破产府院联席会议，推动成立合肥破产事务公共服务中心，出台《关于提升办理破产工作质效进一步优化营商环境的措施》，推进预重整、“执转破”（即人民法院在执行程序中发现作为被执行人的企业法人资不抵债、达到破产界限、符合破产条件，经申请执行人或被执行人同意后裁定中止对该被执行人的执行，并将执行案件相关材料移送被执行人住所地法院进行破产审查）和破产积案清理，审理破产清算和重整案件350件，清理“僵尸企业”170余个，盘活土地、房产139.35万平方米，安置职工2100余人，百秀商务中心、裕安大厦等项目重新开工续建。

服务创新驱动发展。服务合肥市国家知识产权保护示范区建设，审理长鑫存储确认不侵犯知识产权等案件4772件。加大侵权制裁力度，南京某药业公司发明专利维权案中，适用惩罚性赔偿判赔1025.40万元。审结侵犯商业秘密案件68件，稳妥处理保护商业秘密与人才合理流动关系。参与制定《服务保障合肥科创企业高质量发展二十条举措》《加强知识产权协同保护二十条》，强化知识产权全链条保护。合肥知识产权法庭被最高法院授予“人民法院知识产权审判工作先进集体”，1名法官获评先进个人。

【行政审判】 2023年，合肥市两级法院加大行政争议实质化解力度，审结各类行政案件3413件，行政机关负责人出庭应诉率100%。推进行政争议源头治理，肥东县、巢湖市、蜀山区人民法院建立行政争议调处中心，发放《合肥市土地征收拆迁法律指引》手册，防范城市更新法律风险。发布2020-2022年行政审判白皮书、司法救助审查报告及典型案例，《合肥市法院行政案件司法审查报告》获评全市高质量调研成果，2篇案例入选安徽法院服务保障建设全国统一大市场典型案例。

【民生领域司法保护】 2023年，合肥市两级法院加强民生领域司法保护，解决人民群众急难愁盼问题。

民生权益保障。审理婚姻家庭、医疗、养老、育幼等涉民生案件11259件，审结涉房地产案件9975件。加强外卖骑手、快递小哥、网约车司机等领域从业者权益保障，审结劳动争议案件5304件，帮助务工人员追回劳动报酬2.41亿元。贯彻《合肥市住宅小区物业管理条例》，召开全市化解物业服务纠纷联席会议，与市房产局联合发布物业纠纷典型案例，处理物业纠纷12029件。

特殊群体保护。发出人身安全保护令20份、家庭教育责任告知书1934份、家庭教育令30份。庐江县人民法院为遭受家庭暴力的高考女生发出人身安全保护令，入选最高法院反家庭暴力典型案例。开展法治进校园活动，选派86名干警担任法治副校长，围绕预防青少年犯罪、防范校园欺凌等问题为15000余名学生讲授法治课。包河区人民法院未成年人案件审判庭获评“全国法院先进集体”“全国维护妇女儿童权益先进集体”。审理涉军案件46件，维护国防利益和军人军属合法权益。加大对困难当事人的司法救助，缓减免诉讼费1090万余元，发放司法救助金1006万余元。

胜诉权益兑现。受理各类执行案件87371件，执结79392件，执行到位金额169.23亿余元。发布失信被执行人信息38278条，限制高消费68687人，拘留351人（次），移送追究刑事责任65人。推行人民陪执员制度，300余名人民陪执员参与监督执行。联合公安交警对被执行人车辆开展临时布控，破解涉机动车“执行难”。建立“互联网＋金融＋保险”的“一键贷款”模式（即通过淘宝网司法拍卖平台购买“法拍房”且符合条件的买受人，在成功竞买房产后，只需在拍卖页面提出贷款申请并提交相关资料、签署电子协议，便可享受银行提供的“线上”按揭贷款购房服务），提升执行财产处置效率。健全“执行110”制度，为执行当事人提供全天候服务。

【社会治理服务】 2023年，合肥市两级法院诉前调解案件179128件，同比增加33.11%，诉前调解成功率85.66%。瑶海区新站人民法庭入选全省首批“枫桥式人民法庭”，肥西县人民法院在三河镇设立全省首个5A级景区“旅游共享法庭”。

诉源治理。落实非诉讼纠纷解决机制，推动市委平安办出台《合肥市加强诉源治理实施办法》《关于实行调解程序前置工作的实施细则》。开展“村村（社区）有法官，司法为民零距离”活动，890余名法官、法官助理深入社区，开展巡回审判、法治宣传989次。瑶海区人民法院成立“瑶解决”涉诉信访化解中心，肥西县人民法院建立全省首个中国中小企业协会调解中心驻法院工作站。

诉讼服务。健全“厅网线巡”立体化诉讼服务格局，推进在线诉讼，网上立案22.80万件，电子送达15.30万件（次），网上缴费率90.24%，市中级人民法院诉讼服务指标位列长三角省会城市中级人民法院首位。落实立案登记制，当场立案率超95%。建立全市12368热线集约服务中心，集案件查询、诉讼咨询、联系法官、信访举报、投诉建议等功能于一体，接听热线27.70万余次。加大涉诉信访事项化解攻坚，建立院领导包案办理首次涉诉信访事项机制，化解信访事项1033件，化解数居全省法院首位。

法制宣传。落实“谁执法谁普法”，开展法律“七进”（即法律进机关、进学校、进社区、进乡村、进寺庙、进企业、进单位工作），开通合肥法院法治宣传主题地铁专列，未成年人司法保护微电影《让爱回家》荣获最高人民法院“金法槌奖”优秀奖。长丰县双墩人民法庭开讲“红板凳”法治故事会。

【司法改革】 2023年，合肥市两级法院推进司法改革和智慧法院建设，提升审判执行质效。

司法责任制落实。完善审判权责清单，纳入绩效考核评价，压实司法审判各环节、全流程责任。推行院领导常态化包保督导基层法院制度，基层法院和市中级人民法院业务庭定期向市中级人民法院党组汇报审判执行工作。强化院庭长监管责任，对6263件“四类案件”

（即涉及群体性纠纷，可能影响社会稳定的案件；疑难、复杂且在社会上有重大影响的案件；与本院或者上级法院的判决可能发生冲突的案件；有关单位或者个人反映法官有违法审判行为的案件）主动监管。全市法院院庭长办案14.10万件，占结案总数的49.76%。加强庭审、裁判文书、案件质量评查，及时查纠整改。

诉讼制度改革。落实民事诉讼程序繁简分流，简易程序、小额程序适用率83.39%。在城区基层法院推行民商事案件二审巡回审判制度，市中级人民法院法官驻基层院审理二审案件，就地化解矛盾，巡回审判团队人均结案961件，平均审理时间23天。完善审委会、专业法官会议规则，开展审委会委员庭审亲历活动，构建"类案检索初步过滤、专业法官会议凝聚共识、审判委员会讨论决定"法律统一适用机制。推进人民法院案例库建设，1起劳务者受害责任案入选《人民法院案例选》，25篇案例入选全国、全省法院典型案例。

智慧法院建设。落实网上庭审、线上调解、电子送达、云上执行。市中级人民法院"5G+庭审"（即借助5G高速率、低时延、大带宽的特性，解决互联网庭审中音视频不同步、画面卡顿、延迟等问题）项目入选《法治蓝皮书·中国法院信息化发展报告（2023）》。加强司法公开，向当事人推送审判流程信息17万余条，组织旁听庭审4500余人（次）。深化大数据分析平台应用，发送司法建议45份。

（赵　晨　陈保合）

司法行政

【概况】 2023年，合肥市法治政府建设考核连续15年居全省第1位。合肥市司法局（以下简称"市司法局"）获全国公共法律服务工作先进集体等国家级表扬2项，涉法涉诉信访事项化解攻坚专项行动优秀集体等省级表扬9项，市直机关平安单位等市级表扬28项，蝉联省司法厅综合考核全省第1名，市委综合考核、市政府目标绩效管理考核"优秀"等次。

【法治合肥建设】 *落实依法治市任务*。2023年，市司法局发挥市委全面依法治市委员会办公室职能，统筹落实全面依法治市工作。组织召开市委全面依法治市委员会第八次会议、全市依法行政工作会议，完成全市法治建设"一规划两方案"实施［即《法治合肥建设规划（2021—2025年）》和《合肥市法治政府建设实施方案（2021—2025年）》《合肥市法治社会建设实施方案（2021—2025年）》］和"八五"普法中期评估。创新直播述法，实现党政主要负责人年度述法全覆盖。抓住"关键少数"，市政府常务会议会前学法，市管干部任前开展法律知识考试。实施"法治为民办实事"市级项目12个、县级项目119个。入选全省年度"十大法治人物"1人、提名1人，提名"十大法治事件"2件。

创优营商环境。出台《合肥市深化公共政策兑现和政府履约践诺专项行动方案》，推动公共政策兑现和政府履约践诺专项行动，兑现资金超2.22亿元。在2023年度万家民营企业评营商环境调查中，合肥居全国前10位，履约践诺工作获《安徽新闻联播》专题报道。

加强依法决策保障。完成7部地方性法规和政府规章立法审查，提请废止政府规章5部。全省首创地下综合管廊建设管理、暴雨灾害应对等重点领行政立法规范。严格审查市委、市政府文件、市政府常务会议题，处理涉法事务592件（次），保障依法决策。

规范行政执法行为。加强基层综合执法改革，赋予122个乡镇、街道部分县级审批执法权限，制定赋权事项目录，乡镇、街道平均认领293项、198项县级赋权事项。推进轻微违法行为依法不予行政处罚清单制度落实，明确市场监管等领域免罚事项557项。轮训行政执法人员800余名，组织6000余名行政执法（辅助）人员参加执法资格考试，集中评查案卷320件。全市群众公议案件665场、1274件。开展新修订《行政复议法》专题培训，巩固提升行政复议体制改革成果，全市受理行政复议案件3099件，办结2734件，办理一审应诉案件2163件，发挥化解行政争议主渠道作用，行政复议首选率为行政诉讼的1.85倍。全市行政败诉率降至8.10%，行政机关负责人出庭应诉率保持100%，主要负责人出庭应诉率23%。

【法律服务】 2023年，市司法局招引高端法律服务机构，做好安徽（合肥）创新法务区建设相关工作。实现公共法律服务实体平台建成率100%，12348安徽法网上架合肥法律服务产品2605件。开展

2023 年 8 月 31 日，北京尚公（合肥）律师事务所律师为安徽清国清城环保科技集团有限公司开展“法律宣传进企业、答疑解惑助发展”专题宣讲活动

（市司法局 / 供）

“法律援助质量深化年”，办理案件 12129 件，涉及农民工劳动报酬案件 5074 件。全省创新试点“社区公证员”，率先开展租赁业务赋强公证业务，全年办理公证事项 32610 件。

【普法宣传】 2023 年，市司法局推动出台《市人大常委会关于监督“谁执法谁普法”普法责任制实施情况办法》，开展各类主题宣传和重点领域专项宣传，举办活动 2656 场，服务群众 24 万人（次）。评选展播第八届全市法治漫画微视频作品，2 部法治微动漫获评全国三等奖。制作民法典微视频《珍爱和美》，宣传覆盖面超千万人（次）。新建成省级青少年法治教育实践基地 1 个、省级法治宣传教育基地 2 个，命名市级法治宣传教育基地 10 个。

【维护安全稳定】 2023 年，市司法局保持监所安全稳定，优化监区布局调整，强化学习现场、劳动现场、生活现场“三大现场”民警直接管理，市义城监狱实现连续 24 年无罪犯脱逃，市戒毒所实现连续 22 年“六无”（即无毒品流入、无戒毒人员脱逃、无所内案件、无安全生产事故、无重大疫情发生）安全目标。建成市级“一站式”实体平台，整合行业性、专业性调解资源。推动出台《市人大常委会关于促进全市矛盾纠纷多元化解的决定》，开展人民调解专项活动，全市受理调解案件 10.05 万件，调解成功率 96.29%。实施全市司法所工作高质量发展三年行动，新命名市示范司法所 67 个。建成“百姓评理说事点”1156 个，加强民主法治示范村（社区）动态管理，新命名市级 391 个，撤销省级 3 个、市级 2 个，注销市级 1 个。开展社区矫正信息数据排查通报，全市在册社区矫正对象 7103 人、安置帮教对象 17401 人。

表 2　　合肥市法制教育基地一览表

省级青少年法治教育实践基地（1 个）	合肥市包河区检察院青少年法治教育实践基地
省级法治宣传教育基地（2 个）	合肥市法治乡村教育基地
	合肥民法典主题园
市级法治宣传教育基地（10 个）	肥东县和睦湖法治文化公园
	中国农村包产到户纪念馆（合肥市法治乡村教育基地）
	中共合肥北乡支部法治宣传教育基地
	庐江县城东法治文化公园
	巢湖市人民法院法治宣传教育基地
	瑶海区人民法院廉政法治文化馆
	经开区红色法治文化教育中心
	安巢经开区法纪文化公园
	合肥市公共资源交易法治宣传教育基地
	熠能星安全文化体验馆

（计新杰）

2023 年 6 月 14 日，合肥仲裁委赴科大讯飞交流走访　　（市仲裁委 / 供）

仲　裁

【概况】　2023 年，合肥仲裁委员会（以下简称“市仲裁委”）有仲裁员 554 名，受理案件 2802 件，涉案标的 80.17 亿元，收费 5524.65 万元，同比分别增长 61.50%、21.50% 和 25%，办结案件 2216 件，调解、和解结案数 1199 件，调解、和解率 54.10%，案件平均办结时间缩短 22 天，受案领域新增涉外公司债券回购、网红纠纷、虚拟货币等类型。在全国 277 家仲裁机构公信力评选中，获第三届仲裁公信力评估高质量发展奖。全年未发生一起虚假仲裁案件。

【仲裁服务】　2023年，市仲裁委执行回避制度及仲裁员披露制度，39名仲裁员实行主动回避；坚持慎重出裁，组织专家论证超30次，涉及疑难复杂案件30余起。实现从立案、组庭、审理到结案的线上全流程管控，全年通过网络立案558起，网络开庭案件216件，网络立案数同比增长2倍，网络开庭数同比增长1倍。将互联网金融业务流程所产生的纠纷，通过网络传输、批量审核、技术辅助、类案智裁进行化解。全年受理互联网金融案件275件，案件标的近3.33亿元，同比分别增长193%和101%，平均结案时间不超过22天。构建知识产权仲裁快速保护平台，全年开展知识产权仲裁案件111起，案涉标的额1363万元，其中商标仲裁确认4起，著作权纠纷2起，知识产权技术开发合同纠纷8起，其他知识产权纠纷97起。赴市中级人民法院、铁路运输法院、合肥高新技术产业开发区、科大讯飞、阳光电源等开展仲裁工作座谈，与市房产管理局、市市场监督管理局等联合举办仲裁专题工作交流会，开展系列“送法上门”仲裁宣讲活动，全年通过官方网站、微信公众号、法治类网站、协会平台等开展仲裁法律制度科普宣传近1000条，举办14期“合肥仲裁委公益云讲堂”，线上公益普法200课时，惠及5万余人（次）。

【仲裁队伍建设】　2023年，市仲裁委开展“廉洁规范办案教育整治”等系列专项教育活动，组织仲裁员赴瑶海区人民法院廉政教育基地、合肥市义城监狱参观学习，发挥智能监控功能，全程记录开庭审理和合议过程，认真对待当事人信访。严把仲裁员入口关，征询行业主管部门、律师协会等意见和建议，对反映不佳或不能胜任的仲裁员进行廉政谈话、淘汰。通过开展仲裁实务培训、仲裁员专项业务培训、廉政培训、参加全省优秀仲裁文书评选以及仲裁裁决书制作研讨等多种活动，提升仲裁员业务水平和服务质量。11月28日，首届仲裁员职业道德委员会成立，出台《合肥仲裁委员会仲裁员职业道德委员会工作办法（试行）》。加强对仲裁员队伍的规范化管理和仲裁职业素养监督，1人获安徽省政法机关依法护航企业高质量发展专项行动优秀个人。

【国际商事仲裁中心设立】　2023年3月31日，合肥仲裁委员会国际商事仲裁中心揭牌成立，该中心立足安徽，辐射长三角，服务全国，并面向全球当事人提供涉外商事法律服务，填补省内国际商事仲裁纠纷化解的空白，全年受理涉外案件9件，标的约6218万元。

（张万杏）

责任编辑：王晓燕

改革开放

综 述

【概况】 2023年，市委全面深化改革委员会（以下简称“市委深改委”）坚持从小切口入手，往纵深处发力，以实施“十大提升行动”为抓手，深化重点领域和关键环节改革攻坚，为高质量发展注入源源动力。全年召开2次市委深改委会议，讨论研究10余份改革方案文件，114项年度重点改革任务落地见效，形成30多项原创性改革举措，印发70多项制度性成果。打响“合肥改革”品牌，合肥市打造全域场景创新之城荣获“全省十大改革案例”，4项改革经验被《安徽改革情况》刊发。

【经济和行政体制改革】 健全“大科技”统筹机制。2023年，市委深改委树立“科技即产业”理念，组建合肥产业研究院，实质化运作“两委一院一集团”：中共合肥市委科技创新委员会（以下简称“市委科创委”）、合肥市战略性新兴产业发展工作委员会办公室、市产业研究院、市科创集团。印发新型研发机构高质量发展行动方案，全国首创新型研发机构股权投资改革。新设市科创委驻长春、西安联络中心，探索设立科技成果转化持股平台，全年新转化设立科创企业400余家，技术合同交易额突破1200亿元。“科大硅谷多主体全链条创新联合体机制”成功揭榜国家全创改任务。

深化科创金融改革试验区建设。迭代升级创业投资、股权投资打法，从侧重“投大投强”转向聚焦“投早投小”，近2年高校院所成果转化估值超亿元以上企业42家，估值10亿元以上企业4家。构建“科创出题、金融答题”工作机制，创新推出80余款科创金融产品、总数近200款，形成“三首”改革成果：全国首创科技成果“赋权+转让+约定收益”做法、全国首批混合型科创票据、全国首单私募“科技+专项”双贴标公司债券。全年为科创企业融资约1500亿元，助力国家高企净增1994户、总数8406户。

持续推进全域场景创新。以场景创新赋能科技创新，挂牌全国首个国际先进技术应用推进中心，设立全国首个城市场景创新促进中心，组建全国首家城市场景创新平台公司，谋划建设全国首个城市场景创新综合体，全面开放“三景”：企业生产场景、政府应用场景、城市建管场景。全年发布市级场景清单431项，落地合作项目555个，释放场景投资额超百亿元。骆岗公园落地全国首个全空间无人体系应用示范项目，新桥国际医院打造高端药械集中应用展示区。

构建精准化产业政策体系。健全“普惠+专项+一事一议”产业政策体系，创新实施重点产业链“面对面”调研、有根企业“一对一”会商，出台总部经济10条、平台经济11条、智能家电11条、先进光伏18条、新能源汽车36条等产业政策，支持企业打造“1+5”发展格局：制造基地+研发中心、销售中心、上市主体、供应商集群、配套基金。搭建市产业政策综合服务平台，构建政策直达快享机制，通过“免申即享”“即申即享”方式兑现16.40亿元、惠及企业9300户次。

深化国资国企改革。探索在国有相对控股科技型企业开展差异化管控试点。整合组建市泊车集团，提级管理市乡村振兴公司，探索事业单位经营性资产划转国资运营管理，野生动物园划转至文旅集团，市属国有控股上市公司新增2家、数量增加至6家，资产证券化率达20%、同比翻一番。

深化机构编制改革创新。首批撤销规模小、职能弱、空心化事业单位99家，精简率48%，收回空编632名。撤并调整市直机关内设机构122个，新设业务处室37个。推进95家市直二级预算单位财务优化整合，超150个“财务编制”转为“业务编制”。推进开发区“一区多园”改革，合肥高新技术产业开发区整体托管南岗科技园、柏堰科技园，合肥经济技术开发区整体托管新港工业园。

推进要素市场化配置改革。健全要素保障会商机制，探索跨区域土地、水资源、能耗等要素保障市级统筹调度。推进国家土地节约集约利用综合改革和低效用地再开发试点，全年全市盘活低效工业用地近万亩。组建投融资专班，梯次推进项目实施库、熟化库、储备库建设，做到项目谋划方案与融资保障方案同步生成，政府投资项目融资占比42%、提高13个百分点。

深化营商环境改革。加快安徽（合肥）创新法务区建设，一体推进法务、政务、商务融合发展。扎实推进营商环境改革创新示范区建设，出台200多项迭代升级举措，包容普惠创新、远程虚拟窗口服务等相关经验在全国推广，在“万家民营企业评营商环境”中，合肥居全国省会及副省级城市前10位。

推进高水平对外开放。健全大物流体系，整合陆港公司新组建合肥物流集团，获批生产服务型国家物流枢纽，入选国家现代流通战略支点城市。建立“四外”联动机制，全面完成中国（安徽）自由贸易试验区合肥片区3年试点任务，全国首创制度成果19项、商务部推广创新案例6项，分别占全省57%、86%，科创自贸品牌受到国务院部际联席会议肯定。

【推进城乡融合发展改革】 深化规建治一体化改革。2023年，市委深改委组建市规建治委员会，常态化召开规委会、实体化运行规委办，全面推行重点项目规划前置审查，对28个重点乡镇实行规划提级审查，探索重点项目“总师负责制”，滚动更新技术规范20余项，新建住宅小区“五有一早建”、幼儿园“三件套”等技术规范获住建部全国推广。

完善城市更新工作机制。推进城中村改造整体谋划、片区更新模式，104个城中村完成征迁470万平方米、占总任务的58%，城中村改造经验做法成为全国典型。坚持安置必须前置，探索实施货币化安置、房票安置、房源超市等多元化安置模式，全年安置16.30万套、1535万平方米。

深化农村综合改革。推进农业精耕细作改革，在全国率先从市级层面出台高标准农田建设技术导则。加快种业振兴，设立5亿元种业之都及科技强农专项基金，水稻种子出口连续5年居全国第1位。深化农村产权制度改革，持续壮大新型集体经济，集体经济强村占比81%，庐江农舍总部经济、长丰都市休闲农业等基层探索获省委主要负责同志批示肯定。

【推进文化体制改革】 深化国有文化企业改革创新。2023年，市委深改委建立国有文艺院团社会效益评价体系，完善专业文艺院团和群众文化机构良性互动机制，合肥大剧院实现“一降一升”：全年运营费用下降50%，剧目演出场次上升50%。加快市属媒体融合发展，推动内容生产团队一体化和媒体运营团队一体化，市属媒体原创视频网上传播量50万以上作品超500个、增长超30%。

健全文艺创作事后奖补机制。完善创意文化产业“双招双引”机制，省“五个一工程”获奖数量创历史新高并首次实现“大满贯”，包河创意文化产业园获评国家级文化和科技融合示范基地、国家级文化产业示范园区。

【推进社会体制改革】 深化教育领域改革。2023年，市委深改委建立热点区域学校学位预警机制，制度化推进城区义务教育学校校长教师交流轮岗，交流1121人、占比超过50%。产教城互融共生合肥模式入选全国职业教育典型案例。

深化卫生健康领域改革。健全院前急救体系，建成120统一指挥平台。实施名医名科名院工程，入选国家紧密型城市医疗集团建设试点、首批全国婴幼儿照护服务示范城市、第二批国家儿童友好城市建设名单。

深化社会治理领域改革。完成县（市、区）法院、检察院财物统一管理改革，开展全省首批人口较大县城设置街道改革试点。实体化运作合肥市安全生产委员会办公室，成功获批国家食品安全示范城市。创新治安“六情”（知民情、降警情、减访情、防危情、控舆情、增感情）、信访“五化”（常态化接访群众、顶格化协调推进、全员化参与化解、精准化解决问题、专班化攻坚难题）工作法，获评全国社会治安防控体系建设示范城市、全国市域社会治理现代化试点合格城市。

【推进民主法制领域改革】 探索建立“小快灵”立法机制。2023年，市委深改委制定修改法规5件，作出决定4件，在省会城市率先出台加强老年助餐服务的决定，基层立法联系点、民生实事项目代表票决制等创新做法在全国人大有关座谈会上作经验交流。健全“有事好商量”基层协商平台体系，实现乡镇街道全覆盖、社区村居有试点，得到全国政协充分肯定。构建区域化统战新格局，组建11个“校地统战联盟”，将院校、驻地串联成线、拓宽成面。纵深推进全面依法治市，在全省率先开展县乡法治政府建设评价，党政主要负责人年度述法实现全覆盖。

【推进生态文明体制改革】 健全巢湖综合治理体制机制。2023年，市委深改委强化巢湖综合治理指挥部职能，扎实推进碧水、安澜、富民三大工程，建立巢湖治理项目资金市县分担机制，健全蓝藻精准化预警防控体系，试点建立污水全生命周期管理机制，构建入河排污口“红黄绿”分级分类管理体系，国考断面全部达标、优良率达90%。巢湖水质上半年好转为Ⅲ类，创1979年有监测记录以来最好水平，环巢湖生态检察做法受到最高检充分肯定。

稳妥推进“双碳”改革试点。开展环巢湖近零碳排放示范区建设，探索氢能源公交车示范应用场景，推进长丰省级能源综合改革试点并获批国家农村能源革命试点县，新站高新区入选国家级绿色园区，高新区获评全国首批碳达峰试点园区。

【推进党的建设领域改革】 深化人才机制改革。2023年，市委深改委构建市委人才办、市人才发展促进中心、市人才集团“三位一体”工作体系，设立人才发展资金池，完善人才评价机制，授权400多家重点企业自主开展人才分类认定，认定1491人。健全“三级三方服务千企”工作体系，创新开展“合肥请你来”“专班高校行”“直播带岗”等招才引智工作机制，新增城镇就业参保47万人，其中大学生35.2万人，“三公里”就业圈先进经验在全国推广。

健全党建引领基层治理机制。推动“社区治理”向“小区治理”延伸，做到“党管、企管、自管”三管齐下，在25个无物业小区试行业主“自管”。成立量子、空天信息等市级13个产业链党委，覆盖上下游企业4100多户，以“党建链赋能产业链”经验做法得到中组部肯定。

打造高素质干部队伍。健全领导干部能上能下能转机制，交流轮岗县处级干部187人。建立干部培训“四类对象”（即关键少数、新任职干部、年轻干部、基层干部）清单，按系统、分行业精准调训、精准教学。

持续正风肃纪反腐。在巩固提升“四小四大”(即工程小但利益大、科室小但权力大、干部小但胆子大、年纪小但欲望大)整治成果基础上，继续创新开展“四域四化”（即保洁“净化”、园林“绿化”、城管“美化”、智慧管理“信息化”）专项整治，排查问题线索2200多件，立案760多件，追赃挽损2.2亿元。优化调整派驻机构设置，整合3个派驻纪检监察组，新设3个监督检查、审查调查室。建立国有企业和市属医院关键岗位交流轮岗制度，推动国企总会计师、纪委书记和市属医院纪委书记轮岗交流。

（胡晓村）

招商引资

【概况】 2023年，合肥市新签约项目1301个，协议投资额5444.80亿元、同比增长11%。其中协议投资额50亿元以上重大项目27个，100亿元以上项目12个。亿元以上在建省外投资项目688个，实际到位资金1727.20亿元，居全省第一位。

【重点产业招商】 2023年，合肥市聚焦“6+5+X”产业体系，突出延链补链强链，推动重点产业链招商取得新突破。全年重点产业链新签约项目1075个、协议投资额4922.20亿元，分别占新签约项目总数的82.60%、协议投资额的90.40%。汽车“首位产业”围绕整车、零部件、后市场等全产业链条，引进项目151个、协议投资1158亿元；紧盯光伏电池技术迭代升级和新型储能应用发展趋势，新引进先进光伏和新型储能产业项目66个、协议投资911亿元。持续发力空天信息、量子信息、生物制造等未来产业新赛道，新引进空天信息重点项目28个，协议投资额120亿元，初步形成涵盖商业航天、低空经济、深空探测的产业生态格局；推动量子科技成果转化，推动量子通信、计算、精密测量等6个量子科技应用项目签约落地，夯实合肥量子科技、产业“双高地”建设发展优势。

【招商工作机制优化】 2023年，合肥市制定印发《2023年招大引强攻坚行动方案》，明确区域任务目标，压实招商主体责任、完善考核评价体系，建立“赛马”机制，全力推动全市招大引强实现新突破。加强统筹指导，编印《合肥市重点产业招商指南》《合肥市“双招双引”要素手册》，制定《合肥市招商引资项目流转共享暂行办法》，修订合肥市招商引资大项目认定导则和考核办法，建立重大在谈项目调度推进机制，推动项目全生命周期管理，提高招引项目落地履约率，提升“双招双引”工作质效。

2023年"中国航天日"主场活动超百亿元空天项目签约落地合肥　(郭如琦/摄)

【拓展招商渠道】 2023年，合肥市围绕"投资安徽行"系列活动，开展上门招商、出海招商、活动招商。高位对接招商，省市领导高频次拜访企业、高密度会见客商，率队赴北上广深等地考察推进海尔、艾昆纬、以心医疗、亿航智能、福耀玻璃等105个项目，加快项目落地。活动推动招商，世界制造业大会参展企业数创新高，合肥市签约项目62个、投资总额616.24亿元；2023年"中国航天日"主场活动超百亿元空天项目签约落地合肥。依托存量龙头企业联合举办大众董事会、晶合供应商大会、极智嘉高工移动机器人年会等专题招商活动，不断完善产业链生态。组团出海招商，组织22个团组赴欧洲、日韩、新加坡、中东等14个国家，累计对接拜访企业超160家，商谈200多个项目，新签约外资项目41个，协议投资854亿元，包括大众汽车、康宁玻璃、山姆会员店、渣打银行、艾昆纬等6个境外世界500强项目。

【要素保障】 2023年，合肥市组建成立"创投城市计划"专班，完善优化项目库、基金库、专家库等各项机制，全年开展"创投城市计划"各类项目资本要素对接活动232场，实现各重点产业链，各县（市、区）、开发区全覆盖。对接推进580多个产业项目，推动以心医疗、沈德医疗AI磁波刀、灵动科技总部等150多个重点产业链项目获得融资支持，成功签约落地。改进重大项目政策顶层设计，完善审议流程和产业支持方向，给予23个大项目政策支持。

（柏双鹏）

对外交往

【概况】 2023年，合肥市对外交流合作强劲复苏，在"请进来"和"走出去"中持续深化党政、经贸、科技、人文等各领域对外交往，不断拓宽对外开放格局。主动利用外事资源，为经济中心工作搭平台、

表1　合肥市国际友城结好一览表（截至2023年12月）

友好城市（13个）

国别	城市	英文	结好日期	签字地点
日本	久留米	Kurume	1980-05-12	久留米
塞拉里昂	弗里敦	Freetown	1984-03-20	弗里敦
布隆迪	布琼布拉	Bujumbura	1986-07-04	布琼布拉
美国	哥伦布	Columbus	1988-11-17	哥伦布
丹麦	奥尔堡	Aalborg	1989-04-22	合肥
西班牙	莱里达	Lleida	1998-04-04	合肥
韩国	原州	Wonju	2002-06-20	合肥
澳大利亚	戴瑞滨	Darebin	2003-10-29	合肥
英国	贝尔法斯特	Belfast	2005-06-13	贝尔法斯特
德国	奥斯纳布吕克	Osnabrueck	2006-11-08	奥斯纳布吕克
俄罗斯	乌法	Ufa	2016-06-17	乌法
柬埔寨	金边	Penom Penh	2018-11-06	函签
白俄罗斯	布列斯特	Brest	2023-11-07	合肥

续表

友好合作关系城市（20 个）

国 别	城 市	英 文	结好日期	签字地点
韩国	大田	Daejeon	2003.10.29	合肥
韩国	瑞山	Seosan	2008.06.03	合肥
德国	罗斯托克	Hansa Rostock	2010.05.13	合肥
美国	达拉斯	Dallas	2012.12.11	达拉斯
俄罗斯	萨马拉	Samara	2015.05.26	合肥
荷兰	海伦芬	Heerenveen	2016.02.24	海伦芬
德国	科特布斯	Cottbus	2016.02.28	科特布斯
英国	德比	Derby	2016.11.01	合肥
美国	库比蒂诺	Cupertino	2016.11.08	合肥
德国	施特拉尔松德	Stralsund	2017.03.08	合肥
法国	阿维尼翁	Avignon	2018.01.25	合肥
俄罗斯	萨拉托夫	Saratov	2018.05.15	合肥
俄罗斯	切博克萨雷	Cheboksary	2019.05.23	切博克萨雷
俄罗斯	下诺夫哥罗德	Nizhny Novgorod	2019.05.30	下诺夫哥罗德
新西兰	北帕默斯顿	Palmerston North	2021.11.05	网签
西班牙	萨拉曼卡	Salamanca	2022.07.14	网签
意大利	阿斯蒂	Asti	2023.05.14	阿斯蒂
亚美尼亚	叶海格纳佐尔	Yeghegnadzor	2023.05.15	网签
以色列	佩塔提克瓦	Petah Tikwa	2023.08.24	佩塔提克瓦
俄罗斯	喀山	Kazan	2023.09.08	喀山

拓渠道、引项目，外事赋能经济发展能力显著提升。

2023 年 11 月 15 日，合肥—原州共同举办庆祝两市结好 20 周年文艺演出

（市外办 / 供）

【友城交往】 2023 年，合肥市以“一带一路”倡议提出 10 周年为契机，加大与“一带一路”沿线国家和地区友城拓展力度，持续扩大国际友城“朋友圈”。5 月，合肥市代表团到访意大利阿斯蒂市，两市签署缔结友好合作关系意向书，双方将在经贸、科技、文化、旅游等多领域开展务实合作。同月，合肥市与亚美尼亚叶海格纳佐尔市线上签署两市建立友好城市关系意向书。8 月，合肥市代表团赴以色列开展经贸招商活动，期间与佩塔提克瓦市签订友好合作关系城市意向书。9 月，合肥市组团赴鞑靼斯坦喀山市参加首届俄罗斯与中国互利合作萌芽论坛期间，签署两市深化交流合作谅解备忘录。11 月，白俄罗斯布列斯特州代表团来安徽访问，合肥市与白俄罗斯布列斯特市正式签署建立友好城市关系协议

书。截至年底，合肥国际友城总数达到33个。巩固深化传统友城合作，在第十四届中国（合肥）国际园林博览会期间，7座国际友城展园和“一带一路”城市展园顺利开园，组织“2023合肥国际友城交流会”。举办合肥—原州结好20周年庆祝活动，共同种植象征两市友好的“友谊树”广玉兰和银杏。推进民间友好交往工作，组织在合肥的外籍人士参加环巢湖骑游大会、“外国人过中国节”等12次中外友好交往活动。做好“留学合肥”政府奖学金评审发放工作，5月，向27名留学生发放奖学金，12月，向5名老生发放奖学金，并评选出30名新生获得2023-2024年度“留学合肥”奖学金。

【因公出访】 2023年，合肥市因公出访工作快速恢复，全年各类因公出访团组100批321人。其中，经贸、招商类团组62批219人，占比68.20%，主要覆盖日韩、欧洲等方向。7月3日至11日，省委常委、合肥市委书记虞爱华率合肥代表团赴德国、意大利、法国开展经贸招商活动，考察23家企业、机构，其中世界500强企业5家，商谈40余个具体项目。8月23日至9月1日，合肥市委副书记、市长罗云峰率合肥代表团赴以色列、韩国、日本开展经贸招商活动，实地考察会谈企业、机构20家，商谈12个具体项目，见证签订3份项目合作协议。全年，省、市领导出访9批次，拜访各类企业、机构、协会115家，拓展一批经贸、科创、友城资源，合肥国际影响力进一步增强。

【外宾来访】 2023年，党政、经贸、科技、文体等各领域外宾来访呈现爆发式增长。白俄罗斯副总理彼得·亚历山大罗维奇、哈萨克斯坦第一副总理罗曼·斯克利亚尔等外国领导人，世界共产党理论干部考察团、中亚议会政党干部联合考察团、巴拿马主义党高级干部考察团等外国党政代表团，英国、阿联酋、西班牙等国驻华使节，以及德国大众汽车、法国阿尔斯通、美国康宁等世界500强企业纷纷到访合肥市，并洽谈合作。9月，在2023世界制造业大会期间，举办“发现合肥”专场推介会，邀请18个国家的驻华使节近距离感受中国式现代化合肥实践的新气象新成就。全年，合肥市接待各类外宾团组来访158批1706人次，包括大使15位、省部级以上团组16批、世界500强企业团组34批。

【外事服务】 2023年，合肥市加快提升外事赋能经济发展水平，全面提升外事服务质效。深入推进“四外联动”，深化与中欧信用促进协会、上海市外商投资协会、香港贸易发展局等商会、机构联络，建立健全常态化交流机制。全年举办4次“外商投资合肥行”活动，组织9场涉外企业对接会，推动洽谈30余个外资项目。10月，合肥市对外经济交流中心正式揭牌成立。支持全市企业赴外开拓市场，全年为73家企业申办435张APEC商旅卡，占全省约4成。坚持外事做东，外企做媒，探索政府与龙头企业“同搭台、共唱戏”的招引新模式，2月，协助大众安徽召开供应商大会。10月，8名大众集团最高层来合肥出席首次在华召开的大众汽车董事会全体会议，合肥发展形势得到充分认可。成功促成大众全球第二研发中心、大众安徽二期项目等落户合肥。

【外事管理】 2023年，合肥市落实“外事为民”理念，细化“外事惠企”举措，加强涉外风险防范培训，筑牢海外利益保护防线。发布领事安全提醒近百则，到学校、社区、企业、旅行社等基层点位，多渠道、多领域开展预防性领事保护宣传工作，全市妥处各类领事保护案（事）件8起。成立市安全文明健康出境游工作专班，稳妥保障各类出境游团组265个超6500人次。首次组织全市64家省、市属职业技术、技工类院校开展反境外电诈宣传教育，组织开展“走出去”企业涉外风险防范培训、全市涉外安全暨礼宾礼仪工作培训，确保合肥市“走出去”工作行稳致远。全市外部环境总体保持安全稳定。

【国际化建设】 2023年，合肥市组建市国际化建设工作专班，以国际化建设为统领，打造一流国际化营商环境和生活环境。京东方医院、安徽医科大学第二附属医院等5所医院开通国际医保直付业务，新桥国际医院投入运营；加拿大外籍人员子女学校基本满足外籍人员子女就学需求，筹建德国外籍人员子女学校；新增建设4家国际化社区，社区涉外服务功能进一步优化；引进一批地道的海外餐饮、休闲资源，在欧洲风情街试点打造国际化街区；新增合肥中德合作创新园等5家省级国际交流合作示范基地。优化国际化语言环境，在骆岗公园开展“啄木鸟”外语标识规范行动。编发《在合肥外籍人士服务指南》，解决外籍人士反映的具体问题。

（吴　凡）

表 2　　2023 年合肥市获评“安徽出口品牌”公司一览表

1	合肥市	合肥大中进出口有限公司	Exclusivo Mezcla
2	合肥市	合肥布诺太阳能科技有限公司	BLUESUN
3	合肥市	合肥布诺太阳能科技有限公司	BLUESUNESS
4	合肥市	合肥布诺太阳能科技有限公司	Solarhome
5	合肥市	安徽诺科新能源有限公司	NUUKO
6	合肥市	合肥彩扬文具有限公司	CLY
7	合肥市	合肥彩扬文具有限公司	CAIYANG
8	合肥市	合肥彩扬文具有限公司	B-Books
9	合肥市	合肥彩扬文具有限公司	
10	合肥市	合肥彩扬文具有限公司	Edinopo
11	合肥市	安徽省王巢食品有限公司	onecomb
12	合肥市	安徽省王巢食品有限公司	王巢（ONECO）
13	合肥市	安徽元琛环保科技股份有限公司	ELELOWER
14	合肥市	安徽元琛环保科技股份有限公司	PERIHEAT
15	合肥市	安徽元琛环保科技股份有限公司	元琛
16	合肥市	安徽省骄阳文具有限公司	Foska

对外贸易

【概况】 2023 年，合肥市在新能源汽车、先进光伏和新型储能、高端装备制造等优势产业带动下，外贸竞争优势和发展韧性进一步凸显。全市实现进出口总额 3588.10 亿元，总量稳居全国省会城市前 8 位。以“新三样”（即电动载人汽车、锂电池、太阳能电池）为代表的机电产品出口占比提升至 78.4%，分别高于全国、全省 19.8、9.9 个百分点，拉动出口创历史新高，出口增速位居全国万亿 GDP 城市第 7 位。

【外贸主体培育】 2023 年，全市进出口实绩企业首次突破 4000 家。民营企业合计进出口增长 10.6%，民营企业进出口占比提升 5.5 个百分点达 53.3%。

【新业态新模式】 2023 年，全市实现跨境电商交易额 237.46 亿元、占全省比重 57.50%，增长 21%。跨境电商企业 16 个品牌获评“安徽出口品牌”，占全市总量的 76.20%。推进“跨境电商 + 产业带”建设，在阿里国际站上经营光伏新能源产品的合肥跨境电商卖家达 160 家，增长 68.40%。

【载体建设】 2023 年，合肥水运港集装箱吞吐量 45.49 万标箱、增长 35.80%。合肥中欧班列全年新增站点 35 个，开行班列 868 列、增长 13%，连续 4 年净增 100 列；开行汽车、家电等企业定制班列 423 列、增长 26.70%。6 月，空港肉类进境指定监管场地通过验收，合肥至达拉斯、合肥至纽约定期货运航线分别于 8 月、10 月开通，12 月，合肥至布鲁塞尔货运包机首航；全年 8 条国际货运航线执飞 396 班、增长 8.20%，载货量首次突破 3 万吨、增长 24.20%。合

2023 年 8 月 19 日，江淮运河九条集装箱航线开航仪式在合肥派河港举行
（经开区管委会 / 供）

肥经济技术开发区综合保税区在2023年公布的全国138个综保区发展绩效评估中首次挺进前10位，连续4年获评AA；合肥空港保税物流中心（B型）实现进出口额1.89亿美元、增长25.30%。

（汪晓艳）

对外经济合作

【概况】 2023年，合肥市商务局指导“走出去”企业，优化“走出去”结构布局，壮大新设境外主体，推进对外合作，提高合肥市企业“走出去”质量。全市新批境外投资企业（机构）83户，同比增长76.60%。实际对外投资10.08亿美元，同比增长107%，占全省43.50%，总量创历史新高。全市对外承包工程新签合同额34.20亿美元，占全省86.60%；完成营业额17.80亿美元，同比增长8.50%，占全省65%；外派劳务4410人，同比增长66%，占全省62.56%；期末在外人数5696人，同比增长26.86%，占全省58.5%。

【融入“一带一路”建设】 截至2023年底，全市累计有104家境内企业在“一带一路”35个国家投资211个项目，新增协议投资额33.20亿美元。2023年，合肥市在“一带一路”国家新批项目32个，新增中方协议投资额3.62亿美元。2016年至2023年，合肥市在“一带一路”国家实际对外投资累计10.30亿美元。2023年，“一带一路”国家和地区来合肥市投资设立外资企业27家，投资总额3581万美元，主要涉及机械制造、贸易代理及其他技术推广服务等行业。

2023年10月26日，在中国（安徽）自由贸易试验区跨境电商监管区，全省首趟跨境电商卡航发车

（张 锐/摄）

【政策体系建设】 2023年，合肥市优化全市稳外贸稳外资工作专班、增加外经职能；修订印发市级外经政策、累计兑现省市外经政策资金超3000万元，增强企业“走出去”信心。对接对外投资合作交流平台和加强政策性引导，拓展企业“走出去”参与国际化经营渠道，提升企业海外安全风险自我防范能力。全年开展助企出海座谈会、外向型企业对接会，举办境外安全风险防范、政策业务等培训，组织企业参加各种高峰论坛近20场，为企业夯实政策基础、筑牢安全底板、扩大业务规模。

【对外承包工程】 2023年，全市新签合同额过500万美元的项目45个，累计新签合同额33.90亿美元，占全市99%。新签合同额超亿美元的8个项目，累计新签合同额20.20亿美元，集中在煤矿开采加工、光伏发电等重要领域。完成营业额超亿美元的企业5家，共计14.80亿美元。

（丁 寒）

中国（安徽）自由贸易试验区合肥片区

【概况】 2020年9月24日，中国（安徽）自由贸易试验区合肥片区（以下简称“合肥片区”）正式揭牌，实施范围64.95平方千米（含合肥经济技术开发区综合保税区1.4平方千米），涵盖合肥经济技术开发区、合肥高新技术产业开发区、蜀山区三个区块。2023年，合肥片区发挥自贸试验区改革开放综合试验平台作用，坚持以高水平开放为引领，以制度创新为核心，把科创自贸作为立足点，践行“科技—产业—金融”良性循环的实践路径，推动自贸试验区高质量发展，制度创新力、开放带动力、产业竞争力、环境吸引力进一步增强。2023年，合肥片区实际使用外资

（FDI）41 亿人民币、完成进出口 1106 亿人民币，分别占安徽自贸试验区 73.70%、54.40%。带动全市新设立外资企业 205 户、新签约境外世界 500 强项目 10 个，大众全球第二研发中心等一批标志性外资项目落户。

【试点任务】 2023 年，合肥片区全面落实省总体方案，涉及合肥片区的 109 项试点任务全部完成。3 月 30 日，金融小镇服务站在高新区块政务服务中心揭牌，为私募投资机构提供一站式入驻、圈层、会员和定制服务等；4 月 24 日，安徽省文旅厅向蔚来汽车销售服务有限公司颁发《旅行社业务经营许可证》，标志着安徽自贸试验区第一家外商投资旅行社获批。

【制度创新】 2023 年，合肥片区聚焦科技成果转化、金融开放创新、主导产业发展等领域形成 30 项省级制度创新成果，4 项成果经国务院及相关部委批准在全国复制推广。截至年底，累计 19 项成果为全国首创，7 项成果经国务院及相关部委批准在全国复制推广、98 项全省复制推广，6 项入选《2023 年中国自由贸易试验区发展报告》。首次发布合肥自贸创新政策 60 条和制度创新工作指引。

【赋权承接】 2023 年，合肥片区承接省级特别清单 259 项，市级特别清单 314 项均以委托下放形式进行赋权，累计办件量超万件，惠及 3000 余家企业。

（张　凯）

区域合作

【概况】 2023 年，合肥市发挥省会城市辐射带动作用，推动区域协调发展，在承东启西、连南接北中发挥“桥梁纽带”作用。合肥都市圈实现生产总值 15489.60 亿元、一般公共预算收入 1090.80 亿元、社会消费品零售总额 6658.50 亿元，分别占全省 32.90%、28.70% 和 28.90%。

2023 年，合肥市贯彻落实省委、省政府推动皖北地区高质量发展决策部署，深化与皖北结对合作，实现资源共享、优势互补、合作共赢。印发 2023 年合肥市与阜阳市、淮南市寿县、六安市霍邱县结对合作重点事项，明确 48 项重点合作事项。2022 年度南北合作共建园区目标考核中，合肥市获得市级园区援建方第 1 名，所辖蜀山区、庐阳区、高新区分获县级园区援建方第 1 名、第 3 名和第 4 名。

2023 年 12 月 20 日，合肥都市圈产业对接会在合肥市政务中心举行

（张大岗 / 摄）

【合肥都市圈】 合肥都市圈是国家规划布局的长三角城市群五大都市圈之一。2023 年，合肥都市圈包括合肥市全域、淮南市寿县、滁州市定远县、六安市金安区和舒城县、马鞍山市含山县、芜湖市无为市、安庆市桐城市，共“1 个中心城市 +7 个县域”，总面积约 2.49 万平方千米。

规划计划共谋。《合肥都市圈发展规划》经省政府审查通过，上报国家发改委争取函复。制定《合肥市推进都市圈一体化建设 2023 年工作要点》，会同淮南市、六安市联合印发实施合淮产业走廊、合六经济走廊 2023 年重点项目及合作事项计划，确保相关规划落地实施。

*基础设施互联。*合新高铁、沪渝蓉高铁合宁段、巢马城际铁路加快建设，新桥机场 S1 号线有 6 座车站封顶。明巢高速合肥段全线通车，滁合周高速合肥段、S92 滁合支线全面规模化施工，G312 合六路（新桥大道—侯店路）小蜀山东路上跨桥实现双幅贯通，推进 G9912 合肥都市圈环线南环线中段前期工作，开展 S19 淮桐高速合肥段建设用地报批。肥东白龙机场正式开航并运营。

*产业科创协同。*举办 2023 年合肥蚌埠产业合作对接会，承办世

界制造业大会中的新能源汽车产业供应链大会。合肥综合性国家科学中心能源研究院与安徽理工大学（淮南市）、安徽工业大学（马鞍山市）开展协同创新项目10项。启动运营安徽科技大市场芜湖、蚌埠2个合肥市外市级分市场，组织圈内企业参加第二届中国（安徽）科技创新成果转化交易会。修订《合肥市农业合作共建项目奖补办法》，全年供应合肥蔬菜达1.60万吨，生猪总量约14万头，生鲜乳3800余吨。

合作平台共建。举办合肥都市圈产业对接会、合淮同城化发展座谈会、合六党政领导座谈会、合六同城化重点事项会商会等重要会议活动。新桥科技创新示范区（合淮合作区）总体发展规划及3个方案获省政府批复，开工建设蔚来电驱动二期项目。推动签署合六（金安）、合滁（定远）园区战略合作框架协议。

公共服务共享。历经2年2个月建设的龙河口引水工程全线完工，作为合肥供水历史上原水管道最长的大型跨区域调水工程，每年可为合肥提供1.20亿立方米优质原水。合肥九中与桐城中学签订拔尖创新人才培养战略合作协议，合肥一中与霍邱一中、合肥市五十中学东校与寿蜀分校开展校际教学研讨活动。合肥市第一人民医院对口支援六安市四院，合肥市妇幼保健院对裕安区妇幼保健院开展帮扶。联合六安、滁州市举办2023年“休闲皖中”文化旅游（苏州）推介会，举办六安、淮南、桐城来合肥文旅推介会、霍邱（合肥）文旅资源暨招商推介会，开通合肥—舒城县万佛湖风景区、合肥—寿县古城旅游公交专线。

【与皖北结对合作】 *共建园区提质增效*。2023年，合肥市继续推进合作共建园区建设，阜阳合肥、寿县蜀山、临泉庐阳、合肥高新区霍邱等4个合作共建园区（以下分别简称“阜合园”“寿蜀园”“临庐园”“霍高园”）稳步发展。阜合园区建成区面积10.63平方千米，工业企业累计固定资产投资总额131.32亿元，全年经营收入175.83亿元。总投资10亿元的江汽8万台重卡产能迁建项目产线部分投入使用，追加投资20亿元的深圳佳思特LED柔性屏、CSP芯片、固晶机生产等高端制造业合作项目投入生产。寿蜀园区建成区面积5.82平方千米，工业企业累计固定资产投资总额106.62亿元，全年经营收入62.22亿元。临庐园区建成区面积4.12平方千米，工业企业累计固定资产投资总额为26.57亿元，全年经营收入22.24亿元。合霍园区建成区面积8.39平方千米，工业企业累计固定资产投资总额为20.14亿元，全年经营收入16.48亿元。

产业合作。农业方面，继续与皖北地区城市阜阳市（颍上县）、淮南市（寿县）、六安市（霍邱县）、滁州市（定远县）开展农业方面合作共建，供合肥蔬菜数量7900吨，供应生猪总量22万头。商贸方面，鼓励合肥市商贸龙头企业在皖北开店和设立基地，老乡鸡在淮南、亳州设置养殖基地，在阜阳、淮南、六安市霍邱县开店59家；邻几在三地开店30家。引导合家福、永辉等大型超市采购皖北粮油、肉类、蔬菜等优质农产品，其中合家福全年采购阜阳市蛋类和肉类约200万元，周谷堆销售阜阳农产品和农副产品日交易量约100吨，日交易额约37.30万元。工业方面，协同推进“双招双引”，向合肥高新区霍邱现代产业园、六安市叶集化工区等地区推荐总投资4.50亿元的德马泰格年产750台（套）起重机项目、美迪西CDMO制造服务平台总部等30余条项目信息。兴泰资本与庐江县及淮南市共同组建赛纬专项基金参与赛纬电子增资，总投资约27亿元电池电解液和配套溶剂项目落地淮南。

（刘巍炜）

【援疆工作】 2023年，安徽省对口支援新疆和田地区的皮山县，16个地市分批次轮流承担对口支援新疆的任务。合肥市先后于2010年至2013年、2017年至2019年、2023年至2025年分别承担安徽省第一批、第三批、第五批对口支援新疆的任务。

智力援疆。6月，合肥市选派7名干部参与第五批援疆。在幼儿师专开设新疆班，专为和田地区皮山县培养幼儿教师。自2011年开始办班以来，招收394名学生，截至年底，在籍在册学生有5个年级151人。已经毕业243人，均返回新疆工作。暑期与皮山县开展学生交流活动，合肥师范附小和168玫瑰园学校接待皮山县170余名中小学生来合肥交流。合肥市服装、食品加工等劳动密集型企业与皮山县开展就业帮扶，有近250名皮山县人员在合肥就业。8月，安徽省“皖疆融情”各族青少年交流营项目在合肥市举办，此次交流营活动是国家民委各族青少年交流计划2023年“全国试点示范项目”之一，以“黄山天山根连根、皖疆融情一家亲”为主题，依托合肥市瑶海区长淮新村小学与和田皮山县第一小学的共建机制，邀请20名和田地区各族青少年来到合肥参加交流营活动。

消费援疆。对口帮助新疆特色农产品进入合肥市各类商贸物流企业销售，组织市内合家福、永辉等商超与洽洽食品等助销代理公司对接助销，有和田印象牌灰枣、骏枣、核桃等新疆特色农产品在合肥市场销售。合肥市龙头食品企业洽洽食品与皮山县签署战略合作协议，并注册成立全资子公司，采取“公司+基地+合作社+农户”模式，实施“三步走”战略，助力皮山县特色农业发展和乡村振兴，全年采购皮山县坚果类产品产值约1亿元。

产业援疆。通过中欧班列为核心串联线，推动开行“合肥陆港—宝武班列”，首发仪式在新疆八一钢铁有限公司举行，首列宝武班列从乌鲁木齐八一钢铁公司专用线出发，经由霍尔果斯口岸出境，开往哈萨克斯坦阿拉木图。该列搭载由合肥陆港多式联运有限公司组织的货值超71.25万美元安徽本地货物，约历时10天左右抵达终点，皖货出运的物流效率得到提升。4月29日，在安徽援疆指挥部、宝钢集团八一钢铁公司、合肥国际陆港三方视频连线“云”见证下，合肥国际陆港—宝钢集团八一钢铁公司共建“合肥中欧（宝武）班列前置仓”正式挂牌运营。合肥中欧（宝武）班列前置仓的设立，是安徽援疆推动合肥中欧（宝武）班列又一新的举措，推动皖疆双方中欧班列铁路运输实现跨越式发展，打造“集货、建园、聚产业”的可持续发展之路。

【援藏工作】 安徽省一直对口支援西藏山南地区的措美县，16个地市分批次轮流承担对口支援西藏的任务。合肥市先后承担安徽省第一批、第四批、第七批对口支援西藏的任务。

推进民族团结，深化交流交融。2023年10月22日至11月4日，西藏代表团参加合肥第五届全国智力运动会，为体育事业贡献力量。合肥市帮助西藏企业与合肥市企业建立沟通渠道，为后期合作奠定基础。全年，合肥市与措美县两地互访18批300多人次，依托合肥市委党校等培训机构培训农牧民党员发展能手200多人。安徽省城乡规划设计院、安徽省农业科学院等单位的专家长期为西藏措美县规划、产业发展等提供支持。

提升“造血”能力，培育优势产业。合肥市依托哲古牧人节旅游文化品牌，发挥措美地域特色，导入全域旅游概念。以“旅游+农牧生产”“旅游+雪山草原”“旅游+藏族文化”串联措美旅游风景线，推动旅游与农牧产业深度融合。导入市场化经营运作理念，协助措美县成立西藏旅游发展公司，组织合肥滨湖投资控股集团有限公司、安徽省文化投资运营有限责任公司、合肥印象滨湖旅游投资发展有限公司和庐江县旅游投资发展有限公司等文旅单位与措美县对接。组织安徽中青旅等重点文旅企业赴西藏山南市参加招商引资推介会、高原特色产品展销会、旅游交流推广活动，促进合肥与山南两地文化旅游交流合作。

落实智力援藏，补齐人才短板。8月17日，合肥市组团参加“山南市2023年安徽省就业援藏专场招聘会”，帮助西藏高校毕业生就业，安徽省就业援藏代表团组织36家国有、民营企业，现场提供适宜就业岗位815个，涉及医疗、化工、畜牧等多个行业，近500余名西藏籍高校毕业生前来应聘。其中，合肥市公共就业人才服务管理中心组织中化三建、长虹美菱、神剑科技、商巨智能装备4家知名单位参会，提供岗位175个，其中大专127个、本科34个、硕士14个，现场推介合肥市人才政策和发展优势，收到西藏籍高校毕业生投递简历26份。组织40名措美中小学骨干教师赴肥东县安师大附属实验学校跟班学习，制定《跟岗学习活动方案》。合肥承办内地西藏初中班、建藏援藏人员子女班、内地西藏高中班、西藏山南市代培班，并安排4名教师在西藏山南地区开展教师援藏工作。合肥三十五中是安徽省规模最大的汉藏合校，学校2001年8月承办内地西藏初中班，2012年增办建藏援藏人员子女班，2013年8月增办内地西藏高中班，2017年增办西藏山南市代培班。承办内地西藏班22年来，学校培养2400余名藏族优秀毕业生，先后获评“全国教育系统先进集体”“全国教育科研先进集体”“全国民族团结进步创建活动示范学校”等。

（吴玉莹）

长三角一体化

【概况】 2023年，合肥市紧扣一体化和高质量两个关键词，主动靠上去、精准接上去、全力融进去，扎实推进长三角地区更高质量一体化发展取得标志性进度和显示化成果。在前期印发《合肥市实施长三角一体化发展规划“十四五”重大项目推进工作方案》基础上，积极布局长三角产业链体系、科创产业融合发展、提升基础设施和公共服务一体化发展水平等领域，新谋划35个重大项目，新增总投资864.61亿元。

2023 年 11 月 14 日，上海市长宁区人民政府与合肥市人民政府战略合作协议签约仪式举行 （市发改委 / 供）

【体制机制建设】 2023 年，合肥市全面建立长三角对标发展指标体系，聚焦综合实力、创新驱动等 8 个方面 96 项指标，对标南京市、杭州市扬长补短追赶，取得明显成效。截至年底，固定资产投资增速、国家战略性新兴产业集群数等 11 项指标取得明显进步。承办 2023 年度长三角地区主要领导座谈会，会议全面总结长三角一体化发展上升为国家战略五年来的工作成效与经验，分析新时代长三角一体化发展面临的新使命、新任务。印发《合肥市 2023 年长三角一体化发展年度工作要点》等文件，全面落实一体化发展工作任务。

【产业协同发展】 2023 年，合肥市深度融入长三角现代化产业体系，围绕发展新质生产力布局产业链，以科技创新推动产业创新，携手打造具有国际竞争力的新能源汽车、新一代信息产业集群。牵头组建长三角人工智能、新能源汽车、先进计算、环境 4 个产业联盟，共建先进计算等 10 个产业园区。长三角区域量子保密通信骨干网建设成果在长三角主要领导座谈会上发布，包含 8 个核心站点、159 个用户节点，光纤全长 1147 千米，是国内规模最大、用户最多、应用最全的量子保密通信城域网。成立合肥国家实验室上海基地，《上海张江、安徽合肥综合性国家科学中心合作共建协议》在第五届长三角一体化发展高层论坛成功签署。与上海交通大学、复旦大学等高校院所共建 53 家协同创新平台，与长三角 8 城市共建 G60 科创走廊，牵头成立长三角 G60 科创走廊科技成果转化促进中心并实体化运行，成立长三角 G60 科创走廊科技成果转化联盟。

【基础设施联通】 2023 年，合肥市与长三角 39 个城市实现铁路互联互通，8 条铁路纳入《长江三角洲地区多层次轨道交通规划》。全面启动大外环高速建设，明巢高速、合六叶扩容建成通车。合宁、合芜、合安高速“四改八”、滁淮高速已建成通车。加快构筑世界级机场群，新桥机场跻身区域空港枢纽，机场集团与西部航空达成战略合作，新桥机场迈入“双基地”运营新阶段。合力建设铁海联运新通道，稳定运行与上海港—宁波港铁海联运，推动综合物流降本增效、资源要素顺畅流动。建成上海港 ICT（合肥内河集装箱中心）工程，实现合肥港与上海港的数据互联、资源共享。合肥港至上海洋山港的河海直达集装箱班轮航线开通，开辟“河海直达”运输新模式。开行合肥中欧班列，常态化覆盖亚欧 18 个国家、开行量居长三角第 2 位，全年开行 868 列，同比增长 13.02%。

【生态环境治理】 2023 年，合肥市倾力打造巢湖最好名片，打造长三角城市群“绿肺”，全湖水质稳定保持Ⅳ类、出湖入江水质稳定Ⅱ类，为长江注入一湖清水。巢湖综合治理攻坚战合肥市域内 40 条河流水质年度均值全部达标。持续开展“十年禁渔”，坚决打赢打好巢湖禁捕持久战。协同推进大气污染联防联控，参与开展消除重污染天气攻坚行动，加强重污染天气应急联动，做好重大活动空气质量保障，空气质量连续三年保持国家二级标准，优良天数比例 86%，位居长三角万亿城市前列。

【招商与合作】 2023 年，合肥市吸引长三角区域投资重点项目 208 个、总投资超 800 亿元，2 个长三角省际产业合作园区签约新项目 89 个，总投资 231.19 亿元。深化长三角城市合作共建，与上海、南京、杭州、宁波等城市战略合作，并取得一批务实成果。与上海市静安区、杭州市等 5 地携手建立推动全球服务商融入长三角经济高质量发展行动机制。与上海市长宁区签署两地战略合作协议，推动瑶海区政府与长宁区政府建立合作关系。合肥市蜀山区、肥西县获评G60科创走廊产城融合示范区。纳入虹桥国际开放枢纽联动发展区，实现与虹桥国际开放枢纽联动发展。

【公共服务共享】 2023年，合肥市导入长三角优质公共服务资源，实现与长三角41个城市“一网通办”，政务服务水平优化提升，比照杭州市推行“最多跑一次”改革，“全程网办”事项占比99.78%。推动37类高频证照跨区互认，创新设立的政务服务长三角“远程虚拟窗口”入选全国典型经验案例。与上海市共建复旦大学附属儿科医院安徽医院、上海市第六人民医院安徽医院、上海曙光医院安徽医院、上海交通大学医学院附属仁济医院4个国家区域医疗中心，合肥市级医疗机构与长三角医疗机构联合建立医专科联盟/科联体18个。联合长三角三市一区签署《民政工作合作框架协议》。加入长三角职业教育联盟，打造职业教育长三角一体化发展平台，合肥幼儿师范高等专科学校联合长三角地区内所有开设学前教育专业的46所高职院校，成立“长三角高职院校学前教育联盟”。

（米志强）

庐州海关

2023年9月4日，庐州海关关员对省内首家车用三元催化过滤器保税生产企业开展监管（庐州海关/供）

【概况】 庐州海关于2018年12月14日经海关总署批复设立，2019年12月11日正式开关。辖区合肥市全境（不含新桥机场），包括合肥综合保税区、合肥经济技术开发区综合保税区两个海关特殊监管区域，并承担合肥国际邮件互换局、合肥港国际集装箱码头、中国（合肥）跨境电子商务综合试验区、合肥火车货运北站中欧班列的监管任务等，全方位支持合肥市打造“五高地一示范”。2023年，庐州海关审核报关单21.20万份；跨境电商平台清单数1291.99万份，平台货值24.46亿元；监管邮递物品44.93万件，监管中欧班列869列；全年税收入库81.46亿元。

【通关改革】 2023年，庐州海关提升出口货物“抵港直装”、合肥港—洋山港“联动接卸”监管效能，推进“两步申报”“提前申报”等业务改革，持续缩短进出口货物整体通关时间。完善全省首家合肥综合保税区属地集中查检中心建设，查检时间由48小时缩短至2小时。充分发挥综保区物流集拼和入区即退税政策优势，持续扩大“区港集货通”模式运用，惠及多家企业，每票货物平均加快退税约30天。

【新业态发展】 2023年，庐州海关完成安徽省首家跨境电商出口海外仓企业无纸化备案，实现跨境电商监管场所卡口硬件、物流监管辅助系统全程订阅物流库提运单放行信息，实现卡口感应放行。打通“中欧卡航+跨境电商”物流一体化模式，提升物流效能。新增备案海外仓7家企业、14个海外仓，同比增长600%。实现新型易货贸易监管模式，助力安徽省内生产的汽车零配件出口“一带一路”国家。

【智慧海关建设】 2023年，庐州海关高标准高质量推动智慧海关建设和“智关强国”行动，坚持制度创新和科技创新双轮并进，促进外贸保稳提质。推进战略性新兴产业进口危险化学品检验智慧海关业务应用场景建设项目试点，加快推进“保税+ERP”监管、真空包装等高新技术货物布控查验智慧网备平台、“退货商品+区块链辅助管理”、远程监管“慧视”平台、“区港集货通2.0”、跨境电商“智能锁”、检验检疫单证智慧网办等项目，提升监管效能，为高水平开放保驾护航。

（崔　虹）

2023 年 9 月 30 日，合肥—连云港海铁联运班列首发 （市商务局 / 供）

中欧班列

【概况】 2023 年，合肥中欧班列优化线路，拓展国际物流功能，全年开行 868 列，同比增长 13%，连续 4 年净增 100 列。全年欧洲方向发运量居全国开行城市第 8 位、长三角地区第 2 位。

【运行规模】 2023 年，合肥中欧班列在总量规模、全产业链等多个方面取得新突破。全年发运 7.10 万标箱（20 英尺）、同比增长 12.9%，运输货物覆盖家电、汽车、日常用品、农业用品等多个类品。铁海联运国际班列全年发运量超 8 万标箱、增长 48.90%，服务晶澳、晶科、TCL、华凌、江淮等重点外贸企业 20 余家以及中小外贸企业超 100 家。

【覆盖范围】 2023 年，合肥中欧班列不断开拓新业务，增添新线路，拓展覆盖范围，新增站点 35 个，实现从“一条线”到“一张网”，服务范围覆盖全省 16 个地市，截至年底，合肥中欧班列累计覆盖 18 个国家，125 个站点城市。全年新开通合肥北站至连云港、派河港至上海港和宁波港铁海联运国际货运班列，实现铁路班列与远洋货轮无缝对接。

【定制服务】 2023 年，合肥中欧班列搭建以公共班列为核心、定制班列为特色的产品体系，优化“门到门”的全流程、保姆式、定制化服务，推动“皖货皖运”，保障汽车、家电等产业运输需求。全年为江淮、美的等本土企业开行企业定制班列 423 列、同比增长 26.70%，货值 7.28 亿美元、同比增长 19.54%。其中安徽货物占比超 95%、合肥货物占比超 65%。

（邢利华）

责任编辑：徐仙春

经济社会发展全面绿色转型区建设

综 述

【概况】 2023年，合肥市空气质量连续3年达国家二级标准，优良天数比率连续2年达86%，优的天数同比增加14天。细颗粒物（$PM_{2.5}$）平均浓度34微克/立方米，同比上升6.20%，重污染天气2天；可吸入颗粒物（PM_{10}）平均浓度为61.60微克/立方米，同比下降2.70%；臭氧平均浓度为149.60微克/立方米，同比下降1.70%。

水环境质量稳步改善，全市20个国考断面全部达标，水质优良率达90%，同比提升5个百分点，创历史新高。土壤环境质量安全稳定，重点建设用地安全利用率、受污染耕地风险管控措施覆盖率均达100%，耕地安全利用率达91%以上。全市新能源和节能环保产业产值1803.30亿元，同比增长16.53%，全省综合排名第一位。巢湖水质稳定保持Ⅳ类，上半年达到Ⅲ类，创1979年有监测记录以来最好水平；南淝河水质首次达Ⅲ类，创近年来最好水平；主要污染物总磷、总氮、富营养指数均同比下降。下发蓝藻防控奖补资金2000万元，完善95个三级网格化管理体系，连续3年实现蓝藻不聚集、无异味。巢湖一级保护区325个自然村生活污水治理全部完成，治理率达100%。巢湖流域40条河流水质问题整改完成，通过省生态环境厅验收。

【生态环境审批服务】 2023年，合肥市审批环评报告书（表）838个，核发排污许可证1007张，实施告知承诺审批项目309个。下放中国（安徽）自由贸易试验区清单事项16个，率先开展环评审批与排污许可“两证合一”试点，审批时限压减超60%，企业编制环评文本费用节约40%，项目开工时间平均提前2个月，该试点入选商务部自贸试验区“最佳实践案例”，为唯一入选生态环境领域制度创新成果。开展排污许可提质增效专项行动，执行报告提交率、双百任务审核完成率均达100%。落实监督执法正面清单和免罚清单，实施免罚案件93件，免罚金额825.05万元。

【突出环境问题整改】 2023年，合肥市迎接安徽省第三轮生态环境保护督察，落实边督查边整改问题29个，整改销号突出生态环境问题521个（其中，中央和国家层面验收销号问题89个、省级层面验收销号问题432个），4213件信访件全部销号完成，“四方磷复肥磷石膏”等问题验收销号，“肥西8号排口生活污水直排派河问题”整改成效上报中央生态环境保护督察办公室，入选全国正面典型案例。开展12个重点领域大排查大整治，排查问题402个。开展问题自查，上报自查问题3335个。拍摄市级警示片，曝光突出生态环境问题103个，均双向交办。

【环境保护宣传】 2023年，合肥市举办六五环境日暨安徽环保宣传周和江淮环保世纪行启动仪式，召开新闻（发布）通气会4次，评选“合肥市生态文明教育基地”11个，8家环保设施单位全年开放100余次。创建“守护美丽合肥，我们在行动”环保志愿服务品牌，举办环保设施开放讲解员比赛，1名选手获评省级三等奖。举办“释法解惑，助企发展”政企交流活动，为18家拟上市公司解读环保政策法规。召开建筑施工扬尘污染防治普法座谈会，拍摄普法宣传片《建筑施工扬尘污染防治规范》，编印《建筑施工扬尘污染防治指导手册》1万册。

【环保产业】 2023年，合肥市打造“中国环境谷”“国际环保科技园”两大产业集群，新能源和节能环保产业链入库重点企业424家、规模以上企业223家。深挖环境治理需求，发挥国家及省级以上86个创新平台作用，遴选开放应用场景机会12个、应用场景能力

38 个，举办“听企业家说”沙龙 10 余场，破解含氟废水等治理难题。召开政银企对接座谈会，帮助 270 家企业申报“政信贷”贴息（即对市重点产业链企业通过“政信贷”金融产品获得 1 年期以上贷款，给予 50% 最高 200 万元贴息补助），为 424 家产业链重点企业 1140 名高层次人才兑现专项政策。开展“双招双引”（即招商引资、招才引智），全年落地项目 302 个，总投资 2432.01 亿元，开工投产纳统率达 100%。推进生态环保领域项目谋划、申报入库、投资纳统，生态保护和环境治理业固定资产投资增速 63.8%，位居全市各行业前列。

（魏　健）

2023 年 12 月 30 日，合肥市 20 座城市功能区声环境质量自动监测站点建成（该图为合肥物质院站点）

（王梦凡 / 摄）

污染防治

【概况】 2023 年，合肥市实施大气、水、土壤和噪声污染治理，推进山水林田湖草沙一体化保护和修复。巢湖水质保持稳定。低碳城市试点建设进展评估获评全国“优良”等次。20 个国考断面全部达标；31 个省考断面首次全部达标，水质优良率达 100%，同比提高 9.70 个百分点，创历史新高。农村生活污水治理率达 54%，位居全省首位。建成 20 个声环境自动监测站，在全省率先实现声环境功能区自动监测。

【大气环境治理】 2023 年，合肥市实施“三整治一保障”专项行动（即整治餐饮油烟、噪声和恶臭异味扰民问题保障人民群众合法环境权益专项行动），整改问题 4930 个。完成《巢湖近零碳排放示范区建设可研报告》，合肥高新技术产业开发区入选减污降碳协同创新、环境健康管理、清洁生产审核创新、碳达峰 4 个国家级试点。发布《合肥市建筑施工颗粒物在线监测系统建设与运行技术规范》，建成琥珀山庄、旺城大厦餐饮油烟净化“绿岛”（即加装公共烟道，油烟实时监控，远程净化）。建设优信、中建材等挥发性有机物（VOCs）治理“绿岛”。推进工程机械新能源化 1.30 万台，总量、占比均居全省首位，“合肥市多措并举推广应用新能源机械”经验做法在生态环境部《大气污染防治简报》刊发。落实机动车入户环节随车清单及污染控制装置查验，查验柴油货车 13227 台（次）。实施国六机动车排放标准，常态化开展柴油车路检路查和入户抽测，检测柴油车 3259 台（次）、遥测柴油车 104 万辆（次）。开展非道路移动机械执法检测，检测工程机械 2402 台（套），处罚 147 台（套）。

【水环境治理】 2023 年，合肥市实施汛期污染强度控制攻坚行动，发布水质预警 55 个。全覆盖检查集中式饮用水源地，排查董铺、大房郢水库风险源，整治环境问题 47 个，取缔整合风险隐患较大水源地 4 个，县级及以上在用饮用水源地水质达标率 100%；申报入库水源地保护项目 3 个，获 1.40 亿元中央资金支持。出台《入河排污口溯源排查整治方案》《大排水口整治方案》，整治 6243 个入河排污口，溯源十五里河流域 179 个排口，完成 172 个直接入湖排口命名、竖牌。

【土壤环境治理】 2023 年，合肥市修复氯碱东二、马（合）钢中部 A 地块，东部新中心污染地块修复经验获生态环境部肯定，省生态环境厅在全国土壤污染防治管理培训班上就该经验作专题介绍。实现10.36平方千米中轻度污染耕地安全利用、54666.70平方米严格管控类耕地用地功能调整。治理农村黑臭水体38条，完成54个行政村农村生活污水治理任务、39个建制村环境整治任务，编制全市畜禽养殖污染防治规划，排查987家规模养殖场。建立地下水重点监管单位名录，完成地下水污染防治重点区划定。

【噪声污染防治】 2023年，合肥市启动《噪声污染防治条例》修订工作。完成声环境功能区评估工作，编制声环境质量监测点位调整方案并向生态环境部报备。强化对工业企业日常监管，推进242家工业企业噪声纳入排污许可管理，督促噪声超标排放企业限期整改或限期治理，全年全市噪声超标环境保护税入库金额43.50万元，5家工业企业因噪声问题受到处罚，处罚金额14.50万元。在中、高考敏感时点开展绿色护考，受益考生18.50万人。开展交通噪声污染治理，在城市轨道交通沿线新建、改造全封闭式声屏障3398米，在城市高架或立交等声环境敏感点安装直立式声屏障4220米。加强社会生活噪声管理，与城管、公安等部门协调配合，及时发现并制止噪声污染行为。市域环境昼间噪声均值57.20dB(A)，同比下降1.30dB(A)，夜间噪声均值50.30dB(A)；全市道路交通干线昼间噪声均值69.60dB(A)，夜间噪声均值67.40dB(A)；功能区噪声昼间达标率91.70%，夜间达标率61.70%。

（魏　健）

环境监管

【概况】 2023年，合肥市加强生态环境保护监管和环境安全风险防范，全年未发生较大及以上等级突发环境事件，环境安全形势保持稳定。连续11年辐射安全“零事故”，废旧放射源处理率达100%。“一河一策一图”成果获生态环境部转发推广。全市安装联网污染源监控企业505家、排口886个、设备2182台（套）。“肥东县某畜牧公司偷排污水案”入选全省首批生态环境损害赔偿磋商典型案例。

【自然生态保护监管】 2023年，合肥市迎接省级湿地公园生态环境保护专项督察，审核728个自然保护地疑似问题线索，整改问题点位96个。开展生态文明示范创建，蜀山区入选第六届安徽省生态文明建设示范区，塘西河入选第一批“省级美丽河湖优秀案例”，董铺国家湿地公园、滨湖国家森林公园入选首批“安徽省生态环境教育基地”，评选第六批“合肥市生态环境教育基地”10个。举办全国首个“生态日”活动，肥西县开展县域生物多样性本底调查试点。庐江县冶父山废弃矿山修复项目入选国家和省级EOD项目库，实现“零”的突破。

【环境安全风险防范】 2023年，合肥市开展重大事故隐患排查整治行动，整改环境问题603处。加快“无废城市”建设，完成24项任务，创建“无废细胞”（即在固体废物源头减量、资源化利用和无害化处置等方面表现突出的社会生产生活各类组成单元）141个，中盐安徽红四方新型建材科技有限公司参研的“大宗固废矿化二氧化碳制备高值化负碳建材的关键技术”入选生态环境部《“无废城市”建设

表1　第六批合肥市生态环境教育基地一览表

序号	名称
1	安徽新华印刷股份有限公司生态环境教育基地
2	庐州公园生态环境教育基地
3	合肥东新文化旅游投资有限公司生态环境教育基地
4	合肥市中房物业管理有限公司少荃湖项目生态环境教育基地
5	洽洽食品股份有限公司生态环境教育基地
6	安徽纯鲜圆农业科技有限公司（造甲乡月亮湾生态农庄）生态环境教育基地
7	安徽江淮园艺种业股份有限公司（江淮园艺长丰现代农业）生态环境教育基地
8	安徽矾山文旅投资运营有限公司生态环境教育基地
9	合肥十八联圩生态建设管理有限公司生态环境教育基地
10	合肥市蜀山区五里墩街道青阳路社区生态环境教育基地

先进适用技术（第三批）》。申报危险废物3916家、一般工业固废557家，在全省率先达100%，危险废物规范化环境管理评估获评全省第一。印发《合肥市新污染物治理实施方案》，完成首轮化学物质环境信息统计调查，排查19座尾矿库、5个化工园区风险隐患。

【信息化监测】 2023年，合肥市建成“天地空”一体化大气污染管控平台，“‘慧’治藻 让巢湖成为合肥最好的名片”入选第六届数字中国建设峰会数字生态文明分论坛优秀案例、《中国电子政务年鉴》智慧环保典型案例和长三角数字化绿色化协同转型发展典型案例。完成重点排污单位自动监控设备“安装、联网、运维监管”3个全覆盖视频监控系统建设。长丰县环境监测站通过检验检测机构资质认定，全市5个县级监测站实现中国计量认证（CMA）全覆盖。加强社会环境监测机构监管，组织49家机构签订行业自律承诺书，向社会推荐优秀第三方环境监测机构5家。

【环境执法】 2023年，合肥市严厉打击环境违法犯罪行为，全年环境行政处罚案件立案1002件，同比增长106.17%，办案数量占全省四分之一；下达处罚决定768件，同比增长43.50%，办案和处罚数量均居全省首位。开展4次大规模交叉执法、3次帮扶办案行动，第二、三、四轮全省案卷评查成绩均居全省首位。合肥市生态环境局连续2年获评全国生态环境保护执法大练兵表现突出集体，连续4年蝉联全省非现场监管执法技能竞赛冠军，连续2年获评全省环境应急大练兵表现突出集体；赴河南周口开展大气监督帮扶，获评生态环境部2022—2023年重点区域空气质量改善监督帮扶工作表现突出集体；磋商生态环境损害赔偿案件20个，赔偿金额400多万元。

2023年5月24日，市生态环境局对合肥恒峰机动车检测有限公司开展机动车排放检验专项执法检查 （张 正/摄）

【环境应急管理】 2023年，合肥市编制完成市县两级政府、生态环境部门突发环境应急预案、县级以上饮用水水源地应急预案和滁河干渠、罗埠河、柘皋河等3条河流“一河一策一图”应急响应方案。联合六安市开展淠河总干渠（滁河干渠）跨区域突发水环境事件应急演练，组织肥西县生态环境分局开展应急实战化拉练，肥西县、庐江县、巢湖市与跨地市相邻县区签订突发水污染事件联防联控协议。排查整治突发环境事件风险隐患，排查重点企业592家，发现风险隐患645个，均完成整改。全年未发生较大及以上等级突发环境事件。

【核与辐射安全监管】 2023年，合肥市废旧放射源处置率100%。完成安徽省辐射事故应急演练保障工作，受到华东核与辐射安全监督站肯定，省生态环境厅专门向合肥市政府发来感谢信。开展放射源及射线装置全覆盖执法检查，检查核技术利用单位844家（次），保障全市1143枚在用放射源、3254台射线装置安全运行。严格辐射安全许可证管理，全年辐射安全许可证核发145家，重新核发52家，延续55家，变更66家，注销16家，遗失补发1家，并对183家许可证申领单位进行现场勘查。严把辐射类项目环评审批关，全年审批17个核技术利用项目、40个输变电项目，保障紧凑型聚变能实验装置（BEST）等项目建设。

（魏 健）

巢湖治理

【概况】 2023年，安徽省巢湖管理局（以下简称“省巢管局”）聚焦点源、线源、面源、内源治理，削减入湖污染负荷。全湖平均水质稳定在Ⅳ类，上半年平均达到Ⅲ类，创1979年有监测记录以来最好水平；沿湖持续三年实现蓝藻无异味，巢湖蓝藻累计水华面积同比下降8.60%；生物多样性进一步丰富，环巢湖新记录鸟类26种，国家一级保护鸟类12种，观测鸟类达311种。推进“山水工程”一体化保护与修复，生态保护修复总面积921平方千米。开展“雷霆2023”专项行动，加强巢湖渔业资源保护。完成巢湖生态清淤试点工程，清淤158.80万立方米。推进芦溪湖滨湿地、张家湾湿地等湿地建设工程。安徽省巢湖管理局环境保护监测站获评“安徽省工人先锋号”。

2023年3月3日，巢湖市集中销毁和拆解渔具三无船舶　（省巢管局/供）

【禁捕退捕】 2023年，省巢管局建立禁捕水域网格化包保管理机制，划片包干，消除监管盲区；推进巢湖一级保护区和“十年禁渔”联合执法，加强行政执法与刑事司法衔接，规范案件移送程序和标准；开展“雷霆2023”专项行动，建立“渔政+公安”联合禁捕工作专班。全年出动车（船、艇）3347次，渔政执法人员10380人（次），查获涉渔行政案件12起，向公安机关移送案件4起，清理渔具3106条、三无船舶24艘。查处非法垂钓行政案件553起，罚款110600元，拆解涉渔船舶及网具等1000余件。

【防汛抗旱】 2023年，省巢管局兼顾抗旱、春灌用水需求与巢湖防洪安全，汛期前外排入江25.73亿立方（其中巢湖水15.61亿立方）。推进对江排洪泵站项目前期工作，裕溪河对江排洪泵站工程完成单项可研编制。协调推进凤凰颈排灌站重建项目，完成投资额的60.40%。完成巢湖流域闸站综合提升改造项目建议书和财政支出事前绩效评估报告。

【省级巢湖湖（河）长制】 2023年，省巢管局围绕重点河流“四乱”（即乱占、乱采、乱堆、乱建）、水质达标等问题，开展河湖巡查58次，对发现的问题及时交办、限期核查整改，并适时回头看。向省委巡视等工作提交生态文明建设（水环境治理）问题线索4条。59个考核断面对应的考核对象中，23个被评定为“优秀”等次，占比39%；优化省级巢湖湖（河）长制年度考核办法，压实相关部门和河长责任。

【一级保护区监管】 2023年，省巢管局开展一级保护区突出生态环境问题大排查、大整治专项行动，建立一级保护区监管目录清单（含12个城镇污水处理厂、184处农村污水处理设施、172个直接入巢湖排口、39条直接入巢湖河流、94个排水泵站、31个规模以上水产养殖单位、9个港口码头、5个藻水分离站、8个重点建设项目、72个小餐饮），完成巢湖流域一级保护区5县（市、区）和26个乡镇（街道）排查复核和确认登记工作。协调推进一级保护区违法建设问题整改，整改通过市级验收。强化一级保护区内城镇污水处理厂和农村污水处理设施检查。

【巢湖流域山水工程】 巢湖流域山水林田湖草沙一体化保护和修复工程（简称巢湖流域山水工程）作为全国唯一的湖泊型流域生态修复项目，入围国家“十四五”规划首批山水林田湖草沙一体化保护和修复10大工程。47个子项目中，2023年完工14个项目，完成投资37亿元，生态保护修复总面积141平方千米，矿山生态修复面积233公顷，河道修复51千米，岸堤修复10千米，水污染治理面积40公顷，林草等植被生态覆绿面积3234公顷，生物多样性保护治理面积363公顷，水土流失治理面积243公顷；累计完工26个项目，完成投资约94.60亿元，生态保护修复总面积921平方千米、矿山修复面积353公顷、湿地修复面积417公顷、河道修复长度110千米，岸堤修复长度52千米，水污染治理面积90公顷，林草等植被生态覆绿面积3805公顷，生物多样性保护治理面积530公顷，水土流失治理面积387公顷。巢湖流域山水工程绩效考核2次在国家自然资源部通报中排名前列，并被纳入中国山水工程典型案例，推荐申报

"联合国生态恢复十年行动"优秀案例。

【依法行政】 2023年，省巢管局制定《2023年度重大行政决策目录》《安徽省巢湖管理局工程变更管理办法》《渔政领域轻微违法免罚清单》等，落实重大行政决策公众参与、专家论证；开展公共政策兑现和政府履约践诺专项行动，完成"依法推进公共政策兑现"四个清单的自查和清理；加强执法人员管理，组织局属单位14人参加行政执法资格认证专门法律知识考试、80名行政执法人员参加全市轮训。

表2 合肥市山水工程概况一览表

序号	项目名称	项目投资（万元）	建设内容
合计		1512658	
一	巢湖洪水调蓄与生物多样性保护区	35957	
1	巢湖渔业资源保护与增殖放流项目	1500	在巢湖湖区开展滤食性鱼类投放工程，通过人工增殖放流，在现有的滤食性鱼类资源量基础上，滤食性鱼类生物量增加10%以上；在巢湖湖区适当投放巢湖土著鱼类种苗1200万尾；结合长江十年禁渔行动，在巢湖闸鱼道和裕溪河开展洄游性鱼类资源监测。
2	巢湖生态清淤试点工程	30539	底泥疏浚、底泥脱水固结、余水处理、干化底泥处置、湖滨带湿地生态修复等，其中底泥疏浚面积为5.52km²，清淤量158.8万m³等。
3	派河河口蓝藻防控与生态修复工程	3918	构建蓝藻防控"三道防线"、生态修复等工程措施，减少项目区藻类水华发生频次和面积，改善项目区水质。
二	环巢湖生态保护带	68481	
4	肥东县十八联圩湿地修复三期工程	46435	内源污染治理、水系梳理、水位控制、植物配置等工程措施，其中内源淤泥量104.7万m³；植被恢复286.1ha等。
5	槐林湿地建设工程	3846	兆河河口北侧湿地修复、沿线滩涂湿地修复、湿地必备配套设施等工程。
6	巢湖流域水环境一级保护区绿色生产项目	16700	实施测土配方施肥、水稻绿色种植、稻渔综合种养、主要园艺作物绿色种植、水产养殖等。
7	巢湖流域水环境一级保护区"五清"专项整治工程（排水泵站水质水量在线监测）	1500	对一级保护区内直接排水入湖26座农排泵站和1座河口闸站安装水质水量在线监测设备，并与"数字巢湖"平台对接。
三	大别山丘陵山地水源涵养与生物多样性维护带	205190	
8	肥东县遗留矿山未治理区域生态修复工程	2220	为对矿山不稳定边坡削坡，清理临空石和危岩，消除崩塌隐患，恢复损毁土地性质，修复矿山面积约64.65ha。
9	兆河庐南矿山生态修复工程（一、四标段）	52290	地形地貌重塑、地质灾害隐患治理、植被重建及水土污染治理，矿山修复面积74.94ha。
10	兆河庐南矿山生态修复工程（二期）	37564	边坡防护工程、地形整治工程、截排水工程、植被恢复工程等，矿山修复面积105.82ha。
11	巢湖市废弃矿山生态修复工程（四期）	45516	对废弃矿山及工矿场地进行生态修复，修复面积约198.49ha。
12	安徽省大别山区水环境生态补偿项目	67600	淠河总干渠罗管闸为跨市界考核断面，根据跨市界考核断面监测水质情况，确定流域上下游补偿责任主体。按照"谁受益、谁补偿，谁破坏、谁承担"的原则，以保护水质为目的。
四	杭埠河农业生产与面源防治区	78762	
13	马槽河集镇污水收集处理工程	16633	对项目区内排水系统进行雨污分流、污水厂提标改造等，其中汤池、郭河两镇区共新建污水管网98.6km；汤池镇污水厂扩建4000 m³/d等。

续表

序号	项目名称	项目投资（万元）	建设内容
14	马槽河农村生活污水收集处理三期工程	1540	收集处理项目区内农村污水，其中新建污水管网 18km，一体化污水处理站 1 座等。
15	马槽河生态修复工程	40871	河道防洪保安、河流生态修复等工程，河道清淤长度 13.23km 以上等。
16	肥西县丰乐河生态清洁流域建设先期工程	19718	农业面源污染治理、河道生态化改造、水生态修复等工程。
五	白石天河农业生产与面源防治区	299506	
17	白石天河集镇污水收集处理工程	16361	镇区雨污水管网完善工程、小区雨污分流工程以及污水处理厂提标改造工程三部分。
18	台创园工业园区污水处理工程	17887	新建污水处理厂和配套管网等工程。
19	白石天河农村污水收集处理三期工程	14512	新建污水收集管网、一体化污水处理站等工程。
20	金牛河生态清洁小流域建设工程	79899	镇区雨污分流、污水处理厂提标改造、农村环境整治、农业面源治理、河道生态化改造等工程。
21	白山后街小河及团结圩小河生态清洁小流域建设工程	23887	防洪排涝、农业面源污染治理、河道生态化改造等工程。
22	金同联圩水环境综合治理一期工程	8363	农业面源污染控制、河道生态化改造等工程。
23	庐北大圩水环境综合治理工程	130035	防洪排涝、农村生活污水收集处理、农田面源污染治理、河道生态化改造等工程。
24	望城河水环境综合治理工程	8386	防洪工程、污水处理厂扩建、农田面源污染治理、河道生态化改造及采石场修复等工程。
25	庐江县石头镇笏山采石场迹地修复工程	176	斜坡防护工程、截排水工程、植被恢复工程等。
六	兆河农业生产与面源防治区	388660	
26	兆河（庐江县）集镇污水收集处理工程	112354	相关镇区排水管网改善、雨污分流改造、管网修复及提标改造污水处理厂等工程。
27	兆河（巢湖市）集镇污水收集处理工程	33096	相关镇区排水管网改善，雨污分流改造，新建、扩建及提标改造污水处理厂等工程。
28	兆河（庐江县）农村生活污水收集处理三期工程	21365	新建污水管网、集中污水处理站、一体化污水提升泵站等工程。
29	兆河（巢湖市）水环境治理工程	61593	镇区面源治理、农业农村区污染源治理、河道生态化改造等。
30	黄陂湖生态保护修复工程	30422	湖区基底改造、植被生境恢复等工程。
31	盛桥河生态清洁小流域建设工程	58833	集镇防洪排涝、集镇污水处理、农田面源污染治理等工程。
32	裴河流域及裴岗联圩水环境治理工程	39290	防洪工程、农村污水收集处理工程、水系连通工程、湿地修复工程、河道生态化改造工程等。
33	杨柳圩水环境综合治理工程	31707	农村污水收集处理工程、水系连通工程、河道生态化改造工程等。
七	裕溪河农业生产与面源防治区	13657	
34	巢湖市蒋家河流域综合治理工程	13657	病虫害绿色防控、种植结构调整、沟渠生态化改造、建设生态塘、新建湿地、河道生态化改造、圩区内水系连通等。
八	柘皋河农业生产与面源防治区	38427	
35	巢湖市夏阁河流域综合治理一期工程	29228	农村生活污水收集处理、农业生产与面源污染防治、河道清淤、河流湿地建设等。
36	烔炀河流域氮磷控制示范工程	9199	项目区的镇区（村庄内部）地表径流收集处理工程、农田尾水循环利用工程、节水灌溉示范工程和子流域综合治理集成工程等。

续表

序号	项目名称	项目投资（万元）	建设内容
九	南淝河城镇低影响开发与复合生态修复区	37126	
37	沙河治河清源生态修复工程	37126	河道防洪保安、城镇面源污染治理、农业面源污染治理、河道生态化改造等。
十	十五里河城镇低影响开发与复合生态修复区	199262	
38	十五里河流域治理一期工程一标段	199262	城市面源污染治理、内源污染治理、生态补水、河流生态修复等工程，共 13 个子项。
十一	派河城镇低影响开发与复合生态修复区	101677	
39	斑鸠堰河小流域水环境综合治理工程	9606	渠道整治、初期雨水截流、河道生态修复、生态完善、生态补水等工程。
40	王建沟上游生态修复工程	31695	入翡翠湖排口末端治理、翡翠湖湖区周边海绵城市建设、水处理设施及其生态化处理工程等。
41	王建沟中游生态修复工程	44228	内涝防治、水质改善、生态修复等工程。
42	肥西县派河支流（潭冲河、卞小河、梳头河）水环境综合整治工程	16148	疏浚护岸工程、节水养田工程、清水廊道工程等。
十二	综合措施	45953	
43	巢湖流域（合肥市）森林质量提升工程	27361	开展退耕还林杨树林更新改造（包括更替修复、补造修复、抚育修复）、荒山复绿和森林抚育。
44	环巢湖水质监测系统改扩建工程（数字巢湖）和巢湖蓝藻水华监测预警与模拟分析平台项目	3735	监测网点补点建设、系统部署平台、系统展示及应用实体环境、大数据平台、蓝藻水华监测预警及模拟分析等。
45	合肥市地表水水质自动监测体系建设项目	4340	新建 95 个一体化微型水质自动监测站，完善部分现有水质自动监测站，建立合肥市水质自动监测管理平台。
46	巢湖生物资源调查及生态修复示范工程（基础调查研究部分）	5900	巢湖生态系统历史数据收集与整理分析、一级保护区生物资源调查、巢湖湖盆演化及地下水资源分布调查、多目标需求下巢湖生态水位调控研究等。
47	巢湖流域山水林田湖草监测体系建设项目（项目建设期）	4617	通过“遥感技术 + 自动监测 + 实地调查”相结合的方式，在流域、生态保护单元等尺度上科学设立调查监测点位，监测森林、农田、河湖湿地等生态系统的生态环境状况，建立水质、生物等重要生态环境要素数据库和评价指标体系，对巢湖流域山水工程涉及的生态环境进行评价。

（洪　蕾）

林业和园林

【概况】 2023 年，合肥市林业和园林局（以下简称“市林园局”）巩固提升林长制改革成果，推进国土绿化和公园城市建设，加强生态保护修复，全年完成营造林 840 公顷，抚育提升 6666.67 公顷，退耕还林更新 1333.33 公顷。完成江淮运河生态廊道 15 千米范围内人工造林 2133.33 公顷、森林质量提升 1.27 万公顷。完成新增、改造提升绿地面积超 700 万平方米，新建公园游园 61 个，新建绿道超 180 千米。成功举办第二十一届中国•合肥苗木花卉交易大会、第十四届中国（合肥）国际园林博览会。

【林长制】 2023 年，合肥市级总林长共同签发第 4 号总林长令，10 余次对湿地保护修复、湿地公园管理、野生动物保护等工作作出批示，全市下发市、县级总林长令 32 个，市、县级总林长巡林调研 90 余次，推动林长制工作落实和重难点问题解决。市林园局提升各级林长履责能力特别是基层林长管林治绿能力，完善“四单两函一通报”（即任务清单、问题清单、整改清单、巡林记录单、工作提示函、问题督办函和林长制通报）和定期调度机制，推进林长制重点任务落实，市、县级林长联系林业基地和经营主体，帮助企业解决问题 130 余个。开展优秀生态护林员、优秀基层林长评比，合肥市 1 人获评省十佳基层林长。推进改革创新，开展 “碳中和林”试点建设、探

表 3　　合肥市获评省级森林康养基地一览表

序号	基地名称	所在县	年份 / 批次
1	四顶山居森林康养基地	肥　东	2022/ 第二批
2	海银生态园白马山森林康养基地		
3	东庵森林公园森林康养基地	巢　湖	
4	蠃村国家森林乡村森林康养基地		
5	聚星粮驿 1953 森林康养基地	肥　西	2023/ 第三批
6	星野蓬境森林康养基地		
7	竹溪乔冲康养中心森林康养基地	庐　江	
8	百花村森林康养基地		
9	冶父山国家森林公园森林康养基地		
10	银杏下森林康养基地		
11	长冲村森林康养基地		

索“行政林长 + 民间林长”共治模式、建立“古树名木＋林长”责任机制、探索林业生态环境损坏赔偿等，激发林业发展动能。加强基层林长先进事迹、示范区建设成效等宣传，林长制工作经验做法获新华社安徽智库专题报道，被国家林业和草原局、省林长制工作简报采用，省、市级媒体宣传林长制改革报道近 220 篇。

【林业增绿增效】　2023 年，合肥市封山育林 333.33 公顷、退化林修复 713.33 公顷、森林抚育 5813.33 公顷。市林园局安排 82 场活动供市民履行义务植树责任，组织省、市党政军领导集中义务植树活动。完成退耕还林一张图年度变更工作，强化新造幼林地抚育管护，加大退化林修复力度。编制《江淮运河生态廊道建设实施方案》，推进江淮运河近岸廊道建设。开展国有林场森林质量精准提升行动，年度林业奖补项目 35 个，资金 713 万元。全市 73 家企业获评第九批安徽省林业产业化龙头企业，同比新增企业 13 家。开展省级森林康养基地认定，认定 7 家省级康养基地。强化林药种植环节质量安全管理，开展食用林产品质量安全检验监测 27 批（次）。

【城区园林绿化提品提质】　2023 年，合肥市创建国家生态园林城市，完成新增、改造提升绿地面积 708 万平方米；完成龙川游园、东望府游园等 61 个公园游园建设；山茶路公园绿道、中国声谷绿道等城市绿道建设完成。编制《合肥市城市绿地系统专项规划》《合肥市城市绿道系统专项规划》，规范建设项目控规和修规审批环节审查程序，实施树木保护前置审核，优化项目方案 40 个，全年绿化审批 57 件，移植乔木 0.84 万株，移植数量同比下降 31.70%。成都世界园艺博览会合肥展园基本完工。开展优秀建筑企业认定工作，完成园林绿化施工企业效能管理及信用评价审核工作。开展重点片区、重要节点、重要道路、重点公园等园林绿化环境提升行动，国庆假期花展累计布展 150 余处、摆花 160 余万盆。开展城市公园绿地开放共享试点，全市 43 个公园试点开放，开放共享面积 254 万平方米。

【湿地资源保护】　2023 年，合肥市擦亮湿地城市名片，参加绿色中国行国际湿地城市市长话湿地活动，赴法国亚眠参加第二届国际湿地城市市长圆桌会议，推介合肥城市发展和湿地保护管理成效。加强湿地资源管护，推进环湖县（市、区）

2023 年 12 月 20 日，一群小天鹅在十八联圩湿地栖息　　（孙葆根 / 摄）

湿地管养工作，完成10大湿地生态效益补偿考核和绩效评价，拨付生态效益补偿资金6801.74万元，湿地管养面积8010.63公顷。开展湿地公园疑似问题核实，县（市、区）建立“人防+技防”结合的监管体系，完善巡查巡护机制，提升湿地监管效能。完善湿地进出水设施，建立水位调控机制，完成庐江尾河等湿地提升工程，栽植食源性植物1.40万株。开展环湖湿地生态监测，在巢湖市柘皋河湿地开展碳汇功能研究，在肥西县三河湿地开展小微湿地修复示范项目建设。开展湿地资源保护专项宣传活动25场（次），培育湿地保护志愿者700名，湿地友好社区13个，湿地友好学校10所。

【森林资源管护】 2023年，合肥市获批永久使用林地项目213宗，面积631公顷，是年定额计划170公顷的371%，超2022年全年使用面积（即601公顷）5%，保障合肥先进光源、S19淮桐高速（合肥段）、讯飞小镇一期、长鑫存储配套项目等一批重点工程项目。受理申报新增人工繁育许可6宗，审核转报陆生野生动物及其制品经营利用申请事项19宗。森林督查全年下达图斑4806个。开展林草生态综合监测，调查总进度100%，开展林地管理图斑共同确认落图工作，建设林地“占补平衡”储备库，各辖区反馈可补充林地面积866.97公顷。加强古树名木日常养管，全市会诊古树20余次，制定“一树一策”保护修复方案。开展陆生野生动物资源调查，推进陆生野生动物致害责任保险工作，开展打击野生动植物非法贸易联合行动。组织“爱鸟周”“保护野生动物宣传月”等主题活动，宣传野生动植物保护法律法规。开展“绿盾”专项行动（即打击破坏森林资源，保护生态环境的执法统一行动），“绿盾2019”100处点位，销号49处；“绿盾2022”14处点位，通过7处。

【森林防灾减灾】 2023年，合肥市清理病死松树1.97万株、其他枯死松树18.96万株，完成率分别为111%、238.30%；打孔注药21.86万株，完成率257.20%。拔除巢湖市中庙街道疫点，实现肥东县桥头集镇等6个疫点无疫情。布设美国白蛾诱捕器1432套，开展预防性防治9.20万公顷次。开展森林火灾隐患排查整治，整改隐患10处。开展森林防火专项宣传，悬挂宣传横幅591条，出动宣传车辆975车（次），入户宣传8465户，发放各类宣传品5.21万份。落实60万元森林防火专项资金，加强巢湖市、庐江县防火装备建设。全市林园系统检查林园行业生产经营单位426个，排查整改隐患292个；开展绿化遮挡交通安全隐患专项治理，排查隐患2026处，完成治理1752处。

【举办第十四届中国（合肥）国际园林博览会】 2023年9月26日，第十四届中国（合肥）国际园林博览会在合肥开幕，中央电视台中文国际频道《央视新闻》直播开幕式。开幕期间，同步召开合肥园博会高层论坛暨全国城市公园绿地开放共享现场会，12月26日闭幕，累计接待国内外游客632万人（次）、国庆假期单日最高40万人，上榜国庆假期国内热门旅游目的地TOP20，外省游客超19%。

【举办第二十一届中国·合肥苗木花卉交易大会】 2023年10月20日—24日，合肥市承办第二十一届中国·合肥苗木花卉交易大会，采用线上线下同步开展模式，线下展示展销面积约4.50万平方米，线上依托全国（合肥）苗木花卉交易信息中心官网平台展示。全国28个省（市、区）参加展会，参会单位、会展规模、参展客商达历史之最，大会现场36个项目签约，资金规模113亿元。展会期间，中国中部花木城花卉科技示范产业园开园。

（卢梦云）

河（湖）长制

【概况】 2023年，合肥市统筹水资源、水环境、水灾害、水生态系统治理，推动河湖库整体面貌提升。全年20个国考断面全部达标，6个国考断面优于考核标准，18个断面达到或优于Ⅲ类，优良率90%，同比上升5个百分点；2023年上半年巢湖全湖水质达到Ⅲ类，创1979年以来有监测记录以来最好水平；合肥市河（湖）长制综合考核居全省第1位，获省政府督察激励；首部河（湖）长制纪录片获全国二等奖，创建10条省级幸福河湖，全国河（湖）长制工作简报专文推广合肥市幸福河湖经验做法；成为省内拥有全域河（湖）长制能效提级县的3个地市之一。

【河（湖）长制体系建设】 2023年，合肥市级总河长定期召开总河长大会，市委常委会每季度调度1次，市级总河长每月现场督导调研1次，环湖县（市、区）总河长每月调度1次；创新市级河（湖）长分工，市委副书记专职分管巢湖湖长制工作；建立水质达标预警机制，分别向县级责任河（湖）长发布一、二、三级预警8个、24个和23个。健全河（湖）长动态调整机制，压实河（湖）长责任。全市设各级河长3525名、湖长135名，其中市级总河长2名、副总河长2名、河长13名，县级总河长22名、副总河长32名、河长154名，乡级总河长154名、副总河长126名、河长943名，村级河长2077名；市级湖长2名、县级湖长11名、乡级湖长28名、村级湖长94名；市人大、政协负责同志担任市级河长，发挥人大、政协监督作用；加强引江济淮统一管理，水务部门同时担任派河、白石天河市级河长协助单位。印发《合肥市进一步加强各级河长湖长履职尽责的指导意见》《合肥市河（湖）长制工作任务清单》，将河（湖）长制工作纳入对市级河长会议成员单位政府目标绩效考核，市级总河长连续签署第4号、第5号《总河长令》，建立"河湖长＋水土保持"工作模式，部署引江济淮输水干线（合肥段）"清水北送"保护行动。

【河湖治理】 2023年，市河长制办公室推进"四乱四水"（即乱占、乱堆、乱建、乱采；水脏、水保、水患、水滞）市场化暗访巡查，对16条市管河湖进行拉网式排查，暗访8批（次），发现问题921个，清理垃圾10.20吨，整治不规范截流设施60处；开展南淝河污染底泥监测，联合市级河长协助单位商讨重污染区域底泥清淤计划；市级媒体每季度拍摄问题警示片，累计披露河湖问题52个。印发《关于加强全市水库水质管理保护的实施意见（试行）》，在全国率先开展流域内河（湖）长制进驻式督查，重点排查180座湖库，约谈2名县级河长、4名县级副河长、12名镇级总河长，转办问题205个，减少58座水质不达标水库。开展汛期污染强度控制攻坚行动，印发《2023年度南淝河流域汛期水环境保护专项行动方案》，成立4个督导组进行现场核查督导，交办问题146处。印发《引江济淮输水干线入河排口排查溯源整治工作方案》，驻点肥西县、庐江县，核查输水干线入河排口，水质取样157个，建立含经纬度、水质状况、排口类型等信息在内的引江济淮输水干线325个入河排口基础档案。

【四源同治】 2023年，市河长制办公室推进点源治理，加快西部组团污水处理厂二期工程（20万吨／日）建设，完成总进度58%；开工建设长岗污水处理厂三期工程（10万吨／日），完成总进度73%；序时推进全市6243个入河排口分类整治，对各类排口进行责任主体认定、问题排口确认；新建成投运初期雨水调蓄池12座，规模约26.83万立方米；9座初期雨水调蓄池拥有就地处理工艺，可为河道提供生态补水27.30万立方米。推进线源治理，加快推进市政污水管网建设改造，全年全市完成污水管网建设211.88千米，改造污水管网41.72千米，分别超额完成69%、40%。统筹开展派河、南淝河、十五里河3条市管河流自然资源确权登记工作，形成监管有效的资产产权制度；辖区29家港口企业和1个水上服务区实现船舶水污染物接收、转运、处置率100%，接收船舶生活垃圾52.70吨，含油污水10.20立方米，船舶生活污水1239.09立方米。推进面源治理，在巢湖流域内建设136个化肥减量示范区，主要农作物测土配方施肥技术覆盖率95%；开展畜禽养殖污染防治专项行动，实现987家规模养殖场检查全覆盖；推进农村厕所革命，完成改厕9683户；有改厕任务的75个乡镇全部设立改厕管护服务站，963个行政村实现"一站两体系"全覆盖（"一站"，即设立农村改厕管护站；"两体系"，即建立厕具检查维修体系和粪污清掏及资源化利用体系）。实施湿地提升工程，巢湖半岛、槐林、庐江栖凤洲、马尾河、肥东十八联圩等湿地建设湿地提升项目，栽植食源性植物14000余株。推进内源治理，建立"渔政＋公安"联合禁捕工作专班，实行"夜间＋错时"巡查，累计出动车（船、艇）3127次，渔政执法人员9785人（次），查获涉渔行政案件10起，向公安机关移送案件4起，清理渔具2755条、"三无"船舶（即无船名船号、无船舶证书、无船籍港的船舶）22艘，查处非法垂钓行政案件533起，罚款10.66万元。推进蓝藻防控工作，划分95个蓝藻应急防控工作网格，出动打捞人员10.60万人（次）、打捞船只1.38万船（次），打捞藻浆321.50万立方米，产生藻泥2.96万吨，同比分别增加50.63%、52.46%，巢湖蓝藻水华最大面积同比下降13.90%。

【幸福河湖创建】 2023年，合肥市举办河湖长制6周年纪念活动，选定河湖长制形象logo；开展河湖长制进校园活动，选聘"校园河长"，向学生传递爱河、护河、节水知识；以肥西县为试点，搭建智慧肥西河流吹哨系统，办结1.60万件河湖事件；《光明日报》、中

岱山湖入选省级幸福河湖（市水务局/供）

央电视台分别专刊报道巢湖湖长制情况和淮河流域幸福河湖——塘西河。建立“定补+奖补”专项资金库，推进省级幸福河湖创建。从洪水有效防御、供水安全可靠、水生态健康、水环境良好、水文化传承、社会共建共享、河流特色等7个方面，创建少荃湖、岱山湖等10条省级幸福河湖，建成1处河长驿站、2处河湖长制水文化科普馆，实现幸福河湖县级行政区全覆盖。

表4 2023年合肥市入选省级幸福河湖一览表

序号	县（市、区）	河湖名称	河段范围
1	肥东县	岱山湖	
2	肥东县	店埠河	岱河路至裕溪路
3	肥西县	卞小河	童洼水库坝下至卞小河入派河口
4	长丰县	罗集水库	
5	庐江县	马槽河	金汤水库泄洪闸至堰湾跌水段
6	巢湖市	烔炀河	梁界路岱山湖入口处至岱山湖副坝
7	巢湖市	尖山湖	
8	包河区	丙子河	玉龙路至巢湖入湖口
9	瑶海区	二十埠河	襄水路桥至大兴塔陵园
10	新站高新技术产业开发区	少荃湖	

（谢国祥）

责任编辑：王晓燕

工 业

综 述

【概况】 2023年，合肥市实施“产业强市提升行动”，加快推进新型工业化，工业经济呈现运行稳、后劲足、支撑好的良好态势。全市当年实现规模以上工业增加值同比增长10.60%，居全国26个万亿GDP城市第4位；工业投资总量、新增年产值百亿元企业、规模以上工业企业和专精特新企业数量、新能源汽车产量均创历史新高；合肥造大尺寸液晶面板显示驱动及存储芯片、白色家电、光伏逆变器、色选机等产品产量均居全国第1位。工业稳增长和转型升级工作获国务院督查激励，入选国家中小企业数字化转型试点城市，在赛迪顾问发布的2023先进制造业百强市中位列第13位，经济发展“压舱石”的作用显著。

【产业集群体系】 2023年，合肥市以“链长制”为牵引，打造“6+5+X”集群体系。全市当年战略性新兴产业实现产值同比增长11.10%，对工业增长的贡献率达84.10%，占规上工业比重达54.70%。新兴产业发展壮大。新能源汽车、光伏及新能源、智能家电（居）、生物医药等产业链“双招双引”项目数、投资额均居全省前列。其中，新能源汽车产业保持强劲增长，产值连续16个月保持两位数增长，实现新能源汽车产量74万辆，同比增长1.4倍，占全国总量约8%，居全国第3位。光伏及新能源产业规模保持领先，异质结电池、大尺寸硅片等先进产线落地，入选“新型储能十大城市”。光伏逆变器出货量居全球第1位，光伏并网量连续第5年居全国省会城市第1位，储能电池产量突破20GW。家电产业优势巩固，实现增加值增速同比增长超10%，“四大件”产量连续第12年居全国城市首位。未来产业加快布局。空天技术产业聚集企业超百家，中科星图、航天宏图等龙头企业落地运营，亿航智能获批全球首张无人驾驶载人适航证。生物制造头部企业华恒生物丙氨酸市占率全球第一。拥有人工智能产业链上下游企业超2400家，当年实现营业收入同比增长17%。科大讯飞的星火大模型整体能力接近ChatGPT-4。深化产业融合。高质量举办2023年世界制造业大会、全国中小企业数字化转型大会、国际新能源汽车展览会、中国大学生方程式系列赛事等活动，产业知名度和美誉度加速提升。常态化召开供需对接活动，累计组织召开“芯车”“芯机”等对接活动120余场，企业参会超4100户次，签约或达成意向240余个，拉动投资超50亿元，“合肥市产业融合对接会”品牌影响力扩大。

【企业培育】 2023年，合肥市建立“3+4”企业梯度培育机制，实施百亿企业、专精特新企业、规上工业企业三大培育行动，对各级培育对象给予上市融资、智转数改、市场拓展等多重保障。推进“企孵化”工作，加强创新创业载体培育，截至年底，建成市级以上小微企业双创示范基地121家，其中国家级示范基地4家；示范基地入驻企业1.40万余家，从业人员近20万人。推进“小升规”工作，建立“小升规”企业库，对首次升规企业、连续第3年稳规企业给予政策奖补；新增规上工业企业290家，净增151家，总数达2647家，居全省第1位。推进“规做精”工作，实施专精特新梯度培育行动，新增国家专精特新“小巨人”企业52户，累计188户，居全国省会城市第6位、全国第14位；新增省级专精特新冠军企业29家，累计111家，占全省24.4%。推进“精做优”工作，强化重点工业企业监测调度，定制精准培育方案，发挥企业上台阶、激发存量企业活力等政策效应，鼓励企业做强做优，新增年产值百亿元企业6家，总数达22家，创历史新高；累计培育国家制造业单项冠军企业15家，占全省46.9%。

表 1

合肥市产值超百亿元工业企业一览表

序号	企业名称	序号	企业名称
1	联宝（合肥）电子科技有限公司	12	阳光新能源开发股份有限公司
2	安徽江淮汽车集团股份有限公司	13	安徽中烟工业有限责任公司
3	合肥比亚迪汽车有限公司	14	阳光储能技术有限公司
4	国网安徽省电力有限公司	15	合肥美的洗衣机有限公司
5	阳光电源股份有限公司	16	安徽晶科能源有限公司
6	合肥长安汽车有限公司	17	合肥协鑫集成新能源科技有限公司
7	合肥晶澳太阳能科技有限公司	18	晶科能源（肥东）有限公司
8	合肥鑫晟光电科技有限公司	19	格力电器（合肥）有限公司
9	合肥联跃电子有限公司	20	合肥华凌股份有限公司
10	通威太阳能（合肥）有限公司	21	合肥海尔电冰箱有限公司
11	合肥京东方显示技术有限公司	22	安徽合力股份有限公司

表 2

合肥市培育国家制造业单项冠军企业一览表

序号	企业名称	主要业绩
1	中建材（合肥）粉体科技装备有限公司	辊压机产品以超过 1500 台套在线运行业绩位居全球第一
2	安徽安利材料科技股份有限公司	生态功能性聚氨酯合成革产品市场占有率全球第一
3	阳光电源股份有限公司	光伏逆变器出货量连续多年保持全球第一
4	安徽合力股份有限公司	蝉联中国叉车行业桂冠
5	合肥泰禾光电科技股份有限公司	色选机销售收入及市占率位居国内同行业第二位、全球第三位
6	通威太阳能（合肥）有限公司	太阳能电池市占率居全球第一位
7	合肥恒大江海泵业股份有限公司	大型潜水电泵产品的销售额及市占率在全国同行业中排名第 1 位
8	合肥乐凯科技产业有限公司	光学膜材料填补技术空白
9	合肥合锻智能制造股份有限公司	液压机销量及销售收入占全球第三、中国第一
10	安徽华恒生物科技股份有限公司	“L- 丙氨酸”产品市场占有率超 70%，连续 7 年全球第一
11	安徽万朗磁塑集团有限公司	冰箱门密封条市占率全球第一
12	安徽鸿路钢结构（集团）股份有限公司	建筑钢结构件市占率近 3 年全球第一
13	合肥华升泵阀股份有限公司	沸腾床 / 悬浮床加氢循环泵销量及销售收入占全球第二、中国第一
14	合肥波林新材料股份有限公司	齿轮式液压泵关键摩擦副零件
15	合肥水泥研究设计院有限公司	立式辊磨机

【项目建设】 2023 年，合肥市紧盯重点领域和项目，强化调度服务，推动工业投资企稳回升。全面抓项目调度，编制《合肥市 2023 年度亿元以上工业项目投资计划》，按月调度计划内项目，动态调度计划外新增重点项目。全年有 633 个重点项目纳入调度。建立“逾期未开工、开工未纳统、在建未投产、投产未达产项目”四项清单并按月更新，有针对性地跟踪服务。全生命周期保障重大项目，中创新航、长鑫等 9 个百亿元项目开工，大众安徽、比亚迪等 5 个百亿元项目建成投产，华晟光伏、光势能等重点项目实现“当季签约、当季开工”，清电硅业一期项目从开工到投产用时仅 100 天。全市全年工业投资同比增长 16.70%，创历史新高，其中技改投资增长 35.40%，高于全省 10.20 个百分点。

【创新发展】 2023年，合肥市加快推进产业创新工作，组织企业承担国家“工业强基任务表”“关键技术协同攻关目录”项目6个，有7个项目入围国家工信部新一代人工智能重点任务揭榜名单；组织60户企业揭榜省级补短板和共性技术攻关项目，截至年底，有15项攻关任务结题，占全省总数的62.5%，新增“三首（首台套装备、首批次新材料、首版次软件）”产品211项，占全省总数的48.4%。成功创建国家通用机械基础件创新中心，累计获批国家级制造业创新中心2家（即科大讯飞－国家智能语音创新中心、国家通用机械基础件创新中心），居全国城市第2位；创建国家级企业技术中心57家、工业设计中心13家，均居全国省会城市第2位。重点工业企业实现技术中心全覆盖，产业链价值链向中高端迈进。

表3　　合肥市创建国家企业技术中心一览表

序号	平台级别	企业名称	序号	平台级别	企业名称
1	国家级	合肥神马科技集团有限公司	30	国家级	中盐安徽红四方股份有限公司
2	国家级	合肥水泥研究设计院	31	国家级	安徽大地熊新材料股份有限公司
3	国家级	合肥中辰轻工机械有限公司	32	国家级	合肥晶弘电器有限公司
4	国家级	长虹美菱股份有限公司	33	国家级	安徽佳通乘用子午线轮胎有限公司
5	国家级	安徽叉车集团有限责任公司	34	国家级	安徽巨一自动化装备有限公司
6	国家级	惠而浦（中国）股份有限公司	35	国家级	安徽安科生物工程（集团）股份有限公司
7	国家级	安徽国风塑业股份有限公司	36	国家级	安徽安凯汽车股份有限公司
8	国家级	安徽江淮汽车集团股份有限公司	37	国家级	合肥泰禾光电科技股份有限公司
9	国家级	科大讯飞股份有限公司	38	国家级	合肥乐凯科技产业有限公司
10	国家级	安徽安利材料科技股份有限公司	39	国家级	兆科药业（合肥）有限公司
11	国家级	中铁四局集团有限公司	40	国家级	会通新材料股份有限公司
12	国家级	中铁四局集团钢结构建筑有限公司	41	国家级	安徽荃银高科种业股份有限公司
13	国家级	合肥丰乐种业股份有限公司	42	国家级	东风精密铸造有限公司
14	国家级	合肥江航飞机装备有限公司	43	国家级	中国化学工程第三建设有限公司
15	国家级	安徽四创电子股份有限公司	44	国家级	科大国创软件股份有限公司
16	国家级	合肥华耀电子工业有限公司	45	国家级	皖通科技股份有限公司
17	国家级	中煤矿山建设集团有限责任公司	46	国家级	南瑞继远电网技术有限公司
18	国家级	合肥合锻智能制造股份有限公司	47	国家级	合肥江淮铸造有限责任公司
19	国家级	时代出版传媒股份有限公司	48	国家级	安徽华米信息科技有限公司
20	国家级	合肥杰事杰新材料股份有限公司	49	国家级	安徽省交通规划设计研究总院股份有限公司
21	国家级	阳光电源股份有限公司	50	国家级	合肥同智机电控制技术有限公司
22	国家级	东华工程科技股份有限公司	51	国家级	安徽中科光电色选机械有限公司
23	国家级	合肥美亚光电股份技术股份有限公司	52	国家级	安徽皖仪科技股份有限公司
24	国家级	安徽皖维高新材料股份有限公司	53	国家级	合肥荣事达电子电器集团有限公司
25	国家级	安徽水利开发股份有限公司	54	国家级	安徽元琛环保科技股份有限公司
26	国家级	合肥通用机械研究院	55	国家级	安徽华恒生物科技股份有限公司
27	国家级	合肥国轩高科动力能源有限公司	56	国家级	联宝（合肥）电子科技有限公司
28	国家级	安徽富煌钢构股份有限公司	57	国家级	合肥芯碁微电子装备股份有限公司
29	国家级	中国能源建设集团安徽电力建设第一工程有限公司			

表 4　　合肥市创建国家工业设计中心一览表

序号	平台级别	创新平台名称	依托单位
1	国家级	安徽江淮汽车集团股份有限公司工业设计中心	安徽江淮汽车集团股份有限公司
2	国家级	中国电子科技集团公司第三十八研究所工业设计中心	中国电子科技集团公司第三十八研究所
3	国家级	惠而浦（中国）股份有限公司工业设计中心	惠而浦（中国）股份有限公司
4	国家级	安徽合力股份有限公司工业设计中心	安徽合力股份有限公司
5	国家级	长虹美菱股份有限公司工业设计中心	长虹美菱股份有限公司
6	国家级	合肥荣事达电子电器集团有限公司工业设计中心	合肥荣事达电子电器集团有限公司
7	国家级	阳光电源股份有限公司工业设计中心	阳光电源股份有限公司
8	国家级	联宝（合肥）电子科技有限公司工业设计中心	联宝（合肥）电子科技有限公司
9	国家级	合肥泰禾智能科技集团股份有限公司工业设计中心	合肥泰禾智能科技集团股份有限公司
10	国家级	安徽华米信息科技有限公司工业设计中心	安徽华米信息科技有限公司
11	国家级	志邦家居股份有限公司工业设计中心	志邦家居股份有限公司
12	国家级	劲旅环境科技股份有限公司工业设计中心	劲旅环境科技股份有限公司
13	国家级	科大讯飞股份有限公司工业设计中心	科大讯飞股份有限公司

【亩均改革】 2023 年，合肥市纵深推进亩均改革，迭代出台《工业企业亩均效益评价办法（2.0 版）》，优化评价指标和方式，实施规上工业企业、占地 5 亩及以上的规下工业企业共同评价。实施分类服务引导，正向激励 A 类企业，引导提升 B、C 类企业，调控帮扶 D 类企业，开展规模以上服务业企业、省级以上开发园区、写字楼等楼宇效益评价工作。当年经过评价确定，全市规上工业企业 2022 年亩均税收 39.7 万元 / 亩，同比增长 20.8%，居全省第 1 位，超过浙江平均水平（浙江 34.8 万元 / 亩）。完善金融服务改革，拓展“亩均英雄贷”金融服务模式，在全省率先出台公布“白名单”制度，并在全市“信易贷”平台开设“亩均英雄贷”专栏，全年发放亩均英雄贷 758.40 亿元。在全省发布的“亩均论英雄”改革系列榜单中，合肥市各项榜单获评数居全省第一；改革案例获选全国 2023 年度“亩均论英雄”专项创新案例。

（余　旭）

首位产业

【概况】 2023 年，合肥市聚焦新能源汽车产业首位产业，坚持统筹谋划，明确发展目标，细化落实举措，打造新能源汽车之都和智能网联汽车创新高地。聚焦顶层设计，成立由市委市政府主要领导任双组长、市相关领导任副组长的集群建设领导小组，组建 1 个专班 +5 个工作组的专职工作队伍，强化统筹推进。印发《合肥市加快建设具有国际影响力的新能源汽车之都行动计划》，加强政策保障。全市新能源汽车和智能网联汽车产业链当年实现产值同比增长 54%；产业集群完成营业收入同比增长 31.50%；实现新能源汽车产量达 74.60 万辆，同比增长 143.40%，总量位居全国第 3 位。

【产业发展】 2023 年，合肥市紧盯打造万亿级新能源汽车产业集群目标，一体推进整车、零部件、后市场全面提升。聚集规上工业企业近 200 家，拥有江淮、蔚来、大众（安徽）、比亚迪、长安、安凯等 6 家整车企业，拥有国轩高科、中航锂电、巨一科技、华霆动力、锐能科技等核心配套企业，形成覆盖整车制造、关键零部件、换电服务、智能网联的全产业链。

精准服务整车企业。“一企一

2023 年 3 月 31 日，合肥比亚迪二期整车下线　　（市经信局 / 供）

策”做好整车企业贴身服务，全力发展壮大整车企业。招引大众全球第二研发中心落户合肥，加快推进蔚来、大众安徽工厂准入事项，推动合肥比亚迪导入高附加值车型在合肥生产，支持江汽与 DeepWay、货拉拉等加大新能源重卡、城配、氢燃料车合作推广，加快建设合肥长安一期技改和二期迭代升级项目，推广安凯氢燃料公交示范项目，形成以新能源乘用车为引领，重卡、轻卡、环卫车等多品类并发的良好态势。

链式招引配套。坚持以整车找总成、以总成找部件，精准招引优质零部件项目，赴日本、德国等国海外招引项目，通过大众安徽供应链大会引入 40 家供应商，签约落地中车 IGBT 基地等亿元项目 160 个，投资超 2000 亿元，居全省第 1 位，全年规上零部件企业实现营业收入突破千亿元。优化整零供需对接，举办 8 场“整零协同”“芯车协同”供需对接会，近百家产业链企业与 6 家整车企业建立沟通机制。

延伸拓展后市场。推动制造向“产品 + 服务”延伸，招商车研华东研发检测基地项目开工建设，汽车行业全球最大的第三方检测机构德凯测试中心实现试运营；优信汽车再制造工厂店正式营业。加快招引汽车类金融公司，支持蔚来汽车拓展保险经纪业务，创新汽车融资租赁、消费信贷、保险理赔等金融服务。强化新型基础设施建设，一体推进城市面状、公路线状、乡村点状充换电体系建设，全年新建各类充电桩 6.70 万个，累计超 16 万个；建成换电站 86 座，车桩比达 1.45:1。丰富汽车文化，举办合肥国际新能源汽车展、中国大学生方程式系列赛事等主题活动 40 余场，加快汽车文旅融合发展。

推进智能网联发展。集聚智能网联相关企业近百家，涵盖关键零部件、智驾智舱解决方案供应、智能驾驶商业化、智能网联汽车等多个领域。修订发布《合肥市智能网联汽车道路测试与示范应用管理规范》，推动智能网联汽车加速实现全域开放、全无人、规模化、商业化、融合化，争创国家车联网先导区。开放骆岗公园无人驾驶体系等场景机会 20 个，发布科大讯飞“智能座舱”等场景解决方案 20 个，累计开发测试道路超 1000 千米，成为全国首个“全域开放”的省会城市。

【创新生态】 2023 年，合肥市建强创新载体，与大学大院大所等共建 6 家汽车领域新型研发机构（中国科学技术大学先进技术研究院、合肥工业大学智能制造研究院、安徽大学绿色产业创新研究院、北京航空航天大学合肥创新研究院、中国科学院合肥创新院、安徽工业技术创新研究院），组建国家工程研究中心、制造业创新中心等创新平台 70 家，中国科大、江汽集团智能新能源汽车联合实验室揭牌运行。推动产业技术攻关，通过“揭榜挂帅”发布车载类项目 21 项，其中 12 项获省科技重大专项支持。推动“车芯屏”协同，发布《合肥市车芯屏协同发展工作计划》，依托晶合集成组建安徽省汽车芯片联盟，支持长鑫加大车规级 DRAM 芯片研发力度，推动江汽开展芯片国产化替代；组织开展 20 余项新能源汽车技术研发项目，完成 16 种零部件、23 种芯片的当地化验证。开展汽车产业省级“三首”产品培育工作，新增“三首”产品 4 个，总数达 15 个。

（余　旭）

重点产业

【先进光伏及新型储能产业】 2023 年，合肥市光伏制造业实现营业收入 1583 亿元，同比增长 57.20%，占全省总量的53.30%；新型储能产业实现营业收入382.60亿元，同比增长22.90%，占全省总量的47.80%。电池片、组件、逆变器出货量分别为24.2GW、52.5GW、150.5GW，同比均实现翻番。光伏玻璃出货量为84.50万吨，占全省7%。光伏逆变器、储能系统出货量均居全球第1位。光伏发电并网容量3.81GW，连续第6年居全国省会城市首位。

产业生态完善。全市形成覆盖原材料—电池片—组件—逆变器—电站开发运营等较完整的产业体系。上游原材料方面，拥有光伏玻璃企业彩虹光伏、中建材新能源，围绕胶膜、背板等环节招引落地明冠新材、回天新材等项目；中游电池片、组件环节集聚晶澳、晶科、通威、协鑫等一批龙头企业；逆变器环节依靠国家龙头企业阳光电源，出货量连续多年居全球第1位。下游电站开发和智能运维环节，集聚皖能集团、阳光新能源等企业。同时集聚阳光储能、派能科技、巡鹰新能源等储能上下游企业，形成“制造+应用”双向驱动的良好格局。

创新驱动有力。建有合肥综合性国家科学中心能源研究院等国家级科研平台3个、太阳能光热综合利用安徽省重点实验室等省级科研平台4个。发挥龙头骨干企业创新主体作用，阳光电源逆变器转换效率超过99%，成功研制全球首台35kV中压直挂光伏逆变器，高比能半固态电池、光储充一体化等创新技术居行业领先地位。

2023年12月，大恒能源智慧工厂工作人员正在查看设备运行情况
（市经信局／供）

【平板显示及电子信息产业】 2023年，合肥市平板显示及电子信息产业实现规模以上工业增加值同比增长0.50%，对规模以上工业的贡献率为3.60%；实现总产值同比降低6.30%。全年实现液晶屏产量52606.10万片，同比增长33.20%；实现笔记本电脑产量2125.70万台、芯片产量18.80亿块，同比分别下降27.9%、1.90%。

新型显示产业。拥有京东方、维信诺、康宁等龙头企业，实现从上游背光模组、材料及电子元件、驱动及控制到中游面板、下游终端的全产业链布局，建成三条TFT-LCD量产线、一条打印OLED试验线、一条硅基OLED小尺寸线、一条柔性AMOLED6代线和一条4寸氮化镓基Micro LED生产线，在建一条AMOLED6代模组线，产业整体规模在国内居第一方阵。拥有省级以上创新平台35家，累计获发明专利超2800件。京东方面板市占有率连续第4年居世界第1位；维信诺柔性显示技术国内领先，AMOLED6代线首款产品批量交付，首片ViP AMOLED模组在合肥点亮；视涯建成全球最大、唯一专注于12英寸晶圆硅基OLED微型显示组件研发生产基地，全彩硅基OLED微显示技术国际领先。在赛迪发布的2023全国新型显示十大城市中综合实力居第1位。

集成电路产业。集聚企业约400家，从业人员逾2.60万人，位居全国省会城市第一方阵。先后被国家发改委、工信部列为集成电路产业全国重点发展城市、全国首个“海峡两岸集成电路产业合作试验区”和集成电路战略性新兴产业集群。集聚长鑫存储、晶合集成、通富微电等一批行业龙头企业，累计拥有省级以上创新平台50家。在制造领域，长鑫存储发布国内首个自主研发并量产的LPDDR5内存芯片，成为集成电路突破“卡脖子”难题的标志性产品。晶合晶圆一期二期满产满销，在全球芯片代工企业中市场占有率居第9位。在设计领域，联发科技、杰发科技、伏达半导体等龙头企业在车规级、手机快充芯片领域实现国产突破。杰发科技的智能座舱芯片覆盖通用、大众、吉利等国内外一流整车厂，君正科技T02嵌入式人工智能视觉芯片居国际领先地位，全芯智造制造类EDA填补工业软件国内空白。在封测领域，通富微电、沛顿科技高端封测产能提升。在装备材料领域，芯碁微装成功登陆科创板，该企业生产的直写式光刻机、双台面激光直接成像设备打破国外垄断；至纯科技国内首个12英寸晶圆再生基地实现量产。在公共服务领域，国家“芯火”双创示范基地、合肥微电子研究院提升服务质效。

【智能家电（居）产业】 2023年，合肥市智能家电（居）产业集群实现产值同比增长7.30%；完成营业收入1472.40亿元，同比增长8.90%。家电产业实现规模以上工业增加值同比增长11.90%，对规模以上工业的贡献率为7.60%。

*产业规模全国领先。*集聚规上工业企业199户，形成集家电研发、生产、销售、物流及相关配套服务的完整产业体系。“四大件”产量连续第12年居全国城市首位；“合肥造”白电产品占国内1/4市场份额；智能家电产品占全部家电产品比重超3成。2023年，全市实现家电“四大件”产量达6461万台，占全省67.60%、全国10.10%。其中，电冰箱、洗衣机产量均居全国城市第1位，分别占全国25.70%和24.70%。

*产业生态完善。*产业链条延伸，产品品类扩充至微波炉、洗碗机、集成灶、太阳能（电）热水器、空气能热泵、零售柜、饮水机、生活小家电等。白色家电当地平均配套率约为70%，核心配套率达75%，拥有全球最大单体电冰箱工厂（海尔电冰箱厂）、最大全品类洗衣机工厂（美的洗衣机厂），电冰箱、洗衣机产量均居全国城市第一，占全国1/4。

*产业升级成效明显。*支持企业优化升级产品结构，推进TCL高端薄嵌系列冰箱新品上市、美的洗衣机COLMO高端滚筒洗衣机生产线投建。建成国家级绿色工厂4家、智能制造示范工厂和优秀场景7个、服务型制造示范2个。美的洗衣机、海尔领智物联、海尔中央空调入选“灯塔工厂”，拥有的家电产业“灯塔工厂”数与青岛市并列全球城市首位。惠而浦、TCL等26户企业累计有247款产品系统通过智能家电（居）国家标准认证，总数居全国城市第1位；有131款产品被认定为安徽省新产品；有143款产品入选国家绿色设计产品，占全国4.50%。

【高端装备制造产业】 2023年，合肥市装备制造产业实现规模以上工业增加值同比增长4.30%，对规模以上工业的贡献率为5.60%。集聚规上工业企业600余家，在工程机械、工业机器人、轨道交通装备、航空航天装备、工业母机、高端医疗装备、智能成套装备等细分领域均有布局。

*企业培育效果显著。*拥有安徽合力、日立建机、巨一科技、美亚光电、合锻智能、欣奕华、江航装备、泰禾光电、哈工大机器人等一批优势骨干企业。合力叉车连续第30年居中国工业车辆行业第1位；合锻智能是国内唯一同时具备间接、直接热成型技术的企业，在热成形成套装备领域占据30%市场份额，位于国内首位、国际第三；美亚光电、泰禾光电等30余家企业，占国内色选机市场80%以上份额；欣奕华洁净搬运机器人在国内细分市场占有率超过70%；新境界成为打磨机器人领域的隐形冠军，占据国内12%市场份额。

*产业创新成果丰硕。*拥有中科院合肥智能机械研究院等34个重点创新平台，累计创建19家国家级企业技术中心，当年成功创建“国家通用机械关键基础件创新中心”。欣奕华的蒸镀机填补国内空白，华升泵阀的环管轴流泵等产品打破美国独家垄断，在高端化工泵领域做到国内第一、世界第二，埃科光电的6.04亿像素位移制冷工业相机技术指标达国际领先水平。

【生物医药产业】 2023年，合肥市生物医药制造业实现产值同比下降9.50%。有378户“四上企业”实现营业收入破千亿元，同比增长1.50%。集聚企业800余家；其中，亿元以上企业79家，专精特新企业67家，上市公司9家，单项冠军、小巨人企业4家，初步形成以

2023年12月，合锻智能级进模高速机械压力机生产线　　（市经信局/供）

2023 年 10 月 17 日，安徽省药品 MAH 转化中心落户瑶海区（市经信局 / 供）

合肥高新技术产业开发区为核心，合肥经济技术开发区等 4 个园区为重点的“1+4+N”发展格局；累计建设合肥综合性国家科学中心大健康研究院等生物医药领域新型研发机构 13 个，国家级和省级生物医药创新平台 69 个。

化学药领域，形成以仿制药为主，创新药、改良型新药同步推进的发展格局；累计获化学药注册批件 655 个，仿制药占比 95% 以上，其中，19 个药品为国内前三顺位仿制，17 个药品进入国家集采，5 个药品年销售收入超亿元；有 16 个 1 类创新药进入临床试验，其中，进入Ⅰ期 9 个，Ⅱ期 6 个，Ⅲ期 1 个。

生物制品领域，产业体系完备，产品优势显著。安科生物的注射用人生产激素国内市场占有率约 10%，在国内市场列第 2 位，同路生物的特免类产品销量居国内前列。

医疗设备领域，紧抓国产替代的重要机遇，产业基础较强，重点产品丰富。美亚光电牙科 CT 市占率全国第一；德铭电子的微创治疗设备属于全球首创的医疗器械产品；硕金医疗 1.0T 超导大孔径磁共振引导精准微创治疗系统；中加健康 1.5T 术中磁共振系统等产品填补国内空白，领先世界。

体外诊断和高值耗材领域，分别集聚体外诊断、医用耗材生产企业 55 家、50 家，分别获批件 567 个、788 个。欧普康视的眼科耗材产品，有 3 个高值耗材获批三类医疗器械；必欧瀚的胃泌素 17 的检测试剂盒属全球首创产品。

【新材料产业】 2023 年，合肥市新材料产业在高端功能膜材料、新能源电池材料等领域形成一定规模的产业集聚，实现产值同比下降 4.60%。集聚企业约 200 家，其中规上企业 155 家。聚力产业创新发展，支持龙头骨干企业联合高校院所开展产学研合作，推进“卡脖子”材料研发和关键核心技术攻关，中欧电子材料国际创新中心研发的导电微球和聚酰亚胺复合膜材料突破国外技术垄断，实现产业化；皖维集团与中科大联合研发的“PVA 光学薄膜”成为国内唯一供应商，“汽车级 PVB 胶片”在部分汽车厂商应用；国风新材料“高导热聚酰亚胺碳基膜”有效实现国产替代。成立高端膜材料产业联盟，依托中欧电子材料创新中心、中科院合肥绿研院等开发导电微球、纳米银浆等新产品。

（余　旭）

转型升级与结构调整

【概况】 2023 年，合肥市坚持改造升级传统产业，加快发展新质生产力，全市高技术制造业增加值占工业比重达 28.7%，高于全国平均近 1 倍，规上工业、制造业研发投入强度 1.99%、2.29%，均高于全国 0.5 个百分点。单位规上工业增加值能耗为全国的一半，度电 GDP 为全国平均水平的 1.7 倍。成功获批全国首批中小企业数字化转型试点城市。

【高端化引领】 2023 年，合肥市实施产业基础高级化和产业链现代化提升工程，加速构建自主可控先进制造业体系。引导企业加强与在肥高校、科研院所深度合作，联合建立新型研发机构 48 个，贯通“科创—产业”最短通道，累计孵化企业 1200 家。新增市级企业技术中心 179 家、省级企业技术中心 83 家、国家级企业技术中心 3 家，累计创建国家级企业技术中心 57 家，总数居省会城市第 2 位。成功创建国家通用机械基础件创新中心。截至年底，获批国家级制造业创新中心 2 家、省级 23 家。鼓励企业加大研发投入，依托创新平台开发具有市场竞争力的创新产品，组织实施“揭榜挂帅”重点项目12项，新增“三首”产品211项，占全省48.40%，突破制造业发展薄弱环节。高起点布局工业设计产业生态，构建国家、省、市三级工业设计中心培育体系，累计创建市级以上工业设计中心522家；其中国家级13家，居全国省会城市第2位。

【智能化转型】 2023年，合肥市把企业智能化改造和数字化转型作为推动产业数字化和数字产业化的重要抓手，推动“合肥制造”向“合肥智造”加速跃升。开通全省首条国际互联网数据专用通道，建成国家互联网骨干直联点和4个综合性工业互联网标识解析节点，巢湖明月、先进数据中心等一批数据中心扩容提质。新建5G基站4284个，累计建设5G基站2.30万个，市、县两级城区和重点乡镇实现5G网络全覆盖。围绕重点产业链打造“一链一平台”，培育国家级特色型、专业型工业互联网平台11个。为企业定制“小快轻精”数字化软件服务包，推动1.70万家企业“上云用数赋智”，率先实现规上工业企业“智改数转”动态全覆盖。实施智能制造“万千百”工程，累计建成省级智能工厂、数字化车间221个，培育国家智能制造示范工厂6家、优秀场景20个。新增全球“灯塔工厂”3家，累计5家，居全国第2位。获评全省发展数字经济成效明显地区之一。

【绿色化发展】 2023年，合肥市把绿色作为产业强市的鲜明底色，走绿色低碳循环发展之路，工业绿色发展成效显著。实施工业能效提升计划，累计创建国家级绿色工厂34户、省级绿色工厂69户、绿色设计产品170款、绿色供应链管理企业16户，合肥新站区、经开区获评国家级绿色园区，绿色制造数量在全省领跑。近3年规上工业单位增加值能耗较2012年下降约55%。推进“无废城市”建设，推动尾矿、工业副石膏等工业固废的深度利用，完善动力蓄电池回收利用溯源管理体系，累计建立回收网点40余个、综合利用行业规范企业2户、省级回收利用区域中心试点企业3户，综合利用产能近8万吨，占全省约三分之一。推动企业清洁生产改造，实施重点改造项目50余个，为25个清洁生产项目兑现资金2310万元，每年可减少有害溶剂使用约1万吨、污染物排放约4000吨。

【服务化融合】 2023年，合肥市推动服务型制造发展，促进企业由产品向“产品+服务”转变。新增国家级服务型制造示范企业（平台）3家，省级服务型制造示范企业（平台）37家，市级服务型制造示范企业（平台）61家。拥有市级以上服务型制造示范企业（平台）298家；其中，国家级21家，省级143家，市级134家。拥有的国家级服务型制造示范企业（平台）数居全国省会城市第六、全省第一。全面实施质量强市战略，加快培育工业质量品牌竞争发展新优势，全年推荐上报行业、地方等标准15个。新增合肥市品牌培育企业35家。截至年底，全市拥有培育合肥市品牌培育企业414家、安徽工业精品180个、国家级质量标杆6个，以及省标准化示范企业40家。

（余 旭）

减轻企业负担

【概况】 2023年，合肥市开展减轻企业负担和降成本工作，在深化放管服改革、优化营商环境、减税降费等方面取得良好社会成效，对改善城市营商环境、企业提质增效和促进民营经济发展起到推动作用。通过减免税收、降低社会保险费、降低用能成本、减免担保费用、免收保证金、提供专项融资服务等形式，计减轻各类负担超过757.60亿元。其中，全年累计办理增值税留抵退税103.99亿元，为流通类企业兑现2022年跨年度政策资金超7亿元，降低电费3.45亿元，气费8500万元，降低热力费用超过3.87亿元，发放过年留肥红包1500余万元，为全市企业尤其是中小微企业发放稳岗补贴等2700万元。减少全市国有检验检测技术机构减免检验检测费170.67万元，保函形式免收企业保证金担保金额18.46亿元、1亿元以下投标项目免除保证金289.33亿元。动态更新涉企收费清单，及时公布国家、省市减负、奖补、支持政策的文件汇编，向企业宣贯、申报有关减负政策，有效减轻企业负担。

【稳岗扩岗】 2023年，合肥市落实落细稳就业政策，完善援企稳岗政策体系，加快推进就业创业服务“舒心领、畅通办”，普及“免报直发”“即申即享”，落实稳岗返还、一次性扩岗补助、一次性吸纳就业补贴等措施，政策红利充分释放。全市当年减征失业保险费7.24亿元，返还失业保险费4.30亿元；在全省率先推出“稳岗贷”，发放696笔“稳岗贷”24.65亿元，稳定就业岗位3.87万人；向9.40万户单位发放稳岗返还资金4.36亿元，惠及职工174.48万人；向2414户企业发放一次性扩岗补助1312.10万元；发放稳岗扩岗补贴6067.90万元，惠及市场主体24万户次，稳定岗位240万个以上。创新合作开发“稳岗贷”，与中行合肥分行合作开发“稳岗贷”的项目，由市人社局协助提供并筛选符合“稳岗贷”产品的小微企业客户名单，优先支持推荐吸纳就业人数多、少裁员或不裁员的小微企业，帮助企业减负纾困，将稳就业、惠民生落到实处，推动“三级三方”［即省、市、县（区）三级人社部门，人社部门、人力资源服务机构、培训机构］用工服务体系和人社服务专员工作机制全面落地；实现就业政策与金融政策协同联动，市、县两级重点包联企业440家，服务重点企业招工24.10万人次；做好中小微企业融资支持服务，发放给42户中小微企业“稳岗贷”贷款1.39亿元；推进创业担保贷款线上贷，发放创业担保贷款37.80亿元，带动吸纳就业3.80万人；搭建用工服务精准对接，强化“一企一策”包保服务，全年服务重点企业招工24.10万人次；定向组织新能源汽车、智能家居等7场校企对接会，输送技能人才5100人；举办“春风行动”、就业援助月等专场招聘活动，开展线上线下招聘会10726场次，为265.47万次劳动者、20.06万家次企业提供公共求职招聘服务，发布有效岗位494.51万个；强化创业能力提升，组织开展各类创业培训，开展创业培训3.48万人次。

【优化服务】 2023年，合肥市深化审批制度改革，推进“一体化”建设。优化“一网通办”系统。在企业开办“六合一”的基础上，延伸企业开办集成服务功能，实现企业准入、变更、注销等申报专区一个端口统一对外。全面接入水、电、气开户和省综合金融服务平台、羚羊工业互联网平台，为新开办企业提供生产经营、金融信息、数据集成等服务。企业开办7个事项可实现1个环节、1套材料、1个工作日办结。推进25个行业涉企经营许可事项“一网通办、一证准营、一码共享”，提升一体化政务服务能力。深化“一业一证一码”改革，拓展行业至25个，较首批行业数量增长近40%。将自贸试验区开展“一业一证一码”改革的相关经验，有序推广到自贸试验区以外的区县，实现全市范围内的企业只需一个营业执照和一个行业综合许可证就可以开展生产经营活动。

【数字赋能】 2023年，合肥市为企业提供优质的平台服务，电子证照试点初显成效。围绕项目全生命周期，完善公共资源交易平台系统功能，实现“一网通办”。清单式公布公共资源交易在线办理环节、办理流程、申请资料等，“一单制”提供在线办理通道，有51项交易事项实行全程网办。上线电子档案系统，按“一标一档”原则，自动归集交易全过程资料，实现交易主体“零跑路”，交易事项“掌上办”，平台服务“不来即享”。提高交易效率，项目登记到挂网招标需在2个工作日内完成；全流程电子化率达100%，全流程电子化开标让开标活动程序规范，开标时长也由1～2小时缩短至10～15分钟。招标投标进场交易项目平均交易周期缩短近1/3，资源配置效率大幅提升。围绕交易平台标准化建设，上线“合心易”APP，实现交易“掌上办”，交易信息移动端一手掌握，打破公共资源交易时空限制，降低投标成本，市场主体满意度达99.22%。实现“免证办”，聚焦便民惠企服务，在公共资源交易领域全面推进“四电（即电子印章、电子证照、电子材料、电子签名）”应用。打通省市相关数据接口，完善电子证照归集机制，实现工程监理、勘察、设计、施工企业安全许可证等5种电子证照及其照面信息直接获取，实现投标人交易“零跑动”。

（余　旭　许　蕾）

世界制造业大会

【概况】 2023年9月20日至24日，由国家工业和信息化部、科技部、商务部、国务院国资委、中国工程院、全国工商联、全国对外友协、中国中小企业协会、全球中小企业联盟和安徽省人民政府共同主办，福建作为主宾省，省经济和信息化厅、省商务厅、省外办、市人民政府等联合承办的2023世界制造业大会在合肥市滨湖国际会展中心举办。该届大会贯彻落实习近平总书记关于制造强国战略的重要论述、贺信精神和关于安徽工作的重要讲话及指示精神，坚持“国家级、世界性、制造业、智能化”的办会定位，围绕“智造世界·创造美好”

主题，举办各类重要活动60场次，总展览面积8万平方米，邀请国内外1.60万名嘉宾和代表参加大会各项活动，创出历届大会参会人数最多、展览面积最大、活动内容最丰富、外向度最高、宣传覆盖最广的成绩，为宣传展示中国先进制造业的发展成果、促进制造业的国际合作交流作出了积极贡献。大会促成合作签约项目587个，投资总额3425亿元，其中制造业项目534个，总投资额3060亿元。

此次大会，合肥市邀请49名嘉宾参加开幕式，曼合谱中国区CEO托马斯莫泽、博世集团中国区总裁陈玉东等86名重要客商参会。其中比亚迪董事长王传福、大众汽车集团（中国）董事长贝瑞德视频致辞，地平线创始人余凯、阳光电源董事长曹仁贤出席开幕式并发表演讲。

【产品发布】 2023年世界制造业大会聚焦全球制造业发展趋势，通过展览展示、大会发布等形式，展现世界制造业前沿技术和创新产品。合肥市遴选长鑫存储、国轩高科等110余家优质企业入选主展馆展商名录，占主展馆企业总数的38%，展示存储芯片、半固态电池等新技术、新产品超200款，占主展馆展品总数的三成，其中超导量子计算机、星火大模型等71款产品国际领先，全方位展现合肥制造业高质量发展最新成果。大会陆续发布“中国企业500强榜单”“中国制造业企业500强榜单”、《安徽制造业发展报告》《徽商发展报告2023》《合肥市新能源汽车和智能网联汽车产业发展蓝皮书（2023）》等各类榜单、报告16个，以及量子信息、人工智能大模型、航空航天、高端装备、新能源等产业领域新技术、新产品和数字化转型解决方案70余项。

【展览展示】 2023年世界制造业大会围绕“智造世界·创造美好”主题，以“展品抢眼、展厅出彩、保障有力、安全运行”为目标，采取政府办展和市场办展相结合方式，总展览面积8万平方米，组织974家企业参展，展出产品3000余件，其中省外参展企业420户，展品1337件。展会期间，各展区收获采购商机6941条，达成合作意向1646项，线下累计接待观众35.90万人次、线上访问量达1382.80万人次，观展人数、参展企业数、参观时长、展览面积均创历届大会之最；其中9月23日单日观展人数突破10万人次，创历届单日参观记录。

2023年9月20日，世界制造业大会上中国500强企业高峰论坛举行
（张大岗／摄）

突出国际化，体现全球制造新趋势。此次大会有美国、德国、加拿大、日本、新加坡、港澳台等11个国家和地区企业参展。大会专设参展国展，法国、韩国、以色列的25家企业、106件产品参加展览，当场展示当代机器人、激光雷达、光谱仪等先进技术和产品，展现全球制造业的变革新趋势。

围绕高端化，展示大国制造新成果。组织国机集团、中车集团、宝武集团等央企参展，当场展示首台新能源大功率拖拉机、八万吨模锻压力机、“手撕钢”等代表国际领先水平的70余件“大国重器”和关键材料，彰显中国科技自立自强的“硬核”实力和制造业的全球竞争力。时速600千米高速磁浮交通系统，成为该届展会最大最靓人气最高的网红展品，累计参观人次达5万。

彰显特色化，展现安徽制造新实力。优势产业采取组团成链形式展出，设立新能源汽车、先进光伏和新型储能、集成电路与新型显示、智能语音与人工智能、高端装备、智能家电（居）与新材料、量子信息与空天信息7个展区，同时结合序厅、专精特新“小巨人”企业展等方式，集中展示稳态强磁场、超导核聚变等5个大科学装置，精彩呈现蔚来、奇瑞、大众新能源汽车和光伏储能一体机、晶圆级封装直写光刻机、科大福睛核磁共振仪等新产品新技术，全方位、多维度展示安徽加快建设智能绿色制造强省的最新成果。

聚焦智能化，打造互动体验新场景。首次设立数字化转型展区，创新展示“世界灯塔工厂”“国家级智能工厂”示范场景，演示星火认知大模型核心能力及应用成果。设立互动体验区，中科星图数字太空全息互动、展翔飞行模拟驾驶、元宇宙全息空间、减压刻睡舱等互动展区人气爆表，每日体验人数均在2000人次以上。创新展示方式，依托5G、VR、元宇宙等新技术，线上线下精彩呈现创新技术产品，打造永不落幕的“云展”平台。

坚持市场化，做强专业运营新平台。坚持市场化导向和专业化方向，举办高端装备展、新能源汽车供应链展、人力资源赋能制造业展等6个专业展，展览面积达6万平方米，同比增加70%，为历年最大；吸引来自甘肃、青海、陕西、广西、河北、深圳等23个省市的近600家企业、1600余件展品参展，为历年最多，其中省外企业占比60.70%，特装展示面积达82.10%；展示内容覆盖汽车制造、无人机、工业机器人及智能装备、智能注塑等15个行业板块，为历年最广；当场成交金额约5亿元，意向成交金额超50亿元，为历年最高。

【宣传推介】 2023年世界制造业大会创新宣传形式，拓展传播覆盖面，实现历届此类大会参与媒体最多、传播热度最高、影响范围最广和报道挖掘最深的突出成效。

注重国际宣传，让世界目光聚焦安徽制造。中央主流外宣媒体及安徽省外宣窗口阵地多语种、多平台报道此次大会，美国、英国、法国、意大利、德国、日本、韩国等国家和地区的媒体转载转发相关稿件150余篇（条），提升大会的国际知名度和影响力。

多方联合发力，全方位展示安徽良好风貌。在央视“精品安徽·皖美制造”持续宣传造势，首次推出大会预热片和特别报道《皖美工赋》，精心制作大会宣传片，展示制造强省新形象。《人民日报》、新华社、中央广电总台等中央主要新闻单位及吉林、上海、江苏、浙江、广西、贵州等省市的110家媒体参会报道，原创稿件3500余篇（条），报道总量约4.80万篇（条）。大会开幕式直播累计观看人次超3000万。

推出精品报道，展现安徽制造强省新成效。各媒体在报道大会活动的同时，注重讲述制造业从制造向智造迈进的时代趋势、深层逻辑、突破轨迹，呈现安徽厚积薄发、动能强劲、大有可为的发展势头，推出《厚植新动能 安徽制造加速进阶》《安徽工业的精神力量》《三问安徽》等主题鲜明、内容厚重的深度报道，迅速刷屏朋友圈，其中短视频《2023世界制造业大会今日开幕，“明星展品”一睹为快！》抖音播放量近千万，《为什么是安徽》阅读量过百万。

（余　旭）

责任编辑：田　文

民营经济

综　述

【概况】　2023年，合肥市民营经济增加值6913.8亿元，同比增长5.7%，占GDP比重54.6%，创历史新高；拥有民营经济市场主体（含私营企业和个体工商户）163.80万户，占市场主体总量的97%，同比增长11.50%，其中新登记民营经济市场主体32万户，同比增长13.10%。合肥市当年获全省发展民营经济考核第1名，在全国工商联发布的2023年度“万家民营企业评营商环境”调查中，连续第2年位居全国省会及副省级城市前10名之列。

【政策扶持】　2023年，合肥市坚持高位推动，提振民营经济发展信心。市委书记、市长担任发展民营经济领导小组双组长，定期邀请民营企业家参加市委常委会暨月度经济形势分析会并发言，面对面听取意见，实打实解决问题。近年来，连续出台支持民营经济发展10条、激发创业热情16条等专项政策。当年修订出台《〈合肥市促进民营经济发展条例〉实施细则》，重点在支持创新发展、强化要素保障等方面提出27条举措，推动民营经济高质量发展。

【创新引领】　2023年，合肥市优化创新生态，增强民营经济内生动力。常态化举办民营科技企业双需对接活动，聚焦应用场景、技术、资金等方面需求，促进企业与高校院所、金融机构等各方精准对接。支持、引导民营市场主体参与国家、行业、地方、团体等标准制修订工作，当年民营企业参与制修订各类标准785项，占全市77%。实施高新技术企业三年倍增行动，累计入库科技型中小企业11045户，其中民营企业占比90%以上；净增国家高新技术企业1994户，总数达8406户，其中民营企业7901户，占比94%。

【企业培育】　2023年，合肥市健全“3+4”梯度培育机制，对各级培育对象给予上市融资、智转数改、市场拓展等多重保障。聚焦政策精准供给，推动市高质量发展、中国声谷等政策向“专精特新”中小企业倾斜，为“专精特新”冠军和“小巨人”企业量身定制政策，推动企业创新发展。发挥市小微企业“1+13+X”公共服务平台作用，送服务、送培训进企业，开展“专精特新申报培训”等各类活动60余场，服务企业超8000户次。全年新增52户专精特新“小巨人”企业，总数达188户，居全国城市第14位；新增923户省“专精特新”企业，总数达1604户，占全省的27.4%，新增1649家创新型中小企业，总数达2438户，占全省的35.5%。

【金融支持】　2023年，合肥市出台《合肥市普惠型小微企业贷款风险补偿资金管理暂行办法》，撬动普惠小微企业贷款643亿元；推动金融产品扩面增量，截至年底，新型政银担业务新增担保责任余额372.90亿元，平均融资担保费率低于1%。建立“专精特新-金融机构”对接机制，高质量举办融资需求银企对接活动，全年推介优质小微工业企业、“专精特新”中小企业融资需求1408个，涉及金额超200亿元。推动“专精特新”中小企业登陆多层次资本市场，提供投融资咨询、上市辅导、融资转板等一站式服务，推动企业登陆多层次资本市场，当年新增7家上市公司中6家为民营企业，新增1家中国民营企业500强。截至年底，全市累计57家民营企业成功上市，

表 1　　2023 年新增国家级专精特新“小巨人”企业名单一览表

序号	企业名称	所在县区	认定年份	序号	企业名称	所在县区	认定年份
1	安徽淘云科技股份有限公司	高新区	2023 年	27	合肥通用制冷设备有限公司	经开区	2023 年
2	合肥磐芯电子有限公司	高新区	2023 年	28	合肥哈工库讯智能科技有限公司	经开区	2023 年
3	合肥杰发科技有限公司	高新区	2023 年	29	安徽红星机电科技股份有限公司	新站区	2023 年
4	中建材（合肥）新能源有限公司	高新区	2023 年	30	合肥微睿科技股份有限公司	新站区	2023 年
5	安徽三联交通应用技术股份有限公司	高新区	2023 年	31	有研粉末新材料（合肥）有限公司	新站区	2023 年
6	安徽省东超科技有限公司	高新区	2023 年	32	合肥市商巨智能装备有限公司	新站区	2023 年
7	合肥讯飞数码科技有限公司	高新区	2023 年	33	先导薄膜材料有限公司	新站区	2023 年
8	合肥科大立安安全技术有限责任公司	高新区	2023 年	34	安徽双骏智能科技有限公司	安巢经开区	2023 年
9	合肥芯谷微电子股份有限公司	高新区	2023 年	35	中科合肥煤气化技术有限公司	安巢经开区	2023 年
10	国仪量子（合肥）技术有限公司	高新区	2023 年	36	合肥正帆电子材料有限公司	肥东县	2023 年
11	安徽唯嵩光电科技有限公司	高新区	2023 年	37	安徽环瑞电热器材有限公司	肥东县	2023 年
12	安徽至博光电科技股份有限公司	高新区	2023 年	38	合肥市瑞宏重型机械有限公司	肥东县	2023 年
13	中新网络信息安全股份有限公司	高新区	2023 年	39	安徽联创生物医药股份有限公司	肥西县	2023 年
14	合肥丰蓝电器有限公司	高新区	2023 年	40	合肥市远大轴承锻造有限公司	肥西县	2023 年
15	安徽中青检验检测有限公司	高新区	2023 年	41	合肥安利聚氨酯新材料有限公司	肥西县	2023 年
16	合肥阳光电动力科技有限公司	高新区	2023 年	42	合肥磐石智能科技股份有限公司	肥西县	2023 年
17	合肥阳光信息科技有限公司	高新区	2023 年	43	安徽明腾永磁机电设备有限公司	长丰县	2023 年
18	合肥科晶材料技术有限公司	高新区	2023 年	44	安徽万磁电子股份有限公司	庐江县	2023 年
19	合肥微晶材料科技有限公司	高新区	2023 年	45	合肥众禾动力新能源科技有限公司	庐江县	2023 年
20	合肥永升机械有限公司	经开区	2023 年	46	安徽省通达新材料有限公司	瑶海区	2023 年
21	合肥悦芯半导体科技股份有限公司	经开区	2023 年	47	安徽新境界自动化技术有限公司	蜀山区	2023 年
22	合肥荣丰包装制品有限公司	经开区	2023 年	48	合肥航太电物理技术有限公司	蜀山区	2023 年
23	合肥康芯威存储技术有限公司	经开区	2023 年	49	安徽精一门科技发展有限公司	包河区	2023 年
24	合肥海德数控液压设备有限公司	经开区	2023 年	50	合肥合意环保科技工程有限公司	包河区	2023 年
25	中建材（合肥）机电工程技术有限公司	经开区	2023 年	51	安徽碧华汽车零部件有限公司	包河区	2023 年
26	安徽优旦科技有限公司	经开区	2023 年	52	合肥天鹅制冷科技有限公司	包河区	2023 年

占上市企业总数 64%。

【优化环境】 2023 年，合肥市颁布《合肥市优化营商环境条例》，创新设立“支持保护”专章，为打造一流法治化营商环境提供制度支撑。深化“一件事一次办”改革，创新和完善新型市场准入机制，推进照后减证并证、证照并联审批，实现更多经营主体“准入即准营”。将全市“四上”“专精特新”、高新技术、重点外贸企业超 1 万户企业及 1278 个省级重点建设项目全部纳入“为企服务”联系包保范围，确保重点企业、重点项目有人跟踪、全程服务。完善市常态化企业诉求收办机制，对企业反映问题“一口收办”，当年通过“为企服务”平台收办企业问题诉求 3551 个，办结 3534 个，办结率 99.5%。

（石晓映）

各领域代表性民营企业

【概况】 在 2023 中国民营企业 500 强榜单中，合肥市有 6 户企业上榜，其中新增 1 户企业入围中国民营企业 500 强榜单。在 2023 省民营企业百强榜单中，全市有 83 户企业入围、113 次上榜，三大榜单第 1 位均为合肥企业。在 2023 年度安徽省 100 家优秀民营企业和 100 名优秀民营企业家“双百”评选中，合肥市有 28 家优秀民营企业、26 名优秀民营企业家入选。其中各领域具有代表性企业有：合肥比亚迪、科大讯飞、安徽鸿路钢结构、国轩高科、合肥维信诺科技、合肥美亚光电、安徽安科生物、会通新材料、皖仪科技、龙迅半导体（合肥）。

【合肥比亚迪产值突破 600 亿元】 2021 年 7 月，比亚迪项目落户合肥市长丰县，项目从谈判到签约仅用 23 天，从签约到开工仅用 42 天，从开工到投产用时 10 个月，实现产值过百亿元用时 5 个月。2023 年，合肥比亚迪生产整车近 50 万辆，实现产值突破 600 亿元，在全省新能源汽车占比达 56%；生产领域的一期、二期项目实现投产。

【科大讯飞发布“星火大模型”】 科大讯飞聚焦智能语音、自然语言理解、机器学习推理及自主学习等人工智能核心技术研究并保持国际前沿技术水平，推动人工智能产品研发和行业应用落地。2023 年 5 月 6 日，科大讯飞正式对外发布讯飞星火大模型，具备文本生成、语言理解、知识问答、逻辑推理、数学能力、代码能力、多模态能力等七大核心能力。发布以来，新增超过 250 万开发者，其中大模型直接相关的开发者超过 47 万，企业级用户超过 29 万，个人开发者超过 18 万。2023 年 10 月 24 日，科大讯飞与华为联合发布国内首个全国产算力平台“飞星一号”，训练效率达到英伟达 A100 同等规模集群的 90%。

【安徽鸿路钢构推广节能环保型绿色建筑】 安徽鸿路钢构集团总部坐落于合肥市长丰县双凤开发区，是中国生产规模最大的钢结构制造加工企业。2023 年，该企业位列省民营制造业综合百强企业第 2 位、省民营企业营业收入百强企业第 18 位、中国民营制造企业 500 强企业第 404 位。该公司专注于精品钢构制造和装配式技术研发体系，主要产品为钢结构产品，广泛应用于工业厂房、大型场馆、火车站站台、石化管廊、设备装置、高层建筑、桥梁及光伏支架等诸多领域，是国家提倡推广的节能环保型绿色建筑，可以有效地减少资源消耗，提高建筑材料的循环利用率，为“碳中和”“碳达峰”贡献力量。

【国轩高科成为中国企业出海样板】 近年来，国轩高科接连在德

2023 年 5 月 6 日，科大讯飞首次发布讯飞星火认知大模型 （科大讯飞／供）

国、越南、印度、泰国、阿根廷等地落子，打开欧洲、亚洲以及美洲三大市场。在全球化战略下，该公司加大对海外生产基地和研发中心的投入，在欧洲、亚洲、美洲等地建立多个生产基地和研发中心，实现当地化生产和研发。截至2023年底，德国、印尼、泰国、美国硅谷四个Pack工厂产品下线，推进越南、美国、阿根廷、印尼等生产基地发展，覆盖材料、电芯、Pack的全球布局初步形成。2023年，国轩高科海外地区及中国港澳台实现营业收入64.28亿元，同比增长115.69%，产品出口到泰国、印尼、越南、印度、新加坡、美国、加拿大、欧盟等全球多个国家和地区，综合实力位居全球新能源锂电行业第一方阵。

【维信诺（合肥）柔性AMOLED模组生产线正式点亮】 随着中小尺寸AMOLED性能全面进阶、中大尺寸AMOLED广泛应用，AMOLED+时代到来。2023年12月28日，维信诺（合肥）柔性AMOLED模组生产线正式点亮，该产线具有产品形态全、工艺制程新、应用领域广的特点，全贴合精度、激光切割精度和热影响、Pad弯折半径和精度等关键工艺制程能力行业领先，产品可实现双曲、折叠、卷曲、中尺寸凹面和凸面等多种形态。该生产线投产后，将补齐维信诺屏体产能爬坡带来的模组产能缺口。产品应用面向高端小尺寸产品，也满足未来中大尺寸需求，覆盖智能穿戴、移动终端、IT、车载显示等多尺寸应用领域。产线全面达产后，可年产6-12英寸柔性AMOLED模组产品约2600万片，提升维信诺产业规模和整体竞争力。

【合肥美亚光电深耕高端装备细分领域】 合肥美亚光电技术股份有限公司始创于1993年，是一家专注于光电智能识别装备研发制造的国家重点高新技术企业。该公司深度聚焦食品安全、医疗健康、再生资源等三大业务板块，主要产品有色选机、X光异物检测机、口腔CBCT、移动式头部CT、脊柱外科手术机器人等，产品销售覆盖全国并出口至全球100多个国家和地区。其中，擅长深度学习算法的美亚色选机，可以对近500种物料进行智能分选，范围覆盖各种谷类作物、杂粮、坚果炒货、药用作物、矿石等。生产的锥形束CT（CBCT）获国家医疗设备生产许可，成功填补国内口腔CBCT自主创新的空白，口腔CBCT市场占有率居国内第一位。

【安科生物研发省内首个肿瘤靶向治疗药物获批上市】 安徽安科生物公司以创建国内一流的生物医药企业为目标，重点发展精准医疗、基因工程药物，开拓生物检测试剂、当代中药以及创新化药等领域。主要产品与服务包括基因工程药物、细胞治疗产品、核酸检测、生物诊断试剂、多肽原料药和制剂、中成药和化药等，主营业务领域涉及生殖生长发育、抗病毒、抗肿瘤、止痛、法医检测等。由该公司研发的注射用曲妥珠单抗于2023年10月27日正式获批上市，11月1日正式全面投入量产，将为更多国内乳腺癌患者增添新希望。曲妥珠单抗是全省首个肿瘤靶向治疗药物、首个大分子生物类似药，也成为全省首个正式获批上市的肿瘤靶向治疗药物，实现全省“零”的突破。

【会通新材料专注高分子改性及复合材料】 会通新材料公司主要从事改性塑料的研发、生产和销售，是国内规模最大、客户覆盖最广的改性塑料企业之一，获登上市公司2023科创板全球科创竞争力10强（新材料）榜单。拥有聚烯烃、聚苯乙烯、工程塑料及其他系列多种产品，广泛应用于家电、汽车、5G通讯、电子电气、医疗等诸多领域。2023年企业营业收入53.49亿元，市场份额位列中国高分子改性及复合材料市场前列。获评国家高新技术、国家知识产权示范、国家“专精特新”小巨人企业等荣誉资质，建设有国家企业技术中心、国家级CNAS实验室、国家级博士后科研工作站等国内领先的技术开发和试验验证平台，具备一流的高分子改性复合材料技术研发、生产交付与服务能力。

【皖仪科技创新成果丰硕】 2020年，皖仪科技成为安徽省首家科创板版上市企业，形成环保在线监测仪器、工业智能检测仪器、实验室分析仪器、生命科学仪器四大产品体系。该公司建有国家企业技术中心、国家级博士后科研工作站、安徽院士工作站、省分析仪器工程技术研究中心、省液相色谱工程研究中心、精密科学仪器及装备安徽省产业创新研究院等8个省级及以上研发平台，承担国家级科研项目8个、省市科研项目若干。该公司近两年研发费用占比约为20%，获知识产权超300项，其中授权发明专利63项，受理发明专利228项，主持参与制定国家、行业标准15

项，7项技术成果国内先进。该公司自主研制的高端氦质谱检漏仪市场占有率超过40%，排名国内第一。

【龙迅半导体（合肥）成功上市】 龙迅半导体（合肥）公司成立于2006年，于2023年2月成功上市。该公司主要从事高速混合信号芯片研发和销售，掌握多项国内领先或国际先进的核心技术，多款产品在性能、兼容性等方面具备国际竞争力。该公司与世界领先主芯片厂商紧密合作，为PC及周边、汽车电子、视频监控、商显、AR/VR和5G通讯提供芯片产品和解决方案，并为全球SoC供应商提供性能领先的高速接口和高性能混合信号IP。该公司以科创板上市为契机，丰富芯片产品线，研发面向HPC、新一代通讯、AI等领域的高速数据传输芯片，提供更为全面的高速混合信号芯片方案。该公司发展成为细分领域的中国大陆龙头企业，市场份额位居中国大陆企业首位，居全球第六位。

（石晓映）

“专精特新”企业选介

【概况】 2023年，合肥市开展“专精特新申报培训”等各类活动60余场，服务企业超8000户次。合肥市当年有52家企业获评第五批国家专精特新“小巨人”，占全国的1.40%。截至年底，全市拥有“小巨人”企业188户，总量居全国省会城市第6位，居全国城市第14位；累计培育111家省级专精特新冠军企业，1604家省级专精特新中小企业。全市当年有4户专精特新中小企业实现上市，占上市企业总数57.10%，其中埃科光电、龙迅半导体登陆科创板，有20户企业挂牌省“专精特新板”。

【合肥杰发科技有限公司】 杰发科技AutoChips成立于2013年，是四维图新全资子公司，负责四维图新汽车智能化“智云、智驾、智舱、智芯”战略布局中的“智芯”板块。该企业一直专注于汽车电子芯片设计及相关系统解决方案开发，海内外专利持有量达150多件，并获国家规划布局内重点集成电路设计企业、国家高新技术企业、“专精特新”小巨人企业认定。其自主研发的AutoChips®芯片产品涵盖车载娱乐信息系统（IVI）SoC、车联网SoC、智能座舱SoC、车规级MCU、胎压监测专用MEMS芯片、音频功率器件AMP等，主要客户包括一汽、上汽、奇瑞、蔚来、霍尼韦尔、德赛西威、航盛、华阳通用等国内外主流车厂及零部件供应商。杰发科技芯片覆盖全球500多款车型，累计出货量超3亿颗，其中SoC出货量超8000万套片，MCU出货量超5000万颗。

【安徽省东超科技有限公司】 东超科技成立于2016年8月，是全球虚拟现实技术领军企业、元宇宙领域独角兽企业。该公司先后承担国家重点研发专项2项、省科技重大专项3项、市重大新兴产业专项若干项，并建成省新一代光学成像技术工程研究中心、省新型显示产业共性技术研究中心以及空中交互式成像技术与显示材料安徽省联合共建学科重点实验室，构建国际一流的新型显示研发平台，主导制定该技术的团体标准、地方标准和学术专著，是国家级专精特新“小巨人”企业。其自主研发的无介质可交互空中成像技术打破国际垄断，填补国内空白，将科幻电影场景变为现实。技术可广泛应用在智能座舱、医疗卫生、民生工程、智慧家居、展览展示等领域。

【安徽巡鹰新能源集团有限公司】 安徽巡鹰新能源科技有限公司成立于2011年，是一家集新能源研发、制造、运营、服务和投资为一体的集团化公司，拥有动力电池、储能系统、材料循环、电池资产管理及智能换电等核心业务板块，形成一条系统化、数字化、生态化的全产业链闭环循环体系；拥有专利超千项，整车电池模组、储能电池产品销往12个国家和地区，是国家级“专精特新”小巨人、国家工信部《新能源汽车废旧动力蓄电池综合利用行业规范条件》白名单、省新能源汽车动力蓄电池回收利用区域中心企业之一。该公司自主设计研发的“新能源动力电池移动回收一体机”获省第十届工业设计大赛银奖，上榜省工业领域节能环保“五个一百”推介目录，且成功入库省首台套重大技术装备重点项目库。

【安徽巨一科技股份有限公司】 安徽巨一科技股份有限公司（以下简称“巨一科技”）成立于2005年，是国家创新型试点、国家知识产权示范、国家专精特新“小巨人”企业，是国内领先的智能装备和新能源汽车电驱动系统解决方案专家。巨一科技为新能源汽车提供白车身、动力总成以及动力电池的智能制造解决方案，同时为新能源汽车提供电机电控产品的研发、制造与全生命周期服务。2021年11月10日，巨一科技成功登陆上交所科创板，是A股中唯一一家以“智能装备”和“电机电控零部件”双轮驱动业务布局的上市企业。该公司拥有国家企业技术中心、省重点实验室、省工程研究中心等国家与省级研发平台，服务大众、本田、丰田、奔驰、捷豹路虎、奇瑞、江淮、比亚迪、蔚来、理想、国轩高科等企业。

【合肥哈工库讯智能科技有限公司】 合肥哈工库讯智能科技有限公司成立于2014年，是一家专业从事移动机器人及智能仓储“一站式”整体解决方案的供应商，是国家专精特新“小巨人”企业、国家技术企业、省双软企业、省工程研究中心、省工业设计中心及省大数据企业；具备智能仓储，智慧物流及工业自动化等产品的研发与生产能力，自研的多品类AGV/AMR工业移动机器人、立体仓库等产品能够有效地打通工厂生产线运输的最后0.5M，业务覆盖电力、医药、汽车及其零部件等多个行业。该公司凭借领先技术优势，快速抢占市场，成为细分领域独角兽。在室外无人叉车领域市场占有率在安徽省排名第一，居全国前三之列。

【安徽新境界自动化技术有限公司】 安徽新境界自动化技术有限公司成立于2014年，主营工业机器人、全自动机器人打磨系统及生产线的研发、生产、销售与服务，深耕“中国制造2025”十大重点领域之二的高档数控机床和机器人领域，服务传统铸造行业的转型升级。在铸件打磨机器人领域市场占有率连续第三年居全国第一（中国铸造协会官方认定），国内市场占有率达29%，产品广泛应用于中车、一汽、华为、德国舍弗勒等近百家国内外知名企业；获国家专精特新“小巨人”、国家高新技术、省专精特新中小、省大数据企业等资质；产品获省首台套重大装备、安徽工业精品等称号，并被列入安徽省改革开放40周年成果展，经济、社会和生态效益显著。

（石晓映）

责任编辑：田 文

信息产业与信息化

综　述

【概况】　2023年，合肥市数据资源局发挥数据要素推动高质量发展作用，整合数据资源，推进基础制度改革，提升基础设施算力能级，加快释放数字经济和平台经济活力，推进市级大数据企业、大数据产业园培育认定工作。全年新增认定市级大数据企业642家，获批省级大数据企业362家；认定首批市级大数据产业园13家，获批省级大数据产业园2家。

【大数据企业和大数据产业园认定】　2023年，市数据资源局协调推进省、市、县大数据企业培育认定工作，注重工作联动，加强次第培育，做好存量挖掘，在市级大数据企业中筛选符合省级大数据企业认定标准的企业并指导其开展申报工作。合肥市拥有省级大数据企业总量达887家，为全省最高。

开展大数据产业园区摸排工作，结合园区发展和产业集聚状况，制定印发《合肥市大数据产业园区认定办法》，组织开展市级大数据产业园认定工作，同步申报省级大数据产业园，拥有的省级大数据产业园数量占全省总数1/3。

开展产业政策修订“问计于企”专题调研工作，梳理企业政策诉求，围绕大数据企业培育等产业关键环节，修订出台3条大数据产业扶持政策，联合市财政局印发《合肥市促进经济发展若干政策实施细则（市数据资源局部分）》。明确省级大数据企业配套奖补、省市大数据产业园区奖补为免申即享，首次以免申即享方式兑现省级大数据企业配套政策，兑现市县奖补资金5250万元。

【培育数字产业】　2023年，市数据资源局推进数字产业化发展，指导建设合肥人工智能计算中心项目，初步建成100P全栈国产化人工智能公共算力服务平台，完成项目首批专项债券1.50亿元资金拨付工作，项目成功申报全省唯一一个国家新一代人工智能公共算力开放创新平台（筹）。

完成第二批市级数字经济试验区验收，深化省级数字经济试验区建设。成立合肥市平台经济发展专班，推动形成合力，促进全市数字和平台经济的高质量发展。

联合出台全国首个数据要素类产业政策，梳理引培数商，规范数据交易流程，推进合肥数据要素流通平台建设。该要素流通平台提供超过250项专业数据产品，汇聚优质数据资源超20亿条，累计交易额超5000万。鼓励数据要素型企业入场交易，招引第三方服务机构，加速合肥数据要素市场培育，激活数据要素潜能和价值释放。

（尹　路）

智慧城市建设

【概况】　2023年，合肥市落实《数字安徽建设总体方案》。围绕“三大转变（即创新推动信息系统形态从‘烟囱式’向‘平台式’转变、建设模式从‘承建厂商全程建设实施’向‘设计、开发、运维分阶段实施’转变、资金支持方式从‘审项目分资金’向‘谋场景比项目’转变）”“四大工程（即全省一体化数据基础平台迭代工程、‘皖事通’‘皖企通’‘皖政通’三端能力提升工程、数据工程和场景创新工程）”工作要求，以推进“双试点（工程一体化数据基础平台迭代工程和数据工程试点）”工程为抓手，提升数据基础服务能力，组织重点领域重点项目建设落地，“城市大脑”三年计划收官。合肥市连续第2年被评为数字经济新一线城市，数字经济成为引领合肥高质量发展重要推动力。在国务院电子政务办公室对2022年度全国重点城市网上政务服务一体化能力调查评估中，合肥市获评网上政务服务能力“非常高”的层次。

【制度创新】 2023年，合肥市整合成立市数字合肥建设领导小组，办公室设于市数据资源局。推动数字化转型，在全市91家单位推行首席数据官制度，在各单位设立首席数据官、数据专员、业务专员，印发《合肥市首席数据官工作方案》，建设一支具有数字化素养的专业干部队伍。市数据资源局当年参与起草发布国家标准2项，牵头编制1项国际标准。谋划双试点工作，印发《合肥市一体化数据基础平台迭代工程试点工作方案》《合肥市数据工程试点工作方案》。

【产业生态建设】 2023年，市数据资源局加强数据归集治理工作，加快市直单位数据工程暨公共数据“全量全要素”归集，完成32家单位207个信息系统调研摸底，梳理准确率位列全省第1。推动数据赋能，面向试点银行有条件开放264项数据，上线21个金融产品，累计授信362.47亿，放贷规模达279.18亿元；对接满足13个高校科研团队的18个课题的数据需求。

【服务保障】 2023年，合肥市结合重点工作安排，统筹重点项目建设落地，在社会治理和服务领域打造智慧合肥新样板、新模式。围绕“城市大脑”重点项目建设三年计划收官工作，组织各部门开展调度，完成55个场景建设。指导场景类项目谋划，归并整合同类场景，评选出10项应用场景形成《2024年市直部门第一批应用场景清单》。城市治理“一张图”初步构建“1+2+N”平台体系，城市治理向“一系统、一张图”转变。促进城市运行动态数据“一屏统揽”，实现经济发展等6大领域屏开发，初步打造经济发展等8大领域应用场景。

【大数据产业】 2023年，合肥市大数据产业激发新质生产力发展潜能，发挥数据要素推动高质量发展作用，获评“2023年中国大数据产业发展指数”榜单全国第9位，市级大数据企业存量达2297家，培育省级大数据企业887家。国内率先实现规模以上工业企业“智改数转”全覆盖，开通国家级互联网骨干直联点。新增国家级专精特新“小巨人”企业52户，总数居省会城市第6位。新增全球“灯塔工厂”3家，总数居全国第2位。

（尹　路）

数字经济发展

【概况】 2023年，合肥市聚焦打造数字经济高地目标，一体推进数字产业化、产业数字化，数字经济呈现量质齐升、蓬勃发展的良好态势。数字应用稳步增长。以软件、人工智能、公共安全为代表的数字技术应用产业稳健增长，合肥市当年纳统软件企业有1208户，同比增长9.8%；总营收1152亿元，同比增长16.8%；软件业务收入800亿元，同比增长8%。科大讯飞、科大国创等重点企业量质齐升，获批组建国家智能语音创新中心，中科星图全球总部、腾讯（合肥）数字经济总部等重点项目落地；核心载体“中国声谷”入选国家首批先进制造业集群，入园企业数超1300家、产值超千亿元。数字创新资源丰富。依托合肥综合性国家科学中心等平台载体，实施科技创新“栽树工程”，与企业共同打造新型研发机构43个，7个项目入围国家工信部新一代人工智能揭榜名单，“墨子”“九章”“星火”人工智能模型等原创技术成果不断涌现。累计获批国家级企业技术中心54家、工业设计中心10家，均居省会城市前3。数字基建坚实有力。建成国家互联网骨干直联点，成为长三角3个直联点之一，网间时延从30毫秒降至10毫秒以内。获评“宽带中国”优秀城市，累计建设5G基站2.3万个，5G网络覆盖市县两级城区和重点乡镇，建成4个综合性工业互联网标识解析节点，巢湖明月、先进数据中心等一批数据中心扩容提质，在全国城市网络质量测评位列第8位；并连续第5年被评为安徽省发展数字经济成效明显地区，入选国家数字经济发展新一线城市和首批中小企业数字化转型试点城市之列。

【产业数字化】 2023年，合肥市实施工业互联网创新发展计划，构建“20+80”梯次升级体系，规模以上工业企业关键工序数控化率60.4%，达长三角城市先进水平。做强“双跨”平台。加快讯飞工业图聆云国家跨行业跨领域工业互联网平台建设，推动图聆工业云与海尔卡奥斯、美亚光电、合力等服务商、“链主”企业深度合作，发挥人工智能、声纹识别、机器视觉等核心优势。依托图聆工业云数字基座、星火大模型等核心技术，建设羚羊工业互联网平台，率先建成通用型工业大模型，打造具备“听看嗅尝触思”工业“六感”赋能系统，截至年底，平台用户总量突破78万户，服务企业突破400万次。做优梯次体系。启动“一链一平台”培育计划，引导产业链企业加速融入。新增5家国家级特色专业型平台，累计获批数达11家；拥有省级工业互联网平台25个，占全省比重五成；容知日新、巨一科技等8家工业互联网企业成功实现上市。其中，容知日新通过灵芝SuperCare设备智能运维平台，服务近1000家重点企业，实时在线看护设备超5.5万台，为客户创造经济价值上百亿元。

【数字产业化】 2023年，合肥市破解中小企业数字化转型中面临的“不能转、不会转、不敢转”等问题，坚持点面结合、分类引导，通过树标杆、抓闭环、优场景等有力举措，在全国率先实现规上工业企业“智改数转”全覆盖。突出标杆引领。聚焦主导产业，推动世界“灯塔工厂”和“链主”企业开放数字化生态，赋能产业链企业提质升级，覆盖中小企业3300多家。全市每天净增国家高企5家、每周新增专精特新“小巨人”企业2家，每月新增上市企业1家，科创板上市的21家企业中，11家是当地数字服务商。形成闭环推进。贯通从数字诊断到“智改数转”的闭环，迭代形成“一企一策”方案2000余个，培育省级智能工厂30家、数字化车间191个，联合利华、美的洗衣机等5家企业获评全球“灯塔工厂”。累计推动1.70万家企业“上云用数赋智”，453家企业通过国家两化融合管理体系贯标评定。健全发展生态。在国内率先发布智能工厂、数字化车间、企业上云3个数字化转型指南，累计推动95个智能制造典型跻身全国示范。出台支持工业互联网发展专项政策、加快软件产业发展若干政策等，累计投入50亿元财政资金、撬动600亿元社会投资，推动企业加速网络化、数字化、智能化转型。每年通过发放5000份“万元软件礼包”，助力中小企业核心业务上云用数，带动全市数字经济核心产业实现“两位数”增长。

表1 合肥市获批国家级特色专业型工业互联网平台一览表

序号	企业名称	项目名称
1	阳光电源股份有限公司	iSolarCloud阳光云工业互联网平台
2	合肥工大高科信息科技股份有限公司	“i-Trans”企业智能运输调度工业互联网平台
3	合肥金星智控科技股份有限公司	金星智控感智云工业互联网平台
4	安徽容知日新科技股份有限公司	灵芝SuperCare设备智能运维工业互联网平台
5	安徽省优质采科技发展有限责任公司	“彩云追月”工业互联网平台
6	科大智能物联技术股份有限公司	AIMS智能物流装备工业互联网平台
7	合肥中科类脑智能技术有公司	类脑智能工业互联网平台
8	安徽合力股份有限公司	合力FICS飞科思工业互联网平台叉车行业典型应用
9	合肥科大立安安全技术有限责任公司	智慧消防工业互联网平台物联网技术典型应用解决方案
10	科大讯飞股份有限公司	讯飞·“顺风耳”图聆工业云平台
11	劲旅环境科技股份有限公司	“互联网+装备”远程运维智慧环卫管理平台试点示范项目

表2 合肥市省级工业互联网平台一览表

序号	企业名称	项目名称
1	城市生命线产业发展集团（安徽）有限公司	城市安全工业互联网平台
2	合肥中科类脑智能技术有限公司	类脑智能工业互联网平台
3	安徽容知日新科技股份有限公司	灵芝SuperCare设备智能运维工业互联网平台
4	安徽数智建造研究院有限公司	DICC建造云平台
5	安徽乐筑一站数据科技有限公司	乐筑云建筑工业互联网平台
6	联宝（合肥）电子科技有限公司	联宝科技智能供应链平台
7	长虹美菱股份有限公司	菱云（M.GICS）工业互联网平台
8	中水三立数据技术股份有限公司	“Sunny-测预控管维”水行业一体化工业互联网平台

续表

序号	企业名称	项目名称
9	安徽南瑞继远电网技术有限公司	智慧电力行业互联网创新应用平台
10	中国移动通信集团安徽有限公司	安徽移动工业互联网平台
11	合肥工大高科信息科技股份有限公司	“i-Trans”企业智能运输调度工业互联网平台
12	中国电信股份有限公司安徽分公司	安徽电信工业互联网平台
13	合肥金星智控科技股份有限公司	金星智控感智云工业互联网平台
14	安徽三禾一信息科技有限公司	3H1-DataLink 工业互联网平台
15	科大讯飞股份有限公司	讯飞·“顺风耳”图聆工业云平台
16	瑞纳智能设备股份有限公司	云边协同的智慧供热工业互联网平台（瑞纳云）
17	志邦家居股份有限公司	志邦家居云工业互联网平台
18	合肥德易电子有限公司	微创医疗行业互联网协同服务平台
19	中通服和信科技有限公司	安全生产领域工业互联网平台
20	合肥合锻智能制造股份有限公司	FOCUS 高端成形装备工业互联网平台
21	科大智能物联技术股份有限公司	AIMS 智能物流装备工业互联网平台
22	安徽省优质采科技发展有限责任公司	“彩云追月”工业互联网平台
23	安徽青松食品有限公司	青松食联云
24	劲旅环境科技股份有限公司	“互联网 + 装备 + 服务”远程运维智慧环卫管理云平台
25	阳光电源股份有限公司	iSolarCloud 阳光云工业互联网平台

表 3　　合肥市培育省级智能工厂一览表

序号	企业名称	项目名称 / 项目个数
1	客来福家居股份有限公司	全屋定制家居智能工厂
2	合肥万力轮胎有限公司	年产 200 万条绿色载重子午线轮胎智能工厂
3	劲旅环境科技有限公司	远程运维环卫设备智能工厂
4	合肥亿恒智能科技股份有限公司	轻量化汽车覆盖件冲压焊接智能工厂
5	联宝（合肥）电子科技有限公司	联宝 PC 生产智能工厂
6	洽洽食品股份有限公司	瓜子产品智能工厂
7	合肥长安汽车有限公司	年产 16 万辆乘用车智能工厂
8	长虹美菱股份有限公司	智慧冰箱智能工厂
9	惠而浦（中国）股份有限公司	滚筒洗衣机智能工厂
10	联合利华（中国）有限公司	日化品流程型灯塔工厂
11	安徽合力股份有限公司	工业车辆离散型制造智能工厂
12	安徽江淮汽车集团股份有限公司	江淮蔚来高端纯电动乘用车智能工厂
13	志邦家居股份有限公司	大规模个性化定制家居智能工厂
14	合肥海尔电冰箱有限公司	海尔 HT81-GO 电冰箱智能工厂
15	格力电器（合肥）有限公司	空调器生产制造智能工厂
16	合肥美的洗衣机有限公司	美的滚筒洗衣机智能工厂
17	合肥晶合集成电路股份有限公司	先进晶圆加工智能工厂
18	长鑫存储技术有限公司	先进存储器智能工厂
19	合肥国轩电池有限公司	动力锂电池智能工厂
20	阳光电源股份有限公司	新型光储发电装备智能工厂

续表

序号	企业名称	项目名称 / 项目个数
21	合肥京东方显示技术有限公司	第 10.5 代薄膜晶体管液晶显示器件（TFT-LCD）智能工厂
22	合肥东方节能科技股份有限公司	切分轧钢导卫装置智能工厂
23	合肥维信诺科技有限公司	第六代柔性有源矩阵有机发光器件（AMOLED）智能工厂
24	通威太阳能（安徽）有限公司	光伏太阳能电池片智能工厂
25	合肥伊利乳业有限责任公司	液态奶生产加工智能工厂
26	安徽中烟工业有限责任公司	焦甜香高端卷烟制造智能工厂
27	安徽大恒能源科技有限公司	安全低电流高效光伏组件智能工厂
28	中盐安徽红四方股份有限公司	中盐红四方化工全产业链智能工厂
29	安徽安利材料科技股份有限公司	聚氨酯合成革“快准柔”制造智能工厂
30	合肥和安机械制造有限公司	工业车辆零部件智能制造智能工厂

表 4　　合肥市省级数字化车间一览表

序号	企业名称	项目名称 / 项目个数
1	安徽国风塑业股份有限公司	高性能预涂基膜数字化车间
2	安徽合力股份有限公司合肥铸锻厂	高强铸件数字化车间
3	安徽江淮汽车集团股份有限公司	年产 20 万台高性能汽油发动机数字化车间
4	安徽江淮松芝空调有限公司	汽车空调数字化车间
5	合肥奥瑞数控科技有限公司	服装智能生产数字化车间
6	合肥彩虹蓝光科技有限公司	LED 外延芯片数字化车间
7	合肥禾盛新型材料有限公司	PCM 彩色预涂钢板数字化车间
8	合肥会通新材料有限公司	改性塑料数字化生产车间
9	合肥凌达压缩机有限公司	压缩机泵体零件数字化车间
10	合肥美桥汽车传动及底盘系统有限公司	齿轮数字化车间
11	合肥润东通信科技股份有限公司	新一代广电宽带通信网关数字化车间
12	通威太阳能（合肥）有限公司	P5 多晶电池数字化车间
13	合肥海源机械有限公司	航空地勤特种车辆车桥数字化车间
14	安徽东风机电科技股份有限公司	机加工数字化车间
15	合肥泰禾光电科技股份有限公司	智能检测分选装备数字化车间
16	安徽万朗磁塑股份有限公司	冰箱内衬吸塑成型数字化车间
17	合肥恒丰汽车零部件有限公司	柴油发动机缸体数字化车间
18	科希曼电器有限公司	科希曼空气源地暖空调机数字化车间
19	合肥常青机械股份有限公司	汽车部件冲焊一体化数字化车间
20	安徽依安康食品有限公司	中式烘焙食品数字化车间
21	合肥永升机械有限公司	永升智能焊接数字化车间
22	安徽海神黄酒集团有限公司	料酒灌装数字化车间
23	安徽省纽斯康生物工程有限公司	粉剂生产数字化车间
24	合肥市瑞丽宜家家居有限公司	绿色环保无甲醛衣柜数字化车间
25	合肥美的洗衣机有限公司	全自动洗衣机数字化车间
26	合肥凯邦电机有限公司	微特电机定子总装数字化车间
27	合肥市航嘉电子技术有限公司	智能变频电控设备数字化车间

续表

序号	企业名称	项目名称 / 项目个数
28	合肥荣事达电子电器集团有限公司	智能建材产品数字化车间
29	安徽凯旋智能停车设备有限公司	智能停车设备数字化车间
30	合肥巨一动力系统有限公司	新能源汽车电驱动系统数字化车间
31	合肥江淮铸造有限责任公司	汽车制动部件数字化车间
32	安徽海神黄酒集团有限公司	一体化双边发酵酿造数字化车间
33	安徽省恒泰动力科技有限公司	柴油机高性能活塞数字化车间
34	合肥中南光电有限公司	太阳能光伏组件数字化车间
35	合肥博微田村电气有限公司	一体成型贴片电感数字化车间
36	合肥得润电子器件有限公司	家用电器线束数字化车间
37	合肥东方节能科技股份有限公司	切分轧钢导卫装置数字化车间
38	合肥太古可口可乐饮料有限公司	“冰露”纯净水数字化车间
39	志邦家居股份有限公司	厨柜生产数字化车间
40	安徽尊贵电器集团有限公司	全无氟冰箱数字化车间
41	安徽元琛环保科技股份有限公司	过滤材料数字化车间
42	合肥海特微波科技有限公司	4G/5G 基站滤波器数字化车间
43	安徽安利材料科技股份有限公司	湿法高效配料与生产数字化车间
44	合肥晶威特电子有限责任公司	SMD 石英晶体谐振器数字化车间
45	安徽新希望白帝乳业有限公司	乳制品加工数字化车间
46	合肥雪祺电气有限公司	嵌入式对开门冰箱数字化车间
47	合肥河钢新材料科技有限公司	预涂装彩色钢板数字化车间
48	合肥井松智能科技股份有限公司	自动化仓储设备数字化车间
49	安徽芯瑞达科技股份有限公司	封装半导体背光源数字化车间
50	巢湖云海镁业有限公司	镁合金生产数字化车间
51	合肥经纬电子科技有限公司	笔记本精密结构件数字化车间
52	华益药业科技（安徽）有限公司	固体制剂数字化车间
53	合肥晟泰克汽车电子股份有限公司	汽车电子产品 PCBA 生产数字化车间
54	会通新材料股份有限公司	高性能工程塑料数字化车间
55	三星阳光（合肥）储能电池有限公司	SSEB 储能用电池包数字化车间
56	合肥三利谱光电科技有限公司	偏光片预处理线数字化车间
57	合肥国轩电池有限公司	动力锂电池数字化车间
58	合肥云鹤安道拓汽车座椅有限公司	汽车座椅总装数字化车间
59	安徽皖维高新材料股份有限公司	聚乙烯醇光学膜数字化车间
60	合肥惠科金扬科技有限公司	高端液晶显示产品数字化车间
61	合肥马瑞利排气系统有限公司	汽车排气系统数字化车间
62	瑞纳智能设备股份有限公司	超声波热量表数字化车间
63	欧普康视科技股份有限公司	硬性透气性角膜接触镜数字化车间
64	安徽省先锋制药有限公司	冻干粉针制剂数字化车间
65	合肥市日月新型材料有限公司	新型建材数字化车间
66	合肥市神雕起重机械有限公司	智能停车设备数字化车间
67	合肥安信瑞德精密制造有限公司	制冷压缩机阀片自动检测数字化车间

续表

序号	企业名称	项目名称 / 项目个数
68	雷特玛（合肥）感压粘合涂层材料有限公司	水性压敏标签材料数字化车间
69	安徽佳通乘用子午线轮胎有限公司	乘用轮胎数字化车间
70	合肥达因汽车空调有限公司	汽车空调压缩机装配测试数字化车间
71	合肥长源液压股份有限公司	液压泵数字化车间
72	合肥小林日用品有限公司	日用品数字化车间
73	中原内配集团安徽有限责任公司	乘用车气缸套机加工数字化车间
74	兆科药业（合肥）有限公司	药品生产数字化车间
75	安徽龙磁科技股份有限公司	永磁铁氧体高档湿压磁瓦数字化车间
76	安徽合凯电气科技股份有限公司	电气产品数字化实验车间
77	安徽依安康食品有限公司	中式烘焙食品数字化车间
78	安徽富煌木业有限公司	多材性实木数字化车间
79	合肥晶澳太阳能科技有限公司	高效多类型光伏组件制造数字化车间
80	通威太阳能（安徽）有限公司	光伏晶硅电池片数字化车间
81	合肥至信机械制造有限公司	汽车车身覆盖件数字化车间
82	合肥伊利乳业有限责任公司	高端畅饮常温酸奶数字化车间
83	合肥太古可口可乐饮料有限公司	易拉罐汽水饮料数字化车间
84	合肥海源机械有限公司	高端工业车辆车桥及油缸数字化车间
85	安徽锐能科技有限公司	动力电池总成及管理系统数字化车间
86	安徽光阵光电科技有限公司	光学摄像头模组封装数字化车间
87	合肥和安机械制造有限公司	轻量化叉车零部件数字化车间
88	安徽青松食品有限公司	数字化中式面点数字化车间
89	合肥微睿光电科技有限公司	平面显示及半导体设备备品备件数字化车间
90	安徽壹太电气有限公司	家电注塑件数字化车间
91	合肥市菲力克斯电子科技有限公司	高低频电子变压器数字化车间
92	合肥凯邦电机有限公司	直流电机数字化车间
93	安徽宏远机械制造有限公司	空调零部件数字化车间
94	合肥燕庄食用油有限责任公司	精品食用油包装数字化车间
95	安徽好运机械有限公司	叉车生产数字化车间
96	安徽诚创机电有限公司	家电金属结构件精密制造数字化车间
97	爱博斯塑料（合肥）有限公司	吹塑成型与仓存一体数字化车间
98	安徽海神黄酒集团有限公司	特型干黄酒制造数字化车间
99	安徽大恒能源科技有限公司	多主栅高效智能组件数字化车间
100	合肥市通得力电气制造有限公司	直流电机定子绕线数字化车间
101	安徽安泰新型包装材料有限公司	高端印刷品数字化车间
102	安徽舜禹水务股份有限公司	智能供水成套设备数字化车间
103	安徽康明斯动力有限公司	发动机智能装配数字化车间
104	合肥创佳汽车电器有限公司	汽车门锁生产数字化车间
105	合肥艾普拉斯环保科技有限公司	环保高聚物可视数字化车间
106	合肥高科科技股份有限公司	新型显示背板数字化车间
107	安徽意华电器有限公司	洗衣机智能排水电机数字化车间

续表

序号	企业名称	项目名称 / 项目个数
108	合肥合锻智能制造股份有限公司	大型高端数控成形机床数字化车间
109	安徽武鹰制衣有限公司	职业服装生产数字化车间
110	合肥蓝海电子科技有限公司	尿素传感器生产数字化车间
111	合肥搬易通科技发展有限公司	搬易通叉车数字化车间
112	合肥市春华起重机械有限公司	机械车位铆焊及精加工数字化车间
113	安徽黑钰颜料新材料有限公司	特种炭黑数字化车间
114	阳光电源股份有限公司	新型高效光伏逆变器数字化车间
115	安徽捷迅光电技术有限公司	智能色选机钣金数字化车间
116	科大智能电气技术有限公司	智能电网配用电产品数字化车间
117	安徽金诚复合材料有限公司	航空复合材料及汽车零部件数字化车间
118	TCL 家用电器（合肥）有限公司	智能冰箱数字化车间
119	中建材（合肥）新能源有限公司	光伏镀膜盖板玻璃数字化车间
120	安徽中烟工业有限责任公司	制丝数字化车间
121	合肥海尔空调器有限公司	节能环保空调数字化车间
122	合肥晶威特电子有限责任公司	SMD-JL 型石英晶振数字化车间
123	合肥丹盛包装有限公司	水性印刷瓦楞包装产品数字化车间
124	合肥巨一动力系统有限公司	集成化电桥总成系统制造数字化车间
125	安徽中科都菱商用电器股份有限公司	电器钣金数字化车间
126	安徽巨一科技股份有限公司	动力电池装测线制造数字化车间
127	合肥海尔洗衣机有限公司	高端波轮洗衣机数字化车间
128	合肥海川汽车部件系统有限公司	新能源汽车车轮总成数字化车间
129	彩虹（合肥）光伏有限公司	大尺寸光伏玻璃深加工数字化车间
130	合肥众禾动力新能源科技有限公司	锂离子电池智能生产数字化车间
131	中盐安徽红四方股份有限公司	合成气制乙二醇生产数字化车间
132	先导薄膜材料有限公司	新型显示靶材数字化生产车间
133	安徽美芝制冷设备有限公司	冰箱压缩机制造数字化车间
134	峻凌电子（合肥）有限公司	显示控制板数字化车间
135	合肥视涯显示科技有限公司	硅基 OLED 微型显示器件数字化车间
136	合肥中恒微半导体有限公司	新能源汽车功率模块数字化车间
137	巢湖宜安云海科技有限公司	镁、铝合金精密压铸数字化车间
138	安徽皖仪科技股份有限公司	智能分析仪器数字化车间
139	安徽永锋防护科技股份有限公司	可重复使用的 EPP 新材料数字化车间
140	合肥皖液液压元件有限公司	液压齿轮泵制造数字化车间
141	合肥丰德科技股份有限公司	大型高温低阻微孔陶瓷脱硝脱硫除尘环保设备数字化车间
142	合肥青悦食品有限公司	学生营养餐数字化车间
143	安徽广源科技发展有限公司	环保型废旧电器电子综合拆解数字化车间
144	安徽伊普诺康生物技术股份有限公司	医学诊断试剂数字化车间
145	东风精密铸造有限公司	熔模铸造中温蜡数字化车间
146	合肥力威汽车油泵有限公司	新能源产品数字化车间
147	巢湖市荣达塑业有限公司	笔记本电脑塑料件智能喷涂及装配数字化车间

续表

序号	企业名称	项目名称/项目个数
148	安徽南瑞中天电力电子有限公司	单相智能电能表数字化车间
149	中科美菱低温科技股份有限公司	超低温存储设备数字化车间
150	双杰电气合肥有限公司	精密钣金柔性数字化车间
151	安徽新华印刷股份有限公司	精装书籍绿色印刷数字化车间
152	合肥新汇成微电子股份有限公司	晶圆金凸块数字化车间
153	安徽电气集团股份有限公司	PPE 用品生产数字化车间
154	安徽安科生物工程（集团）股份有限公司	注射用重组人 HER2 单克隆抗体数字化车间
155	安徽誉诚新型建材有限公司	环保型混凝土数字化车间
156	安徽尚德科技有限公司	桥梁支座数字化车间
157	华霆（合肥）动力技术有限公司	动力电池系统数字化车间
158	合肥大道模具有限责任公司	高性能改性铝合金精细胎面多瓣复合结构轮胎模数字化车间
159	安徽伟光电缆股份有限公司	中高压电缆生产数字化车间
160	安徽春华智能科技有限公司	智能停车设备铆焊及拼装数字化车间
161	睿合科技有限公司	智能驾驶座舱一体化显示模组数字化车间
162	安徽协创物联网技术有限公司	物联网智能终端产品数字化车间
163	格力电器（合肥）有限公司	合肥格力控制器数字车间
164	TCL 家用电器（合肥）有限公司	TCL 家电数字化注塑车间
165	科大智能（合肥）科技有限公司	新能源汽车充电桩数字化车间
166	合肥美的暖通设备有限公司	中央空调敏捷生产数字化车间
167	阳光储能技术有限公司	储能电池 PACK 生产线数字化车间
168	安徽省银瑞电池科技有限公司	智能高端锂电池生产数字化车间
169	富芯微电子有限公司	功率半导体晶圆制造数字化车间
170	安徽国风新材料股份有限公司	功能性聚酯薄膜数字化车间
171	合肥华润神鹿药业有限公司	中药经典名方数字化车间
172	合肥雪祺电气股份有限公司	嵌入式冰箱数字化车间
173	合肥市智德工贸有限责任公司	汽车座椅骨架机器人焊接数字化车间
174	安徽宏源铁塔有限公司	镀锌加工数字化车间
175	合肥星波通信技术有限公司	微波组合数字化车间
176	合肥盈美金属制品有限公司	钣金数字化车间
177	科大国创新能科技有限公司	新能源及智能网联汽车核心控制器数字化车间
178	安徽长龙电气集团有限公司	智能化配电柜总装数字化车间
179	安徽万瑞冷电科技有限公司	低温制冷产品数字化车间
180	合肥中辰轻工机械有限公司	灌装生产设备总装数字化车间
181	安徽威灵汽车部件有限公司	新能源汽车 CO^2 压缩机数字化车间
182	合肥宇隆光电科技有限公司	高精密 PCBA 控制板智造数字化车间
183	安徽王仁和米线食品有限公司	米线生产数字化车间
184	合肥华耀电子工业有限公司	国产化微电路电源数字化车间
185	安徽华业香料合肥有限公司	丙位内酯系列合成香料生产数字化车间
186	合肥万安汽车底盘系统有限公司	新能源汽车智能底盘模块组装产品数字化车间
187	合肥科迈捷智能传感技术有限公司	流量计智能生产数字化车间

续表

序号	企业名称	项目名称 / 项目个数
188	安徽龙磁科技股份有限公司	高性能永磁铁氧体磁瓦数字化车间
189	安徽巡鹰动力能源科技有限公司	动力锂电池梯次模组生产数字化车间
190	合肥博大精密科技有限公司	精密金属构件 CNC 加工数字化车间
191	合肥埃科光电科技股份有限公司	工业影像核心部件生产数字化车间

表 5　　合肥市入选全球“灯塔工厂”一览表

序号	名称	获评时间
1	联合利华	2020
2	美的洗衣机	2022
3	联想集团合肥产业基地	2023
4	海尔合肥创新产业园	2023
5	海尔合肥空调互联工厂	2023

（余　旭）

无线电管理

【概况】　2023 年，安徽省无线电管理委员会办公室合肥管理处（以下简称“合肥无线电管理处”）拥有各类无线电监测固定站17个，移动监测车 5 辆，压制车 1 辆，升空平台监测系统 1 套，考试无线电监测与压制系统 5 套，无线电传感器系统 1 套，铁路无线电监测系统 1 套，众包无线电监测系统 1 套，核心要地无线电保障系统 1 套。合肥市无线电管理技术设施形成由固定监测站、传感器和移动监测车为主的常规超短波无线电监测网，为无线电管理提供了强有力的技术支撑。该处当年完成国家无线电管理局交办的多项任务，以及无线电管理宣传、无线电发射设备销售市场监督检查等工作。

【频率台站管理】　2023 年，合肥无线电管理处办理肥东白龙通用机场、南京莱斯电子等单位无线电业务频率和台站许可申请 25 件，核准频率使用许可 70 个，核发换发电台执照 4572 个。合肥晶合集成电路股份有限公司作为安徽省首家 12 英寸晶圆代工企业，其要兴建的二期工厂工程急需频率资源，该处派专人赴现场监测周边电磁环境，简化工作流程，在短短几天内为其快速紧急指配 3 组频率，满足该公司的需要。

截至年底，合肥市拥有在用用频设台单位159家、台站5094个（不含公众移动基站）。

【电波秩序维护】　2023 年，合肥无线电管理处实施无线电监测超过 6 万小时，高效排查无线电干扰 28 起；其中，民航干扰 20 起，公众移动通信干扰 6 起，铁路干扰 1 起，卫星干扰 1 起。春运期间，加强对民航、铁路无线电频率用频的保护工作，解决 1 起校园大规模使用屏蔽器对合福高铁线 GSM-R 系统造成干扰的案件。严厉打击“黑广播”“伪基站”，全年查处“黑广播”8 起。

2023 年 9 月 19 日，工作人员在世界制造业大会现场监测电磁环境

（市无管办 / 供）

【电磁安全保障】 2023年，合肥无线电管理处完成“两会”、杭州亚运会、合肥马拉松暨全国马拉松锦标赛和世界制造业大会等重大活动无线电安全保障工作。该处全员参加世界制造业大会无线电安全保障和筹备工作，加强开幕式现场直播和各展馆的频率保护性监测，确保大会的无线电安全，被省经信厅评为大会筹备工作先进单位。完成高考、中考、公务员招考等各类重要考试无线电保障任务41次。

【专项行动】 2023年，合肥无线电管理处开展无线电频率使用和在用台（站）的监督检查工作。对合肥广播电视台等单位的21个广播电视发射设备、合肥电信等单位的30个移动通信基站和102个微波站、合肥南站等单位的176个超短波电台和卫星地球进行当场核查，为设台单位提供技术指导和服务。完成对省引江济淮集团有限公司、省云望通讯设备有限公司等5家单位的频率使用、台站设置、销售备案的“双随机一公开（即在监管过程中随机抽取检查对象，随机选派执法检查人员，抽查情况及查处结果及时向社会公开）”的专项检查。完成保障新桥机场两次飞行的校验工作。

（汪全君）

通信业

【概况】 2023年，中国电信合肥分公司（以下简称“合肥电信”）坚持利润和价值导向，实现利润和效益提升，经营发展稳中有进，收入规模攀升；截至年底，该公司移动用户净增完成率达173.6%，实现产数业务收入、IDC收入、云业务收入同比分别增长达34.4%、69.40%、63.60%，完成利润总额达到预期目标。中国联通合肥市分公司（以下简称“合肥联通”）明确“网络强国、数字中国”两大主责，拓展“联网通信、算网数智”两大主业，业绩显著。中国移动通信集团安徽有限公司合肥分公司（以下简称“合肥移动”）推进数智化转型，在加快高质量发展方面取得明显成效。

【合肥电信】 2023年，合肥电信履行央企责任，推进高质量发展，服务水平保持领先。完成亚运会、中国科协年会、长三角主要领导人座谈会等40余场重保工作，出动保障人员1300余人次，重保期间云网运行平稳，业务运营正常，重要故障、舆情及服务事件零发生。

合肥电信当年多项亮点工作受到中国电信集团公司、安徽电信（中国电信安徽分公司的简称）和各级单位的表彰，获中国电信集团模范职工之家、安徽电信科技创新示范单位等称号；并获2023年安徽电信技能大赛2个团体一等奖；有43名员工分别获“全国电信和互联网行业职业技能竞赛”“长三角城市暨江苏省物联网工程技术人员技能竞赛”等各级别竞赛的个人一、二、三等奖。

经营服务。合肥电信当年宽带、移动业务综合满意度保持行业双领先。装维触点满意率达98.6%，高于目标值0.6PP；营业触点满意率99.93%，较年初提升4.33PP。服务工作运营评价综合得分97.70分，同比提升17.20%；宽带、无线网络质量万投比分别压降25.60%、40.80%。以千兆宽带+FTTR为抓手，将宽带品质和组网服务转化为用户口碑，丰富应用场景，结合用户需求，融合互促实现业务规模发展，推进全业务营业部工作落实。

通信网络建设与安全。合肥电信当年全面贯彻网络强国战略。在5G建设方面，新建5G基站2100套站（含室分），累计开通1.11万套站，实现热点农村及以上区域全覆盖；5G分流比达55%。推动《合肥市建筑物配建5G移动通信基础设施技术导则》政策落地，开发商备案并完成会审286处站点。在共建共享方面，新增电联4G共享小区3.60万个，共享率达90.66%。在光网建设方面，新增XGPON端口3.40万个，累计达6.30万个，实现所有站点千兆能力全量覆盖；新增FTTH端口24万个，累计端口342万个，端口利用率提升至55.72%。在数据中心建设方面，完善“1+4+X”算力布局，完成1714个IDC机架建设。在维护网信安全方面，全面加强网信安全管理，全量资产安全可靠，全年网络安全事件发生数、上级主管部门通报网络漏洞数、信息泄露事件发生数、国家工信部通报未备案网站发生数均为零；做好防范网络通信诈骗工作，完善工作机制、管理流程和技术手段，筑牢反诈“安全网”；实现百万用户涉案发生率在行业正向领先，公安红黄牌通报零发生，打击治理成效获政府部门认可。

（刘　芳）

【合肥联通】 2023年，合肥联通提升“联接+感知+计算+智能”算网一体化服务能力，获评“第十三届安徽省文明单位”“安徽省放心消费示范单位”等。

夯实网络强国底座。加快推进移动精品网、宽带精品网、政企精品网、算力网建设，开通5G中频基站6714个，其中900M基站3182个，物联网终端连接数累计达183万，实现城区连续覆盖并全面达到精品网标准。加快全光网络建设，宽带端口达110.48万个，同比提升14.54%；10GPON端口占比超62.81%，建设双优小区超过4000个，千兆端口累计达71万以上，覆盖超380万户用户。政企精品网综合业务接入点超过325个，全市商务楼宇资源覆盖率达91%。推动算网数智布局，聚焦骨干云、政务云、信创云建设，部署服务器431台，算力资源达34994核，构建以算力为核心的算网融合新生态，筑牢网络强国、数字中国建设的网络根基。

提升智慧生活体验。秉承公平竞争、诚信透明原则，布局智慧生活和万物智联生态体系。落实“用户双千兆提升行动”，推动全网用户5G化、千兆化升级，引领数字家庭新生活。实现千兆宽带超10万户，全屋光宽带5万户，智家业务20万户，5G用户突破100万户。围绕满足用户需求，开展“家庭网络检测为民服务行”活动，覆盖小区500个以上，全面提升用户感知和服务满意度。

推动数字经济建设。做优做强算网数智，深化数实融合创新。完成政务信创云建设，领先完成全信创系统部署，入选当年市工业互联网优秀服务商、创新服务载体。打造集约化司法辅助系统，助力大数据综合管理平台建设，构建“两单五微（需求清单、能力清单，微心愿、微实事、微创投、微团队、微网格）”精准党建服务平台，提供视频会议系统保障各项重大视频会议，发展新能源汽车等战略新兴产业，建立“数字乡村”移动平台，推进农村地区数字信息基础设施建设，深化消费帮扶，赋能乡村振兴。以5G+工业互联网、数字政府、智慧城市、智慧文旅等领域的创新实践，促进数字技术和实体经济深度融合。合肥晶澳工业元宇宙漫游、长虹美菱互联网平台等项目分别获第六届“5G绽放杯”全国优秀奖，以及“安徽省2023年5G+工业互联网典型应用”“安徽省重点工业互联网平台”等。

强化安全应急保障。全面筑牢安全生产防线，加强通信保障队伍建设，提高应急处置能力。做好治理骚扰诈骗电话工作，建立市区一体反诈专班，常态化开展网络隐患排查整治工作。全年完成自然灾害及重大活动应急通信保障65次，累计出动保障人员1500人次，应急保障车辆出车千次。完成2023世界集成电路大会、合肥马拉松、骆岗中央公园园博会等重大活动保障任务，并按照政府部门要求参与“9.18”防空演习、消防灭火演练、安全生产月反恐逃生演练等大型活动，效果良好。

（陆　璐）

【合肥移动】　2023年，合肥移动实现收入超63亿元；服务5G用户超480万户、宽带用户超253万户，物联网链接数突破700万；实现综合满意度领先值3.29，政企产品满意度表现值98.04，实现不知情定制争议类投诉全年“零新增”，客户满意度在全行业领先。合肥移动当年被授予全国政务热线服务质量评估总体评估优秀（A+）单位、第十六届合肥市文明单位等。

业务发展。建设开通700M 5G站点632个，实现城区、行政村100%覆盖；完成655处高铁站点的建设和开通，实现合宁、合武、合福等五条高铁沿线的5G信号覆盖；新增宽带覆盖36.20万户，全市累计覆盖达629万户；新增XGPON端口1.50万个，完成1077处千兆标杆小区升级。在2023年国家工信部评测中，合肥移动总成绩和获奖数量在全国39个大城市中名列第2位。

信息化应用。紧跟政府发展规划和产业布局，聚焦市战略新兴产业，落实BU制度改革，打通生态线、支撑线，统筹推进，与比亚迪、长鑫存储、阳光电源、晶合、海尔等龙头企业建立5G专网、智慧工厂等标杆项目。

网信事业。高质量完成世界制造业大会、517电信日、园博园、马拉松等重大活动的网络保障工作，效果良好。支援北京防汛救灾、杭州亚运会等通信保障工作，守护通信网络“生命线”。推进“断卡”“打猫”“排雷”等专项行动，加强反诈新技术研究与策略优化工作，预警处置各类异常号码5.70万个，向公安机关提供线索172条，配合捣毁非法窝点21个，抓获不法分子27名，缴获GOIP等插卡集群设备35台，人民群众的财产安全得到维护。全年出动保障人员3000余人次，累计完成160余次大型活动的网络保障工作。

助力区域经济社会发展。落实乡村振兴工作要求，全年新建农村5G基站869处，实现行政村100%全覆盖；累计建设农村宽带75万户，基本完成乡村宽带的全面覆盖，城乡数字鸿沟得到消除；开展消费扶贫、乡村振兴消费行动，巩固扶贫工作成果，全年消费乡村振兴产品137.37万元，助消33.54万元。

（唐　啸）

责任编辑：田　文

农业农村

综　述

【概况】　2023年，合肥市锚定建设农业强市目标，农业农村经济持续向好。全市实现农林牧渔业总产值576.28亿元，同比增长3.8%；一产增加值377.20亿元，同比增长3.50%；农村常住居民人均可支配收入31140元，同比增长8.40%。扛稳粮食安全责任，建成高标准农田2万公顷，新增玉米、杂交稻育种2个国家级重点实验室，水稻良种出口连续5年全国第一。粮食种植面积、单产实现“双增”，总产超298万吨。乡村产业持续壮大，新增产值50亿元农业企业1家，草莓、龙虾等6个产业链突破百亿元；农产品加工产值1880亿元，同比增长9%。农村产品网络销售额突破200亿元，休闲农业和乡村旅游营业收入增长30%。农业科技步伐加快，中国菌物谷全国首创“智慧菌房”，智慧农业谷获批省技术创新中心。肥西县入选国家现代农业产业园建设名单，庐江县、巢湖市获评全国平安农机示范县。乡村建设扎实推进，实施“千村引领，万村升级”工程，长丰县成为全国乡村振兴示范县，肥东县成为全国“四好农村路”示范县，创建全国文明村镇18个，新建省级和美乡村精品示范村14个、和美乡村中心村32个、美丽宜居自然村729个，乡村沃野正成为农民的好家园、市民的好去处。

【重要农产品稳产保供】　2023年，合肥市粮食种植面积52.70万公顷，同比增长0.32%。总产量298.74万吨，同比增长1.53%，连续10年稳定在300万吨左右。单产377.90千克/亩，同比增长1.21%，首次超过全省平均单产（377.3千克/亩）。

产业化推进“菜篮子”产品生产，大力发展设施农业，提高“菜篮子”产品产能。全市蔬菜产量254.63万吨，增长1.6%；肉蛋奶总产69.42万吨、增长4.60%，其中生猪出栏达168.50万头、增长4.10%；渔业总产24.72万吨、增长3.60%。

【农业产业化】　2023年，合肥市实施农业千亿产业集群“8526”行动，全市农产品加工业产值1880亿元，其中规模以上产值740亿元，居全省第二位。规模以上企业307家，其中产值10亿元以上农产品加工企业5家。市级以上农业龙头企业805家，其中国家级12家、省级102家、市级691家。合肥市2023年度促进乡村产业振兴工作获省政府激励。

【物质装备水平】　2023年，合肥市累计建成高标准农田28.73万公顷，占永久基本农田的69.7%。全市持证种业企业253户，其中国家级育繁推一体化企业10户，居全国城市第二位；A股上市企业2户，占全国1/6。种业销售额110亿元，进入全国三强，杂交水稻良种出口连续5年居全国第一位。建立78个农业首席专家工作室，全市农业科技进步贡献率达70%，主要农作物耕种收综合机械化率达86.5%。

【“千万工程”】　2023年，合肥市累计建成省级中心村700多个、美丽宜居村庄2400多个。在建2023年度精品示范村14个，创建美丽乡村重点示范村29个、美丽乡村示范村97个、国家级美丽宜居村庄1个、省级美丽宜居村庄54个。农村常住农户无害化卫生厕所普及率达96.1%，农村生活垃圾无害化治理率达100%，农村生活污水治理率达54%，人居环境整治工作连续5年获得省政府督查激励。

【农村改革】　2023年，合肥市实施“三变”改革（即资源变资产、资金变股金、农民变股东的农村改革）村居全覆盖，培育引进承接主体4775个，建设合作项目3149个，村集体获得收益5.30亿元，参与农户74.25万户、收益9.80亿元。集体经营性收入50万元以上且经营收益25万元以上的经济强村937个、占比达81.30%，100万元以上强村数超过700个。

【农村居民收入】 2023年，合肥市农村常住居民人均可支配收入3.11万元，居省会城市第6位；增长8.40%，增速分别高于全国、全省0.70个、0.40个百分点，增速在长三角8个万亿城市、中部六省会城市中均居首位。城乡居民收入比由2022年的1.96缩小为1.91。

（杨荣清）

种植业

【概况】 2023年，合肥市农作物总播种面积71.4万公顷，增长1.70%。其中粮食作物52.70万公顷，增长0.30%；经济作物18.70万公顷，增长5.80%。

【粮食安全】 2023年，合肥市坚持“稳定面积、主攻单产、规模经营、均衡增产”路线，着力抓实粮油生产关键环节，粮食种植面积52.70万公顷，总产量298.70万吨，单产377.90千克/亩，面积和总产连续3年实现“双增”，亩产实现“七连增”，总产居省会第6位。

激励政策。健全完善种粮主体收益保障，纳入全市稳住经济一揽子政策措施。落实市级种粮农民一次性补贴资金4000万元；对县级新增粮油面积超过1万亩，每亩奖补120元，全市新增粮油面积1.15万公顷；对种植双季稻每亩补贴200元，全市早稻和晚稻种植面积达7万公顷，有效提高复种指数。

工作举措。建立“市督导、县负责、镇落实、村核查”工作体系，对2.19万公顷疑似撂荒耕地进行摸排，发现具备复耕复种条件耕地1840公顷，指导复耕复种333.33公顷。坚持“项目化统领、差异化规划、标准化建设、质量化验收、市场化运营”模式，全市累计完成高标准农田建设28.73万公顷，占永久基本农田面积69.7%。实施测土配方施肥32.96万公顷次，耕地质量提升0.03个等级。

科技攻关。实施保种、护种、育种、引种、用种“五种并进”战略，打造“种业之都”，全市种业销售额110亿元，进入全国三强之列，持证种业企业增至253家，占全省持证种业企业数的1/4。明确“找准瓶颈、抓好示范、培训观摩、以点带面、周年积累”思路，全市厘清制约单产提升因素22项，抓紧抓实苗情监测点73个，2023年中籼、中粳、双季稻三项单产均名列全省粮油高产竞赛第一，其中中籼稻亩产1129.7千克，为安徽省历史最高单产。

品牌建设。聚焦品质提效，实施粮油规模种植主体单产提升行动，重点支持规模粮油种植大户、场社主体，培育一批粮油规模种植能手和高产典型。全市300亩以上种粮大户达2923户，粮油订单面积超过20万公顷。聚焦品牌引领，以区域公用品牌、行业品牌、产品品牌创建为重点，强化粮油质量安全体系建设，其中“巢湖大米”成功创建全国名特优新农产品，种植面积5万公顷。在第5届安徽优质稻品种食味品鉴暨“皖美大米”品牌评选中，10个“皖美大米”金奖品牌中合肥市入选2个。

【蔬菜稳产保供】 2023年，合肥市蔬菜种植面积9.76万公顷、同比增长1.0%；蔬菜产量254.63万吨，同比增长1.60%，蔬菜供应充足。

提档升级设施蔬菜。全市设施蔬菜面积2.88万公顷，新增1700公顷，设施蔬菜播种面积占蔬菜总面积30%。推广集约化育苗、水肥一体化、精准控施、分拣预冷等农业装备，全市设施集约化年育苗量超过4400万株。

建设保供基地。全市有规模化蔬菜基地1502个，生产面积1.56万公顷，本地蔬菜生产能力提升到日均供应7100吨，全市城乡居民蔬菜消费需求得到保障。

打造本土蔬菜品牌。全市有“皖美农品”蔬菜品牌4个、蔬菜类绿色食品41个、有机产品57个、农产品地理标志4个。

推动食用菌产业集群发展。重点推进长丰县“菌物谷”建设，推动长丰县、肥东县食用菌产业发展，打造全省食用菌产业先行区。全市食用菌产量6.10万吨，产值6.20亿元。

【农机化发展】 2023年，合肥市农机装备结构进一步优化，农机总动力达517.50万千瓦，主要农作物综合机械化率86.50%。

建设农事服务中心。建设各类农事服务中心75个，其中省级水稻育秧中心14个，粮食烘干中心12个，综合农事服务中心10个。围绕农业重点产业链，建立市级特色农事服务中心19个。全市拥有各类“三中心”525个，实现农业乡镇“三中心”建设全覆盖。

推进全程机械化。建设市级水稻全程机械化示范区10个，每个示范区面积5000亩以上，示范区机耕、机插秧、机收、机防、粮食烘干和秸秆打捆6个环节均实现100%机械化。

兑现购机补贴资金。兑现农机购置补贴资金9215万元，购置补贴各类农机具12413台，其中大中型拖拉机2001台，收割机1043台，插秧机310台，受益农户5820户，带动社会资本投入3.10亿元。

加强农机安全生产监管。巩固国家级“平安农机”示范市创建工作成效，巢湖市、庐江县创建全国平安农机示范县。鼓励本地籍变型拖拉机提前报废淘汰320台，补助资金410.70万元。报废补贴农机具296台，补助资金371万元。

表1　合肥市“皖美农品”蔬菜品牌一览表

序号	企　业	产品品牌
1	合肥福泉现代农业科技有限公司	“顺泉”牌金针菇
2	长丰县硕丰源家庭农场	“孟莓硕丰源”牌产品
3	合肥市艳九天农业科技有限公司	“艳九天”牌草莓
4	安徽安心蔬菜绿色食品有限公司	“万家安心”牌黄豆芽

表2　合肥市蔬菜类绿色食品一览表

序号	企业名称	产品名称	批准产量（吨）	标志编号
1	肥东县明智农业专业合作社	杭椒	150.00	LB-15-21021202189A
2	肥东县明智农业专业合作社	番茄	350.00	LB-15-21021202188A
3	合肥金色大地生态农业科技开发有限公司	番茄	300.00	LB-15-20121213322A
4	合肥福泉现代农业科技有限公司	金针菇（鲜）	2000.00	LB-21-21111219465A
5	合肥市华之坚生态农业有限公司	肥东辣椒	1500.00	LB-15-22071212613A
6	合肥市华之坚生态农业有限公司	红薯	1150.00	LB-15-22071212611A
7	合肥成功农业综合开发专业合作社	黄瓜	240.00	LB-15-23051206799A
8	合肥成功农业综合开发专业合作社	番茄	500.00	LB-15-23051206798A
9	肥西县丰乐镇成飞水生蔬菜专业合作社	莲藕	1500.00	LB-15-21031212525A
10	合肥兴业经济发展有限公司	萝卜	35.00	LB-15-22071212079A
11	合肥兴业经济发展有限公司	包菜	25.00	LB-15-22071212078A
12	合肥兴业经济发展有限公司	黄瓜	150.00	LB-15-22071212077A
13	合肥兴业经济发展有限公司	青椒	48.00	LB-15-22071212076A
14	合肥兴业经济发展有限公司	番茄	240.00	LB-15-22071212075A
15	肥西县宇禾水生种植农民专业合作社	莲子	64.00	LB-15-23021200734A
16	合肥青峰岭有机富硒果蔬专业合作社	西红柿	250.00	LB-15-20071212922A
17	合肥青峰岭有机富硒果蔬专业合作社	茄子	270.00	LB-15-20071212921A
18	合肥青峰岭有机富硒果蔬专业合作社	辣椒	135.00	LB-15-20071212920A
19	安徽岸念农业科技有限公司	奶油南瓜	450.00	LB-15-20121212876A
20	安徽岸念农业科技有限公司	贝贝南瓜	300.00	LB-15-20121212875A
21	长丰县陶楼乡光勤蔬菜种植家庭农场	辣椒	600.00	LB-15-21011206892A
22	安徽江淮园艺种业股份有限公司	甘薯	270.00	LB-15-21021204750A
23	安徽江淮园艺种业股份有限公司	南瓜	946.00	LB-15-21021204751A
24	合肥新广地农业发展有限公司	花椰菜	150.00	LB-15-23021202006A

续表

序号	企业名称	产品名称	批准产量（吨）	标志编号
25	长丰县依多丰农业科技有限公司	甜瓜	320.00	LB-15-23061208435A
26	安徽春生农业科技有限公司	西兰花	200.00	LB-15-21091220084A
27	安徽春生农业科技有限公司	辣椒	750.00	LB-15-19121212374A
28	安徽春生农业科技有限公司	番茄	1200.00	LB-15-19121212373A
29	庐江县金坝芹芽开发有限公司	金坝芹芽	3000.00	LB-15-21061209614A
30	庐江县柳风荸荠专业合作社	柳荸荠	20000.00	LB-15-22081212100A
31	巢湖市先刚家庭农场	黄秋葵	40.00	LB-15-21011203065A
32	巢湖市正诚生态种养殖专业合作社	番茄	30.00	LB-15-21011200460A
33	合肥绿世源农业有限公司	苋菜	15.00	LB-15-19111211030A
34	合肥绿世源农业有限公司	萝卜	23.00	LB-15-19111211028A
35	合肥绿世源农业有限公司	菜薹	45.00	LB-15-19111211026A
36	安徽小蚂蚁农业科技有限公司	豇豆	30.00	LB-15-20071210590A
37	合肥圩田乐生态农业有限公司	辣椒	30.00	LB-15-20121216447A
38	合肥圩田乐生态农业有限公司	毛豆	10.00	LB-15-20121216445A
39	安徽臻兆果蔬种植农民专业合作社	芹菜	90.00	LB-15-21031202359A
40	安徽臻兆果蔬种植农民专业合作社	苋菜	60.00	LB-15-21031202358A
41	安徽绿勤农业科技发展有限公司	芹菜	200.00	LB-15-20111211871A

表 3　　合肥市蔬菜类有机产品一览表

序号	产品名称	企业全称	产地地址	认证机构	有机食品证书编号
1	番茄	合肥诺伊农业科技有限公司	肥东县牌坊乡高塘村	北京中农绿安有机农业科技有限公司	3610P1800028
2	白菜				
3	甘蓝				
4	黄瓜				
5	大豆				
6	莴苣				
7	菜豆				
8	苋菜				
9	扁豆				
10	茼蒿				
11	菠菜				
12	阳芋				
13	旱芹				
14	甜瓜				
15	南瓜				
16	玉米				
17	苦苣菜				
18	辣椒				
19	西瓜				
20	萝卜				
21	雍菜				
22	胡萝卜				
23	落葵				
24	丝瓜				
25	蚕豆				
26	葫芦				

续表

序号	产品名称	企业全称	产地地址	认证机构	有机食品证书编号
27	豌豆	合肥诺伊农业科技有限公司	肥东县牌坊乡高塘村	北京中农绿安有机农业科技有限公司	3610P1800028
28	黄秋葵				
29	石刁柏				
30	苦瓜				
31	黄花菜				
32	冬瓜				
33	甘薯				
34	茄子				
35	豇豆				
36	芫荽				
37	冰菜				
38	西葫芦				
39	花生				
40	洋葱				
41	毛芋				
42	韭菜				
43	蒜				
44	黄心乌				
45	生菜	肥东县新塘蔬菜种植专业合作社	肥东县撮镇镇华光村	北京五洲恒通认证有限公司	1150P2000036
46	菇类	合肥团农聚民生态农业科技有限公司	安徽省合肥市长丰县杜集镇邱集村	北京五洲恒通认证有限公司	1150P2101166
47	菇类	合肥团农聚民生态农业科技有限公司	安徽省合肥市长丰县杜集镇邱集村	北京五洲恒通认证有限公司	1150P2101166
48	菇类	合肥益康现代农业科技开发有限公司	合肥益康现代农业科技开发有限公司	北京五洲恒通认证有限公司	1150P1901295
49	韭（韭菜）、番茄（西红柿）	合肥安凹农业科技有限公司	安徽省合肥市庐江县万山镇卅埠村	世纪科环检验认证（北京）有限公司	5230P2100020
50	菇类	庐江县菇源食用菌专业合作社	安徽省合肥市庐江县庐城镇方店社区	浙江中航认证有限公司	3510P2100157
51	芸苔	安徽垦丁农业生态科技有限公司	合肥市庐阳区三十岗乡瞿嘴村河坎	北京五洲恒通认证有限公司	1150P1801729
52	番茄（西红柿）	安徽垦丁农业生态科技有限公司	合肥市庐阳区三十岗乡瞿嘴村河坎	北京五洲恒通认证有限公司	1150P1801729
53	番茄（西红柿）	安徽东华农业科技开发股份有限公司	安徽省合肥市庐阳区三十岗乡崔岗村	北京五洲恒通认证有限公司	1150P1802641
54	黄瓜	安徽东华农业科技开发股份有限公司	安徽省合肥市庐阳区三十岗乡崔岗村	北京五洲恒通认证有限公司	1150P1802641
55	番茄（西红柿）	安徽尊贵现代农业科技有限公司	安徽省合肥市新站高新技术产业开发区三十头社区五十头社居	上海英格尔认证有限公司	1170P1900086
56	黄瓜	安徽尊贵现代农业科技有限公司	安徽省合肥市新站高新技术产业开发区三十头社区五十头社居	上海英格尔认证有限公司	1170P1900086
57	辣椒	安徽尊贵现代农业科技有限公司	安徽省合肥市新站高新技术产业开发区三十头社区五十头社居	上海英格尔认证有限公司	1170P1900086

表 4　　合肥市蔬菜类农产品地理标志一览表

序 号	产品名称	获证主体名称	证书编号
1	金坝芹芽	庐江县金坝芹芽协会	AGI01202
2	中埠番茄	巢湖市中埠镇蔬菜行业协会	AGI01522
3	庐江花香藕	庐江县花香藕产业协会	AGI01811
4	杨柳荸荠	庐江县白湖镇农业技术推广服务站	AGI02398

表 5 合肥市市级水稻全程机械化示范区一览表

序号	实施主体名称	示范区建设地点
1	庐江县安徽省蔬语生态农业有限公司	庐江县泥河镇竹元村、盔头村、柴埠村
2	庐江县双岗农机服务专业合作社	庐江县乐桥镇浮槐村、乐桥村、檀巷村、金桥村
3	庐江县恒发农机服务专业合作社	庐江县庐城镇新桥村
4	肥西县高长农事服务有限公司	肥西县高店镇新河村
5	肥西农垦运营管理有限公司	肥西县严店镇新建、刘河村，三河镇太华村
6	长丰县安徽溢华农业科技发展有限公司	长丰县造甲乡凤楼社区、凤群社区、双丰社区
7	巢湖市自隆农业技术有限公司	巢湖市苏湾镇东黄村、联合村、坊集村
8	巢湖市永丰瑞泰农业发展有限公司	巢湖市庙岗镇童集村、军高村、路店村
9	肥东县凯鸽家庭农场	肥东县牌坊回族满族乡、新丰、东庙社区
10	蜀山区科兴农机专业合作社联合社	蜀山区小庙镇袁中社区、石塘村、栀树村

（吴延华）

养殖业

【概况】 2023年，合肥市以发展畜禽设施生产为重点，推进畜禽养殖业提档升级，全市畜禽产品总产量69.42万吨，同比增长4.6%；畜牧业产值133.98亿元，同比增长4.60%。

全市渔业产值94.43亿元，居全省首位。虾稻产业持续发展，渔业资源保护得到加强。成功举办第二十二届中国·合肥龙虾节。

【畜禽养殖】 2023年，合肥市畜禽总产量69.42万吨，同比增长4.64%，总产量保持在全省第4位。牧业产值133.98亿元，同比增长4.60%。肉类36.75万吨，同比增长3.47%；禽蛋22.38万吨，同比增长5.93%；生牛奶10.28万吨，同比增长6.11%。年末生猪存栏79.22万头，其中能繁母猪存栏7.96万头，继续保持在合理区间。全年生猪出栏168.50万头，增长2.44%。畜禽产量保持稳中有进。

增强现代畜牧业发展动能。全市新创建省级畜禽标准化养殖示范场3家，长风农牧、安泰种猪、博大牧业、安徽华杰、安徽健朗养殖等5家种畜禽企业成功创建省级畜禽核心育种场，数量居全省第1位。发展集约化、信息化、智能化、绿色化养殖，实施市级财政支持畜牧业高质量发展项目152个，引导先进养殖设施设备和管理技术应用，大力发展生态健康养殖。

有序推进肉牛产业发展。做好“畜头肉尾”增值文章，积极推进“秸秆变肉”工程，深入开展肉牛发展调研和招商引资工作。明确2027年5万头肉牛饲养量目标、配套政策，推进项目建设。发挥合肥市承东启西、连南接北的区位优势和创新资源富集优势，筹备建设全省肉牛科技创新中心、商贸交易中心、品牌营销中心。合肥市代表队在全省首届肉牛繁殖员大赛中取得第1名。

开辟宠物经济发展新赛道。宠物产业逐步成为新兴特色服务产业新的消费增长点，展现出强劲活力。宠物保有量、宠物行业主体数量、宠物产业体量均占全省40%以上，全市宠物年消费规模超12亿元。2023年成立专班推进宠物经济工作，通过招商招展、举办论坛、开展秩序整顿等一系列措施，宠物经济集聚效应正在加速形成，研发创新与品牌价值快速升级，形成龙头引领、高起点带动的发展格局。

巩固绿色生态养殖成效。印发《合肥市畜禽养殖废弃物资源化利用提升行动计划（2023—2025）》，制定《合肥市畜禽养殖污染防治规划（2023—2025年）》，规范畜禽粪污无害化处理和资源化利用行为。联合开展2023年畜禽养殖污染防治专项行动，2022年度长江经济带生态环境警示片顺利通过省级验收销号。

推进兽医社会化服务。聚焦动物防疫重点任务，推动模式创新、机制创新、能力创新，打通兽医服务“最后一公里”，织密基层动物防疫网，市、县两级农业农村、财政部门均联合出台《推进兽医社会化服务发展的实施方案》。10月，全省推进兽医社会化服务现场会在庐江县召开。

提升疫病防控能力。落实重大动物疫病防控责任，全面完成春秋两季重大动物疫病强制免疫工作。有效防控布病、炭疽等人畜共患病，肥东温氏、肥东安泰两家公司创成全省非洲猪瘟无疫小区，庐江祥瑞、长丰农牧创成全省疫病净化场。畜禽屠宰监管持续有力，春然食品有限公司创成省级生猪屠宰标准化示范厂。

【水产养殖】 2023年，合肥市水产品总产量24.72万吨，同比增长3.60%。渔业产值94.43亿元，同比增长4.50%，渔业经济持续领跑全省。

*推进水产绿色健康养殖。*实施水产绿色健康养殖技术推广“五大行动”，全市稻渔业综合种养总面积8.04万公顷，新增5913.33公顷。新增绿色养殖池塘标准化改造面积352.87公顷。发展现代设施渔业养殖模式，新增渔业设施养殖项目8个，新增设施渔业养殖面积2.50万平方米，养殖产量1500万吨，单产水平进一步提升。

*持续推进渔业全产业链发展。*小龙虾产业集群项目有序推进，利用中央资金1300万元，支持5家规模龙虾加工厂改扩建，撬动社会资本1.2亿元投入扩大生产，产能提升20%以上。培育渔业新兴业态发展，发挥城区近郊、环巢湖等“周末生活圈”区位优势，全市规模休闲渔业基地发展到300余家。持续打造合肥龙虾品牌，成功举办第二十二届中国·合肥龙虾节并开展系列宣传，搭建虾稻养殖基地、龙虾加工基地、龙虾餐饮商户及市民的桥梁。

*强化水产品质量安全监管。*开展部、省级水产品监督抽查、风险检测7次，采样96份，合格率100%。市、县两级定量抽检1233个样品，其中645个监督抽检，合格率98%以上。开展水产养殖用投入品规范使用专项执法行动，累计出动执法人员366人次，检查水产养殖生产单位415家次，未发现违规使用投入品等问题。

*增强渔业资源养护水平。*执行和宣传《水生野生动物保护实施条例》，开展水生野生动物保护科普宣传月等活动，提高全社会自觉保护水生生物资源意识。加大对水生野生动物展演场所执法监管力度，开展43次水生野生动物专项执法检查。加强国家重点保护水生野生动物标志管理宣传工作，督促持证单位申领标志。建成水生野生动物保护救助中心，进一步提升水生野生动物保护救助能力。

*打好打赢巢湖禁捕攻坚战。*全市出动执法人员1万余人次，出动执法车辆2321辆次，出动执法船艇776次。发放各类宣传材料3万份。开展暖心行动就业帮扶培训23场次，培训退捕渔民581人次。全年未发生一起上级农业农村和公安部门通报的重大非法捕捞案件，未发生一起退捕渔民群体性上访事件。

（刘文红）

农业产业化

【概况】 2023年，合肥市实施农业千亿产业集群“8526”行动，加大农业 “双招双引”力度，推进农产品加工业“五个一批”工程，农业产业化发展保持“稳中有进、进中提质”的良好态势。

【龙头企业培育】 2023年，合肥市有市级以上产业化龙头企业805家，其中国家级12家、省级102家，市级以上示范产业化联合体128家（其中省级64家），形成以市级为基础、省级为骨干、国家级为引领的三级农业产业化龙头企业梯度发展格局。新增产值50亿元龙头企业1家，产值10亿元龙头企业3家，产值50亿元加工园区1个。

【发展头尾经济】 2023年，合肥市克服疫情和市场带来的双重影响，加工产值企稳回升，农产品加工产值达1880亿元，同比增长9.3%。肥西县入选国家现代农业产业园创建名单，长丰县碧根果产业获批全省“特色产业+金融+科技”发展试点项目。

【农业“双招双引”】 2023年，合肥市长三角绿色食品加工业（小岗）大会现场签约项目3个，投资额40亿元；合肥农交会现场签约项目2个，投资额50亿元，均居全省首位。成功招引肥西县预制菜产业园、华莱士（安徽）食品生产与冷链配送中心等重点项目。全年“双招双引”项目175个（新签约、新开工、新投产），签约额474.04亿元，项目纳统率100%。

【推进三产融合】 2023年，合肥市深化乡村文旅资源整合和产业融合，积极培育休闲农业和乡村旅游消费新热点，形成“旅游＋农业”“旅游＋文化”“旅游＋红色”“旅游＋体育”等一批新业态新产品。长丰县杨庙镇马郢村入选2023年中国美丽休闲乡村名录，庐江县被评为2023年省级休闲农业和乡村旅游示范县。全市休闲农业和乡村旅游总收入106.80亿元，比上年增长27%。全市接待游客5221万人次，同比增长17%。

（杨荣清）

种业之都建设

【概况】 2023年，合肥市依托地域资源优势，坚持创新引领，推进“五种并进”，努力打造种业之都，守好农业中国“芯”。全市种子销售收入110亿元，同比增长10%；杂交水稻种子出口额连续5年居全国第1位。

【健全政策体系】 2023年，合肥市先后制定《加快推进现代种业发展打造种业之都的实施意见》《种业之都建设三年行动计划（2022—2024年）》《促进“两强一增”行动若干政策》等政策文件，近2年全市兑现种业奖补资金5800万元。在全国省会城市第一个设立种业基金，投资富煌三珍2000万元，拟投资史记生物、美兰股份、合肥拉塞特等企业6200万元。

【培育种业龙头】 2023年，合肥市支持皖垦种业加快上市步伐，培育安徽袁粮、富煌三珍等上市梯队，打造合肥种业上市板块。支持种业企业国际化发展，荃银高科杂交水稻出口全国第1位，江淮园艺获批科技部“中国—哥斯达黎加果蔬生物育种及智能化技术一带一路联合实验室”。创新乡村振兴衔接资金支持种业新模式，长丰县投入乡村振兴衔接资金2000万元建设育种设施，肥西县投资5500万元支持荃银高科建设科研、仓储加工场所。支持初创型、成长型种业企业发展，培育“专精特新”细分领域龙头企业，形成农作物、瓜菜、畜禽、水产、食用菌“五朵金花”齐绽放的种业产业格局。

【提升科研水平】 2023年，合肥市依托中国科学技术大学、中国科学院合肥物质科学研究院、安徽农业大学、安徽省农业科学院等科研院所，建成种业研发平台40个，其中国家级（部级）10个、省级19个、市级11个。博大牧业18年培育“皖临白山羊”，实现国内肉用白山羊新品种的首创。丰乐种业西甜瓜项目入选“国家重要特色物种育种联合攻关”，皖垦种业“养分高效高产小麦新品种设计与选育”入选“国家农业生物育种重大项目”，未来种业“玉米耐密抗锈病种质创新技术与新品种选育”入选省“揭榜挂帅”专项，中科院合肥智能育种加速器获批合肥市新型研发机构。合肥高新技术产业开发区太空科技研究中心搭载神州系列载人飞船开展小麦、辣椒、番茄等作物太空诱变育种。

表6　合肥市种业研发平台一览表

序号	平台名称	牵头单位	级别	批准单位
1	作物抗逆育种与减灾国家地方联合工程实验室	安徽农业大学	国家级	国家发改委
2	国家杂交水稻工程技术研究中心华东分中心	安徽隆平高科种业公司		国家发改委
3	合肥丰乐种业国家企业技术中心	合肥丰乐种业公司		国家发改委等
4	安徽荃银种业国家企业技术中心	安徽荃银种业公司		国家发改委等
5	中科院强磁场与离子束生物工程学重点实验室	中科院合肥物质科学研究院	部级	中国科学院
6	黄淮南部小麦生物学与遗传育种重点实验室	安徽农业大学		农业农村部
7	杂交稻新品种创制重点实验室	安徽荃银高科种业		农业农村部
8	国家水稻改良中心合肥分中心	安徽省农科院水稻所		农业农村部
9	地方畜禽遗传资源保护与生物育种安徽省重点实验室	安徽农业大学	省级	省科技厅
10	作物生物学安徽省重点实验室	安徽农业大学		省科技厅
11	水稻遗传育种安徽省重点实验室	安徽省农科院		省科技厅
12	农作物品质改良和安全生产技术安徽省重点实验室	安徽省农科院		省科技厅
13	农作物种子新技术与新品种创制安徽省重点实验室	合肥丰乐种业		省科技厅
14	水产增养殖安徽省重点实验室	安徽省农科院		省科技厅
15	安徽省作物生物育种工程实验室	安徽农业大学		省发改委
16	安徽省园艺作物育种工程实验室	安徽农业大学		省发改委
17	安徽省玉米工程技术研究中心	安徽农业大学		省发改委
18	安徽省油菜育种工程技术研究中心	安徽省农科院		省发改委
19	安徽西甜瓜工程技术研究中心	合肥丰乐种业		省发改委
20	安徽两系水稻工程技术研究中心	合肥丰乐种业		省发改委
21	安徽省果蔬种子工程技术研究中心	安徽江淮园艺种业		省发改委
22	安徽省羊繁育工程技术研究中心	安徽安欣生物科技有限公司		省发改委
23	“农业传感器与智能感知”安徽技术创新中心	合肥智慧农业谷		省科技厅
24	果蔬种质资源创新及智能化技术安徽省联合共建学科重点实验室	安徽江淮园艺种业股份有限公司		省科技厅
25	两系杂交水稻种质创新与分子育种安徽省联合共建学科重点实验室	安徽华安种业有限责任公司		省科技厅会同省教育厅
26	玉米抗逆生物育种安徽省联合共建学科重点实验室	安徽未来种业有限公司		省科技厅会同省教育厅
27	高产优质抗逆水稻种质创制及品种选育安徽省联合共建学科重点实验室	合肥丰乐种业股份有限公司		省科技厅会同省教育厅

（袁　媛）

责任编辑：储茂仁

乡村振兴

综　述

【概况】 2023年，合肥市聚焦“守底线、抓发展、促振兴”，坚持把防止规模性返贫作为底线任务，用发展的办法巩固拓展脱贫攻坚成果，努力推动巩固脱贫成果上台阶、乡村振兴见实效。全市脱贫人口人均纯收入19844元，同比增长15.90%；112个脱贫村全部达到50万元经济强村标准，村均收入突破150万元。

【守住防止返贫“底线”】 2023年，合肥市未发生一起返贫致贫现象。合理调整监测范围，全市监测范围为人均纯收入低于8600元的家庭。全市设立网格21623个，安排网格员22104人，坚持日常走访与集中排查相结合，定期开展部门数据比对，预警信息反馈基层核实，新识别监测对象1243户3307人。组织动员基层干部、驻村干部、网格员、帮扶联系人39986人，对全市涉农103个乡镇、1248个村居，114.95万户399.71万农村人口，开展入户走访全面排查。对全市78987户179289人脱贫人口，落实分类帮扶；对3059户8318人监测对象（其中未消除风险户1927户5106人），落实“一户一方案、一人一措施”。建立农村低收入人口常态化帮扶机制，县域低保标准调高到每人每月881元，县域特困人员救助供养基本生活标准调高到13744元/年/人。精准落实政策举措，持续巩固提升“两不愁三保障”和饮水安全成果。发放原建档立卡家庭学生各类资助3.50万人次、2968万元。落实脱贫人口大病专项救治“应治尽治”和慢性病家庭医生签约服务“应签尽签”精准帮扶举措。全市农村低收入人口享受住院保障待遇11.14万人次，医疗总费用11.31亿元；慢特病门诊49.13万人次，医疗总费用4.23亿元。农村自来水普及率达99%，饮水安全问题保持“动态清零”。

【推进产业就业帮扶】 2023年，合肥市坚持用发展的办法解决脱贫群众增收问题。特色产业带动增收。实施乡村特色产业发展提升行动，采取整村、整镇、整区域推进方式，壮大农业园区，建设产业基地，健全“公司+基地+农户”的稳定利益联结机制，带动脱贫群众持续稳定增收。扎实推进帮扶产业“四个一批”专项行动，全市形成1187个产业帮扶项目。新型农业经营主体带动脱贫户7988户，开展自种自养脱贫户11707户，全市发展“一村一品”脱贫村25个。稳岗就业促进增收。形成企业吸纳、有组织劳务输出、产业项目促进、就业帮扶车间吸纳、返乡创业带动、灵活就业、公益岗位安置的多渠道务工就业体系。全市脱贫人口（含监测对象）实现外出务工就业82547人，开发乡村公益性岗位安置脱贫人口

2023年4月，庐江县百花村　　（市农业农村局/供）

表 1　　2023 年合肥市新增全国等级民宿一览表

序号	民宿名称	地址	客房数量	床位数量	等级
1	肥西县西庐印象	肥西县紫蓬山管委会	15	26	全国丙级 \ 皖美金牌
2	少间王圩里	庐江县汤池镇百花村	30	44	全国丙级 \ 皖美金牌
3	畈塘拾吾舍民宿	肥东县长临河镇六家畈六长路	18	25	全国丙级 \ 皖美金牌
4	花田・侨乡里	肥东县长临河镇六家畈社区	22	31	全国丙级 \ 皖美金牌
5	四顶山居	肥东长临河镇四顶社区小欧组	14	14	全国乙级 \ 皖美金牌

（含监测对象）就近就业 7706 人，发放跨省务工交通补助 14725 人 736.25 万元，发放比例 98.36%，各地跨省务工交通补助发放基本做到"应发尽发"。光伏帮扶推动增收。新建村集体光伏电站 97 座，总容量 16043.46 千瓦。村级光伏电站发电收益 851.33 万元，工资性支出占收益比为 84.62%。金融帮扶驱动增收。规范推广"一自三合"模式，新发放小额信贷 12454 户 4.50 亿元，发放金额较上年总量增长 25.94%。户贷余额占比 17.85%，保持无逾期贷款记录。乡村旅游联动增收。充分挖掘资源禀赋，乡村旅游蓬勃发展，探索"民宿 + 总部经济"新模式，新增全国等级民宿 5 家，长丰马郢成为"中国美丽休闲乡村"。消费帮扶拉动增收。聚焦解决农产品"卖难"这条主线，结合定点帮扶和县域结对帮扶工作机制，广泛动员民营企业、社会组织等社会力量参与消费帮扶。全市通过政府采购脱贫地区农副产品网络销售平台预留采购份额 1339.12 万元，完成采购额 1656.24 万元，完成比例 123.68%，预留份额和完成额均位居全省前列。扎实推进合肥地铁"消费帮扶专列""幸福路・爱心消费帮扶"。

【规范资金项目管理】 2023 年，合肥市强化资金使用管理，完善涉农资金统筹整合长效机制，保持资金投入稳中有增，全市 2023 年度共计安排各级衔接资金 19.34 亿元，较上年增加 0.30 亿元，组织实施项目 501 个，其中安排衔接资金 500 万元以上的项目 145 个。通过项目带动发展生产、务工就业、救助帮扶等进行收益分配，建立稳定、紧密的联农带农机制。

（张义飞）

社会帮扶

【概况】 2023 年，合肥市严格落实"四个不摘"（摘帽不摘责任、摘帽不摘政策、摘帽不摘帮扶、摘帽不摘监管）要求，深入推进"五大帮扶"工作（领导干部联系帮扶、定点帮扶、县域结对帮扶、社会帮扶、驻村帮扶），巩固拓展脱贫攻坚成果，推动乡村全面振兴、促进共同富裕。

【领导联系帮扶】 2023 年，合肥市印发《省、市级领导联系和市直单位定点帮扶乡村振兴有关镇、村清单》的通知，健全省、市级领导联系乡村振兴工作机制，持续保持省、市级领导联系帮扶的稳定性和连续性。16 名省、市级领导赴联系点走访 40 次，帮助基层解决困难问题。

【定点帮扶】 2023 年，合肥市发挥部门职能优势，80 家市直部门继续定点帮扶 130 个村。省、市、县三级定点帮扶单位赴定点帮扶村调研 2904 人次，举办各类培训班 175 场次，直接投入资金 4.05 亿元，实施项目 282 个；帮助引进各类资金 3.49 亿元、项目 139 个，直接购买帮扶村农产品 1716.75 万元，帮助销售当地农产品 2426.03 万元。

【驻村帮扶】 2023 年，合肥市第八批驻村工作队 130 支队伍、390 人驻村帮扶，创新选派 166 名退出领导岗位干部到村担任乡村振兴指导员，实现帮扶村由出列村向富裕村、示范村转变。组织开展"五个一"（开展一次调研、宣讲一次党课、进行一次家访、办好一些实事、开展一次志愿服务）活动，为选派干部及所在村解决困难 300 余件。

【县域结对帮扶】 2023 年，合肥市有帮扶任务的 8 个县（市、区）持续加强与被帮扶地区在产业合作、劳务对接、人才交流等方面合作，推动县域结对帮扶工作向纵深推进。全年投入帮扶资金 1.81 亿元，实施帮扶项目 85 个；帮助被帮扶县群众外出就业2112人；选派49名干部、43名技术人才到被帮扶县（区）挂职交流；举办社会帮扶活动141场次；开展消费帮扶1.83亿元。

【“万企兴万村”行动】 2023年，合肥市鼓励引导民营企业、社会团体等单位参与乡村建设。全市参与“万企兴万村”行动民营企业1708家，实施兴村项目2335个，兴村总数950个，到位资金47.55亿元，捐赠款物合计12951.44万元。其中5个项目被认定为省级“万企兴万村”典型。

（张义飞）

重点工程

【概况】 2023年，合肥市坚持精准落实政策举措，持续巩固提升“两不愁三保障”和饮水安全成果聚焦产业和就业帮扶两个关键，加强金融输血造血支持，持续增加脱贫群众收入，推动脱贫村经济发展，脱贫群众与其他农民的收入差距不断缩小。

【产业发展提升行动】 2023年，合肥市全市衔接资金投入产业项目13亿元，占比67.21%。实施乡村特色产业发展提升行动，采取整村、整镇、整区域推进方式，壮大农业园区，建设产业基地，健全“公司+基地+农户”的稳定利益联结机制，带动脱贫群众持续稳定增收。扎实推进帮扶产业“四个一批”专项行动，全市共形成1187个产业帮扶项目。新型农业经营主体带动脱贫户7988户，达到全年目标216%；开展自种自养脱贫户11707户，达到全年目标130%；全市发展“一村一品”脱贫村25个。

【脱贫人口稳定就业提升行动】 2023年，合肥市突出抓就业稳增收，形成了企业吸纳、有组织劳务输出、产业项目促进、就业帮扶车间吸纳、返乡创业带动、灵活就业、公益岗位安置的多渠道务工就业体系。全市脱贫人口（含监测对象）实现外出务工就业82547人，开发乡村公益性岗位安置脱贫人口（含监测对象）就近就业7706人。兑现“雨露计划”职业教育助学补助资金8461人次、1269.15万元，有效减轻脱贫家庭（含监测家庭）子女就学经济压力。发放跨省务工交通补助14725人736.25万元，发放比例98.36%。

【金融帮扶】 2023年，合肥市积极做好过渡期脱贫人口小额信贷，规范推广“一自三合”模式，坚持精准投放脱贫人口小额信贷、精准用于脱贫户及边缘易致贫户发展生产和开展经营，全面摸排新增贷款需求，确保做到“应贷尽贷”。截至年底，全市新发放脱贫人口（含监测对象）小额信贷12461户4.57亿元；落实财政贴息资金2152.59万元；保持全市无贷款逾期纪录。扎实推进全域“防贫保”综合保险业务，市本级拨付财政保费补贴资金458.44万元；全市有8.19万户18.64万人参保，脱贫人口及监测对象整体户参保率达到99%以上，绝大部分脱贫群众纳入防范返贫综合保险保障范畴。

【扶持壮大村集体经济】 2023年，合肥市112个脱贫村全部建成经济强村，村均收入突破150万元，同比增长46.2%，脱贫村成为乡村振兴的新样板和领头羊。

（张义飞）

乡村建设与治理

【概况】 2023年，合肥市加强村庄规划编制，注重提升农村人居环境，持续建设和美乡村中心村和美丽宜居村庄，加强农村人居环境整治，推进“双基”建设（农村基础设施建设和基本公共服务建设），农村居民生活环境明显改善，乡村道路建设、通讯、医疗、教育、养老托育等各项事业水平有明显提升。

【村庄规划】 2023年，合肥市启动《合肥市总体乡村风貌设计国土空间专项规划》编制，完成村庄规划导则2.0版修订，成为全省范本，完成2023年计划459个村庄编制规划，全市2021—2024年计划编制村庄规划的行政村834个，编制完成635个，正在编制150个。

【优化人居环境】 2023年，合肥市持续整治提升农村人居环境，新建和美乡村省级中心村32个、美丽宜居村庄683个，总数分别达701个、2400个，启动建设精品示范村14个。新改厕9864户，完成54个行政村生活污水和38条农村黑臭水体治理任务，无害化卫生厕所普及率达95.7%，农村生活垃圾无害化处理率达100%，农村人居环境连续5年获省政府督查激励。坚决打好巢湖治理“面源”污染阵地战，农村生活污水处理率54%，畜禽粪污综合利用率96.54%，均

表 2　2023 年合肥市 32 个新建和美乡村省级中心村一览表

序号	县（市）	乡镇	行政村	中心村名称
1	肥东县	长临河镇	茶山社区	前山中心村
2	肥东县	长临河镇	虹光社区	塘堰中心村
3	肥东县	桥头集镇	龙泉社区	大葛中心村
4	肥东县	包公镇	青春社区	栗树中心村
5	肥东县	石塘镇	新联社区	韦岗中心村
6	肥东县	众兴乡	永安社区	田埠周中心村
7	肥东县	八斗镇	胜丰社区	大薛户中心村
8	肥东县	杨店乡	大李社区	南潘中心村
9	肥西县	三河镇	临丰村	新庄中心村
10	肥西县	官亭镇	江夏店社区	江大圩中心村
11	肥西县	丰乐镇	大圩村	瓦屋中心村
12	肥西县	铭传乡	启明社区	上庄中心村
13	肥西县	铭传乡	杨店村	庆大塘中心村
14	肥西县	山南镇	金牛社区	小街中心村
15	肥西县	花岗镇	芮店社区	莲花中心村
16	肥西县	紫蓬山管委会	双井村	双井中心村
17	肥西县	柿树岗乡	黄花村	汪祠中心村
18	长丰县	朱巷镇	耿岗村	耿岗中心村
19	长丰县	庄墓镇	刘浅社区	姚大郢中心村
20	长丰县	吴山镇	东岗社区	大张郢中心村
21	长丰县	义井镇	杜岗村	西街中心村
22	长丰县	造甲乡	陈刘村	街道中心村
23	庐江县	龙桥镇	曹河村	竹林中心村
24	庐江县	同大镇	东湾村	夹埂中心村
25	庐江县	乐桥镇	鳌山村	鲁庄中心村
26	庐江县	矾山镇	新中村	姚院中心村
27	庐江县	柯坦镇	分水村	明堰中心村
28	庐江县	石头镇	同心村	张咀中心村
29	庐江县	白湖镇	邓湖村	松云中心村
30	庐江县	万山镇	水关村	冲西中心村
31	庐江县	冶父山镇	罗岗村	何庄中心村
32	巢湖市	槐林镇	槐光村	小汪中心村

居全省首位；主要农作物秸秆综合利用率 94.8%，测土配方技术覆盖率 96.1%，病虫害绿色防控覆盖率 58.2%，化肥农药使用量连续 8 年保持下降。

【“双基”建设】 2023 年，合肥市加强农村基础设施建设和基本公共服务建设，完成农村供水保障工程 19 处，提升改善 38.43 万农村居民供水条件，农村自来水普及率达 99%；新改建农村公路约 130.8 千米，全市 861 个建制村通双车道，1.4 万个较大自然村（20 户以上）全部通硬化路，创成安徽省“四好农村路”示范市，成为全国首批“四好农村路”建设市域突出单位，农村寄递服务、农村客运、千兆光纤基本实现行政村全覆盖。市区 54 个优质教育集团 176 所学校，结对帮扶覆盖 100% 农村学校。全市 83 家乡镇卫生院全部设立中医馆，村卫生室标准化建设实现全覆盖，“万医轮训”3800 人次。构建“一老一小”养老托育服务体系，累计建成乡镇级养老服务指导中心 80 家、村级养老服务站 523 家（2023 年新建 67 家），覆盖 45% 以上行政村，建成老年食堂（助餐点）973 个。城乡千人口幼儿托位数 4.24 个。合肥市被评为全国首批婴幼儿照护服务示范城市。

（张义飞）

责任编辑：储茂仁

水　务

综　述

【概况】 合肥市是全国重点防洪城市之一。截至2023年底，全市汇水面积50平方千米以上的河流82条，常年水面面积10平方千米以上自然湖泊4个，大中小型水库704座，万亩以上灌区51处，万亩以上圩口26个。江淮分水岭以南为长江水系，面积8824平方千米，以北为淮河水系面积2606平方千米。长江流域主要有巢湖、黄陂湖、南淝河、店埠河、丰乐河、派河、滁河等河湖，其中巢湖流域面积为13544.70平方千米，水面面积780平方千米；淮河流域主要有瓦埠湖、高塘湖、东淝河、庄墓河、池河等河湖。

2023年，合肥市水利工程建设取得新突破。《合肥现代水网建设规划》通过市政府批复，谋划项目投资794亿元，县级水网规划编制全面展开。裕溪河对江排洪泵站列入国家重大项目，“湖水活用”方案获市委主要领导肯定。全年完成水利投资68亿元，同比增长15%。龙河口引水工程建成通水，巢湖市长江供水等工程全线贯通，全国首个生态湿地蓄洪区十八联圩工程加快推进。

河湖管理保护取得新成绩。开展全域问题河流河长制专项行动，“派河行动”入选全国河湖长制典型案例。河（湖）长制考核全省第一，连续2年获省政府激励。成功创建少荃湖等10条省级幸福河湖，幸福河湖建设经验获水利部推广，巢湖水质实现历史性好转。

水资源管理能力取得新提升。入选全国首批再生水利用配置试点城市，谋划实施再生水一期、二期工程，完成一期工程主体建设。《公民节约用水行为规范》主题宣传活动获水利部通报表扬，中国水周宣传活动被全国节水办评为“节水中国、你我同行”优秀活动。

【水务一体化改革】 2023年，合肥市率先在全省开展水务一体化改革，建立水务一体化管理机制，形成覆盖全市水源地、水厂、排水户、污水收集、城乡防洪、城市排涝、污水处理及回用、河湖治理的系统管理体系。先后赴上海等8城开展改革专题调研，形成“政企分开、政事分开、政资分开”和“不立不破、先立后破”的总体改革思路。通过探索整合市城乡建设局、市经信局有关城市供水、排水、污水处理及工业节水等涉水行政职责，优化整合涉水事业单位，拟组建合肥水务集团，进一步发挥涉水国有企业在水务建设、涉水产业运营、水利投融资等方面的重要作用。研究修订合肥市城市排水管理办法、合肥市行业用水定额等一体化配套法规、规章，草拟水务一体化改革工作实施方案和特许经营权实施方案等，探索建立覆盖瑶海区、庐阳区、蜀山区、包河区、高新区、经开区、新站高新区的“供排净治”一体化管理模式，推动“小水利”向“大水务”转变，提高管水治水能力。

【水务依法行政】 2023年，合肥市深化调整权责清单、公共服务清单、行政权力中介服务清单。调整后权责清单项目82项，其中行政许可13项，行政征收1项，行政确认1项，行政处罚55项，行政强制6项，其他权力6项；公共服务清单项目25项；中介服务清单项目5项。依法从严查处案件，维护水事秩序。突出查处案件主责主业，紧扣涉水违法行为，以案释法重拳出击。持续水资源保护、防洪安全、河湖管理，水利基础设施安全等重点领域保持高压态势。全年全市累计查处水事案件36件，罚款52.45万元。查处案件数量和质量比往年“双提升”。常态化开展非法取水专项行动，查处案件20个，封堵取水井23口，检查在建项目60处。开展预拌混凝土企业非法取水“回头看”，检查预拌混凝土企业16家，巩固预拌混凝土非法取水专项行动成果。全面提升执法效能，创新执法机制。完善

“双随机、一公开”监管机制，提高事中事后监管水平，做到水利行业监管领域应纳尽纳、应查尽查。全面推行部门联合机制。加强与公检法司、环保、农业等部门的联合协作，充分利用公益诉讼衔接工作机制、合肥市行政执法与刑事司法衔接工作、合肥市环境和食品药品安全及知识产权保护工作联席会议、董铺·大房郢水库水源地保护联合执法工作站等一系列联合协作机制，协调解决大蜀山分干渠违法堆放建筑垃圾、未经允许擅自挖塘行为、河岸非法垦殖等一系列顽瘴痼疾，提升水行政执法效能。首次联合市中级人民法院、市检察院、市公安局、市司法局五部门开展全市河湖安全保护专项执法行动，梳理问题线索119条，立案查处11件。全面加强水政执法能力建设。全年组织188名水政执法人员通过水行政执法资格认证考试及执法辅助人员执法资格认证考试。在全省河湖专项执法行动中做《精心谋划，突出重点合力推动专项执法行动走深走实》为主题的典型发言，办理的合肥市某公司非法取水案入选安徽省水行政执法案卷6个优秀案卷之一。

（王　冠　刘小龙　郝茂源　仇皖青　杨孝方）

水利建设

【概况】 2023年，合肥市水利投资呈现稳中有进良好态势，累计完成投资68亿元，居全省第一位。突出重大工程谋划，前期工作取得重要进展。持之以恒抢抓项目建设，持续做好工程建设管理，不断强化水利市场管理，扎实做好水利工程日常管理工作。水利工程项目建设质量安全形势稳定可控，全年未发生较大及以上质量和安全事故。

【水利投资】 2023年，合肥市完成水利建设投资68亿元，同比增长15%，其中省级以上水利基建项目完成投资1.76亿元，市、县自主立项项目完成投资66.24亿元，落实各类政府专项债券29.15亿元，投资规模再次迈上新台阶。合肥市再生水利用配置工程（一期）、董铺大房郢水库防汛安全保障项目等一批计划新开工项目全部如期开工建设，龙河口引水工程建成通水，十八联圩生态湿地蓄洪区工程、巢湖市长江供水工程及三达标一美丽项目等在建重点水利项目全面提速。

【重大工程谋划】 2023年，合肥市突出重大工程谋划，前期工作取得重要进展。8月，《合肥市现代水网建设规划》经合肥市人民政府批复同意，《规划》总投资794亿元。6月，《巢湖流域防洪治理工程规划》获安徽省人民政府批复，安徽巢湖防洪治理工程列入国家重大项目，解决巢湖“关门淹”困局迈出坚实步伐；10月，安徽巢湖防洪治理工程通过水利部可研初步审查，可研编报总投资43.34亿元。12月，合肥市滁河干渠清水廊道生态保护综合治理工程初步设计获批，批复总投资9.44亿元。2023年列入安徽省重点水利规划的项目有109项，完成前期工作91项，占总项目数的83%，其中开工建设83项；列入合肥市水利发展“十四五”规划的项目325项，其中271项启动前期工作，完成前期工作184项，占项目总数的68%，其中开工建设180项。

【工程建设】 2023年，合肥市重点推进省级项目。根据省厅下发的2023年目标任务表，合肥市要求3个新开工项目中，肥西县三十二联圩排涝站及肥东县三十埠河中心沟排涝站开工，安徽省淮河流域一般行蓄洪区建设工程（合肥段）等项目按期开工建设。2个续建项目中，作为国家150项重大水利工程，同时也是全国首个生态湿地蓄洪区工程——十八联圩生态湿地蓄洪区项目正在加快推进，建设用地正式获自然资源部批复，圆满完成年度目标3亿元的任务，生态效益初步显现；杭埠河防洪治理工程完工。4个验收项目中，肥东县青龙河治理

2023年10月24日，全国首个生态湿地蓄洪区十八联圩生态湿地蓄洪区一区夕照远景

（董增林/摄）

工程、肥东县小马厂河上段治理工程完成竣工验收；合肥市裕溪河治理工程、滁河防洪治理工程（合肥段）竣工验收报省厅。常态化推进市级项目建设。2023年，全市计划重点推进114项重点水利建设项目，其中开工38个（分为30个确保开工，8个年内争取开工），在建项目15个，验收项目61个，截至年底，均按期完成。

推进项目法人能力建设。印发《合肥市水利系统建设管理人才队伍建设年方案》。继2018年市水务局成立合肥市水利工程建设管理中心以来，市水务局大力推动各县区组建专业项目法人。截至2023年底，合肥市水利建设任务较重的肥东、肥西、庐江、长丰、巢湖等四县一市均组建专业项目法人，落实事业编制人数82名。抓好能力提升试点项目建设，选取十八联圩生态湿地蓄洪区等6个项目作为试点，开展综合检查。开展项目法人培训。4月，组织各县区从事工程建设管理的同志约40人进行集中培训，邀请省内知名专家进行授课。开展“安徽省水利建设综合管理信息系统”填报工作，填报项目62个。

持续做好工程建设管理。明确目标任务，制定《合肥市2023年度水利工程建设工作要点》及《2023年度合肥市重点水利工程推进计划》。强化综合检查。印发《关于开展合肥市2023年水利工程建设项目综合执法检查工作的通知》，将综合检查与年度质量与安全监督检查、项目法人能力提升试点项目检查、质量创优项目过程检查等相结合，运用《安徽省水利建设项目检查标准化手册（试行）》，全面检查工程建设管理情况，10月，分3个组对各县、市、区20余个重点项目进行综合检查，并将问题进行分发整改。强化项目要素保障。十八联圩生态湿地蓄洪区工程永久用地获得批复。

强化水利市场管理。制定《合肥市水务局审批水利水电施工二级资质内部工作制度（试行）》，建立健全集体审核制度和全过程廉政风险防控机制。继续巩固应用省级招投标示范文本成果，推行综合评分法评标。全市很多市级投资项目通过省厅监管平台进入公共资源交易中心，招标时间缩短，招标投标工作质量提升。开展合同履约评价。完成勘察类等8类市场主体合同履约评价工作，累计评价合同206个，其中优秀54个，优秀比例26.2%。严格实行施工和监理单位现场人员广域网考勤。除省级基建项目外，合肥市将“三达标一美丽”、环巢湖治理等市级投资水利建设项目全部纳入广域网考勤范围。做好农民工工资保障工作。全年市水利行业连续多年未发生因拖欠农民工工资而造成的群体上访事件。

【质量安全】 规范质量安全监督工作。2023年，合肥市树牢质量安全底线，持续强化质量安全监管。印发《关于印发2023合肥市水利质量与安全监督检查方案的通知》和《关于印发合肥市水利工程建设质量提升三年行动（2023-2025

表1　　合肥市水利安全生产标准化单位一览表

序号	单位名称	达标等级	备注
1	安徽水安建设集团股份有限公司	一级	
2	安徽新建控股集团有限公司	一级	
3	合肥市董铺·大房郢水库管理处	一级	事业单位
4	安徽巢湖水利电力建设集团有限公司	一级	
5	安徽天晟建设工程有限公司	一级	
6	巢湖市水利建设有限公司	二级	
7	合肥江河建筑有限公司	二级	
8	安徽省鼎源工程建设股份有限公司	二级	
9	安徽兴浩建设有限公司	二级	
10	安徽省兴丰建设工程有限公司	二级	
11	安徽省交通航务工程有限公司	二级	
12	合肥市滁河干渠管理分局	二级	事业单位
13	安徽卓锐建筑工程有限公司	三级	
14	安徽兆祥建筑安装工程有限公司	三级	
15	安徽泰亚建筑工程有限公司	三级	
16	安徽思宇水利建设工程有限公司	三级	
17	安徽铭安建设工程有限公司	三级	
18	安徽景宏建筑工程有限公司	三级	
19	安徽祺祥生态科技有限公司	三级	
20	安徽滨构建筑工程有限公司	三级	
21	安徽宇盛建设工程有限公司	三级	
22	肥东县店埠河管理处	三级	事业单位
23	肥东县撮镇电灌工程管理处	三级	事业单位
24	肥东县驷马山电灌工程管理处	三级	事业单位
25	肥东县袁河西水库工程管理处	三级	事业单位
26	肥东县圩堤工程管理所	三级	事业单位
27	肥东县十八联圩电力排灌站	三级	事业单位

年）实施方案的通知》，对市直管水利项目进行全覆盖监督检查，对各县（市）区所管水利项目进行抽查。对各参建单位、工程实体和原材料等方面开质量“飞检”和安全监督检查工作。常态化开展质量“飞检”，开展质量监督检查19次，检查项目31个，形成检查记录表31份，通报16份，第三方质量检测报告25份，排查出问题176个。全年水利工程项目建设质量安全形势稳定可控，全市水利行业未发生较大及以上质量和安全事故。

*落实专项整治。*市水务局开展水利行业安全生产重大隐患整治、水利行业施工现场交通整治、水利行业隧洞施工整治、汛前检查、防溺水安全、动火作业、“夏季攻势”“三防”等专项整治行动，对发现的问题建立隐患台账，督促责任、措施、资金、时限、预案“五落实”，跟踪问题整改到位，形成闭环管理。提升监管能力，结合项目法人培训，组织开展全市质量安全专题培训。

*开展质量创优。*与市城乡建设局对接，正式将水利工程纳入合肥市“庐州杯”优质工程奖评选范围。全年有巢湖环湖防洪治理工程等14水利项目获得“庐州杯”；巢湖市双桥河闸站工程获得“禹王杯”，庄墓一、二站改造工程等2个项目获得“黄山杯”；巢湖市槐林周岗站更新改造工程等3个项目被评为“2022年度安徽省水利建设工程规范化施工管理工地”，获奖数量全省领先，全市水利建设领域争先创优的氛围初步形成。

*鼓励施工企业开展水利安全生产标准化达标工作。*上半年指导安徽省宇盛建设工程有限公司成功创建水利水电施工企业安全生产标准化三级单位，截至年底，全市成功创建安全生产标准化单位27家（其中一级5家、二级7家、三级15家），总数量位居全省前列，其中一级单位数量位居全省第一。

【运行管理】 2023年，合肥市持续开展水库大坝安全鉴定。全市45座水库安全鉴定工作全部完成。逐座落实全市704座大中小型水库大坝安全责任人和小型水库防汛“三个责任人”并在相关媒体公示，推动线上线下安全管理培训全覆盖。突出抓好工程标准化管理。上半年，合肥市西部南补水中心管理的十五里河河口闸站枢纽工程被认定为省级标准化管理工程。下半年，全市5座水库中，3座水闸全部一次性通过标准化管理省级评审。

*重点强化小型水库运行管理。*持续开展水库除险加固。2022年度开工的4座小型水库除险加固工程全部完工。推进小型水库雨水情测报和大坝安全监测设施建设工作，2022年开工的23座水库视频监视系统和25座水库大坝安全监测项目全部完工。持续开展小型水库工程设施维修养护项目管理。2023年度，中央下达合肥市小型水库维修养护资金1697.80万元，涉及合肥市338座小型水库，截至年底，投资完成。抓好水库水质保护工作。按照《关于加强全市水库水质管理保护的实施意见（试行）》要求，开展管理范围划定、水库清淤、水库养殖备案等工作。

（张顺志　王　松　邓美宁）

水旱灾害防御

【概况】 2023年，合肥市防范化解水旱灾害重大风险，锚定“人员不伤亡、水库不垮坝、重要堤防不决口、重要基础设施不受冲击”目标，落实“预报、预警、预演、预案”四情防御，紧盯风险隐患，提前计划安排，从严从紧从实做好水旱灾害防御各项工作。

【城市供水保障】 受2022年大旱影响，合肥市通过大别山水库群主水源和“江水西引”应急备用水源保障城市供水安全。2023年开展6轮淠史杭上游补水，补充原水6亿立方米。全力保障“江水西引”持续稳定运行，自2022年9月21日开始至2023年4月14日，“江水西引”持续运行205天，黄疃站提水2.3亿立方米，提水量和运行时长均创历史记录，其中2023“江水西引”为两大水库补水近0.6亿立方米。

【健全责任体系】 2023年，合肥市加强责任落实，全面梳理水旱灾害防御职责和任务，印发《关于全面做好2023年水旱灾害防御准备工作的通知》，部署2023年水旱灾害防御工作。全面落实水库行政、技术、巡查“三个责任人”，根据人事变化情况及时调整更新，做到责任落实“全覆盖、无盲区”。强化与水文、气象、应急等部门会商，加强沟通协调和工作协同，在会商研判、预测预报、预警发布、应急处置等方面形成工作合力。完善防御机制，修订完善《水旱灾害防御应急响应工作规程》，健全完善应急响应机制；发布《合肥市水务局水旱情预警发布管理办法》，规范做好水旱情预警发布管理工作。

【抗旱保灌溉】 2023年3月初，合肥市召开抗旱保春灌会议，提前部署抗旱工作，压实各级抗旱保灌责任，安排3000万元抗旱提水专项资金，派出5个工作组调研春季抗旱保供水工作，全面分析春灌形势，做好水源保障指导工作。会同农业、应急、气象、水文等部门科学研判旱情发展形势，密切关注江河湖库水位变化，加强供需水形势分析和研判，结合实际，动态调整春灌保供水方案。做好水源保障。分类制定蓄水、引水、提水措施，沿巢湖、瓦埠湖等提水灌区及时开机提水，在保障灌区供水的前提下，及时向淠史杭灌区和缺水地区的库塘进行补水，肥东县利用“江水西引”进行灌溉补水，肥西县架设7提提水泵站向潜南灌区补源，长丰县持续实施瓦埠湖提水，肥东县及时启动驷马山引江，保障水源不足地区用水需求。全年全市累计提引调水11.16亿立方米，其中：自东通过驷马山灌区提引长江水17166万立方米，自西通过大别山水库群引水65651万立方米，自北引瓦埠湖水10162.91万立方米，自中提巢湖水12568万立方米，调度内部水库塘坝蓄水6013.71万立方米。

【防汛备汛】 2023年，合肥市按照“分级管理、分级负责”的原则，自下而上全面开展汛前大检查，以专项督查、联合督查形式紧盯度汛安全隐患，特别是对水库除险加固和重点堤防上的开口子工程进行严格的检查，定期调度，督促加快整改进度。截至4月底，全市7处重点安全度汛隐患、13处开口子工程均按计划完成复堤复坝。坚持把“预报、预警、预案、预演”能力作为备汛防旱工作的重中之重，持续补短板、堵漏洞、强弱项，全市建成148个气象雨量监测站、255个水文站点，683座大中小水库实现雨水情自动测报全覆盖。开展雨水情自动测报系统专项检查，及时处置发现的27处故障；强化河道、水库等重点部位视频监控系统维护，确保汛期完整好用；修订完善全市23座大中型水库年度汛期调度方案，蓄滞洪区运用预案，河流、堤防、圩口、水库等防汛抢险应急预案以及山洪灾害防御预案等；组织开展人员培训和实战演练8场次，培训演练参与人员490人，提升应急响应能力和实战经验。统筹防洪保安、城市供水、农业灌溉、内河航运和生态用水的需求，强化水工程调度运用，提出巢湖水位分阶段控制目标。密切关注降雨和江河湖库水位变化，统筹考虑防汛、抗旱、航运、生态等需求，科学制定调度方案，提出巢湖水位分阶段调控目标，汛前将巢湖水位始终控制在8.70米以上，蓄水较常年偏多2成，主汛期前将巢湖水位控制在8.50米，以满足安全度汛需求。强化物资保障，备足专家力量。市级汛抗旱物资储备库储备各类防汛物资总价值达1021.60万元，全年新采购170万元的防汛物资包括冲锋舟、高空照明、橡皮艇、防汛电缆等。组建50名专家在内的2023年水旱灾害防御技术专家库，为各地的防汛抢险工作提供技术支撑。

2023年9月27日，巢湖闸开闸排水　　（褚子诚/摄）

【汛期防御】 2023年汛期，全市发生5场较大降雨过程，降雨总量634.30毫米，与常年同期基本持平，较2022年同期偏多1.60倍。合肥市6月17日入梅，7月11日出梅，梅雨期25天。梅雨期全市面平均降雨量153.20毫米，较常年同期偏少2成。长江干流安徽段水位整体低于常年同期，巢湖水势平稳，外排条件较好。各主要河流均未发生警戒以上洪水过程。23座大中型水库均在汛限水位以下。各县（市）土壤墒情适宜，基本满足各类农作物生长需要。市水务局加强研判调度，发布水情周报14期，《水情专报》14期，发出强降雨防范通知7次，发布山洪灾害预警3次，启动水旱灾害防御Ⅳ级应急响应1次。严格落实水库行政、技术、巡查“三个责任人”，严格汛限水位监管，严禁违规超汛限蓄水。加强巢湖水位控制，入汛以来，累计外排入江水量23.79亿立方米，其中裕溪闸16.33亿立方米，新桥闸7.05亿立方米，凤凰颈闸0.41亿立方米。截至9月28

日，巢湖忠庙站水位9.30米，蓄水27亿立方米，为城乡供水、农业灌溉，内核航运提供保障。做好值班值守。严格执行汛期24小时防汛值班和领导带班制度，确保汛期水情、雨情、险情、灾情以及防汛调度命令及时上传下达。

（胡丹丹）

农村水利和水利乡村振兴

【概况】 2023年，合肥市农村水利工作围绕农业增产、农民增收、农村富美这一主攻方向，以农村供水保障巩固提升为重点，加快推进大中型灌区续建配套与现代化建设，完善农田水利基础设施网络，强化水土保持生态治理，农村水利事业取得长足发展，为推进乡村振兴战略实施提供水利支撑。

【农村供水保障】 2023年，合肥市持续提升农村供水保障水平。巩固拓展农村供水脱贫攻坚成果。强化农村饮水安全动态监测，以冬季、春节和汛期（干旱）期间等为重点，开展农村供水工程运行状况和农村居民饮水状况网格化排查，每月开展农村供水工程运行状况和农村居民饮水安全情况监测排查，重点关注脱贫地区、供水薄弱地区、小型分散供水区域（含山泉水、井水）供水。督导各地落实应急措施，切实做好抗旱保供水工作。及时处置发现的问题，保持问题“动态清零”。全年通过监测排查发现农村饮水安全反复问题6处，全部完成整改。健全和完善农村供水问题快速发现和响应机制，加强供水服务卡发放，保证问题反映渠道畅通，力争将问题发现在基层、解决在基层。推进实施农村供水保障工程建设。全年全市实施农村供水保障工程19处，总投资1.98亿元，提升保障38.46万农村居民饮水。落实《合肥市加强农村饮水安全工程长效管理机制建设实施方案》，完善合肥市农村供水设施和网络建设，全市农村自来水普及率达99%，供水水质合格率连续多年稳居全省前列，基本实现农村区域供水全覆盖。督导各地进一步压实主体责任，水务、住建、财政等多部门协作，推进新（改扩）建规模水厂、新建水源工程、管网联通改造工程等城乡供水一体化项目建设，多渠道筹措建设资金，加快工程进度，提升城乡供水一体化建设水平。强化农村供水工程管护。全年全市投入农饮工程维修养护资金1890万元，用于加强48处农村集中供水工程和小型供水工程管护，覆盖服务人口约361万人。强化农村饮水水质管理，建立市级农饮水水质监测巡查制度，每月对农村饮水水质进行监测，巡查暗访供水保障情况。全年巡查农村供水工程68频次，抽检水样161份，对4个投诉举报问题进行回访暗访，及时发现并解决供水问题6个，全部在第一时间响应并妥善处置。创新收费方式，推动农村供水工程水费收缴，全年全市农村供水水费收缴率达95.85%。

【农村水利建设】 2023年，合肥市同步推进大中型灌区配套建设、农业水价综合改革、农灌水系数等农水建设管理工作。

大中型灌区配套建设：截至年底，纳入2023年度考核实施的淠史杭大型灌区续建配套与现代化改造项目完工，完成投资20400万元；2021-2022年肥西县等4处中型灌区建设任务完成，累计完成投资7785万元，占投资计划的100%。2023年度巢湖炯炀站、黄麓站2处中型灌区项目，计划投资12277.60万元，截至年底，完成投资11295万元，占比约93%。

灌区省级管理标准化创建：完成5个中型灌区省级管理标准化创建，分别为庐江县城南站灌区、长丰县罗集灌区、肥西县中派、托山、西大圩等5个中型灌区。

农业水价综合改革：截至年底，全市计划农业水价改革任务全部完成，占比100%。庐江县于2022年9月通过市级核验，其余四县于2023年12月全部通过市级核验，并报省发改委。

农田灌溉水有效利用系数：合理选择样本灌区，科学测算农田灌溉水有效利用系数。2023年全市农田灌溉水有效利用系数达到0.58。

【水利乡村振兴】 2023年，市水务局全面完成水利乡村振兴任务。连续三年获评合肥市脱贫攻坚成效评价考核优秀单位。制定2023年度全市水利乡村振兴工作要点，明确6个方面12项重点工作。围绕年度工作重点，2023年度“三达标一美丽”市级1.65亿元水利扶贫资金项目全部完成并支付。深入开展定点帮扶工作，帮助制定谷大郢村2023年度帮扶计划，推进帮扶措施有效落实。全年投入基础项目建设资金210万元。管好用好小型水利管护资金32万元，修建水毁放水涵闸1处，落实小型水利设施运行管护机制。

【水土保持】 2023年，合肥市推动新阶段水土保持高质量发展。按照省、市2023年水土保持工作要点的要求，落实各项工作。

年度水土保持生态建设任务完成率100%，完成水土流失治理面积29.22平方千米，预防保护面积10.23平方千米，完成水土保持综合治理项目2个，投资1739.30万元，建成2条生态清洁小流域，超额完成年初省厅下达的目标任务。严把水土保持方案审查关，全年全市完成水土保持方案审批备案993个，审批率达100%；完成360处市级在建生产建设项目全覆盖监督检查，印发监督检查意见56份；完成市级124个生产建设项目自主验收报备，对其中57个项目开展事后验收核查。加快推进水土保持图斑违规项目整改，全市部、省两级179处图斑违规项目，截至年底，完成整改158处，整改完成率88.3%，居全省前列；庐阳区、瑶海区、合肥经济技术开发区、合肥高新技术产业开发区、新站高新技术产业开发区5地率先实现图斑遥感监管"零违规"。做好水土保持领域"放管服"改革，加强区域评估成果应用，全年全市实行水土保持"承诺制"管理项目达646个，占全市全部审批数量的65%。全市征收水土保持补偿费8250万元，水土保持补偿费应收尽收。全市水土保持补偿费减税降费总额达1922万元。

（刘　敏）

水资源管理

【概况】 2023年全市降雨量994.70毫米，折合水量113.85亿立方米，水资源总量37.86亿立方米。用水总量30.87亿立方米，万元GDP用水量24.4立方米，万元工业增加值用水量15.30立方米。强化取用水监管，严格下达339家用水计划，开展淠河灌区合肥片节水评估和巢湖市水权确权试点，推进巢湖市、庐江县等6县区水资源管理规范化县建设。完成2个省级节水型灌区、9家省级节水型企业、14家省级节水型高校创建，合肥工业大学入选全国节水型高校典型案例。举办节水系列宣传科普活动，《公民节约用水行为规范》主题宣传活动获水利部通报表扬，"中国水周"系列活动被全国节水办评为"节水中国"优秀活动。合肥市获得安徽省2022年度实行最严格水资源管理制度考核优秀表彰。

【强化取用水监管】 2023年，合肥市严格按照行业用水定额核定取水户用水计划，在年初下达339家自备水源户取水计划的基础上，年内新办取水许可自备水源户及时补报用水计划，并根据实际用水情况对有超计划用水趋势的24家用水户进行复核提醒，先后下达超计划预警19份，检定取水户取水计量设施1次，有效避免超计划用水情况。强化监督检查力度，先后对各县（市）20余家供水企业进行实地检查，先后向县（市）水务局反馈取用水监管问题13个，针对检查问题开展行政处罚2家并督促相关单位制定整改方案，定期调度整改进展，真正形成闭环回路。按照《关于做好县域水资源管理规范化体系建设工作的通知》要求，推进巢湖市、庐江县等6个县区水资源管理规范化县建设工作，巢湖市完成建设工作并经省厅审查验收。

【再生水试点城市建设】 2023年，合肥市入选国家首批再生水利用配置试点城市。市水务局对骆岗中央公园、新桥国际机场等158家用水大户进行调研，在调研的基础上开展再生水利用配置一期工程建设，工程总投资1.15亿元，新建再生水管道16.65千米。鼓励县、区利用河道配置再生水，2023年根据生态流量保障需求，合肥市累计往河道补水1.82亿立方米，确保南淝河等重要河湖生态流量（水位）全年达标。利用再生水利用配置一期工程对全市市管再生水取水点进行设备更新改造，新增9个取水点，17台取水设施，完善再生水取水设施布局。印发《关于加强市政杂用及园林绿化单位再生水利用的通知》，并组织市供水集团加大消防栓取水检查工作。全年消防栓取水水量从38.47万立方米下降到29.16万立方米。推动火电企业再生水置换工作，先后赴皖能合肥发电、金源热电、新能热电等企业开展取用水管理检查，并明确再生水使用要求，通过政企共同努力，皖能合肥发电有限公司再生水利用量517.88万立方米，较2022年提升57万立方米，金源热电、新能热电等具备利用条件的用水工艺全部置换再生水。全年再生水利用量达2亿立方米，同比增加6.4%，其中市政杂用量同比增加85%。

【水权确权试点】 2023年，合肥市开展巢湖市水权确权试点工作，发放收集取水工程调查表1116份，结合行业用水定额和区域总量控制指标，逐个取水户开展确权工作，完成县域初始水权分配工作。指导合肥市鸿越混凝土有限公司与安徽省砼品新型建材有限公司依托安徽合肥公共资源交易中心完成公共资源交易平台首单水权交易，交易水量5000立方米，交易金额6000元。

【国家节水行动】 2023年，合肥市发挥节水协调联席机制作用，强化部门协调联动、研究解决节约用水有关问题，印发《合肥市节约用水工作协调机制2023年工作要点》，明确年度工作目标任务。多部门联动推进各类节水型载体建设，先后联合市城乡建设局对林业学院、安徽大学节水载体创建工作开展现场调度，全年完成省级节水型灌区建设2个，省级节水型企业建设9个，省级节水型高校建设14个。紧扣世界水日、中国水周、安徽省水法宣传月、全国城市节水宣传周、全国科普日等关键节点，开展2023年“世界水日”“中国水周”“安徽省水法宣传月”活动启动仪式暨节水宣传活动。结合再生水试点城市建设工作，开展节水进企业、进社区等活动200余场，促进公民节水意识提升。合肥市《公民节约用水行为规范》主题宣传活动获水利部办公厅通报表扬；水周宣传活动被全国节水办评为“节水中国、你我同行”优秀活动；合工大节水型高校建设案例入选全国节水型高校典型案例。

表2 2023年合肥市省级节水载体一览表

序号	类型	名称
1	省级节水型灌区	沐集灌区
2		淠史杭灌区高塘片
1	省级节水型企业	安徽晶科能源有限公司
2		合肥长丰皖能环保电力有限公司
3		合肥晶澳太阳能科技有限公司
4		合肥太通制冷科技有限公司
5		合肥维信诺科技有限公司
6		合肥乐凯科技产业有限公司
7		安徽庐江龙桥矿业股份有限公司
8		合肥南方水泥有限公司
9		合肥美的暖通设备有限公司
1	省级节水型高校建设	安徽大学
2		安徽农业大学
3		安徽工商职业学院
4		合肥财经职业学院
5		合肥信息技术职业学院
6		巢湖学院
7		安徽交通职业技术学院
8		安徽体育运动职业技术学院
9		安徽开放大学
10		合肥经济技术职业学院
11		徽商职业学院
12		合肥市职工大学
13		安徽国际商务职业学院
14		安徽职业技术学院

（仇皖青）

责任编辑：储茂仁

商贸服务业

综 述

【概况】2023年，合肥市实现社会消费品零售总额5270.80亿元，出口总额2327.10亿元，增速居全国地区生产总值（GDP）超万亿城市第7位，跨境电商交易额237.50亿元，服务外包执行额451亿元，实际对外投资10.10亿美元，中欧班列年发行868列。新成立外资企业205家，总量创历史新高，增速居长三角地区生产总值（GDP）超万亿城市第1位，进出口实绩企业突破4000家，淮河路步行街获评第三批“全国示范步行街”，贡街获评“全国夜间经济示范街”，淮河路商圈、百大鼓楼名品中心金座分别获评全国首批示范智慧商圈、智慧商店，4家老字号新认定为中华老字号，肥东县获评首批全国县域商业“领跑县”。合肥市获评国家加工贸易承接转移示范地，服务贸易创新案例作为中部地区唯一案例入选全国最佳实践案例，跃居“中国外贸百强城市”第15位，较上年提升6位；服务外包示范城市综合评价居全国第10位，较上年前进2位。

【市场主体培育】 2023年，合肥市新增限上商贸企业超500家，总数近4000家，跨境电商企业总量突破2600家；新引入山姆会员店、银泰in66等标志性商贸项目；新入驻品牌首店166家。培育壮大合肥玖通、今日互联等知名直播服务商；合肥讯腾电子科技有限公司等10家企业被认定为省级电商示范企业；安徽小盒子智包装科技有限公司等6家企业被认定为年网络销售额超1000万元农村电商企业。

【消费场景创新】 2023年，合肥市商务局(以下简称“市商务局”)推动出台《合肥市促进经济发展若干政策实施细则（商务部分）》《新能源汽车置换补贴政策》等，发放各类消费券（补助）超3.50亿元，带动消费超130亿元，消费券发放规模及成效居全省第1位。举办“一次尝遍合肥美食”、合肥国际新能源汽车展等促消费活动超500场，其中，合肥市“66购物节”活动入选2023年全国首批促消费典型案例，合肥市特色地产品嘉年华暨老乡鸡鸡汤节活动，抖音直播总曝光超1.30亿人（次）。邻几、中商罗森等品牌便利店突破1500家，全市便利店增长率11.76%，居全国第1位。建成22个一刻钟便民生活圈试点社区。

（王 涛）

消费品市场

【概况】 2023年，合肥市社会消费品零售总额5270.80亿元，同比

2023年5月17日，“一次尝遍合肥美食”活动在包河区磨滩大街举办

（市委宣传部/供）

表 1 合肥市中华老字号名单（截至 2023 年底）

序号	名称
1	安徽同庆楼餐饮有限公司
2	合肥公和堂食品有限公司
3	安徽柏兆记食品股份有限公司
4	合肥刘鸿盛餐饮有限公司
5	合肥陶永祥炒货有限责任公司
6	合肥詹记食品有限公司
7	合肥百货大楼集团股份有限公司

增长 5%，总量居全国第 15 位、长三角城市第 5 位、省会城市第 8 位。住宿餐饮业营业额 704.96 亿元，同比增长 17.50%。

【老字号发展】 2023 年，詹记、刘鸿盛、百大集团、陶永祥 4 家获评中华老字号，合肥地区“中华老字号”企业数增加至 7 家。“2023 老字号嘉年华——安徽（合肥）首届老字号博览会”吸引客流超 10 万人（次），销售额超 100 万元。柏兆记报送的《传统揉新意 现代有古风》入选商务部中华老字号守正创新案例集。

【消费券发放】 2023 年，合肥市发放消费券（纳入省级财政奖补范围的消费券）36701.90 万元，其中，汽车消费券 30140.90 万元，家电消费券 2690.20 万元，普惠消费券 2390.80 万元，文旅消费券 1480 万元，体育消费券 300 万元。带动消费超 130 亿元。

（童翔宇）

电子商务

【概况】 2023 年，合肥市实现网上零售额 1416.63 亿元，同比增长 13.40%，其中实物商品网上零售额 1209.77 亿元，同比增长 11.50%。开展电商直播超 60 万场，直播零售额超 200 亿元。

【电商发展】 2023 年，市商务局发挥政策资金引导促进作用，利用市本级资金 300 万元支持 8 家电商企业规模发展。安徽省富光电子商务有限公司、合肥悦盟网络科技有限公司等 45 家企业年网上零售额突破亿元。合肥讯腾电子科技有限公司、安徽汉世网络科技有限公司、安徽味滋源食品科技有限公司等 10 家企业被认定为省级电商示范企业；安徽小盒子智包装科技有限公司、合肥粮道食品科技有限公司等 6 家企业被认定为年网络销售额超 1000 万元农村电商企业。

【电商促销】 2023 年，市商务局组织电商企业参加网上年货节、双品购物节、“618”“双 11”“双 12”等促消费活动，“双 11”期间，实现网上零售额 107.70 亿元，同比增长 21.50%、高于全国 19.40 个百分点。6 月，市商务局联合十大电商

表 2 合肥市 2023 年网上零售额突破亿元企业一览表

序号	企业	序号	企业
1	合肥美的电冰箱有限公司	24	安徽尤品家居用品有限公司
2	合肥悦盟网络科技有限公司	25	祥慧恒昕（安徽）品牌管理有限公司
3	合肥博尼达科技有限公司	26	合肥市蜀山区量普百货商行
4	联合利华服务（合肥）有限公司	27	合肥仁葵电子商务有限公司
5	合肥美的洗衣机有限公司	28	安徽国胜大药房连锁有限公司
6	合肥弘文生物科技有限公司	29	长虹美菱股份有限公司
7	安徽古井云商电子商务有限公司	30	安徽智慧皆成数字技术有限公司
8	安徽省富光电子商务有限公司	31	合肥合米电子商务有限公司
9	安徽京联数科信息技术有限公司	32	安徽战痘信息科技有限公司
10	合肥甲润电子商务有限公司	33	合肥市蜀山区芋欣食品商行
11	安徽淘云科技股份有限公司	34	合肥仁葵电子商务有限公司
12	合肥洽洽味乐园电子商务有限公司	35	合肥耕者电子商务有限公司
13	合肥太火电子商务有限公司	36	安徽迎驾电子商务有限公司
14	志邦家居股份有限公司	37	安徽嗨澳菲进出口贸易有限公司
15	合肥小杨臻选供应链管理有限公司	38	合肥市蜀山区然欧百货商行
16	合肥陌鲸电子商务销售有限公司	39	大陆马牌轮胎（中国）有限公司
17	合肥市步鼎商贸有限公司	40	安徽良米电子科技有限公司
18	安徽立昂贸易有限公司	41	合肥美窕服饰有限公司
19	合肥比特数码科技有限公司	42	合肥海上商贸有限公司
20	合肥乖米熊科技有限公司	43	合肥创撷电子商务有限公司
21	安徽粮农食品有限公司	44	安徽馨羽科技有限公司
22	安徽端醇电子商务有限公司	45	合肥讯腾电子科技有限公司
23	合肥橘子郡化妆品有限公司		

表 3　　合肥市 2023 年省级电商示范企业一览表

序号	企业	序号	企业
1	安徽古井云商电子商务有限公司	6	安徽新希望白帝乳业有限公司
2	合肥讯腾电子科技有限公司	7	安徽味滋源食品科技有限公司
3	安徽汉世网络科技有限公司	8	安徽谊品弘科技有限公司
4	合肥信德丰商贸有限公司	9	合肥悦盟网络科技有限公司
5	安徽半语品牌管理有限公司	10	安徽三文鱼网络科技有限公司

表 4　　合肥市 2023 年网络销售额超 1000 万元农村电商企业一览表

序号	企业	序号	企业
1	安徽小盒子智包装科技有限公司	4	安徽味滋源食品科技有限公司
2	合肥东华水产品有限公司	5	合肥顾公蜂业有限责任公司
3	安徽鲜森绿色食品有限公司	6	合肥粮道食品科技有限公司

平台和重点商贸企业，举办合肥市“66 购物节”线上线下融合促消费活动，活动期间，累计实现销售额近 20 亿元。截至年底，全市限上网络零售企业实现网上零售额 515.20 亿元，同比增长 8.40%，占限上零售额 22.30%，占比提升 1.50 个百分点。

【直播电商市场】　2023 年，市商务局发挥合肥玖通、今日互联等知名直播服务商作用，推动传统企业转型发展直播电商，合肥美的智能科技有限公司、科大讯飞股份有限公司、洽洽食品股份有限公司、安徽富光实业股份有限公司等知名企业纷纷上线淘宝、京东、抖音等平台，开展直播业务。截至年底，全市各类企业直播 60.60 万场，吸引 111.20 亿人（次）观看，通过直播电商销售 3.10 亿件商品，实现直播零售额 219.10 亿元，同比增长 29.20%。

（朱少东）

会展业

【概况】　2023 年，市商务局加快会展名城建设，举办大型会展，大力招展引会，优化服务保障，打造“本地人常去、外地人想来”的消费新场景。全年举办第十四届中国（合肥）国际园林博览会、中国航天日、国际商协会大会、世界声博会等展会活动 640 场，同比增长 220%，参展参会观众约 585.60 万人，通过举办展会综合收入超 820 亿元。会展经济国际化、品牌化发展成效显著，合肥连续 8 年获评“中国最具竞争力会展城市”。

2023 年，全市围绕“芯屏汽合、急终生智”等 16 条重点产业链，举办第二届中国（安徽）科交会、合肥国际新能源车展、中国绿色食品博览会、第二十五届中国科协年会、第五届全国智力运动会、全国中小企业数字化转型大会等 254 场展会。其中，生物医药产业 72 场，新能源汽车产业 34 场，创意文化产业 30 场，高端装备产业 29 场，绿色食品产业 20 场，新材料产业 16 场，光伏新能源产业 9 场。

2023 年 9 月 29 日，合肥国际新能源车展开幕　　（市商务局 / 供）

【全域会展】　2023 年，市商务局打造“一区一品”“一县一品”地方特色品牌展，策划中国道路交通安全产品博览会等符合合肥产业发展方向的精品会展活动，新引进中国国际种业博览会、中国高功能薄膜峰会等 30 多场品牌展，提升合肥展会质量水平和国内国际影响力。截至年底，市域 4 城区会展场次和面积分别占全市 46.90%、26.50%，4 大开发区会展场次和面积分别占全市的 25%、6.60%，县

（市）会展场次和面积分别占全市13.40%、23.80%。

【会展合作】 2023年，市商务局瞄准会展头部企业和协会引进高质量展会，接洽国内外知名展会主办方，招引、策划举办世界文化贸易博览会、中国道路交通安全产品博览会、中国火锅产业链博览会等重点产业展览会议。青岛金诺会展集团在合肥成立合资公司，组建安徽装备制造领域龙头组展商，筹备2024合肥国际机床展，展览面积6万平方米，成为中部地区规模最大的国际机床展。

【品牌展会】 2023年，合肥市国际化、全国性展会突破60场，同比增长200%，举办全国医院物联网大会、中国卫生信息技术／健康医疗大数据应用交流大会、中国国际大豆食品加工技术及设备展、全国职业教育现代技术装备展、中国绿色食品博览会、中国坚果炒货展等展会。围绕装备制造业产业链举办世界制造业大会，包含机电展、汽车零部件展、塑料展等专业展，配套30多个专业高端论坛，合同引资额3500亿元。通过优化展区设置、调整招展范围、吸引高端参展商和采购商参会等方式，加强产业交流合作。首次举办的合肥国际新能源汽车展集聚95个新能源汽车品牌，超50万人（次）观展，实现销售额近32亿元。

（余洪滔）

楼宇经济

【概况】 2023年，市商务局实施楼宇经济培育计划，培育亿元税收楼宇、专业楼宇、特色楼宇，打造“垂直的产业园区”。培育亿元税收楼宇52个，新增亿元税收楼宇32个，楼宇经济成为促进经济高质量发展的强力引擎。

【楼宇产业招商】 2023年，市商务局制定支持楼宇经济专项政策，举办招商推介会，指导楼宇灵活租赁方式，吸引企业区域总部、研发中心等入驻楼宇，新招引入驻楼宇企业近5000家，入驻楼宇企业总数超4万家。合肥市以专业企业集中度不低于50%为标准，培育金融服务类、科创信息类、文化创意类、现代物流类、电子商务类5类30余栋专业特色楼宇，让产业上下游就在楼宇上下楼。

【标杆楼宇培育】 2023年，市商务局对接知名楼宇运营服务机构以及国内知名楼宇交流与合作平台，鼓励开展存量楼宇提质升级工作，推进楼宇智能化、数字化、运营服务专业化改造，完善楼宇商业配套设施，提升楼宇品质。在中国商务区联盟年会上，蔚蓝商务港和华润大厦分别被认定为中央商务区（CBD）商务楼宇品质五星级、四星级，金融广场、跨境电商蜀山港、万科中心、蜀山科技创新中心获评首批长三角一体化“示范楼宇”“新锐楼宇”。

【楼宇经济集聚区打造】 2023年，市商务局建立商务楼宇台账，掌握楼宇投入运营时间、产业定位、租售情况等，引导各区域加强楼宇经济规划定位，打造楼宇经济集群。发挥政务资源优势，瞄准吸引世界500强、中国500强以及上市公司，打造环天鹅湖楼宇经济高地。截至年底，天鹅湖商务区实现亿元税收楼宇8个。发挥科教资源优势，打造以服务外包、信息技术、大数据、人工智能等入驻产业为主的中安创谷、集成电路大厦、置地投资创新中心等楼宇产业集聚区。全市形成以长江路主干道两侧，徽州大道两侧等主要交通干道两侧，四牌楼商圈、环天鹅湖商圈、滨湖商圈等地为核心的楼宇经济高地。

（赵多佳）

服务外包

【概况】 2023年，市商务局推动服务外包产业转型升级，全市有服务外包企业787家，从业人员32万人；服务外包接包合同执行金额64.52亿美元，同比增长13.60%；其中离岸执行金额15.97亿美元，同比增长16.70%。合肥经济技术开发区综合保税区在全国参加评估的138个综合保税区中排名第10位，连续4年获评双A类。

【服务外包业务结构】 2023年，全市信息技术外包（ITO）、业务流程外包（BPO）和知识流程外包（KPO）均衡发展，在总执行额中分别占比30%、33%和37%。以工程技术、工业设计、医药（中医药）和生物技术研发服务等为代表的高附加值知识密集型知识流程外包（KPO）业务占比71%。

【服务外包市场】 2023年，全市依托科创优势，瞄准国际市场需求，从事新能源电站、储能系统解决方案、药物研发等技术含量高的业务企业不断加深与国际客户合作

2023 年 11 月 1 日，省领导赴庐江县实地调研指导秋粮收购工作（李祖祺 / 摄）

深度。服务外包执行金额超千万美元企业 83 家，累计通过 CMM/CMMI、ISO2000 等国际资质认证 255 家。承接 99 个国家和地区离岸服务外包业务，其中超千万美元国家和地区 19 个，新加坡、中国香港、美国为前三的发包来源国（地区）。与“一带一路”沿线 36 个国家（地区）保持服务外包业务往来，承接服务外包执行额 8.8 亿美元，同比增长 20.55%。与区域全面经济伙伴关系（RCEP）成员国中 13 个国家有服务外包业务往来，承接服务外包执行额7.33亿美元。

（闻歌东）

表 5　合肥市入选 2023 年度安徽省放心粮油示范工程加工企业一览表

序号	企业
1	安徽燕之坊食品有限公司
2	安徽白湖农场集团有限责任公司
3	安徽光明槐祥工贸集团有限公司
4	安徽辉隆万乐农业有限公司
5	中粮面业（庐江）有限公司
6	安徽王仁和米线食品有限公司
7	合肥市新禾米业有限公司
8	安徽凯利粮油食品有限公司
9	合肥鑫隆粮油有限公司
10	安徽盘中餐粮油贸易有限公司
11	庐江县新明粮油有限公司

表 6　合肥市入选 2023 年度“安徽好粮油”产品一览表

序号	企业	类别
1	安徽光明槐祥工贸集团有限公司	粳米
2	庐江县新明粮油有限公司	粳米
3	合肥市新禾米业有限公司	籼米
4	中粮米业（巢湖）有限公司	籼米
5	中粮米业（巢湖）有限公司	粳米
6	安徽白湖农场集团有限责任公司	粳米
7	安徽白湖农场集团有限责任公司	糯米
8	合肥燕庄食用油有限责任公司	冷榨芝麻烹调油
9	合肥燕庄食用油有限责任公司	头道初榨芝麻香油

粮油流通

【概况】　2023 年，合肥市粮食流通市场平稳有序，地方政府储备质效稳步提升，粮食产业发展势头向上向好。1 名粮食从业人员成功申报 2023 年度全省粮食行业技能大师工作室；1 名选手获评第六届全国粮食行业职业技能竞赛二等奖；市粮食和物资储备局获评全省 2023 年度粮食收购工作突出单位并受通报表扬。

【粮油收购】　2023 年，合肥市守住农民“种粮卖得出”的底线，多措并举确保售粮有序、颗粒归仓。统筹推动市场化收购，优化市场购销环境，引导多元主体入市，全市粮食收购备案企业数 323 家，市场化收购率 90%。全年收购小麦 50 万吨，同比增加 15 万吨；收购稻谷 86 万吨，同比增加 16 万吨，其中国有企业收购量 33 万吨，同比增加 8 万吨。

【粮油储备】　2023 年，合肥市新增市、县两级政府储备原粮 5.15 万吨，增储规模创历史新高，总规模达 32 万吨，居全省第 1 位。把握轮换时机，2.59 万吨市级储备原粮竞价销售实现盈余 946 万元。完成 13.50 万吨地方储备原粮轮入任务，轮换效率走在全省前列。市级成品粮储备承储企业数由 17 家优化至 10 家，储备布局进一步优化，实现相对集中管理。

【仓储设施】　2023 年，合肥市拆除“老旧小散”库点仓容 2.90 万吨，转型老旧仓容 11.14 万吨，淘汰老旧仓容1.30万吨，新增应用绿色仓储技术升级改造仓容22万吨。截至年底，全社会完好仓容477万吨，其中市、县国有粮食企业完好仓容库点120个，完好仓容251万吨，高大平房仓187万吨，占比74.50%。监控设备在线率超98%，粮情在线监测率100%。

【粮油产业】 2023年，合肥市实现粮油加工业产值364亿元，同比增长5%，位居全省前列。推进“优质粮食工程”项目建设，2022年申报的14个项目在2023年度全部如期完工，申报的2024年度项目申请省级专项资金1155万元，占全省比重16%，同比增长10%。全年兑现2022年度“科技兴粮”和“节粮减损”项目奖补资金368万元。9个产品获年度“安徽好粮油”产品称号，11家企业获年度“安徽省放心粮油示范工程加工企业”称号。

【粮食人才】 2023年，合肥市粮食和物资储备系统从业人员中技能人才占比36.61%，同比增长2%；技能人才中高技能人才（高级工及以上）占比8.30%，同比增长3%；专业技术人才中具有高级职称人员占比2.36%，同比增长0.70%。

（李祖祺 毕小玲）

供销合作

【概况】 合肥市供销合作社联合社（以下简称“市供销社”）属政府直属参公管理事业单位，是市政府领导下的全市供销合作社的联合组织。2023年，市供销社围绕供销社综合改革，聚焦为农服务主责主业，以项目建设为抓手提升为农服务综合能力，中外运合肥供销物流园建成运营并入选国家陆港型物流基地重点企业；银山股份阻燃纤维新材料项目落地庐江开工建设，并列入2023年第一批国家重大建设项目库；成功引进省农产品集团，建成运营合肥名优农产品展示中心；再生资源回收利用体系和农资废弃物回收体系更加完善；社有企业综合改革顺利推进，恒丰大厦近2万平方米资产成功盘活；圆满完成市社第二次代表大会，成功举办第十六届安徽国际茶产业博览会、供销大集等重大活动，首次设立供销合作发展基金，推动供销事业向高质量发展迈出了新步伐。在全省供销系统综合业绩考核中获市级优胜单位一等奖第1名。

【综合改革】 2023年，市供销社召开全市供销社第二次社员代表大会，选举产生新一届理事会、监事会，修订完善联合社章程。按照市政府关于《合肥市供销社社属企业综合改革实施方案》批复要求，启动社属企业清产核资，化解历史遗留难题，推进建立现代企业制度，建立健全大额资金管理、社有资产监管、项目招投标和内部审计等制度规范，增强企业发展内生动力。

【合作组织建设】 2023年，市供销社发展基层社8个，改造薄弱基层社11个，新获评国家级示范农民专业社2家。全系统已建有基层社147个，农民专业合作社354个，基层社社员5.90万余人。成立合肥市供销合作社联合社合作发展基金，支持系统基层组织发展。

【为农服务】 2023年，全市供销社系统开展区域农业社会化服务，完成服务面积近6666.67万平方米。市供销社启动市级化肥农药应急储备工作，与市发改委、财政局、农业农村局联合印发《合肥市市级农药化肥应急储备管理办法》，全年完成储备农药80吨、化肥4000吨。建成运营“徽采云乡村振兴合肥馆暨合肥名特优农产品展销中心”，承办省茶博会、安徽省供销年货大集等展销活动。首届安徽供销年货大集展示展销总面积近3万平方米，1000多家农产品企业的10万多款农副产品集中亮相，观展人数近50万人（次），线上线下累计交易总额4.60亿元，意向性团购订单2.20亿元。

【重大项目建设】 2023年，中外运合肥供销物流园项目建成运营，总投资5.45亿元，用地规模9.07万平方米，总建筑面积8万平方米，入选国家陆港型物流基地重点项目，获评“安徽供销农产品（冷链）物流基地”，当年实现营收1239万元。6月29日，银山股份阻燃新材料项目在庐江县动工，总投资10.14亿元，项目分3期实施，其中一期占地6万平方米，投资2.41亿元。市供销社引进优质企业合作，盘活全省最大的社有存量资产——恒丰大厦，大厦1~3层2万平方米闲置房产作为合肥供销广场商业综合体开始运营。

【再生资源回收行业管理】 2023年，“爱回收”智能回收项目综合分拣中心投入运营，月分拣近200吨；高新技术产业开发区再生资源分拣中心加快建设；总投资超2亿元的肥西县西部再生资源综合利用项目完成项目前期准备。全市累计建成再生资源规范性回收站点454个，智能回收设备228台，乡镇分拣中心 101 个。

【农药废弃包装物回收处置】 2023 年，市供销社牵头抓好全市农药包装废弃物和废旧农地膜回收处置工作，全市累计建立覆盖镇（村）级回收站（点）971 个，其中，镇级网点 89 个、村级网点 882 个，实现镇级网点及环巢湖流域一级保护区行政村全覆盖。全市累计回收废弃农药瓶（袋）1.06 亿个，废弃农地膜 849.80 吨，无害化处置 2451 吨。

（叶文娟）

2023 年 3 月 15 日，中石油合肥分公司在美菱大道加油站开展“诚信 315 石油伴你行”主题活动（张　莲／摄）

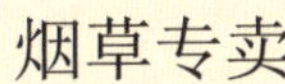

烟草专卖

【概况】 合肥市烟草专卖局、安徽省烟草公司合肥市公司（以下简称“市烟草专卖局”）2000 年由原“合肥市烟草专卖局（厂、分公司）”实行工商分设，成立合肥市烟草专卖局、中国烟草总公司安徽省公司合肥分公司；2006 年成为中国烟草总公司安徽省公司的全资子公司“安徽省烟草公司合肥市公司”。

市烟草专卖局实行“统一领导、垂直管理、专卖专营”的管理体制，接受安徽省烟草专卖局和合肥市委、市政府双重领导，以安徽省烟草专卖局领导为主，实行企业化运作，主要承担全市境内的卷烟批发销售和烟草市场专卖管理等职能，下辖 9 个直属单位，服务对象包括卷烟工业企业、全市 3.57 万卷烟零售商户和广大卷烟消费者。2023 年，销售卷烟 30.02 万箱，税利 40.80 亿元。1 项成果获烟草行业职工优秀技术创新成果奖，3 项质量控制（QC）课题获全省系统、省质协评比一等奖，2 项微创新获全省系统优秀微创新成果奖。

【市场监管】 2023 年，市烟草专卖局落实政法烟草联合打假“安徽模式”要求，办成网络案件 31 起。完善“打、防、管、控”一体化市场治理体系，与公安、交通、市场监管、教育等部门联合执法协作，开展各类专项行动 32 场（次），查处电子烟行政案件 154 起、电子烟刑事案件 16 起、涉电子烟新型毒品案件 2 起，查处向未成年人售烟案件 13 起。承办全省系统专卖监管现代化建设现场推进会，推动“12313”热线中心建设，人工服务接通率 99.60%，全国综合排名第二位。

（张海林）

燃油销售

【概况】 中国石油天然气股份有限公司安徽合肥销售分公司（以下简称“中石油合肥分公司”）托管安徽合肥中油顺达利石油有限公司、巢湖中油金丝柳石油有限责任公司 2 家控股公司，有并表加油站 91 座，在营运加油站 82 座，2023 年，实现销售总量 54.30 万吨，市场占有率 33%。获评合肥市应急防范工作成绩突出单位、合肥市健康企业；中石油合肥分公司锦天加油站获评“安徽省巾帼建功先进集体”。

中国石化销售股份有限公司安徽合肥石油分公司（以下简称“中石化合肥分公司”）成立于 1951 年，有管理部门 10 个，下辖 5 个县级公司及本部 5 个零售片区；拥有在营油库 2 座，库容总量 12 万立方米，在营加能站 165 座、便利店 165 座。2023 年，公司资产总额 25.98 亿元，在岗职工 1435 人。全年实现经营总量同比增长 11.03%。其中：零售量同比增长 14.32%、天然气销量同比增长 6.15%；被授予 2023 年安徽省服务行业居民满意度调查“十佳服务优秀企业”称号。

【油品营销】 2023年，中石油合肥分公司制定差异化营销服务方案，实施“物流客户开发增量为主、跨省物流提量为重要助力、农用油为有效补充”的柴油销售思路，开展柴油提油券销售和批零一体化营销。推进全员营销，丰富线上营销，落实线下服务。做好重点站硬软件提升和靓化工作，推进工会驿站建设，打造44座工会驿站，开展挥发性有机物（VOCs）专项治理行动，通过中央环保督察和各级检查。

中石化合肥分公司开展“爱跑白金卡”“新春狂欢节”等加油卡促销活动，加强汽油营销；通过薪酬分配激励，推广电子钱包营销、开展感恩有礼会员日等，提高柴油销量；开拓新能源业务，打造液化天然气（LNG）皖中走廊，投营LNG站2座；在111座加能站提供自助洗车业务，丰富客户体验；推进大众综合能源站、桃花源“油+电+易捷”综合服务体建设，实现在营充电站42座，换电站3座，日均充换电量4.50万度，其中大众综合能源站成为中国石化充电规模最大、数智化程度最高、综合服务功能最多的加能站综合能源服务平台；对在营160余座库站开展油气回收设备检测，对合肥油库及52座站在线监测设备进行校准比对，确保油气回收设备完好。

（彭怡平　张绪东）

盐　业

【概况】 2023年，合肥市盐业有限公司（以下简称“市盐业公司”）销售各类盐品55820吨，其中小包装盐品销售33117吨，中端食盐销售10641吨，高端食盐销售1812吨，低钠盐销售760.76吨。完善省、市、企三级食盐储备体系，市盐业公司常态化保持盐品库存12500吨（省、市级食盐储备计划7800吨，企业储备4700吨，其中小包装食盐10000吨），能正常满足合肥市民4个月的食盐需求。

【市场管理】 2023年，市盐业公司组织盐品调度供应，及时发布食盐库存和相关保障信息，平息因日本福岛核废水排海引发的食盐抢购风波。防范低温雨雪冰冻灾害，发挥融雪盐产品供应“主渠道”作用，保障市政管网、道路交通、街道社区融雪盐充足供应。启动合肥盐业冷链食品加工中心项目建设。开展食盐科普宣传活动，普及科学用盐、健康减盐知识，全年开展线下食盐讲座86场，其中“请进来”食盐科普游活动50场，“走出去”食盐科普进机关5场、进学校10场、进企业3场、进社区12场、进乡村6场，参加人数3743人，收集调查问卷2860份、梳理意见建议483条。开放拥有60年历史的盐业铁路专用线、省市级食盐储备仓库，鼓励“盐学之旅”，获评市级“科普教育基地”和省级“科普示范单位”。

（熊　峰）

责任编辑：王晓燕

交通　邮政

综　述

【概况】 2023年，合肥市公路客货运周转量同比增长2.73%，水路货运周转量同比增长12.5%，港口吞吐量、集装箱吞吐量分别同比增长5.4%、8.2%，交通固定资产投资达143.48亿元。

【交通规划】 2023年，合肥市深化和完善交通“一张图”建设和“三区三线”划定工作，为2035年前交通建设奠定基础。开展第二批国家综合货运枢纽补链强链工作申报，成立合肥市、芜湖市国家综合货运枢纽补链强链领导小组、组建合肥—芜湖推进国家综合货运枢纽补链强链联合工作专班，编制完成《合肥都市圈国家综合货运枢纽补链强链三年实施方案》。围绕“提升合肥综合交通枢纽辐射能力”，开展交通强国建设试点工作，落实《合肥市人民政府关于贯彻〈交通强国建设纲要〉的实施意见》《合肥市交通强国试点工作方案》，印发《合肥市交通强国试点2023年工作要点》。

【基础设施建设】 2023年，合肥市交通运输局（以下简称“市交通局”）完成交通固定资产投资达143.48亿元、居全省第一位。

*高速公路建设。*完成投资78.10亿元，3个项目建成通车，2个高速项目年内开工建设，同步推进其他3个高速项目及8个互通项目前期工作。

*国省干线建设。*建成国省干线公路51.68千米，完成固定资产投资42.36亿元。

*农村公路建设。*完成农村公路提质改造项目130.85千米、改造公路危旧桥梁2座、提升农村公路安全生命防护工程150.89千米，总投资7.98亿元。开展示范创建工作。以示范为引领，促进农村公路高质量发展。肥东县获评“四好农村路”全国示范县，庐江县获评“四好农村路”安徽省示范县。

【运输保障】 客运保障。2023年，合肥市持续实施城市公共交通优先发展战略，聚焦公共交通高质量发展，大力开展公共交通服务品质提升年活动，更好服务广大人民群众“安全、便捷、舒适、温馨”出行。合肥市区有3家公交企业，分别是：合肥公交集团有限公司、合肥高新公共交通运营有限公司、合肥经济技术开发区公共交通运营有限公司。截至年底，市区在运营车辆3941台（折合4872.8标台），常规公交线路308条，公交运营线路总长度5176.6千米，运营线网总长度2239千米。市区全年公交运营里程达2.02亿千米，累计完成客运量3.20亿人次，日均客运量87.67万人次。全市有公交停保场13个，面积达70.8万平方米；首末站138个，中途停靠站5520个（其中电子站牌592个），市区建成区公交站点500米半径覆盖率达到100%。

*货运保障。*市交通局强化多式联运示范工程培育，中国物流合肥有限公司、合肥海恒国际物流有限公司2家企业入选第三批省级多式联运示范项目，持续推进国际内陆港公司第4批国家级多式联运示范工程创建。推进网络货运平台建设，带动行业转型升级，促进货物运输“降本增效”。全市完成公路货运量3.44亿吨、货运周转量317.12亿吨千米；完成港口吞吐量4627.2万吨、集装箱吞吐量45.5万标准箱（TEU）。

【行业治理与服务】 2023年，市交通局推进绿色货运配送示范工程建设，编制《合肥市城市绿色货运配送发展规划》《绿色货运配送示范企业认定管理考核办法（试行）》，截至年底，受理8家企业申请绿色货运配送示范企业，全市新能源城市货运配送车辆9082辆，建成公共及配建充电设施约9.30万个，累计建成换电站86座。完成市交通运输从业资格考试中心的招标、建设和启用工作，推动全市交通运输从业资格考试规范化、标准化、专业化发展。中心建成以来为10528人次提供考试服务，其中“两类人员”参考631人次，合格率59%；危险品运输从业资格参考570人次，合格率80%。

【平安交通】 2023年，市交通局派出安全检查组2955个，共检查单位3806个，排查一般隐患并完成整改1611个，排查重大隐患并完成整改162个，排查管控重大风险21个。全年立案4667件，其中非法营运类案件1344件，其他道路运政类案件2733件，海事航运类案件576件，公路路政类案6件，工程质监类案件8件。全年作出行政处罚决定3808件，其中非法营运类1259件，其他道路运政类1964件，海事航运类573件，公路路政类案件5件，工程质监类案件7件。全年查处超限超载7285台（其中车货总重超75吨或超100%以上车辆295台），非法改装车辆222台，卸载货物16.2万吨，吊销230本车辆道路运输证和116本驾驶员从业资格证。

（程慧玲　范　鹏　艾　智）

公路建设与管理

【概况】 2023年，合肥市域高速公路通车总里程为622千米，新增通车里程48千米，较2022年增长8.40%，高速公路密度为5.435千米／百平方千米，43个出入口、13个服务区和9个枢纽。建成国省干线公路51.68千米，完成固定资产投资42.36亿元，实施路面养护大中修工程项目19个，累计实施里程139千米，总投资5.35亿。实施农村公路修复性养护、预防性养护、专项养护等三类项目909.21千米，总投资2.72亿元。

【国省干线建设】 2023年，全市续建及新开工普通国省干线公路121千米（续建82千米，新开工39千米），G206吴山至滁河干渠，S311乌曹路二期项目、G312合六路（南岗至侯店路）项目均完工，引江济巢沐集大桥项目主体完工，引江济巢姥山大桥项目主桥及部分引桥工程主体完工。引江济巢白湖大桥项目及G312合六路（侯店路至新桥大道）、G312合六路（肥西段）快速化改造工程、S351盛同路（盛桥至白山段）等项目加速推进。

完成8个项目品质工程示范创建评价验收工作（S260新合蚌路新站段、S329合六南通道、G329柘皋至夏阁段、G329西大路庙岗段、G329合相路护城至大张段、小普至定远界段改建工程、G329西大路柘皋段、G206吴山至滁河干渠）；完成9个项目交工验收工作（S260新合蚌路新站段、S329合六南通道、G329柘皋至夏阁段、G329西大路庙岗段、G329合相路护城至大张段、小普至定远界段改建工程、G329西大路柘皋段、G330合铜路百大物流园段、S451军二路兆河特大桥）；完成5个项目竣工验收工作［长丰县合水路、张义路、乌曹路一期、水九路二期、G346巢庐路（盛桥至庐城段）改建工程］。

【国省干线公路养护】 2023年，市交通局实施路面养护大中修工程项目19个，累计实施里程139千米，总投资5.35亿；实施G312沪霍线、G206威汕线、G330洞合线等公路安全精细化提升工程13个，累计实施里程269千米，总投资9744万元；实施灾害防治工程1个，总投资332万；集中实施桥梁安全防护工程12个，总投资441万；实施桥梁结构健康监测工程1个，总投资526万；实施危桥改造项目4个，总投资2078万元；实施安全提升省级专项工程1个，处置隐患里程数242千米，总投资530万；组织世行养护创新示范项目S601环巢湖公路养护市场化工程，引进基于绩效和产出的道路合同（OPRC）管理模式，实施周期为5年，完成投资约5320万元。开展S601环巢湖公路智慧养护试点项目前期工作。实施车道路况检测评定2216千米，对348座桥梁开展定期检查。累计清理桥梁和公路路面横向泄水孔5856处，疏通涵洞、沟渠1186道，清理边沟65995米。完成企业养护资质申报业绩审核31份，回复市长热线、省长热线122件份，申报阻断信息28条。

【农村公路建设与管护】 2023年，市交通局实施农村公路建设养护项目1555个项目1375.54千米、危桥改造2座，完成投资11.60亿元。截至年底，全市所有乡镇全部通达二级及二级以上公路，860个建制村通双车道、占全市1146个建制村的75%，较大自然村（20户以上）通硬化路14335个、占比100%。全市三级及以上公路占全市农村公路总里程17.03%，具备双车道通行条件占比达95%以上。成功推动多项“四好农村路”示范创建，成功命名5个市级“四好农村路”示范乡镇。农村公路提质改造项目庐南川藏线被安徽省文旅厅、省交通运输厅、省林业局评为“安徽省旅游风景道”，石长路、陶四路－五湖大道获2023年度安徽交通优质工程奖，长丰县X322杜罗路、肥西县X223孔铭路、巢湖市CJ13南岸防汛通道、肥东县CB65郑甘路等4条农村公路获评2023年度安徽省农村公路品质示范路。财政资金保障机制取得明显实效，合肥市报送的《市财政资金长效保障 绘就“四好农村路”大美画卷》被交通运输部选为农村公路建设和养护资金长效保障机制典型案例。积极参与农村公路标准制定，合肥市联合省公路中心出台省地方标准《农村公路技术状况评定标准》。

【高速公路建设】 2023年，合肥市完成投资78.10亿元，滁合周高速、滁合支线、S19淮桐高速、S90肥东支线、G4222和襄高速、S30铜商一期等项目建设进度加快，无岳、淮南北路互通、明巢高速马湖互通等3个项目建成通车；S11巢黄、S18宁合、G9912南环中段等项目前期工作进度加快，2个高速项目年内开工建设，同步推进其他3个高速项目及8个互通项目前期工作。

（宋博荃 王一非）

公路运输与管理

【概况】 2023年，全市公交、轨道交通分别完成客运量3.2亿人次、4.1亿人次。全市完成公路货运量3.44亿吨、货运周转量317.12亿吨千米；完成港口吞吐量4627.2万吨、集装箱吞吐量45.5万标准箱（TEU）。

【公路客运】 2023年，全市有班线客运企业8家（市区3家，肥东县1家，巢湖市1家，肥西县1家，庐江县1家，长丰县1家）；省、市际客运班线271条（省际121条，市际150条），班线客运车辆426台。旅游客运企业60家（市区51家，巢湖市5家，肥西县2家，庐江县1家，长丰县1家），旅游包车客运总有车辆1939台。其中，省际旅游客运企业23家、车辆1463台；市际旅游客运企业18家、车辆294台；县际包车客运企业17家、包车客运车辆182辆；县内包车客运企业2家、包车客运车辆35辆。2023年，合肥市不断提升运输服务保障水平，加强客流趋势研判，优化运力调配，圆满完成春运、国庆等时段大客流疏运工作。

【公路货运】 2023年，全市（含四县一市）普通货运业户12728户，普通货运车辆83482台；危货运输业户28户，危货车辆3322台；网络货运业户24户，整合社会零散运力约90万台。市交通局开展道路运输安全生产“百日行动”等专项工作，全系统检查道路货运企业1614家次，发现问题隐患2759个，完成整改2523个，严格落实闭环整改。深入开展危险化学品打非治违工作，完成全市28家危货运输企业、3000余台危货运输车辆信息数据与“合肥市道路运输监管与服务平台”的对接工作。做好全市道路运输领域燃气安全专项整治工作，全覆盖检查燃气道路运输企业42家次、发现和纠正违法违规行为79次、立案处罚3件。重点加强高风险运输企业管理，针对被公安部交通管理局列为“高风险运输企业”及亡人事故的道路货运企业，开展集中约谈会4场，约谈警示相关企业35家次。

【出租汽车管理】 截至2023年底，合肥市市区有巡游出租汽车（以下简称巡游车）公司7家，巡游车9402台，其中公司化经营车辆2642台，个体经营车辆6760台。有网约车平台公司44家，车辆44151台，取得出租汽车（巡游车、网约车）从业资格驾驶员8万余人。全年全行业累计完成营运1.68亿次，完成客运量约2.35亿人次，总营运收入约36.71亿元。其中：巡游车营运约0.53亿次，客运量约0.74亿人次，营运收入约12.98亿元；网约车营运约1.15亿次，客运量约1.61亿人次，营运收入约23.73亿元。

【轨道交通管理】 2023年，合肥轨道线网全年客运量4.10亿人次，日均客流量112.60万人次，线网日均进站量74.10万人次，单日最高客运量达到253.20万人次（12月31日）；列车运行图兑现率100%，列车正点率99.99%，乘客满意度93.47%。全年线网实际开行列次60.80万列次，线网运营车公里12680.30万车千米，高峰时段最小行车间隔208秒，运营总能耗47467万千瓦时。

【共享单车管理】 2023年，合肥市有互联网租赁自行车（以下简称“共享单车”）公司3家，分别为青桔、美团和哈啰，截至年底，全市（含四县一市）实际投放共享单车约21.10万辆（共享自行车

表 1

合肥市普通国省干线公路里程到达数明细表（截至 2023 年底）

序号	行政等级	路线编号	起点	终点	技术等级										路面类型						备注
					合计		一级		二级		三级		四级		合计		沥青砼		水泥		
					里程数	其中重复里程	里程数	其中重复里程	里程数	其中重复里程	里程数	其中重复里程	里程数	其中重复里程	里程数	其中重复里程	里程数	其中重复里程	里程数	其中重复里程	
总计					2106.399	264.23	1119.712	196.463	676.012	54.05	287.65	13.717	23.025		2106.399	264.23	2041.777	263.809	64.622	0.421	
1	国道	G206	1039.476	1148.248	108.772	0	108.772								108.772	0	108.772				
2		G312	446.49	596.796	150.306	8.355	67.563	8.355	82.743						150.306	8.355	150.306	8.355			
3			486.846	488.37	1.524	0	0.958		0.566						1.524	0	1.524				G312 改线，里程增加，年报库做的长链
4		G329	715.483	819.446	103.963	27.118	71.61	11.559	32.353	15.559					103.963	27.118	103.963	27.118			
5		G330	855.337	948.996	93.659	0	93.659								93.659	0	93.659				
6		G346	440.639	550.382	109.743	0	108.981		0.762						109.743	0	109.743				
7		合计			567.967	35.473	451.543	19.914	116.424	15.559					567.967	35.473	567.967	35.473	0		
1	省道	S101	0	36.032	36.032		15.53				20.502				36.032	0	35.85		0.182		
2		S102	0	76.735	76.735		76.314		0.421						76.735	0	76.314		0.421		
3		S103	0	111.285	111.285	23.174	25.111	23.174	42.675		36.85		6.649		111.285	23.174	111.285	23.174			
4		S104	0	62.246	62.246	7.332	57.414	2.5	4.832	4.832					62.246	7.332	62.246	7.332			
5		S105	0	65.982	65.982	53.78	65.982	53.78							65.982	53.78	65.982	53.78			
6		S211	94.506	134.461	39.955				39.955						39.955	0	39.955				
7		S215	79.411	159.296	79.885	1.17			32.013	1.17	47.503		0.369		79.885	1.17	59.152	1.17	20.733		159.296-162.296，共 3 公里，为规划路段
8		S218	0	19.242	19.242		5.513		13.729						19.242		19.242				
9		S220	0	6.304	6.304								6.304		6.304				6.304		
10		S227	0	82.318	82.318	15.076	30.018	15.076	52.3						82.318	15.076	82.318	15.076			
11		S230	180.897	216.718	35.821	5.963	24.675	5.542	11.146	0.421					35.821	5.963	35.4	5.542	0.421	0.421	
			278.786	316.832	38.046	1.794	20.253	1.794	17.793						38.046	1.794	35.852	1.794	2.194		
13		S231	0	64.894	64.894	13.172	34.152	2.232	29.295	10.94			1.447		64.894	13.172	64.894	13.172			

续表

序号	行政等级	路线编号	起点	终点	技术等级										路面类型						备注
					合计		一级		二级		三级		四级		合计		沥青砼		水泥		
					里程数	其中重复里程	里程数	其中重复里程	里程数	其中重复里程	里程数	其中重复里程	里程数	其中重复里程	里程数	其中重复里程	里程数	其中重复里程	里程数	其中重复里程	
14		S232	0	114.17	114.17	15.953	36.64	15.037	32.844	0.916	43.995		0.691		114.17	15.953	113.559	15.953	0.611		
15		S233	27.121	65.621	38.5	10.429	3.79	3.79	31.429	6.639	3.281				38.5	10.429	38.5	10.429			
16		S236	10.402	63.321	52.919	2.05	2.05	2.05	17.113		33.756				52.919	2.05	41.343	2.05	11.576		
17		S241	8.29	19.048	10.758	1.217	2.727	1.217	8.031						10.758	1.217	10.758	1.217			0-8.29，共8.29公里为断头路
18		S321	189.89	192.758	2.868		2.868								2.868		2.868				
19		S322	96.227	129.473	33.246	0.561	0.561	0.561	32.685						33.246	0.561	32.746	0.561	0.5		
20		S323	0	44.526	44.526	6.388	8.588	6.388	33.695		2.243				44.526	6.388	44.526	6.388			
21		S324	49.025	102.742	53.717	6.072	9.867		31.721	5.914	7.567	0.158	4.562		53.717	6.072	49.155	6.072	4.562		102.742-143.742，共41公里，为规划路段
22			143.742	149.706	5.964				5.964						5.964		5.964				
23		S326	46.829	96.306	49.477	4.231	12.403	1.834	31.145	0.2	5.929	2.197			49.477	4.231	49.477	4.231			
24		S327	0	64.648	64.648	2.69	27.408	2.69	6.089		31.151				64.648	2.69	59.443	2.69	5.205		
25		S328	59.181	72.96	13.779						13.779				13.779		13.779				
26		S329	0	33.64	33.64		33.64								33.64		33.64				
27		S330	144.378	199.034	54.656	19.115	1.667	1.667	13.472	6.086	39.517	11.362			54.656	19.115	42.743	19.115	11.913		
28		S436	0	23.641	23.641	8.096	22.145	8.096	1.496						23.641	8.096	23.641	8.096			
29		S440	0	26.866	26.866	2.263	2.263	2.263	24.603						26.866	2.263	26.866	2.263			
30		S449	0	4.412	4.412				1.409				3.003		4.412	0	4.412				
31		S450	0	12.419	12.419				12.419						12.419		12.419				
32		S451	24.025	46.99	22.965		20.924		0.464		1.577				22.965		22.965				
33		S601	0	156.516	156.516	28.231	125.666	26.858	30.85	1.373					156.516	28.231	156.516	28.231			
		合计			1538.432	228.757	668.169	176.549	559.588	38.491	287.65	13.717	23.025		1538.432	228.757	1473.81	228.336	64.622	0.421	52.29公里为规划路段

表 2

2023 年合肥市农村

项目	编号	总计	等级							
			合计	高速公路				一级	二级	一幅高速
				小计	四车道	六车道	八车道及以上			
甲	乙	1	2	3	4	5	6	7	8	9
一、上年年底到达数	1	17664.197	17664.197	0	0	0	0	19.232	899.349	0
1. 国道	2	0	0	0	0	0	0	0	0	0
其中：国家高速公路	3	0	0	0	0	0	0	0	0	0
2. 省道	4	0	0	0	0	0	0	0	0	0
3. 县道	5	2050.778	2050.778	0	0	0	0	14.353	559.919	0
4. 乡道	6	3820.72	3820.72	0	0	0	0	0	127.397	0
5. 村道	7	11792.699	11792.699	0	0	0	0	4.879	212.033	0
6. 专用公路	8	0	0	0	0	0	0	0	0	0
二、本年新建数	9	25.738	25.738	0	0	0	0	0	25.738	0
1. 国道	10	0	0	0	0	0	0	0	0	0
其中：国家高速公路	11	0	0	0	0	0	0	0	0	0
2. 省道	12	0	0	0	0	0	0	0	0	0
3. 县道	13	25.738	25.738	0	0	0	0	0	25.738	0
4. 乡道	14	0	0	0	0	0	0	0	0	0
5. 村道	15	0	0	0	0	0	0	0	0	0
6. 专用公路	16	0	0	0	0	0	0	0	0	0
三、本年改建变更数	17	359.217	359.217	0	0	0	0	-4.586	103.86	0
1. 国道	18	0	0	0	0	0	0	0	0	0
其中：国家高速公路	19	0	0	0	0	0	0	0	0	0
2. 省道	20	0	0	0	0	0	0	0	0	0
3. 县道	21	144.852	144.852	0	0	0	0	-4.586	54.605	0
4. 乡道	22	358.041	358.041	0	0	0	0	0	51.205	0
5. 村道	23	-143.676	-143.676	0	0	0	0	0	-1.95	0
6. 专用公路	24	0	0	0	0	0	0	0	0	0
四、本年年底到达数	25	18049.152	18049.152	0	0	0	0	14.646	1028.947	0
1. 国道	26	0	0	0	0	0	0	0	0	0
其中：国家高速公路	27	0	0	0	0	0	0	0	0	0
2. 省道	28	0	0	0	0	0	0	0	0	0
3. 县道	29	2221.368	2221.368	0	0	0	0	9.767	640.262	0
4. 乡道	30	4178.761	4178.761	0	0	0	0	0	178.602	0
5. 村道	31	11649.023	11649.023	0	0	0	0	4.879	210.083	0
6. 专用公路	32	0	0	0	0	0	0	0	0	0

公路里程年底到达数

公路		等外公路	有铺装路面（高级）			简易铺装路面（次高级）	未铺装路面（中级、低级、无路面）	可绿化里程		养护里程
三级	四级		合计	沥青混凝土	水泥混凝土				已绿化里程	
10	11	12	2	3	4	5	6	7	8	9
1854.352	14891.264	0	17664.197	3526.558	14137.639	0	0	14924.35	14920.62	17657.322
0	0	0	0	0	0	0	0	0	0	0
0	0	0	0	0	0	0	0	0	0	0
0	0	0	0	0	0	0	0	0	0	0
998.701	477.805	0	2050.778	1484.879	565.899	0	0	1922.867	1922.867	2043.903
484.307	3209.016	0	3820.72	915.221	2905.499	0	0	3736.702	3736.702	3820.72
371.344	11204.443	0	11792.699	1126.458	10666.241	0	0	9264.781	9261.051	11792.699
0	0	0	0	0	0	0	0	0	0	0
0	0	0	25.738	25.738	0	0	0	16.588	16.588	25.738
0	0	0	0	0	0	0	0	0	0	0
0	0	0	0	0	0	0	0	0	0	0
0	0	0	0	0	0	0	0	0	0	0
0	0	0	25.738	25.738	0	0	0	16.588	16.588	25.738
0	0	0	0	0	0	0	0	0	0	0
0	0	0	0	0	0	0	0	0	0	0
0	0	0	0	0	0	0	0	0	0	0
176.981	82.962	0	359.217	410.965	-51.748	0	0	785.221	788.951	359.395
0	0	0	0	0	0	0	0	0	0	0
0	0	0	0	0	0	0	0	0	0	0
0	0	0	0	0	0	0	0	0	0	0
100.648	-5.815	0	144.852	161.893	-17.041	0	0	164.484	164.484	145.03
103.477	203.359	0	358.041	244.387	113.654	0	0	365.287	365.287	358.041
-27.144	-114.582	0	-143.676	4.685	-148.361	0	0	255.45	259.18	-143.676
0	0	0	0	0	0	0	0	0	0	0
2031.333	14974.226	0	18049.152	3963.261	14085.891	0	0	15726.159	15726.159	18042.455
0	0	0	0	0	0	0	0	0	0	0
0	0	0	0	0	0	0	0	0	0	0
0	0	0	0	0	0	0	0	0	0	0
1099.349	471.99	0	2221.368	1672.51	548.858	0	0	2103.939	2103.939	2214.671
587.784	3412.375	0	4178.761	1159.608	3019.153	0	0	4101.989	4101.989	4178.761
344.2	11089.861	0	11649.023	1131.143	10517.88	0	0	9520.231	9520.231	11649.023
0	0	0	0	0	0	0	0	0	0	0

表 3　2023 年度合肥市“四好农村路”示范乡镇一览表

序号	名称	所属县（市）
1	梁园镇	肥东县
2	三河镇	肥西县
3	下塘镇	长丰县
4	矾山镇	庐江县
5	黄麓镇	巢湖市

约 13.70 万辆、共享助力车约 7.40 万辆）。全市全年共享单车骑行 17922 万人次、日均骑行 49.10 万人次，其中共享自行车骑行 4606 万人次、日均骑行 12.60 万人次，共享助力车骑行 13316 万人次、日均骑行 36.50 万人次。

【机动车维修（检测）管理】 2023 年，合肥市（含四县一市）登记备案维修企业 1696 家，其中一类维修企业 152 家，二类维修企业 437 家，三类维修企业 1107 家。市交通局开展 2022 年度机动车维修企业质量信誉考核工作，对 307 家维修企业按生产条件、从业人员、安全生产等 8 项指标进行考核，引导企业依法经营、公平竞争、优质服务，推进维修行业诚信体系建设。完善新备案维修企业台账，推动备案维修企业与交通运输部车辆电子健康档案联网对接，377 家备案维修企业建立台账，一、二类维修企业对接率达 98.20%，企业数据上传率达 99.50%。推进排放超标车辆维修治理，推动机动车排放检验与维护（I/M）制度建设，截至年底，18425 台尾气超标车辆通过“合肥通”APP 预约治理，完成治理 18040 台，复检合格率稳步提升。

【机动车驾驶员培训管理】 2023 年，合肥市（含四县一市）有驾培机构 88 家，其中一级驾培机构 5 家，二级驾培机构 14 家，三级驾培机构 69 家。全市招生约 20 万人。市交通局稳步推进计时培训与考试信息对接试点工作，全面推行“计时培训、先培后付”模式，提升驾培行业培训服务和管理水平。截至年底，完成 2784 套车载计时终端设备的安装，驾培监管平台完成审核备案教练车辆 3012 台、教练员 2671 名、主（分）教练场地 240 余处，实现“皖美学车”APP 报名全覆盖，培训费资金第三方银行全过程托管。

【行业监管】 2023 年，市交通运输局累计检查企业 3328 家次，工程项目 165 次，轨道站点 570 次，船舶约 1.5 万艘次，营运车辆约 5.35 万台次，巡查公路约 52.40 万千米，巡查水路约 7.20 万千米，排查整改各类安全问题隐患 4343 个。依据安全生产法实施立案 127 起；组织开展安全教育培训 124 次、安全宣讲活动 63 场，发放《交通运输安全宣传手册》《水上交通事故典型案例宣传手册》等各类宣传资料 5000 余份。

（石　磊　程慧玲）

2023 年 12 月 28 日，交通运输从业资格考试中心两类人员考试现场

（程慧玲 / 摄）

表 4　　2023 年合肥市驾校机构一览表

序号	驾校简称	级别	经营范围	序号	驾校简称	级别	经营范围
1	合肥长丰县长顺汽车驾驶员培训中心	一级	A1, A2, A3, B1, B2, C1, C2	31	长丰县长达汽车驾驶培训有限公司	三级	C1, C2
2	合肥市五星驾驶员培训有限公司	一级	A1, A2, C1, C2, B1, B2, C6, D, A3	32	合肥合信院驾驶员培训有限公司	三级	C1, C2
3	合肥市新亚机动车驾驶员培训学校	一级	A1, A2, B2, C1, C2, C5, B1, A3, C6, D, F, E	33	合肥郁金香驾驶员培训学校有限责任公司	三级	C1, C2
4	合肥军源驾驶员培训学校有限公司	一级	A1, A2, A3, B1, B2, C1, C2, C6, D, E, F	34	安徽军二机动车驾驶培训有限公司	三级	C1, C2
5	庐江县和兴机动车驾驶员培训有限公司	二级	C1, C2, D, E, F	35	合肥市金路汽车驾驶员培训有限公司	三级	C1, C2, D, E, F
6	庐江博安机动车驾驶员培训有限公司	二级	C1, C2, D, E, F	36	安徽九号驾校有限公司	三级	C1, C2
7	安徽新桥驾驶技术培训有限公司	二级	C1, C2, D, E, F	37	安徽徽安驾校有限公司	三级	C1, C2
8	安徽良鑫汽车驾驶培训学校有限公司	二级	C1, C2, D, E, F	38	合肥市国安驾驶员培训学校有限公司	三级	C1, C2
9	合肥途安驾驶员培训有限公司	二级	C1, C2, D, E, F	39	肥西县警安机动车驾驶员培训学校有限责任公司	三级	A1, A2, B2, C1, C2, D
10	合肥市警安路缘驾驶员培训服务中心	二级	C2, C1, D, E	40	合肥平安驾驶培训有限公司	三级	C1, C2
11	安徽军杰驾驶培训有限公司	二级	C2, C1, D, E, F	41	肥东顺通机动车驾驶员培训有限公司	三级	C1, C2
12	合肥运程驾驶员培训有限公司	二级	C1, C2, D, E, F	42	合肥安路驾驶员培训有限公司	三级	C1, C2
13	合肥市泓运驾驶员培训有限公司	三级	C1, C2	43	合肥市盛元驾驶培训有限公司	三级	C1, C2
14	合肥新地驾驶员培训有限责任公司	三级	C1, C2	44	肥东县安德驾驶员培训有限公司	三级	C1, C2
15	巢湖市金湖机动车驾驶员培训学校有限公司	三级	C1, C2	45	肥金荣机动车驾驶员培训有限公司	三级	C1, C2
16	巢湖市天和驾驶培训有限公司	三级	C1, C2	46	合肥市世纪驾驶培训有限公司	三级	C1, C2
17	巢湖市顺通驾驶培训有限公司	三级	C1, C2	47	合肥市腾飞驾驶培训有限公司	三级	C1, C2
18	巢湖市吉顺驾校	三级	C1, C2	48	肥东申通机动车驾驶员培训有限公司	三级	C1, C2
19	巢湖市永鑫汽车驾驶技术培训学校	三级	C1, C2	49	庐江县恒兴机动车驾驶员培训有限公司	三级	C1, C2
20	巢湖市金盾机动车驾驶员培训学校有限公司	三级	C1, C2	50	安徽宏达机动车驾驶员培训有限公司	三级	C1, C2
21	巢湖市好运汽车驾驶员培训学校	三级	C1, C2, C5	51	合肥新安机动车驾驶员培训学校	三级	C1, C2
22	安徽交运集团巢湖汽运有限公司驾驶员培训学校	三级	C1, C2	52	合肥市金林驾驶员培训有限公司	三级	C1, C2
23	巢湖平安汽车驾驶培训有限公司	三级	C1, C2, D, E, F	53	安徽徽通驾驶员培训有限公司	三级	C1, C2
24	巢湖市顺达汽车驾驶学校	三级	C1, C2, D, E, F	54	安徽金冈山驾驶员培训有限公司	三级	C1, C2
25	长丰县鑫缘驾驶培训有限公司	三级	C1, C2	55	安徽安审驾驶培训有限公司	三级	C1, C2
26	长丰县建国驾驶培训有限服务有限公司	三级	C1, C2	56	安徽安行驾驶培训有限公司	三级	C1, C2
27	合肥精越驾驶培训有限公司	三级	C1, C2	57	合肥市合顺驾驶培训有限公司	三级	C1, C2
28	安徽友兴机动车驾驶培训有限公司	三级	C1, C2	58	安徽金新驾驶员培训有限公司	三级	C1, C2
29	合肥市晨泰驾驶员培训有限公司	三级	C1, C2	59	安徽警达驾驶员培训有限责任公司	三级	C1, C2
30	长丰县永泰驾驶培训有限公司	三级	C1, C2	60	合肥市久安机动车培训有限公司	三级	C1, C2

续表

序号	驾校简称	级别	经营范围	序号	驾校简称	级别	经营范围
61	安徽军六机动车驾驶培训有限公司	三级	C1，C2	75	安徽璞玉驾驶培训有限公司	三级	C1，C2
62	安徽省庐州驾驶员培训有限公司	三级	C1，C2	76	合肥起航机动车驾驶员培训有限公司	三级	C2，C1
63	安徽启点驾校有限公司	三级	C1，C2	77	安徽省瑞星机动车驾驶员培训服务有限责任公司	三级	C1，C2
64	合肥三联泰科驾驶员培训有限责任公司	三级	C1，C2	78	合肥市世旷汽车驾驶培训学校有限公司	三级	C1，C2
65	安徽通顺驾驶员培训有限公司	三级	C1，C2	79	安徽通达驾驶员培训有限责任公司	三级	C1，C2
66	合肥市信达驾驶员培训有限公司	三级	C1，C2	80	安徽省通运机动车驾驶员培训服务有限公司	三级	C2，C1
67	安徽畅通驾驶培训服务有限公司	三级	C2，C1	81	合肥途顺驾驶员培训有限公司	三级	C1，C2
68	合肥公交集团有限公司驾驶员培训分公司	三级	A1，A3	82	合肥市万锦驾驶员培训服务有限公司	三级	C2，C1
69	安徽浩宇驾驶培训有限公司	三级	C1，C2	83	合肥新快捷汽车驾驶员培训有限公司	三级	C1，C2
70	安徽宏运驾驶培训有限公司	三级	C1，C2	84	合肥新宇机动车驾驶员培训有限责任公司	三级	C1，C2
71	合肥华顺机动车驾驶员培训学校有限公司	三级	C2，C1	85	合肥八零驾驶员培训有限公司	三级	C2，C1
72	合肥市金海驾驶员培训有限公司	三级	C1，C2	86	安徽省合肥汽车客运有限公司长安驾驶培训学校	三级	C2，C1
73	合肥市金平驾驶员技术培训有限公司	三级	C1，C2	87	安徽省长运驾驶员培训有限公司	三级	C1，C2
74	安徽金武联汽车驾驶培训学校有限公司	三级	C2，C1	88	合肥众安汽车驾驶培训有限公司	三级	C1，C2

内河航运与管理

【概况】 2023年，合肥市完成港口货物吞吐量4627.20万吨，同比增长5.4%；完成集装箱吞吐量45.50万标箱，同比增长8.20%；完成水运固定资产投资7.16亿元（其中引江济淮航运工程完成投资4.297亿元）。截至2023年底，全市航道总里程780千米，其中通航里程565千米，四级以上高等级航道里程380千米；规划港口岸线总长35.97千米，已利用岸线13.19千米。全市有码头29座、泊位122个（其中千吨级泊位84个），年综合通过能力6380万吨、90万标箱；拥有港口经营企业（人）30家，其中港口危险品企业5家。

全市有水路运输及辅助业企业69家，在册营运船舶数量1992艘，总运力419万净载重吨；其中从事普货运输企业48家，从事危化品运输企业7家，从事客运企业4家，从事船舶、货物代理企业8家，船舶管理企业2家。

【港口航道建设】 港口建设。2023年5月，合肥港巢城港区二期工程（首期项目）全面建成并投入运营，是巢湖市辖区内第一座集装箱码头，每年新增港口吞吐能力集装箱5.20万标箱、件杂货54万吨；全市在建港口项目2个，分别为安徽佑顺新材料有限公司年产120万吨合成气制乙二醇项目配套码头工程、合肥东航码头工程。

航道建设。2023年，引江济淮一期工程完工，8月，引江济淮江淮沟通段开始试运营，9月，引江济淮菜子湖线开始试运营；10月，合裕线扩能改造工程裕溪一线船闸完工并试运营。当年，全市在建航道项目1个，为引江济淮（二期）蜀山复线船闸工程；合肥市正式启动兆西河航道凤凰颈船闸工程前期工作，谋划打通合肥入江水上第三通道，提升合肥水运能级水平。

航道养护。2023年，市交通局完成合裕线店埠河航道专项养护工程，养护航道（三汊河口至临河口）全长约4.10千米；实施南淝河（合肥港综合码头—施口口门）航道养护工程、西河航道（缺口—符家渡下游2千米）13千米专项养护工程，2项目为2023-2024年度省重点航道养护项目。全年完成航道专项养护投资1900.60万元。

【内河航运】 2023年，合肥市完成货运量12114万吨，同比增长12.50%，完成货物周转量4847908万吨千米，同比增长19.65%。旅客运输量49万人，同比增长113.04%。旅客周转量287万人千米，同比增长106.47%。

市交通局开展2023年度长江经济带运输船舶岸电系统受电设施改造工作。全市符合受电设施改造条件的船舶数量282艘，项目总投资1860.50万元，其中中央预算内投资1116.30万元、企业自筹资金744.20万元。截至10月底，此项工作全部完成。

开展2023年度合肥市水路运输及辅助业企业的年度核查工作，年度核查水运及其辅助业企业67家，对因运力不足未通过核查，且限期仍未完成整改的2家水运企业，依法启动水路经营许可撤销程序。

持续开展水运行业社会信用体系建设，对67家水路运输及其辅助业企业进行信用评价，评出AA级水运企业29家。深入推进信用承诺制工作，签订各类水运企业信用承诺书126份，船舶签订信用承诺书1000余份，并按要求将水运企业签订的各类信用承诺书在“信用交通·安徽”和“信用合肥”网站进行公示，接受社会公众监督。

【港口航道管理】 港口管理。

表5　合肥市水路运输市场信用评价结果（2023年对2022年整体信用开展评价）

序号	信用主体	评级结果	备注	序号	信用主体	评级结果	备注
1	安徽宁申船务（集团）有限公司	AA		23	庐江县东南船务运输有限公司	AA	
2	安徽华润船运有限公司	AA		24	巢湖市建海航务有限公司	AA	
3	安徽海运有限责任公司	AA		25	合肥晨光船舶货运有限公司	AA	
4	合肥力洲船务有限公司	AA		26	合肥瑞远航运有限责任公司	AA	
5	合肥市康琦船务有限公司	AA		27	合肥金帆船务有限公司	AA	
6	巢湖市建融船务有限公司	AA		28	庐江县联顺航运有限公司	AA	
7	合肥庐东航运有限公司	AA		29	合肥市金龙船务有限公司	AA	
8	合肥仁和船务有限责任公司	AA		30	合肥武运船务有限公司	A	
9	巢湖市通顺运输有限责任公司	AA		31	安徽卓越船务有限公司	A	
10	安徽胜涛船务有限公司	AA		32	安徽省书亚船务有限公司	A	
11	巢湖市皖中船务有限公司	AA		33	安徽省海圣商贸有限公司	A	
12	安徽省庐江县天宇航运有限责任公司	AA		34	合肥永顺船务有限公司	A	
13	巢湖市中庙旅游渡运有限公司	AA		35	安徽明丰船务有限公司	A	
14	安徽安川达海船舶管理有限公司	AA		36	安徽港发航运有限公司	A	
15	安徽港航物流有限公司	AA		37	庐江县华航船务有限公司	A	
16	巢湖吉兴水运有限公司	AA		38	安徽劼海航运有限公司	A	
17	安徽艾舶利船务有限公司	AA		39	安徽金海船务有限公司	A	
18	肥西县庐西港口服务有限公司	AA		40	庐江县众发船务运输有限公司	A	
19	安徽乾坤航运有限公司	AA		41	安徽海熠船务有限公司	A	
20	安徽港金联运有限公司	AA		42	庐江县龙港船务有限公司	A	
21	安徽鑫联航运有限公司	AA		43	巢湖市金胜船务有限公司	A	
22	安徽港航集运有限公司	AA		44	安徽方兴航运有限公司	A	

续表

序号	信用主体	评级结果	备注	序号	信用主体	评级结果	备注
45	肥西县顺新船务有限公司	A		57	巢湖市龟山银滩快艇服务有限公司	B	
46	安徽吉腾航运有限公司	A		58	安徽兆丰航运有限公司	B	
47	安徽西典船舶代理有限公司	A		59	巢湖市瑞林船务有限责任公司	B	
48	合肥自航船运有限公司	A		60	巢湖市华瑞船务有限公司	B	
49	合肥里德船舶管理有限公司	A		61	安徽省庐江县润发航运有限责任公司	B	
50	合肥通达航运服务有限责任公司	A		62	安徽金丰船务有限公司	B	
51	安徽迅捷物流有限责任公司	A		63	合肥利君船务有限公司	C	
52	安徽明开物流有限公司	A		64	安徽省浩渺航运有限公司	C	
53	巢湖市飞雁物流有限责任公司	A		65	庐江县水路运输服务有限公司	C	
54	合肥盛源船务有限公司	B		66	安徽省领航航运有限公司		2022年度未开展水路运输经营活动
55	合肥裕隆船务有限责任公司	B		67	合肥印象滨湖旅游投资发展有限公司		2022年度未开展水路运输经营活动
56	巢湖市金色湖畔水上娱乐有限责任公司	B					

2023年，市交通局持续开展港口污染治理整治工作。强化船舶污染物接收转运处置。实现污染物监管闭环，保障船舶污染物应收尽收。截至12月底，合肥港船舶垃圾接收处置56.14吨，生活污水接收处置1402.92立方米，含油污水接收处置12.04立方米；加强对港口大气扬尘治理的督查。督促企业落实扬尘污染防治措施，有效保证港口扬尘治理取得实效。

2023年12月7日，国际内陆港集装箱货场龙门吊　（程慧玲／摄）

持续推进港口岸电设施改造。推动13个码头泊位岸电设施改建，实现辖区码头岸电全覆盖（油气化工码头除外）。

开展突出生态环境问题整改“回头看”核查工作。对8家港口企业开展现场核查，涉及港口初期雨水设施、港口岸电和码头扬尘污染治理的3个方面问题全部整改到位，且未出现反弹。

开展港口安全隐患治理“回头看”工作。重点围绕安全生产主体责任落实、安全隐患排查问题整改、有限空间治理等方面开展监督检查。检查出一般隐患10个，均整改闭环。

开展隐患排查整治和风险防范

化解专项督查，对辖区28家港口企业进行定期、不定期督查68次，召开企业座谈会4次，专项行动期间发现隐患7处，均整改闭环。

航道管理。推进平安航道建设。制定下发《合肥市平安航道建设活动设施方案》和《合肥辖区航道管养巡查工作办法》。组织编制《合肥航道突发事件应急预案》《合肥市航标维护方案》。截至年底，开展航道巡查648人次，巡查总里程6405千米，巡查发现整改问题28项，实施航标维护16座次，施放应急浮标6座，打捞碍航无主沉船2艘。

加强航道数据分析和利用工作。针对辖区近2年发生的水上搁浅事故，建立多部门搁浅信息共享制度，对搁浅点数据分析汇总，在数据支撑基础上开展航道养护计划研究。绘制新的合肥市等级航道图。

【船员船舶检验管理】 2023年，合肥市完成内河船员基本安全培训8期223人，内河客船特殊操作培训1期15人，内河船员轮机岗位培训1期16人；完成培训监督检查11期22人次，组织各类船员考试20期746人次。原船员培训学校合肥新航船员培训学校旧址搬迁，内河船舶船员理论、安全实操考场建设及相关信息变更通过交通运输部海事局、省中心等相关主管部门公布确认。

截至年底，市交通局完成船舶登记业务1244次，船舶最低安全配员证书核换发363件次，内河船员证书核换发1250件次，累计完成船舶检验发证2055艘次。改造岸电受电设施船舶282艘，605艘合肥港籍船舶具备受电设施。合肥港登记内河船舶1244艘，船舶最低安全配员证书核换发363件次，内河船员证书核换发1250件次，累计完成船舶检验发证2055艘次。

【水上交通安全】 2023年，市交通局开展水上交通安全隐患排查整治和风险防范化解专项行动，先后开展"水上交通安全隐患排查整治和风险防范化解""有限空间作业安全""护航2023"等7类专项行动。重点加大对"四类船舶"监管执法力度，落实船员违法记分管理要求，依法打击最低安全配员不足、随意停泊、不遵守禁限航要求、内河船舶非法从事海上运输等违法违规行为。全年开展水上执法检查17263次，出动执法人员38005人次，检查船舶16178艘次，船舶的安全技术状况稳步提升，水上交通安全形势总体平稳。

加强渡口渡船安全管理。紧盯渡运安全风险，采取"四不两直""回头看"等方式，对辖区渡口渡船开展拉网式安全生产检查督导，发现各类隐患均整改完毕。保障春节、"五一"、国庆等重点时段，加强客渡运安全生产监管，指导渡运企业制定各类安全应急预案，全年安全渡运106.7万人次。

做好水上交通应急处置工作。健全完善应急工作机制。做好极端天气防范应对工作，发挥12395信息平台的预警信息发布和接转警工作，及时发布各类安全预警信息156条，接转警电话1650个，应急救援电话25 起，处置突发事件43起。其中，实施船舶救援13例，救助人员4人次。

（王俊生 万光环）

铁路建设与运营

【概况】 2023年，合肥铁路运输收入64.79亿元，旅客发送人次达5205.94万人，同比分别增长111.04%和104.50%。全年发送货物7184.01万吨，同比增加225.08万吨，增长3.23%；实现运输收入55.72亿元，同比增加4.71亿元，增长9.20%。

【铁路客运】 2023年，合肥铁路完成旅客发送5205.94万人、较2019年增长7.84%；完成运输收入64.79亿元、较2019年增长16.57%。

【铁路货运】 2023年，合肥铁路围绕"向市场要效益"，统筹增收与节支，扎实开展"奋战四季度，夺取双胜利"活动，加大煤炭中长协项目运输组织力度，加强与煤矿企业、车务站段、调度所对接协调，不断优化运输方案，全力保通保畅保供。坚持市场化运作方向，广泛开展企业走访、市场调研，深挖潜在货源，全年拓展开发新项目10个。加强路企协作，多举措促进集装箱、商品车、光伏、粮食增运上量，开发快运班列产品，拓展海铁联运"班列经济"，全年海铁联运开行792列，中欧中亚班列开行398列。全年发送货物7184.01万吨，同比增加225.08万吨，增长3.23%；实现运输收入55.72亿元，同比增加4.71亿元，增长9.2%；全年集装箱发送1206.6万吨，同比增加136.3万吨，增长12.7%。深化全面预算管理，落实增收节支各项措施，全年实现利润2916.38万元。

【合肥工务段运营】 2023年，合肥工务段落实“741”段安全生产管理主体责任，由段牵头对管内设备短板进行集中整治，利用挖机配合对道床翻浆病害彻底清理，合计处理翻浆6879孔，剩余翻浆处所较上年同期减少94%。线路轨距精调688.89千米。坚持单元综合保质修的养修理念，将外部环境、线桥结合部高道床整治、栅栏网藤蔓清理等，一并纳入单元创建内容，杜绝单打一的现象。新修防洪检查通道33处，对沪蓉线38个隧道口进行仰坡喷混防护，整治隧道二衬病害97处，隧道二衬裂纹、渗漏水、空响合计896处全部完成，设备上一大批老大难问题得以解决。组织对管内564座倒虹吸开展安全隐患专项排查整治，与地方建立联系机制，签订“使用安全联保协议”278份。推广小型液压捣固机等先进工具的使用，同步增设小型液压捣固机停放平台97处。在沪蓉线开创全路有砟高铁道床、道岔清筛施工先河，为后期有砟道床大修提供经验借鉴。截至年底，安全优质完成150.09千米道床、78组道岔清筛施工任务，施工后合宁上行线TQI值由4.49mm下降至2.9mm，降幅达35.4%，下行线TQI值由4.41mm下降至3.2mm，降幅达27.4%，合武线岔区TQI值由6.35 mm下降至5.07mm，降幅达21%，有砟高铁运行品质得到显著提升。推行“精检、精测、精捣、精调、精磨”工作法，开展大机综合维修，完成大机线捣880.81千米、岔捣193组、线磨624.84千米、岔磨388组，淮南线施工地段TQI值由6.65mm下降至4.53mm，降幅达31.9%，宁西线施工地段TQI值由5.81mm下降至4.00mm，降幅达31.2%，宁西线TQI值达到全局同等级线路先进水平，其他各线都达到历史最高水平。

（江　深　徐　帅　戴茂征）

航空运输与管理

【概况】 2023年，合肥新桥国际机场完成旅客吞吐量1117.10万人次，11月19日，合肥新桥国际机场货邮吞吐量首次突破10万吨大关，全年完成11.5万吨，实现航空货运发展新跨越。

【客运】 2023年，有境内外28家客运航空公司在合肥新桥国际机场投入运力，运营国内国际及地区定期客运航线128条，通达国内外航点74处，基本实现与国内适航省会城市及经济强市、热点旅游城市的航空通达。国内航线方面，新增合肥至泸州、达州、松原航线，重点加密合肥至北京、成都、广州、乌鲁木齐航线；国际和地区航线方面，先后恢复开通合肥至泰国曼谷、越南芽庄、日本大阪、新加坡、香港、澳门等6条客运航线。合肥新桥国际机场全年完成旅客吞吐量1117.10万人次，重返国内“千万级”方阵。

【货运】 2023年，合肥市推进合肥国际航空货运集散中心建设，合肥新桥国际机场开通安徽省首条第五航权国际货运航线，新开5条货运航线，全年稳定运营合肥至深圳、郑州、鄂州以及美国洛杉矶、芝加哥、达拉斯、纽约、韩国仁川、日本大阪、荷兰阿姆斯特丹等10条国内国际全货机航线，每周执行近30个班次，航线网络覆盖东亚、欧盟、北美等主要国际航空货运重点区域。持续提升国际货运保障能力，完成货机坪国际货物待装区建设以及东区国际货站扩建工程立项、可研审批等前期工作。11月19日，合肥新桥国际机场货邮吞吐量首次突破10万吨大关，全年完成11.5万吨，实现航空货运发展新跨越。

【航线】 2023年，中国东航在安徽地区执飞航线64条（在合肥执飞51条，省内其他站点13条），其中国内航线61条，国际地区航线3条。航线有：合肥—昆明、合肥—广州、北京大兴—合肥—厦门、北京大兴—合肥—琼海、厦门—合肥—长春、合肥—北京大兴、合肥—重庆、合肥—乌鲁木齐、合肥—兰州、合肥—兰州—敦煌、合肥—西宁、合肥—西安、合肥—桂林、合肥—南宁、合肥—大连、合肥—厦门、合肥—银川、青岛—合肥—重庆、成都天府—合肥—烟台、成都天府—合肥、长春—合肥—柳州、合肥—哈尔滨、合肥—青岛、青岛—合肥—遵义、合肥—汕头、太原—合肥—晋江、重庆—合肥—威海、和田—西安—合肥、合肥—湛江、合肥—呼和浩特、合肥—太原、合肥—浦东、沈阳—合肥—琼海、浦东—合肥—揭阳潮汕、鄂尔多斯—合肥—佛山、合肥—鄂尔多斯、榆林—西安—合肥、合肥—绵阳、合肥—深圳、合肥—贵阳、合肥—满洲里、合肥—石家庄、合肥—珠海、合肥—鄂尔多斯、合肥—长春、合肥—威海、合肥—西双版纳、合肥—西安—榆林、广州—合肥—哈尔滨、沈阳—合肥—桂林、阜阳—佛山、浦东—阜阳—昆明、阜阳—

浦东、阜阳—北京大兴、鄂尔多斯—阜阳—佛山、昆明—黄山—大连、重庆—黄山—温州、九华山—北京大兴、北京大兴—芜湖宣州—佛山、昆明—阜阳—长春、芜湖宣州—西安、芜湖宣州—鄂尔多斯、浦东—安庆—长沙。国际地区航线有合肥—香港、合肥—澳门、合肥—新加坡。

【航空安全】 2023年，东航安徽分公司未发生严重差错及以上事件，守住飞行、空防、航空地面、地面行车、食品消防、网络信息等各领域安全，飞行、维修系统续写10年以上无征候记录，实现安全飞行39周年和2023安全年。

【服务保障】 2023年，东航安徽分公司发挥CDM、ACDM平台协同优势和MUC航班保障平台智能决策优势，重点管控常延误和高延误航班。推动服务质量管理体系建设，开展“民航服务助力行业恢复年”主题活动，突出抓好投诉管理、旅客伤病亡事件应急处置、餐食机供品和客舱清洁管控。加强服务符合性验证检查，运用客户投诉、客户满意度系统平台，加强服务质量监测和数据整合分析，持续改进服务短板。客舱开展“微雕”服务提升项目，深化“凌燕”品牌建设，成立服务品牌创新“皖馨组”，以“三个最佳2.0”为抓手优化客户体验。全年未发生服务差错以上事件，未发生重大投诉，服务指标完成总体良好。

【空港经济示范区建设】 2023年，新桥科创示范区聚焦城市功能品质升级，城乡统筹发展体系更加协调均衡，立体交通网更密，新桥机场改扩建、轨道S1线、淮桐高速等交通“大动脉”工程进展顺利，合六叶高速新桥科创区、高刘道口开通。全年完成财政性大建设项目实物投资19.40亿元，统筹省市重点项目完成实物投资51.50亿元，推进合淮合作区20.53平方千米总体发展规划获批。配套服务功能更全，新桥国际医院开门问诊，硕金大街商业综合体建成投用，六中新桥校区、国际小镇小学开工建设，宝教寺湖生态修复项目竣工，长岗污水厂三期建成。群众获得感更强，建成交付高刘二期、三期42万平方米、2905套安置房，采用市场化代建方式建设长岗南片区星航南、北苑3703套安置房提前封顶，承寓·栖熙里1026套租赁住宅开工建设。

（朱振飞　唐经纬　王　余）

城市公共交通

【概况】 2023年，合肥市持续深入实施城市公共交通优先发展战略，聚焦公共交通高质量发展，开展公共交通服务品质提升年活动，更好服务广大人民群众“安全、便捷、舒适、温馨”出行。截至年底，市区有3家公交企业，市区在运营车辆有3941台(折合4872.8标台)，常规公交线路308条，公交运营线路总长度5176.60千米，运营线网总长度2239千米。市区全年公交运营里程达2.02亿千米，累计完成客运量3.20亿人次，日均客运量87.67万人次。全市有公交停保场13个，面积达70.80万平方米；首末站138个，中途停靠站5520个（其中电子站牌592个），市区建成区公交站点500米半径覆盖率达到100%。

【线路拓展及线网优化】 2023年，合肥市坚持以市民需求为中心，以出行数据为支撑，以便捷乘车为目标，以区域微循环为重点，持续“增覆盖、减重复、撤低效、强接驳”，全年新开常规公交线路38条，其中轨道短驳线路28条，优化调整线路70条次，撤销低效线路18条次，在157条线路推行“视情停靠”便民举措，打破过去“站站停”的服务模式，有效提升运营速度和乘车体验。盘活现有车辆资源，发展高效、便捷、精准、集约的定制公交出行服务，形成以“通勤定制”“学生定制”为主，节假日定制、医院定制、休闲旅游定制、党建专线等为辅的定制公交服务模式，新开定

2023年10月1日，合肥公交集团新开园博园“跑道专线”，方便市民游玩赏景

（李克武/摄）

制通勤线路 48 条，助游专线 23 条。全力保障第十四届中国（合肥）国际园林博览会，开通 2 条地铁接驳公交专线、8 条园博会公交专线、1 条园内“跑道专线”，精心服务市民畅游园博园。

【公交基础设施建设】 2023 年，合肥市推进公交绿色低碳高质量发展，深入贯彻落实省、市领导关于推动氢能产业和氢能公交大力发展的相关指示精神，全力配合市有关部门推动总规模 100 辆、首批 23 辆的氢能公交示范项目建设，同步推进合肥经济技术开发区停保场加氢站建设工作。精准对接合肥市打造“光伏应用第一城”的愿景目标，于 10 月在瑶海停保场建成投用合肥公交第一座“光储充”示范站，推动能源结构优化。充电桩建设稳步推进，完成第四批公交充电站项目一期新建桩工程，自建充电站达到 57 座、充电桩 1139 个、充电枪 2278 个；“电”资源首次对外服务运营，错时对外开放 11 座快速充电站、298 个大功率快充充电位，服务社会车辆充电 11.10 万台次，为社会缓解充电资源紧缺的问题。推进骆岗公园周边市政道路公交站亭代建项目，建成第一批使用的 18 处公交站亭，保障园博会期间市民候车及乘车需求。全年建成肥西深圳路站、荣成花园改造站、蜀山产业园站、和平路公交站等首末站点，新增站点面积 1.90 万平方米。

【智慧公交建设】 2023 年，合肥市全新升级“合肥公交”APP，推出“合肥公交”微信小程序，实时公交新增周边公共场所查询导航等功能，定制公交新增扫码验票等功能；推广虚拟电子站牌（二维码），在樊洼路、颍河路、皇藏峪路、宁国路、长丰路等 33 条道路 479 处公交站张贴虚拟电子站牌，公交出行服务更贴心、更便捷。优化呼叫中心系统，将话务系统、业务系统、抢修热线三合一，形成综合管理平台，使热线受理与后台办理服务紧密衔接，保障用户反映的问题及合理诉求及时得到处置和办理。首次升级望铜路口、礼铜路口、铜凤路口、许小河等 4 座 BRT 岛站为智慧岛站，开启无人值守新模式，提升市民出行体验。在 70 路试点安装读秒式“红绿灯”，实现公交车尾屏与交通信号灯的联动，消除交通信号灯被遮挡的盲区，提高市民出行的安全性和通行效率。

2023 年 9 月，在 70 路公交车试点安装读秒式“红绿灯”，实现公交车尾屏与交通信号灯联动（李克武/摄）

【轨道交通建设】 截至 2023 年底，合肥市城市轨道交通全网运营线路 5 条，运营里程 197 千米，总运营车站 154 座，换乘站 10 座，覆盖合肥所有主城区，初步形成全市轨道骨干网构建。肥东县、肥西县县城 20 分钟通达主城区，轨道交通正式迈入“市县一体化”时代。

【共享单车市场及监管】 2023 年，合肥市贯彻落实《关于鼓励和规范互联网租赁自行车发展的实施意见》《合肥市非机动车安全管理条例》等要求，持续开展多部门联合执法巡查、扫码核验，整治超量投放等违规行为，开展运营企业服务质量考核，倒逼企业规范市场行为、提升服务质量，积极回应群众意见建议，构建政府、企业、市民共建共治共享的管理新格局。

（胡淑钦 范 鹏 李克武）

大物流体系建设

【概况】 2023 年，合肥市高位推动大物流体系建设，组建大物流专班，印发《合肥市大物流体系建设规划》，构建“4+4+N”物流枢纽体系。港口航道能级进一步提升，江淮运河顺利通航，“合肥—洋山”直达航线正式开通。重点铁路项目建设取得重要进展，派河铁路物流基地12月建成通车，下塘铁路专用线项目涉铁部分已先期开工。中欧班列服务网络进一步拓展至18个国家125个国际站点，全年开行中欧班列868列。铁海联运大幅度增长，全年发运集装箱8.07万标箱。全年完成航空货邮吞吐量11.46万吨，创历史新高。坚持招引培育并举，全年新签约物流领域项目25个。陆港型国家物流枢纽新建成运营合肥国际陆港一期、中外运供销物流园等重点项目。生产服务型物流枢纽成功入选2023年国家物流枢纽建设名单。国际航空货运集散中心建成并运营4个进境指定监管场地。全市新建成并投入运营9个百亩以上物流园区，新增仓储面积约55万平方米。

【《合肥市大物流体系建设规划》获批复】 2023年12月21日，《合肥市大物流体系建设规划》获得市政府批复。合肥市高水平编制《合肥市大物流体系建设规划》（以下简称《规划》），旨在构建科学合理的物流枢纽空间布局，形成“通道+枢纽+网络”发展新体系，着力提升产业链供应链韧性和安全水平。

《规划》范围为合肥市区，以及与其紧密联系的肥东县(店埠镇、撮镇镇、桥头集镇、长临河镇)，肥西县(上派镇、桃花镇、花岗镇、紫蓬镇)，长丰县(双墩镇、岗集镇)的10个镇，面积约2761平方千米。

《规划》以辐射全国、链接全球的国家物流中心城市为总体发展定位，高效融入“双循环”新发展格局，打造链接“一带一路”的现代流通战略支点、面向长三角辐射中西部的重要门户，成为长三角产业链供应链组织中心。以全面建成高能级物流中心城市为总体发展目标，打造供需适配、智慧高效、绿色韧性的合肥现代物流体系。

根据《规划》，合肥将构建东西互济、陆海联动的国际国内物流大通道。其中，在国际物流大通道方面，加快构建国际班列通道，加快培育国际航线航班。在国内物流大通道方面，构建以合肥为核心的六向物流大通道，多方式、多路径、多节点积极融入国内“四横五纵”物流大通道，强化与京津冀、长三角、粤港澳、成渝等重要城市群的联系。重点优化国内铁路班列组织，打通高效水运通道，开拓多路径铁海联运，建设“两环+十七射+多联”高速公路网，形成高质量的干线物流通道网络，提升规模化运行效率。《规划》提出，合肥构建“4+4+N”的物流枢纽体系，即4个国家级物流枢纽（三核一极主枢纽）、4处区域型综合物流园、N个城市骨干物流中心。

《规划》还将深度挖掘现代物流重点领域潜力，包括补足冷链物流、智慧物流短板，积极探索高铁物流、低空物流发展，完善现代物流服务体系。

（程慧玲）

邮政快递

【概况】 2023年，合肥市连续第三届入选“中国快递示范城市”。《合肥市深化创建“中国快递示范城市”实施方案》印发，接力启动第三轮示范创建。全年全市快递业务量完成13.37亿件，居全国省会城市第8位、长三角城市第8位，快递业务量常态化月均超亿件。行业持续保持高位高质、安全稳定的健康发展态势。

【创新融合发展】 2023年，合肥市快递企业开拓智能仓储+配送、专项客服等个性化增项服务，全省首个酒水专用仓在合肥建成投用。快递服务本地时令水果、预制菜等农产品业务量超2700万件。联合省中医院推进“医寄通”，进驻提供药品配送一站式服务，月均服务患者超万人次。全市投用智能快递无人车119辆，建成24小时无人驿站81个。合肥邮区中心数智化邮件处理中心建设项目入选全国交通强国邮政专项试点任务，全国邮政管理系统及相关企业在中通快递合肥转运中心实地观摩科技应用。安徽顺丰在合肥成功创建“空陆+公铁”省级联运示范工程，开通“合肥—深圳”“合肥—鄂州”2条空陆联运示范线路、47条公铁联运示范线路。

【邮政行业治理】 2023年，合肥市邮政管理局推进《合肥市邮政快递管理办法》贯彻实施，加强属地工作承接指导和带动，完善行业治理体系。推进行业绿色化、低碳化建设转型，在合肥快递企业铺设光伏面板3.6万平方米，上线首辆新能源干线卡车。全市累计投放9.80万个可循环包装，循环使用343万次，回收复用瓦楞纸箱708万个。电商快件不再二次包装率达97.5%，新增或更新车辆中新能源汽车比例达85%。着力整治“未经许可经营和超范围经营”“末端投递违规二次收费”等扰乱市场秩序行为，实施“亮证经营”管理，严厉查处超期经营或未备案经营的快递末端网点。

【筑牢安全防线】 2023年，市邮政管理局针对在合肥快递经营主体类型情况，制定《在肥邮政快递企业安全管理明白纸（第一版）》，推进分类普法、分类监管。牵头12部门启动平安寄递专项行动。狠抓寄递安全三项制度落实，开展快件“内置验视贴”专项执法检查。联合公安、网信等部门开展寄递信息汇聚平台风险排查。在省内率先开展机要通信全程跟班作业，率先举办机要专项应急演练，持续深化与保密部门邮政机要通信联合检查机制。成功创建1个省级邮政业“扫黄打非”进基层示范点，基层体系建设受省市“扫黄打非”部门肯定，多次接待全省“扫黄打非”部门实地观摩及省外市来肥交流。合肥市邮政分公司文曲路营业部获评2023年度全国邮政快递业青年安全生产示范岗。

【服务质量提升】 2023年，市邮政管理局探索建立邮政普遍服务两项“非现场”定期报送抽查制度，25处普服网点营业时间优化延长，乡镇及农村地区平均营业时长超出标准1.5小时以上，城乡122个邮政局所实现包裹自提、社区团购、普惠保险、警邮合作四项业务叠加覆盖，法邮合作实现省、市和县区三级13家法院全覆盖。持续推进农村寄递物流体系建设，市交通、邮政管理、邮政企业联合布置推进农村地区客货邮融合发展建设，肥西客货邮融合发展模式入选全省交通运输系统典型案例和全省客货邮融合建设样板。全市开通公交运邮线路59条，建成54个乡镇客货邮综合服务站，总数及年度新增数居全省第一。

【用户和快递员合法权益保障】 2023年，市邮政管理局指导行业协会制定《合肥市邮政快递业服务质量纠纷联动处理办法（试行）》，加强安全中心申诉工作配合支撑，及时化解行业矛盾纠纷，打造共建共治共享治理格局，全年依法妥善办理各类用户申诉、举报1.60万余件，处理时间由规定的11天下降至4.70天，减少6.30天。联合多部门举办第六届职业技能竞赛，合肥快递员连续第三届获省赛专业组冠军，并在全国赛分获二、三等奖。持续开展快递工程专业技术资格评审工作，组织开展全市“暖蜂杯·寻找最美快递员”评选，5人获评首批安徽“最美快递员”，行业内5人3集体获国家、省、市级表彰。

（孙晨晨）

责任编辑：王尚先

自然资源和规划

综　述

【概况】 2023年，合肥市自然资源和规划局（以下简称“市自规局”）立足“两统一”核心职责和“四个定位”，按照“全国有影响、全省站前排”要求，咬定“前列前茅，第一方阵”奋斗目标，攻坚克难、真抓实干，推动各项工作取得新成效。全市耕地面积持续增加，质量不断提升；生态保护红线有效管控，生态修复系统推进；资源配置精准高效，找矿、用矿协调推进，节约集约水平再上新台阶。土地储备各项任务圆满完成，所有者职责正确行使，资源资产清查初获成效。各类规划编制成果丰硕，市县总体规划编制完成待批、专项规划编制有序推进、城区单元控规实现全覆盖、村庄规划按需应编尽编，“三级三类”国土空间规划体系初步构建，“规建治”一体化有效推进。坚持“四比四看”，落实“服务群众、服务人才、服务企业、服务基层”要求。“难安置”治理解群众所盼，“民声呼应”推优营商环境，为民为企服务更加有温度。市自规局先后被省委组织部、省人社厅表彰为全省“一改两为”先进集体，被评为全省自然资源系统先进集体。获第十四届中国（合肥）国际园林博览会筹办工作集体三等功、集体嘉奖，安徽省首届“皖美登杯”不动产登记职业技能大赛团体二等奖。获评合肥市直机关平安单位、全市民族团结进步示范机关。营商环境评价位居全省自然资源系统第一方阵，合肥市成功入选全国低效用地再开发试点市，市自规局机关党建连续5年获评“好”等次。

2023年9月28日，市自规局举办合肥市不动产登记“合易登”集成服务点集中签约仪式
（市自规局/供）

【要素保障】 2023年，市自规局坚持“容缺预审、跟踪指导”，精心谋划推进成片开发方案报批，从实从速落实征地批前核查。全年获批成片开发方案41个、0.49万公顷，完成批前核查332个批次、0.27万公顷。深化“星期六”要素保障会商机制，引入市林园部门作为共同牵头单位，共组织召开（参加）会商会10次，北沿江高铁等一大批重点项目用地难题得到解决。获批用地379个批次，面积0.31万公顷。加强土地储备和上市供应调度，召开市土地管理委员会各类会议36次，研究101宗土地的收购和供应方案。供应各类用地0.51万公顷，居长三角万亿城市首位。其中经营用地供应86宗、0.04万公顷，总价598.27亿元，整体呈现出“一高三低”良好态势，即溢价率高，起始价成交占比低、综合成本低、平台公司拿地占比低；工业用地244宗、0.13万公顷，居长三角万亿城市第二位；划拨土地

供应0.34万公顷。批准临时用地366宗、0.06万公顷。推动巢湖市青苔山矿区、钱家山矿区及庐江县石山矿区内的原有采矿权整合，并顺利完成采矿权公开出让。高效用地、用矿，有力支撑全市GDP5.8%的增长率。

【优化服务】 2023年，市自规局落实“民声呼应”工作要求，畅通问题反映渠道，及时有效回应群众诉求。全年转办、答复“12345政府服务直通车”7750件，接听市长热线电话1006次。办结厅长信箱留言110件、民声服务需求43件。深化“一出三进四服务”，走访企业120余家，收并集办理问题90余件；积极回应政府信息公开，全年主动公开发布信息1577条，受理依申请公开758件。不动产登记创建“N+1+15”模式，打造24小时金融+登记服务，推行“60分钟办结制”，全域12家银行61处银行网点设立“合易登”集成服务点。全市颁发不动产权证书证明90.88万本，日均办证量达3635本，涉及抵押金额5626.51亿元。建立“三级调度”机制，推行多元化安置，全力以赴破解“安置难”。全年完成早治理项目217个，涉及8.58万户，房屋15.70万套、1480万平方米。组织开展“新春访万家”活动，贴近群众听取安置工作意见建议，相关工作经验被省厅报道和推荐。

（罗雅玲）

城乡规划

【概述】 2023年，市自规局推进市、县、乡三级国土空间规划编审。市级总规报国务院待批；县级总规完成审查；乡镇总规全面启动编制。深入谋划专项规划。印发《合肥市市级国土空间专项规划编制工作方案》，制定编制目录清单68个，2023年在编及启动专项规划42个。推进城市公共服务设施专项规划编制，优化工业产业区块控制线专项规划。完成大物流体系建设专项规划、江淮运河百里画廊专项规划编制。划定城区115个单元，实现控规全覆盖。围绕助力乡村振兴，优化推进村庄规划编制，累计完成635个，其中2023年459个编制任务全部完成。瑶海分局率先开展区级总体城市设计研究，提前完成单元控规编制全覆盖。

【规建治改革】 2023年，市自规局发挥市国土空间规划委员会（以下简称“市规委会”）牵头抓总作用，全年高效率组织召开市规委会各级会议69次，平均5.3天召开一次，累计审议各类议题470个。推进住房发展、城中村改造、“平急两用”公共基础设施建设等重要专项规划编制。优化城市服务功能。倡导推行TOD、EOD开发模式；规划建设职住平衡的“十五分钟工作生活圈”；传承“翡翠项链”，重塑“三环三楔”绿地空间结构。强化规划市级统筹，针对已纳入市域统筹的28个重点镇（街道），将区域内重大项目规划提级至市级层面审议，有效推动市县规划等高对接；开展规划前置审查，确保重大项目选址的科学性及合理性，实现“拿地即开工”；符合条件的新建65个幼儿园全部配备“三件套”；新建住宅小区全部按“五有一纳入”规划设计。

【规划许可】 2023年，市自规局依托国基平台和一体化系统，优化提升审批效能。核发用地预审与选址意见书593个、用地0.27万公顷；建设用地规划许可证968个、用地0.50万公顷；建设工程规划许可证4515个、建筑面积5841万平方米，全市大建设、大发展获得支撑。重点抓好规划核实、违法建筑的认定查处等工作，法定规划严肃性得到有效维护。全年完成407个项目、2858栋单体的巡查工作，认定违法建设2566件，办理内森庄园、五金商贸等一批省、市领导关注的违法建设案件。完成全市37宗违建别墅问题线索排查确认工作，发现涉及问题线索14宗，移送纪委72人次。加强规划行业管理，成立全省首个国土空间规划学会，助力提升行业规划学术水平和队伍整体素质。

（罗雅玲）

自然资源监管

【概述】 2023年，市自规局围绕耕地保护“首考”要求，全面查缺补漏，用好“五个一”举措，推动耕地保护质效提升。2023年耕地保护考核涉及的五项主要指标，合肥市全部获得满分。落实耕地“双平衡”任务，完成各类土地整治项目766个，新增耕地0.21万公顷，其中补充耕地项目入库709个、面积0.10万公顷，入库量居全省第二位。找回耕地1.36万公顷，完成永久基本农田核实处置1.19万公顷，实现耕地数量“三连增”。推进自然资源执法。强化行刑衔

2023 年 8 月 18 日，变更调查作业单位日常变更在长丰的外业举证现场

（市自规局 / 供）

接、纪法衔接。用地秩序持续向好，全年新增非农建设违法占耕比降低至 0.03%。自然资源督察反馈问题整改，取得“三降双零一提升”的显著成效，违法违规问题总量、重点督办典型问题总量以及违法违规问题占耕地面积整体呈断崖式下降趋势；自然资源督察工作实现连续 15 年国家层面“零约谈、零问责”；督察反馈问题整改销号率大幅提升，平均整改率超 85%。农村乱占耕地建房新增问题得到有效控制。长丰县连续两年实现非农建设违法占用耕地“零新增”。合肥经济技术开发区出台区级耕地保护管理办法，耕地保护三级体系经验获“学习强国”宣传推广。

【土地节约集约利用】 2023 年，合肥市单位 GDP 建设用地使用面积下降率 5.5%，完成颗粒化试点任务 27 项。处置批而未供土地 0.24 万公顷、闲置土地 0.12 万公顷，处置量居全省首位。盘活市辖区低效工业用地 424.40 公顷，为产业项目落地腾挪出宝贵空间。获批全国低效用地再开发试点，制定试点方案，包含创新政策 28 项。适时出台“新型产业用地”“府院联动”“商办去库存”等用地政策。市自规局推广“健康体检 + 土地管家”，形成“发现问题 + 解决问题”的全流程用地服务提升机制，低成本盘活存量用地获得广泛关注。深入推进农村集体经营性建设用地入市试点，建立城乡统一的基准地价体系。指导庐江县成功出让三宗工业用地，总面积 18.10 公顷。强化规划统筹衔接与工程方法创新，推行高压线入地、变电站入公建，探索基础设施整合布局、共用廊道，充分利用存量用地、地下空间和边角地。肥东县、长丰县获批国家级自然资源节约集约示范县。合肥高新技术产业开发区深化推进“健康体检 + 土地管家”机制。庐阳区低效用地清理取得成效，庐阳经济开发区入选年度全省省级经济开发区亩均效益领跑者名单。合肥经开区通过项目嫁接、土地二级市场转让等方式，保障大众安徽项目顺利落地。

【自然资源权益】 2023 年，市自规局高质量完成城市空间监测，获得安徽省测绘地理信息项目质量优秀奖一等奖。在安徽省首届自然资源调查监测劳动和技能竞赛中，获得优秀组织奖。持续推进环巢湖流域“山水工程”，累计完成修复 921 平方千米，完成投资约 93 亿元。十八联圩湿地修复三期工程获“中国山水工程”典型案例，被推荐申报“联合国生态恢复十年行动”优秀案例。矿山生态修复工作成效凸显，年度 29 个废弃矿山修复任务全部完成。钟山铁矿、发火山矿采用“以用定制”模式，结合文旅项目开展修复，取得良好效果。牵头的 9 个突出生态环境问题整改全部通过验收。绿色矿山建设卓有成效，有 5 座矿山成功纳入部、省绿色矿山目录库。自然资源确权登记工作扎实推进。全市农村房地一体登簿汇交 29.41 万宗，登簿汇交率达 65%，其中长丰县、肥西县登簿汇交率 100%。

（罗雅玲）

土地储备

【概况】 2023 年，合肥市土地储备中心完成土地收购 712.20 公顷，土地收储入库量保持平稳有序；“片区收储”成效显著，全年完成片区土地收购 315 公顷，起草《合肥市片区土地收储成本测算导则》，统一片区土地收储成本核算标准；完成佳通轮胎、统一企业等一批重点项目土地收购，促进企业搬迁和转型升级；整合存量土地资源，完成省军区一期土地置换，为安徽交通职业技术学院、安徽省社会主义学院、省林业职业技术学院、省委党校迁址新建做好服务。

2023 年 5 月 13 日，市土储中心召开《合肥市土地储备实施办法》修订工作座谈会 （王 华/摄）

【土地供应】 2023 年，市土地储备中心适应房地产市场新模式，保障房地产健康发展，供应储备土地 534.20 公顷，实现供应收入 465.50 亿元。服务保障民生，供应储备土地 289.69 公顷用于安置房、教育、道路绿地、社区服务设施等民生领域建设。

【招商推介】 2023 年，市土地储备中心开展招商推介活动，优化营商环境。组织指导市辖各区举办 5 场城市价值发布活动，参与举办 6 场房地产行业企业家沙龙活动。代表合肥市参加中国城市（南通）土地展。

【绿色储备】 2023 年，市土地储备中心实施源头管控，实现拟收购疑似污染场地环境调查评估全覆盖率。提供储备资金 6.57 亿元，协助瑶海区政府完成马合钢、氯碱、老合钢污染地块修复 111.73 公顷，移出污染名录 59.07 公顷，实现生态文明建设与产业升级的双赢局面。

【机制建设】 2023 年，市土地储备中心完成《合肥市土地储备实施办法》修订，按照 2023 年合肥市人民政府规章制定计划，开展外出调研、多轮意见征集、立法审查、社会稳定风险评估等工作。强化规划计划引领，探索“中远期专项规划、三年滚动计划、年度计划”分级统筹模式，启动《合肥市土地储备规划（2023-2035 年）》及三年滚动计划编制工作。加强土地储备计划执行监督，按季度开展综合督查考核。加强制度建设，修改完善权属核查、申请规划、评估测算、报批方案、签订合同、支付费用、管护巡查、土地交付、土地供应等土地储备全流程的相关制度，印发制度文件 26 份，合肥市土地储备全生命周期管理模式初步形成。

【规范管理】 2023 年，市土地储备中心加强信息化建设，提升土地储备数字化水平，完成储备土地全生命周期管理系统建设并投入使用。加强储备土地权益保护，建立储备土地权属核查及不动产登记制度，确保储备土地权益不被侵害。创新库存土地管理方法，建立市、区联动常态化巡查管护机制。开展业务处室与综合处室联合巡查，对巡查发现管护问题，及时函告知辖区政府限期整改。规范评估、审计等中介服务，印发《关于进一步加强存量国有建设用地收购涉及的土地价格和房屋价值评估管理的通知》和《合肥市土地储备中心关于规范储备土地涉及审计工作的通知》，对土地收储涉及的评估成果施行“一评估（审计）两复核”制度。防范廉政风险，对中介机构选择、合同签订等采取监督执纪性审查，将监督贯穿于业务全过程。

（王 华）

责任编辑：王尚先

城乡建设与管理

综　述

【概况】 2023年，合肥市大建设完成1100亿元投资计划，全年完成房屋征迁1083万平方米。推进“1155”大交通建设计划，建成及在建铁路里程达到1066千米；建成及在建高速公路里程889千米，高速路网由“一环六射”向“二环十七射多联”转变；轨道交通1号线三期及2、3号线延长线开通运营，运营里程突破200千米；宿松路快速化改造提前130天全线通车，文忠路、桥头集路放行通车，全年建成快速路36.7千米，累计建成及在建快速路316千米。推进“规建治”一体化，形成市大建办与各辖区、市直部门“总对总”对接模式，建立大建设项目储备库、熟化库、实施库，同步建立健全资金保障机制和动态调整机制，源头提升大建设项目质量。

【城乡建设民生保障】 2023年，合肥市常态化推进打通断头路、治理拥堵点，实施便民停车暖民心行动，全年打通断头路15条，治理拥堵点15处，建成停车泊位10.60万个，充电设施1.10万余个。各项攻坚战成效显著，小区二次供水设施改造三年行动计划超额完成任务，涉及居民8.50万户，基本解决城市供水“最后一米”安全问题；320个消防无水小区实现通水287个；大市场整治全面进入实施阶段。提升村镇建设水平，首批小城镇新型城镇化示范乡镇全面开工，肥西县柿树岗乡、庐江县白湖镇基本完工，乡镇公共服务、人居环境明显改善。积极推进传统村落保护和历史建筑修缮，庐江县龙桥镇黄屯老街入列第六批中国传统村落名录。保障农村群众安居，全年改造农村危房320户，农村房屋安全隐患排查整治圆满收官，形成排查治理常态化机制。

【城市运行】 2023年，合肥市城市生命线科技赋能作用凸显，全年监测预警燃气、供水等险情1600余起，全国生命线安全工程现场会在合肥市成功举办，“合肥模式”引领示范作用不断扩大。深入谋划城市生命线三期工程建设，形成项目实施方案，加速推进落地实施。加强公用事业保障能力，六水厂提升改造工程、北城龙湖能源站顺利投产，全市供水能力达372.5万立方米，天然气储气量达2160万立方米，供热能力达1952吨/小时。开展燃气安全专项整治，实现涉气企业安全检查全覆盖，查处“黑气点”26处，加强涉燃气管道第三方施工项目监管，改造老旧燃气管道403千米。提升市政设施管养水平，完成包河大道等10条道路综合整治、29处占道电杆迁改、7616座病害窨井整治，及

2023年5月11日，推进城市基础设施生命线安全工程现场会在合肥召开
（叶挺峰/摄）

时高效开展铲雪除冰应急处置。提升城市水环境，南淝河国考断面水质年度平均值达到Ⅲ类，全年新改建排水管网587千米，钟油坊污水处理厂（10万吨/日）转商业运营，全市污水处理能力达335万吨/日。县城建成区6条黑臭水体整治完成5条。开展三轮防汛督导检查，完成积涝点整治5处，汛期累计出动巡查值守人员4.60万余人次，车辆设备9000余台次。

【城市更新】 2023年，合肥市坚持规划引领，编制《城市更新专项规划（2021—2035年）》，强化城市更新顶层设计，有效引导和有序推进全市城市更新工作。全面推进“一镇五片”城市更新工作，园博小镇顺利开放，老合钢片区解危交房过七成，卫岗王卫片区、电机厂片区、老城片区、大铺头片区加快推进；启动周谷堆片区、仰光片区、四里河左岸片区、龙高照片区等更新项目。大力推进城中村改造，提出按照三年启动（面积）8:1:1、完成（面积）6:2:2的要求，力争在2025年底前完成市区104个城中村征迁。2023年完成城中村征迁任务完成463万平方米，占三年总任务量的57.51%，超额完成年度任务。强化政策指引，印发《合肥市城中村改造实施方案》，为工作推进提供政策支撑。加快项目谋划，全市104个城中村均实现项目化，其中9个项目（32处城中村）方案审议通过。多方筹措资金，积极谋划争取中央专项借款、预算内投资、国债等支持政策，设立城市建设发展基金，争取棚改贷款、城市更新贷款，对接商业银行及社会资本融资。合肥市城中村改造工作受到住建部肯定，工作经验在全国推广。

【征迁安置】 2023年，合肥市坚持划单元整体推进，集中连片整体推进征迁的工作思路，建立市、区、镇、现场指挥部四级挂图作战机制，为征迁工作提质增量。全市全年完成房屋征迁1083.22万平方米，同比增加121.89万平方米，保障市大建设计划、土地收储计划及土地供应计划的稳步施行。全年完成补偿安置93538户1185.81万平方米。其中，货币补偿17076户243.62平方米（98.33亿元），房屋安置76462户942.19万平方米，货币化补偿占比逐步提升。全市完成攻坚扫尾项目43个、3855户、92.36万平方米，重点工程建设进度及各类项目用地需求得到保障。

（白　羽）

2023年11月，城市更新项目园博小镇开门迎客　（张　锦/摄）

轨道交通

【概况】 2023年，市轨道集团完成固定资产投资167.40亿元，占全市大建设计划投资达15.20%；在建线路高效推进，先后开通1号线三期和2、3号线延长线；线网运营平稳有序，年度客运量达4.10亿人次，占全市公共交通客运量的比重56.20%，公共交通“主力军”作用进一步凸显。

【轨道建设】 2023年，1号线三期和2、3号线延长线先后建成开通。在建线路工程建设加快推进，6号线一期完成13座车站主体结构封顶和19条盾构区间贯通；7号线一期和8号线一期实现洞通，完成全部车站主体结构封顶；机场S1线完成5座车站主体结构施工和1条盾构区间贯通。

【轨道运营】 2023年，合肥轨道线网客运量4.10亿人次，日均客流量112.60万人次，线网日均进站量74.10万人次，单日最高客运量达到253.20万人次（2023年12月31日）；列车运行图兑现率100%，列车正点率99.99%，乘客满意度93.47%。全年线网实际开行列次60.80万列次，线网运营12680.30万车千米，高峰时段最小行车间隔208秒，运营总能耗47467.00万千瓦时。

截至2023年底，合肥市城市

轨道交通全网运营线路5条，线路总长200.05千米，总运营车站154座，网络换乘站10座，覆盖合肥所有主城区，初步形成全市轨道骨干网构建。肥东、肥西县城20分钟通达主城区，轨道交通正式迈入“市县一体化”时代。

【轨道TOD】 2023年，合肥轨道TOD开发持续推进，顺利实现东至路TOD项目开盘售罄，滨科城商业项目开工建设，深圳路、紫云湖、甘棠路项目顺利序时推进建设。全年实现销售额5.93亿元，资金回笼4.64亿元。

【轨道交通规划】 2023年，合肥市轨道交通线网规划修编方案通过市规委会审议和省自然资源厅组织的专家审查，并获市政府批复；第四期建设规划通过市规委会审议和省发改委组织的专家审查；低运量轨道交通建设规划目前正组织编制可研报告。

（戴　叶）

2023年12月26日，合肥轨道2、3号线延长线开通仪式在3号线延长线四十埠站举行　（市轨道集团/供）

引江济淮

【概况】 引江济淮工程连通长江与淮河，是集供水、航运、生态效益于一身的跨流域调水工程，是平行于京杭大运河的第二条南北水运大通道，也是中国在建规模最大、路线最长的人工运河，航道总里程约355千米。2023年8月19日，引江济淮江淮沟通段开航，9月16日，引江济淮枞阳小港及菜子湖线航道试运行，标志引江济淮一期工程全线通航。截至年底，引江济淮主体工程587.40千米河（航）道全部建成，工程8大枢纽中，7座泵站7座船闸全线具备提水、开闸通航条件。引江济淮工程淠河总干渠渡槽获第40届国际桥梁大会“亚瑟·海顿奖”。

【引江济淮二期工程】 引江济淮二期工程被列入国家150项重大水利工程，涉及9个市32个县（市、区），作为引江济淮后续工程和配套工程，是皖北全面振兴的重要基础设施，也是皖北群众喝上引调水的重要水源、输水通道和调蓄场所。2023年8月14日，水利部批复初步设计方案，总投资203.17亿元，截至年底，蜀山复线船闸、合肥水源工程、大官塘和五水厂水源工程开工建设。

【江淮运河百里画廊】 引江济淮工程合肥段全长195千米，是引江济淮主体工程的集中地、主战场。合肥市选取城乡关系最紧密、资源要素最集中、风貌特色最鲜明的52千米段，立足沿线文化资源、产业特色、发展潜力等，规划建设江淮运河百里画廊，构建具有合肥特色的“一湖一园一廊一城”科创文旅新地标目，促进江淮运河效益发挥，实现“一河清泉水，一道风景线，一条经济带”。截至年底，百里画廊规划方案进入深化设计阶段。

（张　亮）

重点工程建设管理

【概况】 2023年，合肥市重点工程建设管理局（以下简称“市重点局”）建设各类项目91项（含园博园），其中完工53项，在建38项，总道路长度99.82千米，总建筑面积316.51万平方米，总投资663亿元。全年完成投资额约161.65亿元（含园博园建设部分的投资约5亿元）。

2023年11月，市委市政府对市重点局在第十四届中国（合肥）国际园林博览会筹办工作中做出的重大贡献给予表彰，记三等功。全年市重点局建设的项目获国家级、省级各项表彰30余次：合肥滨湖国际会展中心二期项目、安徽公安职业学院整体搬迁工程、合肥工业大学智能制造技术研究院研发中心3个项目获国家建设工程质量的最高奖鲁班奖。合肥市郎溪路工程、集贤路跨派河桥工程、繁华大道集贤路互通立交二期工程、习友路（石莲南路－文曲路）工程、合肥市第二人民医院老年护理院、合肥市公共卫生服务中心、安徽合肥技师学院7个项目，获国家工程建设领域规格最高的国家级质量奖国家优质工程奖。王小郢污水处理厂项目获“詹天佑奖”；畅通二环工程获“2023年度市政工程最高质量水平评价”以及“黄山杯”；引江济淮繁华大道桥获“安徽省交通科技进步奖”。8个项目获“安徽市政工程优质奖”：合肥市长江路西二环排水系统改造（清一冲、清二冲）、合肥市科技馆新馆（自然博物馆）、畅通二环（西南环）、郎溪路（裕溪路—明皇路）工程一标、郎溪路（裕溪路—明皇路）工程二标段、郎溪路（包河大道—裕溪路）第五标段绿化工程、包公大道（护城路—龙兴大道）道路工程、畅通二环（合武铁路当涂路）绿化工程3标段。安徽百戏城项目获安徽省工程建设质量管理小组活动成果大赛一等奖；合肥市公安局业务技术用房二期项目获安徽省工程建设质量管理小组活动成果大赛二等奖。

5个项目获得不同级别、不同规格的BIM大赛奖项：合肥滨湖国际会展中心二期项目获第四届工程建设行业BIM大赛一等奖；合肥八中运河新城校区获第六届“优路杯”全国BIM技术大赛金奖、安徽省第七届BIM技术应用大赛一等奖；安徽百戏城项目获 “第一届安徽省钢结构工程BIM技术应用大赛”一等奖；合肥市公安局业务技术用房二期项目获2023第六届“优路杯”全国BIM技术大赛铜奖、2023年第二届住房和城乡建设数字建造技能竞赛“图乘杯”BIM专项赛二等奖；龙岗路道路及综合管廊工程获“交通BIM工程创新奖”和“第五届‘市政杯’BIM应用技能大赛一类成果”。

合肥八中运河新城校区获评国家级安全文明标准化工地；安徽百戏城获评华东地区建筑施工安全生产标准化工地。10个项目获评安徽省建筑安全生产标准化示范工地：合肥八中运河新城校区、合肥市属新站区老年护理院、骨科和口腔专科医院、中共合肥市委党校（合肥行政学院）新校区、安徽大学江淮学院新校区、合肥美术馆、合肥滨湖国际会展中心二期、西二环（北二环—樊洼路）快速化改造工程-1标段、畅通二环北环（淮南路节点）、G312合六路（南岗镇—侯店路）工程、巢湖南路（繁华大道—锦绣大道）工程。

【市政路桥项目】 2023年，市重点局建设市政路桥32项，其中完工18项，长58.14千米；高架桥主线通车8项，长31.93千米。

金寨路高架桥绑宽（南二环—习友路）工程绑宽后高架车道达到“西五东四”双向九车道，有效缓解金寨路与合作化路高架的合流压力，2023年9月17日放行通车，比计划工期提前169天。G312合六路工程是串联六安、合肥两市的重要交通枢纽，促进区域协同发展。2023年5月1日放行南岗镇至侯店路主线桥，9月23日放行合六路与方兴大道互通立交，12月30日放行新桥大道至047县主线桥，实现合六路高架全线通车，比计划工期提前10个月。桥头集路（包公大道—龙城路）快速化改造工程，2023年9月20日放行通车，是肥东县对外的主要交通要道，将包公大道、裕溪路、郎溪路连成环状路网，市区与新站高新区、肥东县的联系得到加强。金寨南路快速化改造工程，金寨路高架桥全长23.7千米，建成18.9千米。工程于2023年12月31日放行，提前7个月实现主线部分通车目标，构建市区与肥西县的快速通道。文忠路（郎溪路—少荃街）工程，为全省首座双层式高架、首座路侧式高

2023年9月17日，金寨路高架桥绑宽（南二环－习友路）工程放行通车

（市重点局／供）

架、首座万吨级双转体跨铁路桥梁，2023年12月31日放行，直通新站高新区核心区域，北连沪陕高速，与郎溪路、南淝河路快速路形成贯通南北的大通道。新合肥西站配套市政道路工程，一标段清溪路（西二环—十里店路）作为新西站片区东西向主干道，2023年10月1日主线桥部分放行，地面道路提前52天通车，与西二环形成Y形互通。铜陵北路下穿合肥东编组站立交工程，跨越25股铁路线，施工组织极复杂，2023年9月23日放行通车，市民减少7公里的绕行距离。临泉路（东二环—二十埠河）、巢湖南路（繁华大道—锦绣大道）、天柱山路（长江西路—望江西路）、广德路、合肥市既有道路电力井盖及修复工程等工程完工，区域路网更加完善。

南二环西延（西二环—永和路）工程、新合肥西站西广场及地下配套停车场工程、龙岗路（桃花潭路—南淝河路）道路及综合管廊工程、潜山路南延（金寨路—芙蓉路）工程、潜山路（望江西路—长江路）工程、方兴大道下穿巢湖南路节点工程、大科学装置集中区南北片区连接通道工程、珠江路（宿松路—玉龙路）道路等工程有序推进。

【重大科技创新场馆项目】 2023年，市重点局建设重大科技创新项目7项，建筑面积33万平方米。

安徽省科技馆项目建筑面积6万平方米，建有全国首个量子科技主题展厅、全国首个数字孪生科技馆，是全省科普新摇篮。合肥市科技馆被誉为“智慧盒子”，建筑面积5万平方米，展品达1000多件。物质科学交叉前沿研究中心建筑面积4万平方米，是合肥综合性国家科学中心协同创新交叉研究平台的重大工程。中科大医算中心项目建筑面积近5.60万平方米，聚焦医学和计算智能等前沿领域建设创新平台，开展“生命健康+”新兴前沿领域研究。中科院创新院二期项目助力“科大硅谷”建设，推进形成“科创+产业”科技创新平台，是合肥综合性国家科学中心的重要组成部分。

【公益性房建项目】 2023年，市重点局建设文教卫体民生项目52项，建筑面积299.34万平方米。完工项目28项，建筑面积88.35万平方米。

2023年1月5日，合肥综合性国家科学中心协同创新交叉研究平台地球和空间科学前沿研究中心完工 （市重点局/供）

教育建设方面，合肥幼儿师范高等专科学校梅冲湖校区、合肥市第四中学新建男生宿舍楼、合肥一六八中学校门改造与教学楼、行政楼维修、合肥体育运动学校学生公寓及综合训练馆项目变配电增容、合肥体育运动学校校园综合环境改造提升、合肥二中艺术楼抗震加固及美术馆、校史馆等综合装饰改造等项目完工交付；合肥八中运河新城校区、合肥职业技术学院汇心湖校区人才周转房、教师公租房和留学生公寓建设项目、安徽大学龙河校区“互联网大楼”、安徽大学江淮学院新校区等项目加快推进。

医疗卫生方面，合肥市智慧养老中心、合肥市第三人民医院新区、合肥市中医院、合肥市妇幼保健院和口腔医院滨湖分院、合肥市第一人民医院院本部旧楼改造等项目完工并交付，中国科学院临床研究医院、合肥市属新站老年护理院、骨科和口腔专科医院、合肥市精神病医院康复住院楼、合肥市中心血站新站、市公共卫生临床医疗中心、合肥市第四人民医院围墙及业务用房维修改造等项目快速推进。

公共文化服务方面，建成合肥园博园、骆岗机场全向信标台抬升、合肥市公共资源交易平台功能提升、合肥滨湖国际会展中心一期提升改造、合肥市气象监测预警与科学研究中心（合肥气象科技创新园）、合肥老年大学新校区（二期），加快推进安徽（合肥）创新法务区、安徽百戏城、中共合肥市委党校（合肥行政学院）新校区、合肥美术馆、合肥市中心图书馆、合肥市小蜀山公益性公墓及配套工程等项目建设。

公共安全方面，建成合肥市公安局业务技术用房二期、合肥消防救援支队训练基地暨特勤二站改建执勤楼、合肥市为民服务用房项目，大力推进特警支队武装泗渡馆及营区主体建筑防水维修改造等工程，进一步保障公检法等相关部门的基建设施，助力保障城市和市民安全。

【重点工程】 金寨路高架桥绑宽（南二环—习友路）工程。工程北起南二环以南，南至习友路，对现状金寨路高架主线进行东侧绑宽，主线绑宽长约1.82千米，绑宽后高架为双向9车道，东半幅4车道，西半幅5车道。地面辅路同步进行改造，双向8车道。高架东侧绑宽后，原合作化路下匝道拆除改造为绑宽主线桥，东边新建匝道桥，桥长150米，桥宽8米。

G312合六路工程。G312合六路（南岗镇—侯店路）工程东起南岗镇双塘路，西至侯店路，全长约2.50千米，按一级公路兼具市政功能建设，红线宽60米。在方兴大道交口设置一座互通立交，互通立交包含合六路主线高架（左、右分幅设置，主线左幅桥梁全长910米，右幅桥梁全长789米）及8条匝道（累计全长5469米）。互通立交共5层，主线高架位于3层，起于孔雀台路以东，由西向东依次上跨火龙地路、方兴大道地面道路后落地。沿方兴大道方向改造长度约1600米，起于大别山路上跨桥南侧桥台，终至彩虹路。合六路上新建一座小西河桥，两座人行天桥，一道过路雨水箱涵。

G312合六路（新桥大道—侯店路）工程为一级公路兼城市快速路功能，西起新桥大道，东至X047县道，全长约6.75千米，宽60米，双向6车道。其中高架桥全长1.64千米，包含小蜀山东路（全长426米）、小蜀山西路（全长809米）、北分溪路（407米）3座上跨桥，3座下穿隧道全长1.68千米，分别是天柱山路下穿隧道（全长484米）、西城大道下穿隧道（全长570米）以及明理路下穿隧道（全长624米）。

合六路工程通车后，主线桥不设红绿灯，实现全程快速化，成为串联六安、合肥两市的重要交通枢纽，大大缩短了合肥至六安通行时间，促进区域协同发展，同时对进一步完善合肥城市路网，提升该地区及周边区域的发展潜力具有重要意义。

桥头集路（包公大道—龙城路）快速化改造工程。工程位于合肥市肥东县店埠镇，北起包公大道高架互通，南至现状龙城路下穿，全长约3.16千米，高架桥全长2.70千米，双向六车道，设计速度为80千米/小时，为城市快速路。

工程通车后桥头集路高架、包公大道高架、郎溪路高架、裕溪路高架形成一个全互通无红绿灯环状路网，肥东县、包河区、瑶海区、新站区的互联互通得到加强。

金寨南路快速化改造工程。工程为城市快速路，位于肥西县，北起引江济淮工程高架桥，南至深圳路，红线宽度55-70米，全长约6.54千米，是连接肥西县的主要通道。其中望水路至站前路段为主线高架与现状派河大桥相接，高架桥长1.56千米，站前路至深圳路段包含站下路（原站前路）（长650米）、创新大道隧道（长580米）、花木城隧道（长1.355公里）三座隧道，主线桥全线采用双向六车道城市快速路标准建设。

文忠路（郎溪路—少荃街）工程。工程为城市快速路，南起郎溪路与包公大道交叉口，北端终于少荃街，与少荃湖隧道顺接，主线全长6.65千米，地面道路宽60米，双向8车道，高架桥宽25.50米，双向6车道，桥梁全长5648米，分为市政与涉铁段。全线设置包公大道、淮海大道两座互通立交。文忠路高架专业集成度高、工程规模大，是安徽省“首座”双层式高架、“首座”路侧式高架、“首座”P+R公园型高架。

安徽省科技馆项目。项目位于滨湖新区香港路与环湖北路交口东北角，总建筑面积约6万平方米，地上5层，地下1层，地上约4.80万平方米，地下约1.20万平方米，建筑高度45米。主要建设展览教

2023年9月20日，桥头集路（包公大道-龙城路）快速化改造工程放行通车
（王世保/摄）

育用房、公众服务用房、业务研究用房、青少年活动中心、管理保障用房等。场馆设置 9 个常设主题展厅、1 个科学秀场、1 个临时展厅，展品总数 627 件，其中国内首创展品数 110 件，占比 17.50%。在新馆常设展厅中，可参与、互动的展品达到展品总数的 90% 以上。

作为省市共建的重大文化场馆项目，安徽省科技馆建成后每年接待量可达 200 万人次，为全省普及科学知识，提高全民科学文化素质发挥重要作用。

2023 年 8 月 31 日，合肥幼儿师范高等专科学校梅冲湖校区建设完工（高　博／摄）

骆岗机场全向信标台抬升工程。项目位于合肥市包河区骆岗机场内，东临跑道及园博园，西眺锦绣湖，北邻合肥南站，距市政府直线距离 8.70 千米，距省政府直线距离 4.80 千米。在原址上新建一座 60 米高全向信标台，建筑面积 1153 平方米。

骆岗机场全向信标台原是华东地区最繁忙的航路导航台，能同时为合肥、南京、安庆、阜阳等多地机场提供定位和进离场导航。项目拥有独特的造型和绚烂的灯光，不仅成为合肥骆岗片区的新地标，还能有效保障区域飞行安全和城市安全。

合肥幼儿师范高等专科学校梅冲湖校区项目。项目位于新站高新区梅冲湖路与文忠路交口，总用地面积约 28.33 公顷，总建筑面积约 25.8 万平方米，学校规划办学规模 6000 人。主要建设公共教学楼、学生活动中心、体育馆、学生公寓、食堂后勤楼、行政会议中心、图书馆、艺术楼、小教楼、信息楼、健康楼、创新创业中心、特教早教实训中心、学前教育实训中心、托老实训中心等。

合肥市第三人民医院新区和合肥市中医院项目。项目位于包河区上海路与祁门路交口，占地面积约 9.26 公顷。市三院新区总建筑面积约 11.35 万平方米，其中地上约 9.12 万平方米，包括门诊医技综合楼（地上、裙房、地下）、污水处理站、食堂、液氧站等，地下部分 2.23 万平方米，含设备用房等，规划床位 1000 张。市中医院总建筑面积约 8.20 万平方米，其中地上 5.76 万平方米，地下 2.44 万平方米，包括门急诊用房、医技用房、住院用房等，规划床位 600 张。

合肥市气象监测预警与科学研究中心项目。项目位于高新区师姑墩南支路与鸡鸣山西路西南角，占地面积约 1.33 公顷，建筑面积约 1.57 万平方米，其中地上 1.33 万平方米、地下约 0.24 万平方米，建筑总体呈“L”型，主楼位于北侧为地上 8 层，裙房位于西侧为地上 4 层，地下室为 1 层。主要建设气象监测预警与科学研究中心业务用房、气象科技馆、气象实验室等，是集气象监测预警、公共气象服务、大众科普教育、科研实验等于一体的多功能气象科技创新园区。

物质科学交叉前沿研究中心项目。项目位于中国科学技术大学高新校区内，总占地面积约 8100 平方米，总建筑面积约 4 万平方米。建设为科研及辅助用房，主要为 1 幢 5 层主楼。科大物质中心项目是国家“十三五”科教基础设施建设项目，着眼于物质的微尺度层面建设前沿交叉研究平台，探索信息、能源、健康、环境、材料等领域的重大基础科学问题。对促进多科学融合发展，支撑合肥综合性国家科学中心建设具有重要作用。

（刘燕燕）

城市管理

【道路保洁】 2023 年，合肥市城市管理局(以下简称“市城管局”)提高道路清扫保洁标准，加大道路清扫保洁投入力度，狠抓道路清扫保洁监督考核。通过随机抽查、组织各区互查等方式，扎实开展道路清扫保洁质量月度考核评价，累计考核市区一级道路和二级道路路段 2065 条（次），按月组织各区对 600 余条背街小巷进行清扫保洁考核。强化考核结果运用，市、区城管部门对月度考核不合格道路所服务企业通报或约谈20余家次。

【垃圾分类】 2023年，全市建成并启用4814个垃圾分类集中投放点，改造16座转运站，配备807辆垃圾分类运输车，建成6座垃圾焚烧发电厂（处理能力9500吨/日）、3座厨余垃圾资源化处理厂（处理能力1600吨/日）。全市全年焚烧处理生活垃圾350.37万吨，日均处理9599.18吨，同比增长10.4%，焚烧发电约13.68亿度，可为117万人提供1年生活用电，生活垃圾实现投、收、运、处全链条分类管理，提前完成"十四五"规划的"全焚烧、零填埋"目标任务。对城区垃圾分类工作开展精准考核，提高垃圾分类准确率，厨余垃圾分出量为640吨/日。在2023年二季度的住建部季度评估考核中，合肥市垃圾分类工作名次上升4位，位列大城市中第20名、第二档。

【违建治理】 2023年，市城管局紧盯老大难、敢啃硬骨头，纵深推进拆除违建工作。2020年11月2日至2023年12月底，全市拆除违法建设10.77万处，面积约1547万平方米。违建治理过程中，城管部门与房产、自然资源和规划等部门强化协作、不断创新，对逾期不履行违法建设行政处罚决定的在合肥市不动产登记系统中予以标注，暂停该房屋所有权、抵押权的新设、转移和变更登记。全市对917处违建房屋予以房产标注，有效加压当事人自觉自拆。

【市容优化】 2023年，市城管局重点开展空中缆线整治、小广告集中治理、三层以上楼顶广告（招牌）拆除专项整治行动，普查并治理空中缆线乱象8.50万余件，采集清理小广告4.40万余处，设置便民张贴栏932处，拆除楼顶广告（招牌）230处；强化摊点管理，多次组织阳光早餐车燃气使用安全情况检查。

【渣土运输管理】 2023年，市城管局牵头完成《全市建筑弃土消纳场选址规划（2022—2025）》编制工作，选址规划消纳场所82处，预估容量1.47亿万方，解决市区弃土消纳困难；持续督促四县一市落实包保责任，拓展渣土运输跨市消纳处置渠道，保障全市工程渣土达到"应消尽消"。

【智慧城管】 2023年，市城管局深化数字城管应用。依托市、县一体化数字化城市管理系统，形成全市联动运行模式，在1065平方千米356个责任网格范围内，实现对市政公用、市容环卫、园林绿化以及街面秩序、渣土管理等134类部事件问题监管。全年系统立案各类城市管理问题200.46 万件，有效处置结案199.67万件，总结案率99.61%；有序推进智慧小区建设，建成的3830个智慧平安小区中，94.45%的可防性案件实现"零发案"；"交通超脑"应用成效初显，2023年第三季度全国百城通勤高峰拥堵榜排行34位，比2022年底下降11位；依托城市治理"一张图"，整合城管、网格实时事件，实现全市事件流程"一屏统揽"。

【城市安全】 2023年，市城管局提升"城市生命线"覆盖范围，布设8.50万套各类传感设备，覆盖137座桥梁、7316千米管线，"合肥模式"被推广到10多个国家、60多个城市；"雪亮工程"融合应用，整合11.60万余路视频监控资源和550余个停车场视频数据，有效支撑城市安全和基层治理；建成合肥市城市安全风险综合监测预警平台、水域应急救援指挥调度系统，启动消防安全云建设，提升城市风险防控能力和应急处置能力。

【车窗抛物整治】 2023年，市城管局针对车窗抛物问题线索，利用视频人工筛查和技术分析相结合的手段锁定证据，倒查违法行为当事人。持续加大对车窗抛物巡查管控力度，各区工作专班将城管、交警、义务劝导员编组搭配，强化协同配合、推动优势互补，对日常巡查中发现的车窗抛物、随地吐痰、非机动车乱停放等违法违规行为，共同劝导制止，经劝导无效的，依法依规查处，形成治理合力。将车窗抛物与文明创建、交通安全专项整治工作相结合，常态化引导，联动宣传，支持市民全面参与车窗抛物整治工作，营造齐抓共管的良好氛围。

【智慧停车系统】 2023年，市城管局研发市级智慧停车系统——"合肥停车"移动应用终端，优化信息查询、路径导航、便捷支付、共享停车等模块，实现"智能感知-智能导航-智能服务"，精准引导车辆停放，促进动静态交通平衡。截至年底，终端服务用户达450万，日推送停车服务信息10万余条。联手高德地图推出一键智慧停车服务，将诱导数据向高德地图共享，实时为车主提供停车场选择、停车泊位查询等信息，有效缓解热门商圈及公共场所周边因为停车难造成的道路拥堵，合肥停车服务加入微信城市服务，被列为城市级热门公共服务。推进智慧停车城市试点建设，探索建设合肥新桥机场、高铁南站 ETC 停车场等 ETC 应用场景，缓解车辆密集区域出口拥堵问题，提高车位周转率。

【园博会保障】 2023 年，市城管局全力做好第十四届园博会市容环境保障工作。自园博会筹办工作启动之后，市城管局按照净化、绿化、美化、序化的要求，统筹全市城管力量，强化工作调度力度，加大环卫清扫保洁频次力度，高标准推进骆岗公园周边、城市重要节点区域的环境整治力度，以有序清爽市容、干净整洁面貌迎接各地游客，展示合肥城市魅力。因工作表现突出，市城管局城管支队获市委第十四届中国（合肥）国际园林博览会筹办工作表现突出集体表彰，2 名同志获评第十四届中国（合肥）国际园林博览会筹办工作表现突出个人。

（周梅子）

自来水供应

【概况】 2023 年，合肥供水集团有限公司（以下简称“市供水集团”）日供水能力 303 万立方米，直径 75 毫米以上供水管网 11683 千米，用户 316 万户，服务面积 897 平方千米。

市供水集团获评“水业最具社会责任服务企业”“中国红十字奉献奖章”“安徽省百强服务企业”。连续 8 年获评 12345 政务服务便民热线优秀成员单位，连续 9 年在数字城管考核中获得企事业单位第一名。供水营业大厅获评“全国巾帼文明岗”“二星级全国青年文明号”，四水厂陈玲玉家庭获评“全国最美家庭”，蜀山（高新）供水分公司管线二班获评“安徽省工人先锋号”。多名同志获得“全国住建系统劳动模范”“全国优秀共青团干部”“安徽省五一劳动奖章”“安徽省金牌职工”“安徽省厂务公开民主管理先进个人”“皖建工匠”“合肥市五一劳动奖章”等。

【工程建设】 2023 年，市供水集团完成重点工程项目投资 15 亿元。龙河口引水工程正式通水，每年可为合肥提供 1.20 亿立方米优质原水，历史性改变合肥相对单一水源局面。六水厂提升改造工程竣工投产，作为省内供水规模最大的水厂，日产能跃升至 90 万立方米。磨墩水库至七水厂供水管道工程建设完成并通水运行。众兴水厂、北城加压站、七水厂三期、五水厂三期、锦绣大道 DN2600 顶管、巢湖三水厂二期等工程加快推进。全力推进休宁路（西二环—翡翠路）、梅冲湖路等 502 项市政管网工程和 286 项小区工程建设，完成投资 10.50 亿元。继八水厂一期工程获得国家优质工程奖后，空港供水泵站工程摘得安徽省建筑工程最高荣誉“黄山杯”，六水厂提升改造工程入选安徽省“绿色工地”。

【水质管控】 2023 年，市供水集团编制完善《原水水质突发事件专项应急预案》，前移原水水质管控，水厂“一厂一策”技改项目完成见效，加快推进全市水厂“深度处理”全覆盖。完成总磷、乙草胺等 14 个项目检测方法的开发和验证，提升供水水质检测能力。4 月 1 日水质新国标实施后，常态化检测土嗅素、二甲基异莰醇等指标。615 台在线仪表 24 小时监测水质变化，管网水质人工监测点增至 175 个，实现“从源头到龙头”的全过程管控。供水水质优于国标，以国家标准为企业最低内控三级标准，出厂水一级水达标率 99.98%，同比上升 0.62 个百分点；管网水一级水达标率 93%，同比上升 13.71 个百分点。

【漏损控制】 2023 年，市供水集团科学调度水厂及管网运行，完成专项及应急供水调度 192 次，大口径管道施工停水对用户影响趋于

2023 年 7 月 23 日，合肥市第五水厂水质检测人员正在进行水质取样

（祝　鑫／摄）

"无感"。完善分区计量体系，增加61处四级计量点位。强化DMA监管机制，逐步细化物理漏失重点敏感区域，逐级缩小产销差核算单位。强化降漏举措，引入卫星探漏等先进技术，加强管网更新改造和供水设施维护管理。更换39.10万只居民户周转表，管理二次供水泵房1981座，86%以上泵房实施不停水清洗。深化"产、供、销"全流程管控，产销差率10.54%，同比下降0.53个百分点；漏损率8.01%，同比下降0.42个百分点。

【效能服务】 2023年，市供水集团制定出台《优化营商环境提升方案》，拓宽"一站式一条龙"服务模式，深化"五零两减双延伸"为企服务新举措，试点新建住宅入住挂表。居民小区二次供水泵房和水表出户三年改造基本完成，累计改造小区260个，改建泵房234座，惠及用户8.50万户。上线运行新营收系统，设立"办不成事"窗口，为用户提供更加优质便捷的供水服务。在全省营商环境综合评价中，"获得用水用气"指标连续获得第一。连续5年获评效能建设优秀单位，连续4年获评效能建设优秀案例，连续3年获评市国资系统信访工作优秀单位。

【乡村振兴】 2023年，市供水集团加快推进城乡供水一体化，全面接管肥西县10个乡镇水厂，接收巢湖中庙碧桂园水厂实物资产。持续推进城乡管网建设，进一步强化工程建设管理，理顺乡镇供水管理模式，同网、同质、同服务、同管理取得显著进展。加大对下塘镇南集村帮扶力度，村集体经济收入较上年增长52.80%。

【技术创新】 2023年，市供水集团申请专利13项，授权发明专利1项，授权实用新型专利2项。持续与高校、科研院所合作，主导编制的《节能错峰智慧供水系统工程技术规程》由中国建筑学会发布实施。创新运用人工智能、物联网技术，从生产、管网、服务、管理4个方面推进智慧水务建设。水厂智能加药算法初显成效，管网恒压供水稳步试行，药耗能耗持续降低；GIS数据校核深入推进，为管网水力模型建设打下坚实基础。

（金　晶）

电力供应

【概况】 2023年，国网合肥供电公司（以下简称"合肥公司"）成立于1962年，是国网安徽省电力有限公司直属的国有大型电网经营企业，承担着全市约1.14万平方千米、534万户电力客户的供电任务。2023年，合肥市全社会用电量539.50亿千瓦时，同比增长7.70%。度夏期间最大负荷1064.30万千瓦，同比增长1.27%，占全省最大负荷的19%；度冬期间最大负荷1045.10万千瓦，同比增长28.90%，占全省最大负荷的18.90%。合肥公司获第二十届全国质量奖。

合肥电网位于安徽电网中部，为皖中电网的核心部分，是典型的受端电网。近年来，随着合肥城市的跨越式发展，合肥电网也进入高速度、高质量发展的黄金时期，形成以500千伏为主网架、220千伏南北双环网、110千伏辐射互联的坚强网架结构。截至2023年底，合肥地区500千伏变电站5座（共计13台主变，总容量1300万千伏安）；220千伏变电站43座（85台主变，总容量1662万千伏安），输电线路2366.50千米；110千伏变电站146座（297台主变，总容量1553.8万千伏安），输电线路2886.74千米；35千伏变电站89座（169台主变，容量178.56万千伏安）。

【电力供应保障】 2023年，合肥公司坚持政企联动、专业协同，全力保障全市生产生活平稳有序。打赢迎峰度夏度冬大战大考。密切跟踪电力供需形势，超前部署保供任务，按期完成110项电网重点工程，政企合力引导企业错避峰用电、节约用电，成功应对夏季1064万千瓦历史最大电力负荷和低温寒潮期间冬季历史负荷极值挑战。守牢城市生命线运转。对全市医院、供水、供气等250个重要用户，常态上门排查用电安全隐患，全年累计完成257座自管地下配电站房防汛改造、460个小区和棚户区电气火灾隐患排查治理。做好重要活动保电。对标学习杭州亚运保电经验，加快构建全市先进高效重要活动保电指挥体系，全年圆满完成世界制造业大会、园博会等重大活动保电255次，其中一级保电133次。

【电网建设】 开展电网规划。2023年，合肥公司连续13年召开电网规划建设对接会，在电网发展、能源转型、营商环境等5个方面深化政企合作，"电等发展"经验在省委、省政府信息专报刊发。高质量完成电网规划修编，500千伏新站变、空港变供区组团方案等规划成果通过国网总部评审，主网目标网架研究成果纳入全省中长期主干网发展布局。推进工程项目。以超常规速度完成陕皖直流前期工作，有力支撑项目顺利核准。500千伏中心、金牛输变电工程稳步推进，长丰燃气电厂220千伏送出工程提前投运，全省首个“入公建”项目110千伏徽华变顺利送电。新增110千伏及以上变电容量1923兆伏安、线路337.50千米。配电网发展迅速。主城区配电网专项规划纳入各片区单元控规和市、县国土空间规划“一张图”。实施配网网架项目378项，连续3年获国网公司配电网“百佳工程”。投运自愈线路1589条、占比58.90%，52座变电站实现“一键”全停全转。配电网无人机精细化巡视覆盖率达到90%。全年不停电作业达1.20万次、提升19%，省内首次开展中压发电车“热进热出”、20千伏电缆不停电作业。建成国网首批城区供电指挥分中心，万户频停意见工单下降22.60%。供电可靠率达到99.98%，增幅居国网重点城市首位。

【优质服务】 优化营商环境。2023年，合肥公司发布“皖美办电 合电领跑”品牌，获得电力连续8个季度蝉联全省第一。探索新兴产业专属服务体系，推出支持新能源汽车首位产业发展10项举措。选聘来自政府机关、企事业单位、科研院校、新闻媒体等领域37名专家组建专家咨询委员会，从各方视角优化办电体验、迭代服务举措。提升服务价值。开展“学思想、强基础、优服务”专项行动，投诉、意见工单数量下降37.90%。建立“办不成”工单分析解决机制，客户诉求由工单闭环转向问题闭环。引入营业厅“均衡服务”工具，压降临厅等待时间67%。开展充电桩专项服务行动，惠及8.10万用户。完成24项市政重点工程、81个单元楼电梯加装配套杆迁，及时拔除78基占道电杆。按期为15个大型复建点安置房送电。助力乡村振兴。进行农村电网升级，县域10千伏线路联络率提升至97.80%，农村供电可靠率提升至99.98%。推广“电力网格+社区网格+数字应用”新型农村综合服务模式，三河西街获评国网示范点。电力助力乡村振兴示范村惠峰村获评国网示范，工作成果获全国乡村振兴优秀案例。

2023年11月28日，国网合肥供电公司皖美共产党员服务队在庐阳工业园上门协助企业对电气设备进行安全巡视 （李 岩／摄）

【服务“双碳”目标】 服务新型能源发展。2023年，合肥公司持续挖掘光伏接入潜力，定期开展消纳能力测算，公示可接入容量，全年累计服务80万千瓦光伏并网发电，截至年底，全市光伏装机364.80万千瓦，新能源最大发电出力占地区实时负荷超4成，始终保持风光不弃、全额消纳。引导分布式能源开发因地制宜、因业制宜，推广农业、渔业活动与光伏开发有机结合，容量达12万千瓦的肥西花岗“渔光互补”光伏电站顺利并网发电，实现空间立体复用、产业互补发展。打造新型电力系统。联合市发改委共编合肥市新型储能发展规划，优化新型储能建设布局，推动新型储能与电力系统各环节融合发展，为加快构建清洁低碳、安全高效的能源体系提供有力支撑。建成全国领先的“5G+量子”虚拟电厂平台，聚合充换电、储能、分布式光伏等零散“源网荷储”资源90万千瓦，形成蜀山万象汇等24户空调柔性调控应用示范，推动实现源网荷储协同互动发展新模式。发挥能源大数据中心数据资源优势，常态开展电力看经济、看民生服务，为储能、建筑节能等领域政策制定和标准研究提供数据参考。助推绿色经济生态。推广绿电绿证交易，引导光伏发电企业开发并出售国内绿证、国际绿证，在营业厅开设绿电服务窗口，方便新能源发电企业、售电公司与企业达成绿电交易，为世界制造业大会所有场馆提供全绿电用能。与合肥高新技术产业开发区共建碳达峰运营服务支撑平台，探索实施工业碳积分试点，实现碳核算、碳认证、碳积分申报等业务流转，服务区域和企业碳效升级。联合阳光电源挂牌成立“零碳”技术联合研究中心，共推合肥“零碳”园区建设。

（史乐乐）

燃气供应

【概况】 2023年，合肥合燃华润燃气有限公司（以下简称“合燃华润燃气公司”）在外部市场竞争激烈、天然气价格联动机制不畅等诸多不利局面下，全年营业收入47.78亿元，同比增长7.06%。其中，主营业务收入47.18亿元，同比增长6.57%；天然气销售收入40.76亿元，同比增长6.37%；资产总额达到109.79亿元，资产负债率39.82%，各项主要经营指标稳中有进。全年发展居民用户9.88万户，发展非居民用户547户表，新建中低压管网286千米，用户总数突破230万户，达到232.11万户。增值业务在政策监管压力越来越大的情况下，不断深挖潜力，全年实现业务产值2.04亿元，在逆势中依然实现6.89%的增长。外埠市场开拓“再下一城”，实现气通六安，首次向已有管道气气源的城市输送天然气。顺应新形势、对标新期待，推进“十四五”规划中期优化，增强战略的前瞻性、提升战略的适应性。

公司党委主要负责人连续四年在市委综合考核中获评“优秀”等次，慧佳科技公司王少华获评“皖建工匠”，高压输配公司胡凯获评“合肥市金牌职工”。公司选派的代表队勇夺省、市集体协商竞赛第一名，并获全国八强；在全国燃气行业职业技能竞赛中获“燃气管网调压工”团体铜奖，在全国燃气行业职工乒乓球比赛中斩获混合团体及男单双冠，罗集门站喜获“安徽省工人先锋号”。

【供气保障】 2023年，面对地缘政治摩擦升级、国内经济增速放缓、天然气市场供需两端收紧等不利局面，合燃华润燃气公司圆满完成全年的保供任务。单日供气量冲破历史高点，突破“7”字关，达到706万立方米，天然气供气量持续站高位，连续13日单日供气量超600万立方米。全年供气量12.68亿立方米，同比增长3.93%；其中，管道气12.5亿立方米，同比增长5.3%，LNG气化1800万立方米，同比下降44.98%，多气源供气叠加多通道保障，气源组织能力不断提升，风险防范水平持续提高。积极对接市发改委，推动冬季非居民天然气的及时顺价，较好地维持非居民销售价格稳定，保证较为合理的天然气购销差价。主动做好气价调整政策的宣传解释，对重点大用户进行现场走访，以确保价格政策的宣传、执行和落实到位。

【安全生产】 2023年，合燃华润燃气公司未发生重大生产安全责任事故，各项安全管理指标控制良好，安全管理工作卓有成效。高度重视老旧管网改造，低压铸铁管改造全部完成，中压铸铁管改造仅剩下1.49千米；全年完成市政中压管网改造34.14千米、中压支管改造14.01千米、低压小口径钢管改造33.11千米、户外铝塑管改造2.77万户、户内锈蚀立管改造1.33万户，均超额完成年度计划。完成工商业用户年度两轮安检，民用户安检156万户，督促整改各类隐患31.50万项。户内“五大隐患”实现动态清零，对全市40万存量隐患集中攻坚，累计整改23万处。强化管网安全运行管控，全年对各级管网巡线超36万千米，调压器巡视超11万台；有序推进物联网表改造更换，全年完成28.37万户物联网表更换，累计完成更换66万多户。

【用户服务】 2023年，合燃华润燃气公司聚焦企业用气全生命周期服务，发布《合肥市优化用水用气营商环境白皮书（2023版）》，以“六优+”提升举措为抓手，优化夯实“0123”报装服务体系，建“一站式”窗口惠企利民，设“办

2023年8月31日，合肥市优化用水用气营商环境白皮书发布

（合燃华润燃气公司/供）

不成事”窗口破“疑难杂症”，以更高要求、更大力度做深做实优化营商环境工作，“获得用气”省评连续三年保持第一。蓝焰热线全年受理用户来电91.21万户次，同比增长13.93%，工单回访率、满意率100%，受理12345热线3870件，同比增长33.91%，按期办结率、反馈率100%，收到用户表扬447次，“五星级”服务认证持续有效，再获“12345政府服务便民热线优秀成员单位”。用实际行动践行社会责任，在志愿服务、乡村振兴、爱心献血等工作中彰显国企担当，传递公益正能量，全年开展“徐辉假日服务小分队”“吴雄飞爱心班”“燃气安全进万家”等志愿服务活动151次，获评“中国红十字奉献奖章”。

【重点工程】 2023年，合燃华润燃气公司历时13载，环城高压管线工程全线172千米顺利实现闭环供气，环状高压管网格局正式形成。庐池高压管线工程全年完成115千米管线、4座场站及5座阀室建设，实现主体工程138千米建成、江北段具备通气条件、江南段全面开工的任务目标，创造合燃华润年度高压管线建成里程新纪录。合巢高压管线工程全年建成管线33.30千米，累计建成50千米，剩余25千米；店埠输气站建成投产，首次实现“海气”直达合肥，保供能力再提升。庐巢高压管线工程全年建成管线13.60千米，累计建成107.97千米，剩余11千米。龙桥LNG应急储备站工程完成环境影响、安全评价和监理、第三方检测、跟踪审计的招标，为2024年全面启动建设提供充分的先决条件。

（汤增朋）

热电供应

【概况】 2023年，合肥热电集团有限公司(以下简称“合肥热电”)企业资产总额53亿元，年蒸汽供应量511.93万吨，年发电量4.71亿千瓦时；下辖6个热源厂，建有燃煤锅炉21台，锅炉容量2175吨/小时；各类发电机组16台套，装机容量204兆瓦；各类管网长度613.30千米；服务各类工商业用户437家，居民小区208个，居民用户12.50万户；供热面积达2580万平方米，其中地热能供能面积300万平方米，供热范围涵盖合肥市主城区、三大开发区（经开区、高新区、新站高新区）、肥东、肥西、长丰、庐江以及淮南寿县等周边县域。

当年，合肥热电蝉联“2023年度合肥市效能建设优秀单位”“2023年度合肥市效能建设群众满意窗口”，4家党支部获评市国资委系统第一批五星级党支部。所属安徽科恩公司滨湖区域能源项目入选“全国地热与温泉行业优秀工程项目”，并获安徽省低碳应用场景提名。获得市级以上荣誉67项，数十位员工获“安徽省金牌职工”“皖建工匠”“合肥市三八红旗手”“合肥市五一劳动奖章”“合肥市最美职工”等。主办省、市技能竞赛，多名热电“工匠”参加全国、省、市劳动技能竞赛并取得优异成绩，其中两名员工获省住建系统热力设备检修工“徽匠”职业技能竞赛一等奖。

【供热市场开发】 2023年，合肥热电把握“提质、扩量、增效、优供”主线，坚持市场化改革为核心，发挥市场龙头作用助力实现高质量发展的战略目标。在积极开发传统能源的基础上大力拓展新能源赛道，实现双向发力、多能互补。在重点区域供热项目方面，庐江县高新区凯迪生物质项目实现全省范围内生物质集中供热“零”的突破；谋划与肥西县区域供热合作，拓展供热版图，与肥西县共同成立合肥西城热力有限公司，重点围绕肥西县紫云湖片区和新港片区倾力打造肥西县域供热新格局；肥东循环经济园（含中盐红四方）、寿县新桥片区的市场开发和工程建设按序时进度稳步推进，计划2024年完成投产。建成新桥智能电动汽车产业园供热站、北城龙湖能源站，加速推进骆岗公园锦绣湖能源站建设。对省内各大开发区、肥西官亭、空港化工园等区域深入调研与开展合作洽谈，与潜山经济开发区、广德经济开发区签订战略合作协议。加快从传统供热企业向城市综合能源运营商的角色转变，挖掘节能改造和合同能源管理市场潜能，在污泥处理处置、垃圾焚烧、固废处理、光伏应用等新型业态方面不断探索，加快推进产业结构调整和业务转型升级，助力城市低碳绿色发展。

【客户服务】 2023年，合肥热电圆满完成2022—2023年冬供和2023年夏供工作，实现供热安全平稳。做好省、市“两会”及相关重要会议的用热保障工作。实施各热源区域供热表前设施（含表）网格化、分级化管理，推进管网设施管理规范化和标准化。升级呼叫系统、上线智能语音等多项举措降低话堵，确保热线畅通，提升接听服务质效。开展“访民问暖”，倾听用户心声，解决“急难愁盼”问题，

2023-2024 年冬供，合肥热电在书香苑小区开展“暖心·优供”专项行动，收获用户点赞 （王 平／摄）

拓展服务深度和广度。建立“一站一策”，实行“一户一档”，明确每个统管小区的服务短板、投诉重点，形成作业指导手册，推进前置化、精准化服务，夯实供热服务保障基础。完善供热服务规范，设立督办专席，强化服务督察考核，严控服务标准，提升用户的服务满意度，全力实现“暖心优供”目标。

【安全生产】 2023 年，合肥热电坚持“员工至上、生命至上”的安全发展理念，探索创新安全管理工作，提升集团安全管理水平，打造安全生产“1+N”工作模式，“1”即安全，“N”指多项工作事项对安全工作的推动和促进，具体指党建、体系建设、信息化建设、设备管理、班组建设等方面。自实行安全“1+N”工作模式以来，主设备完好率达到 100%，辅助设备完好率 99.50%，各类隐患同比下降 33%。组织开展“三个狠抓”专项检查行动、反习惯性违章百日攻坚行动、冬供安全季专项行动，冬供期间，坚持每日检查不中断，全覆盖检查反复循环，紧盯现场不留死角，日检查、日通报、日整改，期间开展检查 126 次，查出问题全部落实整改。对现场发现的安全隐患，持续运用“三单工作法”，不断深入现场，查摆安全问题，守住安全防线。深入开展“安全大讲堂”活动，集团各家单位上台分享安全经验、畅谈安全做法，累计参加人员 450 余人。引入安全信息管理平台，实现安全管理台账信息化管理；建设生产安全一体化平台，融合生产管理系统、数字化视频监控系统、智慧热网系统、站房自控系统，以及热线呼叫系统等，提高信息化手段在安全管理中的应用，不断织密织牢集团安全防护网，筑牢集团安全责任堡垒。

【节能环保】 2023 年，合肥热电贯彻执行国家和地方环保法律、法规，强化污染治理设施运行维护管理，坚持“绿水青山就是金山银山”的环保理念，加强污染治理设施建设和运行管理，严格落实企业的环保主体责任。根据主管部门及法规要求制定并适时修订《环境保护技术监督管理办法》《污染物排放管理办法》《突发环境应急预案管理办法》《环保管理及考核办法》等一系列环保管理制度。持续开展日常监督检查、环保专项检查、设备提效改造，通过不断加强环保自查自纠和监督考核，规范环保基础管理。全年发生环境污染事件 0 起、环保有效投诉事件 0 起、环保行政处罚事件 0 起。根据锅炉废气执行超低排放要求，烟尘减排量 189978 吨、二氧化硫减排量 7751.50 吨、氮氧化物减排量 6849 吨。根据安徽省 2023 年新实施《火电厂大气污染物排放标准》要求，合肥热电针对性地对突发环境事件应急预案进行修订，梳理环保提升改造项目 11 项，贯彻新标准下的环保达标排放要求，以行动落实绿色发展理念。2023 年度合肥热电下属 6 家热源厂再次获评省环境信用评价“环保诚信企业”。

【工程建设】 2023 年，合肥热电谋划重点项目 7 个，涵盖合肥热电供热管网一期工程、合肥热电天源热源升级改造供热项目、合肥热电供热供气管网工程、合肥热电东方热源资源综合利用供热项目、合肥热电智能生产经营一体化管控平台项目等，有效推进合肥热电供热供气工程和天源热源升级改造供热项目等前期手续办理。完成并投产 6 个重点项目，分别为东方热电 12000 吨／年生物炭改造项目、东方煤棚改造项目、新能热电一期B标段工程、新桥智能电动汽车产业园供热站项目、北城龙湖能源站项目、科恩 3 号能源站蓄水罐项目。经市政府批复列入合肥市 2023-2025 年大建设计划的集团项目 10 项。

（胡岳岳）

责任编辑：王尚先

建筑业与房地产业

建筑业

【概况】 2023年，合肥市全年完成建筑业产值5958亿元，同比增长6.10%，贡献入库税收128.60亿元，实现建筑业增加值1833亿元。加强帮扶助力，举办4期企业沙龙，组织41家小微企业、7家金融机构开展“银企对接”，召开房地产开发企业与房建总承包企业、大型央企与专业承包企业合作对接会，兑现政策奖补资金2300余万元。优化建筑业营商环境，31个审批事项全部出具电子证照，提供工程建设项目无偿代办服务，企业申报用水用气实现“一键无感接通”，探索出台施工许可告知承诺制、分阶段办理等措施，全面推行联合验收，房企实质开工时间提前约90天，验收环节用时压缩三分之一。持续规范建筑市场，实现检测机构监督检查全覆盖，对不符合资质标准要求的294家企业、440项资质予以严肃通报，约谈警示违规企业61家、从业人员70人。保持安全生产向好态势，开展房建市政工程5个专项治理和“一会三安”等12个专项检查，事故起数和死亡人数持续实现双下降。扎实推进国家智能建造试点城市建设，遴选发布47个智能建造试点项目和17家试点企业，9项试点经验得到全国推广。制定商品住宅高品质建设内容和评价标准，指导推进绿色、低碳、智能建筑落地应用。建筑产业化加速发展，全年新开工装配式建筑面积1776.53万平方米，同比增长25.30%，超额完成目标任务，占新建建筑面积比例超过41%。

【推进国家智能建造试点城市建设】 2023年，合肥市制定《合肥市智能建造试点城市建设实施方案》，成立以分管副市长为组长的工作领导小组，印发《合肥市2023年智能建造试点城市推进工作要点》，将智能建造纳入城乡建设绿色发展目标考核体系并实施2023年度考核，高位推动智能建造工作。支持转变城乡建设发展方式，全面提升绿色建造水平，建设高品质绿色建筑，提高建筑能效。出台促进经济发展若干政策，明确对建筑业企业加快数字化、网络化、智能化转型升级的项目，按投资额的20%给予最高200万元补贴。鼓励企业智能建造技术应用，截至2023年底，2宗商品住宅用地应用智能建造技术作为加分项，72家企业享受信用加分，2023年“琥珀杯”“庐州杯”启动评选。培育产业发展，引领智能转型升级潮流，遴选公布46个合肥市智能建造试点项目和17个智能建造试点企业（产业基地），发布第一批智能建造新技术新产品创新服务典型案例18项。截至年底，培养扶持30个智能建造骨干企业，其中国家级“专精特新”企业4个，国家高新技术企业26个，省级“专精特新”企业27个，产业体系初步建立，产业链逐渐完善。建立健全智能建造发展标准体系。聚焦智能建造领域前沿技术和关键问题全年开展智能建造相关科研课题研究项目12个，拨付1800余万财政资金。推动智能建造科技创新平台建设，2023年建成智能建造相关国家级平台1个，省级平台23个，地市级平台3个。加大技术研发推广力度，2023年全市获批32项智能建造相关省级认定首台套重大技术装备或首版次软件产品；推动本地 13家部品部件工厂入选智能制造试点示范。

表 1　　2023 年合肥市智能建造试点工程项目一览表

序号	项目名称	申报单位	智能建造运用阶段	推荐单位
1	科大讯飞人工智能研发生产基地（一期）项目	讯飞智元信息科技有限公司、中国建筑一局（集团）有限公司	数字化设计、智能施工、智慧运维	高新区建设发展局
2	工投高新智谷二期 EPC 项目	中建三局集团有限公司	数字化设计、智能施工	
3	合肥高新区安全谷项目	中能建建筑集团有限公司	数字化设计、智能施工	
4	首台套国产质子治疗系统医疗验证基地	合肥离子医学中心有限公司	数字化设计、智能施工	
5	高新区 TG5-2 地块保障性租赁住房项目	中国十七冶集团有限公司、中铁北京工程局集团有限公司、深圳市建筑设计研究总院有限公司	数字化设计、智能施工	
6	合肥高新区保障性租赁住房项目（一期）	中建三局集团有限公司	数字化设计、智能施工	
7	科大硅谷高新孵化园一期项目	中国建筑第二工程局有限公司东华工程科技股份有限公司	数字化设计、智能施工	
8	合肥高新区声谷产业园项目二标段工程	安徽屹宏建设工程有限公司、中建三局集团有限公司	数字化设计、智能施工	
9	新桥智能电动汽车产业园二期电驱动厂房	中铁十局集团有限公司 / 中国建筑第二工程局有限公司	数字化设计、智能施工、智慧运维	经开区建设发展局
10	12 英寸存储器晶圆制造基地二期项目	安徽省建筑设计研究总院股份有限公司	数字化设计、智能施工	
11	合肥经开 JK202207 地块璟园项目	安徽省建筑设计研究总院股份有限公司	数字化设计	
12	华东地区（合肥）空中交通管制能力提升基础设施建设工程	安徽省建筑设计研究总院股份有限公司	数字化设计	
13	长岗污水处理厂三期工程	中铁四局集团有限公司	智能施工	经开区建设发展局
14	安徽合肥经开区 JK202213 地块安置房项目	中建国际工程有限公司	数字化设计、智能施工	经开区建设发展局
15	合肥职业技术学院汇心湖校区人才周转房、教师公租房和留学生公寓建设项目	安徽建工三建集团有限公司	智能施工	新站区建设发展局
16	合肥市新站区鹤翔园三期安置房项目	中建八局第二建设有限公司	智能施工	
17	合肥市属新站老年护理院、骨科和口腔专科医院	中建八局第二建设有限公司	智能施工	
18	包河区云河湾项目工程总承包	安徽建工三建集团有限公司	数字化设计、智能施工	包河区住房和城乡建设局
19	包河区 BH202228 号地块项目	安徽建工三建集团有限公司	智能施工	
20	包河区世纪姚公安置项目	安徽国信建设集团有限公司	数字化设计、智能施工	
21	包河区 S1905 地块科研办公楼	安徽寰宇建筑设计院	数字化设计	
22	大连路（包河大道 - 巢湖南路）道排及综合管廊工程	安徽省交通建设股份有限公司	智能施工	
23	园博园航站楼等提升改造设计施工一体化工程	安徽地平线建筑设计有限公司	智能施工	
24	广德家园三期项目	安徽华筑建设工程有限公司	智能施工	瑶海区住房和城乡建设局
25	红旗石材安置点项目	中建四局第六建设有限公司	数字化设计、智能施工	
26	安徽省智能软件园 EPC 工程	安徽省建筑科学研究设计院 / 中安华力建设集团有限公司 / 合肥工大建设监理有限责任公司	智能施工	蜀山区住房和城乡建设局
27	庐阳区清澜苑项目工程总承包 -1 标段	中安华力建设集团有限公司	数字化设计、智能施工	庐阳区住房和城乡建设局

续表

序号	项目名称	申报单位	智能建造运用阶段	推荐单位
28	肥西新能源汽车智能产业园 EPC 项目	中国建筑第六工程局有限公司 / 中铁四局集团有限公司	数字化设计、智能施工	肥西县住房和城乡建设局
29	长三角 G60 科创走廊合肥药谷科技产业园项目	中国建筑第六工程局有限公司	智能施工、智慧运维	
30	桃花科创产业园 EPC 项目	安徽省公路桥梁工程有限公司	智能施工	
31	潭冲河家园 D、E 地块 EPC 总承包项目	安徽建工三建集团有限公司 / 安徽建工交通航务集团有限公司	数字化设计、智能施工	
32	下塘南圩嘉园三期工程项目一标段	中煤矿山建设集团安徽绿建科技有限公司	智能施工	长丰县住房和城乡建设局
33	合肥航太雷电综合试验大厅工程施工总承包	中铁建设集团有限公司（总承包）安徽富煌钢构股份有限公司（钢结构专业分包）	智能施工	
34	庐江化工园人才公寓一期 EPC 项目	中铁四局集团有限公司	数字化设计、智能施工	庐江县住房和城乡建设局
35	合肥新桥机场 S1 线合肥西站枢纽先行段工程土建施工总承包项目	中铁四局集团有限公司 / 安徽省公路桥梁工程有限公司	智能施工	市轨道交通质量安全监督站市轨道交通质量安全监督站
36	合肥市轨道交通 4 号线南延线 110kV 主变电所系统集成	中能建建筑集团有限公司	智能施工	
37	合肥市轨道交通 2 号线东延线 110kV 主变电所系统集成	中能建建筑集团有限公司	智能施工	
38	合肥市轨道交通 7 号线土建施工总承包一工区	中国建筑第八工程局有限公司 / 安徽建工路港建设集团有限公司	智能施工	
39	合肥市轨道交通 2 号线东延线强弱电施工及设备材料供货集成项目	中国铁建电气化局集团有限公司	智能施工	
40	合肥市轨道交通 7 号线一期土建工程施工总承包 2 工区	中国建筑第五工程局有限公司 / 安徽省路桥工程集团有限责任公司	智能施工	
41	安徽大学江淮学院新校区项目 -1 标段	安徽建工三建集团有限公司	智能施工	市建筑质量安全监督站市建筑质量安全监督站
42	合肥市博物馆项目	中建四局第六建设有限公司	智能施工	

表 2　合肥市智能建造新技术新产品创新服务典型案例（第一批）一览表

序号	单位	案例名称	类别
1	中铁四局集团有限公司	综合管廊高效建造关键技术及装备	智能施工
2	中能建设建筑集团公司	工程企业一体化项目管理数字化平台	智能施工
3	安徽中润锦时科技有限公司	360 全景 AI 施工协作管理系统	智能施工
4	中国建筑第二工程局有限公司	基于 BIM 平台在复杂异形幕墙模块化施工中的应用	智能施工
5	安徽富煌钢构股份有限公司	富煌数智建筑项目管理平台	智能施工
6	安徽恒创智能装备有限公司	建筑机器人多机联动在合肥市星宸雅苑项目的应用	智能建造装备

续表

序号	单位	案例名称	类别
7	安徽富煌钢构股份有限公司	基于型钢构件标准化连接节点的焊接机器人智能装备	智能建造装备
8	中铁四局集团有限公司	变截面智能悬臂造桥机研制及应用	智能建造装备
9	中铁四局集团有限公司	智能钢筋加工配送中心	智能建造装备
10	安徽省交通规划设计研究总院	桥梁数字化出图系统	数字设计
11	合肥国瑞集成建筑科技有限公司	冷弯薄壁型钢—轻聚合物复合墙板生产线	智能生产
12	安徽三建工程有限公司	互联网 + 装配式建筑工厂协同制造平台	智能生产
13	安徽海龙建筑工业有限公司	海龙 MES 管理系统在装配式建筑施工全过程中的应用	智能生产
14	中铁四局集团有限公司	地材加工全流程智能化生产解决方案	智能生产
15	讯飞智元信息科技有限公司	基于数智融合技术的智慧运维平台	智慧运维
16	安徽德诺科技公司	骐骥“低压电力载波技术”在建筑设备智慧运维管理系统中的应用	智慧运维
17	安徽省安泰科技股份有限公司	基于云边协同的智慧校园综合管理平台	智慧运维
18	安徽省交通航务工程有限公司	大中型建筑企业多专业协同综合管理信息系统	建筑产业互联网

表 3　　合肥市第一批智能建造试点企业（产业基地）一览表

序号	单位名称	县（市）区、开发区	序号	单位名称	县（市）区、开发区
1	安徽鸿路钢结构（集团）股份有限公司	长丰县	10	安徽省交通建设股份有限公司	庐阳区
2	安徽富煌钢构股份有限公司	巢湖市	11	中安华力建设集团有限公司	庐阳区
3	安徽海龙建筑工业有限公司	经济技术开发区	12	安徽国信建设集团有限公司	包河区
4	合肥国瑞集成建筑科技有限公司	长丰县	13	安徽数智建造研究院有限公司	高新技术开发区
5	安徽建工北城工业有限公司	长丰县	14	讯飞智元信息科技有限公司	高新技术开发区
6	安徽建工建筑工业有限公司	肥东县	15	安徽同湃特机器人科技有限公司	经济技术开发区
7	安徽建工建设投资集团有限公司	蜀山区	16	安徽建工集团建筑机械智能制造有限公司	经济技术开发区
8	中能建建筑集团有限公司	高新技术开发区	17	安徽省建筑科学研究设计院	蜀山区
9	安徽建工三建集团有限公司	包河区			

（白　羽）

住房保障与房产管理

【概况】 2023 年，合肥市住房保障和房产管理局（以下简称“市房产局”）加大棚户区改造安置房建设，加快发展保障性租赁住房，规范公租房保障，谋划保障性住房建设；适应房地产市场供求关系发生重大变化的新形势，优化房地产调控政策，强化房地产行业监管，做好“保交楼、保民生、保稳定”各项工作；公布《合肥市住宅小区物业管理条例》，开展全市物业大排查大整治大提升行动，提升行业监管和服务水平。合肥市发展保障性租赁住房工作、肥西县棚户区改造工作分别获省政府督查激励，市房产局获评全市政务公开工作先进单位、全市平安建设优秀单位，获“效能安徽”图片、短视频大赛优秀组织奖、合肥市优秀政策解读奖。市房产局（房屋交易）办事大厅获评 2022 年度政务服务先进窗口，合肥市白蚁防治研究所获评全省住房和城乡建设系统先进集体。《合肥白蚁》获评安徽省优秀科普作品，5 名高级工程师入选全国白蚁防治专家库。

【住房保障】 棚户区改造。2023 年，合肥市新开工建设棚户区改造安置房 76905 套，开工率 100%；建成棚户区改造安置房 32238 套，建成率 151.32%；列入国家 2020 年度及以前棚户区改造计划的开工项目竣工率达 99.66%，超额完成

97%的年度竣工目标任务。全年累计争取中央及省级财政棚户区改造补助资金5.81亿元，发行棚户区改造专项债券65.53亿元。

公租房保障。合肥市调整2023年度公租房准入条件，市区城镇户籍较低收入和中等偏下收入住房困难家庭收入线标准分别调整为不高于33707元/年·人和44942元/年·人。实施实物配租和租赁补贴并举，全年发放公租房租赁补贴2593户，351户家庭配租市级公租房。优化政府购买公租房运营管理服务，完善公租房小区配套基础设施。

保障性租赁住房。市房产局推动供应整体新建保障性租赁住房用地3宗、约13.8公顷，引导三利谱二期TFT-LCD用偏光片生产线等项目提高配套设施比例建设保障性租赁住房，全年筹集保障性租赁住房1.18万套（间），完成年度目标任务。《安徽信息(情况专报)》(第370期）刊发合肥市加快发展保障性租赁住房经验做法并推广宣传。

房改工作。化解遗留问题，解，决1999年以后参加工作的职工集资建房办证问题。受理已购公房（集资建房）转移登记超标处理37户，涉及房屋74套，超标面积2499.66平方米，上缴财政超标补款925.94万元。办理部分产权房屋补差156户，收回公房款95.20万元。办理樱花苑、金荷苑等直管公房拆迁产权交叉，完成90户补差工作。办理中国科学技术大学、安凯集团等单位个人退房手续105套。

2023年，肥西县南郢一期安置点 （市房产局/供）

【房地产市场管理】 房地产市场。2023年，合肥市房地产市场总体稳健，全市房地产开发投资1524.10亿元，同比增长4.60%，为全省唯一正增长城市。新房、二手房总交易备案量较2022年基本持平，市场供求关系发生重大变化，交易结构变化明显，二手房成交量占比大幅提高，新房中改善性需求占比较快增长。全市商品房销售面积1108.60万平方米，同比下降24%，存量房成交1007.37万平方米，同比上升17.71%，存量房成交占新房、二手房总交易备案量比重为46.60%，同比提高7.30个百分点。

商品房市场监管。市房产局出台《关于实施商品房购房风险提示告知的通知》，督促房地产开发企业履行购房风险告知义务；修订《合肥市房地产开发企业信用管理办法》，加强房地产开发企业信用信息管理，加强摇号流程监督，做好摇号方案、登记规则审查工作，全年102个房地产项目384批次(房源约3.66万套）申请公开摇号登记销售，其中万科·朗拾里等41个项目120批次达到公证摇号比例。推动化解保交楼项目风险，加强项目资金管控，协调金融机构助企纾困，截至年底，全市34个保交楼住宅项目，21个全部完成交付、7个项目部分交付，交付面积约260万平方米、2.2万套，12个项目施工建设或竣工验收中（部分项目尚未达到合同约定交付日期）。修订《合肥市商品房预售资金监督管理办法》，市区范围内开设商品房预售资金监管账户518个，取消568个；市区核准拨付新建商品房重点监管资金195.70亿元，核准拨付一般监管资金787.50亿元。

住房租赁市场管理。印发《关于进一步规范住房租赁市场加强住房租赁资金管理的通知》，规范住房租赁企业经营行为；搭建合肥市存量房交易服务监管平台，提供房源核验、房源查找、委托挂牌、合同签约、购房资格查询、交易业务评价等服务；开展全市群租房安全整治行动专项检查、房地产经纪行为专项检查、房地产估价机构服务质量提升专项行动等。发挥中央财政专项资金激励引导作用，开展住房租赁试点期满综合评定，向符合奖补条件的合房股份有限公司等

17家住房租赁企业兑现综合评定奖补资金970万元。对市辖区354家住房租赁企业开展2022年度信用信息评定。

房屋交易信息管理。落实《合肥市新建商品房楼盘表管理办法》，受理楼盘发布1294幢，建筑面积766.80万平方米，17.02万套。受理商品房销售面积预测1409幢，总面积1295.90万平方米；完成预测成果审核1525幢，面积1475.90万平方米。完成商品房合同备案审核10.58万套，总建筑面积941万平方米，其中商品住宅面积719万平方米，释放摇号房源网签122批（次），13719套。完成存量房网签74961套，建筑面积694.19万平方米，其中存量住房65122套，交易面积625.05万平方米。

行政审批服务。受理办结开发企业资质审批337件，全市有房地产企业一级资质30家，二级资质1113家。发放商品房预售许可证1206份，批准商品房预售总面积1033.60万平方米，同比下降12.45%，其中住宅770.53万平方米，同比下降10.25%，商业办公95.74万平方米，其他167.33万平方米。

【物业服务】 物业行业管理。2023年，市房产局落实《合肥市住宅小区物业管理条例》，印发《合肥市业主大会和业主委员会指导规则》，优化小区物业管理；开展全市住宅小区物业管理服务提升行动，化解物业管理重难点矛盾；推进物业服务企业党组织应建尽建，形成“小区党建指导员+党组织书记+红色小管家”小区治理格局；督导组建业委会（物管委）2177个，推动25个小区形成各具特色的自管模式。开展住宅小区项目经理接待日活动，及时受理、解决业主诉求；开设“合肥物业e见箱”，收集群众意见，督导各地限期处置；对89家物业企业及项目负责人给予“红黄牌”警告和信用惩戒，提前解聘、清退小区物业企业77家；开展重要节点期间安全隐患排查整治和住宅小区电动车停放充电、火灾隐患等各类专项安全隐患排查整治行动。

统筹示范小区创建。修订《合肥市“和美小区”建设验收实施细则》，确定2022年度“和美小区”115个；推报创建第二批“皖美红色物业”示范小区13个、“美好家园”示范案例3个；组织开展市“皖美物业经理”评选活动，评定优秀项目经理14人。

维修资金归集使用。对接市不动产登记中心，打通“交房即发证”办证资金托管账户维修资金交存通道，推行维修资金使用电子扫码表决，提高表决效率。全年市区归集维修资金9.41亿元、10.98万户，维修资金增值收益4.86亿元；受理核准申报使用维修资金项目1090个，预算金额1.78亿元，受益业主8.89万户；年度拨付维修资金1.02亿元，同比增长40.23%，占历年以来累计拨付资金的40%以上。

【城镇老旧小区改造】 2023年，市房产局推进城镇老旧小区改造提升，全年改造城镇老旧小区117个，改造面积119.08万平方米、15016户，计划投资4.97亿元，累计完成投资5.19亿元，投资完成率104.75%，既有住宅加装电梯334

表4　　安徽省第二批“皖美红色物业”示范小区合肥市入选一览表

序号	小区名称	所在地区	物业服务企业
1	凤阳五村小区	瑶海区三里街街道临淮路社区	合肥市同创物业管理有限责任公司
2	陶然居小区	蜀山区荷叶地街道金荷社区	合肥市政文外滩物业管理有限公司
3	应流花园小区	经开区莲花社区朝霞居民区	安徽久全物业服务有限公司
4	西山雅居小区	安巢经开区半汤街道西山社区	合肥湖滨物业管理有限公司
5	乔治庄园小区	高新区蜀麓中心枫林社区	南京万科物业管理有限公司合肥分公司
6	百商现代名苑小区	肥西县柏堰科技园锦绣怡园社区	华谊城市服务科技有限公司
7	嘉兴园文明小区	肥东县店埠镇唐杨社区	安徽奈斯物业管理服务有限公司
8	巴黎春天三期小区	新站高新区瑶海社区香江社居	安景物业服务集团有限责任公司
9	南圩嘉园锦绣苑小区	长丰县下塘镇南圩社区	世纪金源物业服务集团合肥分公司
10	越城花园小区	庐江县庐城镇磙塘社区	安徽宇晨物业服务有限公司
11	市委大院小区	庐阳区逍遥津街道县桥社区	合肥卓巨物业服务有限公司
12	香榭水都小区	蜀山区笔架山街道翠庭园社区	合肥国建物业管理有限公司
13	九珑湾小区	包河区骆岗街道繁华社区	安徽省九珑物业服务有限公司

部。下发《关于做好2023年城镇老旧小区改造计划衔接的通知》，对接属地、各专营单位统筹做好供水、排水、供气、电力、通信等方面涉及城镇老旧小区的设施增设或改造项目，年度项目实施燃气出户1633户、供水出户102户，实现老旧小区通信管线改造全覆盖，实施弱电管线入地17.50万米，翻新雨污水地下管网2.67万千米，屋面防水改造14.401万平方米。利用拆违拆临腾空地，整合社区边角地，新建地面普通停车位2423个，新建机动车充电桩357个，预留充电泊位143个，新建非机动车充电桩1254处；改造物业用房3处、传达室14个，新建传达室27个；新增安防智能感知设施及系统358套，新建儿童游乐设施15处、1133平方米；增设健身器材套数246套、4811平方米；设置小区铭牌132个，小区宣传栏109个，小区内部标识指示牌569个，垃圾分类投放点43处。

【房屋安全治理】 危险住房解危处置。2023年，市房产局联合市财政局、市发改委印发《合肥市城市危旧房摸底调查工作方案》，及时开展房屋安全鉴定，动态调整危旧房摸底调查系统，督促属地加快危房腾空，全年解危D级危险住房2.49万平方米。

白蚁防治。全年接收房屋白蚁预防工程项目2363个，建筑面积2453.55万平方米；房屋白蚁预防工程竣工项目2671个，建筑面积2437.04万平方米。在4、5月份白蚁繁殖危害高峰期，接到市民蚁情求助电话365次，上门治理房屋白蚁296例，治理树上白蚁69例。为董铺水库、安徽省地质博物馆等地安装、维智能型监控装置3000余套。举办白蚁危害图片展，科普白蚁知识，树牢防灾减灾意识。

（崔梦琪）

住房公积金管理

【概况】 2023年，合肥市住房公积金管理中心（以下简称“合肥中心”）紧紧围绕学思想、强党性、重实践、建新功的总要求，扎实做好主题教育各项工作。弘扬“四下基层”工作方法，深入基层宣讲、办公19次，出台“3+27”项系列惠民政策与便民举措，最大释放政策红利，更好满足群众多层次多领域住房需求。

2023年，合肥市实缴住房公积金职工160.27万人，归集住房公积金261.91亿元，同比增长13.04%；提取住房公积金214.38亿元，同比增长34.26%。发放住房公积金贷款2.18万笔105.74亿元，贷款发放额同比增长2.98%，主要支持刚性和改善性住房需求，为职工节约购房利息支出17亿元。其中，首套房贷款占比88 %，中小户型占比94%，中低收入占比96%。全市实现增值收益7.81亿元。

合肥中心获市直机关平安单位、数据资源工作目标管理绩效考核排名前20位、市直部门预决算公开情况专项检查考核排名靠前、全市行政事业性国有资产报告编报成绩突出单位、全市党委信息采用进步较大单位、省住建厅法治征文优秀组织奖等；大厅被市政府评为2020-2022年度政务服务先进窗口，业务服务处获“惠民公积金、服务暖人心”服务提升三年行动表现突出星级服务岗，综合平台处获评长三角住房公积金“鑫先锋”岗位，肥东管理部获第八批全省住房城乡建设系统“学雷锋活动示范点”等。中心机关党委在2023年度市直单位党建考核中获评“好”等次，机关第一党支部通过2022年度五星级党支部复评，巢湖分中心党支部评为2023年度五星级党支部，第二党支部评为2023年度四星级党支部。

【政策惠民利企】 放宽提取条件。2023年，合肥中心放宽多项提取使用政策和措施：延长购房等提取类型的提取时限、取消产权比例限制，放宽加装电梯提取支持范围至本人、配偶及双方父母自住住房加装电梯，支持提取住房公积金支付购房首付款，增加“公积金冲还贷”方式偿还住房公积金贷款，推出还贷“随心取”业务等。积极贯彻落实“租购并举”政策，上调租房提取额度、放宽租房提取次数，助力新市民、青年人解决住房问题。全年为23.91万人办理租房提取23.01亿元，同比增长36.01%和70.44%；支付购房首付款办理684户1.06亿元，办理公积金冲还贷业务8410笔4.50亿元。

拓宽受益范围。针对群众反映较为集中的异地贷款问题，出台《关于恢复住房公积金异地贷款的通知》。截至2023年底，发放异地贷款701户3.44亿元。加大对多子女家庭通过住房公积金解决基本住房问题的支持力度，提高多子女家庭首房首贷贷款额度上限至单职工65万元、双职工75万元，多子女家庭租房提取标准上浮50%，

2023 年 10 月 16 日，市民孟女士送来锦旗，感谢市公积金中心花园街营业部工作人员的帮助和热心服务 （赵凡凡 / 摄）

全年发放多子女家庭贷款 283 户 1.78 亿元。实行“合肥市住房公积金缴存人在我市购买首套自住住房的，租房提取额纳入公积金账户余额合并计算贷款额度”，让刚需群体住房民生需求有保障。提高高层次人才、“绿色建筑”贷款额度，放宽二手房贷款房龄限制，开展二手房“带押过户”办理公积金贷款，安居稳业支撑作用显著。全年发放高层次人才公积金贷款 42 户 4254.70 万元，办理“绿色建筑”贷款 3113 笔 16.03 亿元。

【数据赋能】 减证便民。2023 年，合肥中心推进公积金数字化改革，持续减证便民，形成“线上 + 线下”双向发力工作机制，政务服务网事项的办理要件数量由 111 件减至 65 件，减少 41%，承诺办理时间减少 14%。在“综合柜员制”一窗办结的基础上，在综合业务网点设立住房公积金“跨省通办”“长三角一体化”专窗，实现 8 个服务事项长三角“一网通办”、13 个服务事项全国“跨省通办”，推广使用“亮码可办”代替缴存、贷款等纸质证明，有效解决缴存职工多地跑、跨省跑难题。截至年底，办理“跨省通办”业务 3825 笔，其中两地联办购房提取 2033 笔。主动对接属地不动产登记中心、住建局等单位，在业务大厅开通端口实现商品房备案、存量房登记查询、贷款房屋抵押登记和注销登记等一站式办理。

网办提能。持续优化网办服务、丰富网办种类、拓宽网办渠道，实现 51 项业务全程网办，2023 年线上办理提取 65.70 万笔，离柜率最高达 89%。加强与公安、房产、民政等部门数据共享，变“人审”为“机审”，租房提取随申即办，线上“无要件”，资金“秒到账”。累计与 18 家商业银行签约联网、共享商贷数据，满足职工线上“秒提”需求，全年线上“秒提”47.2 万笔，占线上提取业务 71.80%。实现与市场监管局等 6 部门在企业开立时的“一网通办”联动服务，95% 以上新注册企业通过企业开办“一网通办”平台实现“秒开户”，九成以上缴存单位通过网上大厅办理人员增减、汇补缴等业务，实现“不见面”办理。

【服务质效提升】 开放化管理。2023 年，合肥中心修订《商业银行承办合肥市住房公积金贷款业务管理办法》，降低承办银行准入门槛，细化退出条件与标准，完善考核机制，建立起合作银行宽准入、严监管、有进有出、动态调整机制。从“相马”到“赛马”，最大限度发挥合作银行的积极性、主动性。截至年底贷款承办银行扩展到 18 家，新增 5 家归集银行，以服务渠道拓宽、竞争范围扩大倒逼合作银行提质增效。

精细化服务。持续深入抓实抓好“内强素质、外树形象”工程，坚持打造“五心”服务品牌，常态化开展个性服务，坚持特殊群体“上门办”“早晚弹性办、午间不间断”，以及缺件邮寄办、延时办等模式，解决办事群众“上班没空办、下班没处办”的难题，深受群众欢迎。5 月，在支付宝上线“合肥公积金办事指南”二维码，整合各项业务的政策规定、办事流程、办理渠道，使政策解读一目了然、业务流程一点即通，截至年底点击率超过 800 万人次，受到办事群众一致好评，相关经验做法在《长三角住房公积金一体化工作简报》上刊登推广。针对企业反映外籍人员不懂中文、无法使用皖事通查询公积金账户的情况，于 8 月在全国率先上线公积金查询英文版，外籍缴存职工可使用护照登录皖事通 APP 查询公积金缴存情况，贴心的多元化服务体验提升城市形象。

（王玉滢）

责任编辑：王尚先

财政　税务

财 政

【概况】　2023年，合肥市财政系统挖掘财政增收潜力，争取上级资金，多渠道融资并压减一般性支出，实现预算收官并保持重点支出强度。全年一般公共预算收入930亿元，一般公共预算支出1411亿元。全市“保工资、保运转、保基本民生”支出512.8亿元，占一般公共预算支出的37%。其中保工资支出306.3亿元，占支出比重21.7%；保运转支出34.4亿元，占支出比重2.3%；保基本民生支出181.1亿元，占支出比重12.8%。合肥市财政局（以下简称“市财政局”）政府债务管理、预决算公开等多项工作全省领先，财政管理工作获省政府督查激励，公务员绩效管理试点工作受到充分肯定，全年获各类表彰60余项。

【财政收支】　2023年，合肥市一般公共预算收入930亿元、同比增长2.2%，收入总量在全国地区生产总值（GDP）超万亿城市中排第19位。全市涉税市场主体达86.7万户，增加10.4万户，增长13.6%。全市一般公共预算支出1411亿元，创历史新高。一般公共预算中民生支出1219亿元、占比86.4%，上升1.9个百分点，科技支出246亿元，占比17.4%，教育支出252亿元，占比17.9%。土地出让收入用于农业农村支出占比21.4%，居全省首位。政府性基金支出963.9亿元。

【争取上级政策资金】　2023年，合肥市获243项上级转移支付369亿元；争取首批中小企业数字化转型试点、公共就业服务能力提升示范、普惠托育服务发展示范等中央示范试点项目7个、资金6.2亿元。获批政府债券578亿元，增长13%，年末政府债务余额2259.16亿元，政府债务率104%，总体安全可控，政府债务管理连续四年全省第一。

【多元筹资融资】　2023年，市财政局牵头成立市投融资工作专班，出台《市级城乡公共基础设施建设项目筹资导则》。制定城中村改造融资方案和资金平衡方案以及专项借款管理办法，推进城中村改造申请专项借款。市级大建设支出755.5亿元，其中融资301.8亿元、占比40%，上升8个百分点。以融资租赁方式置换轨道项目PPP（即政府和社会资本合作模式）融资24.7亿元，节约财政资金4亿元。获批新桥产业园项目“债贷组合”（即由银行为企业制定系统性融资规划，根据项目建设融资需求，将企业债券和贷款统一纳入银行综合授信管理体系，对企业债务融资实施全程管理）融资93.6亿元，

2023年10月25日，四方融资服务机制优化提升座谈会召开（市财政局／供）

融资占比79%，该项目是继轨道交通项目后全省第二个“专项债券+市场化融资”项目。开创“基金招商”新模式，政府母基金招引参股基金53只、总规模1561亿元，财政资金放大5.7倍，参股基金覆盖16条重点产业链；招引落地项目81个、计划总投资1035亿元。“政信贷”财政金融产品（即依托政府增信、风险补偿和业务补助等方式，引导金融机构、融资担保机构提升中小微企业、“三农”主体融资服务水平的财政金融产品）支持范围不断扩大，助力企业贷款超660亿元，企业实际贷款成本降至2.1%左右。

【扶持重点领域】 2023年，合肥市鼓励支持科技创新，助力合肥国家实验室、江淮协同中心等项目建设，一般公共预算科技支出占比17.4%，居地区生产总值（GDP）超万亿城市首位。保障综合性国家科学中心项目建设，当年投入36亿元、累计投入超186亿元；支持加强新型研发机构建设，当年投入1.3亿元、累计投入超61亿元，合作共建52个高端协同创新平台；强化企业科技创新主体地位，将国家科技型中小企业纳入“政信贷”产品贴息支持范围，当年兑现科技创新普惠政策11亿元。加快推进乡村振兴，出台《合肥市涉农领域重点项目资金统筹整合实施方案》，引导金融资源投入高标准农田建设。市本级涉农资金138.5亿元、增长4.9%，年均投入衔接资金超10亿元，衔接资金绩效管理连续7年获评全省优秀等次。支持绿色转型，投入154.8亿元助力打造合肥最好名片。全市20个国考断面水质全部达标，巢湖流域山水工程26个子项目基本完工，2023年上半年巢湖水质好转为Ⅲ类。重点保障民生，制定《合肥市2023-2030年加大财政教育投入实施方案》，实现教育投入只增不减。落实高校毕业生等重点群体帮扶政策，优化公立医院“六项投入”机制（即在公立医院基本建设、大型设备购置、重点学科发展、人才队伍建设、离退休人员费用和承担公共卫生服务等方面予以补助），提高基本公共卫生补助标准、城乡居民医保财政补助标准，建立部分社会救助补助标准自然增长机制。保障群众住有所居，谋划棚户区改造项目，争取上级资金9.8亿元、专项债75亿元，较上年增长4.9倍，资金规模居全省首位。加装电梯补助范围扩展至四县一市，支持建设加装电梯334台。全年民生支出1219亿元，占一般公共预算支出稳定在80%以上。

【厉行节约】 2023年，市财政局出台《市直部门厉行节约管理暂行办法》，明确严禁、严控和压缩类支出事项清单。开展新增支出政策事前绩效评估，核减率40%。健全专项资产配置标准，严禁超标准配置，预算核减率37.5%。一般性支出压减9.3%。严控预算追加，预算追加核减率63%。严格执行政府采购制度，全市政府采购节约率13.2%。

【盘活资金资产】 2023年，市本级盘活存量资金118.3亿元。市财政局组织8轮预算清理，收回政府采购结余、完工项目结余和非紧急需求资金79.2亿元。将9.7万平方米经营性房产划转合肥市建投集团，将合肥工业大学智能制造技术研究院等18.9万平方米房产划转合肥市产业投资控股集团，政府公物仓管理的房产盘活率超90%。

【资金监管】 2023年，市财政局加强政策统筹整合，创新设立人才发展资金池，整合各部门涉才资金31.1亿元，制定《合肥市人才发展资金池管理暂行办法》，建立预算安排、兑现、绩效管理和监督检查全过程管理机制。在全省率先开展非税收入电子退付试点，退付时间由原来的平均1个月以上压缩至3个工作日。免收政府采购履约保证金，落实中小企业预留份额要求，率先实现政府采购全流程电子化，政府采购营商环境分析评议稳居全省A档。出台《合肥市进一步加强财会监督工作若干举措》，选取30个市直部门和4个县区财政开展财经纪律专项整治检查，跟踪督促问题整改。加强预算单位银行账户和财政专户管理，开展市直部门账户信息统计核查，撤销县（市、区）专户38个。提前研判全年收支形势，完善增收节支应急预案，加强库款调度，确保全市财政平稳运行。

（周 昕）

税 务

【概况】 2023年，国家税务总局合肥市税务局（以下简称“市税务局”）组织税费收入2799.7亿元。其中，税收收入1351.5亿元，同比增长13%；社会保险费收入607.1亿元，同比增长27.5%；非税收入803.4亿元，同比下降40%。市税务局在全省税务系统绩效考评及市政府目标管理绩效考核中均被评为优秀等次，全系统获市级以上荣誉53个，1家单位获评“全国青年文明号”，1家单位被授予

"全国税务系统先进集体"称号。

【税费优惠政策落实】　2023年，市税务局落实税费优惠政策，完善"政策找人"工作机制，确保直达快享。全年办理新增减税降费及退税缓税缓费307.41亿元，其中，增值税留抵退税106.03亿元，新增减税降费201.15亿元，办理缓税缓费0.23亿元。

【服务地方发展】　2023年，市税务局推动市区城镇土地使用税等级税额标准下调落地，助力实体经济发展。服务中国（安徽）自由贸易试验区合肥片区、跨境电商、大物流体系建设，优化出口退税服务，压缩退税办理时间，办理出口退（免）税186.4亿元。参与亩均效益提升行动，开展房地产领域税收治理，配合做好"难安置"和"保交楼"工作。发挥税收大数据作用，撰写税收经济分析报告，各项工作多次获市以上领导批示肯定。

【依法治税】　2023年，市税务局通过制定进户执法、处罚裁量制度，出台轻微税收违法举报工作指引，明确"非必要不进户""未审批不调账"等要求，规范执法行为。加强与公检法等部门协作，推动破产企业涉税业务规范化办理。推行说理式执法，探索线上税务行政处罚，优化税收执法方式。常态化进行内部风险数据监控，实施执法督察督导项目11个，防范执法风险。

2023年2月9日，国家税务总局合肥新站高新技术产业开发区税务局走访彩虹（合肥）光伏有限公司，宣传绿色税费政策　（高　津/摄）

【税收改革】　2023年，市税务局推进征管改革，细化37项工作举措和21个创新项目实施方案。做好全面数字化电子发票推广。统筹推进"新电子税务局"数据整合、双轨测试验证等工作，该系统顺利在庐阳区税务局首批上线。做好社保费申报缴纳流程优化调整业务，设立专职办公室，平稳实现改革目标，工作情况在全省作经验交流。探索征退一体试点等举措，外贸企业出口退（免）税核准权限全部下放各县（区）局。

【纳税服务】　2023年，市税务局聚焦纳税人缴费人所需所盼，统筹推出65项具体举措，出台《合肥税收营商环境白皮书》，建立市局领导基层办税厅值班、涉税反映作风效能问题督办等机制。推出"云上办税厅""自然人代开电子普票"全程网办等特色做法，试点纳税信用修复、补复评等业务全环节前移，"云上办税厅"项目入选"长三角主要城市中心城区高质量发展联盟"营商环境优秀案例。深化"非接触式"办税，推行社保缴费"一厅联办"、税费诉求"一口收办"、征纳互动"问办一体"，实现无违规证明开具等5项高频业务前移进厅、一般注销等事项厅内办结。

表1　　2023年纳税人满意度提升工作任务分解表

序号	类别	行动任务	工作措施
1	政策落实	精准落实税费支持政策	1. 坚持以纳税人缴费人为中心，研究谋划措施，优化系统流程，最大限度做到"免申即享"。
			2. 编制好政策指引和操作指南，加强内外部培训，确保政策解读和操作执行、督导检查"口径统一"。
2		持续做细做好退前预审	3. 梳理简并退税表单，改进优化退税流程，拓展退税办理渠道，强化检查督导。
			4. 在了解掌握纳税人真实退税意愿的基础上，持续改进政策宣传，向纳税人讲清政策要点和风险事项，尽可能消除纳税人的顾虑，尊重纳税人意愿，落实愿享尽享。
3		分类开展精准宣传推送	5. 通过实地走访、电话等方式，分级分类分层次开展宣传辅导。
			6. 税收新政发布和政策调整时，及时开展政策培训宣传，通过在线授课、互动答疑等方式，对纳税人进行政策解读和答疑解惑，助力纳税人快享直享。

续表

<table>
<tr><th>序号</th><th>类别</th><th>行动任务</th><th>工作措施</th></tr>
<tr><td>4</td><td rowspan="2">规范执法</td><td>梳理部门职责清单</td><td>7. 相关业务部门对职责范围内的高频依职权业务的核查、审批事项，牵头制定业务事项清单，明确工作任务、操作规范和要求，推动基层规范执法，助力实现尽职免责。</td></tr>
<tr><td>5</td><td>强化执法部门管理</td><td>8. 加强对税源管理、风险应对人员的业务培训，开展岗位大练兵行动，坚持干什么学什么、训什么考什么，强化服务理念，转变工作作风，提升岗位业务能力。</td></tr>
<tr><td rowspan="2">6</td><td rowspan="6">规范执法</td><td rowspan="2">风险统一扎口管理</td><td>9. 规范风险疑点核查操作指引，进户执法审批流程。</td></tr>
<tr><td>10. 对市局发起的风险任务和疑点数据，统一由风险局扎口管理；对承接上级、外部发起的疑点核查和风险应对任务，由承接部门分析、筛查、去重，在保证时间和质量的前提下，采取对口下发或风险扎口管理的方式推送基层。</td></tr>
<tr><td>7</td><td>优化纳税信用管理</td><td>11. 探索优化新设立纳税人纳税信用复评机制，纳入纳税信用管理时间不满一个评价年度但已满 12 个月的纳税人可在 2023 年 3 月或 9 月提出纳税信用复评申请。税务机关于 4 月或 10 月依据其近 12 个月的纳税信用状况，确定其纳税信用评价结果，并提供自我查询服务。</td></tr>
<tr><td>8</td><td>统一行政执法标准</td><td>12. 严格落实长三角地区税务违法行为行政处罚裁量基准，制定全市统一的税务行政处罚裁量指引，保障公平公正执法；制作处罚温馨提示单，处罚后提醒告知纳税人遵守纳税义务；统一稽查执法标准，落实好《税务稽查案件办理程序规定》的工作要求，对确需延长案件办理时限的，严格履行审批手续，减少稽查部门长期未结案情况，维护纳税人权益。</td></tr>
<tr><td>9</td><td>统一业务受理标准</td><td>13. 严格落实纳服规范，严禁擅自增加或删减资料收集与报送、增加办税环节和流程，维护纳税人权益。</td></tr>
<tr><td>10</td><td>推动化解税费争议</td><td>14. 深入落实说理式执法、税务争议前置处理、法治员审核等制度，充分保障行政相对人的陈述申辩权利，推动实质性化解涉税争议；落实好《安徽省税务行政处罚说理式执法推行工作实施方案》等工作要求，强化说理意识，提升说理能力，规范说理文书。</td></tr>
<tr><td rowspan="2">11</td><td rowspan="2">规范执法</td><td rowspan="2">规范发票管理事项</td><td>15. 严格按照纳服规范，落实发票领用份数、次数和限量限额调整，增强纳税人领购发票的便捷度和获得感。</td></tr>
<tr><td>16. 针对大额发票代开，建立事前约谈机制，宣传告知相关风险事项；加强与受票方主管税务机关的信息传递和交互。</td></tr>
<tr><td rowspan="2">12</td><td rowspan="6">便捷服务</td><td rowspan="2">坚持“走出去”和“请进来”</td><td>17. 主动“走出去”，对标南京、杭州和省内等满意度和营商环境先发地区，考察学习，借鉴先进做法；积极“请进来”，邀请满意度先发地区优秀业务骨干来肥把脉开方。</td></tr>
<tr><td>18. 组织被调查单位与南京等基层单位开展结对共建和干部双向互挂，推动共建双方共同提升。</td></tr>
<tr><td rowspan="2">13</td><td rowspan="2">持续优化业务流程</td><td>19. 压缩前后台衔接业务量，逐步移交至办税厅处理，确因职能、权限不能移交的，选取税源、风险等相关业务骨干组建团队进驻办税服务厅，负责办结相关事项，人员由纳服部门管理。</td></tr>
<tr><td>20. 精简涉税资料报送，建立日常和月度业务协调工作机制，明确职责，打通部门之间业务壁垒，落实“兜底服务”和“最多跑一次”，实现所有纳税人端发起的业务在厅内“一站式”办结。</td></tr>
<tr><td>14</td><td>扩大容缺办理范围</td><td>21. 根据总局 2022 年 26 号公告，新增存款账户账号报告等 8 项业务的容缺办理，进一步精简涉税资料，取消纳税人放弃免（减）税权声明等 8 项业务的部分报送资料，将增值税及附加税费一般纳税人申报等 6 项业务的部分报送资料改为留存备查。根据总局 2023 年 2 号公告，新增国家综合性消防救援车辆证明等 6 项税务证明事项，实行告知承诺制办理方式。</td></tr>
<tr><td>15</td><td>拓展“问办一体”</td><td>22. 采取“热线 + 窗口 + 云上 + 工单”分布式服务新模式，扩容增员提高咨询热线接通率，规范统一答复口径，提升解决问题能力，通过人机交互，实现税务人员“屏对屏”指导纳税人解决业务办理中的各类疑难问题，最终建设成为“问办查评送”一体的“问办一体”服务新格局。</td></tr>
<tr><td>16</td><td rowspan="5">便捷服务</td><td>提升 12366 热线质效</td><td>23. 常态化开展培训，重点培训新政热点、系统操作和总局、省局质检抽测问题。</td></tr>
<tr><td rowspan="4">17</td><td rowspan="4">加快办税厅升级转型</td><td>24. 规范全市办税服务厅建设标准，统一规划功能区域、窗口人员职责、仪容仪表、服务要求方面，突出“一般业务线上办、疑难业务兜底办”，逐步减少窗口数量，增加导税咨询人员，走出柜台辅导纳税人实现“非接触式办税”。</td></tr>
<tr><td>25. 规范办税服务厅窗口设置，在醒目位置设置“一次未办成”专窗，公布办税厅负责人联系方式。做实涉税争议调解室（中心），设在大厅，安排业务骨干或办税厅主任进驻，并吸收公职律师加入。</td></tr>
<tr><td>26. 推广“一站式”综合办理中心，梳理办税耗时长、矛盾易发的高频业务，设置专区、专室分类办理，实现疑难事项“一站式”办结，真正实现“一件事一次办”。</td></tr>
<tr><td>27. 通过“智能外呼”开展“离厅即访”，征询纳税人的办税体验和评价。</td></tr>
</table>

续表

序号	类别	行动任务	工作措施
18	便捷服务	畅通社保非税信息交换渠道	28. 完善社保问题快速反馈机制，定期梳理社保非税热点问题清单，找出解决办法，统一解答口径，及时传递至办税服务厅，对缴费人的问题快速反馈；确定专人与社保部门对接，做到信息共享直达，第一时间解决现场疑难问题。
19	便捷服务	加强涉税服务机构管理	29. 建立常态化联系，加强宣传和交流互动；深入落实涉税专业服务机构信用评定，积极推进管理、服务、走访、包保等各项举措落实落地，注重正向引导。
			30. 办税服务厅对代账机构实施预约办税，设置专窗，拓展对小微企业和重点行业纳税服务方式。
20		推广税收志愿服务工作	31. 通过省、市代理记账协会等协护税群体，招募志愿者联合开展志愿服务，沉浸式参与纳税服务体验，密切征纳双方关系，提升协同共治合力。
21	信息化建设	优化线上办税体验	32. 优化“网上办”，成立电子税务局专家团队，及时跟进电子税务局模块功能更新，减少系统阻断，配齐配强办税厅咨询导税人员，加强自助办税厅的宣传引导和辅导；拓宽“掌上办”，梳理分析进厅业务，向上级部门提出优化建议，持续拓展直联互动APP、微信小程序功能，拓宽掌办业务范围。
22	廉洁自律	建立办税厅正向激励机制	33. 对表现优秀并长期在办税服务一线工作的业务骨干和管理人才，在评优评先、干部选拔、职务职级晋升、学习考察疗养等方面给予优先考虑。
			34. 优化对编外人员考核办法，实现编外人员同工同酬，完善激励措施，拉大考核档次鼓励争先进位，调动工作主动性、积极性。
23		建立投诉问题归类分析机制	35. 针对纳税人通过多渠道反映和转办的关于工作人员作风、态度、效率的信访举报、投诉和舆情等问题，纳服部门牵头相关部门整理汇总，建立投诉台账，深入分析原因，提出整改意见建议，分发给相关部门制定整改措施并强化督导。

表 2　　2023 年税收营商环境优化工作任务分解表

序号	类别	具体任务
1	聚焦便捷高效，改进办税缴费服务	1. 大力推广增值税电子发票，对未纳入数电发票试点范围的纳税人全面、批量核定增值税电子普通发票。
		2. 探索为自然人提供线上申请、自行缴税、自动出票、自动推送的网上代开增值税电子普通发票服务。
		3. 提速增值税专用发票最高开票限额审批办理实效。
		4. 简化不动产登记流程，对持有纳税信用绿卡或纳税信用等级为A、B级的企业，对外转让不动产时，受让方缴纳契税后，可直接办理不动产产权登记，转让方税费在办证后自行申报缴纳。
		5. 进一步优化纳税人跨省迁移流程，符合条件的纳税人跨省迁移的，在市场监管部门办理变更登记后，迁出地税务机关即时办结，纳税人相关资质权益予以承继延续。
		6. 推行网格化服务制度，强化税务人员与纳税人缴费人之间的沟通联系，确保纳税人缴费人的急难愁盼事项有人问、有人管，满足其个性化服务需求。
2	聚焦政策落实，提升直达快享成效	7. 在前期部分企业试点基础上扩大增值税即征即退速退制享受范围，调整退税流程，简化审批环节。
		8. 进一步压缩全市正常出口退（免）税平均办理时间。
		9. 推行“税美江淮”绿色税费服务直通车，通过运用税收大数据分析，分级建立重点企业常态化沟通联络机制，联合生态环境、自然资源等各部门了解企业诉求，主动为企业解决涉税问题。
		10. 简化税费优惠享受，推进征纳互动平台、大企业直连平台、网格化税费服务平台数据交互共享，推进税费优惠政策精准推送、直达快享、免申即享。
	聚焦政策落实，提升直达快享成效	11. 扩大小额快速退税（费）范围，5000 元以下小额退税（费）受理即办。
		12. 落实“纳税信用绿卡”联合激励，对A级纳税人提供融资授信、项目申报、执法服务、荣誉评选等方面激励措施。
		13. 探索实行大企业事先裁定制度，推进国际税收预约定价安排。

续表

序号	类别	具体任务
3	聚焦春风行动，落实精细化服务	14. 开展纳税人需求分析，广泛征集税务师事务所、会计师事务所、代账协会等意见建议，打造税费服务“同盟军”，完善“一类问题”解决机制。
		15. 广泛征集各类市场主体产业链供应链断链、短链等困难，充分发挥税收大数据作用，运用“全国纳税人供应链查询”功能，为困难企业补链、强链牵线搭桥，助力企业畅通内循环。
		16. 健全税费诉求、业务办理回访制度，提升为企服务工作质效，完善闭环管理机制，严查快处服务投诉，实行涉税诉求“一口收办”，按季开展质效分析并提出改进意见。
		17. 拓展“五步”工作法，检查中逐次开展提示提醒、督促整改、约谈警示、立案检查、公开曝光，营造诚信纳税环境。
		18. 推进“高效办成一件事”改革，梳理涉税事项全程网上办理清单并对外发布，对清单内事项实行全流程网上办理。
4	聚焦数据赋能，改善预期提振信心	19. 探索实现电子税务局增值税发票智能审核功能。
		20. 做好代征税款明细申报、电子缴税、完税证明开具等工作，实现代征税款向纳税人提供电子完税证明。
		21. 落实省局要求统一、简并印花税纳税期限，按次改按季，探索实现“一键零申报”，做好宣传辅导工作，进一步减少纳税人申报次数。
		22. 推进研发费用加计扣除政策落实协同共治机制，加强企业研发立项、科技型中小企业名单等信息共享，推动研发费用加计扣除优惠政策“应享尽享”。优化企业所得税“报退合一”管理方式，申报无异常自动启动退税流程。
5	聚焦市场主体，规范税务执法行为	23. 探索进一步优化简易处罚线上办理功能，纳税人网上处理违法违章行为时，系统自动判断首违不罚和处罚金额，自动生成“不予处罚决定书”或“税务行政处罚决定书（简易）”实现处罚全过程网上自助办理。
		24. 转变执法方式，在增值税一般纳税人登记、发票领用开具、反避税管理、欠税管理、大企业税收管理、税务稽查6个业务领域，推行非强制性执法方式。
		25. 统一规范税务行政处罚裁量权行使，全面推进行政执法公示、执法全过程记录、重大执法决定法制审核“三项制度”，让税务执法更公平、更公正。
		26. 深入落实优化税务执法“1331”制度体系，将说理式执法、“首违不罚”、税务争议前置处理、税收法治员制度等落地落细，让税务执法更精确、更有温度。
		27. 探索稽查罚款延（分）期缴纳。
		28. 在重点执法领域，实行“四个一”廉政风险防控制度，签订一份《廉政承诺书》，随案发放一份廉政监督告知单，重大案件（项目）指定一名随案监督员。
		29. 对风险应对、税务执法中不作为、乱作为，任性任意执法，违反“十做到”“十严禁”相关规定，破坏营商环境、影响纳税人满意度的，按规定追究问责。
		30. 严格监督执纪，坚决整治吃拿卡要、慵懒散漫，不给好处不办事、给了好处乱办事等纳税人缴费人身边的不正之风和腐败问题，着力营造亲而有度、清而有为的征纳关系。

（陈尚民）

责任编辑：王晓燕

金 融

综 述

【概况】 2023年，合肥市实现金融业增加值1196.40亿元，同比增长9.80%，占地区生产总值（GDP）比重9.40%。省政府督查激励地市（金融领域）、省政府目标管理绩效考核金融工作考核、省“获得信贷”营商环境评价，合肥市均居全省前列。本外币存贷款余额突破5.50万亿元；贷款余额增长17.14%，创七年新高，连续16个月保持15%以上；新增上市（过会）企业13家，A股增量居全国城市第9位、省会城市第3位，占全省50%，创历史新高。加快建设科创金融改革试验区，创设“科创出题 金融答题”和“3200企业上市服务”两项服务机制，总行级科创金融中心由1家增至9家，科创金融产品由112款增至196款、增长75%，科技贷款增速超30%，科创融资总额2500亿元，科创板上市公司达20家。银行机构不良贷款率0.66%，创历史新低，低于全国银行业平均水平近1个百分点；提前实现非法集资陈案化解三年攻坚目标任务，2023年末剩余陈案数较2020年初下降51%。

【信贷投放】 2023年，合肥市本外币存贷款余额同比增长12.97%，其中：全市本外币存、贷款余额分别超2.70万亿元、2.80万亿元，同比增长9%、17.14%。1—12月，新增本外币存贷款6369.46亿元；其中新增本外币存款2252.01亿元；新增本外币贷款4117.45亿元，同比多增792.89亿元。截至年底，中长期贷款余额占各项贷款余额近八成；新增制造业贷款占新增贷款23.34%，制造业贷款余额同比增长36.90%，高于全省7.80个百分点，其中，制造业中长期贷款余额增速达43.80%；全市科技贷款、绿色贷款增速均高于各项贷款增速10个百分点以上。

【资本市场】 2023年，合肥市新增上市企业8家；其中新增科创板上市企业4家，居全国城市第5位、省会城市第1位，首发募资居全国城市第3位，晶合集成首次公开募股（IPO）募资创全省纪录。截至年底，A股上市公司数达82家，居全国第12位、省会第6位；科创板上市公司数达20家，居全国第6位、省会第2位。全年新增直接融资4390.13亿元。合肥市地方金融监督管理局（以下简称“市金融监管局”）强化上市培育辅导，举办“科创出题 金融答题”分产业链资本市场培训会等活动，组织企业走进香港交易及结算所有限公司、北京证券交易所，全年开展资本市场业务培训活动181场，培训企业6725户。加快建设科创资本中心，截至年底，全市设立政府性基金226只、总规模4206.59亿元；在中国证券投资基金业协会登记的私募

2023年5月5日，合肥晶合集成电路股份有限公司在上交所科创板首发上市
（市金融监管局／供）

基金管理人139家、管理基金622只、管理规模1866亿元。

【金融创新】 2023年，市金融监管局推进科创金融改革试验区建设，印发《合肥市建设科创金融改革试验区实施方案》，聚焦专营机构、专属产品、专有平台、专项服务、专业智库“五专”建设，新设科创金融专营（特色）机构13家，总数达37家；创新推出科创金融专属产品84款、总量达196款；获批安徽省首块市属企业征信牌照，首创“研值分”科创企业模型，获评全国优秀信用案例，累计出具信用报告3255份，服务金融机构授信超259.55亿元；设立科创金融工作站、科创金融专家库、科创金融服务平台、科创金融研究院，为科创企业推出多维度融资、融智服务，开展政策宣传、银企对接等科创金融服务活动159场；落地全国首批混合型科创票据、全国首单私募“科技创新+专项用于集成电路”双贴标公司债券；实施“共同成长计划”（即鼓励银企双方通过签署“贷款协议+中长期战略合作协议”，为初创期、成长期科创企业提供成本更低、期限更长、额度更高的融资支持，为银行提供优先认股权、结算服务、债券承销等远期权益选择）“贷投批量联动”（即以政府批量推送企业、贷款风险补偿为基础，商业银行批量化获客、市场化决策为依托，形成科创企业贷投批量化金融服务），截至年底，全市“共同成长计划”累计授信257.09亿元，发放贷款143.70亿元，均居全省第1位。

【普惠金融】 2023年，市金融监管局推进数字化金融“五进”（即进园区、进街道、进社区、进乡镇、进商圈）走访工作，出台《合肥市普惠型小微企业贷款风险补偿资金管理暂行办法》。截至年底，小微企业贷款余额8397.75亿元，同比增长25.21%；普惠小微企业贷款余额3420.90亿元，同比增长30.10%，发放普惠型小微企业贷款4110.46亿元。推动金融产品扩面增量，“政信贷”财政金融产品（即依托政府增信、风险补偿和业务补助等方式，引导金融机构、融资担保机构提升中小微企业、“三农”主体融资服务水平的财政金融产品）累计为9401户企业放款511亿元，平均授信利率4.16%；数据赋能金融产品“合肥智慧快贷”贷款余额99.50亿元、服务客户1.90万户；续贷过桥资金为3296户（次）企业提供灵活续贷支持110.66亿元；新型政银担业务年度新增放款466.35亿元，同比增长54.35%，其中小微、“三农”业务占比超90%。

2023年11月18日，合肥科创金融峰会在中安创谷科技园举办

（市金融监管局／供）

【金融生态】 2023年，市金融监管局实施地方金融风险处置攻坚行动，全年化解非法集资陈案61起，化解率居全省首位。动态梳理涉众金融领域重点人员、重点群体，建立台账，督促各地畅通沟通对话渠道，落实疏导稳控措施，全市涉众金融领域信访稳定形势总体平稳有序。完成地方金融组织现场检查工作，落实监管谈话、限期整改、定向通报、社会公告、重点监管等监管举措。

（陈华碧）

货币信贷运行

【概况】 2023年，合肥市本外币各项存款余额25452.75亿元，同比增长10.20%；全年新增存款2356.11亿元，同比少增134.85亿元。本外币各项贷款余额27748.03亿元，同比增长17.39%；全年新增贷款4110.66亿元，同比多增860.23亿元。

【存款】 2023年，合肥市人民币各项存款余额24967.00亿元，同比增长10.33%，较年初增加2336.74亿元，同比少增89.79亿元。分部门看，人民币住户存款余额9387.14亿元，同比增长17.96%；较年初增加1429.21亿元，同比少增134.66亿元。人民币非金融企业存款余额7979.71亿元，同比增长5.44%；较年初增加411.68亿元，同比多增97.57亿元。人民币财政性存款余额821.51亿元，同比增长4.63%；较年初增加36.37亿元，同比少增111.82亿元。人民币机关团体存款余额

5288.22亿元，同比增长11.62%；较年初增加550.45亿元，同比多增119.54亿元。人民币非银行业金融机构存款余额1471.23亿元，较年初减少94.71亿元，同比少增61.65亿元。

【贷款】 2023年，合肥市人民币各项贷款余额27494.83亿元，同比增长18.11%；较年初增加4216亿元，同比多增938.70亿元。分期限看，全市人民币中长期贷款余额20337.89亿元，同比增长19.46%；较年初增加3296.25亿元，同比多增948.96亿元。人民币短期贷款余额5115.22亿元，同比增长17.64%；较年初增加711.40亿元，同比少增23.83亿元。票据融资余额1378.80亿元，同比增长17.16%；较年初增加201.90亿元，同比多增47.91亿元。

分部门看，全市人民币住户贷款余额 9203.60 亿元，同比增长 9.56%；较年初增加 730.22 亿元，同比多增 11.28 亿元。其中，住户消费贷款 6776.62 亿元，同比增长 4.54%；较年初增加 222.48 亿元，同比少增 58.89 亿元。企（事）业单位贷款余额 18253.94 亿元，同比增长 23.61%；较年初增加 3485.99 亿元，同比多增 930.51 亿元。

（中国人民银行合肥中心支行）

银行业和保险业

【概况】 中国银行保险监督管理委员会安徽监管局（以下简称“安徽银保监局”）作为中国银行保险监督管理委员会的派出机构，由原中国银行业监督管理委员会安徽监管局和原中国保险监督管理委员会安徽监管局合并成立，于2018年 12月17日正式挂牌。安徽银保监局根据银保监会的授权和统一领导，依法依规独立对安徽辖内银行业、保险业实行统一监督管理，对有关银行业、保险业机构及其业务范围实行准入管理，审查高级管理人员任职资格；对有关银行业、保险业机构实行现场检查和非现场监管，开展风险与合规评估，保护金融消费者合法权益，依法查处违法违规行为；统计有关数据和信息，跟踪、监测、预测辖内银行业、保险业运行情况；指导地方金融监管部门相关业务工作开展。2023年，安徽银保监局下辖 16个银保监分局。具体承担合肥市区银行业、保险业监管工作，授权巢湖银保监分局对合肥“四县一市”银行业和保险业实行统一监督管理。

【银行业】 2023年，合肥市银行业资产余额4.28万亿元，负债余额4.08万亿元。其中，各项存款余额2.44万亿元，当年新增2448.60亿元，增幅11.10%，存款余额占全省比重30.80%；各项贷款余额2.82万亿元，当年新增4057.80亿元，增幅16.80%，贷款余额占全省比重36.17%。

【保险业】 2023年，合肥市保险业累计实现原保险保费收入408.36亿元，同比增长4.89%，保费收入占全省比重27.33%；赔付支出157.56亿元，同比增长8.94%；累计提供风险保障69.15万亿元，同比增长25.19%。

【支持合肥市科创金融改革试验区建设】 2023年，安徽银保监局支持合肥市科创金融改革试验区建设，实施合肥科创金融改革“六大行动”，即：科创金融供给增量提质行动，科创金融特色机构升级行动，科创金融服务质效提升行动，科创金融与科技产业融合行动，科创金融与智慧监管进阶行动，科创金融生态优化行动，初步建成具有科创特色的产品谱系、服务模式和支撑体系。推广“初创信用贷”“成长接力贷”“贷投批量联动”等专属产品和服务模式，累计推出科技信贷产品161款、科技保险30余种，全市8000家高新技术、“专精特新”企业融资覆盖率从30%提高到70%以上。探索“财政资金+开发性金融+专业化公司”“开发性金融工具+中长期贷款”等做法，打造金融支持综合性国家科学中心的“合肥模式”，为合肥大科学装置、BEST聚变核能、先进光源、超量融合计算中心等“国之重器”授信超100亿元。坚持政策链、信息链、资金链、服务链“四链融合”，推动科大硅谷创新示范区建设，设立科创基金、股权直投、科创债投资承销、保险资管计划等，提供直接融资支持350亿元，形成“股贷债保”综合化、全链条、全流程科创金融生态。

【助推战略性新兴产业发展】 2023年，安徽银保监局聚焦合肥市战略新兴产业集群图谱，开展批量化融资对接，安徽省银行业投向合肥市战略性新兴产业的贷款规模近3000亿元，在各项贷款中占比首次突破10%，合肥市新增贷款30%以上投向战略性新兴产业。探索构建“主办行+链主企业+链属企业”的“一链一行多企”批量化对接模式，做到新能源汽车产业链上企业走访对接全覆盖。发挥开发性政策性金融机构作用，加大对新能源汽车产业重大项目、技术创新攻关等重点领域资金支持。国家开发银行安徽省分行围绕新能源整车制造以及配套的动力电池、零部件、销售等上下游板块，累计提供融资总量超500亿元。围绕新能源汽车产业链核心企业丰富供应链金融产品，为链属企业提供应收账款融资、订单融资、商票保贴等服务应用场景。截至年底，全省新能源汽车产业贷款余额783亿元，主要投向合肥新能源汽车产业。

【化解金融风险】 2023年，安徽银保监局开展农商行不良贷款和处置、大额贷款风险、异地贷款风险、股东股权和关联交易、担保数据等真实性“五真”专项排查，加强市场乱象整治和重点领域存量风险压降。督导银行业金融机构加大不良贷款处置。截至年底，合肥市银行业不良贷款率0.66%，低于全省平均水平0.29个百分点。推动金融与房地产正常循环机制建设，会同住建部门、人民银行引导银行机构在风险可控的前提下增加融资。截至年底，合肥市房地产贷款余额8233.7亿元，同比增长6.48%，增速高于全省平均水平5.20个百分点。

（安徽银保监局）

证券业

【概况】 中国证券监督管理委员会安徽监管局(以下简称“安徽证监局”)是中国证监会的派出机构，前身为安徽省证券管理办公室，成立于1995年。1998年，划归中国证监会垂直领导，改名为“中国证监会合肥证券监管特派员办事处”。2004年3月1日，正式更名为“中国证券监督管理委员会安徽监管局”。主要职责为：对安徽辖区有关市场主体实施日常监管；防范和处置辖区有关市场风险；对证券期货违法违规行为实施调查、作出行政处罚；依法依规整治非法证券期货活动；证券期货投资者教育和保护；法律、行政法规规定和中国证监会授权的其他职责。

2023 年，合肥市有 A 股（即人民币普通股票，是由中国境内注册公司发行，在境内上市）上市公司 82 家，新三板（即全国性非上市股份有限公司股权交易平台）挂牌企业 62 家，在审在辅导企业 36 家，数量均居全省第 1 位；注册地在合肥的证券公司 2 家、期货公司 3 家；华安证券设立中西部区域首家资管子公司，安徽省再添 1 家持牌金融机构。

【服务资本市场】 2023年，安徽证监局推动多层次资本市场稳健运行发展。截至年底，合肥市新增上市公司7家，占全省50%，新增新三板挂牌公司4家，占全省25%，数量均居全省第1位。其中，中科星图测控技术股份有限公司成为全国首家空天信息及商业航天领域新三板挂牌公众公司。实现首发融资177.16亿元，是2022年的3.20倍，特别是科创板上市公司晶合集成电路股份有限公司首次公开募股（IPO）融资99.6亿元，为安徽省历史上最大IPO、2023年全国第3大IPO。全市有科创板上市公司20家，排名省会城市第2位。上市公司实现股权再融资43.92亿元。全市新增公司债、企业债融资511.2亿元，排名全省第1位。累计发行基础设施公募不动产投资信托基金（REITs）2只，募集资金124.13亿元，排名全省第1位。发行科创债、双创债、科创知识产权资产支持证券（ABS）等13只，融资91.15亿元，为全省发行科创融资产品规模最大的地市。全市登记私募基金管理人139家，管理私募基金产品622只，产品规模1866亿元，占全省比重分别为61%、52%、55%，均排名全省第1位。

【优化营商环境】 2023年，安徽证监局落实提升上市公司质量、风险防范处置、维护投资者合法权益等工作， 做好5·15全国投资者保护宣传日活动，开展辖区上市公司风险管理业务培训，

指导辖区上市公司协会召开会员大会，对监管形势、年报监管要求、融资并购政策等进行宣讲。合肥市营商环境持续提升，“保护中小投资者”评价指标连续 2 年获评全省第 1 位。

（安徽证监局）

责任编辑：王晓燕

经济监督与管理

年度计划执行

【概况】 2023年，合肥市坚持稳字当头、稳中求进，全力稳增长、稳就业、稳物价，实施扩大有效投资行动，投资总量占全省比重超25%，高质量发展基础更加坚实。强化重点项目三级调度，投资亿元以上在建项目首次突破2000个。出台提信心拼经济9条、促进经济发展20条等政策措施，全年兑现产业政策资金超百亿元。

【计划执行】 2023年，合肥市扩需求、防风险，经济运行实现整体回升，社会大局保持和谐稳定。

聚力贯通创新链条，创新发展动能增强。启动深空科学城规划建设，加快建设世界一流未来大科学城。跻身全球科技集群第40位，较上年提升15位；处于全球科研城市第13位，较上年提升3位。组建全国首个城市级场景创新公司。依托国先中心打造骆岗公园全空间无人体系项目。构建“科大硅谷”“团队+基金+载体”产业培育模式，设立9家海内外创新中心。

推动战新产业融合集群发展，现代化产业体系加快构建。出台推动战新产业融合集群发展实施意见、建设新能源汽车之都行动计划、低空经济20条等政策措施，成立产业研究院，系统谋划打造“6+5+X”产业集群，新型显示、集成电路产业获国家第一批战略性新兴产业集群评价“优秀”等次。启动建设安徽（合肥）创新法务区。出台重大经济措施10条，首批认定重要企业73家。

系统推进规划建设治理，城市功能品质提升。大建设投资超1100亿元，骆岗中央公园建成并开放，成功举办第14届中国（合肥）国际园林博览会。

深化改革扩大开放，高质量发展内生动力释放。成功举办2023年度长三角地区主要领导座谈会，

表1　2023年国民经济和社会发展主要指标完成情况

指标	2023年计划		完成（预计）情况		指标属性
	总量	增速（%）	总量	增速（%）	
一、经济发展（15项）					
地区生产总值（亿元）	—	6.5以上	—	6.3左右	预期性
人均地区生产总值（元）	—	6.5以上	—	5左右	预期性
规模以上工业增加值（亿元）	—	8以上	—	10以上	预期性
战略性新兴产业产值（亿元）	—	13	—	10以上	预期性
服务业增加值（亿元）	—	6.5左右	—	5.5左右	预期性
全员劳动生产率（%）	6.5以上		5.5左右		预期性
制造业增加值占GDP比重（%）	22		22左右		预期性
常住人口城镇化率（%）	86左右		86左右		预期性
固定资产投资（%）	—	10左右	—	3左右	预期性

续表

指标	2023年计划		完成（预计）情况		指标属性
	总量	增速（%）	总量	增速（%）	
其中工业投资（%）	—	10左右	—	16以上	预期性
进出口总额（亿美元）	—	高于全国平均	—	与全国持平	预期性
社会消费品零售总额（亿元）	—	9左右	—	5.5左右	预期性
招商引资新签约重点项目协议投资额（%）	—	11以上	—	11.5	预期性
外商直接投资（亿美元）	13.2	—	10.4	—	预期性
一般公共预算收入（亿元）	—	4左右	—	2.2	预期性
二、创新驱动（5项）					
研发经费投入增长（%）	—	10以上	—	19	预期性
战略性新兴产业产值占规模以上工业产值比重（%）	58		55.5左右		预期性
每万人口高价值发明专利拥有量（件）	18.5		20		预期性
数字经济核心产业增加值占GDP比重（%）	—		—		预期性
净增国家级高新技术企业数（个）	1500以上		1994		预期性
三、民生福祉（7项）					
居民人均可支配收入（%）	高于GDP		6.3左右		预期性
城镇调查失业率（%）	—		—		预期性
劳动年龄人口平均受教育年限（年）	高于全省平均		高于全省平均		约束性
每千常住人口拥有执业（助理）医师数（个）	3.4		3.45		预期性
基本养老保险参保人数（万人）	760		739.64		预期性
每千人口拥有0-3岁婴幼儿托位数（个）	4.2		4.26		预期性
人均预期寿命（岁）	80.05		80.05左右		预期性
四、绿色生态（6项）					
单位GDP能源消耗降低（%）	完成省定目标		—		约束性
单位GDP二氧化碳排放降低（%）	完成省定目标		完成省定目标		约束性
空气质量优良天数比例（%）	完成省定目标		完成省定目标		约束性
地表水质量达到或好于III类水体比例（%）	完成省定目标		完成省定目标		约束性
森林覆盖率（%）	—		—		约束性
建成区绿化覆盖率（%）	46		46		约束性
五、安全保障（2项）					
粮食综合生产能力（万吨）	295以上		298以上		约束性
能源综合生产能力（万吨标准煤）	完成省定目标		完成省定目标		约束性

获批建设虹桥国际开放枢纽合肥联动发展区，G60科技成果转化促进中心正式揭牌。合肥都市圈发展规划经省政府审议通过，新桥科技创新示范区（合淮合作区）获批设立。获批建设生产服务型国家物流枢纽、国家现代流通战略支点城市、国家加工贸易承接转移示范地。信易贷授信规模突破2000亿元。

坚持生态优先绿色发展，可持续发展能力增强。“山水工程”绩效考评连续第2年居全国第1位。出台碳达峰实施方案及分领域计划。新增新能源装机规模超90万千瓦，总规模达405万千瓦，光伏装机规模连续第6年居全国省会城市第1位。出台废旧物资循环利用体系建设方案、资源节约集约利用方案。

增进民生福祉，幸福合肥加快打造。成功举办第五届全国智力运动会、2023合肥国际马拉松等重要体育赛事活动。高质量实施10项“暖民心行动”。启动“惠民菜篮子”工程71天，让利群众2746万元。

（方　宇）

市场主体建设

【概况】 2023年，合肥市市场监督管理局（以下简称“市市场监管局”）拓展“一网通办”功能，运行“一业一证”系统，深化“证照分离”改革，通过并行受理、并享信息、并联审批，更为集约、更具高效地推动经营主体“准入即营”；协同推进“证照并销”“简易注销”“强制注销”“一屏注销”系列改革，减流程、压时限、优服务，经营主体退出机制健全完善；拓展电子营业执照应用场景，在全国率先将其信息写入公安交管业务系统；推行“个转企”改革，实行“歇业制”备案，提升经营主体发展质量。全市当年新增经营主体30余万户，实有总量接近170万户。

【质量强市战略】 2023年，市市场监管局实施质量强市战略。

通过“点”上培育，选树过硬品牌。以培育“各类政府质量奖项”“皖美品牌示范企业”为抓手，使政策宣贯与指导帮扶相结合、强链补链与质量提升相促进、示范引领与品牌带动相融合。截至年底，合肥市拥有中国质量奖提名奖9个，省政府质量奖13个、提名奖13个，数量居全省第1位。合肥高新技术产业开发区统筹推进质量品牌建设，创新设立科大硅谷质量奖并实施首届评选活动；获评“皖美品牌示范企业”75家，占全省总数21%，居全省第1位。组织“中国品牌日”合肥专场主题活动、成果发布，开展新能源及智能网联汽车的专题调研、交流研讨，在中国质量成都大会上，代表安徽省的合肥4家企业因在产品质量变革创新上的突出业绩，全部入选涉及国家企业首席质量官质量变革创新典型事件之列。全市有4家拥有优秀自主品牌的企业因其杰出贡献，上榜2022年度“皖美品牌十大影响力事件”。安徽巢湖经济开发区的规模以上、规模以下制造业企业全部设立首席质量官。

表2　合肥市获得中国质量奖提名奖的组织一览表

中国质量奖提名奖	组织名称
第一届	安徽合力股份有限公司
第二届	安徽合力股份有限公司
	中铁四局集团有限公司
	中能建建筑集团有限公司（原中国能源建设集团安徽电力建设第一工程有限公司）
第三届	合肥通用机械研究院
	中国科学院合肥物质科学研究院等离子体物理研究所
	合肥职业技术学院
	中国电子科技集团公司第四十三研究所
第四届	科大讯飞股份有限公司

表 3

合肥市获得安徽省政府质量奖的组织一览表

安徽省政府质量奖	组织名称
第一届	安徽江淮汽车股份有限公司
	格力电器（合肥）有限公司
第二届	安徽合力股份有限公司
	安徽安利合成革股份有限公司
第三届	合肥百货大楼集团股份有限公司
	合肥国轩高科动力能源有限公司
第四届	科大讯飞股份有限公司
	合肥京东方光电科技有限公司
	合肥通用机械研究院有限公司
	中国科学院合肥物质科学研究院（等离子体物理研究所）（提名奖）
	阳光电源股份有限公司（提名奖）
	张德进（安徽叉车集团有限公司）（提名奖）
第五届	安徽国元金融控股集团有限责任公司
	合肥市第一人民医院（提名奖）
	长虹美菱股份有限公司（提名奖）
	合肥合锻智能制造股份有限公司（提名奖）
	安徽省交通规划设计研究总院股份有限公司（提名奖）
	裴兵（安徽神剑科技股份有限公司）（提名奖）
第六届	安徽省交通控股集团有限公司
	中科院合肥物质科学研究院等离子体物理研究所
	李德斌（安徽江淮汽车集团控股有限公司）
	安徽皖维高新材料股份有限公司（提名奖）
	国网安徽省电力有限公司合肥供电公司（提名奖）
	中能建建筑集团有限公司（原中国能源建设集团安徽电力建设第一工程有限公司）（提名奖）
	合肥周谷堆大兴农产品国际物流园有限责任公司（提名奖）
	安徽辉隆农资集团股份有限公司（提名奖）

表 4

合肥市获皖美品牌示范企业一览表

序号	企业名称	获评年份	序号	企业名称	获评年份
1	安徽舜禹水务股份有限公司	2021 年度	12	合肥旭阳铝颜料有限公司	2021 年度
2	安徽捷迅光电技术有限公司	2021 年度	13	安徽黑钰颜料新材料有限公司	2021 年度
3	合肥东方节能科技股份有限公司	2021 年度	14	安徽华米信息科技有限公司	2021 年度
4	合肥华升泵阀股份有限公司	2021 年度	15	科大国盾量子技术股份有限公司	2021 年度
5	安徽尚德科技有限公司	2021 年度	16	翰博高新材料（合肥）股份有限公司	2021 年度
6	安徽省恒泰动力科技有限公司	2021 年度	17	龙迅半导体（合肥）股份有限公司	2021 年度
7	中盐安徽红四方肥业股份有限公司	2021 年度	18	国轩高科股份有限公司	2021 年度
8	合肥立方制药股份有限公司	2021 年度	19	安徽青松食品有限公司	2021 年度
9	安徽智飞龙科马生物制药有限公司	2021 年度	20	安徽王仁和米线食品有限公司	2021 年度
10	合肥杰事杰新材料股份有限公司	2021 年度	21	客来福家居股份有限公司	2021 年度
11	安徽大地熊新材料股份有限公司	2021 年度	22	蜀王优芙得餐饮服务有限公司	2021 年度

续表

序号	企业名称	获评年份	序号	企业名称	获评年份
23	安徽中国青年旅行社有限责任公司	2021 年度	69	合肥埃科光电科技股份有限公司	2022 年度
24	安徽创源物业管理有限公司	2021 年度	70	瑞纳智能设备股份有限公司	2022 年度
25	安徽环球文化旅游集团有限公司	2021 年度	71	合肥天帷信息安全技术有限公司	2022 年度
26	合肥黄山大厦酒店管理集团有限公司	2021 年度	72	安徽新盾消防设备有限公司	2022 年度
27	徽达环境产业有限公司	2021 年度	73	安徽亚美亚进出口贸易有限公司	2022 年度
28	环亮环境科技有限公司	2021 年度	74	安徽省皖嫂家政服务有限责任公司	2022 年度
29	合肥鸿鹤物业管理集团有限公司	2021 年度	75	合肥万豪能源设备有限责任公司	2022 年度
30	合肥九久夕阳红新海护理院有限公司	2021 年度	76	蔚来控股有限公司	2023 年度
31	安徽百姓缘大药房连锁有限公司	2021 年度	77	合肥新沪屏蔽泵有限公司	2023 年度
32	安徽新宇环保科技股份有限公司	2021 年度	78	四创电子股份有限公司	2023 年度
33	安徽听见科技有限公司	2021 年度	79	安徽万瑞冷电科技有限公司	2023 年度
34	安徽国科检测科技有限公司	2021 年度	80	合肥中南光电有限公司	2023 年度
35	合肥安达创展科技股份有限公司	2021 年度	81	安徽新华发行（集团）控股有限公司	2023 年度
36	合肥绿叶生态园林集团有限公司	2021 年度	82	合肥工大高科信息科技股份有限公司	2023 年度
37	安徽海峰分析测试科技有限公司	2021 年度	83	安徽乐库智能停车设备有限公司	2023 年度
38	安徽国泰众信检测技术有限公司	2021 年度	84	中水三立数据技术股份有限公司	2023 年度
39	安徽江淮汽车集团股份有限公司	2022 年度	85	安徽宏源铁塔有限公司	2023 年度
40	合肥百货大楼集团股份有限公司	2022 年度	86	安徽合凯电气科技股份有限公司	2023 年度
41	安徽省通信产业服务有限公司	2022 年度	87	合肥惠科金扬科技有限公司	2023 年度
42	合肥波林新材料股份有限公司	2022 年度	88	安徽辉隆集团银山药业有限责任公司	2023 年度
43	合肥中科阻燃新材料有限公司	2022 年度	89	安徽环瑞电热器材有限公司	2023 年度
44	安徽中青检验检测有限公司	2022 年度	90	安徽科创中光科技股份有限公司	2023 年度
45	合肥丰乐种业股份有限公司	2022 年度	91	安徽肥肥网络传媒有限责任公司	2023 年度
46	美而特智能后勤服务有限公司	2022 年度	92	安徽庐峰交通科技有限公司	2023 年度
47	合肥华耀电子工业有限公司	2022 年度	93	合肥丰华汽车零部件有限公司	2023 年度
48	合肥阡陌物业服务有限公司	2022 年度	94	合肥市菲力克斯电子科技有限公司	2023 年度
49	固力发电气有限公司	2022 年度	95	合肥开关厂有限公司	2023 年度
50	安徽省先锋制药有限公司	2022 年度	96	合肥欣奕华智能机器股份有限公司	2023 年度
51	通威太阳能（安徽）有限公司	2022 年度	97	安徽皖信人力资源管理有限公司	2023 年度
52	安徽创世科技股份有限公司	2022 年度	98	安徽德科电气科技有限公司	2023 年度
53	安徽华恒生物科技股份有限公司	2022 年度	99	合肥晟泰克汽车电子股份有限公司	2023 年度
54	合肥维信诺科技有限公司	2022 年度	100	华谊城市服务科技有限公司	2023 年度
55	合肥芯碁微电子装备股份有限公司	2022 年度	101	安徽大千生物工程有限公司	2023 年度
56	合肥美的电冰箱有限公司	2022 年度	102	合肥琥珀家具有限责任公司	2023 年度
57	安徽金诚复合材料有限公司	2022 年度	103	安徽中科中涣智能装备股份有限公司	2023 年度
58	飞友科技有限公司	2022 年度	104	安徽永昌新材料有限公司	2023 年度
59	合肥金星智控科技股份有限公司	2022 年度	105	合肥海特微波科技有限公司	2023 年度
60	合肥井松智能科技股份有限公司	2022 年度	106	安徽远成物业管理有限公司	2023 年度
61	安徽清新互联信息科技有限公司	2022 年度	107	安徽嘉伟新材料科技有限责任公司	2023 年度
62	合肥磐石智能科技股份有限公司	2022 年度	108	安徽诺益科技有限公司	2023 年度
63	合肥中辰轻工机械有限公司	2022 年度	109	安徽中源环保科技有限公司	2023 年度
64	安徽中科光电色选机械有限公司	2022 年度	110	安徽卓越电力设备有限公司	2023 年度
65	合肥中车轨道交通车辆有限公司	2022 年度	111	合肥迅达包装股份有限公司	2023 年度
66	安徽浩悦环境科技有限责任公司	2022 年度	112	安徽科凌沃特水处理技术有限公司	2023 年度
67	合肥皖信信息工程有限责任公司	2022 年度	113	长鑫存储技术有限公司	2023 年度
68	安徽海容电源动力股份有限公司	2022 年度			

表 5 合肥市入选国家 2023 年企业首席质量官质量变革创新典型案例及入围案例企业一览表

序号	企业名称	案例名称	评审结果
1	科大讯飞股份公司	构建 AI 智能服务体系，持续提升客户服务满意度	典型案例
2	安徽合力股份公司	G2 系列首台套重大技术装备创新研发质量管控体系	入围案例
3	安徽皖维高新材料股份有限公司	用于 TFT 液晶显示偏光片的聚乙烯醇（PVA）光学薄膜研发全过程的质量管控模式	入围案例
4	江淮汽车	群众性质量管理活动创新实践案例	入围案例

以“线”上强基，彰显技术优势。突出标准引领，编制并发布《合肥市 2022 年标准化发展状况白皮书》，新增国际标准 5 项、国家标准 31 项、行业标准 59 项、地方标准 75 项。强化标准示范，有 3 项基本公共服务标准示范项目通过国家级验收，有 4 项标准获中国标准创新贡献奖，数量居全省第 1 位；推进国家家电质检中心二期建设，省生物医药产业计量测试中心通过验收，组建省生物医药产业计量测试联盟，成功揭榜长三角产业计量创新挑战赛 8 项企业需求。推动民生领域计量监管，全市 1200 余万件计量器具检定率达 98.7%，有 8757 台电动汽车充电桩终检合格率达 99%；统筹强制性、自愿性认证监管，深化小微企业认证提升行动，参与新能源汽车高压零部件检验检测公共服务二期平台、新能源智能网联汽车检验检测中心的指导建设。合肥新站高新技术产业开发区在全市开发区中首设、首评管委会质量奖，新型显示产业入选长三角质量提升示范试点行列。

加强“面”上服务，赋能经济发展。强化政策激励，在标准化、检验检测领域分别兑现奖补资金 3414 万元、1528 万元；加大重点产业内培外引力度，针对新能源汽车检验检测工作，推动华东测试基地、安徽测试中心落地合肥。以检测认证理念创新、模式创新、技术创新为抓手，促进新兴产业优化升级，有 5 起案例入选长三角检验检测促进产业优化升级典型案例；彰显社会担当、助企纾困解难，在民生领域强制检定、校准计量器具 17.64 万台件，检验检测 1257 家的特种设备 1808 台，为各类经营主体减免费用超 3500 万元；寓监管与服务之中，在长三角“五市一区（即江苏省淮安市、江苏省扬州市、浙江省温州市、浙江省台州市、安徽省黄山市、上海市浦东新区）”实现免于办理强制性认证证后的监管互认，有 1 个项目入选“沪苏浙皖”计量技术规范项目。

【促进科技创新】 2023 年，市市场监管局推动产业融合发展，加快创新创造，培育高价值专利，全市万人发明专利拥有量 70.6，居全省第 1 位。常态化开展知识产权证券化工作，合肥市全年先后成功发行 4 期知识产权证券化产品，累计为全市科技型企业提供 46 笔融资，总金额 5.315 亿元；落地全省首单融资租赁产品，实现质押融资超 50 亿元，庐江县实现质押融资 6.47 亿元，同比增长 633%。肥东等 7 县区探索开展知识产权集合授信，授信总额达 11 亿元。落实奖补政策，为 2000 余户创新主体兑现奖补 7000 万元。中国科大“赋权 + 转让 + 约定收益”模式，入选国家知识产权强国建设第二批典型案例。专利预审驰入“快车道”，保护中心年度接受专利预审申请 3905 件、快速授权 2974 件。合格获授权 2781 件。运营合肥知识产权大厦，启动知识产权地方立法，融合知识产权“法务区”建设。4 月，合肥市成功入选全国首批国家知识产权保护示范区，在 2022 年全国知识产权行政绩效保护考核中，排名位居 157 个副省级及地级城市第 9 位。

【强化为企服务】 2023 年，市市场监管局强化服务保障，打造维权品牌。优化信用修复激励机制，稳定企业发展信心，全年移出异常名录、严重失信名单 20876 户次。在登记注册、行政审批、信用修复、经营承诺、诚信计量等方面推广信用承诺，全市拥有普惠经营主体约 56 万户；开展“访企解难、助企纾困”活动，稳就业、惠民生、促发展，协调推动金融机构精准帮扶企业发展，中国人民银行巢湖中心支行新增个体工商户经营性贷款 12926 户、金额 24.05 亿元，巢湖银保监分局办理个体工商户贷款 1.31 万笔、金额 40.88 亿元；强化以“知”增“资”、以“知”增“智”，建成知识产权运营服务平台、织密织细公共服务网络，完成配备知识产权专员、联络员 2135 名，为创新主体提供智慧支撑、全链服务；聚焦无理诉求泛化、经营环境恶化、各类资源虚化，制定出台《市场监管投诉举报处理实施办法》，最大限度规制恶意投诉举报行为，努力还市场以“公平、和谐”、还企业以“公正、清静”。

【亮化消费场景】 2023年，市市场监管局将推动做好消费维权服务站工作列入当年市政府“为民优服务”事项，累计培育、发展、认定ODR（指在辖区市场监管部门指导监督下，通过全国12315平台提供消费纠纷在线和解服务的单位）单位382家，线下无理由退货承诺单位14955家；开展“你点我检”民生服务，全年完成抽检2141批次，完成率97.32%；开展农村食品经营店规范化建设，全市创建食品经营“五好店（即环境卫生好、证照公示好、索证索票好、食品质量好、接受监督好）”475家。督促全市农批市场将“一枚蛋、一只鸡、两盘肉、三颗菜、四条鱼”等11个重点品种纳入食品安全信息化追溯系统；联合市供电公司开展“政电联动、乘梯无忧”共建活动，推动实现停电信息共享、电梯风险防控；压实属地责任、落实督查通报、夯实要素保障，文明菜市行动完成新建7家、改造提升8家的目标任务，市民购物体验感、幸福感显著增强。庐阳区文明菜市创建暖民心、有特色，中菜市在全市率先建立食品安全追溯系统，四湾菜市成为独具特色的“网红菜市”。

（吴晓波）

市场监督

【概况】 2023年，合肥市市场监管局立足“监管为民”的职能定位，强化监管工作，推进政务事项清单“五统一（即名称统一、材料统一、流程统一、时限统一、审批标准统一）”、推动食药领域审批“一窗办”制度建设，提升许可审批监管效能。

食品安全。在生产环节常态化实施“飞行检查”，抓早抓小、精准化开展“一企一策”防控风险，示范化组织“一市一品”提升质量，炒货食品、坚果制品抽检合格率由2022年98.95%提高到2023年的99.59%；在流通环节针对性开展“食安守护”“佳节守护”专项行动，普遍性组织“农村食品”“特殊食品”专项治理工作，落实源头追溯、查实风险隐患、压实主体责任，全市有451家大中型超市加入“放心食品超市”自我承诺活动；在餐饮环节聚焦“一小一老”，创新网络化、信息化、智慧化监管举措，强化培训考核、专项整治、督查通报、协同治理能力水平，在全国首创发布《合肥市集中用餐单位食堂风味小吃留样技术要求》地方标准。巢湖市一家企业参加全省“食安安徽”品牌故事大赛获评一等奖；抽检监测抓好“点”上的核查处置、“面”上的均衡覆盖，提升信息发布、数据分析、结果应用的科学性、针对性，全年组织食品抽检34594批次，合格率97.43%。瑶海区有1起食品案获评长三角食品安全抽检监测核查处置“十佳案例”之列；11月，合肥市获批为国家食品安全示范城市。合肥经济技术开发区2022年度食品安全考核全市第一，连续第九年获评“A”等级。

药品安全。聚焦流通领域、关键环节，开展疫苗储存运输质量、药安巩固提升、药品春风、中药饮片、麻醉和精神药品、医疗美容、医疗器械质量等系列执法行动，压实主体责任、强化督导检查、健全工作机制、提升能力建设，肥西县食品药品智慧化监管模式在全市示范推广；创新监管方式，对营业执照已经注销、许可备案地址不符的医疗器械经营单位，公告注销其经营资质。开展化妆品标准化店创建活动，首批认定经营店34家。加强与省药监局第一分局的协同配合与执法联动，守护全市药械化生产经营和使用环节质量安全。全市当年检查药品零售连锁总部860家次、医疗机构6680家次、药械妆

2023年11月，合肥市被授予食品安全示范城市（市市场监管局/供）

经营单位和药店 21460 家次，责令整改 4120 家次，立案查处 660 起、罚没款 490 万元；推进仿制药一致性评价，为 4 家生物医药企业的 4 个品种，兑现奖补 1000 万元。

特种设备安全。推动省市协同、县区联动，高效完成国家市场监督管理总局安排的特种设备安全“两个责任管理规定（即《特种设备生产单位落实质量安全主体责任监督管理规定》和《特种设备使用单位落实使用安全主体责任监督管理规定》）”的试点工作，形成一整套可复制可推广的安全监察“合肥模式”，4 月 26 日，国家市场监督管理总局试点工作现场会在合肥市召开；统筹部署电梯叉车、公用管道、锅炉气瓶、压力容器、起重机械、游乐设施、燃气安全等 10 余项专项执法，完善巡查跟踪、督察检查、约谈通报、立案查处等闭环机制。全年监察使用单位 12398 家次，排查特种设备 49184 台，下达安全监察指令书 1984 份，立案查处 331 起；产品质量监管聚焦民生领域、重点产品，抓细风险排查、抓实专项治理、抓牢主体责任，提升质量监管的实用性、精准性、科学性，全面完成抽检 2385 批次，合格率 95.64%。

【监管执法】 2023 年，市市场监管局加强监管执法工作。

彰显“严”的主基调、强权威。推动民生领域“铁拳”行动，实行省市联合、政企联手、社会联动，集中发布 5 批次典型案例，关注度高、威慑力大，有 1 名同志获国家市场监督管理总局授予的“民生领域案件查办突出贡献个人”称号；常态化、长效化开展“长江禁渔”专项行动，该局连续第 4 年获评国家市场监督管理总局授予的“长江禁渔”专项行动表现突出集体称号。突出重点、部门协同，组织为期两个月的违规电动三、四轮车专项攻坚行动，全市 923 家商户实现店面违规车辆清零；实施“民法典”宣传、规范“格式化”条款，启动“守合同重信用”建设；成立领导小组、制定工作方案、细化任务分解、挖掘创建亮点，加快建设安徽唯一的合肥国家网络市场监管与服务示范区。强化监测监管与网络执法，办结网络案件 355 起，其中 20 起获评省市场监督管理局典型案例。

突出“治”的大环境、促规范。将公平竞争审查作为建设全国统一大市场的关键一招，纳入政府目标考核、列为党校培训课程，创新机制、优化流程，全年审查增量政策措施 468 件，累计清理存量政策措施 1618 件。实施民生领域反垄断、侵犯商业秘密、虚假宣传、商业贿赂等专项行动，推进医药领域、粮食购销领域腐败问题专项整治，摸排线索、核查清理，约谈教育、立案查处，蜀山区获批全市唯一的“第一批安徽省商业秘密保护创新试点县（区）”；强化广告监测与线索移交、专项整治与案件查办工作，办理虚假违法广告案件 667 起，罚没款 684 万元。该局获评为国家总局授予的“整治借党的二十大进行商业炒作和医疗美容行业突出问题专项治理工作成绩突出集体”。聚焦转供电、银行、行业协会等领域，开展涉企收费专项检查，立案查处价格违法案件 13 起，实施经济制裁 446 万元。

把控“案”的优选项、重审慎。完善行刑衔接、府院联动、府检联动工作机制，加强与市公安局的信息共享、协同联动，将市公安局驻该局警务联络室升格为市食药环知联合执法中心。聚焦“政治”导向、“民生”关注、“领域”突破、“典型”示范，端窝点、堵源头、查办大要案。实施假冒国企央企专项治理，查办中国安能集团置业有限公司等 3 家央企信息被冒用的注册登记案件，办理全省首例恶意申请 2022 年卡塔尔世界杯热词商标注册案，有 1 起案例入选第五届长三角地区市场监管执法协作会议案例汇编，该局执法支队获评“全国知识产权保护工作成绩突出集体”；突出案件办理的包容审慎与宽严相济，并针对市场监管领域的轻微违法行为，依法在不予处罚、从轻处罚、减轻处罚上作出规定，全年依法作出不予处罚 439 起，从轻或减轻处罚 2348 起，减免罚金 6700 余万元。全市市监管系统当年办理综合行政执法案件 11583 起，罚没款

2023 年 1 月 6 日，合肥市举办首条网络餐饮阳光厨房街区揭牌仪式举行（市市场监管局 / 供）

4928万元，移送公安54起，案件总数居全省第1位。该局获评全省市监管系统综合行政执法工作先进集体。包河区全年办结案件数及同比增幅位居全市第一。

【信用监管】 2023年，市市场监管局精细化建设“一单两库”，经营主体与执法人员及时调整、合理匹配；统筹化开展部门间抽查、跨部门联查，年度抽查2002批次、联查1678批次，全面推行“一业一查”模式，重复检查率降低至2%，更好地彰显“进一次门、查多项事”；差异化落实分类监管，划定信用等级、确定抽查比例，全市双随机抽查对信用风险分类结果的应用率达94%以上；常态化开展年报公示，提高年报信息真实性、准确性，疫苗生产、特种设备两个重点行业的年报率达100%；协同化实施信用约束与联合惩戒，全市当年列入经营异常名录6万余户次，落实信用修复超7万户次。长丰县列严案例入选长三角市场监管严重违法失信名单典型案例。

【诉求办理】 2023年，市市场监管局加强“12315”“12345”平台热线下情上传、协调转办作用，市县联动、一体高效，受理咨询投诉举报546179件，办结率、回复率均达99%以上，真正实现“接得通、转得快、办得实”；常态化接听“为企服务”专席热线，“急难愁盼”问题化解的针对性、专业性、高效性凸显；健全信访工作机制，集中治理市场监管领域“诉转访”行为，落实领衔包案、会商会办，班子成员信访事项批阅率达100%；完善消费纠纷多元化解机制，延伸基层维权工作站服务触角，组建由市司法局、市中院联合参与的市消费纠纷人民调解委员会，推动实现情法相融解心结、公平调解促和谐；聚焦“霸王条款”，在家装、汽车、物业三大领域，集中开展50余条不公平合同条款的分析点评和结果公布，形成消费预警，引导科学消费。该局当年获评12315效能评估全国优秀单位、全省系统消费维权工作先进单位。

（吴晓波）

价格管理

【概况】 2023年，合肥市发展和改革委员会（以下简称“市发改委”）落实涉企收费政策，减轻企业和居民负担。将供水供电供气企业的投资界面延伸至用户建筑区划红线，实现用户建筑区划红线接入工程“零投资”，全年免收用户接入工程环节收费超2.70亿元。争取地铁轨道优惠电价支持政策，执行农副产品平价超市、商业零售电价优惠，全年降本超2.67亿元。对符合条件的中小学幼儿园、保障性住房及老年护理院等新建、改扩建项目，减免返退城市基础设施配套费等费用，全年办理减免退项目78个，涉及金额超3.07亿元。对学校、养老福利、老年助餐及托育服务等机构，执行居民合表价格，全年降本超5400万元，惠及终端9176户。对确因流动资金紧张、缴费确有困难的小微及个体户，实行水电气3～6个月欠费不停供政策，并免收在此期间产生的滞纳金，全年缓缴减免约1.11亿元，惠及终端2487户。

【价格改革】 2023年，市发改委发挥杠杆调节作用，推进重点领域价格改革。调整理顺当年淡季和旺季非居民管道天然气销售价格，按照“管住中间、放开两头”的改革思路，启动全市管道天然气上下游价格联动机制修订工作，经市政府同意并印发。审核调整王小郢等七家污水处理厂污水处理服务价格，完善《合肥市非居民用水超定额累进加价制度》。推进全市农业水价综合改革，截至年底，下辖四县一市均完成改革验收，提前1年完成省级“2025年基本完成改革任务”要求。做好第三监管周期省级电网输配电价调整、迎峰度夏工商业峰谷分时时段调整等政策宣传落实，印发2023年《合肥市非电网直供环节收费政策告知书》1000余份。修订出台《合肥市城市生活垃圾处理费征收管理办法》，探索推行非居民厨余垃圾计量收费政策，按照“产生者付费”原则，建立健全计量收费机制。

【价格服务】 2023年，市发改委对符合条件的养老服务、托育机构执行居民类水电气热价格标准，制定全省首家“医养结合型”养老机构（市二院养老院）床位费、护理费收费标准，更好满足老年人健康养老需求，推动全市安心托幼行动。对道德模范、身边好人、荣誉市民等群体实施免费停车优惠，将退役军人和消防救援人员纳入免费乘坐公共交通和游览景区优待范围。适应房地产市场发生重大变化的趋势，放宽开发企业自主定价权限，累计办理商品住宅价格备案143个批次，房源6.77万套，备案面积762.58万平方米；全年牵头召开房价联席会议22次，保持全市房地产市场相对稳定。会同市交通运输部门多次接待从业者代表，并通过召开座谈会、问卷调查、现场访谈等方式广泛听取意见，化解巡游车、网约车运价矛盾。累计受理涉及物业、房产、停车、出租车、景区收费等各类转办件278件，按期办结率100%；协助配合相关部门依法处置房企“恶意降价”、装修“质价不符”和网约车“低价倾销”、物业“乱收费”引发的群诉群访事件。

【价格监测】 2023年，市发改委牵头做好全市稳物价工作。组织召开全市保障市场供应稳定物价工作联席会议。落实菜篮子市长负责制，完成国家对2022年度菜篮子市长负责制考核相关工作。严格落实政府重要民生商品储备制度，定期开展主要生活物资储备调度。启动元旦春节、中秋国庆等节假日消费高峰期价格监测应急日报机制，开展市场专项巡查，及时掌握全市重要民生商品价格动态，严格落实市政府重要民生信息常态化“一日一报”制度。密切监测全市居民消费价格水平，定期形成合肥市消费价格指数（CPI）指数运行情况及调控工作建议报市政府，并获市政府主要领导肯定批示。全市居民当年CPI累计涨幅0%，低于全国平均水平0.2个百分点，从高到低在全国36个大中城市中排名第30位（与西安并列），长三角地区最低；低于全省平均水平0.2个百分点，在全省排名第9位（与淮北、马鞍山、亳州、宿州并列）。

开展重要民生商品监测分析。严格执行国家、省市各级价格监测报告制度，开展74项日常价格监测工作，高质量完成国家、省监测部门交付的各项监测、调查任务，无漏报、迟报、错报现象发生，在国家、省价格监测季度考核中成绩优秀。市发改委获2022～2023年全国价格监测工作先进单位表彰。定期发布全市“菜篮子”商品价格监测信息，每月形成重要民生商品价格监测分析，针对生猪价格大幅波动情况，开展生猪应急价格监测。对发现的价格异动情况，迅速预警并提请相关部门做好保供稳价工作。

发挥“惠民菜篮子工程”保供稳价作用。在元旦春节、清明五一、端午及中秋国庆节期间启动“惠民菜篮子工程”，累计组织开展活动71天，销售惠民菜3205万斤，让利2746万元，有效保障在重要节假日消费高峰期，全市蔬菜、猪肉等“菜篮子”商品供应和价格稳定。国家发改委于4月组织全国各省、直辖市、自治区和计划单列市调研合肥市“惠民菜篮子工程”工作，并召开现场经验交流会，合肥市“惠民菜篮子工程”建立的运行保障、精准调控等机制建设及“一元菜”等具体举措在会上获国家发改委价格司主要领导的充分肯定，并建议在全国推广运行。

（陆方园）

审计监督

【概况】 2023年，合肥市审计局依法忠诚履行审计监督职责，立足经济监督定位，深化研究型审计，一体推进审计揭示问题“上半篇文章”与审计整改“下半篇文章”，以审计监督服务全市经济社会高质量发展。全市审计机关完成审计单位463个，审计促进整改落实有关问题资金近21.30亿元，促进拨付资金到位1.09亿元，移送处理事项54件，推动被审计单位制定整改措施1279项，建立和健全规章制度243项。

该局获2022年度市政府目标管理绩效考核优秀单位、第十四届中国（合肥）国际园林博览会筹办工作表现突出集体、合肥市优化营商环境工作“优秀”等次、全市政务信息工作先进单位、全市政务公开工作先进单位、市直机关党建考核“好”等24项表彰。该局当年申报项目中有1个获评全国审计机关优秀审计项目，有3个项目获评安徽省审计机关优秀审计项目。

【审计监督体系构建】 2023年，市审计局把握审计工作的正确政治方向，全面落实新时代新征程审计工作“如臂使指、如影随形、如雷贯耳”的总要求，推进党对审计工作的领导更加细化实化制度化。健全并完善市委审计委员会和审计委员会办公室运行机制，发挥好审计办职能作用，严格落实重大事项请示报告制度，加强对市委审计委员会议定事项和领导批示的督查督办，实行清单化、闭环式管理，保障市委审计委员会各项决策部署落实落地。推动以市委审计委员会名义印发新时代审计工作高质量发展、经济责任审计监督全覆盖工作方案（2023—2027年）以及市管领导干部履行经济责任风险预警提示办法等制度性文件，向市委审计委员会呈阅审计专报报告12篇、请示5项，市委、市政府主要负责同志予以具体批示15次。

【财政审计】 2023年，市审计局聚焦财政财务收支真实合法效益主责主业，以财政同级审为核心，组织开展市本级、开发区、部门预算执行等14个财政审计项目，围

2023 年 8 月，审计组实地检查“合肥工会幸福驿站”场所运维情况
（市审计局 / 供）

绕资金使用绩效、财政预算管理、内部控制等关键环节，审查对中央八项规定精神和过紧日子要求的落实落细情况。作出的 2022 年度市级预算执行和其他财政收支审计工作报告反映 197 个问题，促进相关单位制定各类制度 31 项，问责 27 名人员。组织实施政府融资平台异地交叉和县区债务审计，推动坚决遏制增量、稳妥化解存量，促进提高财政资源配置效率和财政资金使用效益。

【重点专项资金审计】 2023 年，市审计局围绕财政政策提力增效，聚焦优化营商环境、支持实体经济发展，组织开展推动经济高质量发展若干政策（先进制造业、科技创新）落实及资金使用绩效、教育转移支付资金管理使用审计，重点关注政策落实及资金分配管理使用情况，报送的信息专报《合肥市先进制造业政策落实及资金使用绩效情况审计发现问题及建议》获市政府主要负责同志批示肯定。结合全市专项整治工作，选题开展城市绿化工程和信息化项目专项审计调查。加大对安徽创新馆、量子创新院、大科学装置集中区等 15 个重大项目的跟踪审计力度，保障重大建设项目落地。

【金融审计】 2023 年，市审计局把防范和化解重大风险摆在更加突出的位置，盯住重大风险领域，找准审计着力点和切入点，揭示突出风险隐患，促进完善风险处置机制，推动提高风险抵御能力。全面落实农信社系统外部监督机制，聚焦地方中小金融机构系统性风险，开展农信社系统异地交叉审计，严肃查处违规放贷、虚假掩盖不良等问题。开展 3 个国外贷援款项目审计，重点关注国外贷援款项目资产的总体规模和结构、资产管理使用和处置、资产效益等情况，促进合理有效利用外资。

【民生审计】 2023 年，市审计局贯彻落实以人民为中心的发展思想，坚持审计力量和资源向基层一线下沉、向群众身边延伸，加大重点民生资金和项目的审计力度。聚焦“一老一小”，开展“老年助餐”“安心托幼”审计；聚焦“病有所医”，开展市妇幼保健院审计；聚焦“就业创业”，开展就业补助资金和失业保险基金异地交叉审计；聚焦“体育惠民”，开展快乐健身审计；聚焦“乡村振兴”，开展高标准农田、乡村建设审计。注重从民生“小切口”破题，揭示骗取套取挤占挪用“救命钱”“救急钱”等侵害群众切身利益的问题。

【资源环境审计】 2023 年，市审计局开展自然资源资产离任（任中）审计项目 3 个，加大对关键部门和领导依法履行和承担部门责任的审计力度，重点关注亩均效益、生物多样性保护、湿地管养、生态红线、耕地占补平衡等内容。将研究型审计理念贯穿于资源环境审计各环节和全过程，使用“总体分析、发现疑点、分散核实、系统研究”的审计方式，首次使用地理信息技术开展国土资源审计，将多年度正射遥感影像、土地变更调查成果、永久基本农田保护图斑、生态保护红线等矢量数据，构建成空间地理信息数据库，通过关联比对发现问题线索，提升审计质效。

【经济责任审计】 2023 年，市审计局围绕规范权力运行，紧盯“关键少数”，安排开展领导干部经济责任审计项目 50 个，提升任中审计比重，聚焦重点部门、关键岗位、重点领域开展行业系统性审计。加强审计与纪检监察、巡视巡察、组织人事等监督贯通协同，首次探索“巡审合查”监督模式，经济责任审计组与市委巡查组同时进驻市属某国企，实行协同办公、资料共查、问题共商、成果共享，形成“政治体检”与“经济监督”叠加效应。发挥经济责任审计工作联席会议制度优势，加强各成员单位的协作配合，强化审前共商、审中协作、审后运用，提高监督实效，用好审计成果。

【问题整改】 2023年，市委审计委员会、市人大常委会、市政府常务会议认真听取审计整改汇报，省、市领导对审计专报报告作出整改批示17次，部分事项批转市纪委监委、市委组织部、市公安局等部门专项办理。

市审计局当年落实市委审计委员会“要把整改抓实”的相关要求，对审计查出问题实行清单化管理，全面建立“一账（工作台账）”“两单（问题清单、任务清单）”“三查（跟踪督查、审计检查、现场抽查）”工作机制，定期召开整改调度会，实行全过程动态跟踪整改进度，推动审计问题逐项销号工作，增强审计整改的严肃性、威慑力。

【指导监督内部审计】 2023年，市审计局探索内部审计工作新模式，加强对全市内部审计工作的指导和监督。印发《关于做好合肥市市级部门和单位2023年度内部审计项目实施工作的通知》《合肥市2023年度内部审计工作要点》，统筹指导58家单位开展199项内审项目，促进内部审计与国家审计协同发展。印发《合肥市市直单位内部审计工作评价办法（试行）》，客观评价市直单位内部审计工作开展情况，促进内部审计工作制度化、规范化。创新并建立内部管理干部分类经济责任审计业务指导对象库，对资金（资产、资源）量大、下属单位多的重点单位，分市直部门、市属重点企业、市属四大开发区（高新、经济、新站、安巢）三个模块，加强对内部管理干部经济责任审计情况的分类统计。组织开展全市9个县（市、区）审计局内部审计工作情况专项检查，促进县（市、区）审计机关依法依规履行对内部审计工作的指导和监督职能。完成市内审协会换届工作。

（叶玖玲）

统 计

【概况】 2023年，合肥市统计局推深统计改革工作，为全市经济建设和社会发展提供高质量统计服务。常态化开展40多项统计、专项调查，对596 户调查对象开展人口追踪调查试点，在1615个调查小区完成1%人口抽样调查。聚焦重点产业发展，完善集成电路、新型显示、量子、新能源汽车和智能网联汽车等16条重点产业链、30余项经济指标监测体系建设。做好三次产业高质量协同发展、重点投资项目、自贸区等统计监测工作，动态反映全市经济运行整体发展状况。

该局连续第19年获评市政府目标绩效考核优秀单位，连续两届获评全省统计系统先进集体。

【统计咨询服务】 2023年，市统计局围绕质的有效提升和量的合理增长，加强对主要经济指标的监测预警分析，向党委政府呈报分析材料150篇、统计信息675篇，获采用和批示434篇次，在《中国信息报》《安徽省情省力》等刊物发表22篇，向部门提供数据服务200余次。高水平服务营商环境，周期发布统计公报、全市经济运行情况，编印《统计年鉴》《横向经济运行》《统计综合月报》等产品10余种，编发“两会”参阅资料，全景式反映了全市经济发展成就。推进便民利企服务，实现政务服务“智慧办”“掌上办”。办理依申请公开、12345市长热线、市统计局内便民热线1200个。政务信息公开等工作取得明显成效，主动公开信息近500条，提供咨询服务400余人次。

【第五次全国经济普查】 2023年，合肥市委市政府对第五次全国经济普查工作高度重视，成立由市委常委、市政府常务副市长任组长，有36个部门组成的五经普领导小组及办事机构。市统计局谋划从早，措施得力。保障从实，选聘“两员（普查指导员和普查员）”1.20万名，结合清查、登记开展培训106场次、2万余人。联动从密，各县区、各成员单位紧密联动，序时完成综合试点、6651个普查小区划分、近10万个建筑物标绘、163.50万条底册编制。落实从细，开展地毯式清查攻坚月行动和查遗补漏工作，清查单位、个体户数量分别为四经普的1.80倍和1.70倍；并推进对1107家单位投入产出调查、1.40万余家“四上”企业（项目）常规调查、651家“准规”企业升规纳统等工作。

【考核监督】 2023年，市统计局做好高质量发展综合绩效评价相关工作。服务全市经济运行季度考核机制，常态化测算县区发展差异。多次在市重要会议上汇报经济运行情况，参与共建区托管、总部经济、项目招引等重要政策制定。落实统计造假“一票否决”机制，发挥协同监督能效。严控数据质量，优化工业、能源数据“红黄绿”等级风险评估办法，强化县级初审、专业复审、交叉联审三级审核机制，加强入库审查、网报监管、日常核查、执法检查等数据质量全流程管控，省委领导在合肥市现场办公会上对全市统计数据质量给予肯定。

【统计法治工作】 2023 年，市统计局开展统计执法检查，检查 452 户单位，其中市级执法检查 130 户，包括疑似问题企业 68 户、涉外调查专项执法检查 14 户；会同市纪委“双随机”检查 40 户、部门联合执法检查 4 户、审计移送线索检查企业 4 户等；依法查处企业 9 家，追缴政府奖励资金 28 万元，问责 4 人。推深统计法治宣传，推动市委市政府、市直部门、县区、企业、统计系统五级学法普法，分层分类实施依法统计培训计划，培训 293 场，有 3 万人次参训。落实“谁执法谁普法”原则，连续第 6 年在市委党校开展统计法治专题讲座，推进统计法宣传进党校主体班 10 次。省、市统计局队联合开展五经普宣传，组织各县区同步开展中国统计开放日、统计法颁布 40 周年纪念日等活动 24 场次，效果良好。

【基层基础建设】 2023 年，市统计局按照统计基层基础巩固年活动方案，省市县乡企五级联动，做实基层统计队伍在专业能力、数据质量、法治环境和保障水平方面的“四个巩固”，实现首统配齐、协调机制建设、统计职能调整、辅导服务到位、电子台账试填“五个全覆盖”，扩充统计力量 57 人，首席统计师全部落编配齐，基层管理制度健全率 100%。优化服务指导，开展对新入库企业进行“四个一”辅导服务（即对新纳统的“一套表”单位，组织一次集中培训、一次上门辅导、一次上门回访、一次上门提升），统计服务千企等活动，培训基层统计人员（含企业）4.60 万人次，上门服务企业 3357 家，解决统计问题 100 余个，发放辅导服务包 1700 余份。完成部门统计方案制度审核指导和备案 4 件，开展地方统计调查项目自查清理工作，实现全流程规范管理。

【统计信息化建设】 2023 年，市统计局在经济普查中首次运用大数据和 AI 云呼叫助力查遗补漏，补登 7.60 万个对象。推动网络安全及统计信息交流发布、市经济监测综合数据库系统建设，开展网络攻防演练。以“智慧统计”建设为抓手，建立首席数据官及工作机制，将国民经济主要指标接入市政务信息资源共享门户，将部门行政记录归集共享，助推合肥加快“城市大脑”建设和“一张图”治理。

（晏　飞　谷瑾琮）

民生调查

【概况】 2023 年，国家统计局合肥调查队（以下简称“合肥调查队”）围绕统计调查重点任务，推进学习型机关建设、“传帮带”、干部教育和人才培养行动，效果良好。当年获市政务信息先进单位、市直机关党建考核“好”的等次、五星级党支部（示范党支部）、市直机关平安单位等称号。在安徽调查队系统对 2023 年度市县队各专业工作考核中取得 14 个优秀、3 个良好等次，创 2019 年以来最好成绩，位居全省市级调查队第一名。

【城乡一体化住户调查】 2023 年，合肥调查队对居民收支与生活状况调查主要以日记账和问卷方式收集城乡居民家庭人口、就业、社会保障、住房、耐用消费品、收入、支出等生活状况调查资料；在 1700 户记账户中，电子记账户为 1428 户，占比达 84.0%。实行“党

2023 年 5 月 7 日，合肥队参加安徽调查队系统第二届统计建模比赛答辩并获二等奖

（国家统计局合肥调查队 / 供）

建+住户调查”融合，制定《合肥调查队2023年度“党建+住户调查”融合发展项目实施方案》，推进积分式管理，重点打造“党建+住户调查”示范点和“住户之家”工作新阵地。制定《2023年合肥市住户调查工作要点》，完善数据质量控制办法、业务流程规范和具体管理细则，开展全市样本代表性评估，确保新老样本数据平稳衔接。建立健全数据审核通报制度，落实数据审核常态化，有效提升源头数据质量。科学谋划，强化分工协作，与市直各部门建立信息共享机制，就如何利用公积金、社保等行政记录数据提升住户调查工作质效开展研究，撰写《行政记录数据赋能住户调查的路径探索》，推进行政记录在住户调查中的试点工作。

【农民工市民化进程动态监测】 2023年，合肥调查队对农民工市民化调查采用分层、多阶段随机抽样方法抽取样本，数据采集主要采用调查员手持电子终端入户面访方式，定期收集农民工在输入地的就业生活相关信息，全面及时反映农民工就业创业、劳动保障权益落实、城镇基本公共社会服务均等化、城镇落户以及社会融合等情况，为科学制定农民工政策、加强和改善农民工服务工作提供可靠依据。制定《合肥市市民化问卷调查要点》，严控数据质量。建立“四级联动（市、县（区）、街（镇）、村（居）委会）”组织和“垂直管理”业务指导模式，全面开展“多层面”、“动态”培训，全年在10个县区开展农民工市民化进程监测调查，涉及44个调查小区，问卷调查440户。调查员在访问调查结束后，通过手持电子终端直接将原始调查数据上传国家统计局数据处理平台。

【流通和消费价格调查】 2023年，合肥调查队在市区范围内由采价人员通过手持数据采集器，按照“定人、定点、定时”的方法，在农贸市场、超市、大型商场、服务网点等354个价格调查点，对1333个消费及基本生活费用规格品开展实际成交价格采集工作。以夯实基层基础工作为落脚点，严格根据制度要求开展采价点选取、价格采集、数据审核、督查陪采等各项工作，全面提升规范化操作水平，保障CPI调查数据质量。及时就《中国CPI调查工作手册》《合肥流通消费价格调查数据质量控制办法》以及日常采价技巧、后台数据审核技巧、月度报表数据审核与编报说明撰写等方面开展针对性的讲解培训。利用“合肥调查”微信公众号发布解读全市CPI调查数据，发挥好统计服务地方经济发展的“晴雨表”作用。

【工业生产者价格调查】 2023年，合肥调查队采用联网直报形式对全市331家企业的390个出厂、452个购进规格品价格进行月度监测，客观反映全市工业生产者出厂价格和购进价格变动趋势及幅度。开展企业培训，采用“分层学习培训+线下全覆盖培训”培训方式，做到样本企业培训全覆盖。严格数据审核，在常规月报表审核的基础上，定期开展长期不变价格审核，分月开展专项凭证审核，重点对环比超界、质量调整、长期价格不变、重要行业规格品进行数据质量查询。规范台账管理，统一印制《工业生产者价格统计调查企业台账》，下发到所有调查企业，要求及时更新、规范保存。建立企业数据质量台账，根据报表审核和数据检查结果分类管理企业。全年实地走访38家企业，核查企业原始资料及台账，了解生产经营情况，听取企业对所属行业市场及产品价格变动因素的分析。

【房地产价格调查】 2023年，合肥调查队利用市房地产管理部门的网签数据按月收集整理市区新建住宅和二手住宅销售价格、面积、金额等相关基础资料，为国家统计局计算房地产价格指数提供基础资料。每月通过调查问卷的形式对报告月新批预售楼盘、成交面积或成交金额排名前15的楼盘以及15个以上有代表性的房地产经纪机构进行调查。通过实地走访调研，获取房地产企业对价格及市场走势预判、相关政策出台前后房市变化等活情况。全年向企业发放41份《统计法律事务告知书》，当场宣讲统计法律法规。开展网签备案数据现场核验工作，当场核验38条网签备案数据；其中，新建网签数据32条，二手网签数据6条。对25家企业及经纪机构开展当场培训，对35家企业及经纪机构开展集中培训。实时观测房市变化，更新《土拍汇总台账》等台账记录，及时了解住宅用地楼面地价、开盘价格、占地面积等信息，为研判房地产价格走势提供依据。

【采购经理调查】 2023年，合肥调查队开展以全市295家制造业企业为样本的制造业采购经理调查的催报、审核、月度指数编制、专报撰写工作，以及99家非制造业采购经理样本企业的调查工作。及时开展PMI进度分析，对指数变化及合肥重点产业变化情况进行重点解读，为地方党政领导进行经济管理决策和企业生产经营提供参考依据。通过月度访谈、专题调研、数据质量检查等不同形式先后对54家企业开展走访调研，了解企业生产经营情况、面临的困难和企业的诉求，形成各类调研报告10余篇。动态维护调查样本，围绕合肥市“中国光伏应用第一城”以及“芯屏汽合”“急终生智”等发展方向，选取合肥比亚迪汽车有限公司、安徽晶科能源有限公司等25家规模较大、发展较好、有代表性的样本企业进行更新补充，有效提高了样本企业代表性。

【新设立小微企业和个体户跟踪调查】 2023年，合肥调查队开展新设立小微企业和个体户跟踪调查，调查样本合计623家。截至年底，样本存续情况为：经营单位87家，停业单位119家，筹建单位3家，关闭单位292家，破产单位1家，搬迁单位60家，被兼并2家，失联单位59家。利用互联网大数据平台和街道社区等基层机构实现对企业的连续跟踪，采集验证审核数据后上传国家统计局联网直报平台。

【农产量调查】 2023年，合肥调查队开展对全市区域内的粮食作物（小麦、稻谷、玉米、大豆）面积、产量调查以及其他常规调查。调查区域分为抽样调查县（庐江县、肥西县、肥东县、长丰县和巢湖市）、非抽样调查县（各市辖区、开发区），抽样调查县在全部300个样方开展遥感测量和对地调查，主要采取PDA、无人机等方式获取调查数据。非抽样调查县主要采取以村起报的方式进行全面统计。在面积、产量调查等关键节点，赴调查一线开展实地督导，真实反映粮食生产情况。全年开展苗情监测6次，对主要粮食作物生长情况及时反馈预警，为夺取全年粮食丰收提供服务保障。对各县区开展4次数据质量核查，确保粮食统计数据真实可靠。

【畜牧业调查】 2023年，合肥调查队对合肥市区域内所有的主要畜禽（猪、牛、羊、禽）和非主要畜禽（马、驴、骡、骆驼、家兔、蚕等）养殖场（户）以村为单位开展全面统计，对全部主要畜禽大型养殖场（户）和所抽中的主要畜禽中小型养殖场（户）开展监测调查，调查各畜种的存栏数、出栏数、畜禽产品产量情况。

【劳动力调查】 2023年，合肥调查队对全市劳动力调查样本覆盖13个县（市、区）的74个乡镇，计123个样本点1968户。该队统筹部署全市范围内劳动力调查工作，各县（市、区）统计调查机构负责具体实施辖区内的调查任务。每月在规定时间内，调查员手持电子终端（PDA）当场入户调查，并按时上传数据至国家统计局直报平台。以提高劳动力调查工作数据质量为目标，聚焦方法制度、数据采集、规范流程，从修订完善制度、强化调查管理、创新培训模式、多渠道宣传推广、创新审核办法、做好后勤保障6方面入手，在样本核实、入户调查、陪访督查、审核查询、电话核查各环节做到全过程、全方位、全覆盖，确保全市劳动力调查数据真实、及时、准确、完整。

【专项调查】 2023年，合肥调查队受地方党委政府及相关部门委托，组织开展8项专项调查，分别为市城市管理测评调查（月度开展）、市公交乘客满意度调查（季度开展）、市文明城市创建重点工作月测评、市文明城市创建重点工作（四县一市、安巢经开区）月测评、未成年人思想道德建设工作专项测评、市“菜篮子”工程满意度民意调查、市居民健康素养监测调查和合肥市2022年效能建设测评。

【资政服务】 2023年，合肥调查队以深化学习型机关建设、落实“传帮带”和干部教育人才培养为抓手，强化队伍建设，开展调查研究，提升统计调查服务党委政府科学决策、服务经济社会高质量发展水平。全队当年撰写各类调查分析与信息480篇；其中，编发调查专报90篇，获市领导批示18篇，国家统计局内网采用29篇，《合肥工作》等媒体采用3篇，1篇调研报告获安徽调查队系统优秀统计调查分析报告评选一等奖，1篇调研报告获市政府“调研报告”评选二等奖，撰写、批示和采用量均创历年新高。聚焦产业发展、民生就业、农情企情、经济热点、新兴业态等方面，锚定全市最具备基础、最迫切需要、最可能突破、最具牵引带动作用的民生经济发展方向和领域开展调查研究；如楼宇经济、平台经济、物流仓储、消费升级等，调研成果形成后，相关稿件获市领导肯定批示。在全省率先建成超过70人的“三情（农情、企情、民情）”观察员队伍，覆盖合肥经济民生各行业各层面各领域，通过“三情”观察员扎根基层，打造机动灵活、快速高效的统计调查“轻骑兵”品牌，搜集最新鲜、最准确、最靠近社会民生一线的调研案例和企情民声。制定出台《合肥队分析研究人才培养方案》，通过常态化进度分析，让干部职工具备开展统计分析的基本功。

（赵紫伟）

国有资产监督与管理

【概况】 合肥市人民政府国有资产监督管理委员会（以下简称“市国资委”）成立于2007年7月，为合肥市政府直属特设机构，受市政府委托代表其履行国有企业出资人职责，专司国有资产监管工作，负责国有企业党的建设，对经市政府授权的国有企业的国有资产实施监督管理。截至2023年底，市国资委系统在岗职工6.1万余名，有基层党组织484个，其中党委43个，总支24个，支部417个，党员10784名。所属重点监管企业22户，其中投资运营类8户，分别为合肥市建设投资控股（集团）有限公司、合肥市产业投资控股(集团）有限公司、合肥兴泰金融控股（集团）有限公司、合肥市滨湖新区建设投资有限公司、合肥文旅博览集团有限公司、合肥市引江济淮投资有限公司、合肥工投工业科技发展有限公司、合肥交通投资控股有限公司；充分竞争类7户，分别为合肥百货大楼集团股份有限公司、合肥丰乐种业股份有限公司、合肥城建发展股份有限公司、安徽国风新材料股份有限公司、合肥科技农村商业银行、合肥城改投资建设集团有限公司、安徽省合肥汽车客运有限公司；公益公用类7户，分别为合肥合燃华润燃气有限公司、合肥供水集团有限公司、合肥热电集团有限公司、合肥公交集团有限公司、合肥市轨道交通集团有限公司、安徽公共资源交易集团有限公司、合肥市大数据资产运营有限公司。

2023年5月6日，合肥众兴水厂工程开工 （祝 鑫/摄）

【经济运行】 2023年，合肥市国资系统坚持服务国家战略和省市发展大局，把握城市国资作为产业引领、城市建设、民生保障方面“主力军”的独特定位，强化科技创新、产业控制、安全支撑作用，深化国企改革，经济运行保持稳定。市属重点监管企业当年实现营业收入651.30亿元，同比增长10.1%；实现利润总额65.60亿元，上交税费46.40亿元；截至年底，资产总额10678.20亿元，净资产3463.90亿元，较上年分别增长6.5%、3.9%。市属重点监管企业综合资产负债率为67.60%；剔除科技银行，综合资产负债率63.90%。

【项目投资】 2023年，合肥市国资系统重点监管企业主导实施投资项目208个，实际完成投资1003.2亿元，同比增长23.4%，超出计划投资20.10个百分点，超额完成年度投资任务。其中：战略性新兴产业类项目完成投资475.80亿元，基础设施类项目完成投资353.50亿元，民生保障类项目完成投资41.80亿元，服务业项目完成投资79.10亿元，其他类项目完成投资53亿元，占比分别为47.4%、35.2%、4.2%、7.9%、5.3%。纳入全市重点项目投资计划的132个项目全年实际完成投资907.50亿元，超出年度计划23.50个百分点，成为稳定全市经济增长重要支撑。一批全社会关注的重点产业和城市建设项目取得亮眼成绩：维信诺模组项目土建工作基本完成，部分产线实现点亮；颀中科技先进封装测试生产基地项目完成各项验收；新桥智能电动汽车产业园电驱动二期项目实现主体封顶；轨道交通2号线东延线和3号线南延线正式开通；龙河口引水工程正式完工通水；合肥大外环高速东环明巢高速实现全线通车。

【产业发展】 2023年，市国资委推动投资运营类企业发挥资本引领作用，推进城市建设和战新产业发展。

建投集团拨付市政道桥、环境改善、水利等大建设项目资金125.30亿元。推进项目建设，城投公司建设的电子信息标准化厂房项目（晶合三厂）项目主体结构完成，普装及精装完成率98%，移交完成90%，该公司主体信用评级获评为AAA。优化产业投资，有序推进维信诺、蔚来产业基金、中创新航、中建材、城市生命线等重大产业项目投资工作，完成投资43.53亿元，退出资金127.55亿元，实现收益12.59亿元。完善“充电一张网”布局，运营换电站19座、充电站518座，以及充电设施9945个，加快项目上线进度，新上线充电站77座、充电设施1276个；12月27日，首座储充示范站大强路停车场充电站正式上线试运营。产投集团长鑫项目合肥二期生产研发及调度厂房、洁净厂房均完成建设并投入使用，首台ASML光刻机搬入，形成少量产能。合肥国产超导质子放射治疗系统完成整机装备安装工作，并开展加速器现场调试工作。浩悦环境公司资源循环利用和生态处置项目（一期）危险废物焚烧炉2号线全部建设完成，安全处置危险废物4.70万吨。合肥中欧班列组织发送874列，在全国排名第8位，在长三角地区排名第2位。兴泰控股为服务实体经济累计新增投放业务91242笔，投放金额581.85亿元。合肥市“信易贷”平台截至年底有65家金融机构入驻，发布金融产品394项，累计授信17.30万笔，授信金额2097.30亿元，平均利率4.40%，其中，新增注册企业13.76万户，新增授信2.97万笔，授信金额923.20亿元，平均利率3.95%；政信贷计授信10036笔，授信金额360.90亿元，平均授信利率3.97%。滨投公司开展大科学装置衍生科技成果转化服务工作，挖掘科研成果项目348项，推动设立成果转化企业13家，重点推进华杨科仪、联效科技、曦融兆波、漫迪医疗等9个项目落地；该公司9处存量资产累计新增签约面积9542.33平方米，综合出租率91.32%。引江投资公司完成引江济淮工程（合肥段）一期工程投资10.39亿元，实现试通水通航；二期工程（航运部分）完成投资3.18亿元。交投控股公司审核拨付国省干线高速公路等项目资金61.29亿元，其中：拨付国省干线公路项目5.35亿元，养护大中修项目1.42亿元，高速互通项目1.17亿元，高速公路项目53.35亿元。文旅集团推动会展产业创新发展，举办“中国航天日、科交会、五智会”等100场高质量会展，首届国际新能源汽车展成为国内规模最大的新能源汽车展；世界制造业大会参观人数、参展企业均创历届之最；会展全年完成营业收入1.26亿元，实现利润3132万元，带动地方经济发展近12亿元。

【布局优化】 2023年，市国资委推动以国资引领、以投带引的产业投资“合肥模式”升级，重点布局发展前瞻性战略性新兴产业，推动形成更多更优的新质生产力。加大战新项目投入力度，新增、续投6个百亿元级项目，撬动完成投资475.80亿元，同比增长25.90%，占全市投资比重超4成；打造龙头企业和项目，晶合首发募资近100亿元，创下安徽省企业IPO纪录；推动“首位产业”发展，国有资本有力保障支持比亚迪、蔚来、中创新航等新能源汽车重点项目投资建设；推进长鑫二期、晶合三厂、维信诺6代线、维信诺模组、新桥智能电动汽车产业园等重大项目投资建设，发挥龙头带动效应；布局未来产业，市属国企主导或参与组建、投资聚变能源、城市生命线、场景应用、低空飞行、量超融合、算力科技等一批新公司和新项目，抢占发展先机；做强做优“基金丛林”，构建完善“政府引导母基金+天使/科创/种子基金+市场化基金”体系，探索“基金+产业”“基金+基地”“基金+项目”投资模式，打造总规模超过1700亿元（实缴达1100亿元）的基金丛林，投资覆盖产业链关键节点，创新链全生命周期，累计投资项目超1200个，投资金额超1200亿元。

【国企改革】 2023年，市国资委全面完成市委“国资改革大提升行动”确立的目标任务。有序实施专业化整合，整合泊车集团和中安智通，组建智慧泊车集团，提升城市停车管理水平。整合陆港、地铁、航投等公司，组建物流集团，构建开放通道，服务大物流体系建设。贯彻国家种业振兴战略，推动实施国投集团收购丰乐种业20%国有股权的重大资产重组，强强联合助力合肥建设，打造种业之都。盘活存量国有资产，探索行政事业单位准经营性资产划转国资运营管理的方式，野生动物园正式划转至文旅集团，污水处理厂划转水投公司工作有序推进。加快推动国资系统无证房产确权办证，截至年底，登记244处60.47万平方米。提升资产证券化率，国企上市工作实现重大突破，颀中科技、晶合集成两家公司分别于4月、5月在科创板实现挂牌上市，市属国有控股上市公司数量增加至6家，资产证券化率实现翻番。激发企业活力，出台授放权清单2023版，分层分类明确32项授放权事项。深化国有资本投资、运营公司试点工作，完成阶段性评估，给予试点企业更大程度授放权。优化市属国企管理体制，将物流集团、乡投公司提级为委管企业，强化经理层成员任期制考核和契约化管理。支持符合条件的商业类企业开展中长期激励，晶合集成发行限制性股票，产投集团、兴泰控股建立基金跟投机制，打造市级国资产业基金集群。推动组建合肥国资“3+N”系列产业基金，修订产业、创业投资引导基金管理办法，由政策性基金调整为国企投资基金，按照市场化模式投资运作，国有资本杠杆撬动作用增强。

【履行社会责任】 2023年，市国资委坚持服务大局，以践行市属国企责任为担当，全力以赴保安全、保供应、保民生。市属公用公益类企业围绕全市发展大局，立足主责主业，保障和改善民生，在服务城市运营和保障民生中争当“主力军”，坚持为市民提供优质公共服务，为全市经济社会健康稳定发展提供坚强保障，并得到社会大众广泛认可和赞誉。华润燃气、热电集团、公交集团、供水集团等四家企业获“合肥市效能建设群众满意窗口”称号。华润燃气、供水集团获“中国红十字会奉献奖章”，轨道集团获“中国轨道交通科技成果奖”、安徽省建设工程“黄山杯”。履行市级应急物资储备领导小组工作职责，推动市属国企发挥应急储备作用，百大集团下属周谷堆、合家福两家公司长期以来承担省市级应急物资储备工作。部署企业参与城市节水周、节能周、爱卫月等宣传活动，展现国企行动。深化为民服务意识，优化便民举措，想方设法解决群众“心头大事”“关键小事”。落实惠民利民政策，针对群众关注较为集中的停车收费、合肥通使用等问题，加强对泊车管理统筹谋划，推动全市优惠类群体交通卡线上年审，推动公交集团、轨道集团、泊车集团落实合肥市优待群体免费乘车停车政策，并做好重大会议、赛事、活动期间免费乘车和运力保障等工作。全年轨道计优惠人次超5000万人次、优惠金额约4000万元，公交优惠人次约9662万人次，优惠金额约1.26亿元。响应全市便民停车暖民心活动，截至年底，泊车集团为近7万辆新能源汽车办理享受优惠停车政策手续，合计优惠4000多万元。履行帮扶责任，推进精准帮扶，市国资系统有22名驻村第一书记，分赴4县1市开展结对帮扶。各类企业依托各自优势，投身在全市的乡村振兴实践中，通过修建道路、修缮村内建筑、提供资金和技术援助，搭建产业平台、开拓农村市场等展开帮扶工作；参与乡村消费振兴，把产品变商品，帮助农民增收，市国资系统当年实现消费帮扶金额约413.25万元。

【安全与稳定】 2023年，市国资委构建“党建＋信访”工作机制，闭环处理群众诉求，压实企业信访工作责任。办理上级各类信访来件同比上升6.30%，上访人次同比下降33.80%。加强社会领域重大风险防范排查化解工作，开展信访工作下基层，加大根治拖欠农民工工资和信访矛盾排查的力度，信访工作整体保持良好态势。重视群众工作，坚守为民初心，办理12345热线计4767件，坚持以实现群众诉求为着眼点，以解决群众反映问题为出发点，以群众满意程度为落脚点，以为民、务实、高效、满意为宗旨，实现件件有着落，事事有回音。市国资系统累计组织开展安全教育培训千余次，引导各企业学习贯彻习近平总书记关于安全生产重要论述和指示批示精神，树立安全发展理念，强化安全生产宣传教育，提升企业安全素质，杜绝安全生产责任事故，效果良好。

（随婧博）

公共资源交易监督和管理

【概况】 2023年，安徽合肥公共资源交易平台交易金额4319.25亿元，交易规模居长三角重点城市前列。合肥市公共资源交易监督管理局（以下简称“市公管局”）获评全国公共资源交易优秀监管机构、全国公共资源交易科技创新成果大赛创新监管类优秀奖、全国优秀公共资源交易中心（省级）、安徽省公共资源交易系统先进集体等；《信用承诺赋能公共资源交易高质量发展》获评全国信用承诺特色案例；“信用赋能 减负降本——合肥市投标电子保函全程网办”入选国家发改委“信易+”应用典型案例。

【“见证”服务模式】 2023年，市公管局制定全国首个《进场交易项目见证服务规定》，出台全国首个《公共资源交易见证服务工作清单》，形成“项目登记、场地预约、交易文件发布、专家抽取、开标评标、中标候选人公示、中标结果公告、合同公开”8步标准化“见证”服务流程和87项交易文件、30项交易活动见证工作清单。建立“见证-提醒-反馈(报告)”工作机制，利用音视频监控系统，记录进场项目交易全过程数据，及时发现并制止代理机构、评审专家等不良行为。

【评标专家综合评价系统】 2023年，市公管局上线评标专家综合评价系统，汇集评审专家在单项目和多项目中的行为数据，建立专家能力、态度、贡献、倾向性、异常行

2023 年 12 月 7 日，市公管局赴企业开展“四送一服”包保走访活动
（市公管局 / 供）

为等数据模型，并得出相应评估结果，加强对专家的动态管理。全年系统分析项目 2674 个，涉及专家 5175 人。

【营商环境优化】 2023 年，市公管局推进全市统一电子保函平台建设，以企业信用为基础，全流程电子化操作，为 1628 家企业开立电子保函 6019 笔，担保金额 18.46 亿元。减免各类投标（履约）保证金，免收政府采购履约保证金约 2 亿元，免收投标保证金 287.33 亿元，惠及近 18 万家（次）投标企业。推进 100 余种电子证照、照面信息等政务信息资源在公共资源交易过程中的应用，企业免证投标。集中清理“应退未退”投标保证金、质量保证金、履约保证金、农民工工资保证金 7.35 亿元，清退比例 100%。探索推广“中标贷”（即基于中标项目的应收账款融资），为金融机构和中标企业搭建沟通桥梁，83 家中标企业贷款近 5 亿元。对 1600 余个工程建设项目、近 3000 个政府采购项目开展公平竞争审查，强化招标采购人主体责任。排查妨碍全国统一大市场问题线索，开展工程建设招标投标领域突出问题专项治理，梳理依法必招的 2674 个工程建设项目，抽查 1013 个项目，发现并整改问题 117 个。推行“双随机、一公开”（即在监管过程中随机抽取检查对象，随机选派执法检查人员，抽查情况及查处结果及时向社会公开）合同签订情况抽查，抽查工程建设项目合同 1378 个，政府采购合同 2217 个，检查结果通过门户网站公开，助推近 1500 个逾期交易合同尽快签订、公开。建立投诉联合受理机制，开通案件办理“快速通道”，办结各类案件 301 件，对查实存在违法违规投标人记不良行为记录 280 次，54 个项目作中标无效处理，向招标人和招标代理机构发出执法监察建议书、工作建议函 100 份，对 2 家企业及其人员作出 4 次行政处罚。推行轻微违法免罚，对 55 个项目中有轻微违法行为的当事人不予行政处罚，涉及免罚金额 490 万余元。常态化落实 12345 热线、信访、举报等联查联办，同步查事查人。

【交易模式优化】 2023 年，市公管局在工程建设、政府采购、土地使用权和矿业权出让、国有产权交易基础上，推动自然资源、资产股权、环境能源等项目进场交易。制定《合肥市建设工程施工、货物服务项目评标办法实施导则》，形成“合理价格法”和“综合评估法”两大体系。编制并推广应用房建市政、交通、水利、政府采购 4 大类 49 份交易文件范本。对 36 件制度文件开展清理并公开结果，新增规范性文件 1 件，废止 3 件，修订 3 件，废改率 16.7%。完善“评定分离”制度（即招标人在招标文件中明确评审规则和定标规则，由依法组建的评标委员会根据评审规则向招标人提出书面报告并推荐合格的定标候选人，招标人根据定标规则从合格的定标候选人中确定中标候选人），协调市城乡建设局等 15 家函调配合单位，形成全市联动保障格局。弱化招标人影响力，原则上“评定分离”项目仅允许 1 名业主代表参加评审，规避潜藏廉政风险。完成“评定分离”项目标段 461 个，成交金额 1276.56 亿元，项目有效投诉率为零。运行“631”模型评委打分监测系统，计算专家打分偏差率，规避异常分值影响评审结果，反映评审不公的案件同比下降超 50%。制定 3 个层次 190 余项制度标准，参与编写发布 9 项国家和地方标准。融入长三角区域一体化发展，强化“统一进场交易、统一信息发布、统一交易规则、统一监督管理”制度体系，与 8 套第三方交易系统互联互通，146 家招标代理机构进场服务，近 60 万家（次）省内外企业参与投标。签署《长三角区域公共资源交易远程异地评标合作协议》，扩大远程异地评标区域覆盖率，建设市县区标准

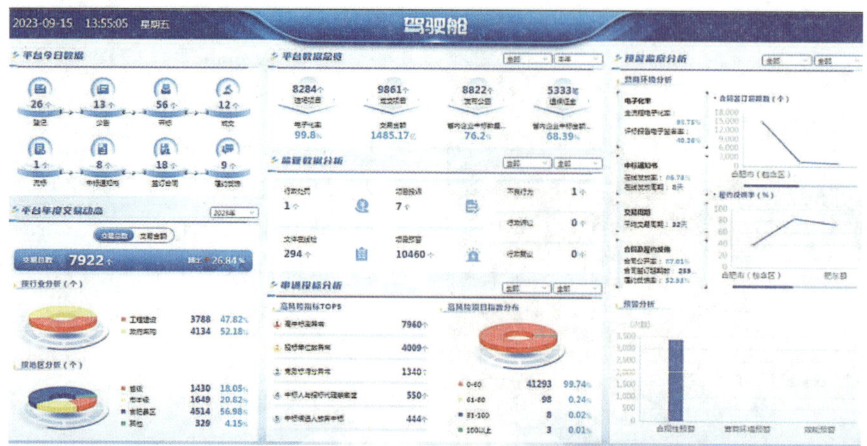

市公管局从电子交易系统、电子服务系统、智能辅助评标系统、信用中国、信用安徽等数据中归集4000余万条数据，建立智慧监管系统　（市公管局／供）

统一、可供集中调配的远程异地评标室36间，评标工位150个，开展远程异地评标项目1325个，其中与长三角城市共享专家资源200余人（次）。

【交易监管】 2023年，市公管局建成“智慧监管”系统，围绕“抱团指数”等18个指标分析对比，靶向打击围串标。上线专家评审行为分析系统，启用语音识别倾向性言论、人脸识别专家、视频分析专家在评标区行为轨迹功能，实现对评标活动语音+行为的定位和分析，对异常行为进行蜂鸣提醒及时纠偏，严重异常的由监管部门责令暂停评审，更换专家累计语音监测预警项目3094个，触发预警59000余条。组织交易文件“双随机、一公开”抽查，防止招标人设置壁垒条款，抽查865个工程建设项目，发现208个问题，发放建议函85份。加强专家源头管理，排查新入库、到期续聘专家不良行为，扣分处理专家191名，暂停评标资格19名。引入社会监督员，抽取6500余人（次），护航12138个项目标段现场评审秩序。抽查73家次代理机构代理的272个项目，对抽查发现问题督促整改到位。开展标后履约监督检查，检查省、市重点项目163个，促使长时间停工项目复工复产。扩大信息公开范围，公开招标采购计划、合同签订情况等交易信息3万余条。与市城乡建设局等行业部门建立信用联动机制，联合惩戒40家生产安全事故企业，限制其一定期限惩戒项目资格。与公安机关建立联席会议制度，建立联合查办机制，向公安、纪检监察等部门移送串通投标等问题线索23件，配合调取数据信息16次。与司法部门共享专家违法违规不良行为、被判决为串通投标及行贿受贿刑事案件的问题企业或个人信息，清退出库专家19名。

（吴　昊）

责任编辑：田　文

应急管理

综 述

【概况】 2023年，合肥市应急管理局（以下简称“市应急局”）健全体制机制，夯实基层基础，加强队伍建设，完善责任体系，防范化解风险，提升应急能力，实现全市安全生产形势的稳定和应急管理水平的提高。全市发生各类生产安全事故172起，同比下降18.60%，降幅超出全省9.20个百分点；死亡175人，同比下降14.20%，降幅超出全省8.10个百分点。其中，道路运输事故85起，死亡85人，同比均上升6.3%；建筑事故43起，死亡42人，同比分别下降44.2%、43.2%；工贸事故14起，死亡14人，同比均下降12.5%；矿山事故2起，死亡2人，同比均持平；工商贸其他事故26起，死亡30人，同比事故起数下降7.1%、死亡人数上升25%，其中发生的1起较大的火灾类生产安全事故，死亡3人；铁路事故1起，死亡1人，同比均持平；航空运输事故1起，死亡1人。未发生森林火灾事故。

该局制定《合肥市应急管理局进一步优化营商环境工作措施》，在行政审批、执法和服务企业方面制定16条具体措施，及时了解服务对象的经营情况和意见诉求，主动为企业纾困解难。

【生产安全事故查处】 2023年，合肥市安全生产委员会办公室（以下简称“市安委办”）按照《合肥市生产安全事故调查处理挂牌督办和备案办法》，对各县区查处的43起一般事故进行挂牌督办，严格审查。落实安全生产警示教育、提级调查、检讨约谈、黄牌警示、乡镇挂牌、联合惩戒等制度，开展警示教育会86次，通报事故15次，提级调查事故3起，约谈5个县区，给予4个县区黄牌警示，对3个乡镇实施挂牌，并联合市城乡建设局、市公共资源管理局、相关县区对38家施工单位实施暂停其在合肥拥有投标资格的惩戒。全市调查生产安全事故110起，其中市本级调查7起，累计罚款4370.13万元，并对131家单位、208名责任人进行责任追究，有19人被追究刑事责任，给27人党纪政务处理。

【宣传教育】 2023年，市应急局在安徽交通广播开辟《合肥应急之声》专栏，早晚上下班高峰期间播报应急安全资讯，制播298期；在合肥市广播电视台推出《安全合肥》栏目，聚焦应急时事、科普安全常识，制播8期。推进安全宣传“五进（即进企业、进农村、进学校、进社区、进家庭）”工作，围绕“一会三安（即班前安全会，安全员、安全帽、安全绳）”制度和动火作业风险制作2部安全生产公益微视频，并在地铁1、2、3号线所有站厅、站台、车厢和全市各类生产经营单位、公共场所电子显示屏循环播出，在庐阳区半岛公园建成市级安全文化主题公园，编印发放《小学生防灾科普知识》读本，围绕农村防中毒、用电安全等制作12部应急科普音频并通过市应急广播播出。在

2023年6月16日，安徽省暨合肥市“安全宣传咨询日”活动举办
（耿世涛/摄）

"安全生产月"期间，开展习近平总书记关于安全生产重要论述"每日一学"、安全生产宣讲、省暨合肥市"安全宣传咨询日"、安全宣传"进社区、进公共楼宇"、安全教育亲子体验等活动，以及"人人讲安全 个个会应急"主题摄影比赛等。结合"全国防灾减灾日""国际减灾日"等重要节点，组织防灾减灾知识宣讲、技能培训、应急避险演练等。制定实施安全生产领域"案例教育法"，编印《合肥市生产安全事故典型案例选编（2018—2022年）》，推进案例教育"五进"活动。该局获评"全国应急管理新闻宣传暨学报用报工作先进单位"。

（胡瑛珏）

安全生产监管

【概况】 2023年，市应急局深化应急管理综合行政执法改革，完成全市首批453套应急管理行政执法制式服装和标识配发。制定《合肥市应急管理局2023年度安全生产监督检查计划》，印发《合肥市应急管理局关于调整市级执法对象名录的通知》，将市级执法检查对象名录库调整为411家。开展行政执法能力提升行动，首次组织召开综合行政执法机构主要负责人述法评议会和开展应急管理执法标兵评选活动，全面应用"互联网＋执法"系统。推进"双随机、一公开（即在监管过程中随机抽取检查对象、随机选派执法检查人员，抽查情况及查处结果及时向社会公开）"执法和联合检查。全市应急管理部门开展安全生产执法检查2631次，监督检查罚款447次、1034.60万元，没收违法所得66.39万元。

【完善安全生产机制】 2023年，合肥市安全生产委员会（以下简称"市安委会"）制定印发《合肥市安全生产"三管三必须"责任清单》（即管行业必须管安全、管业务必须管安全、管生产经营必须管安全）及配套《实施意见》，条目式厘清46个部门安全生产职责，细化22项工作要求，明确25项新业态监管责任。落实安全生产包联督导制度，市安委会包联督导组发现问题隐患3598项。市安委办推动在市、县两级成立安全生产工作专班，在全省率先实现实体化运转，建立风险研判机制，梳理形成市领导重大风险和重点工作任务清单，强化督办、通报、考核等工作，每半月调度一次全市安全生产工作，印发风险提示函8期，组织暗访46次，制播4期安全生产警示片。

【直管行业安全监管】 2023年，市应急局推动直管行业安全监管工作，累计办理行政审批335件。在危化品领域，成立工作专班，推进化工园区安全整治提升和危化品"打非"工作，5个园区均按序时完成整治任务，加强撬装式加油装置监管工作方式被省安委办推广，全市排查危化重大隐患95项；强化物联网平台运用，加强危化企业线上监管；检查烟花爆竹批发企业6家、零售店52家，整治隐患71项。在工贸领域，出台"八个一律（即对发生亡人事故的企业和当地政府，一律整顿整改、一律撤销证书、一律全程调查、一律从重处罚、一律警示教育、一律一案双查、一律约谈警示、一律提级调查）"的措施，加大工贸领域事故问责力度；开展工贸领域安全专项大整治，全市排查工贸重大隐患392项；加强节后复工复产和有限空间作业等重点领域、部位安全管理，召开重点企业警示提醒座谈会；制定合肥市安全生产标准化三级企业定级办法，全市创建安全生产标准化企业1956家。在非煤矿山领域，制定落实地下矿山安全管理"十五条硬措施"，强化矿山企业顶板、运输、人员定位等管理；申报注销矿山企业安全生产许可证11家；对龙桥矿业开展"开小灶、促提升"专项活动；定期对在生产矿山、尾矿库等进行

2023年8月30日，市应急局检查安全生产工作　（耿世涛／摄）

全覆盖检查，全市排查出非煤矿山重大隐患24项，完成钟山尾矿库闭库竣工验收工作。

【安全专项整治】 2023年，市安委会部署开展重大事故隐患专项排查整治2023行动，全市发现重大隐患1421项，经验做法被《全国安全生产简报》刊发；部署开展安全生产隐患排查整改“夏季攻势行动”，排查整改隐患13.7万项。市安委办发挥综合协调作用，推动开展大市场、大型商业综合体、动火作业和有限空间等安全专项整治行动，协调推动全市城镇燃气、群租房、醇基燃料及其他新型液体燃料、摄影场所消防、建筑施工领域“三防（即防高处坠落、防物体打击、防触电）”集中行动、全市学校和培训机构安全大排查大整治、燃气配送点等安全专项整治行动，以及体育场馆等场所的安全隐患排查整治工作，排查和消除安全隐患。

【安全培训和考试】 2023年，市应急局开展安全生产培训考核专项整治行动，全覆盖检查全市53家安全生产培训机构，重点检查各培训机构的培训场地、师资力量、实训设备、教学档案内容等，整治问题100余项，对3家培训机构累计罚款1.44万元。高标准完成新增设的新华学院安全生产考试点建设。该考试点建筑面积3600平方米，年平均考试容量15万人次，为全省规模最大、考试设施设备最先进、数量最多、种类最全的综合性安全生产考试基地。发动职业院校专（兼）职教师、大中型国有企业技术骨干充实到特种作业安全技术实操考评员库，全市有实操考评员81名。落实安全培训“教考分离”制度，全市当年报考安全生产考试17万人次，成绩合格7.9万余人，通过率约47%；发现代考、夹带作弊等违纪违规行为52起，对其一律取消考试成绩。

【安全举报办理】 2023年，市安委办遵循“统一受理、部门负责、依法核查”基本工作原则，对受理的安全生产举报投诉实行按职转办处理，相关市直部门和县（市）区安委办实行对口核查。通过创新工作机制、精简办理流程、加强人员配备，提高办理效率，全市当年受理安徽省应急管理厅转办安全生产举报投诉17335起，同比增长153.10%。

（胡瑛珏）

防汛抗旱

【概况】 2023年，合肥市发生10次明显降雨过程，累计平均降水量602毫米，较常年（649毫米）偏少近1成；其中，肥西县、巢湖市、庐江县接近常年略偏多，肥东县偏少1成，市区偏少2成，长丰县偏少近3成。梅雨期平均降水量139毫米，偏少4成以上；其中，长丰县偏少近8成，肥东县偏少5成，其他县（市）区偏少2～4成。汛期，巢湖水位整体涨落幅度不大，未发生超警戒水位；各主要河流水位整体偏低，未发生超警戒以上洪水；有23座大中型水库整体水位偏低，蓄水总量较常年同期偏少1成。通江水闸累计外排入江水量23.79亿立方米，其中裕溪闸16.33亿立方米、新桥闸7.05亿立方米、凤凰颈闸0.41亿立方米。强降雨期间，除合肥城区局部发生短时积水外，全市无其他险情和灾情。

【防汛抗旱准备】 2023年，合肥市防汛抗旱指挥部印发《关于做好2023年防汛抗旱准备工作的通知》《合肥市防汛抗旱工作要点》，部署安排全市防汛抗旱各项准备工作。及时调整市、县、乡防汛抗旱责任分工，明确三级领导1680人、村级干部1717人的包保责任；建立城市汛期值守清单，明确合肥城区177座下穿桥、25处地下通道、132个地下轨道站点、294处低洼路段、234个低洼小区、197座雨水泵站的巡查防守责任人。市防汛抗旱指挥部办公室（以下简称“市防办”）做好防汛抗洪抢险应急保障准备，全市储备各类防汛抗旱物资近2亿元，各县（市、区）协议代储砂石料46.30万吨、袋类47万条、布料类9.20万平方米、木材300立方米及抢险机械设备。组建市本级水旱灾害防御技术专家库（50人），落实排涝应急抢险队伍160支7394人、专业应急抢险救援队伍3支。各县（市、区）落实施工队伍34支2066人、乡镇应急队伍158支10829人。举办全市防汛抗旱指挥长培训班，市、县、乡三级举办培训班169班次，参与12615人次；演练158场次，参与8700人次。

【指挥调度】 2023年，市防办建立气象、水文、应急、水务、建设、自然资源规划等多部门联动的预警响应和临灾叫应工作机制，提前落实防范应对措施，做到“有预警必会商、有风险必响应”。汛期累计发布气象预警52次、强降雨防御预警10次、山洪灾害预警2次、地质灾害预警2次，启动防汛Ⅳ级应急响应2次，防灾减灾指挥调度有序有效，城市运行基本平稳。

（胡瑛珏）

森林防火

【概况】 2023年，合肥市森林草原防灭火指挥部部署重点时段森林防灭火防范任务，压紧压实属地、行业部门责任。全市加大重点部位监管和隐患排查整改力度，紧盯重点区域、重要设施、重点人群和易游聚集区、涉林风景名胜区等，强化进山火源检查和收缴，严防野外违规用火行为。当年全市森林火灾“零报告”。

【督导检查】 2023年，合肥市森林草原防灭火指挥部办公室（以下简称“市森防办”）组织各级森防办及公安、林园等相关部门在春节、两会、清明、五一、国庆、冬至等特殊时段开展督查检查，重点覆盖全市4个防火重点县、37个重点乡镇和12个重点单位，下发督查通报4次，并及时通报工作部署不及时、责任落实不细致、管控措施不到位等问题。全市累计派出督导组558个，开展巡查4288人次，检查单位1152个，排查和整改隐患302项。

【专项行动】 2023年，市森防办制定《合肥市森林草原火灾隐患排查整治和查处违规用火行为专项行动实施方案》，细化工作内容和牵头部门，督促全市各级各部门严格落实并建立“排查整治”“风险隐患”双台账。全市累计排查整治火灾隐患109项，制止野外违规用火612起。

【区域联动】 2023年，市森防办联合芜湖市在巢湖坝镇举办省内首次跨地市森林火灾演练。演练调动国家、省、市、县、乡、村六级应急救援力量20余支队伍、300余人，演练“以风、以水、以土”等常规战术以及无人机群负载投弹、战鸿侦察机实时侦查、KA32直升机实施吊水灭火等新型灭火手段的运用。推动合肥都市圈在森林防火方面的一体化合作，召集六安、滁州、马鞍山等6个城市围绕火情互通、资源共享、互援协助等方面签订应急联动合作协议。

【应急准备】 2023年，市森防办印发《关于进一步做好全市重要时段、重点部位森林防灭火工作的通知》等文件，及时摸底评估全市森林防灭火重要部位、队伍、卡点及风险隐患。围绕森林防火基本知识、扑救安全、风险评估、防灭火技战术等重点内容，组织全市各级近百名指挥员开展集中培训和送教上门。强化与国家消防救援局安徽机动队伍的协调联动，探索开展联演、联训、联宣、联巡、联查等合作，加强全市地方队伍森林防火实战能力和应对突发自然灾害综合能力。

（胡瑛珏）

2023年10月24日，合肥·芜湖毗邻区域森林火灾联合应急演练在巢湖市坝镇南界山举办

（黎瀚彬／摄）

防灾减灾救灾

【概况】 2023年度，合肥市未发生重特大自然灾害，市应急局未接到灾情报送信息，灾情年报为零报。

【农房保险试点】 2023年，根据安徽省应急管理厅《关于做好2023年度农村住房保险工作的通知》要求，市应急局协调市财政局，将当年农房保险市级配套资金下拨长丰县。长丰县全年上报需参保农户4959户，需保费79344元，市级需承担23803.20元。

【救灾物资储备】 2023年，合肥市减灾救灾委员会办公室印发《2023年度合肥市救灾应急物资协议储备计划》，明确当年救灾物资协议储备品类、数量，要求有物资储备职能的责任单位及时续签合同，保证合同在有效期内无缝衔接。联合 8 部门对 2023 年协议代储物资开展检查，涉及各类药品医疗器械、矿泉水、方便面、米面油、生猪、食盐等价值 1 亿元救灾物资，各单位储备物资均符合储备要求。监督全市救灾物资及省级代储物资管理单位做好救灾物资日常管理工作，做好随时组织灾后物资调拨准备，全市储备棉被 21069 床、空调被 77741 床、折叠床 12477 张、帐篷 900 顶、草席 500 床。

【综合减灾示范社区创建】 2023 年，市应急局印发《关于做好 2023 年综合减灾示范社区和省级综合减灾示范县试点创建工作的通知》，严格创建标准。通过前期业务培训、中期督导、收集困难建议、协调沟通，后期县级自查、交叉互查、市级综合评分、省级抽查、评估等举措，成功创建省级综合减灾示范社区 14 个。

（胡瑛珏）

应急救援

【概况】 2023 年，合肥市有 1 支综合性消防救援队、31 支政府专业应急救援队、35 支企业救援队、18 支社会应急救援队，涵盖火灾、地震、地质、水上、危险化学品、矿山、燃气、供水、供电等领域。

合肥市应急局当年开展国家基层防灾能力项目申报工作，申报 1 支市级、9 支县区级、138 支乡镇级应急救援队装备设施建设项目，总计约 1 亿元。调研辖区内中央企业抢险力量，建立协同联动机制。统筹推进预案体系建设，推动修订 5 部市政府专项应急预案。组织对全市地震应急预案 43 个科目的研究推演工作，全年开展各类专项预案演练 28 场次。组织全市无人机应急通信演练集训，市应急管理系统有 26 名参训人员全员通过中国民航局组织的无人机执照（CAAC）考试。推进城市综合风险监测预警平台和市级应急指挥中心建设，实现应急救援智能化、指挥作战扁平化、应对处置一体化。

【应急力量培育】 2023 年，市应急局推动并成立市应急协会。该协会为全国首个省会城市应急协会，有会员单位 120 家，组织 17 场产业对接等活动。支持社会救援力量建设，对 5 支社会救援力量进行考核，根据考核情况奖补 63.71 万元。组织庐江县非煤矿山救援队参加全省第五届非煤矿山救援技术大赛，获团体优秀奖和多项单项奖第一名。

【安全应急产业发展】 2023 年 5 月 8 日至 10 日，第二届长三角国际应急减灾和救援博览会在国家会展中心（上海）举办，合肥市作为首个、唯一主题市参展，合肥主题市展区面积 1410 平方米。市应急局组织清华大学合肥研究院、耀安科技、百世伽德、中科中涣、哈工特安等 27 家单位参展，覆盖监测预警、防灾减灾、应急救援、特种

表 1 合肥市 2023 年省级综合减灾示范社区一览表

序号	社区名称	地址
1	合肥市肥东县撮镇镇马桥社区	合肥市肥东县撮镇镇宏图大道与撮镇路交口东南 100 米
2	合肥市肥西县铭传乡青峰村	合肥市肥西县清风雅苑北 90 米
3	合肥市肥西县上派镇青年社区	合肥市肥西县上派镇人民路与金鸣路交口西 80 米
4	合肥市肥西县桃花镇集贤社区	合肥市肥西县繁华大道与延乔路交口东北 180 米
5	合肥市长丰县岗集镇金湖社区	合肥市长丰县富民路与安居路交口东北角
6	合肥市长丰县朱巷镇庞孤堆社区	合肥市长丰县 322 省道与 227 省道交口西北 300 米
7	合肥市包河区万年埠街道金斗社区	合肥市包河区金斗路与杭州路交口东北角
8	合肥市包河区芜湖路街道太湖新村社区	合肥市包河区金寨路 44 号
9	合肥市包河区义城街道迎淮社区	合肥市包河区迎淮路与广东路交口西南角
10	合肥市蜀山区荷叶地街道金荷社区	合肥市蜀山区合作化路与居郢路交口
11	合肥市蜀山区蜀山经开区邓店村	合肥市蜀山区邓店路与九井河路交口
12	合肥市蜀山区西园街道美虹社区	合肥市蜀山区长江西路 297 号
13	合肥经济开发区莲花社区丹霞居委会	合肥经济开发区繁华大道百乐门广场南侧
14	合肥经济开发区海恒社区近春园居委会	合肥经济开发区海恒街与至善路交口东北 160 米

防护和安全培训等多个领域，重点展示推广合肥市城市生命线工程，并举办第二届城市安全与应急管理国际研讨会暨城市生命线科技与产业创新论坛。6月9—11日，举办中国（合肥）安全应急博览会，围绕“赋能产业发展护航城市安全”主题，组织安全应急成果、安全监测预警、应急救援、安全防护用品、安全应急服务、消防技术装备等6大安全应急场景，吸引25个省市区的300余家安全应急相关企业参展。

【应急救援处置】 2023年，市应急局参与协调相关部门成功处置“4·7”汽修门面房火灾、“6·17”民房火灾、“10·1”两座固定翼小型飞机迫降、“12·30”盒马鲜生超市人员气体中毒等事故。巩固和完善大型活动应急保障机制，牵头组织水电气热、通信、消防、特种设备、食品安全、医疗卫生等单位保障“长三角地区主要领导座谈会”、世界制造业大会、第十四届园博会等省市大型活动78场次。消除乡镇灾害事故现场可视化盲点，实现小鱼手机APP覆盖158个乡镇、街道、工业园区等，常态化开展应急抢险救援可视化指挥调度实战拉动演练。全年发布重要紧急信息预警预判提示单48期、提示事项190余条，发布气象预警提示单9期。接通应急指挥信息系统与应急广播系统数据链路，通过全市1.40万余终端发布预警及防灾避险知识。

（胡瑛珏）

消防救援

【概况】 合肥市消防救援支队（以下简称“市消防救援支队”）编制为副总队级单位，属一类支队。截至2023年底，实有干部260人、消防员512人，有政府专职消防员770人；下辖1个特勤大队（支队级）、13个县（市、区）消防救援大队、1个重型机械工程救援大队，投入执勤51个消防救援站。当年受理各类报警13197起，其中，火灾扑救5551起，抢险救援3003起，社会救助4643起；出动警力137773人次，出动车辆20030台次，抢救被困人员1145人，疏散被困人员119人，抢救财产价值1215.50万元。成功处置庐阳区盒马鲜生“12.30”一氧化碳中毒事件，以及长丰富茂酒店、英美达新材料公司火灾等重大消防事件。

该支队当年获全省消防救援队伍火灾调查业务比武竞赛第一名和全省第二届消防产品监督管理业务比武第一名。

【智能接处警系统建设】 2023年，市消防救援支队建成并投入运行119智能接处警系统。该系统包含综合报警审理、警情受理、调度、救援站受理终端、警情受理移动终端、地图服务、数据管理、警情数据展示、智能化支撑后台、联网汇聚、运行监控、合成通信及指挥模块等功能模块，覆盖全市6个接警片区及全部消防救援站。全市119接警话务、语音、数据全部实时汇聚至该支队级指挥中心，使支队指挥中心能实时监听，并可协助所有消防救援大队开展接警工作。该支队将智能接处警系统协调接入城市生命线、雪亮工程、智慧消火栓等6个外部应用系统，并自主研发无人机机场侦察平台，确保能快速准确发现风险，科学高效处置险情。

【综合救援力量建设】 2023年，市消防救援支队推进落实执勤岗位练兵工作，强化冬训、夏训考核、运动会暨消防救援技能竞赛三大实战化练兵平台建设，累计考核2891人次，开展绳索、潜水、无人机飞手、地震、灭火、激流舟艇驾驶救援等6类专业技术培训，培训指战员351人次；年内分片区对高层、地下、综合体、大跨度厂房、化工、新能源、大市场等重点场所开展13次支队级演练。

推进重型地震救援专业队建设，下辖管理、搜索、营救、医疗、战勤等五个模块，编配消防救援人员101人，配备生命探测、破拆起重、顶撑支护、警戒洗消等各类救援器材1350余件；开展地震暨建筑坍塌灾害应急救援拉动演练1次，检验队伍应对大震巨灾的准备情况；举办建筑坍塌救援技术培训班，开拓性构建长7米、高2米、重1.6吨的钢架多功能支撑练习场地，融入A字、V字坍塌双模型，有60名业务骨干参加培训。

推进重型化工编队建设，编配消防救援人员125人，配备器材536件，依托中盐红四方等重点化工生产企业建立专业培训轮训基地，与省特种设备检测院签署战略合作协议，挂牌“危化罐车”和“特种设备”2个实训基地。当年专业轮训116人，有94人取得相关证书。

推进抗洪抢险专业队建设，下辖管理、医疗、搜救、战勤五个模块，编配消防救援人员101人，配备救援车辆30辆、器材1500余件、冲锋舟6艘、橡皮艇10艘、船外机20台、摩托艇2艘、水下机器人3台、水下声呐1台。当年开展支队级水域救援拉动3次，有56人参加省消防救援总队、市消防救援支队水域救援技术培训并取得相关资质证书，有5人参加国家消防救援局水域救援技术培训并取得相关资质。

推进绳索救援专业队建设，编配40名消防救援人员，配备电动上升器、复杂地形组合救援支架、游动止坠器、全包裹式担架等器材装备253件，参加省消防救援总队山岳（高空）救援技术培训班；举办支队级绳索救援技术中级培训班，分3批次组织50名消防救援人员先后开展高空救援行动安全管控、绳索管理及锚系统架设、个人绳上作业、伤员担架固定、担架悬吊陪伴、T形横渡系统、外立面绳索救援技术以及单人救援技术等培训和训练，全员通过考核并取得专业资格认证。

【基层队站建设】 2023年，市消防救援支队新建队站5个：芜湖路站、平安家园站、五里墩站改造、吴山站、特勤二站改建执勤楼；开工建设（含改造）队站2个：巢湖黄麓站、肥西派河站改造，全市队站布局更加科学合理。截至年底，全市建成队站60个，其中实际投入执勤51个，每座消防救援站保护面积由5年前的13.50平方千米下降至8.9平方千米，10分钟接警到场率提升到75.3%，30分钟内火灾处置完成率达85.4%。

【重大任务安保】 2023年，市消防救援支队先后承担省市“两会”“中国航天日”以及世界制造业大会、长三角地区主要领导座谈会、第五届全国智力运动会、第十四届中国（合肥）国际园林博览会、各类演唱会、音乐节等大型活动消防安保工作26项，指导和督促相关场所落实各项安保措施，并及时整改火灾隐患，完善灭火疏散预案，做好各类突发事故的应急准备工作，有效维护火灾形势的整体稳定。该支队当年有1名同志被抽调参加杭州亚运会应急救援安保工作，并获省消防救援总队授予的个人三等功。

【消防法治建设】 2023年，市消防救援支队推动《合肥市消防条例（修订）》正式实施；以市政府名义出台《火灾事故调查处理规定》，印发《火灾事故调查处理工作指引》；联合公安、市场、住建4部门印发《合肥市消防产品质量监管协作机制》，填补全市消防产品协作制度空白；贯彻落实省、市关于赋予乡镇街道部分县级审批执法权限决定，加强赋权事项业务指导和赋权后运行监管；与市检察院联合推进省、市重大火灾隐患整改工作，落实“检消协作”机制。

【消防监管】 2023年，合肥市建成并实体化运营59个镇街消防工作站，全面推行“防消一体化”监管模式，升级“合肥掌上消防APP”功能，生成“红黄蓝”分级监管三色图和监督检查热力图，形成消防监督员、消防文员、消防队员“三位一体”的基层火灾防控机制；落实公安机关定期例会、联动检查和事故调查等协作机制，出台并实施《合肥市公安局派出所消防监督工作规范（试行）》，派出所消防检查单位数、发现隐患数、行政处罚数同比分别增长49.7%、72.3%、21.6%；联合建设部门、公安机关等单位开展消防产品专项监督检查整治，加强信用监管，查获假冒伪劣防火门2000余扇，处理全省最大假冒伪劣消防产品刑事案件。

【消防安全专项整治】 2023年，市消防救援支队以全市火灾隐患大排查大整治攻坚行动和重大风险隐患专项排查整治为主线，建立并完善16类重点场所和3类低设防区域底数清单，每月量化考核排查整治情况。排查41个重点大市场各类生产经营场所13010户，各县（市、区）延伸检查228个各类商市场，清离搬出违规住人2846户，在全省首次实现重点大市场违规住人“清零”的成绩。按照“劝离—清理—查封”步骤，开展全市沿街门店专项行动，排查49401家，发现违规住人8955家，清理违规住人6040家12933人，临时查封75家，发放消防安全提示单64796份，全力整治违规住宿3人及以上场所。落实城镇燃气专项整治职责，排查燃气使用场所5647家，发现隐患3212处，临时查封34处，责令“三停（即停产停业、停止施工、停止使用）”18家，罚款28万余元。开展厂房仓库消防安全整治，排查“厂中厂”4608家、出租方530家、承租方4078家。排查摄影场所285家，责令停业18家。排查宾馆酒店门禁系统2998家，发现的50处隐患均整改完毕。检查5条地下轨道线路136个站点，确保隐患全部整改完毕。

【火灾调查和处理】 2023年，市消防救援支队坚持“依法规范、统一指挥、条块结合、属地为主、快速反应”原则，对全市当年度发

2023 年 11 月 5 日，合肥市消防救援支队承办全省 119 消防宣传月启动仪式
（朱小妹 / 摄）

生的 5551 起火灾开展火灾原因调查和处理工作，其中较大以上火灾调查 2 起；受理火灾复核 10 起，维持复核 6 起，撤销或者重新认定 3 起。开展火灾事故处理 66 起，推动市、县（区）两级政府组织火灾事故处理 9 起，问责 10 家单位，使用党纪、政纪处理公务人员 13 人。因火灾刑事立案 4 起，行政拘留 6 人，行政警告 29 人，罚款 49.22 万元。市消防救援支队加大对全市不合格消防产品使用领域的监督检查力度，开展消防产品使用领域监督检查 4958 家次，抽样消防产品 49 批次，受理消防产品类行政处罚案件 33 起，罚款约 16.54 万元。联合公安、检察部门侦破制售假冒伪劣防火门系列刑事案件，涉及全省 12 个市、60 多家场所，立刑事立案 6 起，采取强制措施 22 人，打掉犯罪团伙 6 个。

【为民服务】 2023 年，市消防救援支队深化“让人民满意、建忠诚队伍”实践活动，率先在全省成立“难办证”办公室，定期召开消防行政审批“难办证”提级办理调度会，推动 15 个项目审核落地；提请政府将消防无水小区治理纳入全市“为民办实事”七大攻坚行动，有 294 个小区实现通水，还有 26 个小区在整改中；常态化开展行政服务对象、举报投诉、接处警处置情况、第三方评议“四项调查”，人民群众对举报投诉处置与接处警满意率分别达 98%、99.7%。

【消防安全培训】 2023 年，市消防救援支队开展行业系统消防安全培训，针对电影院、密室逃生、医疗机构、养老机构、寄宿制学校、餐饮场所、宾馆酒店、仓储物流、粮油粮库、住宅公寓物业等多类人群，分批分类组织县（市、区）、镇（乡、街道）两级分管负责同志、12 个行业部门工作人员以及 9 类场所从业人员计 2 万余人参加的消防检查业务大培训，全市消防隐患发现能力全面提升。

【消防宣传】 2023 年，市消防救援支队先后开展“中小学安全教育日”“防灾减灾日”“安全生产月”“119”消防宣传月、沿街防火线等消防宣传活动。深入企业、农村、社区、学校、家庭开展各类宣传近 900 场次，累计发放宣传资料近百万份；开放队站及科普教育基地 1288 场次，开展消防宣传车流动宣传 54 次，在全市橱窗、楼宇视频、户外 LED 屏播放公益广告、知识短片，发布消防安全提示 98638 次。肥东合肥吾悦商业管理有限公司、高新通威太阳能（安徽）有限公司、高新安徽新华学院、新站安徽能源技术学校、安巢经开区朱良珍家庭等 5 家单位（家庭）被评为 2023 年度全省消防宣传“五进（即进企业、农村、社区、学校、家庭）”工作示范单位（家庭）。

【消防科普教育基地建设】 2023 年，市消防救援支队依托合肥市科技馆，专设 1500 平方米展厅，分为自然灾害、公共安全、生产安全、宏观危险四大展区，汇聚 68 件展品，打造集宣传性、教育性、观赏性、科学性于一体的消防科普教育基地。安徽巢湖经济开发区消防安全体验馆占地 850 平方米，馆内融合宣传、教育、观赏、趣味、科学于一体，以“防”“消”“救”为主线，设置基础知识、隐患排查实训、模拟火灾逃生三大展区，配备 25 个专业展览设施，先后获评“合肥市科普教育基地”与“省级应急消防科普教育基地”。

（藕　荣）

责任编辑：田　文

科 技

综 述

【**概况**】 2023年，合肥市着力下好创新先手棋，坚持“四个面向”，依托国家实验室、综合性国家科学中心、未来大科学城等重大平台，持续巩固创新优势，全市科技创新工作不断取得新进展、实现新突破。科创策源力更加强劲。综合性国家科学中心6大研究院建成运行。聚变堆主机园区交付启用，已有、在建和预研大科学装置达13个。深空探测、电磁信息控制及效应、火灾安全、电能高效高质转化4个全国重点实验室获批建设，累计获批6个。科技成果加速转化。建立全链条闭环的科技成果转化体系，科技成果转化专班累计挖掘全国知名高校院所可转化科技成果4319项，推动科技成果转化在肥成立企业636家，其中独角兽类企业42家。发明专利授权量超15000件，技术合同交易总额超1200亿。科创实力显著提升。全年净增国家高新技术企业1994户，总数达8406户。培育国家科技型中小企业11045家、增长超三成。新增科创板上市及过会企业4家，累计上市20家，居全国第6位。跻身全球科技集群第40位、全球科研城市第13位，分别提升15位和3位，首次进入全国城市创新能力百强榜前十。

【**市委科技创新委员会实质化运作**】 市委科技创新委员会（以下简称“市委科创委”）由市委、市政府主要及分管负责人分别担任主任及副主任，一名市委常委、副市长任执行副主任，负责市委科创委日常工作，26个科创职能部门负责人任成员，建立系统化谋划，专班化推进，协同化落实“三化”工作推进机制、“1+1+2”科技成果转化机制（市科创集团+种子基金+科技成果转化专班和科技招商专班）。由市科技局整体承担市委科创委办事机构职责，集中精力发掘科技成果信息、促进科技成果转化、制定科技产业政策等，基本形成全市上下“科创委+科创集团+科创专班+科创基金”纵向联动、横向贯通的科创工作体系，构建全市上下一盘棋、“政产学研用金”一体的“大科技”格局。2023年，市委科创委召开10次工作会议（累计27次），不定期召开科创委办公室工作会议，加强对县域科创生态、科技招商、新研机构、科技成果转化、科创产品就地应用等重点事项的统筹，推进“量超融合”等重大项目建设。

【**科技成果转化专班**】 2023年，合肥市不断创新举措，持续探索科技成果转化体制机制创新，成立5个市科技成果转化专班，常态化开展项目发现、挖掘、策划、转化和服务工作，当好校（院）地对接“联络员”、成果收集“侦察兵”、成

EAST全超导托卡马克装置 （市科技局/供）

果转化“经纪人”、专家团队“服务员”，打通科技成果转化“最后一公里”，打造科技成果转化高地。市科技局牵头，从安徽创新馆、市产投集团、市兴泰集团、市滨投公司、市科创集团、市创新投公司等以及县（市、区）、开发区等抽调人员组成的若干市科技成果转化专班，加快推动科技成果“三就地”。

【科技企业培育】 2023年，合肥市打造科创企业森林，健全培育梯队，构建国家高新技术企业培育、认定、培训、核查和统计、监测一条龙的服务体系，动员企业参与科技型中小企业入库评价，通过线上线下方式辅导培训企业。优化为企服务保障，开展科技型企业辅导培训89场、参训企业7879人次，做到“贴身服务”“应评尽评”。提升企业自主创新能力。全年净增国家高新技术企业1994户，总数达8406户，同比增长31.10%。培育国家科技型中小企业11045家、同比增长34.11%，国家高新技术企业数居全国省会城市第8位。

全市规模以上高新技术企业1454户，实现工业总产值8358余亿元，占全市规上工业企业总产值七成以上。在首批公布的安徽省科技领军企业名单中，合肥市的阳光电源、国轩高科、科大讯飞、长鑫存储、皖仪科技、荃银高科、通用机械研究院、江航飞机装备等8户企业上榜，占全省总数的72.7%，均为国家高新技术企业。截至年底，全市82户境内上市企业中74.4%（61户）是国家高新技术企业，61户企业营收占全部国家高新技术企业营收比重达17.1%，20户科创板上市企业中95.0%（19户）是国家高新技术企业。

（李丰收）

重大科研成果

【概况】 2023年，合肥市发明专利年度授权15431件，同比增长21.18%，有效发明专利总量达到67993件，占全省39.33%，同比增长25.75%，每万人发明专利拥有量达70.60件。全市完成技术合同登记吸纳输出总数为24755项，吸纳输出总额为1269.39亿元，同比增长17%，占全省15.72%，其中，技术合同吸纳数为9808项，吸纳额为574.79亿元，在全国省会城市排第八位；技术合同输出数为14947项，输出额为694.60亿元，在全国省会城市排第八位。

【世界前沿领先技术成果】 2023年1月，中国科学技术大学生命科学与医学部薛天教授研究团队在《Cell》杂志发表文章揭示光直接通过激活视网膜神经节细胞投射到多级下游脑区，抑制外周棕色脂肪组织适应性产热过程，降低葡萄糖耐受。该成果入选2023年“中国科学十大进展”。

3月，中国科学技术大学崔林松教授课题组与剑桥大学Neil C. Greenham教授团队合作，设计开发新型多功能分子稳定剂实现兼具高亮度、高效率和高稳定性的近红外钙钛矿LED，该领域重要难题得到解决。相关研究成果以《Bright and stable perovskite light-emitting diodes in the near-infrared range》为题，于3月15日在线发表在《自然》Nature杂志上。

4月，中国科学技术大学姚宏斌课题组、李震宇课题组与浙江工业大学陶新永课题组合作，设计开发出镧系金属卤化物基固态电解质新家族LixMyLnzCl3(Ln为镧系金属元素，M为非镧系金属元素)。得益于镧系金属元素的低电负性，以及金属氯化物良好的耐氧化性和可变形性，镧系金属卤化物基固态电解质可直接与锂金属负极和三元正极匹配，实现无任何电极修饰且室温可运行的全固态锂金属电池。相关研究成果以《A LaCl3-based lithium superionic conductor compatible with Li metal》为题，于4月5日发表在《自然》Nature杂志上。

6月，“拉索”发现史上最亮伽马暴的极窄喷流和十万亿电子伏特光子，该成果在《科学》(Science)杂志上发表。中国科学技术大学天文系戴子高教授作为共同通讯作者，提出最亮伽玛暴的高能辐射起源于极窄的喷流并解释了观测到的光变曲线；物理学院唐泽波教授参与建设的KM2A阵列中的缪子探测器在高能伽玛射线的鉴别上起到关键作用。该成果入选2023年“中国科学十大进展”。

6月，中国科学技术大学揭示食物抗原诱导免疫耐受的机制，朱书教授团队在肠道免疫研究中，对GSDMD在食物耐受中的功能进行新的解读，该成果于6月15日以题为《Gasdermin D licenses MHCII induction to maintain food tolerance in the small intestine》的研究论文发表在国际知名期刊《Cell》上。

6月，中国科学技术大学俞书宏院士团队和吴恒安教授团队成功揭示双壳纲褶纹冠蚌铰链内的可变形生物矿物硬组织的耐疲劳机制，提出一种多尺度结构设计与成分固有特性相结合的耐疲劳设计新策略，为未来耐疲劳结构材料的合理创制发展提供新的见解。研究成果以“Deformable hard tissue with high fatigue resistance in the hinge of bivalve Cristaria plicata”为题，于6月23日发表在国际顶尖学术期刊《Science》上。

12月，51个超导量子比特簇态制备刷新世界纪录，该成果入选《科技日报》2023年国内十大科技新闻。继实现10比特、12比特、18比特的真纠缠态制备之后，来自中国科学技术大学等单位的研究人员又取得重要突破——成功实现51个超导量子比特簇态制备和验证，刷新所有量子系统中真纠缠比特数目的世界纪录。相关成果7月12日在线发表于《自然》杂志。该研究将量子系统中真纠缠比特数目的纪录由24个大幅突破至51个，充分展示超导量子计算体系优异的可扩展性，对研究多体量子纠缠、实现大规模量子算法以及基于测量的量子计算等具有重要意义。

【科技成果转化】 2023年，是合肥市实施科技成果转化三年攻坚行动第三年，市委科创委统筹推进，印发《合肥市科技成果转化设立企业服务工作方案》《合肥市科技成果转化促进中心招引科技服务机构办法》《合肥市科技中介服务机构绩效评价管理办法（试行）》等相关政策。建立全链条闭环的科技成果转化体系，科技成果转化专班累计挖掘全国知名高校院所可转化科技成果4319项，推动科技成果转化在肥成立企业636家，其中独角兽类企业42家。

（季丰收）

创新平台

【国家级实验室】 2023年，合肥市新获批认知深空探测、电磁信息控制及效应、火灾安全、电能高效高质转化4个全国重点实验室。截至2023年底，合肥拥有15个国家级实验室，分别为1个国家实验室、1个国家研究中心、1个国家级实验室、6个全国重点实验室、4个国家重点实验室、2个国家级“一带一路”联合实验室。

【大科学装置】 截至2023年，合肥市规划建设未来大科学城，累计投入近190亿元保障综合性国家科学中心建设，形成已有、在建和预研13个大科学装置的梯次发展格局。全超导托卡马克、同步辐射光源、稳态强磁场运行成效显著，稳态强磁场混合磁体强度刷新世界纪录，聚变堆主机园区工程交付使用，未来网络合肥分中心正式开通，紧凑型聚变能实验装置、合肥先进光源启动建设，强光磁集成实验设施、超级陶粲装置谋划建设。

【协同创新平台】 2023年，在市委科创委的统筹下，由市科技局

表1 坐落在合肥市的国家实验室一览表

序号	国家级创新平台名称	依托单位	获批年份
1	合肥科学国家实验室	合肥市、中科大	2020

表2 坐落在合肥市的国家研究中心一览表

序号	国家级创新平台名称	依托单位	获批年份
1	合肥微尺度物质科学国家研究中心	中国科学技术大学	2017

表3 坐落在合肥市的国家级实验室一览表

序号	国家级创新平台名称	依托单位	获批年份
1	国家同步辐射实验室	中国科学技术大学	1984

表4 坐落在合肥市的全国重点实验室一览表

序号	国家级创新平台名称	依托单位	获批年份
1	认知智能全国重点实验室	科大讯飞股份有限公司、中国科学技术大学	2022
2	高端压缩机及系统技术全国重点实验室	合肥通用机械研究院	2022
3	深空探测实验室	深空探测实验室	2023
4	电磁信息控制及效应全国重点实验室	合肥航太电物理技术有限公司	2023
5	火灾安全全国重点实验室	中国科学技术大学	2023
6	电能高效高质转化全国重点实验室	湖南大学 合肥工业大学	2023

表 5 坐落在合肥市的国家重点实验室一览表

序号	国家级创新平台名称	依托单位	获批年份
1	脉冲功率激光技术国家重点实验室	解放军电子工程学院	2011
2	核探测与核电子学国家重点实验室	中国科学院高能物理研究所、中国科学技术大学	2008
3	省部共建茶树生物学与资源利用国家重点实验室	安徽农业大学	2015
4	稀土永磁材料国家重点实验室	安徽大地熊新材料股份有限公司	2015

表 6 坐落在合肥市的国家级“一带一路”联合实验室一览表

序号	国家级创新平台名称	依托单位	获批年份
1	中国－俄罗斯超导质子“一带一路”联合实验室	中国科学院合肥物质科学研究院	2020
2	中国－哥斯达黎加果蔬生物育种及智能化技术“一带一路”联合实验室	安徽江淮园艺种业股份有限公司	2021

表 7 坐落在合肥市的安徽省重点实验室一览表

序号	国家级创新平台名称	依托单位	获批年份
1	水稻遗传育种安徽省重点实验室	安徽省农业科学院水稻研究所	1996 年
2	茶叶生物化学与生物技术安徽省重点实验室	安徽农业大学（茶与食品科技学院）	1998 年
3	大气科学与卫星遥感安徽省重点实验室	安徽省气象科学研究所	1998 年
4	高性能计算安徽省重点实验室	中国科学技术大学	1999 年
5	绿色高分子材料安徽省重点实验室	安徽大学	2002 年
6	微生物防治安徽省重点实验室	安徽农业大学（林学与园林学院）	2002 年
7	纳米材料与技术安徽省重点实验室	中国科学院合肥物质科学研究院（固体物理所）	2002 年
8	环境毒理与污染控制技术安徽省重点实验室	中国科学院合肥物质科学研究院（技术生物所）	2002 年
9	环境光学监测技术安徽省重点实验室	中国科学院合肥物质科学研究院（安徽光机所）	2002 年
10	农作物品质改良安徽省重点实验室	安徽省农业科学院作物研究所	2002 年
11	分子医学安徽省重点实验室	中国科学技术大学	2003 年
12	光电子科学与技术安徽省重点实验室	中国科学技术大学	2003 年
13	数字化设计与制造安徽省重点实验室	合肥工业大学（机械工程学院）	2003 年
14	计算与通讯软件安徽省重点实验室	中国科学技术大学	2005 年
15	电子制约技术安徽省重点实验室	国防科技大学电子对抗学院	2005 年
16	生物质洁净能源安徽省重点实验室	中国科学技术大学	2006 年
17	红外与低温等离子体安徽省重点实验室	国防科技大学电子对抗学院	2006 年
18	仿生感知与先进机器人技术安徽省重点实验室	中国科学院合肥物质科学研究院（合肥智能所）	2006 年
19	工业车辆安徽省重点实验室	安徽合力股份有限公司	2007 年
20	细胞动力学与化学生物学安徽省重点实验室	中国科学技术大学	2008 年
21	土木工程结构与材料安徽省重点实验室	合肥工业大学（土木与水利水工程学院）	2008 年
22	农产品精深加工安徽省重点实验室	合肥工业大学（食品与生物工程学院）	2008 年
23	作物生物学安徽省重点实验室	安徽农业大学（生命科学学院）	2008 年
24	地方畜禽遗传资源保护与生物育种安徽省重点实验室	安徽农业大学（动物科技学院）	2008 年
25	人口健康与优生安徽省重点实验室	安徽医科大学	2008 年

续表

序号	国家级创新平台名称	依托单位	获批年份
26	病原生物学安徽省重点实验室	安徽医科大学	2008 年
27	老年病分子医学安徽省重点实验室	安徽医科大学	2008 年
28	口腔疾病研究安徽省重点实验室	安徽医科大学	2008 年
29	中药研究与开发安徽省重点实验室	安徽中医药大学	2008 年
30	现代中医内科应用基础与开发研究安徽省重点实验室	安徽中医药大学第一附属医院	2008 年
31	光子器件与材料安徽省重点实验室	中国科学院合肥物质科学研究院（安徽光机所）	2008 年
32	压力容器与管道安全技术安徽省重点实验室	合肥通用机械研究院有限公司	2008 年
33	公共安全应急信息技术安徽省重点实验室	中国电子科技集团公司第三十八研究所	2008 年
34	养分循环与资源环境安徽省重点实验室	安徽省农业科学院土壤肥料研究所	2008 年
35	工业节电与用电安全安徽省重点实验室	安徽大学	2009 年
36	农产品质量安全安徽省重点实验室	安徽农业大学（资源与环境学院）	2009 年
37	建筑结构与地下工程安徽省重点实验室	安徽建筑大学	2009 年
38	压缩机技术安徽省重点实验室	合肥通用机械研究院有限公司	2009 年
39	光伏并网发电安徽省重点实验室	合肥阳光电源股份有限公司	2009 年
40	聚氨酯合成革与树脂安徽省重点实验室	安徽安利材料科技股份有限公司	2009 年
41	新能源利用与节能安徽省重点实验室	合肥工业大学（电气工程学院）	2010 年
42	食品安全分析与检测安徽省重点实验室	安徽出入境检验检疫局	2010 年
43	智能交通安徽省重点实验室	安徽科力信息产业有限责任公司	2010 年
44	语音信息安全安徽省重点实验室	科大讯飞股份有限公司	2010 年
45	光电分选技术安徽省重点实验室	合肥美亚光电技术股份有限公司	2010 年
46	工业图像处理与分析安徽省重点实验室	合肥金星机电科技发展有限公司	2010 年
47	矿山物联网与安全监控技术安徽省重点实验室	合肥工大高科信息技术有限责任公司	2010 年
48	肝胆胰外科安徽省重点实验室	中国科学技术大学第一附属医院（安徽省立医院）	2011 年
49	情感计算与先进智能机器安徽省重点实验室	合肥工业大学（计算机工程学院）	2011 年
50	电力火灾与安全防护安徽省重点实验室	国网安徽省电力公司电力科学研究院	2011 年
51	稀土永磁材料安徽省重点实验室	安徽大地熊新材料股份有限公司	2011 年
52	新能源汽车控制技术安徽省重点实验室	安徽江淮汽车集团股份有限公司	2011 年
53	脑功能与脑疾病安徽省重点实验室	中国科学技术大学第一附属医院（安徽省立医院）	2012 年
54	桥梁与隧道工程检测安徽省重点实验室	安徽省公路工程检测中心	2012 年
55	大型潜水电泵及装备安徽省重点实验室	合肥恒大江海泵业股份有限公司	2012 年
56	烟草化学安徽省重点实验室	安徽中烟工业有限责任公司	2012 年
57	智能配电网安徽省重点实验室	安徽中鑫继远信息技术股份有限公司	2012 年
58	肿瘤免疫与营养治疗安徽省重点实验室	中国科学技术大学第一附属医院（安徽省立医院）	2013 年
59	先进功能材料与器件安徽省重点实验室	合肥工业大学（材料科学与工程学）	2013 年
60	偏振光成像探测技术安徽省重点实验室	中国人民解放军陆军炮兵防空兵学院	2013 年
61	孔径阵列与空间探测安徽省重点实验室	中国电子科技集团公司第三十八研究所	2013 年
62	电子信息测试技术安徽省重点实验室	中国电子科技集团公司第四十一研究所	2013 年
63	园艺作物种质创制及生理生态安徽省重点实验室	安徽省农业科学院园艺研究所	2013 年

续表

序号	国家级创新平台名称	依托单位	获批年份
64	智能锻压装备技术安徽省重点实验室	合肥合锻机床股份有限公司	2013 年
65	通用机械复合材料技术安徽省重点实验室	合肥通用机械研究院有限公司	2015 年
66	大数据分析与应用安徽省重点实验室	中国科学技术大学	2017 年
67	极地环境与全球变化安徽省重点实验室	中国科学技术大学	2017 年
68	先进催化材料与反应工程安徽省重点实验室	合肥工业大学（化学与化工学院）	2017 年
69	工业安全与应急技术安徽省重点实验室	合肥工业大学（计算机工程学院）	2017 年
70	无机有机杂化功能材料化学安徽省重点实验室	安徽大学	2017 年
71	现代生物制造安徽省重点实验室	安徽大学	2017 年
72	农田生态保育与污染防控安徽省重点实验室	安徽农业大学（资源与环境学院）	2017 年
73	兽医病理生物学与疫病防控安徽省重点实验室	安徽农业大学（动物科技学院）	2017 年
74	重大自身免疫性疾病安徽省重点实验室	安徽医科大学	2017 年
75	生殖健康与遗传安徽省重点实验室	安徽医科大学	2017 年
76	认知与神经精神疾病安徽省重点实验室	安徽医科大学	2017 年
77	智能建筑与建筑节能安徽省重点实验室	安徽建筑大学	2017 年
78	电子信息系统仿真设计安徽省重点实验室	合肥师范学院	2017 年
79	医学物理与技术安徽省重点实验室	中国科学院合肥物质科学研究院（医学物理中心）	2017 年
80	极端条件凝聚态物理安徽省重点实验室	中国科学院合肥物质科学研究院（强磁场中心）	2017 年
81	汽车智能网联技术安徽省重点实验室	安徽江淮汽车集团股份有限公司	2017 年
82	基因工程制药安徽省重点实验室	安徽安科生物工程（集团）股份有限公司	2017 年
83	飞机雷电防护安徽省重点实验室	合肥航太电物理技术有限公司	2017 年
84	北斗卫星导航技术安徽省重点实验室	安徽四创电子股份有限公司	2017 年
85	农作物种子新技术与新品种创制安徽省重点实验室	合肥丰乐种业股份有限公司	2017 年
86	超光滑表面无损检测安徽省重点实验室	合肥知常光电科技有限公司	2017 年
87	创新药物成药性评价安徽省重点实验室	合肥合源医药科技股份有限公司	2017 年
88	药物一致性评价及高端制剂安徽省重点实验室	合肥医工医药有限公司	2017 年
89	污水净化与生态修复材料安徽省重点实验室	合肥市东方美捷分子材料技术有限公司	2017 年
90	教育资源动态数字出版安徽省重点实验室	时代出版传媒股份有限公司	2017 年
91	未来网络安徽省重点实验室	中国科学技术大学	2018 年
92	太阳能光热综合利用安徽省重点实验室	中国科学技术大学	2018 年
93	航空结构件成形制造与装备安徽省重点实验室	合肥工业大学（工业与装备研究院）	2018 年
94	湿地生态保护与修复安徽省重点实验室	安徽大学	2018 年
95	智慧农业技术与装备安徽省重点实验室	安徽农业大学（信息与计算机学院）	2018 年
96	泌尿生殖系统疾病安徽省重点实验室	安徽医科大学	2018 年
97	中药复方安徽省重点实验室	安徽中医药大学	2018 年
98	徽派建筑安徽省重点实验室	安徽建筑大学	2018 年
99	高场磁共振成像安徽省重点实验室	中国科学院合肥物质科学研究院（强磁场中心）	2018 年
100	低温技术安徽省重点实验室	中国电子科技集团公司第十六研究所	2018 年
101	水产增养殖安徽省重点实验室	安徽省农业科学院水产研究所	2018 年

续表

序号	国家级创新平台名称	依托单位	获批年份
102	畜禽产品安全工程安徽省重点实验室	安徽省农业科学院畜牧兽医研究所	2018 年
103	绿色建筑与装配式建造安徽省重点实验室	安徽省建筑科学研究设计院	2018 年
104	衰老生物医学安徽省重点实验室	中国科学技术大学	2019 年
105	现代物流与供应链安徽省重点实验室	中国科学技术大学	2019 年
106	测量理论与精密仪器安徽省重点实验室	合肥工业大学（仪器与仪表工程学院）	2019 年
107	多模态认知计算安徽省重点实验室	安徽大学	2019 年
108	作物有害生物综合治理安徽省重点实验室	安徽农业大学（植物保护学院）	2019 年
109	环境污染控制与废弃物资源化利用安徽省重点实验室	安徽建筑大学	2019 年
110	网络空间安全态势感知与评估安徽省重点实验室	国防科技大学电子对抗学院	2019 年
111	中子物理与调控技术安徽省重点实验室	中国科学院合肥物质科学研究院（核能安全所）	2019 年
112	微系统安徽省重点实验室	中国电子科技集团公司第四十三研究所	2019 年
113	灾害环境人员安全安徽省重点实验室	清华大学合肥公共安全研究院	2019 年
114	工业废水及环境治理安徽省重点实验室	东华工程科技股份有限公司	2019 年
115	应用数学安徽省重点实验室	中国科学技术大学	2020 年
116	智慧电网数字协同技术安徽省联合共建学科重点实验室	合肥大多数信息科技有限公司	2023 年
117	工业大数据分析与智能决策安徽省联合共建学科重点实验室	科大国创云网科技有限公司	2023 年
118	城市实景三维与智能安全监测安徽省联合共建学科重点实验室	安徽前锦空间信息科技有限公司	2023 年
119	电力量子感知安徽省联合共建学科重点实验室	国网安徽省电力有限公司电力科学研究院	2023 年
120	空中交互式成像技术与显示材料安徽省联合共建学科重点实验室	安徽省东超科技有限公司	2023 年
121	新型电力系统智能运维安徽省联合共建学科重点实验室	安徽南瑞继远电网技术有限公司	2023 年
122	动力与储能电池安徽省联合共建学科重点实验室	合肥国轩高科动力能源有限公司	2023 年
123	高可靠配电技术安徽省联合共建学科重点实验室	安徽一天电气技术股份有限公司	2023 年
124	精密视觉感知安徽省联合共建学科重点实验室	合肥埃科光电科技股份有限公司	2023 年
125	质谱关键技术研发与临床应用安徽省联合共建学科重点实验室	合肥谱佳医学检验实验室有限公司	2023 年
126	交通工程混凝土结构智能建造安徽省联合共建学科重点实验室	安徽省路港工程有限责任公司	2023 年
127	工业园区污染治理与资源化利用安徽省联合共建学科重点实验室	安徽中环环保科技股份有限公司	2023 年
128	高压电气设备智能运检安徽省联合共建学科重点实验室	国网安徽省电力有限公司电力科学研究院	2023 年
129	农产品智能化绿色质选技术与装备安徽省联合共建学科重点实验室	安徽捷迅光电技术有限公司	2023 年
130	果蔬种质资源创新及智能化技术安徽省联合共建学科重点实验室	安徽江淮园艺种业股份有限公司	2023 年
131	原代细胞工程安徽省联合共建学科重点实验室	合肥中科普瑞昇生物医药科技有限公司	2023 年
132	创新药物药学研究与临床评价安徽省联合共建学科重点实验室	合肥创新医药技术有限公司	2023 年
133	新型释药技术研究及产业化安徽省联合共建学科重点实验室	合肥华方医药科技有限公司	2023 年
134	仿生医学安徽省联合共建学科重点实验室	安徽通灵仿生科技有限公司	2023 年
135	重组疫苗研究开发安徽省联合共建学科重点实验室	安徽智飞龙科马生物制药有限公司	2023 年
136	预防医学质谱技术安徽省联合共建学科重点实验室	必欧瀚生物技术（合肥）有限公司	2023 年
137	高性能聚乙烯醇材料安徽省联合共建学科重点实验室	安徽皖维高新材料股份有限公司	2023 年
138	人机协作机器人安徽省联合共建学科重点实验室	合肥中科深谷科技发展有限公司	2023 年
139	两系杂交水稻种质创新与分子育种安徽省联合共建学科重点实验室	安徽华安种业有限责任公司	2023 年

续表

序号	国家级创新平台名称	依托单位	获批年份
140	玉米抗逆生物育种安徽省联合共建学科重点实验室	安徽未来种业有限公司	2023 年
141	高产优质抗逆水稻种质创制及品种选育安徽省联合共建学科重点实验室	合肥丰乐种业股份有限公司	2023 年
142	城市更新与交通安徽省联合共建学科重点实验室	安徽省交通规划设计研究总院股份有限公司	2023 年
143	集成电路科学与技术安徽省重点实验室	中国科学技术大学	2023 年
144	量子网络安徽省重点实验室	中国科学技术大学	2023 年
145	图形计算与感知交互安徽省重点实验室	中国科学技术大学	2023 年
146	数字安全安徽省重点实验室	中国科学技术大学	2023 年
147	科学仪器制造与应用安徽省重点实验室	中国科学技术大学	2023 年
148	智能低碳信息技术与装备安徽省重点实验室	中国科学技术大学	2023 年
149	新发突发传染病安徽省重点实验室	中国科学技术大学	2023 年
150	自动驾驶汽车安全技术安徽省重点实验室	合肥工业大学	2023 年
151	徽州古村落数字化保护与传承创意安徽省重点实验室	合肥工业大学	2023 年
152	功率半导体封装与可靠性安徽省重点实验室	合肥工业大学	2023 年
153	动物源食品绿色制造与资源挖掘安徽省重点实验室	合肥工业大学	2023 年
154	机电产品低碳循环利用技术与装备安徽省重点实验室	合肥工业大学	2023 年
155	磁性功能材料与器件安徽省重点实验室	安徽大学	2023 年
156	安全人工智能安徽省重点实验室	安徽大学	2023 年
157	园艺作物品质生物学安徽省重点实验室	安徽农业大学	2023 年
158	林木资源培育安徽省重点实验室	安徽农业大学	2023 年
159	资源昆虫生物学与创新利用安徽省重点实验室	安徽农业大学	2023 年
160	感染性疾病安徽省重点实验室	安徽医科大学	2023 年
161	肿瘤免疫微环境研究及治疗安徽省重点实验室	安徽医科大学	2023 年
162	脑库构建及资源利用安徽省重点实验室	安徽医科大学	2023 年
163	经脉脏腑相关安徽省重点实验室	安徽中医药大学	2023 年
164	中医药防治肺系重大疾病应用转化安徽省重点实验室	安徽中医药大学	2023 年
165	先进土木工程材料安徽省重点实验室	安徽建筑大学	2023 年
166	智能地下探测安徽省重点实验室	安徽建筑大学	2023 年
167	城市轨道交通安全与应急管理安徽省重点实验室	合肥学院	2023 年
168	光学定量遥感安徽省重点实验室	中国科学院合肥物质科学研究院	2023 年
169	新型生命医学成像与智能处理安徽省重点实验室	合肥综合性国家科学中心人工智能研究院	2023 年
170	自旋芯片研发与制造安徽省重点实验室	北京航空航天大学合肥创新研究院	2023 年
171	粮食和蔬菜病虫害抗药性治理安徽省重点实验室	安徽省农业科学院植物保护与农产品质量安全研究所	2023 年
172	儿童骨骼疾病智能诊断与精准治疗安徽省重点实验室	安徽省儿童医院（安徽省新华医院、安徽省儿科医学研究所）	2023 年
173	氢能储运装备技术安徽省重点实验室	合肥通用机械研究院有限公司	2023 年
174	水泥制造绿色低碳技术安徽省重点实验室	合肥水泥研究设计院有限公司	2023 年
175	高性能膜材料安徽省重点实验室	安徽元琛环保科技股份有限公司	2023 年
176	主要农作物杂种优势利用安徽省重点实验室	安徽荃银高科种业股份有限公司	2023 年

续表

序号	国家级创新平台名称	依托单位	获批年份
177	工业数据智能安徽省重点实验室	科大讯飞股份有限公司	2023 年
178	医疗人工智能研究及应用安徽省重点实验室	安徽讯飞医疗股份有限公司	2023 年
179	量子计算芯片安徽省重点实验室	本源量子计算科技（合肥）股份有限公司	2023 年
180	新型显示高端装备安徽省重点实验室	合肥欣奕华智能机器股份有限公司	2023 年
181	离子医学装备安徽省重点实验室	合肥中科离子医学技术装备有限公司	2023 年
182	稀有气体分离技术安徽省重点实验室	安徽万瑞冷电科技有限公司	2023 年
183	航空电源装备安徽省重点实验室	合肥华耀电子工业有限公司	2023 年
184	高端装备关键摩擦副安徽省重点实验室	合肥波林新材料股份有限公司	2023 年
185	航空氧气安徽省重点实验室	合肥江航飞机装备股份有限公司	2023 年
186	新能源汽车电驱动系统及试验技术安徽省重点实验室	合肥巨一动力系统有限公司	2023 年
187	职业健康安徽省重点实验室	安徽省第二人民医院	2023 年
188	代谢健康与泛血管病安徽省重点实验室	安徽省立医院（中国科学技术大学附属第一医院）	2023 年
189	精准药物制剂与临床医学安徽省重点实验室	安徽省立医院（中国科学技术大学附属第一医院）	2023 年
190	微小型反应堆技术安徽省重点实验室	中国科学院合肥物质科学研究院	2023 年

表 8　坐落在合肥市的安徽省实验室一览表

序号	实验室名称	依托平台	年份
1	量子信息科学安徽省实验室	中科院量子信息与量子科技创新研究院	2018
2	磁约束聚变安徽省实验室	中科院合肥物质科学研究院	2018
3	先进光子科学技术安徽省实验室	中国科学技术大学	2018
4	强磁场安徽省实验室	中科院合肥物质科学研究院	2018
5	微尺度物质科学安徽省实验室	中国科学技术大学	2018
6	茶树生物学与资源利用安徽省实验室	安徽农业大学	2018
7	压缩机技术安徽省实验室	合肥通用机械研究院	2018
8	先进激光技术安徽省实验室	国防科技大学电子对抗学院	2018
9	生物医学与健康安徽省实验室	中国科学技术大学	2019
10	智能互联系统安徽省实验室	合肥工业大学	2019
11	信息材料与智能感知安徽省实验室	安徽大学	2019
12	炎症免疫性疾病安徽省实验室	安徽医科大学	2019
13	孔径阵列与空间探测安徽省实验室	中国电子科技集团第三十八研究所	2020

表 9　坐落在合肥市的省级技术创新中心一览表

序号	名称	依托单位	级别	获批年份
1	人工智能安徽省技术创新中心	科大讯飞股份有限公司、 中国科学技术大学	省级	2018
2	环境监测技术与装备安徽省技术创新中心	中科院合肥物质科学研究院、安徽大学	省级	2018
3	新能源汽车技术安徽省技术创新中心	安徽江淮汽车股份有限公司	省级	2018
4	智能分选技术安徽省技术创新中心	合肥美亚光电技术股份有限公司	省级	2018
5	高端成形机床成套装备安徽省技术创新中心	合肥合锻机床股份有限公司	省级	2018
6	清洁电力转换技术安徽省技术创新中心	阳光电源股份有限公司	省级	2018
7	动态随机存储器安徽省技术创新中心	长鑫存储技术有限公司	省级	2020
8	压力容器与管道安全安徽省技术创新中心	合肥通用机械研究院有限公司	省级	2020
9	城市基础设施安全安徽省技术创新中心	清华大学合肥公共安全研究院	省级	2022
10	农业传感器与智能感知安徽省技术创新中心	中科合肥智慧农业谷有限责任公司	省级	2022
11	安徽省聚变能源技术创新中心	聚变新能（安徽）有限公司	省级	2023

表 10 市级技术创新中心一览表

序号	名称	依托单位	级别	获批年份
1	计算机及边缘计算合肥市技术创新中心	联宝（合肥）电子科技有限公司	市级	2020
2	智能可穿戴产品合肥市技术创新中心	安徽华米信息科技有限公司	市级	2020
3	大型智能流体输送装备合肥市技术创新中心	合肥恒大江海泵业股份有限公司	市级	2020
4	工厂智能物流与在线检测合肥市技术创新中心	合肥泰禾光电科技股份有限公司	市级	2020
5	高端化学品及前沿新材料合肥市技术创新中心	东华工程科技股份有限公司	市级	2020
6	动力与储能电池及其制造技术合肥市技术创新中心	合肥国轩高科动力能源有限公司	市级	2020
7	污泥处理处置合肥市技术创新中心	安徽省通源环境节能股份有限公司	市级	2020
8	蔬菜种质资源创制及新优品种选育合肥市技术创新中心	安徽江淮园艺种业股份有限公司	市级	2020
9	肿瘤精准治疗合肥市技术创新中心	安徽安科生物工程（集团）股份有限公司	市级	2020
10	城市轨道交通智慧应用合肥市技术创新中心	合肥市轨道交通集团有限公司 （合肥赛为智能有限公司）	市级	2020
11	工业车辆合肥市技术创新中心	安徽合力股份有限公司	市级	2021
12	精密电路设计制造合肥市技术创新中心	四创电子股份有限公司	市级	2021
13	智能保鲜冰箱合肥市技术创新中心	合肥华凌股份有限公司	市级	2021
14	生态功能性聚氨酯复合材料合肥市技术创新中心	安徽安利材料科技股份有限公司	市级	2021
15	水环境智能测控合肥市技术创新中心	中水三立数据技术股份有限公司	市级	2021
16	农作物新品种培育合肥市技术创新中心	安徽荃银高科种业股份有限公司	市级	2021
17	精密仪器合肥市技术创新中心	合肥金星智控科技股份有限公司	市级	2022
18	智能绿色装备建筑合肥市技术创新中心	安徽富煌钢构股份有限公司	市级	2022
19	新一代人工智能视觉合肥市技术创新中心	合肥埃科光电科技有限公司	市级	2022
20	分析检测合肥市技术创新中心	安徽中青检验检测有限公司	市级	2022
21	量子计算合肥市技术创新中心	合肥本源量子计算科技有限责任公司	市级	2022
22	高端医疗装备合肥市技术创新中心	合肥中科离子医学技术装备有限公司	市级	2022
23	合肥国轩电池材料有限公司	低碳能源新材料合肥市技术创新中心	市级	2023
24	国仪量子（合肥）技术有限公司	量子精密测量合肥市技术创新中心	市级	2023
25	安徽贝克生物制药有限公司	新冠肺炎小分子抗病毒药物合肥市技术创新中心	市级	2023
26	安徽皖仪科技股份有限公司	温室气体监测与数智双碳平台合肥市技术创新中心	市级	2023
27	安徽华恒生物科技股份有限公司	微生物制造及食品应用合肥市技术创新中心	市级	2023

牵头，制定《合肥市新型研发机构高质量发展三年行动方案（2023-2025年）》。合肥综合性国家科学中心能源、大健康、人工智能、数据空间、环境等6大研究院建成运行。新增合肥光电半导体技术协同创新中心、合肥合成生物创新研究院等20家新型研发机构，截至年底，合肥市有53家新型研发机构。合肥市拥有各类省级研发平台1209家，占全省比重超三成，国家级研发平台133家，占全省比重超五成。

【创新中心梯队培育】 2023年，合肥市围绕产业链部署创新链，着力打通“原始创新－技术创新－产业创新”关键环节。推进省级“一室一中心（安徽省实验室、安徽省技术创新中心）”建设。建成203家省级（重点）实验室、11家安徽省技术创新中心，涵盖人工智能、装备制造、新能源、新材料、节能环保等重点领域。面向国内外产业技术创新制高点，突出前沿引领技术、现代工程技术、颠覆性技术创新，推动科技成果转移转化及应用示范，建设27家市级技术创新中心。

（季丰收）

科研院所

【概况】 2023年，合肥市拥有中央驻皖科研院所8家，分别是：中国科学院合肥物质科学研究院、中国电子科技集团公司第三十八研究所、合肥通用机械研究院有限公司、东华工程科技股份有限公司、合肥水泥研究设计院有限公司、中国电子科技集团公司第十六研究所、中国电子科技集团公司第四十三研究所、中机第一设计研究院有限公司。

【中国科学院合肥物质科学研究院】 中国科学院合肥物质科学研究院成立于2001年，是中国科学院所属最大的综合性科研机构之一，位于合肥市庐阳区科学岛。由安光所、等离子体所、固体所、智能所、强磁场中心、核能安全所、健康所7个研究单元组成。2023年，有职工约2700名，领军人才如两院院士、海内外高层次人才、国家杰出青年基金获得者、国家重点研发计划首席科学家、关键技术人才等300余人；设有6个博士后流动站、18个博士点和21个硕士点，在学研究生约3100名；拥有30多个国家或省部级重点实验室和研究中心，以及10多个大型实验平台。

【中国电子科技集团公司第三十八研究所】 中国电子科技集团公司第三十八研究所，1965年建于贵州，1988年底整体迁建合肥市，是中国国防高科技电子装备骨干研究所，有中国军工电子“国家队”的美誉。2023年，拥有员工3000多人，发展为集研究、开发、制造、测试于一体的电子信息高科技研究所，拥有国际水平的设计研发平台，精良完备的电子制造平台，国内先进的电子测试、试验平台，具备从事电子信息技术研发和系统工程建设的强大综合实力，先后取得1500多项科研成果，其中国家级、省部级科技进步奖100多项，多项成果填补国内空白、居于国际领先地位。

【合肥通用机械研究院有限公司】 合肥通用机械研究院有限公司，成立于1956年，是中央驻皖转制科研院所，1969年搬迁至合肥，是原机械部直属的多专业综合性国家一类科研院所，1999年转制为科技型企业，2018年完成公司制改革，2023年隶属于世界500强企业中国机械工业集团有限公司。2023年，拥有1家上市公司和19家全资、控股及托管公司，在职员工近1500人，其中研发人员占80%以上，累计取得各类科技成果3000余项，获得国家级科技奖励49项，省部级科技奖励500余项。

【东华工程科技股份有限公司】 东华工程科技股份有限公司，成立于1963年，公司隶属于中国

中国科学院合肥物质科学研究院科学家精神教育基地大厅　（市科技局/供）

化学工程集团有限公司，原化工部第三设计院，2001年实施股份制改造，2007年在深圳证券交易所成功上市，是工程勘察设计行业较早进行股份制改造并上市的现代科技型企业。2023年，有员工1800余人，专业学科多样、梯次结构合理，拥有中国工程勘察设计大师1名，省级及行业设计大师9名，教授级高级工程师104名，始终占据化工建设领域领先地位，累计完成工程项目2000余项，获国家科技进步奖、国家优质工程奖等省部级以上荣誉300余项，持有专利和专有技术150余项。

【合肥水泥研究设计院有限公司】 合肥水泥研究设计院有限公司，成立于1950年，为中国建材集团的全资子公司，是中国建材行业重点科研院所和甲级设计单位，1978年迁址合肥，1999年事业单位改制进入中国建材集团，2017年改制成为法人独资的有限责任公司，在水泥生产技术的研发应用、装备制造和技术服务领域享有盛誉。2023年，拥有国家级企业技术中心、省、市企业技术中心、工程技术中心、工业设计中心和研发实验基地等科研平台，拥有一个博士后工作站，设有先进控制实验室和固废综合处置与资源化实验室；年均科研项目40项以上，多项技术成果被列入国家重大科技成果推广计划。

【中国电子科技集团公司第十六研究所】 中国电子科技集团公司第十六研究所，成立于1966年，又称“合肥低温电子研究所”，1985年整体搬迁合肥，主要从事制冷和热管理、超导与低温电子等技术研发与产品制造，是国内唯一专业从事低温电子技术工程应用的研究所。2023年，获得省部级及以上科技奖项138项，授权专利280项，多项成果填补国内空白，先后研制国内首台分置式斯特林制冷机，首台S/X频段低温接收机，首台气体轴承式大冷量斯特林制冷机，首套膜分复合法工业氦气循环利用系统，首台30W、100W气体轴承斯特林发电机；拥有低温技术安徽省重点实验室、中国电科低温电子研发中心、安徽省热管理技术工程实验室、安徽省博士后科研工作站等科技创新平台，是安徽省确立的首批“新型研发机构”。

【中国电子科技集团公司第四十三研究所】 中国电子科技集团公司第四十三研究所，成立于1968年，是国家唯一定位于混合集成电路的专业研究所。2023年，在册员工1000余人，本、硕学历以上人员超过55%，下设4个事业部，3个全资公司（合肥恒力、合肥圣达、深圳华微元能），在混合集成电路及微组装技术领域具有明显综合优势并引领国家行业发展，产品广泛应用于航空、航天、中船、电子、兵器等高可靠电子设备及工业领域。

【中机第一设计研究院有限公司】 中机第一设计研究院有限公司，成立于1952年，是原机械工业第一设计研究院，隶属于机械科学研究总院集团有限公司，是我国最早建立的工程设计单位之一。1970年因战备疏散迁址至安徽省蚌埠市；2012年8月总部搬迁至安徽省合肥市；2017年12月改制为国有独资公司。2023年，有职工800多人，专业技术人员700余人，各类专业注册人员300多人次，各类资质近30项，业务领域涵盖工业工程、新能源环境工程和民用建筑工程等；形成完善的数字化车间和智能工厂的整体规划设计能力，具备特种装备、非标产线、数字化系统的系统集成能力，致力于将整套智能制造建设模式在离散制造领域推广应用。

（季丰收）

G60科创走廊建设

【概况】 2023年，合肥市推进G60科创走廊建设，以“创新政策、资源共享、园区建设、成果转化”为具体抓手，全力推动最前沿科技成果在G60九城市发布、转化，助力打造产学研用一体化融合发展平台。

【联盟园区建设】 2023年，“科里科气”科创驿站（科学岛站、科大站）、合肥启迪科技城、国科军通协同创新创业园获评长三角G60科创走廊第二批科技成果转移转化示范基地并授牌；合肥高新创业园和中关村协同创新智汇园获评长三角G60科创走廊第二批产融结合高质量发展示范园区并授牌；合肥市肥西县和蜀山区获评长三角G60科创走廊首批产城融合发展示范区并授牌。截至年底，合肥市获批长三角G60科创走廊新能源和网联汽车产业联盟、环境产业技术创新联盟2个，产业合作示范园区（基地）4家，产融结合园区4家，工业互联网标杆园区1家，科技成果转移转化示范基地4家，产城融合发展示范区2家。

【科技金融】 2023年，合肥市成立市建设科创金融改革试验区领导小组及工作专班，印发《科创金融改革试验区实施方案》和2023年重点任务推进事项清单。组织开展长三角区域金融中心·科创金融大会等主题活动，着力推动"科技—产业—金融"良性循环。成功举办资本市场服务长三角G60科创走廊一体化高质量发展合肥市专场活动，邀请G60联席办、G60九城市代表以及近100家长三角知名金融机构、上市公司、股权投资机构代表参会并赴合肥市产业园区、重点企业考察对接，促进长三角区域金融交流与合作。截至年底，全市有境内上市企业82家，其中科创板上市公司20家，居全国城市第6位、省会城市第2位。

【科技交流合作】 2023年，上海市闵行区、长宁区与合肥市建立战略合作关系。"科大硅谷"与G60联席办、上海闵行大零号湾建立产业链合作关系。合肥市发挥长三角城市经济协调会副主任城市作用，承办长三角经协会2023年第一次主任办公会，沪宁杭合甬五城市共赴中国科大开展实地调研，推动科技成果与区域产业合作对接。合肥市组织企业积极参与2023年长三角G60科创走廊质量标准大会，科大讯飞股份有限公司和合肥通用机械研究院有限公司等2家企业获奖；长三角G60科创走廊九城市共同编制《长三角G60科创走廊质量标准评价指标体系研究报告》。

（季丰收）

合肥滨湖科学城

【概况】 合肥滨湖科学城位于合肥主城区南部和西部，面积491平方千米，覆盖合肥高新技术产业开发区、合肥经济技术开发区2个国家级开发区以及肥东县、肥西县和庐阳区、蜀山区、包河区部分区域。合肥滨湖科学城管理委员会（以下简称"管委会"）为省政府派出机构，委托合肥市管理，与中共合肥滨湖科学城工作委员会实行合署办公、一套机构，为副厅级单位。主要负责市级层面推动建立国家实验室、综合性国家科学中心和科学城整体规划、一体建设、统筹管理体制机制。

"十四五"期间，管委会聚焦"城、园、场、区"（"城"即合肥未来大科学城、"园"即骆岗公园、"场"即安徽科技大市场、"区"即科技成果转移转化示范区），勇当省市建设科技创新攻坚力量体系的"主力军"，履行落实省市重大决策部署、重大科创和产业布局、重大项目建设和运营的职责使命，努力建设世界一流滨湖科学城。

【合肥未来大科学城】 合肥未来大科学城依托合肥科学岛和在建的聚变堆主机关键系统综合研究设施，选址在庐阳区三十岗乡中部和长丰县岗集镇南部区域，北靠金吴路，南邻董铺水库，东至雷俞路，西达谭岗路，规划总面积约19.20平方千米，研究范围面积约80平方千米。

合肥未来大科学城坚持"科技、安全、生态、国际化"理念，按照"大片区、小组团"原则，致力布局建设一批重大科技基础设施，形成多学科交叉前沿研究设施集群，建设学术交流、专家公寓、教育医疗等国际化配套设施，完善科学研究、创新创业、城市服务等功能，充分体现"科里科气"，努力打造催生新质生产力的科创策源地、新场景应用的集中展示地、新科创企业的孵化集聚地。

完善规划布局。2023年，管委会完善总体规划，规划布局全超导托卡马克实验装置、稳态强磁场实验装置、聚变堆主机关键系统综合研究设施、雷电防护试验研究重大试验设施、合肥先进光源、强光磁集成实验设施、紧凑型聚变能实验堆装置（BEST）、超级陶粲关键技术攻关项目等8个大科学装置设施和深空科学城。

加速大科装项目建设。2023年在建大科学装置有3个，紧凑型聚变能实验堆装置（BEST）、雷电防护试验设施、合肥先进光源分别于6月28日、7月1日、9月20日开工建设。

配套服务设施。深化科学家小镇（南园）城市设计方案，研究成果转化区、国际社区、中心湖片区、商业街区规划结构和空间布局。

建设路网项目。按"三横四纵+方格网"路网体系，规划建设道路33条，总长度约56.35千米，总投资约76.85亿元。截至2023年底，完工道路4条，在建道路15条，拟建道路14条，预计2025年底片区33条道路将全部建成通车。

聚焦成果转化。与中国科学院合肥物质科学研究院合力共建重大科技基础设施衍生技术成果"三就地"示范基地，搭建"1+5+N"创新平台体系（"1"即双方共建合肥综合性国家科学中心科创和产业

促进平台，“5”即平台下属5中心：概念验证、检验检测、孵化转化、应用推广、上市企业培育中心，“N”即未来双方合作设立的更多创新平台和创新联合体），探索前沿科技研发与大科学装置衍生技术成果转化的“沿途下蛋”机制。建立合肥综合性国家科学中心重大项目联系服务机制，对合肥国家实验室、能源研究院、人工智能研究院等20个重大项目，开展项目建设、人才招引、成果转化、科创生态等方面体系化、专业化精准服务。

【骆岗公园】 骆岗公园是省市集中力量、集聚资源、集成推进的重大项目，规划范围为原骆岗机场及周边区域，包含包河大道以西，锦绣大道以北，合安高速以东，绕城高速以南，总规划面积12.7平方千米。2023年，科学城管委会深入贯彻落实省委“1333”要求，即，坚持“1个面向”，面向现代化；注重“3个突出”，突出生态、突出科技、突出人文；贯穿“三绿要求”，连通活水“绿系”、构建生态“绿心”、打造活动“绿地”；实现“三大目标”，打造“安徽之窗、省会之心、城市之肺”，2023年，按照“1+4”格局有序推进。

“1”即1张路网：“一纵三横”（“一纵”即庐州大道，“三横”即大连路、花园大道、黄河路）骨干路网完工。

“4”即四大板块：园博园板块“三大展区、一大展馆”建设成效显著，生态园林展区38个国内外城市展园各具特色；百姓舞台展区策划6大类33项传统与时尚交相辉映、民俗与高雅融合呈现的精彩活动；城市更新展区园博小镇被住建部列为全国城市更新示范项目，按照“规划设计、功能业态、商业运营 ”三位一体推进，仅耗时8个月，88栋单体建筑顺利竣工，招商并运营商户80多家；城市建设展馆展示党的十八大以来中国城市建设的伟大成就。2023年9月26日，第十四届中国（合肥）国际园林博览会开幕，合肥骆岗公园正式开门迎客，开幕式当天入园人数达6.3万人次，中秋、国庆“双节”期间接待游客约225万人次，国庆节当天接待约40万人次，合肥骆岗公园上榜国庆假期热门景区TOP20，中央电视台、《光明日报》《中国青年报》新华社客户端等各大媒体关注报道园博园，中国国家地理携手B站发布的全国100个兴趣必游之地，骆岗公园排名第一。锦绣湖公园板块布局建设“锦绣十景、芳菲九园”特色景点，打造山水交融的“大地森林、锦绣之境”。目前景观、配套建筑等项目已竣工。科创CBD板块致力打造长三角科创型总部集聚区、安徽数字经济核心增长极、合肥国际化城市建设标杆。2023年，城市设计深化、实施导则及地下空间规划设计形成初步成果，地下空间利用、骆岗音乐厅、滨湖图书馆、合肥冰雪运动中心、青海路（黄河路－锦绣大道）等项目前期工作按计划开展。华为安徽区域总部、神州数码合肥信创总部等项目成功落户。生态体验区在十五里河区域布局采摘、种植、科普等生态体验农业带，构筑农耕生态自然景观，打造“城市公园+都市田园”。2023年，开展规划方案前期研究。

【安徽创新馆】 2023年，安徽创新馆坚持以“政产学研用金”科技成果转化体系建设为核心，努力打造技术开发、转化交易、项目孵化、展示推广四位一体的创新创业平台，推动科技成果就地交易、就地转化、就地应用。

完善科技成果转化体系。新建蚌埠、淮北2个分市场。安徽科技大市场线上线下入驻科技服务机构47家，线上平台汇聚知识产权专利数据近30万条、国内外成果转化项目数据近万条。

创新要素资源链接。成功举办第二届中国（安徽）科交会，30多家企业、16个地市政府提供相关资金和物品赞助，创新搭建3000平方米的互动对接展区，352个项目签约总金额约926亿元。举办线上线下转化活动155场，挖掘企业技术需求300多项，促进成果转化项目签约金额300余亿元，汇

2023年5月，园博园、锦绣湖公园全貌 （滨湖科学城管委会/供）

聚省内外科技成果近2000项。

推进科技成果转化交易。构建高校职务科技成果赋权改革全链条服务体系，服务中国科大赋权改革项目120余项，总金额超2.50亿元。

提升科创企业孵化服务能力。建设运营省内首个科技企业上市加速孵化中心，首批遴选41家企业入孵，链动全省中小型科技企业300多家，培训企业高管近800名。获批合肥市首批科技成果概念验证中心，验证项目60余个。

加快专业人才队伍建设。开展各级技术经纪人培训13场、1000多人次，组建成立安徽省技术经理人协会。

加快科技成果推广应用。开展场景创新示范区创建行动，创新开展科技成果直播带货，参与观众240万人次，实现销售近千万元。

【市滨投公司】 合肥市滨湖新区建设投资有限公司（以下简称“市滨投公司”）由市国资委出资组建，是滨湖科学城的唯一投资建设平台。主要负责合肥滨湖科学城（合肥滨湖新区）内基础设施和公益性项目建设、管理，产业园区投资、建设和运营，骆岗公园、合肥未来大科学城规划建设等。自合肥滨湖科学城实质性运转以来，合肥市滨湖新区建设投资有限公司对标上海张江集团等，加快转型升级，打造产业发展的加速器、开发建设的助推器、金融服务的催化器和国资管理的稳增器。

开发建设全面推进。2023年，市滨投公司承担和参与BEST项目、先进光源等大科学装置建设，抓好未来大科学城和骆岗公园两大片区20个政府性投资项目建设，年内完成项目投资约37.82亿元。

科创产业加速布局。合肥综合性国家科学中心办公室批复同意，市滨投公司转型重组为合肥综合性国家科学中心投资发展（集团）公司。加快打造国际先进技术应用推进中心（合肥）、国家实验室成果转化中心、科技成果转化场景应用中心和重大科技基础设施衍生技术成果“三就地”示范基地。

金融投资支撑有力。发行5亿元私募公司债，7.50亿元中期票据，在资本市场直接融资12.50亿元。滨湖科学城首只主动管理基金科创基金备案成功，成立9只基金，总规模47.66亿元，累计完成投资19.24亿元。

招商招租提质增效。云谷创新园入驻企业15家，园博小镇签约率100%。推动要素市场招租转招商，新签租赁项目14个，合计新增租赁面积1.96万平方米，9处存量资产累计收取租金4199.15万元。

（汪　丽）

【科大硅谷】 “科大硅谷”是聚焦创新成果转化、创新企业孵化、创新生态优化，以中国科学技术大学等高校院所全球校友为纽带，汇聚世界创新力量，发挥科技体制创新引领作用，立足合肥城市区域新空间打造的科技创新策源地和新兴产业聚集地示范工程。

到2025年，总体完成“12115”发展目标，即汇聚中国科大和国内外高校院所校友等各类优秀人才超10万名，集聚基金规模超2000亿元，建成国家级科技企业孵化器和众创空间超100家，集聚科技型企业、新型研发机构、科创服务机构等超1万家，培育高新技术企业1000家，上市公司和独角兽企业50家以上，形成一批可复制可推广的制度成果。

成立“科大硅谷”建设领导小组。领导小组由省政府主要负责同志任组长，省政府分管负责同志、合肥市委主要负责同志、中国科大主要负责同志等任副组长，合肥市政府主要负责同志、省发展改革委主要负责同志任执行副组长，相关高校院所、省市有关单位主要负责同志为领导小组成员。建立领导小组会议和执行副组长联席会议制度，统筹推进“科大硅谷”建设工作。领导小组办公室设在合肥市。

规划布局空间载体。先期规划建设“一核两园一镇”功能承载区，新建高品质空间载体，构建科产城融合的创新生态。核心区位于合肥高新区，布局一批高品质创新创业平台，建设“科创+产业+自由交流空间”集中连片区域。高新园依托中科大先研院、中科创新院等特色空间载体，建设校友创业孵化、成果转化集中区。“一镇”即打造“生产、生活、生态”三生共融、诗意栖居的“讯飞小镇”。蜀山园在中国科大老校区、中科院合肥研究院周边，通过城市更新建设转化孵化平台。

构建市场化运营体系。成立科大硅谷服务平台公司，为股权结构多元化的混合所有制企业，遴选高水平专业团队，推动“科大硅谷”战略实施。截至2023年底，全体正式员工52名，80%以上具备海内外知名高校研究生学历。设立“科大硅谷”引导基金，基金总规模300亿元，首期15亿元，作为“双招双引”的重要工具，以参股设立子基金为主，直接股权投资为辅，聚焦科技创新能力突出的中小微科技型企业。开发人才贷、初创贷、创业贷等产品，通过股债结合，为优质项目落地提供资金赋能。成立全国首个场景应用创新促进中心，

"为技术找场景，为场景找市场"，服务超700家企业，挖掘场景需求超500个。

制定专项支持政策。坚持以体制机制创新为引领，充分考虑创新创业主体最现实需求，致力为高端人才和年轻人创新创业提供一流政策环境。制定链接全球创新资源、建立新型研发模式、创新科技成果转化机制、鼓励科技创业、汇聚创新创业人才、创新投融资模式6个方面共27条具体政策，建立先试先行的开放政策体系，形成面向全省的科技创新辐射带动力。

促进高水平开放合作。组建全球校友事务部，链接中国科大等高校院所全球校友资源，建立常态化对接、联络、服务机制，联系服务校友超5000人。建设"科大硅谷"全球创新中心，发挥属地优势和深耕领域的资源禀赋，在"建渠道、挖项目、引资源、立品牌"等方面打造全球创新生态，2023年完成建设深圳、香港、法国、美国硅谷等7家创新中心，采用异地孵化＋本地注册的模式，链入全球创新创业资源。

招募全球合伙人。招募国际视野高、运营能力强、专业能力好的高水平团队运营创新单元，配置高质量的投资基金和提供高品质的载体空间，打造"团队＋基金＋载体"的产业培育新模式，实现一栋楼就是一个创新联合体、一栋楼就是一个产业链。截至2023年底，首批签约全球合伙人共25家，其中创新单元合伙人16家，创新中心合伙人6家，基金合伙人3家。

营造最优创新氛围。践行"厚植创新生态 感召五洲英才"使命，把握"科大硅谷"在制度创新、开放合作、卓越创新生态等方面价值内涵，加强核心理念输出，打造一流品牌，全方位、多维度、立体化展示"科大硅谷"品牌形象。截至2023年底，举办"科大硅谷"大讲堂、创业培训、项目路演等品牌活动70余场，联合中科大科技商学院打造"五懂"青年硬科技沙龙，借力科技网红策划"逐浪硬科技"科普栏目对话，依托中国日报等国际媒体搭建"科大硅谷"国际传播平台，推动构建立足合肥、辐射全省、对接长三角、链接全球的开放创新生态。

【中国声谷】 2012年8月，国家工业和信息化部与安徽省政府签署《关于共同推进安徽语音产业发展合作备忘录》，确定建立部省合作机制，打造"中国声谷"。2018年5月，工信部与安徽省政府再次签署《关于进一步共同推进安徽智能语音产业发展合作协议》，继续推动将"中国声谷"打造成智能语音及人工智能领域产业发展高地。通过持续自主研发、企业培育、招商引资等，"中国声谷"产业发展呈现高成长、高融合的良好态势，成功获批新型工业化产业示范基地等9个国家级称号，2019年以来获批国家战略性新兴产业集群、国家先进制造业集群和国家新一代人工智能创新发展实验区。

2023年，中国声谷智能语音、机器翻译、人工智能、量子信息等核心技术保持领先地位。形成"基础应用技术＋底层硬件＋数据计算＋智能终端＋行业应用"的产业布局。打造智能语音国家新一代人工智能开放创新平台、综合性国家科学中心人工智能研究院、认知智能国家重点实验室和国家智能语音制造业创新中心等协同创新平台。

中国声谷成为全国拥有人工智能产业门类最全、企业技术创新活力最优、金融服务支持最活跃、优惠政策集成度最好的专项基地。

【中安创谷】 安徽中安创谷科技园有限公司（以下简称"中安创谷公司"）成立于2015年，由安徽省投资集团和合肥高新区联合设立，公司以"履行皖投科创孵化战略、服务安徽科大硅谷建设"为使命，秉承"用心赋能科创"的宗旨，通过"基地＋基金＋科创服务"的模式，致力于构建科创孵化服务体系，打造资本、产业、创新、人才、技术等创新创业要素融合发展的科创大生态。

园区位于"科大硅谷"核心区，规划用地面积约100公顷，规划建设总投资约200亿元，规划总建筑面积约300万平方米。项目分六期建设，全部建成运营后，预计将聚集各类人才约5万名，培育科技型企业超2500家、实现年产值超2000亿元。

园区建设涵盖众创空间、孵化器、研发中试、加速器、总部基地等企业发展全生命周期的产业孵化载体，和包含全球路演中心、资本链会客厅、运动中心、托幼中心、美食中心、党群中心、人才公寓、商业广场等企业发展及员工生活全要素的配套服务设施。构建智慧园区运营服务体系，提供物业服务、社区服务、商务服务和企业服务四大模块服务，打造适宜科技创新的自然和人文环境。

园区一期45万平方米，于2020年4月正式投用；二期54万平方米于2022年10月正式投入使用；三期58万平方米预计2024年陆续投入使用；四至六期项目正在规划中。园区自2020年4月一期正式运营以来，受到社会各界的关注，累计接待各类参观和举办各类活动超2730场，接待实地考察人数超10万人，承办2022年全国双创周合肥主会场系列活动，线上线下参与人数超过3200万人，逐步形成一定的区域影响力和品牌效应。围绕新一代信息技术、人工智能、生命健康、空天信息和科技金融等战略新兴产业，以打造科创产业生态的理念，充分发挥合肥科技创新优势，中安创谷公司大力开展中安创谷科技园产业招引和产业培育工作。截至2023 年底，园区累计引入636家企业，其中上市公司总部2家、上市公司子公司 30家，雏鹰、瞪羚、独角兽等各类高成长企业 73家，国家高新技术企业 103家，已经形成了较为合理的产业生态。深空探测实验室、江淮前沿技术中心、安徽省股交中心、腾讯控股、华米科技、埃科光电、中科星图、本源量子、东超科技等一批高端研发机构和科技创新企业云集。这些项目中，有海外项目近60家，中科大校友企业超90家。园区2020年实现产值80亿元，纳税3.1亿元；2021年实现产值100亿元，纳税4.2亿元；2022年实现产值147亿元，亩均产值6176万元，纳税4.68亿元，亩均税收196万元。2023年实现产值170亿元，亩均营收7141万元，纳税4.96亿元，亩均税收208万元。

（刘小萌）

地震

【**概况**】 2023年，合肥市地震局被安徽省地震局评为“2023年度全省市级防震减灾工作综合考核优秀单位”，肥西县应急管理局、肥东县应急管理局被评为“2023年度全省县级防震减灾工作综合考核优秀单位”，合肥高新技术产业开发区应急管理行政执法大队、庐阳区应急管理局被评为“2023年度全省县级防震减灾工作综合考核良好单位”。

【**市防震减灾工作领导小组会议召开**】 2023年12月25日，市委常委、常务副市长张泉主持召开防震减灾工作领导小组会议，会议深入学习贯彻习近平总书记关于防灾减灾救灾重要论述精神，总结回顾2023年以来全市防震减灾工作开展情况，督查推动2023年度全市防震减灾重点工作和目标任务落实，会议要求将防震减灾工作纳入安全体系建设统筹谋划、纳入市域社会治理统筹推进、纳入城市生命线工程规范统筹把关，不断提高合肥市防震减灾综合能力。

【**推进合肥市“十四五”防震减灾规划实施**】 2023年，市地震局推动落实“十四五”规划重点项目——“地震应急能力建设”。按地震重点监视防御城市标准对市地震现场工作队专业应急装备进行升级，配备升级流动台、无人机、卫星电话、笔记本电脑、数码相机等应急装备和个人装备，加强全市地震应急救援队伍建设，提升合肥市地震事件的应急处置能力。

【**地震监测预警会商**】 2023年1月1日至2023年12月31日，合肥市发生M≧1.0级以上地震4次，最大为2023年12月7日肥西县M1.6级地震。

市地震局印发《2023年全市震情监视跟踪和应急准备工作方案》和《2023年全国两会合肥地震安全保障服务实施方案》，做好震情跟踪应对和地震安保服务。1—12月，市地震局进行40次地震周会商、12次地震月会商。7月，市地震局启动安徽省地震烈度速报与预警工程（基建）项目合肥区域站址选点工作，完成3个基准站、10个基本站和13个一般站的现场勘察和技术测试。

【**依法行政和行政审批**】 2023年，市地震局审批建设工程抗震设防要求核定项目18个，建设工程抗震设防要求竣工验收项目153个，地震安全性评价备案项目9个，并严格按照业务规范开展现场监管。10月，会同肥西县和庐阳区地震工作主管部门开展2023年建设工程抗震设防要求管理“双随机一公开”执法检查。组织指导各行业主管部门和各县（市、区）、开发区相关责任单位完成2023年全市地震易发区房屋设施抗震设防信息采集工作，采集信息3285条。

【**地震灾害风险普查**】 2023年

表11 2023年合肥市M≥1.0级地震目录

序号	时间	纬度（°N）	经度（°E）	震级（M）	震源深度（km）	地点
1	2023-01-15	32.28	117.16	1.0	7	安徽长丰
2	2023-08-17	32.19	117.24	1.0	10	安徽长丰
3	2023-08-23	31.73	116.86	1.1	15	安徽肥西
4	2023-12-07	31.59	117.38	1.6	9	安徽肥西

10月，省震防中心向合肥市市、县两级地震部门移交普查成果，合肥市地震灾害风险普查工作全部完成。市地震局、市自然资源和规划局共同推动普查成果应用于市本级和四县一市国土空间总体规划（2021-2035年）编制审核工作。市地震局、市数据资源局共同推动普查成果挂接市数据资源平台，实现共享。

【农村民居建设抗震设防指导服务】 2023年，合肥市把“加强农村民居和乡村公共设施抗震设防指导和管理，提供抗震技术服务”纳入《合肥市2023年度防震减灾工作目标考核细则》对各县（市、区）防震减灾目标考核，指导各县（市、区）开展农村民居和乡村公共设施抗震设防指导和管理工作。9月，市地震局、市城乡建设局在巢湖市联合举办全市第八期农村建筑工匠抗震设防业务培训班。11月，市地震局在庐江县开展农居建设抗震设防科普宣传。各县（市、区）、开发区地震部门因地制宜积极开展农居建设抗震设防技术指导和科普宣传工作。

【地震应急体系建设】 2023年4月8日，市政府组织全市地震应急预案研究推演活动，市地震局、市应急管理局、市公安局等19家成员单位现场参演，全面检验合肥市应对地震突发事件应急准备水平。3月27日，市地震局、市教育局、市应急管理局等单位联合承办安徽省暨合肥市“防震减灾科普+校园安全”地震避险疏散演练活动在合肥市五十中学东校望江路校区举行。5月6日和9月27日，市地震局分别举办全市防震减灾“三网一员”暨地震应急响应培训班和地震现场工作队应急响应培训演练。

2023年3月24日，安徽省防震减灾科普讲解大赛暨第七届全国防震减灾科普讲解大赛安徽赛区选拔赛举办

（吴杰宏/摄）

【防震减灾科普宣传】 2023年3月24日，市地震局、合肥高新区成功承办第七届全国防震减灾科普大赛安徽赛区选拔赛，合肥市获1个二等奖，2个三等奖，获奖数为历年之最。3月，市地震局组织创作的防震减灾主题漫画作品《“漫话”防震减灾》被省地震局“皖美震地”公众号5期连载，并借黄山风景区向海内外游客宣传推广。

5月，全市第八个“防震减灾宣传、演练月”期间，合肥市地震系统组织开展防震减灾科普宣传“七进”活动2000余次，组织开展主场活动10余场，发放宣传册、宣传品15万余份，系列宣传活动线上直播获得网友关注参与达200万人次。5月9日，在肥西上派镇举办安徽省防震减灾科普宣传周暨合肥市防震减灾宣传演练月主场宣传演练活动。5月12日，邀请中国科学技术大学地球与空间科学学院姚华建教授做客第56期市直机关大讲堂，主讲地震灾害防御前沿科技知识。5月19日，市地震局、市教育局、市民委、市应急管理局、市科协五部门联合开展合肥市2023年“地震科普、携手同行”主题活动。2023年“全国科技活动周”期间，市地震局依托“合肥通客户端”等4个媒体直播平台，举办主题为“科里科气的城市 可触可及的安全”探访合肥防震减灾科技直播宣传活动。市地震局与安徽省地震局联合创作4部科普短视频，在合肥轨道交通5条地铁线1000个地铁电视终端和近100块城市户外广告大屏滚动展播等。

7—8月，组织开展以“致敬科技工作者”等为主题的系列防震减灾科普研学活动，部署全市地震系统广泛开展“7.28”唐山大地震纪念日系列法治科普宣传活动。9—11月，先后在全国科普日、国际减灾日和《合肥市防震减灾条例》颁布施行8周年期间举办3期线上防震减灾法治科普宣传有奖答题活动，45900余人次线上参与。市地震局在组织开展2023年全国科普日期间活动中表现优秀，获得中国科学技术协会办公厅表彰为“优秀组织单位”。

【防震减灾示范创建】 2023年，市地震局联合市教育局、市应急管理局、市科协等部门，继续指导各县（市、区）、开发区开展防震减灾科普示范学校、防震减灾科普教育基地创建工作，新创建1所国家防震减灾科普示范学校（合肥市翡翠学校）、9所安徽省防震减灾科普示范学校、2个安徽省防震减灾科普教育基地、14所合肥市防震减灾科普示范学校、2个合肥市防震减灾科普教育基地。加强对已建成防震减灾示范点的日常管理和指导，充分发挥各类示范单位的带动作用，推动基层防震减灾工作更好落实，不断提高全市防震减灾社会动员水平。

表12　　2023年度合肥市防震减灾示范创建基地一览表

序号	示范创建种类	示范单位名称	评定文号
1	国家防震减灾科普示范学校	合肥市翡翠学校	中震函〔2024〕21号
1	安徽省防震减灾科普示范学校	合肥市五十中学东校望江路校区	皖震发〔2023〕124号
2		合肥市红星路小学北环阳光校区	
3		合肥市蚌埠路第二小学	
4		合肥市第六十二中学	
5		合肥市建平实验小学南艳分校	
6		安徽师范大学附属肥东实验学校	
7		肥西县严店镇中心学校	
8		长丰县岗集镇第二小学	
9		庐江县城北小学幸福校区	
1	安徽省防震减灾科普教育基地	肥东县科技馆	皖震发〔2023〕123号
2		肥西县官亭林海防震减灾主题公园	
1	合肥市防震减灾科普示范学校	合肥市第六中学	合震〔2023〕41号
2		肥东县实验小学浮槎山路校区	
3		肥西县柿树岗乡中心学校	
4		肥西县上派镇灯塔小学	
5		庐江县三里小学	
6		庐江县同大镇中心小学	
7		合肥市望湖小学洞庭湖路校区	
8		合肥市湖东小学	
9		合肥市第五十五中学新校	
10		合肥市东兴第一幼儿园	
11		合肥市高新创新实验小学	
12		巢湖市世纪新都小学半汤校区	
13		合肥经开自贸区实验学校	
14		合肥市莲花小学	
1	合肥市防震减灾科普教育基地	清华大学合肥公共安全研究院安全文化教育研究发展中心	合震〔2023〕37号
2		庐阳区四里河街道桃花园社区科普馆	

（许　树）

气　象

【概况】　2023年，合肥大城市气象高质量发展评分排全国第11名，首次进入全国第一方阵，创造历史最好成绩。合肥市气象局在全省气象高质量综合排名居第1位、气象现代化综合考评连续7年居全省第1位，获2023年度全省气象部门综合目标管理考核第2名、全省气象行业技能竞赛团体第2名，大城市创新实践典型案例推荐参评中国气象局2023年度大城市创新实践。承办全国智慧农业气象服务现场会议。

【气象现代化建设】　2023年，市政府成立气象高质量发展暨人工影响天气工作领导小组，印发贯彻落实国务院《气象高质量发展纲要（2022—2035年）》实施方案、省政府加强智慧气象建设保障乡村振兴的意见实施方案、合肥市暴雨灾害应对规定。安徽省气象局与合肥市召开高质量气象现代化暨人工影响天气高质量发展工作会议，9部门联合印发《合肥市气象监测设施统筹规划和资源共享管理办法》。实施气象防灾减灾“补短板”自动气象站网工程，在主城区、环巢湖重点防汛部位、重要河流、水库等气象灾害防御重点区域新建108套智能自动气象站，补齐灾害性天气监测短板。

【气候预报】 2023年，市气象局延伸期天气预报预测达到40天，巢湖流域面雨量预报精细化到11个子流域。预报业务24小时订正技巧综合评分居全省第3位，高温预报居全省第1位。预警信号发布准确率、及时性位列全省前茅，暴雨预警提前量高于全省平均水平，强对流灾害预警提前量达45分钟。

【防灾减灾】 2023年，市气象局健全大城市递进式气象服务机制，持续完善重大气象灾害天气“叫应”制度，建立气象灾害风险预警联合发布机制。推动全市气象信息员、灾害信息员、社区网格员、地质灾害群测群防员在气象防灾减灾领域“四员合一”。应对梅雨期强对流、台风“泰利”、寒潮、低温雨雪等灾害性天气过程，圆满完成长三角地区主要领导座谈会、2023年世界制造业大会、第十四届中国（合肥）国际园林博览会、2023合肥马拉松等重大活动气象保障服务。

【气象服务】 2023年，市气象局针对水稻、油菜、冬小麦等合肥地区主要粮油作物，开展全链条、伴随式气象服务以及农业气象灾害监测预报预警。持续开展农业气象试验，设施草莓观测数据在草莓专题气象服务中发挥作用。以长丰国家级数字乡村试点建设为契机，发挥气象卫星遥感技术优势，全面监测冬小麦、水稻等种植面积，为264名草莓大户提供从育苗到采摘的全生育期气象服务。气象、生态联合开展重污染天气、异味和沙尘等污染过程预报和评估，环境气象预报跃居全国第8位。首次进行合肥市夏季城市地表高温、城市热岛监测。开展巢湖蓝藻气象成因研究，构建中暑气象预报指标。开展地面增雨作业47点次，飞机增雨19架次，航时51个小时34分钟。推进“骆岗公园智慧气象保障服务”等5大气象服务场景应用，持续开展高速公路、国省干道和主城区道路气象监测预警服务。

【科普宣传】 2023年，市气象局在3.23世界气象日、5月全国科技活动周、5.12防灾减灾日、9月全国科普日等重要时间节点，举办形式多样、内容丰富的气象科普线上线下宣传活动。合肥气象科普馆获评2023年度优秀全国气象科普教育基地，市气象局获评安徽省2023年全国科普日活动优秀组织单位。

【主要气候事件】 2023年，合肥市年平均气温17.0℃，历史第五高，年降水量976毫米，偏少1成。综合考虑全年气候要素、极端气候事件及其灾害影响，2023年属于“好”气候年景。

5月下旬集中强降水，为年内最强降水过程。全市平均降雨量较常年偏多5成，庐江县偏多1.6倍，为历史第2多，肥西县偏多近1倍。其中26—28日出现集中强降水，为年内最强，有66个站累计雨量超过50毫米，15个站超过100毫米，最大庐江县罗河镇228.20毫米。最大小时雨强69.8毫米/小时（肥东县付店，28日17—18时）。

夏季高温未超39℃。2023年夏季合肥市出现4次高温过程，但极端高温不突出、高温日数偏少、综合强度偏弱。极端最高气温为36.5℃（庐江县）～38.4℃（肥西县），出现在8月12日，其中庐江县、巢湖市极端最高气温为2016年以来最低。夏季平均高温日数13天，较常年偏少3天。4次高温过程中，除7月8－14日高温过程持续7天，其他3次持续时间短。

深秋气温超30℃，热到破纪录。2023年深秋合肥市仍“热度”不减，经历着同期少见的暖热天气。10月25日－11月3日全市平均气温异常偏高5.0℃，为历史同期最高。11月1日当天，市区、长丰县、肥西县、肥东县最高气温均突破历史11月记录，庐江县为历史第2热。市区、长丰县、肥东县、肥西县最高气温超过28℃持续日数均为5天，均创历史10月下旬至11月新高。

12月持续低温超过10天，肥西县极端低温历史第2。12月气温起伏大，上旬气温持续走高，平均气温为历史同期第四高。中下旬出现三次较强降温过程，气温持续低迷。连续低温（日平均气温≤0℃）日数达10～12天。22日为全年最冷一天，全市平均最低气温-10.3℃，为历史12月第3低，其中肥西县（-11.6℃）日最低气温为历史12月第2低。

年内强对流天气偏少，但局地风力大。2023年全市出现4次明显强对流天气，主要影响时段为5－6月及8月上中旬。强对流天气偏少、影响偏轻，但局地风力大。

（沙 娴）

责任编辑：贾南田

教　育

综　述

【概况】　2023年，合肥市有各级各类学校2445所，在校学生251.60万人。高等教育学校数58所，在校生94.50万人（全日制在校生75.50万人、非全日制在校生19万人），教职工4.70万人、专任教师3.60万人。中等及中等以下各级各类普通学校2387所（其中：中等职业学校48所、普通高中99所、初中216所、小学441所、幼儿园1573所、特殊学校9所、专门学校1所），在校生157万人，教职工13.50万人、专任教师10.30万人。

2023年，合肥市被教育部确定为全国义务教育教学改革实验区、全国信息技术支撑学生综合素质评价试点区域，先后在世界数字教育大会、全国职业教育产教融合经验交流现场会、全国普通高中“双新”示范区建设年度总结大会上交流经验。《合肥市数字化赋能区域教育治理的探索与实践》入选教育部2023年数字化赋能教育管理信息化建设与应用典型案例；《城市出卷、院校答卷、产业阅卷打造产教城互融共生合肥模式》案例入选2023年全国职业教育产教融合典型案例；瑶海区开展“多元开放、多维融合的劳动教育”入选“2023中国基础教育实践创新100个典型案例”。《合肥市普通高中全面育人评价改革的探索与实践》《合肥市幼儿园质量评价体系改革助推学前教育高质量发展》入选省级教育评价改革优秀案例。

【教育强市建设】　2023年，合肥市委、市政府高度重视教育事业发展。市委主要领导主持召开市委专题会1次、市委常委会研究教育议题4次，市政府主要领导主持市政府常务会议研究教育议题5次，市委、市政府分管领导重点调度教育工作20余次。市委、市政府把教育项目建设纳入全市经济运行和大建设项目统一部署、统一调度、统一考评，建立由市委、市政府分管领导共同集中审查教育项目规划设计方案机制。市规委会建立中小学幼儿园项目规划设计方案教育部门前置审核制度。2023年召开教育项目审核会23次、审核项目45个。编制《合肥市中小学、幼儿园布局国土空间专项规划（2023—2035年）》，修订完善《合肥市普通中小学规划建设管理导则（试行）》。

加大教育投入。出台《合肥市2023—2030年加大财政教育投入实施方案》。全年全市一般公共预算教育经费支出252.16亿元，比2022年增长6.70%。教育领域建安投资增速连续12个月稳居全市各行业首位，累计增长27.20%。

扩充教育资源。全年新建中小

2023年12月2日，安徽省暨合肥市全民终身学习活动周开幕式举行

（市教育局/供）

2023年11月29日，合肥一中淝河校区雏形初显　　（杨凤妏/摄）

学、幼儿园110所、新增学位8.5万个。合肥幼专梅冲湖校区项目建成，合肥一中淝河校区、合肥八中运河新城校区、合肥理工学院（筹）等项目主体完工，合肥六中新桥校区项目开工建设，合肥一六八中学北校区项目完成设计招标，黄麓师范学校改扩建工程二期项目完成方案设计。合肥七十五中（合肥市专门教育学校）投入使用，肥西县特教学校新校区、包河区特教学校建成并投入使用。

【德智体美劳“五大行动”】 2023年，合肥市制定《合肥市全面推进德智体美劳“五大行动”实施方案》《合肥市推进德智体美劳“五大行动”省级实验区建设2023年工作要点》，统筹德智体美劳“五大行动”工作的实施推进。瑶海区被评定为第二批安徽省德智体美劳“五大行动”实验区，创建4个市级德智体美劳创新实验区（见表1）、16所市级五育融合学校（见表2）、50所市级特色实验学校（见表3）。瑶海区被省政府评定为全省第二批德智体美劳“五大行动”实验区。

【落实“双减”政策】 2023年，合肥市持续落实“双减”（即减轻义务教育阶段学生作业负担和校外培训负担），并作为全市教育工作的“一号工程”深入推进，构建良好教育生态。

强化义务教育学校学生减负工作，出台“初中减负15条”，开展常态化检查，印发5期“减负”通报。提高课后服务水平，在做好“全覆盖、广参与”的基础上，更加注重“上水平、强保障”。完善课后服务平台建设与升级。选取120个新时代文明实践站（所）开展寒暑期托管服务。

开展校外培训机构监管护苗、平安消费、安全守护、数据稽核等专项行动8次，全面规范培训机构治理。聘任市级校外培训机构特约监督员46名，聘任“校外培训材料审核专家库”市级专家66名。11月21日，教育部网站专题刊发《安徽合肥：以“三力赋能”破解“治理三难”》，推广全市校外培训治理经验和做法。“坚持多维发力校培治理　赋能校培治理长效机制”被评为2023年合肥市效能建设优秀案例。教育部“双减”日报采纳全市“双减”信息73条。教育部4次调研合肥市校外培训治理工作并给予充分肯定；2次在全省校外培训治理工作会议上作经验交流。

引导民办学校规范发展。2023年5月中央改革办督查组来肥验收规范民办义务教育工作时对合肥市工作进行充分肯定。全市民办义务教育在校生占比由上半年的4.42%下降到3.60%。完成市委书记领衔督办政协提案办理，常态推进民办学校年检、财务审计专项执法检查、奖补资金分配，并优化结果运用，落实民办学校资金账户监管。

【教师队伍建设】 2023年，合肥市教育局加强教师师德传统教育、师德榜样教育、师德警示教育，开展“传承雷锋精神、爱心结伴成长”主题活动，组建由名师、名班主任等为成员的志愿者队伍，对有需要的学生开展帮扶。选树宣传师德先进典型，获评“省教书育人楷模”1人、第四届“安徽最美教师”15人，通报表扬庐州好校（园）长10人、庐州最美教师20人、合肥市优秀教师166人。

中小学校领导体制改革。印发《合肥市中小学校党组织领导的校长负责制实施细则》等文件，全市符合建立中小学党组织领导的校长负责制的学校有466所，完成406所，占比87.12%。

教师人才引育。通过各种形式，全市中小学招聘补充编内教师2374人（其中公开招聘中小学新任教师1421人、接收公费师范生206人、面向重点高校招聘毕业生406人、引进高层次人才109人、中小学新任教师公开招聘232人），“银龄计划”返聘教师119人。牵头2023年秋季“合肥千企万岗请您来”西安、兰州站活动。

表 1　合肥市德智体美劳创新实验区一览表

序号	单 位	序号	单 位
1	肥西县	3	庐阳区
2	瑶海区	4	包河区

表 2　合肥市德智体美劳“五育”融合学校一览表

序号	县（市）区	单 位	序号	县（市）区	单 位
1	肥东县	肥东县石油学校	8	蜀山区	合肥市西园新村小学南校教育集团汇林校区
2	肥西县	肥西县肥光小学	9	包河区	合肥市师范附属小学
3	长丰县	长丰县第一中学	10	高新区	合肥市桂花园学校桂园校区
4	庐江县	庐江县城关小学	11	经开区	合肥市建平实验小学南艳分校
5	巢湖市	巢湖市人民路小学	12	新站高新区	合肥一六八陶冲湖中学
6	瑶海区	合肥市少儿艺术学校	13	市属学校	合肥市第二中学、合肥市第五中学、合肥市第七中学、合肥市第八中学
7	庐阳区	合肥市逍遥津小学			

表 3　合肥市德智体美劳特色实验学校一览表

序号	德育特色实验学校	智育特色实验学校	体育特色实验学校	美育特色实验学校	劳育特色实验学校
1	肥东县东城实验小学	肥东县实验小学	肥东凯悦中学	肥东县众兴中学	肥东县经济开发区中心学校
2	长丰北城中学	肥西县上派学区中心校	肥西县南门小学上派分校	肥西县柿树岗乡中心学校	长丰县北城实验小学
3	合肥市琥珀名城小学	长丰县实验小学	长丰县直属机关幼儿园	长丰县北城幼儿教育中心北宸紫郡幼儿园	巢湖市城南小学
4	合肥市六安路小学	巢湖市世纪新都小学	合肥市裕溪路学校	合肥市和平小学东校	合肥市临泉路第二小学
5	西园新村小学北校教育集团安大校区	合肥市大通路小学	合肥市育新小学	合肥市红星路小学	合肥市五一小学
6	屯溪路小学滨湖校区	庐阳实验小学	合肥市奥体小学	合肥高新创新实验小学	合肥市乐农新村小学蜀麓校区
7	中国科大附中高新中学	合肥市稻香村小学岳西路校区	合肥师范附小第二小学	合肥市第四十六中学南校区	合肥师范附小第三小学
8	合肥市方桥小学	合肥市第四十八中学	合肥市新麓小学	合肥经开实验高刘小学	合肥市桂花园学校和园校区
9	合肥三十五中	合肥高新创新实验中学	合肥市翡翠学校	合肥市关井小学	合肥市锦绣小学
10	合肥九中	合肥一六八玫瑰园西校区	合肥市园上园小学	合肥一中	合肥市七里塘小学

教师职称评审。联合市人社局做好2023年度职称评审工作，审核初级职称361人、中级职称361人、高级职称1212人，推荐中小学正高级教师25人、中职学校正高级讲师1人。认定中等职业教育“双师型”初级教师79人、中级教师192人、高级教师31人。

教师培养培训。依托国培、省培、市培、县（区）培、校培5级架构，2023年全市中小学幼儿园教师参加国培4361人、暑期研修82901人、省培2118人、市培8000人、县（区）培36733人、校本培训71013人。做好新时代省级名师名校长遴选及培养工作、义务教育阶段教师学历提升、四县一市教师赴城区、合肥教育管理干部赴杨浦跟岗研修工作。

【教育改革】 教育评价改革。2023年，市教育局根据“十不得一严禁”要求，印发《关于持续做好全市教育评价改革精神贯彻落实工作的通知》《关于进一步规范中高考宣传工作的提示》，严禁将“全日制”“985”“211”高校等作为招聘限制性条件，杜绝公布、宣传、炒作中高考分数。落实好国家和省监测发现违规事项查处整改，加强网络信息监测，建立发现、通报、查处、整改闭环机制，对市域内典型案例进行通报。将教育评价改革纳入年度考核指标，对“十不得一严禁”违规行为主体扣减相应分数或与民办学校年检挂钩，对相关责任人予以问责。全年纠治“十不得一严禁”违规行为8起。

招生考试改革。在全市高考、中考、成人高考和研考等考点均按照标准配备智能安检门。引入高考艺术类美术考试的网上评卷系统。全面实现中职学校招生网上录取，规范中职招生秩序。对特长生考核办法和评分标准进行“微改革”，保证评分更为准确客观。首次在自考中设置3个分考区，实现考生就近跑考点，缩短考生赶考时间。

教育督导改革。开展2022年度县（市）区党政领导干部履行教育职责督导考核市级复核工作，肥西、巢湖、瑶海、包河等4个县（市）区获省级优秀等次。创建全国义务教育优质均衡发展县（市）区取得实质性进展，7个城区均通过省级评估验收；推进全国学前教育普及普惠县（市）区创建，庐阳区、包河区接受省级评估，高新区、经开区、新站高新区和巢湖市均接受市级复核。率先在全省开展全域国家义务教育质量监测，做好2021、2022年质量监测结果反馈整改工作。将无义务教育阶段的市管民办普通高中就近纳入督学责任区，聘任5名督学组长、20名兼职责任督学。

【教育民生】 2023年，全市开展4项教育惠民民生实事工作，分别为青少年心理健康行动、“安心托幼”行动、“老有所学”行动和困难学生资助，累计财政支出8.20万亿元。全市发放高中阶段学生资助资金2.75亿元，资助学生23万人次；发放义务教育阶段家庭经济困难学生生活补助2130万元，资助学生6.39万人次；发放学前阶段资助资金2108万元，资助幼儿1.75万人次。218所学校少年宫免费开展暑期托管活动。64所新建中小学、幼儿园配备“三件套”，该做法被住建部面向全国推广，因地制宜设置家长等候区800余处。687所学校开展课后服务，学生参与率97.40%、教师参与率86.80%；676所中小学校体育场地设施向社会开放，开放率96.20%；城区第一批15所中小学校地下停车场1700余个车位向社会开放。

【依法治教】 2023年，市教育局创建40所市级依法治校示范校，推荐8所学校参加省级依法治校示范校创建。规范中小学法治副校长聘任与管理，843所学校聘任880名法治副校长。推进青少年法治教育基地（法治资源教室）内涵提升，成功申报省级青少年法治教育基地。完成2022年规范性文件定期清理，决定废止2件、宣布失效1件、32件继续有效，清理结果及时向社会公布，并报送市司法局备案。

安全宣传教育。组织开展“4·15”全民国家安全教育日普法宣传、国家安全法、网络安全法、反恐怖主义法等国家安全法律宣传教育，普及防诈骗、防欺凌、消防、交通、网络、防灾减灾等安全知识，提高广大师生应急避险意识和自救互救能力。开展中小学生安全教育周活动，部署全市中小学幼儿园“5·12”防灾减灾日、“9·18”应急疏散演练等活动，宣传防灾减灾知识和技能。联合市消防救援支队开展全市教育系统消防知识培训，5400多名教师及学校安全管理人员参训。举办县（市、区）教育局局长及市属学校校长培训班、学校安全管理人员业务培训班，累计参训人员近300人次，走进校园开展生命安全专题教育136场，形成层层抓培训、人人重平安建设的良好局面。

安全隐患排查。先后印发《合肥市校园安全隐患专项排查整治2023行动总体方案》《开展教育系统安全隐患排查整改“夏季攻势行动”的通知》等文件，陆续组织开展多轮校园安全隐患专项排查整治。2023年“双会”和“双节”期间，安排12个校园安全专项督查组开展校园安全检查，实现34所市管学校和12个县（市、区）全覆盖。11月份开始，成立校内减负暨校园安全6个督查组，每周一次到县（市、区）学校开展实地督查，开展7期检查学校61所，发现问题173个，整改161个，在整改12个，发督查简报7期49份，取得明显成效。

开展创建活动。修订《合肥市“十四五”时期平安校园创建活动方案》，评定年度“平安校园”734所。会同公安部门开展“无诈校园”创建活动，开展年度全教育系统教职员工违法犯罪记录集中查询。开展绿色学校创建，认定2023年“合肥市绿色学校”45所，推荐28所学校申报省级绿色学校。全市各级绿色学校626所，占全市中小学数的73%。推进“无废学校”创建工作，创建合肥市“无废学校”25所。推动文明校园创建活动，创建第四届文明校园40所。

【国际交流合作】 2023年，全市资助“留学合肥”政府奖学金生61人次，拨付奖学金121.50万元。全市51所学校与国外111所学校结为友好学校，开展师生互访、教科研合作、文化互通等形式多样的人文交流活动。全年接待国（境）外教育19个团组160人次。全市教育团组出访7个团组37人次，出访新西兰、新加坡、马来西亚、日本等国家，深入了解国外中小学课程体系、学科设置、教师培养、学生评价等方面的内容，为全市教育服务社会发展借鉴经验。

【教育宣传】 2023年，国家级主要媒体刊发合肥教育发展经验76余篇，合肥市“双减”“安心托幼”“老有所学”、职业教育、劳动教育、教育数字化等多个专题被《人民日报》、中央电视台、《光明日报》《中国教育报》《中国青年报》《中国教师报》等重点推介。央视新闻频道《新闻1+1》栏目聚焦“急救教育，从娃娃抓起”主题，报道合肥市第三十五中学经验做法。合肥市教育局被中国教育报刊社评为2023年教育新闻宣传先进单位，“合肥市教育局发布”官方微信账号和微博账号均入选2023年度市直单位“十大”政务新媒体榜和微博榜。

（石红星）

2023年5月11日，新西兰北帕默斯顿市教育代表团访问合肥。图为代表团在合肥市西园新村小学南校与学生互动　　（市教育局／供）

学前教育

【概况】 2023年，合肥市有幼儿园1573所，在园幼儿339776人，教职工50436人，专任教师24910人，幼师比为13.6∶1。学前教育毛入园率为103.6%，公办率为60.3%，普惠率为92%。

【“安心托幼”行动】 2023年，合肥市新开公办幼儿园65所，新增公办学位2.70万个，超额完成省定指标任务。推进托幼一体化建设，344所幼儿园开设托班，开设园所占比22%，全市幼儿园延时服务全覆盖，参与幼儿4万人。印发《合肥市2023年安心托幼宣传工作方案》，多举措提升群众知晓率，开展合肥市安心托幼暖民心行动大型游园会。

【保教质量评估】 2023年，市教育局启动全市幼儿园保育教育质量评估工作，4年一周期，覆盖全市各级各类幼儿园，以评促建加强对幼儿园保教工作的指导。扩大优质资源覆盖面，新评估认定8所幼儿园为市特一类幼儿园（见表4）、28所幼儿园为市一类幼儿园（见表5），完成合肥经济技术开发区4所幼儿园（合肥海恒教育祥园幼

表 4 合肥市特一类幼儿园一览表

序号	县（市）区	单 位	序号	县（市）区	单 位
1	肥西县	肥西经济开发区新型家园幼儿园	4	庐阳区	合肥市安庆路幼儿园城市之光分园、合肥市长江路幼儿园京福分园
2	长丰县	长丰县双墩镇中心幼儿园	5	高新区	合肥幼教集团高新区第一幼儿园
3	瑶海区	合肥市合铁家园幼儿园、合肥市琥珀名城和园幼儿园、合肥市马岗幼儿园			

表 5 合肥市一类幼儿园一览表

序号	县（市）区	单 位
1	肥东县	肥东县实验幼儿园禹州园、肥东县东城幼儿园教育集团总园、合肥幼教集团肥东锦源春天幼儿园
2	肥西县	肥西县桃花镇中心幼儿园
3	长丰县	长丰县直属机关幼儿园荣徽苑分园、长丰县直属机关幼儿园梧桐里分园、长丰县直属机关幼儿园名门北郡分园
4	庐江县	庐江县汤池镇杨庄幼儿园
5	蜀山区	合肥市祁门路幼儿园、合肥市合作化路幼儿园、合肥市蜀西幼儿园、合肥科学家园幼儿园
6	庐阳区	合肥市荣城幼儿园菱湖分园、合肥市长江路幼儿园天成分园
7	包河区	合肥市杭州路幼儿园、合肥市洞庭湖路幼儿园、合肥市桂园幼儿园
8	高新区	合肥高新区金港湾幼儿园、合肥高新区雍锦半岛幼儿园、合肥高新区海棠路幼儿园
9	经开区	合肥幼教集团金屿海岸幼儿园

儿园、合肥海恒教育天门锦城幼儿园、合肥海恒教育芙蓉幼儿园、合肥海恒教育汇林园幼儿园）通过市一类园复评工作。开展合肥市暨长三角幼小衔接理论与实践交流活动。推进《学前教育高质量发展视域下行政教研职能融合机制的实践研究》课题研究工作。以“倾听儿童，相伴成长”为主题，开展学前教育宣传月系列工作。包河区入选“全省完善普惠性学前教育保障机制实验区”，庐阳区、蜀山区入选“全省保教质量提升实验区”。

【规范办园行为】 2023 年，市教育局加强幼儿园招生工作指导和调度，全市招生平稳未发生舆情。开展城镇小区配套园治理和无证园治理“回头看”工作。重视全市幼儿园食品卫生安全，开展多轮检查。优化教育云平台学前教育管理系统，新增驾驶舱项目开展大数据分析。查处幼儿园乱收费行为，强化实地督办，举一反三。加强民办园监管，应对生源减少趋势，市级层面下发《关于民办园规范管理的工作提示单》《关于规范幼儿园收费管理的工作提示单》，及时指导县（市、区）做好应对举措。

2023 年 5 月 31 日，合肥市长江东大街幼儿园开展亲子游戏趣味活动，喜迎六一儿童节 （市教育局 / 供）

【体制机制改革】 2023 年，市教育局持续提高公办资源占比，规范小区配套园建设，并全部办成公办幼儿园，综合施策通过回收国有资产园舍的民办园等举措提高公办占比。修订《合肥市促进学前教育市级以奖代补专项资金管理办法》，2023 年拨付市级学前教育专项资金 44770 万元用于支持和促进全市学前教育发展。继续通过政府购买服务、综合奖补、培训教师、教研指导等方式鼓励民办园转普，城区新增 12 所民办园转普或提升普惠等级。

（石红星）

义务教育

【概况】 2023 年，合肥市有小学 441 所，在校生 691058 人，教职工 34195 人，专任教师 38139 人，生师比为 18.12∶1。初中 216 所（其中初级中学 149 所，九年一贯制 67 所），在校生 273593 人，教职工 23110 人，专任教师 21702 人，生师比为 12.61∶1。全市小学、初中适龄人口毛入学率为 109.3%、105.1%，九年义务教育巩固率为 109.75%。

【义务教育优质均衡发展】 2023 年，市教育局出台《关于进一步推进城区义务教育学校校长教师交流轮岗工作的若干规定》，城区交流轮岗 1132 人，占符合交流条件的 11%，其中校长和骨干教师交流占比 49%。深化城乡义务教育学校集团化发展，城区 60 个教育集团覆盖 182 所学校（校区），占城区公办义务教育学校的 71.4%；四县一市城镇 41 个教育集团覆盖 90 所学校（校区），占县城公办学校 53.6%。

【青少年心理健康行动】 2023 年，合肥市建立以市委和市政府分管领导为召集人的加强中小学生心理健康工作协调机制，形成党委统一领导、市县联动推进、学校具体落实的工作格局。明确政府、家庭、学校、社会、孩子“五位一体”责任体系，构建一批专家资源、一批志愿者服务团队、一批咨询服务平台、一批社会服务组织和一批心理门诊“五个一批”服务体系，筑牢教育引导、监测预警、关心关爱、包保跟踪、干预处置“五道防线”。推广教育、妇联、卫健、团市委等部门心理援助热线，组建一支心理健康专家服务团队。市教育局与市四院签订“医教合作”协议。截至 2023 年底，全市专兼职心理健康教师 2339 人，配备率 100%，其中专职 446 人。通过增加编内心理健康教师招考计划、购买社会服务等方式相结合的方式，计划至 2025 年每所中小学至少配备 1 名心理健康专职教师目标。定期播出《阳光成长》52 期节目。发挥市 12355 服务台作用。累计接听青少年热线求助电话共 775 起，安排专业心理老师为 432 名青少年开展了“一对一”心理救助服务。开展中小学德育与心理危机干预典型案例评选。

2023 年 6 月 15 日，合肥市东风小学的同学们正在参加小组趣味游戏，在合作中完成期末评价

（市教育局/供）

【规范招生行为】 2023 年，市教育局从严落实市委“义务教育划片就近免试入学、不得择校”等要求，全面规范义务教育招生入学，大力整治违规“择校”问题，结束全市长期存在的义务教育择校、收取择校费的招生乱象。优化网上招生系统功能，做到网上报名、网上录取，实现“数据多跑路、群众少跑腿”。规范招生办学行为，稳定开展招生入学工作，利用网上报名系统做好公民办学校同招。完善义务教育学区划分规则，随迁子女入学居住证年限由“满一年”缩短至“满半年”，降低随迁子女入学门槛。停止省示范高中共建实验班招生，规范普通高中国际班和艺术特长班管理。

【推进家校共育】 2023 年，市教育局制定《关于进一步健全学校家庭社会协同育人机制三年行动计划（2024 年—2026 年）》，分学段编写《合肥市中小学家校共育活动周指南》，开展“父母‘童’学课堂”“家庭教育大讲堂”“我与家长共育人”系列主题活动，家长参与覆盖率 98%。出台《合肥市中小学家长委员会管理“八不得”》，开展家委会违规行为专项整治行动。推行教师家访活动，要求针对特殊群体学生每学年教师至少家访一次。

（石红星）

普通高中教育

【概况】 2023年，合肥市有普通高中99所，招生61601人，在校生171998人，其中：公办55所122319人、民办44所49679人；市区41所，招生29390人，在校生80499人，校均1963人；四县一市59所，招生32211人，在校生92850人，校均1573人。教职工21734人，专任教师13730人，其中：市区教职工9517人、专任教师6336人，四县一市教职工12217人、专任教师7394人。生师比为12.75：1。高中阶段毛入学率为111.96%。

【“双新”示范区建设】 2023年，市教育局完成普通高中新课程新教材国家级示范区建设各项任务，举办普通高中“双新”实施国家级示范区（校）建设新一轮“大练兵、大比武”活动，开展全市普通高中新课程新教材实施优秀案例成果征集评比，引导普通高中根据学校发展实际和教育形势谋划三年发展规划，通过完善课程建设、加强课程管理、实施课堂改革、改革考试评价等，完善“五育”并举的培养体系、管理体系和评价体系，促进普通高中学生全面有个性发展。

【县中帮扶】 2023年，市教育局持续推动全市县中托管项目，安徽大学托管肥西三中、肥东撮镇中学，安徽农业大学托管庐江白山中学、庐江下塘中学，巢湖学院托管巢湖炯炀中学，合肥一中托管北城中学、肥东二中，合肥七中托管肥西农兴中学，合肥八中托管肥西中学、肥西铭传高中，合肥一六八中学托管长丰一中。安排其余7所市属省示范高中与9所县域高中完成协议签订、干部选派等工作。截至年底，11所市属省示范高中派出39名同志至15所县域普通高中承担教育教学管理任务；15所县域普通高中派出21名同志至市属省示范高中跟岗学习。通过实施县中托管帮扶项目，推动县中管理水平提升，推进县中教育教学改革，强化县中教师队伍建设，促进县中多样化有特色发展。

【育人方式改革】 2023年，市教育局深入调研普通高中发展现状，制定《合肥市推进普通高中多样化有特色发展工作方案（2024年—2026年）》。合肥二中与安徽艺术学院联合办学打造艺术特色学校。合肥三中与安徽体校协作建立“国家级手球传统学校”。合肥四中与安徽书协等合作打造“为爱而生、向美而行”美育实验学校。合肥五中打造张崇岫抗美援朝战地摄影纪念馆，开展革命传统教育、爱国主义教育，在师生中以红色文化赋能。合肥七中通过集成化智慧校园建设，变革教师教学方式、学生学习方式、学校管理方式，提升课堂学习效率，入选教育部“全国人工智能教育基地”。合肥九中打造“杨武之班”品牌，探索创新人才培养模式。合肥十中经教育部和海军招飞办批准作为安徽省海军青少年航空学校建设单位组建海航班，为海军输送两届47名飞行学员。各普通高中学校形成鲜明的办学特色，满足学生多样化选择，实现普通高中特色多样化发展。

【特色课程建设】 2023年，市教育局在开足开齐国家必修课程、选择性必修课程基础上，推动各普通高中构建丰富、多样的校本课程，把理想信念教育、社会主义核心价值观教育、中华优秀传统文化教育、心理健康教育等内容细化并渗透到各级学科课程中，构建拓深、拓宽有梯度、有特色、有品质的育人主渠道。各普通高中注重活动序列化设计，突出活动内容主题化、活动方式多样化、活动过程趣味化、活动成果品牌化，有效提升活动育人质量。合肥一中“体育嘉年华”、合肥二中“艺术文化节”、合肥四中“毕业季”系列活动建设、合肥七中建立生命教育体验中心和心理健康实验室、合肥八中“成人礼”系列活动建设、合肥十中阅读文化节等。

（石红星）

职业教育与成人教育

【概况】 2023年，合肥市有中等职业学校48所，在校生89503人，教职工5794人，专任教师5134人。生师比17.43：1；双师型教师1833人。

【内涵建设】 2023年，市教育局分别到全市基层学校和上海、天津、山东、福建等职教先发地区了解发展现状，学习成功经验。启动与天津职业技术师范大学开展相关合作。举办全市中专学校教育教学技能竞赛、技能大赛等，组织开展职教活动周、教师企业实践等活动。2023 年，全市获得职业教育国家级教学成果奖 5 项、全国技能大赛奖项 14 个，“三全育人”“六百工程”项目成果丰硕。

【产教融合】 2023 年，市教育局出台《合肥职业教育服务新兴产业高质量发展工作方案》《合肥市职业教育发展专项资金管理办法》，为深化产教融合、校企合作提供支持政策。合肥（新站）高新技术产教联合体入选教育部首批国家级市域产教联合体。与市发改委累计联合评选、认定市级产教融合型企业 162 家。组织申报省级现场工程师专项培养计划项目，推荐 3 所学校 4 个项目。

【“老有所学”行动】 2023 年，市教育局出台《合肥市“十四五”老年教育发展规划》《合肥市 2023 年老有所学行动方案》。组织开展“老有所学”重点项目点巡查互查活动，覆盖全市 117 个项目点。举办合肥老有所学主题宣传暨老年教育成果展演活动。全市参与学习教育活动的老年人 42.52 万人，完成进度达 113.5%；全市老年大学（学校）建设 1486 所，完成进度达 170.6%；新增学习人数 13.74 万人，完成进度达 114.49%；新增老年大学（学校）137 个，完成进度达 102.23%。开展合肥市 2023 年度“百姓学习之星”“终身学习品牌项目”遴选活动，产生“百姓学习之星”15 人、“终身学习品牌项目”15 个。举办第七届“能者为师——寻找社区好教师”、省暨合肥市全民终身学习活动周等活动。

（石红星）

高等教育

【概况】 2023 年，合肥市有高等院校 58 所。其中：公办 41 所、民办 17 所（含 2 所民办独立学院）；本科院校 19 所（大学 7 所、学院 10 所、独立学院 2 所），高职高专院校 35 所（高等职业学院 33 所，高等专科学校 2 所），成人高校 4 所。在校生 945244 人，教职工 47234 人，专任教师 35977 人。在校研究生 82484 人（培养研究生院校 9 所，其中：在校博士研究生 14952 人，在校硕士研究生 67532 人）；在校普通本专科 672039 人（含独立学院和成人高校普通本专科生）；成人本专科生 157211 人（其中：4 所成人高校成人本专科生 190644 人，普通高校成人本专科生 167437 人）。全市 54 所全日制高校教职工 46840 人，专任教师 35771 人；4 所非全日制成人高校教职工 394 人，专任教师 206 人。

【第三届(2023)中国高校科技成果交易会】 2023 年 12 月 17 日至 20 日，第三届（2023）中国高校科技成果交易会（简称“高交会”）在合肥举办。期间，全国 350 所高校（其中，“双一流”高校 134 所）携 11000 余项高新技术成果、350 余件高价值可转化专利、150 项路演项目、500 余项实物展品参展，省内外 2100 余家“专精特新”、小巨人、龙头和链主企业、投融资机构和科技成果推广机构代表参会，嘉宾总规模逾万人，其中高校校级领导 120 多名，是历届参展高校最多、推介成果最多、路演项目最多、举办层级最高的高校科技成果交易盛会。合肥市紧密跟进省专班要求，组织市直各部门协同、精心部署、精密安排、精细准备，有力有序有效确保大会安全、顺利、圆满召开。

【安徽（合肥）高等研究院筹建】 2023 年，市教育局按照省、市相关要求，组建安徽（合肥）高等研究院工作专班，牵头撰写并完善包括建设方案、保障措施等筹建材料汇编。选派人员加入省高等研究院工作专班，参与安徽高等研究院建设。牵头开展安徽（合肥）高等研究院启动阶段的项目遴选与招生计划编报工作。教育部初步同意 96 个联合科研与人才培养项目作为首批启动项目，涉及招收全日制硕士、全日制博士及非全日制博士若干人。

【市属高职院校高质量发展】 2023 年 10 月，教育部同意合肥学院更名合肥大学，同意安徽江淮学院转设合肥理工学院。支持合肥职业技术学院积极创建应用型本科高校，合肥职业技术学院、合肥幼儿师范高等专科学校、安徽汽车职业技术学院入选省级“双高计划”建设项目。市教育局健全市属高校专业动态调整机制，优化专业设置，提高专业与产业的契合度，以适应全市发展对人才培养的新要求。以产业需求带动学科专业建设，带动就业，推进“三业一体”“四链融通”。

（石红星）

高等院校选介

【中国科学技术大学】 中国科学

技术大学1958年9月创建于北京，1970年迁至安徽合肥，是中国科学院所属的一所以前沿科学和高新技术为主，兼有医学、特色管理和人文学科的理工科大学。2023年，学校有32个学院，设有苏州高等研究院、上海研究院、北京研究院、先进技术研究院、国际金融研究院、附属第一医院，建有国家同步辐射实验室、合肥微尺度物质科学国家研究中心、火灾科学国家重点实验室等国家级科研机构13个、国家重大科技基础设施6个和省部级重点科研机构82个。

师资队伍。学校坚持引育并重，大力引进培养使用战略科学家和青年科技人才，稳步推进学术荣誉体系建设，打造一流人才队伍。截至2023年底，有教学科研人员2995人，其中正高级1055人、副高级1092人，有两院院士等高层次人才不重复统计708人，青年人才占高层次人才的66.7%。2023年，1位教师当选中国工程院院士，多位教师获全国创新争先奖、何梁何利基金科学与技术创新奖等。火灾安全科学与工程教师团队获教育部第三批"全国高校黄大年式教师团队"。

学科建设。学校着力构建"基础学科率先一流，新工科、新医学跨越式发展，特色文科稳步提升"的学科体系。2023年，获批"纳米科学与工程""行星科学与探测技术"两个一级交叉学科博士学位授权点和"知识产权"专业类别硕士授权点，获批新增"行星科学""网络空间安全"2个本科专业。有一级学科博士学位授权点34个，一级学科硕士学位授权点8个，专业学位授权点17个，有国家理科基础科学研究和教学人才培养基地6个，国家生命科学与技术人才培养基地1个，累计获批国家级一流本科专业建设点29个，试点建设数理化生国家高层次人才培养中心2个。

人才培养。学校坚守为党育人、为国育才的初心使命，坚持"五育并举"，深入推进"三全育人"，切实提升拔尖创新人才自主培养能力。推动课程思政与思政课程协同育人，大力培养"六有"大学生。不断提升本科教育质量，实施新版本科生培养方案，加强英才教育管理，以少年班学院为试点，探索"一生一方案"。聚焦培养基础学科和关键领域急需人才，推进未来技术学院建设，创办量子信息科技英才班，持续办好19个科技英才班。扎实推进研究生"德创"领军人才培养，深化高层次紧缺人才专项以及工程硕博士人才培养模式改革。持续深化科教融合，共建8个科教融合学院。持续加强精品教材建设，累计立项校级十四五规划教材建设项目89项，获批省级教材建设项目3项，安徽省"三全育人"精品教材项目5项。完善实践教学管理体系，推动开展各项学科竞赛活动，2023年，本科生斩获省级以上学术竞赛奖项233项。2023年学校招收本科生1958人、博士生2824人、硕士生6939人。全年授予博士学位1961人，科学硕士学位1275人，专业硕士学位3073人，学士学位1742人。博士研究生在Science、Nature和Cell系列期刊及其子刊上发表论文135篇。本科生获批基金委首次试点的青年学生基础研究项目8项。

科研成果。学校坚持立足国家重大战略需求，瞄准世界科技前沿，积极开展科技攻关，为实现高水平科技自立自强持续贡献力量。持续完善卓越科技创新体系，全力支持合肥国家实验室建设，积极参与合肥综合性国家科学中心建设，扎实推进全国重点实验室重组，加快推动合肥先进光源、中国科学院临床研究医院（合肥）等建设。重大原创性科技成果蓬勃涌现，多项成果入选2022年中国科学十大进展、2023年国内十大科技新闻和《人民日报》2023年度重大科技成就。作为第一完成单位获2022年安徽省科学技术奖15项，其中一等奖8项。2023年自然指数排名居国内高校首位，全球高校第2位。

服务社会。学校积极融入新发展格局，主动服务区域经济社会发

2023年7月，中国科学技术大学开展未来科学家夏令营活动

（中国科学技术大学/供）

展，助力安徽打造人才发展和创新高地。获批全国首批赋权改革试点单位，赋权改革“中国科大模式”相关做法入选“国家知识产权强国建设典型案例”“2023年度全面创新改革揭榜任务”。开展支持学生创新创业和成果转化的“雏鹰计划”“雄鹰计划”和“鲲鹏计划”，截至2023年底，与安徽13个地市建立产学研合作。支持打造“科大硅谷”，成立中国科大科技商学院，促进科技成果高效率转化和科技产业高质量发展。附属第一医院医疗服务能力日益提升，居国家三级公立医院绩效考核全国第20名。

国际交流。学校坚持“科研国际化带动人才培养国际化”战略，逐渐形成五位一体的“大外事”格局。2023年接待外国驻华使领馆官员来访20余次，累计推进国际及港澳台合作协议签署11项。持续办好“未来科学家交流计划”，大力储备优质国际生源。不断加强与世界一流大学、著名科研机构的合作，打造有影响力的国际交流与合作品牌。

（邵祎康）

【合肥工业大学】 合肥工业大学是教育部直属全国重点大学，教育部、工信部和安徽省政府共建高校，国防科工局与教育部共建高校。学校创建于1945年，1960年被中共中央批准为全国重点大学。2005年成为国家“211工程”重点建设高校，2009年成为国家“985工程”优势学科创新平台建设高校，2017年进入国家“双一流”建设高校行列。学校有4个校区，21个学院，102个本科专业，博士授权一级学科19个、博士专业学位授权点3个，硕士授权一级学科39个、硕士专业学位授权类别21个。2023年，学校有全日制在校本科生32833人、全日制硕士研究生10190人、非全日制硕士研究生2889人、博士研究生2181人、留学生139人。2023届学生毕业去向落实率达到96.83%（其中本科生为96.14%、硕士生为98.23%、博士生为100%），学校获教育部“全国高校毕业生基层就业卓越奖”。

教育教学。构建多渠道、多层次、全方位的招生宣传工作机制。召开合肥工业大学优质生源基地校长论坛，做好学校与高中人才选拔培养有效衔接。深化“立德树人、能力导向、创新创业”三位一体教育教学集成体系和“第二课堂成绩单”制度建设，修订2023版本科专业人才培养方案。与中国科学技术大学联合创办集成电路设计与集成系统创新实验班，探索拔尖创新人才培养新模式。获批教育部战略性新兴领域（高端装备制造）“十四五”高等教育教材体系建设团队，获批第二批国家级一流本科课程11门，教育部产学合作协同育人优秀项目案例2个，首批全国高校质量文化建设示范案例1个，全国高校教师发展中心建设优秀案例1个。依托智能制造现代产业学院和国家级创新创业学院，探索“创意、创新、创业、创投”融会贯通的复合型人才培养模式。学校在《全国普通高校创新创业类竞赛研究报告》中获评全国A+，位居全国高校TOP1%，创新创业教育稳居全国第一方阵。全年在各类创新创业竞赛中获省部级以上奖励2382项（其中国际级奖90项、国家级奖664项、省部级奖1628项）。获“挑战杯”中国大学生创业计划竞赛全国金奖1项、“挑战杯”全国大学生课外学术科技作品竞赛主体赛全国奖6项。

学科建设。积极融入、主动参与安徽高等研究院建设。持续提升研究生生源质量，录取推免硕士研究生同比增长100.7%，博士招生计划同比增长14.38%。新增专业学位研究生联合培养基地16个。获高等教育（研究生）国家级教学成果奖一等奖1项、二等奖2项，实现以第一完成单位获国家级教学成果奖一等奖的历史性突破。顺利通过第二轮“双一流”建设中期自评。生物学与生物化学首次进入ESI全球前1%，工程学进入ESI全球排名前6，计算机科学、材料科学、农业科学进入前2‰，化学进入前3‰。21个学科上榜“2023软科世界一流学科排名”（位列全

合肥工业大学屯溪路校区主教楼 （合工大/供）

国高校第46位），4个学科进入世界前100名，2个学科进入世界前50名。新增5个博士后科研流动站，获批数量居全国高校前列。

科学研究。获批国家重点研发计划43项（牵头项目2项、主持课题14项），国家自然科学基金项目174项（优青项目2项、重大重点类项目8项）。获批长三角科技创新共同体联合攻关重点任务揭榜项目7项，安徽省科技重大专项项目9项、重点研究与开发计划项目44项、自然科学基金项目114项。获批国家社科基金项目5项、教育部人文社科项目12项、安徽省哲学社会科学规划项目21项。以学校为第一完成单位发表高水平论文2296篇，获授权专利1436项（其中发明专利1198项、国际专利23项）。5项成果获教育部高等学校科学研究优秀成果奖，1项成果获第二十四届中国专利奖优秀奖，35项成果获安徽省科学技术奖。智库成果获省部级以上采纳、批示6项。获批电能高效高质转化全国重点实验室，获批安徽省重点实验室5个、安徽省国际科技合作基地1个和安徽省工程研究中心3个。“企业出题、政府立题、高校解题、市场阅卷”的政产学研用“合工大模式”推广至省内外13个市县区域，累计年度产业创新引导资金协议规模突破亿元。智能院被认定为安徽省高水平新型研发机构，累计培育科技型企业25家，获批国家高新技术企业10家。启动交叉科学研究院建设。构建“高校—新型研发机构—高新技术产业园区”三级贯通的成果孵育体系，打造教师不出校门即可创业的“工大智谷”生态圈。

人才建设。强化党管人才工作格局，持续优化人才培育体系和引进机制，成立合肥工业大学党委教师工作委员会，实施“师德涵育计划”，严格落实“师德一票否决制”。大力推进人才强校战略，制定三年师资队伍建设规划。组建高层次人才“育才梯队”，加强国家级人才专项培育。优化师资招引流程，完善分类分层次评价决策机制，为优秀拔尖人才设置绿色通道。校院联动、招聘宣传，加强优秀人才靶向性吸引，成功举办第三届国际青年学者论坛，进一步提升“斛兵学者”“黄山学者”人才岗位品牌影响力。学校有专任教师2591人，具有高级职称的占教师总数62.83%，年度新增国家级人才13人、省部级人才29人，学校自主培育高层次人才创历史新高。加强科研人员队伍建设，出台《合肥工业大学专职科研人员管理办法（试行）》。加强博士后队伍建设，入选教育部博士后人才专项3人、“香江学者计划”2人、“安徽省青年学者”1人，获全国博士后揭榜领题优秀方案银奖1项。

合作交流。积极拓展全球合作关系，与美国克拉克大学、澳大利亚国立大学、日本九州工业大学、台湾科技大学等10个国家和地区的20所高校达成合作意向。举办2023年教育部国际产学研用合作会议新能源与智能网联汽车研讨会。成功获批教育部2023年港澳台学生国情教育项目3项（含重点项目2项）、王宽诚教育基金会资助项目1项、内地与港澳大中小学师生交流计划大学生项目1项、2023年对台教育交流项目重点项目1项，国家留学管理基金委员会创新型人才国际合作培养项目1项，科技部外国专家项目（个人类）3项。推行“专业＋外语”的国际组织后备人才培养模式，选拔优秀学生赴国际组织、外国驻华使领馆实地实习和国家级展会等开展实地实习。

服务发展。坚决扛起定点帮扶政治责任，形成党建引领带动，教育帮扶、产业帮扶、科技帮扶、消费帮扶、文化帮扶、健康帮扶全面开展，全体教职工广泛参与的帮扶工作大格局。获教育部定点帮扶专项计划博士和硕士指标各6个、教育部首批服务乡村振兴创新试验项目2项。合工大技师学院灵璧分院高质量发展和打造村学＋乡村教育振兴示范点2个。服务乡村振兴创新试验项目先后获评第七届和第八届教育部直属高校服务乡村振兴创新试验典型项目。学校连续三年在中央单位定点帮扶成效考核评价中获“好”的等级。持续推动对口支援北方民族大学、新疆农业大学、兰州工业学院、河池学院走深走实。

（姚　娴）

【安徽大学】 安徽大学是国家“双一流”和“211工程”建设首批入列高校，是安徽省人民政府与教育部共建高校、与国家国防科技工业局共建高校，是安徽省属重点综合性大学。1928年4月，学校创建于时为省会的安庆市，开启安徽现代高等教育之先河。1958年9月16日，毛泽东主席亲笔题写“安徽大学”校名。近百年来，累计培养近40万名优秀毕业生，是安徽省内毕业生人数最多、分布最广、影响最大的高校，被誉为省属高校的“排头兵、领头雁”。

师资队伍。2023年，有教职工3360余人，其中专任教师2437人，副高以上专业技术职务者1142人；全职引育国家级领军人才91人次；教育部新世纪优秀人才、安徽省“海外高层次人才”“学术和技术带头人”等地方领军人才

523人次。2023年，全职引进外籍院士2名，引育杰青、长江、万人等国家级人才9名。百里挑一引进海内外优秀博士、博士后203名。1个团队和54名教师入选省级重点人才工程项目。6名教师入选2023全球高被引科学家；60名教师入选全球前2%顶尖科学家。教师获全国高校混合式教学大赛特等奖1项（全国共10项）、一等奖2项。

人才培养。在校生规模45500余人，其中本科生31300余人、博硕士研究生14100余人。拥有本硕博完整的人才培养层次体系，32个学院，91个在招本科专业（其中49个为国家级一流本科专业建设点，总数并列全国地方高校赛道第2位），33个学术学位硕士授权一级学科和27个硕士专业学位授权类别，18个博士学位授权一级学科和1个博士专业学位授权类别；建有39门国家级一流课程、2个国家级和43个省级大学生校外实践教育基地，4个国家级和9个省级实验教学（实训）示范中心、5个省级虚拟仿真实验教学中心；建有全国首个省级高校网络思想政治工作中心，入选国家智能社会治理实验基地（特色教育基地）。

2023年，紧密对接十大新兴产业，增设功能材料等5个新专业。获批国家级一流本科课程25门，名列全国第34位。增设徽学自设二级学科博士学位授权点。获国家级教学成果奖2项，15种教材入选国家规划教材、省级重点教材，1项成果入选全省教育评价改革优秀案例。学生斩获“互联网+”“挑战杯”等国赛最高奖及学科竞赛国家奖610余项。1名毕业生获评全国高校毕业生基层就业卓越奖。

平台建设。建有强光磁集成实验设施、信息材料与智能感知实验室、合肥综合性国家科学中心集成电路先进材料与技术产教研融合研究院等世界一流研究平台、教育部工程研究中心等17个高端创新平台以及安徽省实验室等38个省级科研平台，设有教育部首批人文社科重点研究基地徽学研究中心、国家语言文字推广基地，入选全国首批“古文字与中华文明传承发展工程”协同攻关创新平台，创新发展研究院连续入选“高校智库百强”，安大科技园获批国家大学科技园（省属高校唯一）。

2023年，牵头建设安徽省铸牢中华民族共同体意识研究基地，全省唯一获批国家民委中华民族共同体研究基地。编辑出版学系再次入选国家级出版智库，为全省唯一入选机构。获批省重点实验室和工程研究中心4个。

学科建设。设有1个“世界一流建设学科”，2个国家级重点学科、25个省级重点学科，14个博士后科研流动站。材料科学、化学、工程学、计算机科学、数学、环境/生态学、物理、生物与生物化学、一般社会科学等9个学科进入ESI排名前1%（4个学科进入前3‰）。首次找到太阳色球纤维向暗条提供物质和磁通量的观测证据，为空间天气学研究和航空航天安全提供重要支撑。研发光电感测专用装备，在国家重大安全任务中发挥不可替代作用。多项核心技术应用在天问一号、高分五号、蛟龙号、海马号、辽宁舰、山东舰等国家重大工程的科技攻关。

2023年，获批国家社科基金项目39项，其中年度项目立项数居全国并列第28位、冷门绝学专项立项数居全国并列第8位。获批国家自然科学基金项目142项，其中重点项目、优青项目各1项。军工项目立项数和经费额实现“双翻倍”，牵头揭榜3项千万级合肥市科技重大专项。学校科研到账总经费4.80亿元，同比增长26%。“新光波导材料”研究成果在Science正刊发表。自主研发“量子计算用国产极低温稀释制冷机”，创造两项国内纪录，成功突破美国封锁禁运，摆脱被“卡脖子”的局面。首次亮相日内瓦国际发明展并获“特别嘉许金奖”（国内高校获得的唯一最高奖项）和“发明金奖”，相

安徽大学校园　（安徽大学/供）

关技术成果批量应用在新能源汽车芯片集成系统。开发系列激光材料加工高端装备，填补安徽“智造”相关领域空白。获安徽省重大科技成就奖1项，教育部人文社科一、二、三等奖3项，省科学技术奖14项，其中自然科学一等奖、科技进步一等奖各1项。学校自然指数排名跃升至内地高校第46位、全球学术机构第158位。

对外交流。学校是国家公布的华文教育基地和接收政府奖学金留学生的高校之一，与美、英、德、日等国家和地区的152所高校和科研机构建立交流合作关系。与美国纽约州立大学石溪分校共建安徽省首个本科层次中外合作办学机构“安徽大学纽约石溪学院”，由杨振宁院士担任名誉院长并亲题院名。与智利圣托马斯大学、乌克兰哈尔科夫大学、阿塞拜疆巴库大学、白俄罗斯布列斯特国立大学合作建立4所孔子学院，其中智利圣托马斯大学孔子学院先后获“全球先进孔子学院”“示范孔子学院”称号。与俄罗斯、法国等国家合作高校共建9个“中国中心”。

2023年，获批创新型人才国际合作培养项目2项、高端外国专家项目5项。选派师生赴国（境）外访学研修、交流学习949人次，德国前总统武尔夫等32个团组247人次来校访问。与法国5所高校共建中法工程师学院，首批选拔77名学生。与德国6所高校筹建中德学院，培养现场工程师和涉外法律经管物流人才。成立中德联合研发中心，与德国波鸿鲁尔大学共同开发高端装备。牵头成立中国安徽省与美国马里兰州高等教育联盟，首批加入“中国－白俄罗斯”大学联盟，在国内高校首个成立上合国家青年分社。启动首个逆向“2+2”联合培养项目，为阿塞拜疆中文教育培养优秀本土教师。协助白俄罗斯布列斯特国立大学建设中文专业，首批招收11名学生。全年招收来自76个国家的各类国际学生652人，同比增长17.90%，其中学历生占比达64.30%。2名外籍专家获黄山友谊奖。

城校融合。未来学院校区选址确定为肥西县紫云湖片区。安徽大学江淮学院获批转设为合肥理工学院。高新产教融合大厦主体结构封顶，绿色产业创新研究院建设在2023年安徽省新型研发机构考核中获优秀等级。集成电路先进材料与技术研究设施“三重一创”建设“一事一议”项目全面完成预定建设目标。专班推进安徽（合肥）创新法务区理论和实践研究，协同推动创新法务区建设开好局、起好步，助力打造全国一流法律服务高地。

（吴伟升）

【安徽农业大学】 安徽农业大学学校肇始于1928年创办的省立安徽大学，1946年更名为国立安徽大学，1949年更名为安徽大学。1954年学校被拆分为安徽师范学院和安徽农学院，安徽农学院由芜湖迁到合肥办学，1995年更名为安徽农业大学。学校是一所办学历史悠久、以农林生命学科为优势和特色的省政府与农业农村部、国家林业和草原局合作共建高校，是全国首批建设“新农村发展研究院”的十所高校之一，是安徽省“地方特色高水平”大学建设高校。

人才培养。学校设有17个学院（部），64个在招本科专业，其中国家级一流本科专业建设点17个，省级一流本科专业建设点17个，5个国家级特色专业、2个国家级专业综合改革试点专业。2023年，有2个国家级教学团队、4项国家级教学成果奖。有1个全国高校实践育人创新创业基地、1个国家级校外实践教育基地、1个国家级实验教学示范中心、3个国家级农科教合作人才培养基地、2项国家级卓越农林人才教育培养计划改革试点项目、4个国家级新农科研究与改革实践项目、1个国家级新工科研究与改革实践项目、2个国家级新文科研究与改革实践项目。有全日制普通在校生26716人（含国际生144名），其中硕士、博士研究生6068人。2023年，入选第二批国家级一流本科课程10门。立项主编农业农村部、国家林业和草原局规划教材29部。教师获教学创新大赛等国赛一等奖、二等奖各2项。招收首批基层农技推广人才定向培养生174人。录取硕士研究生2470人、博士生109人，新增博士生导师29人，遴选校外专硕导师1038人。新建研究生联合培养基地9个、科技小院100个。获批全国科技小院培训基地，获1

安徽农业大学校园　　（安农大/供）

项国家级研究生教学成果二等奖。研究生获批省级创新创业实践项目15项、省级学术创新项目10项，发表SCI论文280篇，授权专利110件。获A类学科竞赛奖项134项，“挑战杯”国赛主体赛中获奖项6项，红色专项国家一等奖1项。获中国国际大学生创新大赛银奖3项、全国高校“三创”赛实战赛道特等奖1项。毕业生考研录取率32.35%，去向落实率为92.5%，获省高校毕业生就业工作成效突出单位表彰。在省第15届运动会上斩获12金、9银、9铜。高等学历继续教育招生6657人。培养、培训乡土人才13000余名，获批教育部首批学习型社会建设重点任务1项。制定《安徽农业大学新农科建设本科教育行动方案》等教育教学文件5项。

师资队伍。2023年，有在职教职工2203人，其中专任教师1402人。博士生、硕士生导师1030人；双聘院士4人、国家级人才53人、省级人才228人次。有7个一级学科博士后科研流动站。2023年，首次聘任2名国家级人才为学术副校长，全职引进国家级人才团队4个、高层次人才63人，招聘博士后38人。获批“神农英才”国家级人才2人，省级人才30人。遴选“神农学者”8人，“攀登计划”9人，选派25人国内外访学，39名青年教师参加实践锻炼。新增2个一级学科博士后科研流动站，举办首届国际青年学者“青佰论坛”。开展师德师风专项治理、教师节庆祝、“最美系列”评选、师德典型人物表彰。出台《教职工过错行为责任追究暂行规定》，修订《引进高层次人才（团队）实施办法》。

学科建设。有ESI前1%学科6个、国家重点（培育）学科1个、省部级重点学科19个、安徽省高峰学科4个、安徽省高峰培育学科4个。现有8个一级学科博士学位授权点、18个一级学科硕士学位授权点、1个二级学科硕士学位授权点、11个硕士学位授权类别。2023年，工程学进入ESI全球前1%。园艺学等4个高峰学科绩效评价均获“好”或“较好”等次。积极推进5个一级学科博士学位授权点、2个专业学位博士授权类别申报工作，完成11个学位点（3个学博点、5个学硕点和3个专硕点）专项核验。

科技创新。成立发展战略咨询委员会，组建前沿研究院、粮食产业研究院、肉牛产业研究院、生物育种研究中心、中国合作经济研究院等平台，制定《关于服务支撑安徽省“秸秆变肉”暨肉牛振兴计划实施方案》。新增省部级平台6个。主持获国家重点研发项目5项（含联合企业申报2项），首次获批青年科学家项目，承担农业农村部“农业生物育种”重大项目课题5项，省部级科研项目186项。立项国家自然科学基金99项，国家社科基金2项，教育部人文社科项目6项。获批省“江淮文化名家”培育工程青年英才项目2项，实现国家社科基金优秀博士论文出版项目零的突破。获省科学技术奖14项，其中重大科技成就奖1项、一等奖2项。发表中科院一区论文280余篇，授权发明专利197项。选育动植物新品种15个，颁布国际标准1项。11篇咨政报告获省领导批示。获省社科联“三项课题”研究活动先进单位、全省社科知识普及工作先进单位，学报获首届安徽省科技期刊“十佳科技期刊奖”。

乡村振兴。学校始终坚持以强农兴农为己任，致力于科教兴农、科教兴皖事业。成立乡村振兴学院，与地方共建乡村振兴繁昌研究院、舒城茶产业振兴发展研究中心等特色站点9个。打造68个产业联盟优秀示范基地，构建青阳九华黄精、明光食用菌、和县蔬菜等20余个地方特色全产业链发展模式，牵头组建安徽省乡村建设高校联盟。定点帮扶工作考核评价获评“优秀”，连续五届入选教育部精准帮扶典型案例。转化科技成果46项。新增赋权科技成果11项。获批省部级主推技术7项，集成新品种、新技术、新模式40余项，累计示范面积约66.67万公顷。举办全国高校新农村发展研究院成立十周年发展论坛暨第四届乡村振兴典型案例交流会、安徽省第三届乡村振兴论坛。

开放办学。大力实施国际化办学战略，先后与30多个国家和地区的高校、科研院所建立稳定的合作关系。深化与中国农科院、中国林科院、国际竹藤中心以及中国科学院相关研究所等农林领域科技创新“国家队”以及南京农业大学、福建农林大学等兄弟高校交流合作。与省供销社、肥西县、舒城县和农垦集团等14家单位及地方政府签订战略合作协议，与普农集团联合申报获批农业农村部重点实验室。举办全国性学术会议13场，25名院士来校指导交流。新增3所海外友好院校、续签2所，与塔什干国立农业大学签署本科生联合培养项目，招收63名国际生、7名港台学生，选派89名学生出国（境）交流。获批2023年“感知中国”项目、港澳台学生国情教育项目，入选亚洲农业科教创新联盟成员单位。

（邱 艳）

【安徽医科大学】 安徽医科大学

2023 年 8 月 16 日，安徽医科大学第一附属医院（南区）落户肥西县
（安徽医科大学 / 供）

是安徽省办学历史最早的高等学校之一，是安徽省第一所高等医科院校、安徽省属重点大学，是教育部、国家卫生健康委和安徽省人民政府共建高校，是安徽省第一批地方特色高水平大学和第一批综合改革试点学校。学校前身是 1926 年始创于上海的东南医科大学，1949 年响应中共中央华东局“面向农村，走向内地”的号召，内迁安徽怀远。1952 年定址合肥，改名安徽医学院。1985 年更名安徽医科大学。学校 2019 年获批安徽省“三全育人”综合改革试点高校和全省党建工作示范高校，2022 年入选教育部高水平公共卫生学院建设高校名单。

师资力量。2023 年，学校有梅山路、翡翠路、东校区和新医科中心（在建）等 4 个校区。在职教职医护员工（含直属附院）1.62 万人，其中校本部教职工 1907 人。2023 年获批海外优青 1 人、省百人 1 人、青年百人 6 人、省特支 4 人，获批省高端人才引育行动杰出项目 2 人、特聘教授 1 人、教学名师 2 人、青年学者 6 人、青年教学名师 1 人。全年招录 128 人，引进高层次人才 65 人，其中三类人才 2 人、四类人才 42 人、五类人才 12 人、六类人才 8 人、普通博士 1 人。引进高层次人才中 50 人为外校毕业博士、15 人为本校毕业博士。全职引进优秀退役运动员 1 人。柔性引进特聘教授 9 人。

学科建设。拥有 20 个直属教学机构、5 所直属附属医院，另有安徽省公共卫生临床中心（安徽省传染病医院、第一附属医院北区）和 6 所共建附属医院、3 所非直属附属医院、3 所医学中心、3 所附属疾病预防控制中心，医联体合作单位 300 余家。5 个学科获批安徽省高等学校高峰学科。护理学、生物医学工程、心理与脑科学获批安徽省高峰培育学科立项建设。9 个学科进入 ESI 全球排名前 1%。获批 12 个国家级一流本科专业、11 门国家级一流本科课程、1 门教育部来华留学英语授课品牌课程、4 个国家级实验教学 / 临床教学培训示范中心、2 门国家级课程思政示范项目、1 个全国高校黄大年式教学团队，是全国科普教育基地、全国首批学校急救教育省域培训基地和全国高校综合性教育实践体验基地。学校先后通过教育部本科教育水平评估和审核性评估，口腔医学、临床医学、临床药学、护理学、药学等 5 个专业通过教育部专业认证，获得国家级教学成果二等奖 2 项。

人才培养。学校全日制在校生总规模为 2.68 万人，其中本科生 18415 人，硕士研究生 7311 人，博士研究生 740 人，留学生 307 人。2023 年度有 64 名本科国际学生、4 名硕士国际学生毕业。学校有 48 个本科专业。有博士学位授权一级学科 4 个，博士学位授权二级学科 45 个，硕士学位授权一级学科 13 个，硕士学位授权二级学科 79 个，临床医学博士专业学位授权类别 1 个，硕士专业学位授权类别 9 个。建有 4 个博士后科研流动站。

科学研究。有省部级科技平台 61 个，其中安徽省实验室 1 个，部委级科技平台 8 个（教育部重点实验室 3 个，国家卫生健康委重点实验室 1 个，教育部工程研究中心 1 个，教育部基础研究创新中心 1 个，教育部国际合作联合实验室 1 个，教育部、科技部科创新引智基地 1 个）、其他省级科技平台 52 个。国家自然科学基金立项数连续 4 年突破百项，2020 年以来累计获得资助 2.72 亿元，其中 2022 年该校获得国家杰出青年科学基金 1 项，实现“零”的突破；2023 年立项国家自然科学基金 163 项，获批资助直接经费 6991 万元。承担科技部科技创新 2030—“脑科学与类脑研究”重大项目和国家重点研发计划项目。获国家自然科学二等奖 1 项，国家科技进步二等奖 2 项，教育部高等学校科学研究优秀成果奖一等奖 1 项，中国青年科技奖 2 项，中华医学科技奖一等奖 4 项。

连续7年获得安徽省自然科学奖一等奖。

对外交流。2023年，派出86名教职医护员工出国境，接待5个境外团组来访。14名同学被国家建设高水平大学公派研究生项目。获批国家留学基金管理委员会2023年度促进与加拿大、澳大利亚、新西兰及拉美地区科研合作与高层次人才培养项目、2023年创新型人才国际合作培养项目、2024年创新型人才国际合作培养项目。与国家留学基金管理委员会签署2023年青年骨干教师出国研修项目协议，2名教师赴英国牛津大学、新加坡国立大学深造。与塞法可•马哈图医科大学、西开普大学、内罗毕大学等高校签署合作意向书，与亚洲“一带一路”文化合作促进会合作开展安徽医科大学境外办学暨共建安徽医科大学马来西亚科教中心的合作备忘录。与美国阿肯色州立大学合作举办的健康服务与管理专业中外合作办学项目运行顺利，2023级健康服务与管理（中外合作办学）专业报到注册46人。与美国阿肯色州立大学筹备申报非独立法人中外合作办学机构“安徽医科大学阿肯色学院”推进顺利，经教育厅与省委省政府审批，已上报教育部并完成现场答辩。

社会服务。深入推进校地、校院和校企广泛合作，积极服务地方经济社会发展。成为长三角医学教育联盟创始副主席单位。抢抓粤港澳大湾区新机遇，筹建安徽医科大学深圳研究院。加快融入合肥综合性国家科学中心，重点打造大健康研究院健康大数据与群体医学研究所等重大创新平台。采取“学院+中心”的产学研用一体化建设模式，积极推进新医科中心（新校区）项目建设，为推动我省医学教育创新、支撑大健康产业发展贡献重要力量。拥有临床学院50余所，实践教学基地90余所，分布于安徽省各地市及北京、上海、江苏、山东、浙江、广东、福建、新疆等省（市、自治区）。医联体合作单位300余家，构建起覆盖全省、辐射周边、贯穿“全生命周期”的安医系健康服务体系。国家心血管病区域医疗中心项目于2023年6月26日开工并按时间节点有序推进。整建制接收肥西县人民医院，挂牌一附院南区并顺利开诊。二附院科教与急救综合楼建设通过省发改委专家现场评审，呼吸与危重症医学科获批国家临床重点专科建设项目，附属阜阳医院4月5日正式评为“三级甲等综合医院”。在2023年发布的复旦版《2022年度中国医院排行榜》中，第一附属医院位居全国第73位，华东地区第17位，其中科研学术排名全国第38位，较去年上升7位。

2023年6月26日，国家心血管病区域医疗中心北京安贞医院安徽医院项目举行开工仪式　（市卫健委/供）

（张幸媛）

【安徽中医药大学】　安徽中医药大学创建于1959年，其前身为1952年创立的安徽省中医进修班（学校）。1959年，安徽省政府正式批准成立安徽中医学院。2011年，省政府批准在安徽中医学院的基础上组建成立安徽省中医药科学院。2013年，学校更名为安徽中医药大学。2014年，获批安徽省地方特色高水平大学建设单位。2023年，列入安徽省“双一流”创建重点高校。学校是国家中医临床研究基地、国家中医药国际合作基地，博士授权单位、硕士研究生推荐面试单位，建有少荃湖、梅山路、史河路、六安路四个校区。2023年，学校有17个二级学院，全日制学生近2万人。

师资力量。2023年学校持续深化人事制度改革，强化教师队伍建设，师资队伍数量、质量和结构得到进一步提高与优化。引进并聘任国家“万人计划”科技创新领军人才凌代舜担任学术副校长，全职引进万人计划青年拔尖人才杨小龙，柔性引进岐黄学者许能贵，青年岐黄学者刘玥。“中西医结合”一级学科博士后科研流动站成功获批。坚持引育结合，形成“外引+

内培”工作机制。2023年获国家级人才2人，其中全国高校黄大年式教师团队1人，国家“万人计划”教学名师1人。享受国务院特殊津贴1人，新增省级人才18人，其中安徽省第九批特支计划A类人才1人，江淮英才杰出人才1人，安徽省青年百人1人，安徽省学术和技术带头人2人，安徽省学术和技术带头人后备人选3人，高端人才引育行动项目9人，安徽省国医名师1人；获得安徽省“最美教师”1人。围绕人才培养管理、考核评估、奖惩激励等，先后出台十余项管理办法，为师资队伍发展提供有力的政策支撑和组织保障。

学科建设。2023年，新增临床医学学科进入ESI全球排名前1%，中药资源学（药用植物学）、中药化学、中医基础理论、中西医结合临床、中医老年病学、中医痹病学6个学科入选国家中医药管理局高水平中医药重点学科建设项目；在安徽省教育厅开展的高峰学科绩效评估工作中，中医学学科获得“好”等次评价，中药学学科获得“较好”等次评价。新增目录外自主设置二级学科中医康复学和中西医结合转化医学通过教育部公示，开始招收硕士研究生。新增国家中医药管理局中医优势专科5个，省级区域中医康复中心1个，省级临床重点专科2个，省级中医优势专科3个，安徽省重点专科2个。

人才培养。学校坚持立德树人根本任务，强化人才培养核心地位，在全国中医药院校和省属高校中第一批次率先完成本科教育教学审核评估。2023年，获批医学检验技术、医疗保险、人工智能、医学影像技术4个新专业，进一步提升服务安徽省产业创新发展能力；新增第二批国家一流本科课程6门，省级质量工程项目121项，持续深化教育教学改革；组建“华佗菁英”班，与江苏康缘药业股份有限公司签订协议共建康缘现代产业学院，探索医教、产教、科教协同育人新模式；召开第十三次实践教学工作会议，认定实践教学基地194个，推动实践教学改革与创新；获国家级A类赛事一等奖2项，连续三年在全国医药类本科院校大学生竞赛榜单（TOP20）中位列中医药院校前列；建成19间智慧教室、2间虚拟仿真实验室，改建119间标准化考场，以数字化资源建设赋能高等教育现代化发展。2023年，该校录取博士研究生86人，硕士研究生1139人，在读全日制研究生达3464人。学校以中医学、中药学、中西医结合学科等主干学科为引领，大力推进人工智能、中医康复、国际中文教育等相关交叉学科建设，完善多学科交叉的人才培养模式。加大与合肥综合性国家科学中心大健康研究院合作，实施双导师制，努力培养高水平中医药拔尖创新人才，为安徽大健康产业发展提供有力人才支撑。

2023年9月10日，安徽中医药大学、合肥新站高新区、江苏康缘药业股份有限公司举行三方合作签约仪式 （安徽中医药大学/供）

科研成果。全校发表三高论文360篇，出版学术著作15部。获批国家专利48件，其中发明专利33件（含2件国际发明专利），实用新型专利15件。获省级以上科技奖励5项，其中“贺氏针灸器械学术流派挖掘整理及传承传播”项目获得中国民族医药协会科学技术奖一等奖，“艾灸作用的热光烟效应及其生物学基础”项目获得四川省科学技术进步一等奖。

学术交流。依托“新安论坛”为代表的特色学术品牌，邀请国内外知名专家来校作学术报告，举办各类学术讲座52场，其中自然科学类讲座43场，人文社科类讲座9场。先后主办或承办首届国际网络药理学大会暨2023世界中医药学会联合会网络药理学专业委员会高峰论坛、2023年中医药高质量发展少荃湖论坛、全国中医药院校“红色杏林大思政课”建设研讨会等国内外具有影响力的学术会议。积极参与安徽省科协组织的各项活动，开展科技活动周等特色活动，依托成功获批的3个合肥市科普教育基地，面向社会大众组织多场科普教育活动，获全国科普工作联席会议办公室和科技部科技人才与科学普及司联合颁发的荣誉证书。深化对外交流与合作，2023 年出访英国、希腊、德国、巴基斯坦等 17 个国家和地区，并接待希腊阿提卡大区主席、巴基斯坦巴哈瓦尔布尔伊斯兰大学、德国施特拉松德孔子学院、澳大利亚中华针灸研究院、美国生命大学、澳大利亚西悉尼大学等 19 批次境外来访交流。

（刘　敏）

【合肥大学】　合肥大学是一所在“改革中诞生、开放中成长、创新中发展”的省市共建、以市为主的全日制、公办本科院校。其前身是创办于 1980 年的合肥联合大学，建校伊始提出“适当收费、不包分配、按社会需求设置专业、后勤社会化”的办学模式，学校被誉为中国高等教育改革的“小岗村”。1985 年，安徽省人民政府和德国下萨克森州政府签署按照“德国应用科学大学办学模式，共建一所示范性应用型本科院校”的协议，学校（原合肥联合大学）成为中德共建的示范性应用型高校。2002 年 3 月，经教育部批准，原合肥联合大学和合肥教育学院、合肥师范学校合并组建合肥学院。2018 年，学校整体进入安徽省第一批次招生，获批硕士学位授予单位。2023 年 11 月 30 日，教育部正式批复同意合肥学院更名为合肥大学。

学校坐落于合肥经济技术开发区，为一个校区办学，占地面积 105.70 万平方米，校舍建筑面积 69.09 万平方米，全日制在校生 15184 人。教职工 1155 人，其中专任教师 1043 人，专任教师中博士占比 38.50%、高级职称占比 44.50%。外籍教师中获得中国政府“友谊奖”5 人、获得安徽省政府“黄山友谊奖”13 人。在招本科专业 58 个，涵盖 7 大学科门类。其中国家级特色专业 5 个，国家级“卓越工程师教育培养计划”专业 4 个，国家本科专业综合改革试点专业 1 个，国家级一流本科专业建设点 10 个。获批硕士学位授权点 13 个、省部级以上重点学科 3 个，是省级重点立项建设博士学位授予单位。

学校始终秉承“厚德、博学、善思、致用”校训，立足“地方性、应用型、国际化”办学定位，坚持走高水平应用型特色发展之路。2014 年和 2018 年连续两届获得国家级教学成果奖一等奖，2018 年和 2019 年连续两次获得国家科技进步二等奖。2015 年，时任中德两国总理共同视察学校，宣布在学校设立“中德教育合作示范基地及基金”。教育部《中国新建本科院校质量报告》将合肥学院经验总结为“安徽现象、合肥模式”，在全国推广，先后有 600 余批次高校来校调研，被誉为“全国应用型高校第一方阵的排头兵”。学校是第二批“全国党建工作样板支部”培育创建单位、安徽省高校网络思想政治工作中心首批试点建设高校、安徽省第三批“三全育人”综合改革试点立项单位、教育部“一站式”学生社区综合管理模式建设自主试点高校。先后获得“全国五一劳动奖状”“第一届安徽省文明校园”“首批安徽省绿色学校”“安徽省脱贫攻坚先进集体”等荣誉。

教育教学。以大众学院等现代产业学院建设为重点，深化应用型人才培养改革和产学研合作。软件工程、机械设计制造及其自动化 2 个专业通过国家工程教育专业认证，顺利加入长三角新文科教育专业认证联盟。撤销专业 5 个，获批第二批国家级一流本科课程 4 门。作为全国创新创业典型经验高校、首批国家级创新创业教育实践基地建设单位，创新创业获省级以上奖项 599 项，其中国家级 118 项。获得第八届黄炎培职业教育奖“优秀学校奖”。“三业一体”人才培养模式改革在全省全面推广，并成功入选安徽省年度教育评价改革优秀案例。

招生就业。文理科分数线分别高过省内一本线 19 分、28 分，再创新高。成功入选西部计划志愿者 12 人，考取选调生 16 人，位居省内高校前列。毕业生入伍 44 人，全省高校征兵工作绩效考评中再获“优秀”等次。初次就业率 91.87%，去向落实率、留肥留皖率等指标均位居全省前列，连续两年获评安徽省高校毕业生就业工作成效突出单位。

人才建设。引进各类高层次人才 71 人，创近年新高。获批省级以上人才项目 6 人。制定教师能力发展工作实施办法，累计能力素质培训 70 场次 4905 人次，参加线上研修、进修等项目 1592 人次，参加挂职、访学深造 21 人。加强师德师风建设，积极选树典型，营造尊师重教良好氛围，1 人获全国无偿献血奉献奖终身荣誉奖。

研究生教育。获批成为省重点立项建设博士学位授予单位。研究生录取 477 人，同比增长 15.2%，生源质量稳步提升。研究生在校生达 1231 人，占比超过 8%。市财政研究生生均拨款提高到 24000 元，获追加经费 1200 万元。持续探索“双元制”研究生教育，有导师 1134 人，校内外导师占比接近 1:1。

科研创新。积极开展南艳湖大

2023 年 9 月 20 日，德国前总统、全球中小企业联盟全球主席克里斯蒂安·武尔夫第六次到访合肥大学（合肥大学/供）

讲堂等高水平学术交流。获批安徽省重点实验室 1 个，入选年度全球前 2%顶尖科学家榜单 2 人。年度科研与服务地方经费达 1.48 亿元。获批纵向科研项目 166 项，新签横向项目合同 315 项，授权各类专利 127 项，连续 9 年进入安徽省发明专利百强榜。助力乡村振兴工作，连续 6 年在省直定点帮扶成效考核中获“好”等次。

国际化办学。举办第十六届中德应用型高等教育、第三届长三角双元制教育国际合作、“中国经济史研究的传承与创新”等国际学术研讨会，影响力不断彰显。服务国家开放大局和地方经济社会发展，承接世界制造业大会等外事服务活动。主动出访德国等国友好合作高校，深化与德国高校国际合作联合会合作，信息与计算科学专业中外合作办学项目成功获批，国际合作从人才培养进一步扩展到科研合作。

（张伟颀）

【合肥职业技术学院】 合肥职业技术学院（原巢湖职业技术学院）成立于 2002 年，由原安徽省巢湖卫生学校、安徽省巢湖农业学校（安徽省土地管理学校）、安徽省巢湖财政学校三所省重点中专学校合并升格而成，是安徽省成立较早的高职院校之一。2007 年、2008 年安徽省汽车运输高级技工学校、安徽广播电视大学巢湖分校先后并入。2012 年 4 月，因安徽省行政区划调整更名为合肥职业技术学院，是合肥市唯一的市属综合性高职院校。学校列入安徽省“十四五”高等学校设置规划（专科层次职业学校升格本科层次职业学校），是安徽省“双高计划”学校建设单位。

学校是安徽省首批 16 所地方技能型高水平大学建设单位、国家优质专科高等职业院校、第三届中国质量奖提名奖获奖单位、教育部首批职业院校校长培训基地、教育部第三批现代学徒制试点建设院校、安徽省“校企合作示范基地”“省级创业学院”。学校现占地面积 81.35 公顷，总建筑面积约 56.26 万平方米，总投资超 32 亿元。

师资队伍。2023 年，有教职工 748 名，其中专任教师 620 人，教授（正高）58 人，副高以上职称教师 209 人，“双师型”教师 313 人。拥有纸质图书 114 余万册，电子图书 100 万册，纸质中外文期刊 680 余种，电子期刊 15000 余种。有校内实验实训室 226 个，校外实习实训基地 202 个。

招生工作。2021—2024 年连续 3 年分类招生报考人数位居全省 75 所高职院校的前 3 位，高考录取投档线排名逐年提升，本科线上录取实现从无到有、从二本线到一本线录取的突破，2023 年该校首次录取安徽省高考一本线上考生（理科 495 分 1 人），本科线上录取人数创新高；招生省份从 7 个省份提高到 12 个省份，招生影响稳步攀升。

本科生培养。学校以三年制高等职业教育为主，与合肥师范学院、安徽工业大学开展联合培养本科生工作，同时开展国家开放大学教育。有 11 个二级学院 46 个招生专业。专业设置围绕“产业—专业—就业”主线，紧扣合肥市“芯屏汽合”“急终生智”产业布局，形成涵盖机电、信息、医药卫生、经贸旅游、轨道交通、艺术、设计、生物、建筑、汽车等专业门类，专业布局与地方产业高度稳合。截至 2023 年底，学校有全日制在校生 16000 余人，非全日制学历教育在校生 7000 余人。毕业生年均就业率在 96% 以上，合肥区域就业率达到 60%。学校就业工作连续 4 年受到安徽省教育厅、人社厅、财政厅联合表彰。

平台建设。学校形成“一校两区一园”（新站汇心湖校区、巢湖鼓山校区、金寨路双创园）的办学格局。汇心湖校区主要围绕合肥市支柱产业、战略新兴产业打造专业群，建设涵盖机电、信息、经贸旅游、轨道交通、艺术、设计等 6 大专业群，打造一批在全国有较大影响的特色品牌专业。巢湖鼓山校区结合巢湖市区域发展定位，以发展学校传统优势专业为目标，保留医学、生物、建筑、汽车等专业，进一步拓展相关专业领域。金寨路双创园以服务大学生创新创业为目标，争创国家级科技企业孵化器和国家级双创示范基地。

产教融合。学校坚持走产教融合、校企合作的发展道路，2023 年，作为牵头高校成功立项建设国家级"合肥（新站）高新技术产教联合体"项目，与科大讯飞、浙江大学共同牵头组建省级讯飞星火（认知大模型）数字生态产教融合共同体。聚焦合肥市主导产业和安徽省十大新兴产业，立项建设合肥民政学院、新能源汽车产业学院、智能制造产业学院等 3 个特色产业学院和安徽三建建工产业学院等 4 个产业学院培育项目。4 月，芜湖英特菲尔生物制品产业研究院有限公司在安徽省新型研发机构基础上，结合该"校企共建生物工程联合实验室"平台基础，联合安徽医科大学共同申报合成生物蛋白安徽省联合共建重点实验室。7 月，公司与学院联合申报的 2023 年安徽省重点研究与开发计划项目获得批复。

创新教学。2023 年有 16 名教师利用课余时间到医院进行临床实践，提高专业教师实践能力。对附属医院教师，通过"请进来"形式，进行教学能力培训。2022 年度、2023 年度安排附属安徽省庐江县人民医院二批次 6 名中级以上职称的中青年医师来该校进行为期 1～2 个月的教学能力培训。

（黄　飞）

【合肥幼儿师范高等专科学校】 合肥幼儿师范高等专科学校始建于 1980 年 11 月 15 日，前身为合肥幼儿师范学校，1992 年获省教育厅批准成为"安徽省幼儿师资培训中心"，2011 年获教育部批准升格成为安徽省第一所独立设置的幼儿师范高等专科学校。学林路校区，占地 28.47 公顷；梅冲湖新校区占地 28.33 公顷，2024 年 7 月投入使用。2023 年，有全日制在校生 7000 余名。学校先后获国家级教学成果二等奖 2 次、首届全国优秀教材一等奖、入选首批国家级职业教育教师教学创新团队，获批国家语言文字推广基地，获评教育部国家通用语言文字推广普及先进集体，获批立项全国党建工作样板支部，获批立项建设安徽省首批"双高校"、安徽省首批"三教"改革示范校、安徽省首批"大思政课"实践教学基地项目、安徽省"具有较高国际化水平的职业学校"，获批"安徽省科普教育基地"、省级职业教育"双师型"教师培训基地，被授予"全球中文学习平台应用示范校"。牵头组建长三角高职院校学前教育联盟，获安徽省文明单位，安徽省文明校园，安徽省校企合作示范校、线上教学示范校、课程思政建设先行校、"双基"建设示范高校等荣誉。

2023 年 10 月 10 日，合肥职业技术学院志愿者服务第十四届中国（合肥）国际园林博览会出征仪式举行

（合肥职业技术学院／供）

师资队伍。2023 年，有教职工 402 人，其中专任教师博士学位占比 7%，研究生学位占比为 82.3%，正高级占比 9%。拥有国家级创新团队 1 个，省级教学团队 18 个，省级教学名师 17 人，省级优秀教师 4 人，省级模范教师 1 人。学校实现二级教授"零"的突破，首次晋升三级教授，三级教授占比 26%。引进高层次人才 7 人，新增教授 2 人、博士 3 人，柔性引进企业（行业）一线高层次人才取得新突破，首次聘用产业教授 5 名。1 人入选教育部职教名师培养对象，1 人获评安徽"最美教师"称号，申报省级教坛新秀 3 人，1 人被遴选为省督学。

人才培养。学校开设 19 个专业，其中，学前教育、特殊教育、美术教育 3 个专业为国家级骨干专业，早期教育、艺术教育等 4 个专业为省级特色专业。与安徽师范大学联合培养本科生，招有学前教育、英语、美术学 3 个专业的本科生。2023 年获省级以上职业院校技能大赛奖项 341 个，获长三角师范生技能竞赛一、二等奖各 1 项，在全国田径比赛获奖 2 项、省运动会获奖 9 项，实现在全国田径比赛和省运会田径比赛获奖"零"的突破。

科学研究。全年开展"鹤琴讲坛"12 场；立项国家语委省部级重点项目 1 项、教育部人文社科高校辅导员专项课题 1 项、省市级各类科研项目 19 项。获批国家级教学成果二等奖 1 项、"十四五"职业教育国家规划教材 5 本、安徽省首批"十四五"高等职业教育规划教材 6 本。立项建设 2 个国家级教

合肥幼儿高等师范专科学校梅冲湖校区 （合肥幼儿高等师范专科学校/供）

学资源库，1个示范性虚拟仿真实训基地纳入教育部监测，立项建设安徽省职业教育一流核心课程1项、优质教材1本、校企合作典型生产实践项目1项、具有国际影响力的职业教育资源1个。认定安徽省首批职业教育在线专业精品课程1门、课程思政典型案例1个、教学创新典型案例1个。

平台建设。加入长三角学前教育发展联盟，是省内唯一一所加入联盟的高职高专院校副理事长单位。成为长三角托幼一体化产教联盟、全国婴幼儿照护服务产教融合共同体等6个联盟单位或共同体的副理事长单位。牵头召开长三角高职院校学前教育联盟理事长单位会议，首次选派4名干部联盟内挂职交流。在全国首届幼儿师范院校办学定位与发展书记校长座谈会上作专题报告。

对外交流。加入安徽—马里兰高等教育联盟。选派4名教师赴葡萄牙承担国侨办“中华文化大乐园”授课任务，2名青年教师代表合肥赴德国参加国际青年会议，3名教师赴德国参加教育部国家“工匠之师”创新团队境外培训，1名教师随团赴美国参加安徽—马里兰高校国际合作交流研讨会。外籍教师获首届“外国人讲安徽故事大赛”第二名。招收巴基斯坦语言留学生。成功举办“皖台青年志愿者交流营”活动，省对台交流基地考核获优秀等次。音乐教育、英语教育和学前教育3个中外合作办学项目顺利通过安徽省教育厅中外合作办学评估；2名学生获2023年中国—东盟职业院校婴幼儿照护服务技能竞赛二等奖；7名毕业生赴新加坡PCF幼儿园就业，服务“一带一路”国家幼儿教育事业发展。

社会服务。继续教育工作亮点频出，全年培训学员3.9万人，1个案例入选“国培计划”教育部优秀典型工作案例。幼儿师范教育中心新增7所公办幼儿园，办园数达41所，辐射合肥市6区3县。完成省直机关203个孩子为期6周的暑期托管工作，受到省直机关工委来函感谢。与新站高新区管委会签署战略合作框架协议，围绕附属小学和幼儿园集团化办学、男幼儿教师培养、托幼养老一体化等项目开展合作。参与教育部学前儿童普通话能力监测方案研讨，完成教育部对口支援广西和内蒙古中小学、幼儿园师资语言培训项目3个。

（孔德洁）

【合肥开放大学】 合肥开放大学是由合肥市人民政府举办的开展学历教育、非学历继续教育和服务全民终身学习的新型高等学校。学校前身是1979年创建的合肥广播电视大学，1993年7月与合肥职工科技大学合并，2022年7月经合肥市人民政府批复同意，更名为合肥开放大学。2023年，形成学历继续教育、社区教育、老年教育、家庭教育、少儿培训、党员干部培训、岗位技术培训及各类社会培训多元办学格局。

2023年，学校获“国家开放大学残疾人教育学院优秀学习中心”，残疾人高等学历继续教育入选2023年度合肥“十大教育新闻”；第8次获“国家数字化学习资源中心优秀分中心”；获安徽开放大学办学体系“先进办学单位”“招生先进集体”；安徽师范大学高等学历继续教育校外教学点考核评估优秀单位，安师大、安财大高等学历继续教育优秀校外教学点；在国家开放大学和安徽开放大学举办的教育类专业课程思政优秀教学设计方案征集活动、安徽开放大学工科数字化学习交互式课件大赛中荣获“优秀组织奖”。

学历教育。坚持规范招生，全方位、多渠道、多形式开展招生宣传和服务。截至2023年底，学校学历教育在籍生24680人，全年学历教育招生7421人，2023年度校本部开放教育招生在全省20所市级开放大学校本部招生中位居第一。高等教育自学考试助学及格率99.30%。开展教师教学基本功大赛，获批安徽省高校重点研究项目1个；2人在安徽开大举办的第二课堂课程思政参赛案例活动中获一、三等奖。

办学渠道。在包河区成立区级残疾人教育实践教学基地，招收学员 44 人，在全国残疾人学员中占比 12%。合肥开放大学“春雨学堂”在安徽省未成年犯管教所（庐州女子监狱）挂牌，开设义务教育辅修和中专教育分层教学，首批招收学员 45 人，变“刑期”为“学期”。合肥开放大学安徽省公路工程技工学校学习中心获教育部批准备案，在公路系统中招生 874 人。学校主动服务“技能强省”战略，深化复合型技术技能人才培养模式改革，与技工学校开展“技能 + 学历”复合型技能人才培养项目，覆盖 5 所学校 490 人，培养既有扎实专业知识、又有熟练实操能力、能够在生产一线解决复杂技术和工艺难题的高级技能人才，毕业同时获取“双高”证书（高级技能证书 + 高等学历教育毕业证书）实现“技能 + 学历”的双向融合。依托安徽工匠学院学历提升项目招收新能源汽车产业工人 25 人。与民政系统合作培养社会工作专业人才，建立实习实训基地 14 个。完善开放教育办学体系，肥东开放大学、肥西开放大学、庐江开放大学获批更名成立。

人才培训。“专业技术人员继续教育网络培训服务平台”建成 10 大类、92 个方向、1072 门专业课、71 门转岗课，与省内省外多家单位开展合作，全年累计培训专技人数线上近 13 万人次、线下 1000 余人次。获批“互联网营销师”职业技能等级认定机构；完成“网络安全技术人才、新时代乡村环境保护人才和农村电商人才”3 期省级高级研修班项目。

老年教育。合肥老年开放大学开设 21 个专业，90 个班级，招收学员 2212 人次，推进老年教育智慧教学，选派健康、营养、急救专家开展“老有所学”暖民心行动远程教学 38 次，每次约 150 个远程学习点参与，学习人次突破 2 万。与市教育局、市科协联合开展“老有所学”暑期科普下乡工作。开展义诊、研学游、钢琴音乐会、教学成果展演等活动，建立老年学员阅览室，营造浓厚学习氛围。

社区教育。成功组织第七届“能者为师——寻找社区好教师”老有所学行动专场，举办社区教育培训班，举办合肥市社区教育暨“老有所学”工作会和行动研修班。建强社区教育四级网络，在合肥电视台推出“尚学合肥”栏目 12 期，与《合肥晚报》合作推出《终身教育专刊》24 期。“艺韵秋声　幸福社区—合肥市社区教育成果展演”获全国、全省新时代终身学习品牌项目。深入各县区开展家庭教育线下讲座，录制 36 节线上微课。举办家庭教育工作交流会，承办联合国教科文组织“城市社区学习中心（CLC）能力建设项目”家庭教育子项目。学校在全国家庭教育工作交流会上作经验交流。

数字化建设。学校资源建设提质扩容，有数字化学习资源总量达 80T，其中本地资源 18T，共享国家数字化学习中心课程资源 62T，共享国家开放大学数字图书资源超过 20T。合肥终身学习网微信公众号发布信息 1216 篇，向广大市民免费提供容量 78T、共享国家数字化资源中心 11 万个视频学习资源。合肥终身学习网实名注册用户新增 5.30 万多人，总用户数 117 万多人。搭建云上课堂，以“中心教室 +N 所远程学习点”模式开展教学活动，助力合肥市“老有所学”暖民心行动。

（李　姝）

2023 年 11 月，合肥开放大学主办合肥市“艺韵秋声 幸福社区”老年教育成果展演决赛，该品牌获全国终身学习品牌项目　　（合肥开放大学 / 供）

【安徽新华学院】　安徽新华学院位于合肥综合性国家科学中心的核心区，校园紧邻大蜀山，是拥有学士学位授予权的省属普通本科高校。学校于 2000 年创办，2005 年经教育部批准升格为普通本科高校，2013 年通过教育部本科教学工作合格评估，2015 年获批安徽省地方应用型高水平大学建设单位，2019 年获批安徽省硕士学位授予立项建设单位。2023 年顺利完成教育部新一轮本科教育教学审核评估，并获专家一致好评。

安徽新华学院鸟瞰　　（安徽新华学院/供）

学校坚守“新华教育、兴国为民”的办学使命，落实立德树人根本任务，为国家培养10万余名高素质应用型人才。学校先后获评“全国教育系统先进集体”“全国就业工作典型经验高校五十强”“全国十佳民办高校”“安徽省大学生思想政治教育工作先进集体”“安徽省‘三全育人’综合改革试点单位”“安徽省大学生创新创业教育示范高校”“安徽省普通高校就业工作先进集体、标兵单位、成效突出单位”“安徽省首批创业学院”等。

学校坚持“教育为民、育人为本、服务社会”办学宗旨，坚持地方性、应用型、开放式办学定位，遵循“需求导向、产教 融合、错位争先、特色发展”办学思路，实施“专家治校、人才兴校、质量立校、特色强校”治校方略，不断深化教育教学改革，形成了以工、管为主，经、教、文、医（药）艺等多学科协调发展的学科专业体系。学校占地面积100余公顷，建筑面积52.30万平方米。教学科研仪器设备总值1.59亿元，图书馆馆藏文献总量300余万册。

学科建设。2023年，学校有61个本科专业，设有10个二级学院和2个教学（院）部，各类在校生2.4万余人，教职工1500余人。拥有国家级一流本科专业建设点4个，省级10个。国家级一流本科课程1门，省级80门。获省级教学成果特等奖1项，一等奖3项，二等奖18项。2023年，学生获得学科竞赛奖项2580项，同比增长29.70%。其中，A类赛事奖项同比增长152.20%，国家级奖项同比增长49.50%；教师获得省级及以上教学竞赛获奖57项，同比增长39%。获批省硕士点重点立项建设单位；实施“博士化”工程，187名教师在国内外攻读博士学位。《数字电路》课程获评国家级一流本科课程；4个国一流、10个省一流专业建设点顺利通过中期检查。

平台建设。学校拥有国家级大学生校外实践教学基地1个。有安徽省高校重点实验室和人文社科重点研究基地各1个，省级卓越工程师教育培养计划和人才培养模式创新实验区30个，省级示范实验实训中心和实践教学基地22个。近3年先后与300多家知名企业、10余家科研院所建立稳定的合作关系，245个实践教学基地，立项建设3个省级现代产业学院、1个未来技术学院、1个特色示范软件学院。

社会服务。承接“合肥市安全生产考试点”“双千培养工程”等政府购买服务项目；睿海无人艇和智能嵌入式技术亮相第三届中国高校科技成果交易会，与多所高校、企业达成合作意向并获得好评。

交流合作。成功举办国内学术会议和国际学术论坛，国内国际影响力有效提升；招收“一带一路”沿线国家77名留学生来校学习；获批国家留学基金委“中外大学联合培养双学位项目”，成为安徽省唯一获批高校。

（郑　宏）

责任编辑：崔建军

文化　旅游　传媒

文化事业

【概况】　2023年，合肥市文化和旅游局（以下简称“市文旅局”）推进文艺精品创作，提高公共文化服务水平，提升城市文化内涵和城市形象。庐剧《秦雪梅·游园观画》等5部艺术作品分别入选全国地方戏精粹展演、全国舞蹈展演、“小荷风采”全国少儿舞蹈展演，3部作品被国家广电总局通报表彰，10部作品获省“五个一工程”奖（即1部好的戏剧作品，1部好的电视剧作品，1部好的电影作品，1部好的图书，1部好的理论文章），首次实现“大满贯”，1家院团入选全省民营艺术院团“十大名团”，2人分别入选“十佳团长”和“十大名角”，各获奖数量、含金量创历史新高。

【文旅公共服务】　2023年，合肥市博物馆项目开工建设，市中心图书馆项目优化设计方案、展陈运营方案，骆岗音乐厅、滨湖图书馆项目有序推进，全市新增100个艺术空间、100个全民阅读点，城市阅读空间累计接待读者946.90万人（次），外借图书206.60万册（次），举办各类活动16341场。市文旅局开展送戏+旅游融合探索，全年送戏进“三区一体”（即景区、街区、文化园区、城市综合体）178场，长丰县被确定为全省“送戏进万村”活动促进文旅融合发展试点，在长丰县马郢村举办“大地欢歌·美好安徽”全国秋季“村晚”示范展示活动，线上线下观看人数超百万人（次），产品成交金额突破160万元。

【文艺精品创作】　2023年，合肥市原创舞剧《立夏》进京展演，庐剧《等不到今生等来世》获省“五个一”工程优秀作品奖，庐剧《逐梦》入选省委宣传部重点文艺项目，庐剧《秦雪梅·游园观画》入选全国地方戏精粹展演，舞蹈《延乔兄弟》入围中国舞蹈“荷花奖”当代舞终评，舞蹈《大湾春歌》入围中国舞蹈“荷花奖”民族民间舞终评，广场舞《春风俏》获全国优秀广场舞作品，为安徽省唯一获奖作品。合肥雨中语文化传媒有限公司入选全省民营艺术院团“十大名团”，2人分别入选“十佳团长”和“十大名角”。市文旅局举办全国包公题材优秀剧目展演、包公折子戏演出，动画片《包公的故事》获评国家广电总局2023年第一季度优秀国产电视动画片。开展“文化和自然遗产日”、非遗技艺大赛等系列主题体验活动，非遗传承晚会首次全景式展示合肥地区非物质文化遗产。

【合肥市8家图书馆获评等级】2023年，在国家文化和旅游部组织的第七次全国县级以上公共图书馆评估定级工作中，合肥市8家公共图书馆全部评定等级。市图书馆、市少年儿童图书馆、包河区图书馆、肥东县图书馆、长丰县图书馆、巢湖市图书馆等6家公共图书馆被评为一级图书馆，其中市少年儿童图书馆、包河区图书馆、巢湖市图书馆为新增的一级图书馆；肥西县图

《延乔兄弟》剧照　（市文旅局／供）

书馆、庐江县图书馆等2家公共图书馆被评为二级图书馆。合肥市图书馆连续第5次获评地市级国家一级图书馆。该次评估定级对象为全国省级、地市级（含副省级）、县级公共图书馆和县级以上少年儿童图书馆，按照服务效能、业务能力、保障条件三大指标分别制定评估标准细则及评估打分细则，确定一、二、三级图书馆的入选条件。

（李娅娅）

文旅产业

【概况】 2023年，合肥市实施产业带动战略，激发文旅消费潜力，扩大文旅产品供给，文旅工作获省政府督查激励。5家单位入选长江主题国家级旅游线路和《长江国际黄金旅游带精品线路路书》，3个案例入选首批长三角人文经济典型案例，2个项目入选年度长三角文化及相关产业重大项目，2家单位入选长三角精品自驾游线路、精品露营地。培育1家全国乙级民宿、5家丙级民宿，9家民宿创意设计在全省获奖，获得奖项为全省最多。淮河路步行街入选“中国美食旅游十街”。央视财经频道《消费主张》对合肥夜经济进行报道。全年兑现文旅产业政策资金1075.14万元，全市新增文旅产业落地项目375个，金额580.03亿元。全年接待国内旅游人数1.39亿人（次），旅游收入1866.68亿元，同比分别增长69.80%、85.60%。骆岗公园成为合肥文旅新地标，上榜国庆假期热门景区前20位，国庆当天居前10位，累计接待服务游客683.30万人（次）。

【文旅示范创建】 2023年，市文旅局编制《都市科创文化休闲旅游圈规划》，制定《全市推动旅游业高质量发展实施意见》，起草《促进科创科普游高质量发展行动方案》，包河区、庐阳区入选2023中国市辖区旅游综合竞争力百强区，包河区获评长三角高铁小城，安徽博物院、渡江战役纪念馆、庐江县汤池镇百花村、淮河路步行街、罍街5家单位入选长江主题国家级旅游线路和《长江国际黄金旅游带精品线路路书》，三河古镇文旅创新融合发展案例、“走读老城”—庐阳区老城文商旅融合创意提升项目、合柴1972文创园入选首批长三角人文经济典型案例，沈福村文化创意特色小镇、安徽数字文化科技产业园2个项目入选年度长三角文化及相关产业重大项目。

【包河创意文化产业园获评国家级文化产业示范园区】 2023年3月28日，包河创意文化产业园获评国家级文化产业示范园区，为安徽省第2家入选的文化产业园区。该园区为以数字文化内容生产为主，创意设计和广播影视网络视听为辅的文化产业功能区。聚焦广播影视、数字多媒体、创意设计3大产业集群，推进广电设备研发生产、影视作品生产、数字内容生产、文化信息传播、创意设计服务、创意休闲娱乐6大主导产业，拥有全国文化企业30强1家、国家级文化产业示范基地3家、省级文化产业示范基地7家、省级重点扶持文化产业基地2家。

【庐南川藏线入选长三角精品自驾游线路名单】 2023年10月21日，庐南川藏线入选长三角精品自驾游线路名单。庐南川藏线位于庐江县境内，全长120千米，九曲十八景，沿途串联矾山镇、龙桥镇、泥河镇、罗河镇等庐南4镇14村风光，其龙桥段沿线坐落着国家千年古村落黄屯老街，汇集祖师洞、三叠泉、万顷竹海等自然美景，拥有黄屯大饼、黄屯牛蹄等特色美食及黄屯龙灯、竹编、竹雕等非遗传承。

【半岛花溪·花式躺营露营地入选长三角精品露营地名单】 2023年10月21日，庐半岛花溪·花式躺营露营地入选长三角精品露营地名单。该营地位于巢湖市黄麓镇，毗邻巢湖芦溪湿地最佳打卡点，是合肥市首批十佳露营地、2023安徽值得推荐自驾露营目的地。营地配备运动草坪12000平方米，醉蝶花海1.67公顷及超大儿童乐园，适宜举行帐篷露营节、露营音乐节、品牌发布会、趣味运动会、星空电影院、飞盘运动等活动。

（李娅娅）

文旅市场管理

【概况】 2023年，市文旅局强化大型营业性演出专班运作，开展普法宣传、警示约谈、风险评估，落实现场监管全覆盖，全年举办大型演出24场，场内外观众超80万人。组织打击整治文旅领域养老诈骗等专项行动。综合执法支队获评全国文化市场综合执法重大案件办案单位、长三角地区广电行政执法优秀案例一等奖单位、全省文化市场综合执法最佳案卷奖单位。

【蜀山区入选文旅市场信用经济发展试点地区】 2023年9月11日，蜀山区入选2023-2024年文化和旅游市场信用经济发展试点地区名单，为此次安徽省唯一入选地区。蜀山区推出“信易住”应用场景，守信市民可通过优先办理、免交押金等方式享受旅游星级饭店优质服务；在城市阅读空间推行“芝麻信用免押金”办证，守信市民可办理“无卡借书”；优化文艺表演团体6项审批服务，推动信用承诺书、承诺主体情况、承诺流程等“应公示、尽公示”；开展信用示范街区、诚信经营示范店等评选活动，将信用承诺及履约情况纳入信用记录，对娱乐场所、旅行社、书店、电影院等1000余家文旅行业经营场所实施分级分类监管。

（李娅娅）

文旅活动

【概况】 2023年，合肥市举办千余场文旅活动，将百余项精品非遗融入世界制造业大会、第十四届中国（合肥）国际园林博览会、新能源汽车展、“合肥千企万岗请您来”等重大活动。打造非遗技艺大赛、第五届房车露营大会暨休闲旅游装备展、“一次尝遍合肥美食”等惠民利民的新消费场景。海峡两岸（安徽）旅行商大会、中国节事文化和旅游大会，分别吸引300余名旅行商、150个优秀节事代表齐聚合肥。瑶海龙湖车桥新界、包河塘溪津门水街、高新区“这有乐”街区、瑶海区中国（合肥）服装原创设计基地等特色休闲街区举行开街庆典，日均总客流近20万人。

【合肥市第十届非遗技艺大赛】 2023年12月2日，合肥市第十届非遗技艺大赛在罍街开赛，大赛以“美好生活 非遗同行”为主题，从近百个非遗项目中遴选25个最具代表性、最富有本地特色的传统技艺类项目进行集中展示，包含国家级项目纸笺加工技艺、省级项目吴山铁字、葫芦烙画、庐州内画等。大赛现场将项目传承人精心设计的文创产品集中展现，观众为自己喜爱的非遗项目和文创作品投票。

【2023中国（合肥）第五届房车露营大会暨休闲旅游装备展】 2023年6月16日，“自驾房车畅游合肥”2023中国（合肥）第五届房车露营大会暨休闲旅游装备展在包河区首创奥特莱斯启幕。大会吸引来自全国知名房车品牌露营装备及休闲旅游设备厂商、景区、乡村旅游目的地、长三角及全国自驾游行业协会等近200家企业和机构参加。大会包括“引客入皖”安徽省旅游协会自驾游与露营分会与全国自驾游协会战略合作签约仪式、“2023安徽值得推荐自驾露营目的地”授牌仪式、“2023安徽值得推荐房车露营装备品牌”颁奖仪式、“发现包河之美”自驾车房车巡游授旗、“文明露营倡议书”发布、合肥及周边旅游资源及露营推介等环节，是房车露营、休闲旅游装备和市场消费全产业链展示。

合肥马拉松终点设置在园博园。2023年11月19日，来自各地的3万名参赛者用奔跑的方式感受合肥之美 （王世保/摄）

【“一次尝遍合肥美食”主题活动】 2023年5月17日至21日，“一次尝遍合肥美食”主题活动在包河区磨滩大街开启。活动筛选合肥100名商家，提供最具合肥特色的小吃、糕点、炒货、饮品等美食，汇聚同庆楼、刘鸿盛、卡旺卡、詹记等品牌。同步开展草坪狂欢音乐节、非遗文化展演、青年文化夜市、公共艺术展览等。活动期间，合肥市每日发放美食优惠券，设置免费公交专线。

【“520文旅惠民消费季”】 2023年5月20日，由安徽省文化和旅游厅主办的“520安徽文旅惠民消费季”启动仪式在罍街举行。“520文旅惠民消费季”从5月持续至10月，省市县、政商企、线上线下同频共振，开展系列活动促消费、激励引导促消费、创新场景促消费、业态融合促消费、开拓市场促消费5个板块、20个方面、数千场活动，每月20日设为主题活动日和网络直播日。合肥市“520

文旅惠民消费季”举办各类文旅惠民消费活动超170场，接待游客370万人（次），直接拉动消费7.20亿元。发放1500万元文旅消费券，实现百分百核销，拉动直接消费2亿元。

（李娅娅）

广播电视

【概况】 2023年，合肥市广播电视台（文广集团）（以下简称“合肥广电”）守好舆论传播主渠道，开拓文化服务主阵地，当好数智社会建设主力军。全年53条稿件被中央电视台采用，居全省地市台第2位。合肥交通广播新媒体账号矩阵全网粉丝量2000万+，入选“全国广播电视新媒体联盟”100强。全媒体栏目《说合肥》《飞阅新合肥》分获2023全国广电媒体融合优秀案例提名奖、长三角广电媒体融合优秀案例“成长项目”奖。广播剧《追风》被推荐参评中国广播电视新闻大奖，《第七届“大湖飞歌”青年歌手大奖赛总决赛》获推荐参评中国电视文艺星光奖。

【新闻宣传】 2023年，合肥广电做强正面宣传，加大融合传播，巩固壮大主流思想舆论场。集中资源打造《合肥新闻联播》《合肥新闻》等重点新闻栏目，做好重大主题报道，《合肥新闻联播》全年发稿近8000条。开设《在习近平新时代中国特色社会主义思想的指引下》《深入学习宣传贯彻党的二十大精神》《牢记嘱托 奋勇争先》等专栏，注重创新语态，小切口大主题，15件作品获安徽新闻奖，3件作品被推荐参评中国新闻奖。开设专题专栏，宣传“两会”等重要会议，长三角一体化、提信心拼经济、暖民心行动等重大部署，第十四届中国（合肥）国际园林博览会、世界制造业大会等重大活动。第十四届中国（合肥）国际园林博览会期间，组建优秀主播团队，打造《主播带你看园博》栏目，开幕直播全网浏览量超1000万，受到市委、市政府嘉奖。以合肥科技创新为背景，创作广播剧《追风》《星耀天际》、4K纪录片《巢湖升明月》。

2023年9月26日，新媒体记者在骆岗中央公园采访参加第十四届中国（合肥）国际园林博览会的外国友人

（合肥广电/供）

【媒体融合】 2023年，合肥广电出台《合肥市广播电视台（文广集团）改革发展总体方案（试行）》，以媒体深度融合为重点，明确改革方向、重点举措和重点项目。实施“瘦身强体”，关停故事休闲频道、公共频道及巢湖综合广播，传统媒体从最高峰的17个减少到8个。以服务合肥打造科技创新策源地为宗旨，以“科里科气+文里文气”为特色，将“财经频道”改版为全媒体“科创频道”，该频道为全国首个以科创为呼号的全媒体频道，11月，通过国家广电总局审批。深化全媒传播体系建设，完成自主平台“合意”APP升级改造，完善新闻资讯、视频生产、融媒直播等内容板块和本地生活等应用场景，依托各类新媒体平台打造新媒体账号102个，形成移动客户端为核心，广播电视和新媒体账号为双翼，地铁传媒和政务大屏为延伸的全媒体矩阵。支持“合肥政前方”“说合肥”“飞阅新合肥”“言规政传”等重点工作室发展，打造一批全媒体栏目。持续发力融媒直播和短视频生产，组织第十四届中国（合肥）国际园林博览会开幕、2023中秋诗会、“我在合肥等你”直播带岗、“大湖飞歌”青年歌手大奖赛等多场大型融媒直播，其中，中秋诗会全网传播量1691万，《“摘星星”的妈妈王亚平走进合肥六中》等一批短视频产品点击量超100万，《诺奖得主为何在合肥街头“数车牌”》和《合肥盒饭之王火出圈后摊主大姐却哭了》获安徽新闻奖媒体融合类一等奖。首次联合省内8家城市台开展“一次尝遍合肥美食”直播。联手上海、杭州、南京的三地广播共建融媒体平台“合说长三角”，全年推送原创新媒体作品

表 1　2023 年合肥市广播电视台作品获奖情况一览表

序号	参评项目	作品名称	所获奖项	主创人员
1	媒体融合奖项	诺奖得主为何在合肥街头“数车牌”？	安徽新闻奖一等奖（省新闻工作者协会推荐参评中国新闻奖）	作者：徐楚寒、任中怡、马少文、车慧静、邬晓茜　编辑：徐楚寒
2	媒体融合奖项	合肥盒饭之王火出圈后 摊主大姐却哭了	安徽新闻奖一等奖	作者：郭矗、娄蕊 编辑：王培春
3	新闻专题	追“星”合肥，奔赴星辰大海	安徽新闻奖一等奖、安徽省广播电视优秀新闻作品二等奖	作者：邬晓茜、马少文　编辑：马少文
4	评论	莫让“为官不言”成了“为官之道”	安徽新闻奖一等奖安徽广播新闻奖一等奖	作者：宋扬、岳学杰　编辑：吴松、毕晓
5	媒体融合奖项	合肥园博会的“最抠门”与“最大方”	安徽新闻奖二等奖	作者：边冠峰、罗杰、纪大伟、王家伟、王达伟 编辑：倪奇、余敏
6	消息	50 万米高空 瞰合肥“最好名片”	安徽新闻奖二等奖安徽电视新闻奖二等奖	作者：朱江、吴节正、孙乃健 编辑：聂大地
7	新闻纪录片	青绿黄屯	安徽新闻奖二等奖、安徽省广播电视优秀新闻作品二等奖	作者：吴旭东、郭政 编辑：张菁、王家伟、史超
8	新闻编排	2023 年 9 月 26 日晚间播报	安徽新闻奖二等奖、安徽省广播电视优秀新闻作品二等奖	作者：张菁、柳俊、周涛　编辑：王芳、王云路
9	媒体融合奖项	《“摘星星”的妈妈王亚平走进合肥六中》	安徽新闻奖三等奖	作者：王燕、许磊、王中　编辑：吴小舰、王翰林
10	媒体融合奖项	“小太阳”又近一步，403 秒的背后总负责人剧透……	安徽新闻奖三等奖	作者：朱江、孙乃健、吴节正　编辑：赵海波、程嘉萌
11	消息	403 秒！新的世界纪录在合肥诞生	安徽新闻奖三等奖、安徽省广播电视优秀新闻作品二等奖	作者：储刚、孔解元　编辑：吴小舰、徐玮、杨盼盼
12	消息	全国首个！安徽省为“首位产业”立法	安徽新闻奖三等奖、安徽省广播电视优秀新闻作品一等奖	作者：刘安东、张寅 编辑：许杰

续表

序号	参评项目	作品名称	所获奖项	主创人员
13	消息	火星制氧——中科大最新成果让“定居火星”更近一步	安徽新闻奖三等奖、安徽省广播电视优秀新闻作品三等奖	作者：刘安东 编辑：纪大伟、许杰
14	新闻访谈	老兵不老	安徽新闻奖三等奖、安徽省广播电视优秀新闻作品一等奖（省广电局推荐参评第34届中国新闻奖）	作者：宋扬、王自明、王晓东、岳学杰、李兴 编辑：汪屹君、吴松
15	新闻访谈	合肥园博园“爆红”之后，如何“长红”？	安徽新闻奖三等奖、安徽省广播电视优秀新闻作品一等奖（省广电局推荐参评第34届中国新闻奖）	作者：张叶菡、周涛、张菁、许丽丽、周晓虎 编辑：方体伟
16	消息	“飞”出经济新赛道！ 亿航无人驾驶载人航空器在合肥实现全球商业首飞演示	安徽省广播电视优秀新闻作品二等奖	作者：张寅 编辑：张文婷、刘安东、许杰
17	系列报道	合肥：数据赋能创新发展“最后一公里”	安徽省广播电视优秀新闻作品三等奖	作者：张杰、赵见智、龚存黎、潘成义 编辑：朱千里、范莉、徐燕菲
18	广播连续剧	追风	安徽省广播电视优秀文艺作品一等奖（省广电局推荐参评2023年中国广播电视大奖）	洪卫、倪讴、汪雨晨、许杰
19	音乐节目	田埂上长出的合唱团 ——90后老师组建合唱团 为乡村孩子撑起音乐梦	安徽省广播电视优秀文艺作品一等奖	李璇、杨波、吴莹莹、仰洋
20	综艺节目（文艺晚会）	第七届“大湖飞歌”合肥青年歌手大赛总决赛暨颁奖典礼	安徽省广播电视优秀文艺作品一等奖（省广电局推荐参评第28届全国电视文艺“星光奖”）	集体
21	其他	骆岗公园的绿色美景	安徽省广播电视优秀文艺作品二等奖	王志鹏、郑捍、洪放、余宁生
22	文学节目	用“心”把人间唱遍——作家洪放的故土情	安徽省广播电视优秀文艺作品二等奖	郝倩、王飞飞、刘安东
23	音乐节目	巢水音韵焕新章	安徽省广播电视优秀文艺作品三等奖	胡倩、李璇、汪雨晨、洪卫
24	综艺节目	庐州月·云聚在此时 --2023年中秋诗会	安徽省广播电视优秀文艺作品三等奖	吴莹莹、余婧、瞿古月、仰亮、李晨、高敏
25	其他	满园芳华	安徽省广播电视优秀文艺作品三等奖	集体

430余条。与合肥开放大学共建合肥广电开放学院，与包河区政府合办首届合肥啤酒龙虾嘉年华活动，活动获第七届中国广播超级碗最佳事件创意奖。组建产业发展部，成立合肥文广城服公司、合意科技有限公司，加快在智慧广电、数字产业、城市服务等领域布局。抢抓全国一网和广电5G建设一体化发展新机遇，发展5G业务。完成智慧广电服务乡村振兴应用试点项目测试安装，为参与智慧城市建设、赋能乡村振兴奠定基础。

【有线电视】 2023年，合肥广电推进基础管网建设，配合市政府对老旧小区有线电视线路进行全面整治。全年新建小区（建筑）工程共计立项派工79个项目，全部采用光纤入户模式施工，验收开通双向小区125个，完成新建小区主干光缆敷设任务98项，主干管道立项259个。完成清溪路（怀宁路—潜山路）等12条主干道路缆线迁改，完成地铁S1号线、5号线、7号线、8号线等8个站点光缆迁改工作。优化用户服务体系，完成网内10万台4K机顶盒、28万台高清单向机顶盒“套娃收费”（即商家利用智能终端的差异化和霸王条款，对消费者进行半诱导半逼迫的重复消费行为）和操作复杂问题治理；落实“合肥市城区低保户免费收看有线电视”政策。构建有线电视业务、宽带业务和5G移动业务一体化经营格局，与合肥市总工会等单位合作，推出“绿色出行普惠关爱行动全新升级”等活动，策划多款5G融合套餐产品，推进5G业务发展，全年发行192G流量卡4万余张。

（黄　亮）

报　纸

【概况】 2023年，合肥日报传媒集团（合肥日报社）贯彻市委关于推进媒体融合发展的要求，推进组织、内容、渠道、技术、运营、机制等6方面改革创新，加强全媒体传播体系建设，塑造主流舆论新格局。开展“深入学习贯彻党的二十大精神”“学习贯彻习近平新时代中国特色社会主义思想主题教育”等重大主题宣传，推出400多个整版报道，短视频、海报、文图等新媒体产品约2000篇，总传播量过亿。完善新媒体管理、舆情应对处置等制度，守牢意识形态阵地，全年未出现1起重大差错。

【媒体改革】 2023年，合肥日报传媒集团完成采编团队一体化和经营团队公司化改革。采编部门由1办、11个中心、32个部门，调整为1办、7个中心、27个部门，减少4个中心、5个部门，减少管理层级，人员向一线倾斜。整合集团运营中心、合晚传媒公司经营力量，打破对传统报纸广告版面资源和政务资源的依赖，推进组织架构调整、商业模式创新、内容生产与分发改革等，重构媒体运营模式，推动经营团队公司化进程。调整到位后，采编、运营人员工作重心转向新媒体、移动端，实现1支队伍服务集团全平台。

【全媒矩阵建设】 2023年，合肥日报传媒集团以“合肥通”客户端为龙头，构建“两微一抖一端”（即微博、微信公众号、抖音号、“合肥通”客户端）为主体的移动互联网传播矩阵。实施倍增计划，为新媒体重点平台吸引用户，全平台累计增粉超1000万，粉丝总数当年突破5000万，融合传播力、区域影响力稳居省内媒体第一方阵。《合肥日报》《合肥晚报》《江淮晨报》微信公众号粉丝量分别超76万、149万、115万，同比分别增粉29万、34万、13万，《合肥晚报》《江淮晨报》2个百万大号影响力位列省内媒体第二、第三位。“合肥通”客户端下载量突破540万，月活跃用户超20万。代运营的合肥市人民政府发布微信公众号增粉56万，粉丝数达87.3万，增长180%，多次位列全省政务微信号第1名。在科技创新、文化旅游、志愿公益、视频航拍等垂直领域发力，打造“小晚的慢时光”“科学+”“合爱同行”“大湖航拍”4个视频账号，全年全网总阅读量超6000万。“小晚的慢时光”系列视频深挖合肥本土历史人文内涵，发布原创系列视频超80条，全网传播量超300万；“科学+”生产系列原创视频产品90余件，全网阅读量突破405万；“合爱同行”生产暖心故事、好人善举系列原创视频产品超50条，全网阅读量突破5000万；“大湖航拍”2023年上线，深挖合肥本土精美城市景色，实时发布城市发展与更新内容，发布系列原创视频约80条，全网传播量约500万。

【舆论引导】 2023年，合肥日报传媒集团开设专题专栏、创新报道形式，宣传阐释习近平新时代中国特色社会主义思想。《合肥日报》头版头条原则上刊发习近平总书记重要活动、重要讲话、指示批示、习近平新时代中国特色社会主义思想解读、党中央重要活动等重点稿件，推出“新征程　新篇章——合肥在行动”“踔厉奋发新时代 勇毅前行向未来”“二十大精神在基层 火热发展看一线”等专题专栏，做深做透重大主题宣传。聚焦“直播带岗”“一次尝遍合肥美食”“合肥请您来”“第十四届中国（合肥）国际园林博览会”“世界制造业大会”等重大活动，开启全员、全媒、全时报道模式，累计发稿3000余篇，全网阅读量超5000万。推出《青春之城 青春之约》《年轻的朋友来相会》《合肥全力打造“永不落幕”的园博会》《对了你的胃，更要留下你的心》等系列具有较强传播力的融媒产品。组建15个特稿生产小组，专攻深度报道、精品视频内容生产，“合报特稿”栏目全年生产发布文字稿100多篇、精品视频200余个，全网阅读量超2000万。7月，与市委党史和地方志研究室联合推出合肥党史系列视频产品，生产超10期，全网阅读量1000万+。做好创新理论宣传阐释，办好《理响合肥》专版。拥抱视频化时代，全员转型视频生产，全面转型可视化表达，新闻生产由传统的报纸文字稿件，向视频、直播、图表、海报、手绘、漫画等可视化产品转变，全年发布原创可视化新闻产品超2万件，同比增长81%。点击率50万+的精品视频达128条，同比增长36%。

【经营转型探索】 2023年，合肥日报传媒集团以内容变现、平台变现、影响力变现、流量变现、资源变现、技术变现等“六大变现路径”作为经营转型着力点，向数字产业和平台经济要效益，培育3个亿元产业。开拓数字营销业务，为客户提供包括互联网信息流广告、直播带货、短视频带货、政务文旅服务等互联网全产业链营销，当年营业收入超1.8亿元。报纸发行队伍转型，在合肥市、芜湖市深耕美团外卖业务，吸纳1300余人就业，当年营业收入1.06亿元。发行硬广业务转型整合营销服务，开展“线上+线下”项目拓展与策划执行，开发宣传、活动、影像、技术、文创、广告等6大经营产品模块，当年营业收入突破亿元。“泛媒”（即合肥日报传媒集团媒体业务以外的板块业务）经营团队转型，运营高新技术产业开发区“合肥报业数字文化创业园”、包河区“合肥报业数字创意产业园”和奥福时代广场商圈项目，当年营业收入4.20亿元，同比增长1.71亿元，同比增长68.7%，其中泛媒产业拓展营业收入（非报纸广告发行收入）3.20亿元，同比增长169%。

（李 健）

责任编辑：王晓燕

卫生健康

综　述

2023 年 4 月，安徽省领导视察庐江县综合医改工作　　（庐江县卫健委 / 供）

【概况】　2023 年，合肥市卫生健康系统以“健康合肥”建设为目标，统筹疫情防控和卫生健康高质量发展，开展医疗领域集中整治，深化医药卫生体制改革，满足人民日益增长的多样化健康需求，全市卫生健康事业取得新成效。合肥市在全省各市卫生健康委员会工作管理绩效考核中居第 1 位，创成首批全国婴幼儿照护服务示范城市，获批年度中央财政支持普惠托育服务发展示范项目 1 亿元资金支持，连续第 8 次获评“全国无偿献血先进市”，市属公立医院实现 2018 年以来的首次医疗盈余，合肥市第四人民医院在 2022 年度三级公立医院绩效考核（精神专科医院类）中居全国第 7 位，为全省精神专科医院历史最好成绩。合肥市妇幼保健院生物样本库顺利获批中国人类遗传资源保藏行政许可，为安徽省医疗卫生机构首家获得行政许可的生物样本库。

深化医疗改革。合肥市被确定为 81 个国家紧密型城市医疗集团建设试点市之一、10 个国家紧密型城市医疗集团建设重点试点市之一，市第二人民医院被确定为紧密型县域医共体省级示范单位，庐江县被确定为综合医改省级试点示范地区，并获 2023 年度“安徽省深化医药卫生体制改革工作成效明显的市、县（市、区）”表彰，合肥市妇幼保健院在省、市医疗机构中首家实现在产科接种门诊建立新生儿预防接种电子档案和发放预防接种证。

实施名医名科名院“三名”工程。全市公立医院获国家自然科学基金项目 4 项，申报省级重点专科 5 个，申报省卫生健康科研项目并立项 30 项。市属综合医院平均住院日降至 7.20 天，大型医用设备阳性率 87.62%，抗菌药物使用强度（DDDs）降至 27.38。引进南京鼓楼医院胎儿疾病宫内治疗知名专家郑明明教授作为市妇幼保健院执行院长。名医工作室领衔人及成员新晋升硕士研究生导师 6 人，新获聘安徽医科大学兼职教授 2 人，新获得国家级学会委员、省级学会常委、市级学会主委 15 人（次），7 人获评安徽省“江淮名医”。

提高基层医疗服务水平。各级财政资金投入近 7.60 亿元，提高基本公共卫生服务财政补助力度。全市有 112 家基层医疗卫生机构达到“优质服务基层行”服务能力标准，占比 78.30%；全市 1115 所村卫生室完成“六室独立”（即诊室、治疗室、观察室、药房、值班室、公共卫生室独立），村卫生室标准化建设实现全覆盖。乡村医生定向委托培养和农村订单定向培养分别

录取82人、90人，村医高职（专科）学历提升录取388人，中医师承定向培养录取54人。

加强医疗行业监管。市、县两级开展2轮“三合理”检查（即合理检查、合理用药、合理治疗检查），市级开展现场检查129次，指出问题677条，对3家医疗机构进行行政处罚，没收违法所得5.08万元，罚款4.55万元，向相关机构移交案件3件。“双随机”（即随机抽取检查对象、随机选派执法检查人员）抽取全市2204家单位，完成2182家单位的监督任务，任务完成率99%，完结率100%。全年完成医疗机构及医务人员不良执业行为记分10740条，其中医疗机构和医务人员记分次数位于全省前列。

开展食药安全监测。印发《合肥市2023年食品安全风险监测执行方案》，全年监测26大类1047份食品样品，获监测数据12153条，任务完成率104.70%。175家食源性疾病监测医院上报病例信息8077例，核实并规范有效处置21起食源性疾病事件。建成10个紧密型县域医共体中心药房，8家市属公立医院实现用药范围、网上采购、集中配送、药款支付、药学服务“五统一”。全部乡镇卫生院实现配备药品品规数达250种以上，88%村卫生室配备药品品规数达80种，基本满足群众常见病和慢性病用药需求。进行区域间和全市范围内药品调控，化解药品短缺情况。举办麻精药品临床使用与安全管理、药事管理、疫苗预防接种等10余场（次）培训，参训医护4000余人（次）。

加强职业健康保护。全年对12家职业健康体检单位和1家诊断单位进行质量控制评估，完成247家用人单位工作场所职业病危害因素监测项目。举办12期重点行业工伤预防职业健康培训班，对972家非金属矿物品、非煤矿山、金属制品业、化工等重点行业和重点用人单位1402名主要负责人和职业健康管理人员进行培训。职业病诊断机构诊断职业病52例，随访220例尘肺病患者，随访率102%。参加省职业卫生技术服务专业技术人员能力考核，通过考核36人。新增健康企业19家，选树“职业健康达人”134名。

2023年4月26日，第35个爱国卫生月暨合肥市创建国家卫生城市宣传活动举办
（市卫健委/供）

开展爱国卫生运动。健全市、县（市、区）、乡镇（街道）、村（社区）四级爱国卫生组织管理体系，开展以“宜居靓家园 健康新生活”为主题的第35个爱国卫生月活动，联合省爱国卫生运动委员会办公室在包河区开展爱国卫生月现场宣传活动。

发展生物医药产业。集聚生物医药企业800余家，其中，纳入生物医药产业链四上企业374家，亿元以上企业79家，“专精特新”企业43家，上市企业9家，单项冠军、小巨人企业4家，从业人员超3.50万人。投融资生物医药项目53个，累计金额超29亿元。市属医院采购生物医药重点产品1448.33万元。其中，亿元以上大品种（指总销售额达亿元的品种）11个1117.44万元、重点培育品种目录8个88.25万元、首台套和创新产品3个242.64万元。出台市级专项政策，从新药研发、成果转化等方面支持产业发展，兑现首年度首批政策资金，惠及48家企业74个项目，兑现金额超1亿元。搭建场景对接平台，按季度发布市属医院场景机会清单，全年采购本地产首台套和创新产品3个，累计金额242.64万元。

【成立“中华骨髓库HLA高分辨分型确认实验室”】 2023年5月22日，合肥市中心血站与中国造血干细胞捐献者资料库管理中心签订《2023年HLA高分辨分型确认实验室合作协议书》，挂牌成立“中华骨髓库HLA高分辨分型确认实验室”。该实验室是当年全国新增的6家HLA高分辨分型确认实验室之一，也是安徽省唯一一家中华骨髓库HLA高分辨分型确认实验室。该实验室的成立，使安徽省造血干细胞移植患者移植前的HLA高分辨确认检测在省内就能实现，节约宝贵时间。

【市、县“120”实现联网】 2023年5月26日零点，合肥“120”指挥调度系统由原址蜀山区绩溪路228号顺利割接至包河区公共卫生管理中心，并完成系统升级，实现全市“120”联网。搬迁后的合肥“120”指挥调度系统调度座席由原有的8个增至27个，集全市“120”统一指挥、电话急救指导、AI语音辅助、短信定位、云地图（GIS）、救护车定位（GPS/北斗）、大数据分析、视音频传输、急救监督记录、院前急救综合管理及质量控制、重大活动保障等多功能于一体，提升合肥市“智慧急救”水平。

【安徽医科大学第一附属医院南区开诊】 2023年12月27日，安徽医科大学第一附属医院南区举行开诊揭牌仪式。该院位于肥西县翡翠路与紫石路交口西南处，占地面积约15公顷，建筑面积约22万平方米，总床位1800张，设有16个外科专科、12个内科专科、15个医技科室以及急诊科、麻醉科等学科。

（李晓倩）

疾病防控

【概况】 2023年，合肥市做好“乙类乙管”后疫情哨点监测、信息报告、变异株监测等相关常态化防控工作，动态掌握人群感染水平和病毒变异情况，为科学防控提供数据支撑。坚持多病共防，加强流感、手足口病、登革热、诺如病毒、猴痘等重点传染病监测预警，做好风险评估，每月发布疾病预防控制简报，做好分析研判。全年免疫规划疫苗接种195万剂（次），非免疫规划疫苗接种228万剂（次）。开展第28个“世界防治结核病日”、第16个“全国疟疾日”宣传活动。市级公共卫生实验室检测项目总数达24类833项。

【严重精神障碍管理服务】 2023年，合肥市卫生健康委员会（以下简称“市卫健委”）开展严重精神障碍管理现场调研及督导，全市严重精神障碍患者失访及非在管人员较2022年明显下降（其中，失访人员从494人降至21人，非在管人员从2147人降至46人），在管患者规范管理率99.54%，同比增加7.8个百分点。

【环境卫生】 2023年，市卫健委专项整治异味污染、工业废气、扬尘、餐饮油烟等重点领域，全市优良天数比例达86%。排查整治重点河湖问题900余件，饮用水源地水质达标率100%，巢湖水质创1979年有监测记录以来最好水平。开展道路交通洁净、城乡人居环境提升、市场环境优化、公共空间美化等五大行动，117个老旧小区改造焕新，建成和美小区115个，垃圾分类示范小区100个，生活垃圾无害化处理率100%；新建、改造示范性菜市场190家。开展城乡环境卫生清洁整治活动3641次，清理脏乱死角19.37万处，清除垃圾堆物17.48万吨，清除病媒生物孳生地13.53万处，整治食品安全隐患5669个，办理餐饮浪费案件119件，公布典型案例16个。

【预防接种】 2023年，合肥市1~2岁组出生队列全程接种率99.15%，居全省前列，市第一人民医院设立全省首家特殊健康状态儿童预防接种医学评估门诊，市、区两级共同承接安徽省13价肺炎球菌多糖结合疫苗四期临床试验，填补合肥市疫苗临床试验基础性研究空白。蜀山区南岗镇卫生院、铜陵路街道社区卫生服务中心获评首批国家级预防接种服务规范化单位。

（李晓倩）

中医药事业

【概况】 2023年，合肥市启动慢病中医药健康管理试点工作，印发《合肥市慢病中医药健康管理试点实施方案（2023—2025年）》，成立合肥市慢病中医药健康管理试点工作领导小组，组建合肥市慢病中医药健康管理专家指导组，制定并推广《合肥市高血压病中医药干预方案》《合肥市糖尿病中医药干预方案》。实施合肥市促进中医药振兴发展行动计划（2023—2025年），推进中医药工作高质量发展。

【中医药人才培养】 2023年，市卫健委举办3期合肥市非中医类别医师学习中医培训班，225名非中医类别执业（助理）医师参加培训。举办合肥市基层中医药适宜技术培训班，50名基层医疗机构医务人员参加培训。组织合肥市传统医学确有专长人员考核，26人通过考核。举办中医类别全科医生转岗培训班，20名中医类别医师参加全科医生转岗市级理论培训和临床轮转、实践培训。68人通过中医医术确有专人人员医师资格考核。

【中医药“三名”工程】 2023年，合肥市推进名医名科名院“三名”工程建设，截至年底，有江淮名医中医2名、省级名中医8名、省级基层名中医21名。在建省级优势特色专科2个，省级流派传承工作室1个。市财政投入160万元用于支持市属医院及县级中医院开展15项中医药研究项目和9个优势专科（专病）建设。

【中医药文化传播】 2023年，市卫健委开展“一法一条例”（即《中华人民共和国中医药法》《安徽省中医药条例》）实施周年宣传和中医药文化宣传周活动。7月21日，开展以“弘扬中医药文化，共享健康生活”为主题的中医药文化服务月活动；9月8日，开展以“让中医药融入百姓生产生活”为主题的中医药宣传周活动。

（李晓倩）

互联网＋医疗健康

【概况】 2023年，合肥市列入市级政府投资公益性项目暨三年滚动投资计划的医疗信息化项目有26个，概算总投资约4.76亿元。合肥市医疗电子票据管理服务平台项目、合肥市第四人民医院信息化建设项目、市口腔医院信息系统升级改造项目、“120”调度指挥系统搬迁及信息化提升项目、合肥市全民健康信息平台项目完成验收。合肥市第一人民医院新综合楼信息化（一期）项目、合肥市第八人民医院基本业务管理信息系统项目、合肥市第二人民医院智慧医院建设（一期）项目在建。合肥市语音电子病历（二期）及医疗大数据中心项目完成项目变更。合肥市第三人民医院（新区）智慧医院基本信息化建设项目启动招标。合肥市智慧婴幼儿照护服务信息管理系统、合肥市基层医疗服务能力提升体系建设项目编制可研报告。合肥市骨科医院医疗业务基础信息系统项目在编制初步设计方案。

【全民健康信息平台】 2023年，合肥市全民健康信息平台采集汇聚全市9家市属公立医院、4家市属公共卫生单位、5家县级平台、1162家基层医疗机构的413类32.90亿条数据，每日新增约2000万条数据。其中健康档案884.50万份，门急诊电子病历4863万份，住院电子病历152.50万份。初步实现医疗卫生机构服务“一码联”、居民就医服务“一码通”、医疗医保缴费结算“一码付”。截至年底，全市电子健康卡申领605.75万张，使用人次1.28亿次，通过电子健康卡进行的结算金额达35.59亿元。

【智慧医院】 2023年，全市申报电子病历应用水平分级评价的医疗机构37家。190多家医疗机构完成与智联网医院系统对接（即符合条件的二级及以上公立医院全部实现与省平台联通），完成210多家医疗机构的影像数据调阅工作，二级及以上公立医院影像调阅率100%，影像重复检查提醒功能覆盖率100%。

【传染病防控智慧化预警多点触发系统】 2023年，合肥市传染病防控智慧化预警多点触发系统项目建设覆盖全市四县七区一市基层医疗卫生机构及疾控部门，18家等级医院、2500余所学校、4100余家药店、市医保购药及第三方实验

表1　2023年合肥市通过电子病历应用水平分级评价的医疗机构一览表

序号	医疗机构	通过级别	序号	医疗机构	通过级别
1	合肥市滨湖医院	四级评价	9	长丰县人民医院	四级评价
2	合肥市第二人民医院	四级评价	10	庐江县人民医院	四级评价
3	合肥市第三人民医院	四级评价	11	合肥市第八人民医院	三级评价
4	合肥市第四人民医院	四级评价	12	合肥市骨科医院	三级评价
5	合肥市口腔医院	四级评价	13	肥东县第三人民医院	三级评价
6	肥东县人民医院	四级评价	14	肥西县中医院	三级评价
7	肥东县中医医院	四级评价	15	肥西县第二人民医院	三级评价
8	肥西县人民医院	四级评价	16	国药中铁中心医院	三级评价

室等。全市基层医疗卫生机构周监测病例数19万余份，等级医院周监测病历数16万余份。新增报卡数7万余例，数据多源监测4698万余次，建立疾病档案1639万余个，传染病症候群预警信号监测病例总数4066万余例，传染病预警信号2.33万起。

（李晓倩）

医疗机构

【概况】 2023年，合肥市有医疗卫生机构（含村卫生室）4013个，其中医院229个、基层医疗卫生机构3650个、专业公共卫生机构58个，其他卫生机构76个。基层医疗卫生机构中，社区卫生服务中心（站）177个、乡镇卫生院84个、诊所和医务室1581个、门诊部683个，村卫生室1125个。专业公共卫生机构中，疾病预防控制中心和专科疾病防治院所25个、卫生监督机构11个、妇幼保健机构12个、急救中心（站）6个、采供血机构4个。卫生技术人员9.67万人，其中执业（助理）医师3.61万人、注册护士4.77万人。医疗卫生机构床位超7.83万张，其中医院6.87万张、基层医疗卫生机构0.74万张，专业公卫机构0.17万张，其他卫生机构0.05万张。全年医疗卫生机构诊疗7268万人（次）。

【中国科学技术大学附属第一医院】 中国科学技术大学附属第一医院是集医疗、教学、科研、预防、保健、康复、急救于一体的省级大型三级甲等综合性医院。在2023年自然指数年度榜单中，居全球医疗机构第48位，中国医疗机构第7位。在中国医学科学院发布的2022年度中国医院科技量值（STEM）评价结果中，综合排名居67位，有6个学科进入全国学科榜单前30，11个学科进入前50，27个学科进入前100，13个学科位列安徽省首位。开放床位5750张，设有47个临床医技学科。拥有国家临床重点专科建设项目10个，省临床重点专科33个。截至2023年底，有聘任高级职称人员近1200人，其中一级主任医师39人。拥有国家级重点（青年）人才项目专家25人(次),特聘院士5人，特聘“国家级人才计划入选者”68人，享受国务院及省政府津贴专家124人（次），省级重点人才项目专家17人（次），“江淮名医”61人（次），省学术技术带头人及后备人选118人（次）。四级手术总量居全国第6位，医疗技术难度（CMI）值居全国第29位。是全国仅有的5家获得质子放射治疗系统准予许可单位之一。

【安徽医科大学第一附属医院】 安徽医科大学第一附属医院是集医疗、教学、科研、预防、康复、急救于一体的大型综合性教学医院，为国家卫生应急医疗移动救治中心和安徽省紧急医疗救治基地。医院连续13年入围中国最佳医院百强榜，科研学术排名全国38位。拥有绩溪路院区、高新技术产业开发区院区、南区三个院区，开放床位6038张，2023年度门诊人（次）605万，出院病人（次）30.28万，手术台（次）17.52万。建成各级临床与科研平台33个，拥有国家卫生健康委员会重点实验室1个，省部级重点实验室10个，国家药物临床试验机构16个，国家卫生健康委员会临床重点专科12个，住院医师规范化培训基地29个，专科医师规范化培训基地8个，获批12个国家临床医学研究分中心和5个安徽省临床医学研究中心。有博士生导师170余人，高级职称专家1000余人，享受国务院和省政府特殊津贴130多人，全国“有突出贡献的中青年专家”9人，皖江学者3人，一级主任医师43人，安徽省创新创业领军人才特殊支持计划6人，安徽省学术和技术带头人及后备人选140余人，“江淮名医”63人，担任中华医学会、中国医师协会等省级以上医学学术团体负责人100多人。

【合肥市第一人民医院】 合肥市第一人民医院是集医疗、教学、科研、保健、预防、康复、急救、健康检查、临终关怀于一体的大型三级甲等综合性医院，包括院本部、滨湖院区、蜀山分院、老年护理院、新桥国际医院等院区，总占地面积30.67公顷，医疗建筑面积50万平方米，截至2023年底，全院职工3500余人。享受市政府特殊津贴专家1人，获批江淮名医5人、市名医工作室27个，安徽省和合肥市高层次领军和高级人才45人。有国家临床重点专科1个（护理学）、在建省重点专科5个、省中医重点专科2个、合肥市第七周期重点专科系列14个、合肥市中医重点专科2个。医院是国家级住院医师规范化培训基地、国家级临床药师培训基地、国家临床药物试验基地、安徽省住院医师规范化培训师资培训基地和国际造口师学校。医院创成国家级胸痛中心、国家级高级卒中中心、房颤中心、国家级呼吸与危重症中心，获得国家自然

2023年6月1日，合肥市第二人民医院为新老院区住院患儿开展“爱在二院 快乐六一”主题特别儿童节活动 （市卫健委/供）

科学基金项目14项，省市科研项目192项。

【**合肥市第二人民医院**】 合肥市第二人民医院是合肥市东部规模最大的集医疗、科研、教学、预防、保健、急救、医养等于一体的综合性三级甲等医院，是安徽医科大学附属合肥医院。总占地面积13公顷，含2个院区，下辖2个社区卫生服务中心及瑶海区11家紧密型城市医联体单位，开放床位2584张，老年护理院开放床位1001张。2023年，门急诊总量（含社区）153.40万人（次）、出院总量8.72万人（次）、手术总量2.24万台（次）。全年床位使用率81.86%、平均住院日9.10天。新增安徽省重点专科1个，获评市第七周期临床重点专科13个。引进博士及高层次人才3名，通过正高职称评审20人、副高职称评审89人。获批博士后科研工作站，新增博士学位培养点2个、专业型博导3人，新增“十四五”省临床重点专科1个、合肥市第七周期市级重点（培育）专科13个。立项国自然项目2项、国家卫生健康技术推广项目3项、药物临床试验管理规范（GCP）项目88项、国家继教项目43项，发表科技核心及以上论文286篇，其中《科学引文索引》（SCI）论文94篇、中华系列及北大核心期刊论文60篇，科研经费2838.3万元、同比增长156%。获批博士后科研工作站，新增博士学位培养点2个、专业型博导3人，立项国家继续教育项目43项。

【**合肥市第四人民医院**】 合肥市第四人民医院是三级甲等精神专科医院。医院占地9公顷，开设临床病区22个，开放床位1560张，职工823人。截至2023年底，医院有高级职称106人，硕士及博士127人，硕士生导师15人，“江淮名医”2人、青年江淮名医1人，首届安徽省卫生健康杰出人才1人，安徽省省级领军人才1名、合肥市“名医工作室”领衔人9名，中国医师协会“杰出精神科医师”1人，中国医师协会“优秀精神科医师”1人，享受市政府津贴1人。连续4年获全国三级公立医院绩效考核国家监测指标等级A（精神专科医院的最高等级），在全省精神专科医院中位列第1位。

（李晓倩）

责任编辑：王晓燕

体　育

综　述

【概况】 2023年，合肥市体育局以建设体育强市为目标，扎实推进快乐健身行动，巩固提升竞技体育水平，持续推动体育产业发展，让体育成为满足人民群众美好生活需要的重要手段，合肥市体育局被国家体育总局授予“2023年全国体育事业突出贡献奖”。

【快乐健身行动】 2023年，市体育局以“迎新登高促健康，踔厉奋发向未来”为主题，开展合肥市迎新年登高暨“合肥十峰”打卡挑战赛，拉开2023年合肥市全民健身活动的序幕，千余名登高运动爱好者登高望远开启崭新一年。2023年合肥市全民健身活动由线上和线下两部分，线下先后举办第五届智力运动会测试赛（国际跳棋、象棋、五子棋、围棋）、环巢湖全国自行车赛、合肥都市圈公开水域游泳邀请赛、长三角舞狮邀请赛、第七届太极系列邀请赛、环巢湖国际骑游大会、长三角房车（汽车）集结赛、长三角龙舟邀请赛暨合肥市端午龙舟赛、安徽省暨合肥市健身气功交流展示大赛、乒乓球、羽毛球、网球、篮球、足球联赛等形式多样、内容多样的市级及以上体育赛事活动109项次，满足广大群众健身的基本需求，其中端午龙舟赛还受到中央电视台新闻频道的报道。

【少荃体育中心体育馆开馆】 2023年12月23日，位于合肥新站高新技术产业开发区的少荃体育中心体育馆正式开馆，为合肥再添城市体育新地标。少荃体育中心体育馆建筑面积约7.30万平方米，总体量达12万平方米，地上+地下共6层，馆内设计为U形看台，馆内场地净尺寸为70×40米，固定座席数量约为9558座，是截至2023年合肥市体量最大、功能性最全的甲级体育馆，可承办国际性赛事和赛会制比赛，也可为大型商业演出、大型演艺活动等提供高水平、高规格的服务。

（石　峰）

群众体育

【概况】 2023年，合肥群众体育工作围绕构建更高水平的全民健身公共服务体系，以创建全国全民运动健身模范市和建设体育强市为目标，以实施《合肥市全民健身实施计划（2021-2025年）》和“快乐健身行动”为抓手，聚焦群众身边的健身设施、赛事活动、科学健身指导，全面推动合肥市群众体育

2023年6月12日，合肥市全民健身运动会开幕　（市体育局/供）

工作再上新台阶，推进全民健身事业高质量发展。全年完成801处体育场地设施建设、维修、改造和提升，建设健身步道（绿道）46处200千米，新建和升级体育公园（含口袋体育公园）20处，建成百姓健身房69处，完成57所中小学实施“一场两门”安全改造，培训健身项目13.13万人次；举办各级各类全民健身活动2000多场次，参赛人数超过100万人次。

【全民健身运动会】 2023年，合肥市全民健身运动会包括线上赛和线下赛。线上赛自1月22日开赛以来便广受关注，累计投票282614票，活动累计访问量572997次，带动近10万人次全民健身爱好者们参与其中，掀起快乐健身新热潮。线下赛自2023年2月5日首项赛事定向赛开赛至最后一项围棋比赛结束，历经211天的激烈角逐，圆满完成39个大项，270个小项的赛事活动，有来自全市各行各业的4.7万余名健身爱好者的热情参与、直接参赛，体现出“全民参与、全民运动、全民健康、全民幸福”的办赛主题。6月12日，2023年合肥市全民健身运动会在合肥市体育中心综合馆开幕，各代表团的选送的具有各地传统特色的全民健身项目展演作为开幕式文体表演节目，展示各地全民健身发展的成果。

【科学健身指导服务】 2023年，市科学健身指导中心深入社区、企业、农村基层一线，开展27场国民体质检测“五进”服务，为全市5000多名居民进行体质检测，完成5014份监测样本数据采集，采集样本合格率达到94.35%。完善社会体育指导员培训体系，完成947名二级社会体育指导员培训社会体育指导员培训任务，指导13个县（市、区）、开发区完成2675名三级社会体育指导员培训任务；开展市级“百名优秀社会体育指导员”评选表彰工作，激发一线社会体育指导员的指导热情。

【2023合肥马拉松】 2023年合肥马拉松于11月19日在滨湖新区融创广场鸣枪开跑，参赛规模为3万人，其中马拉松（42.20千米）10000人，半程马拉松（21.10千米）12000人，欢乐跑（约8千米）4000人，亲子跑(约2千米)4000人。经过激烈角逐，董国建以2小时10分16秒的成绩摘得全程马拉松男子组冠军，姚妙以2小时29分30秒的成绩获全程马拉松女子组冠军；吴向东和潘红分别获得半程马拉松男子组和女子组冠军。

2023合肥马拉松全程、半程采取抽签制，欢乐跑、亲子跑采取先到先得制的报名方式。全程、半程报名选手总和突破5万人，综合中签率约为44%，亲子跑在开放报名后1分45秒即全部报满，报名期间总访问量达157.16万。49.60%的选手来自合肥市以外，外籍选手37人，年纪最大的跑友是1937年4月15日出生，参加全程马拉松；年纪最小的2022年11月17日出生，参加亲子跑项目。专门设立马拉松城市跑团赛、知名高校邀请赛。城市跑团赛报名100支队，分别来自省内外的18个城市。通过组织跑团赛加强“合马”与兄弟城市马拉松的交流，不断扩大“合马”朋友圈，提升“合马”影响力。

为保障赛事运行，比赛期间配置救护车30辆，设置23处医疗点位，从市属各医疗机构抽调医护人员72名，分布在赛道相关位置，确保有突发状况可第一时间处置。安排专业裁判员327人，主要岗位人员均由国家级裁判员担任，从在合肥高校招募志愿者3738名。沿途设立移动公厕650个，每隔2.5千米设置饮料、饮水、用水站，总

2023年10月，合肥高新技术产业开发区全民健身运动会现场

（高新区管委会/供）

投放近16万瓶矿泉水，10万瓶饮料。提供2条市区免费公交摆渡专线、1条骆岗公园终点摆渡专线和免费乘坐地铁服务，方便跑友出行。

【2023环巢湖骑游大会】 2023年6月3日上午，2023环巢湖骑游大会在渡江战役纪念馆南广场正式启动，1500名骑友相聚巢湖岸边，共享骑行乐趣。本次活动由合肥市体育局、包河区人民政府共同主办，合肥市全民健身中心、包河区教育体育局共同承办。该次骑游大会设置男子组、女子组、家庭组3个组别，单独设立“我爱合肥”国际友人骑游组；参赛选手们从渡江战役纪念馆南广场出发，往西沿环湖大道骑行，至牛角大圩景区内绕行返回；返回时，沿环湖大道南侧观光车道至渡江战役纪念馆南广场胜利之塔（终点），全长约30千米。

（石　峰）

竞技体育

【概况】 2023年，合肥市竞技体育、青少年体育工作按照国家、省、市体育工作部署和要求，以建设体育强市为目标，积极实施奥运争光计划，采取举市体制与市场机制相结合的方式，形成“政府主导、部门协同、社会参与、政策保障”的竞技体育和青少年体育发展格局，体育事业人才基础不断夯实，体育强市建设步伐稳步迈进。2023年合肥市参赛省级赛事共获333个第一名。李志勤在成都世界大学生运动会上获武术散打女子60公斤级冠军、朱海兰在美国举行的第十六届世界武术散打锦标赛中勇夺女子70公斤级冠军、吴晓微获世界武搏运动会女子散打60公斤级冠军。

2023年8月3日，合肥姑娘李志勤（蓝方）在成都第31届世界大学生夏季运动会武术散打女子60公斤级决赛中夺冠　　（市体育局/供）

【参赛杭州亚运会】 第十九届亚洲运动会于2023年9月23日至10月8日在浙江省杭州市举行。安徽省有28名运动员入选，其中合肥选手有5人，分别为吴晓薇（武术散打）、赖晓晓（武术套路）、兰明豪（击剑）、俞思源（赛艇）、饶原源（手球）。经过顽强拼搏，最终吴晓微获得散打女子60公斤级冠军、俞思源获得赛艇女子八人单桨冠军、赖晓晓获得武术女子剑术枪术全能冠军，创合肥选手参赛亚运会最好成绩。

【参赛第一届全国学生（青年）运动会】 第一届全国学生（青年）运动会于2023年11月5日—15日在广西壮族自治区举办，安徽省有合肥、滁州2个城市参赛。本届运动会设公开组和校园组（中学、大学）两大组，其中公开组设37个大项437个小项；校园组设10个大项，分中学和大学两个组别。体育部门负责公开组的报名参赛，教育部门负责校园组的报名参赛。在公开组比赛中，合肥市有569人次参加举重、射击等33个项次的预赛，其中173人在113个小项上获得决赛资格。最终，合肥市在公开组和校园组比赛中获得6枚金牌、6枚银牌、13枚铜牌，其中公开组在省会城市总成绩排名第15位。

【优化竞技体育项目布局】 2023年，合肥市完善项目布局，既全面对接省运会设项，又瞄准全运会、奥运会设项，积极培养输送体育后备人才，2023年1月，制订印发《合肥市运动项目训练布局方案》，新周期全市共设31个大项，其中29个项目面向省运会和全运会，在发挥局属训练单位专业教练员培养作用的同时，坚持开门开放办竞技体育，鼓励、支持社会力量参与20个项目的青少年训练和人才培养，与7个县（市、区）教育体育局共建6个项目的市队。2023年度注册运动员有12345人，同比提升33%。

（石　峰）

体育产业

【概况】 2023年，市体育局以满足群众对美好生活的需求为根本，以全民健身、竞技表演为基础，以成为国民经济支柱性产业为方向，持续优化营商环境，助力企业发展，推动体育产业高质量发展。全市体育产业总规模约400亿元，增加值约157亿元，占全市地区生产总值（GDP）的1.24%。

【首届智慧体育创新创业大赛举办】 2023年，合肥智慧体育创新创业大赛由合肥市人民政府、安徽省体育局主办，合肥市体育局、合肥市科技局、合肥市投资促进局、合肥高新区管委会、合肥市产业投资控股（集团）有限公司承办，大赛以“智慧助力体育 科技促进健康”为主题，共收到来自全国各地报名参赛项目达230个。经过初赛、复赛层层筛选，最终10组企业单位和10组创业团队入围决赛。经过激烈的角逐，各组别分别评出一等奖1名、二等奖2名、三等奖3名。项目获奖单位现场与合肥高新技术产业开发区管理委员会进行意向签约，将优先享受项目落地政策支持。该次大赛聚焦体育产业创新模式，整合智慧体育创新创业资源，挖掘质量高、应用性强、可落地的智慧体育产业项目和创意，旨在促进项目在全省体育领域共享和转化，推动智慧体育产业高质量发展。

【城乡居民体育消费调查】 2023年，市体育局委托第三方组织开展2020—2022年度合肥市城乡居民体育消费调查。调查显示，2022年，合肥市居民体育消费总规模252.80亿元，人均体育消费2624.20元，较2021年（2531.00元）增长93.20元，较2020年（2275.50元）增长348.70元；人均体育消费支出占城乡居民人均消费支出的9.10%。合肥市各县（市、区）人均体育消费逐年增长，其中，中心城区体育消费水平接近国内体育消费发达地市。包河区、蜀山区和庐阳区，经济发展水平较高，2022年，人均体育消费在3400元以上，与深圳市、上海市等体育消费水平较为接近。在消费结构上，受疫情影响，市体育场馆、健身房等线下集聚场所消费明显下降，健身休闲人均消费支出343.60元，较2021年（428.20元）减少84.60元，较2020年（453.70元）减少110.10元，占全市人均体育消费支出的13.10%。但居民体育用品消费，尤其是个性化、时尚型的体育用品消费需求增加，如智能运动装备、可穿戴运动设备需求不断上升。2022年，合肥市居民体育用品人均消费1579.00元，较2021年（1498.80元）增长80.20元，较2020年（1402.30元）增长176.70元，占全市人均体育消费的60.20%，近三年增长12.60%。

【体育彩票销售】 2023年，合肥体彩累计销售45.49亿元，同比增长41.02%，占全省总销量的30%，募集体彩公益金9.16亿元，其中市县两级3.05亿元，市本级2.42亿元。三大类玩法中，乐透型销售6.78亿元，同比增长8.10%；竞猜型销售32.07亿元，增长36.35%；即开型销售6.64亿元，增长169.65%。全年建成商业综合体展示体验中心34家，行业便利店356家，在售门店1978个，就业超3500人。

（石　峰）

第五届全国智力运动会筹备

【概况】 2023年，第五届全国智力运动会（以下简称“五智会”）由国家体育总局棋牌运动管理中心主办，安徽省体育局、合肥市人民政府承办。合肥市经过4年筹备，创新思维举措，精心高效组织，细致周到服务，于10月25日至11月4日圆满完成各项赛事内容。运动会以“赛”为核心，简约举办开（闭）幕式，拓展举办“展”“论”“进”等活动，促进竞技体育、群众体育、体育产业、体育文化相互融合。运动会受到各级领导和社会各界高度评价和广泛赞誉，奉献了一场“简约、安全、精彩”的智力运动盛会。国家体育总局棋牌运动管理中心负责人表示，五智会是智运会历史上规模最大，参赛人数最多，宣传效率最好，综合效益最突出的一届智运会。举办过程中充满“合肥热情”“合肥温度”和“合肥创造”，赢得社会舆论和群众的一致好评，打造出独具特色的“合肥模式”，在智力运动发展历程中留下深刻的“合肥印记”。

【比赛情况】 2023年，五智会设围棋、象棋、国际象棋、桥牌、五子棋、国际跳棋6个大项58个小项，首次设立大众公开组，举办“我要上智运”全民棋牌全国网络大赛。来自31个省（市）、自治区，香港、澳门特别行政区，新疆生产建设兵团以及5个计划单列市、13个行业体协，共52个参赛单位近5000人直接参加本届比赛，超过380万人参与赛事选拔活动。

五智会6个大项分别由合肥市4个主城区及2个开发区承办，具体为庐阳区（围棋）、包河区（象棋）、蜀山区（国际象棋）、合肥经济技术开发区(桥牌)、瑶海区(五子棋)、合肥高新技术产业开发区（国际跳棋），6个承办赛区对标国际一流赛事标准，规范落实比赛场地、专业器材、配套设施，选调裁判员近500人。竞赛组织严谨专业，安全保障有序有力，赛风赛纪风清气正。该届智运会名将云集，其中有柯洁、辜梓豪、蒋川、谢靖、王玥、刘艳、曹冬、周伟等50多位获得过洲际、世界大赛冠军的选手以及获得杭州亚运会冠军的於之莹、郑惟桐、左文静、韦奕、朱锦尔、余修婷、黄艳、冉静蓉等选手参赛。

【全国智力运动会博览会】 2023年，第五届全国智力运动会博览会暨2023中国·合肥智慧体育博览会于10月25—28日在滨湖国际会展中心综合馆举办，展出总面积2万平方米，参展企业100余家、涉及300多个智慧体育新技术、新产品品牌，其中省外企业占比81%，本土企业占比19%，为历届之最。现场集科技性、互动性、趣味性为一体，为观展者提供交互式、沉浸式体验。博览会现场举办魔方、电竞、记忆等拓展类赛事5项，开展“坐庄挑战”“大师车轮战”“国际象棋知识讲堂”等智力运动项目推广活动13场。同步开展博览会创新奖评选、合肥市文体产业招商推介会，有42家企业分别获得“综合类智慧体育创新奖”“场馆场地设施类智慧体育创新奖”“产品及技术类智慧体育创新奖”“智力运动行业创新奖”。该届博览会通过顶格谋划、匠心办会，聚焦物联网、云计算、大数据、人工智能等新技术在智力运动暨体育应用领域的探索和实践，4天共吸引来自全国31个省市、自治区体育系统、教育系统和文旅系统以及经销商、采购商、体育爱好者等25657人次现场参观洽谈。现场实现订单交易额595.30万元，合作意向金额1200.50万元。

2023年10月25日，第五届全国智力运动会开幕 （市体育局/供）

【AI+智力运动研讨会】 2023年10月27日，第五届全国智力运动会AI+智力运动研讨会举办，与会嘉宾围绕人工智能和智力运动发展主题开展研讨，聚焦AI+智力运动高质量融合发展。研讨会上，8位人工智能企业代表就数字赋能共建智力运动产业新生态、智力运动数字化的创新与发展等进行了分享。其中，人机对弈是AI在棋类赛事发展中备受关注的内容。

在当日的圆桌论坛会议上，国际象棋国际特级大师、中国国际象棋协会主席叶江川，中国象棋协会副主席王志强，上海市棋牌运动管理中心主任、上海棋院院长刘世振，象棋特级大师、杭州亚运会象棋男子个人冠军郑惟桐，围绕“人工智能助力智力运动高质量发展”主题进行讨论和交流。

【“五进”活动】 2023年国际友人环巢湖骑游活动，共同游览巢湖风光。五智会筹备期间，五智会组委会开展进校园、进机关、进企业、进社区、进农村“五进”活动，推广普及智力运动项目，拓宽群众参与赛事途径，市教育局、市经信局积极发动学校、相关企业参与“五进”活动，共开展“五进”活动200多场。在五智会举办期间，“五进”活动深入16所学校、15个社区、6家企业，举行“进赛场”“进园博园”“进商圈”专场，参与人数达到5万余人，在合肥掀起广泛参与智力运动的热潮。组委会还邀请多位冠军、名手、大师共同参与“五进”活动，王汝南、曹大元、江维杰、於之莹等著名棋手走进合肥源祥置业有限公司与职工下指导棋；杭州亚运会第200金获得者郑惟桐做客安徽农业大学为安农学子进行主题演讲；新科世界冠军丁立人走进国际象棋网络直播间，作为讲棋嘉宾与棋迷互动；中国桥牌协会党支部联合合肥经开区社会发展局机关党支部在桥牌赛区组织开展支部活动；汪文松、严佳等国际跳棋大师在瑶海特色商业街——徽商二号门开展国际跳棋棋局挑战，与居民面对面切磋棋艺；世界五子棋锦标赛女子冠军吴志琴到兴园社区服务中心，面向社区居民，开展五子棋运动推广及水平提高活动。

【开闭幕式】 2023年，五智会开（闭）幕式贯彻“简约、安全、精彩”的要求，开幕式分为传统开幕仪式和特色文体演出两部分。开幕式总时长45分钟，《智迎天下》《智合皖美》《智能弈彩》《智美绽放》4个文体演出节目共15分钟，节目内容将合肥历史、文化、人文相融合，让智力运动与科技智慧相呼应，展现智力运动魅力，弘扬智力运动文化，展示合肥产业发展成就。开幕仪式中，杭州亚运会象棋冠军郑惟桐代表运动员宣誓。闭幕式包括赛事回放、常规议程、颁奖环节、文体演出、会旗交接仪式等。开、闭幕式分别在合肥滨湖国际会展中心、合肥市青少年活动中心进行。

【服务保障】 2023年，合肥市制定五智会对口接待、会议餐饮、住宿安排、用车保障等专项方案，安排42个接待单位“一对一”专项服务参赛代表团，竭力做到热情好客、细致服务。优化赛会场地外部环境、内部设施，协调保障2700多间客房、200多辆车辆，安排专属赛会菜肴，赛区举办集体生日会，为在合肥期间过生日的运动员、裁判员人员庆祝。精心招募优秀青年志愿者近1000余名，累计服务时长近20000小时，经过市情、礼仪、赛事等培训，为五智会各个方面提供志愿服务。制定参赛选手、大会来宾专项旅游服务方案，推出4条精品旅游线路，串联园博园、包公园、三河古镇、安徽创新馆等重点景区，提供市区免费旅游、免费乘车服务。五智会期间累计开行轨道交通27205列次列车，整体运行平稳准时，运营各线路共安排15列备用车上线，确保运力充足。国网合肥供电公司出动29支应急处置队伍，累计出动各类保障人员120余人次，应急处置车辆34台次，确保活动期间的电力安全。市应急局牵头供电、移动、联通、电信等单位，累计投入网络优化、巡检维护人力280余人次，出动各类保障车辆110余台次，应急设备10余套次，网络测试里程数达1500余千米，确保开、闭幕式现场以及各个比赛现场的4G和5G网络设备运行状态均正常，语音通话和网速均良好。

赛会的优质服务，得到各代表团一致好评，湖南、海南、黑龙江、新疆、厦门等代表团分别向组委会、对口接待单位发来感谢信、锦旗等表示感谢。西藏自治区代表队为桥牌志愿者献上哈达，表达祝福与感谢。

（石　峰）

责任编辑：赵永军

社会民生

劳动就业

【概况】 2023年，合肥市人力资源和社会保障局（以下简称“市人社局”）突出就业优先导向，完善充分就业体系，保障企业用工，创新就业服务模式，释放创业带动势能。全市就业规模持续扩大，新增就业参保47.41万人，同比增长8.76%。成功申报国家2023年公共就业服务能力提升示范项目。城镇常住居民人均可支配收入59609元，同比增长6.10%。

【就业政策优化】 2023年，市人社局出台“春节稳岗6条”政策，落实“提信心拼经济9条”等援企稳岗政策，抓好社保减征返还、援企稳岗等各项稳就业举措，稳定市场主体就业用工招录规模，保障各类群体就业。全年减征15.50万户参保单位、243万参保人员失业保险费7.24亿元；发放稳岗扩岗类补贴6067.90万元，惠及市场主体4674家（次）。城镇新增就业14.93万人，入选国家2023年公共就业服务能力提升示范项目和全国公共就业创业服务示范城市创建名单。

【企业招工服务】 2023年，市人社局落实“三级三方”（“三级”即省、市、县三级人社部门，“三方”即人社部门、人力资源服务机构、培训机构）和人社服务专员机制，市、县两级重点包联企业扩大到440家，开通“12345”企业用工服务热线，全年服务重点企业招工24万人（次）。举办线上线下招聘，开展2023年“春风行动”、退役军人就业服务月、民营企业招聘月等专项招聘活动，全年举办各类招聘活动10726场（线下5651场，线上5075场），服务企业20万家（次），提供岗位494万个（次）。实施“网红带岗”“专场带岗”“走播带岗”等多样化岗位推介，全年开展专场带岗214场，全网播放量4300万人（次）。创新校企对接模式，分产业组织开展新能源汽车暨智能网联汽车产业、智能家居产业等7场校企对接会，向重点产业输送技能人才5100人。

【高校毕业生就业】 2023年，合肥市新增就业参保大学生35.20万人。打造“合肥请您来，20万个岗位供您选”就业品牌，推进求职招聘线上线下深度融合，全年举办13场大型专场招聘，10.40万名高校毕业生达成就业意向。开展春秋两季“招才引智高校行”，3000余家（次）企业赴全国16座城市、43所高校开展推介，达成就业意向1.20万人。多行业挖掘就业岗位，扩大青年就业容量，全

2023年9月4日，“合肥请您来，20万个岗位供您选”第六期高校毕业生现场对接会举办
（合肥日报传媒集团/供）

年开发政策性岗位 1.50 万个、市场性岗位 23 万个。统筹校园招聘、职业指导、就业见习、实名制帮扶等举措，促进高校毕业生就业。试点开办“求职能力实训营”，对 900 名未就业毕业生开展培训，承办人力资源和社会保障部 2 次现场观摩活动。

【就业帮扶】 2023 年，市人社局个性化帮扶困难群体就业，兜牢就业底线，开发 1.10 万个公益性岗位，帮扶 6.10 万名就业困难人员和失业人员实现再就业；新招引大学生 35.20 万人，1.75 万名离校未就业高校毕业生实名制帮扶 100%，去向落实率达 94.60%；统筹职业指导、就业见习等举措，全年开发见习岗位 9604 个，组织 4153 名见习人员上岗，帮扶青年 2.90 万人。全市脱贫人口务工就业 8 万人，在岗乡村公益性岗位 7145 人，建设就业帮扶车间 17 个，吸纳脱贫劳动力 185 人，建档立卡渔民 100% 完成转产就业。推进“三公里”就业圈提质增效，基层帮扶实现就业 1.67 万人。

【创业型城市建设】 2023 年，合肥市推进创业合肥行动，实施“创投城市计划”，全年投入创业资金 8.46 亿，发放创业担保贷款 37.80 亿元，带动吸纳就业 3.80 万人。强化创业要素保障，开展“源来好创业”青年创业资源对接服务季活动，举办“创业安徽”等赛事和“创投风投线上客厅”等对接活动 2000 余场，吸引高水平创业团队和优质创业项目在合肥落地，净增市场主体 17.60 万个，支持高校毕业生、科研人员、返乡人员等创业者创业 2.45 万人。打造优质创新创业生态，新认定 2 家园区为省级青年创业园、5 家园区为省级农民工返乡创业示范园。（省级青年创业园即：IE 果园创业园、合肥经济技术开发区创新创业园；省级农民工返乡创业示范园即：杨庙镇马郢社区农民工返乡创业园、工投•立恒工业广场二期科创园、夏阁园区农民工创业园、高新智造产业园、青网科技园）强化创业能力提升，组织开展各类创业培训，全年开展创业培训 3.48 万人（次），其中线下培训 2.18 万人（次）。

（许 蕾）

人 事

【概况】 2023 年，市人社局推广事业单位人事管理信息化系统，推进事业单位人事管理信息化、规范化；指导县、区管理岗位职员等级晋升工作，激发基层干部干事创业活力。全年组织实施人事考试 70 项，考生人数 48.10 万人，考试科次首次突破百万，达 104.60 万科，同比增长 51%，各项考试均安全有序。

【人事管理信息化】 2023 年，市人社局推广事业单位人事管理信息化系统，开展市直事业单位系统上线前的数据采集和系统账户申请的权限授权工作，完成 1.70 万名事业单位人员信息系统录入、岗位核对工作。通过线上视频会议形式，完成经办人员业务培训。编印《事业单位人事管理政策口袋书》，方便各县区、事业单位和主管部门了解岗位管理制度、把握政策内涵、落实政策规定。

【职称评审电子化】 2023 年，合肥市职称评审实现电子化。工程、农业、中小学（幼儿园）教师等 12 个（3 个高级、9 个中级）专业系列职称评审及乡村振兴人才评选工作全部实行网上申报和评审。其中公证员专业职称资格评审、乡村振兴人才评选均为首次开展。各专业系列 10515 人申报，评审通过 8074 人，通过率 77%，申报人数同比增长 34%。

2023 年 11 月 26 日，中央机关及其直属机构考试录用公务员合肥考区笔试现场

（袁立廷 / 摄）

【事业单位公开招聘】 2023年，市直事业单位公开招聘242人。审核聘用市属中学公开招聘178人，同意接收144名公费师范生，引进急需紧缺人才50人。合肥职业技术学院公开招聘3人，合肥幼儿师范高等专科学校公开招聘7人。合肥大学公开招聘58人。定向招聘西藏籍高校毕业生2人。

【人事考试】 2023年，合肥市全年组织实施人事考试70项，考生人数48.10万人，考试科次104.60万科。合肥市人事考试中心首次独立完成合肥市2023年急需紧缺专业公务员专项招考工作，为战略性新兴产业发展提供人才保障。考录公务员面试工作中，在全省率先采用“结构化小组面试”方式，多角度、多层次衡量考生综合素质。

（许　蕾）

人　才

【概况】 2023年，市人社局推动人才链与创新链、资金链、产业链深度融合，坚持活动聚才和校园引才双向发力，拓宽专技人才职称评审专业范围，推进人力资源信息化管理系统进企业，优化用工对接服务，完善职业技能培训。全市技能人才规模达150万人；在全省率先组建人工智能、集成电路和量子信息专业高级职称评审委员会，新认定各类高层次人才5018人；人力资源机构达1264家，同比增长16.39%，规模以上企业195家，同比增长25.80%。

【人才服务】 2023年，合肥市聚焦人才“引、用、留”，对486家重点产业企业、新型研发机构的9769名高层次人才发放岗位补贴，对18家集成电路企业引进168名高层次人才予以奖补，累计投入专项资金超2亿元。兑现878名社会工作者专项工作经费58余万元。发放79人（次）终身享受国务院特殊津贴经费28.14万元。招募73名高校毕业生参加支农、支医和帮扶乡村振兴工作。

【人才合作】 2023年，合肥市与清华大学、北京大学、复旦大学等15所高校签署共建研究生社会实践合肥基地协议。有23名合作高校博士研究生暑期来合肥重点企业、科研单位开展为期6周的社会实践活动。合肥基地年度各项工作得到清华大学等高校肯定，星级评定升级为“三星级基地”。

【人才培养】 2023年，合肥市设立博士后科研工作站175家、流动站8家63个站点，新增进站博士后949人，在站人数达2983人，占全省78.90%。承办全国博士后揭榜领题暨博士后学术交流活动，吸引200多名来自全国各地的博士、博士后人员参加。支持博士后人才参与各项赛事活动，促进科研成果转化落地和成长成才，遴选组织295个项目参加国家、省博士后创新创业赛活动，获得各类金奖1名、银奖9名、铜奖14名。新增国家级技能大师工作室1家、省级10家，国家级高技能人才培训基地1家。（国家级技能大师工作室即：王怀祥技能大师工作室；省级技能大师工作室即：韩宏圆技能大师工作室、董慧技能大师工作室、夏明立技能大师工作室、周隆兴技能大师工作室、王飞技能大师工作室、丁延松技能大师工作室、郭宇技能大师工作室、黄彦军技能大师工作室、盛国超技能大师工作室、何晨技能大师工作室；国家级高技能人才培训基地即：合肥腾飞高级技工学校）1人获评江淮杰出工匠，15人获得省技能大奖，1人获评省技能人才培育突出贡献个人。承办第三届全国新能源汽车关键技术技能大赛安徽省选拔赛。在中华人民共和国第二届职业技能大赛中获1枚金牌、1枚铜牌及11个优胜奖，实现金牌“零”的突破，获人力资源和社会保障部通报表扬。

【人才评审评价】 2023年，合肥市深化人才评价机制改革，创新开展柔性认定、预认定、深空探测研究院自主认定等工作，新增企业自主评价备案10家。新认定各类高层次人才5018人，累计认定各类高层次人才19953人。实施“人才链”服务“产业链”，优先服务各重点单位人才认定，市重点产业链765家企业认定1.28万人。拓宽专技人才职称评审专业范围，争取创新设立职称评审特色专业，在全省率先组建人工智能、集成电路和量子信息专业高级职称评审委员会。对海外高层次人才和急需紧缺人才，不受学历、资历等条件限制直接申报高级职称，评审通过23人，居全省首位。

【人力资源服务业】 2023年，合肥市人力资源机构达1264家，同比增长16.39%；1—12月营业收入471.56亿元，同比增长27.88%。规模以上企业195家，同比增长25.80%；规模以上企业1—

12月营收354.5亿元，同比增长9.60%。全市人力资源服务机构帮助528.78万人（次）实现就业、择业和流动，13家机构登省服务业百强榜，2个项目获全国人力资源服务创新创业项目大赛二等奖。人力资源信息化管理系统入驻企业达2192户，提供专业化、规范化用工对接服务。开展清理整顿市场秩序专项行动，执法检查52次，检查机构283户（次），查处案件94件，集中约谈企业20余家，公布“非法职介”名单两批次，推送市场监管部门失联企业12家。

【职称评审】 2023年，合肥市完成全省“引进海外高层次人才和急需紧缺人才”职称评审绿色通道申报，评审通过23人。首次开展合肥市2023年度乡村振兴人才评选工作，组织推荐申报乡村振兴高级人才102人，获评77人；完成乡村振兴人才中初级评选标准条件制定和评审工作，获评中级职称250人、初级职称460人。开展2023年度职称评审工作，完成申报材料审核14233人，审核通过12489人。开展委托推荐工作，向省各高级职称评审委员会委托推荐3777人。统筹指导完成各系列职称评审工作，总计申报审核上会12489人。开展年度职称直接认定工作，受理并推荐博士后研究人员认定高级职称7人；受理申报中初级直接认定材料1685人，通过1677人。

【技工教育】 2023年，合肥市首次开展技工院校评估工作。印发《关于推动全市技工院校安全管理和人才培养的通知》，建立校园警情、信访投诉、安全事故、舆情事件、人才培养、技能竞赛等与招生指标挂钩机制。出台《关于推进合肥市技工院校产教融合校企合作的实施意见》，推行技能人才校企合作培养模式，共建校企合作班416个，合作培养技能人才1.97万人。制定《民办技工院校资金管理的若干举措（试行）》，建立年度审计制度，防控办学风险。创新校企对接模式，分产业组织开展新能源汽车暨智能网联汽车产业、智能家居产业等7场校企对接会，向重点产业输送技能人才5100人。推进技工院校“双高计划”（即中国特色高水平高职学校和专业建设计划），2所技师学院入选省高水平技师学院建设项目，3所高级技工学校入选省优质技工学校建设项目，2个专业群入选省高水平专业群建设项目。承办第九届全省技工院校体育运动会。

【技能培训】 2023年，合肥市补贴性职业技能培训完成20万人，完成目标任务181.82%，其中农民工技能培训目标任务27500人，完成培训38365人，完成率139.50%。实施产业链人才赋能行动，引导集成电路产业链、新型显示产业链、新能源汽车和智能网联汽车产业链等重点产业链入库企业3153家开展企业新录用人员岗前培训和企业职工岗位技能提升培训21135人。推进新徽菜·名徽厨暖民心行动，完成徽菜师傅技能培训5761人，新增徽菜师傅6589人，推荐4人入选省级“徽菜名厨”，认定市级创新徽菜“名厨”39名。举办合肥市第二届新徽菜·名徽厨专项职业技能竞赛。

【技能人才评价】 2023年，合肥市备案人才评价机构143家，其中企业59家、技工院校13家、社会培训评价组织71家。新增技能人才19.15万人，其中取得高级工以上的8.76万人。发挥企业在技能人才评价方面的主体作用，自主制定评价规范、灵活评价方式，开展自主评价1.48万人。推行企业可增设特级技师和首席技师技术职务（岗位），补设学徒工，形成由学徒工、初级工、中级工、高级工、技师、高级技师、特级技师、首席

2023年9月19日，安徽新东方烹饪高级技工学校参赛选手杨萧剑（中间）在中华人民共和国第二届职业技能大赛烹饪（西餐）项目中获得金牌
（安徽新东方烹饪高级技工学校/供）

技师构成的职业技能等级（岗位）序列，开展“新八级工”等级认定，组织在合肥企业试点特级技师和首席技师评聘，全市有特级技师评聘单位6个、首席技师评聘单位2个，26名企业职工经评聘获特级技师证书，4名企业职工获首席技师证书。首次试行高技能人才“统考周”制度（即在评价机构开展日常评价基础上，遵循统一标准、统一时间、统一考务管理原则，集中于每年5月和9月的第1周或第3周开展高级工及以上等级评价。劳动者可通过安徽省技能人才评价信息服务平台查询评价机构、计划公告、职业标准等信息），开展27个职业工种的统考。实行“无题库不评价”，自2023年9月1日起理论科目全部实行机考，利用人工智能技术，实现人脸识别身份、随机组卷、自动评分等功能。

（许　蕾）

2023年3月，市人社局实地调研市七十五中学，解决教师待遇问题（潘　然/摄）

工　资

【概况】　2023年，合肥市服务企业用工管理，推动落实最低工资标准，完善事业单位收入分配政策体系，做好教师待遇保障等工作，落实卫生等行业绩效改革，以绩效工资改革助力事业单位高质量发展。

【工资收入分配指导】　2023年，市人社局指导工资收入分配宏观调整，发布2023年人力资源市场工资价位，推动落实最低工资标准。开展企业薪酬调查，累计调查超35万名劳动者，指导52户制造业人工成本监测样本单位上报信息。发布2022年市属企业负责人基本年薪基数，督促指导薪酬发放及信息披露工作开展。

【教师待遇保障】　2023年，合肥市强化中小学教师待遇落实保障长效机制，开展中小学教师待遇落实情况调查，督导各县（市、区）中小学教师待遇落实情况。落实提高民族班教学和管理人员待遇、特殊教育津贴、高校专职思政课教师、专职辅导员岗位津贴等工资倾斜政策。

【公立医院薪酬制度改革】　2023年，合肥市深化公立医院薪酬制度改革，完善公立医院薪酬水平决定机制。落实市妇幼保健、血站、院前急救机构实行“公益一类保障、二类绩效管理”，结合单位医疗卫生收入收支结余、年度考核等情况适度核增绩效工资，落实疫情防控新阶段医务人员各项激励措施。

【事业单位绩效改革】　2023年，合肥市推动事业单位绩效工资改革，赋予合肥大学等高校院所绩效工资使用更大自主权限。开展职业院校社会化培训核增绩效、中小学校参与课后服务人员核增绩效等工作。

（许　蕾）

社会保障

【概况】　2023年，市人社局扩大社保覆盖范围，推进个人养老金制度全国试点，开展社保经办机构基金管理风险防控措施落实情况专项监督检查，推行社保服务事项“一窗通办”综合窗口改革。全市城镇职工基本养老保险、失业保险、工伤保险参保人数分别达449.11万人（其中包含退休职工46.44万人）、238.41万人、285.27万人，分别完成省定目标任务的106.03%、100.96%、113.20%。城镇职工养老金平均增长127.56元；城乡居民基础养老金提高至220元，人均养老金238.43元，居全省首位。

【社会保障提标扩面】 2023年，市人社局制定《合肥市“数据找人计划”实施方案》，精确分析数据，提取合肥市正常经营有登记用工数量、纳税金额、企业法人手机号码的未参保单位6.99万户，将89.09万“中断缴费”人群按照参保年限和年龄进行分类，统计“应参未参”目标人群合计20.49万人；精准分类施策，统计约32万条登记有效手机号码的人员信息，分类发送短信，提醒单位或个人及时办理参保缴费。“数据找人计划”开展以来，8976户未参保单位办理参保登记；1.78万“应参未参”人群开始参保；9.50万“中断缴费”人员参保，接续缴费率11%。

全市社会保险基金征缴收入400.77亿元，其中养老保险基金征缴收入372.89亿元，失业保险基金征缴收入17.24亿元，工伤保险基金征缴收入10.64亿元。1309户4.34万人（次）参加补充工伤保险，新业态从业人员纳入保障范围。全市社保卡持卡人数达783.87万人。

【退休人员养老金】 2023年，合肥市按时完成43.58万企业退休人员养老金调整，调整后月均养老金水平2946.08元，全市人均养老金增加123.17元，调整的养老金于2023年7月底前全部发放到位。

【城乡居民养老保险基础养老金】 2023年，合肥市城乡居民养老保险基础养老金标准调整至220元。2023年12月底，合肥市城乡居民养老人均月养老金238.43元，居全省首位，高于全国城乡居民养老保险高质量发展180元的目标。

【机关事业单位养老保险】 2023年，合肥市参保单位2662家，在职131674人，退休73072人。基本养老保险总收入72.32亿元（其中征缴收入59.73亿元），职业年金总收入32.62亿元。合肥市本级参保单位443家，在职31098人，退休20090人。基本养老保险总收入23.53亿元（其中征缴收入18.04亿元），职业年金总收入7.82亿元。

【失业保险发放】 2023年，市人社局按时足额发放各项失业保险待遇，保障失业人员基本生活，支付75850人（次）失业保险金7.77亿元。代缴基本医疗保险费1.44亿元，丧葬抚恤补助213.25万元。向4.27万人（次）发放失业补助金8153.38万元，为580名特困失业人员发放元旦、春节期间一次性生活补助69.60万元。及时调整失业保险金标准，由原每人每月1485元调整到1854元，每月增加369元。

【工伤保险】 2023年，合肥市工伤保险参保人数285.27万人，同比增长14.98.%；工程建设项目参保3869户，1309户43404人（次）参加补充工伤保险。工伤保险基金总收入10.89亿元，待遇支出9.90亿元，受理办结各项待遇约3万人（次）。全年完成工伤认定案件14759件，其中行政诉讼案件681件、行政复议案件175件；完成劳动能力现场鉴定11494人（次），作出鉴定结论合计11217件。推进工伤预防工作，全年工伤预防项目参训单位944个，培训人数约3500人。分析近三年工伤事故、基金支缴率高的企业及相关行业，完成2024年度预防项目遴选工作。

【多层次养老保险体系构建】 2023年，合肥市推进年金制度落实和个人养老保险业务发展，在全省率先启动安置在事业单位的非在编退役军人企业年金工作，拓展企业年金覆盖范围，全年新建企业年金90户，构建以基本养老保险为基础、以企业（职业）年金和个人养老金为补充的养老保险体系。

【助企纾困】 2023年，合肥市将1.36万户困难企业纳入市级缓缴企业“白名单”，截至6月，受理缓缴申请1298户，累计缓缴金额5.78亿元，其中养老保险缓缴金额4.79亿元，工伤保险缓缴金额6120.67万元，失业保险缓缴金额3847.94万元（注：合肥市阶段性暂缓缴纳社会保险费政策于2023年6月申报结束，该数据为2022年4月至2023年6月政策申报执行期间累计数据）。阶段性降低失业保险费率，“免申即享”，1-11月，为约15.5万户参保单位、243万参保人员累计减负失业保险费72407万元(注: 2023年12月起，社保费征收职能划转税务部门）。

【基金管理】 2023年，市人社局委托第三方开展社保经办机构基金管理风险防控措施落实情况专项监督检查，配合完成就业补助资金和失业保险基金审计。加强专项基金检查，做好岗位权限管理、待遇支付规范性和基金支付管理等方面风险防控。推进失业保险基金专项整治行动，人力资源和社会保障部失业保险基金管理问题专项整治验收评估组给予肯定。开展社会保险高风险业务监督检查，健全稽核内控制度，提升基金管理风险防控能力。开展违规领取基金追缴专项行动，加大追缴力度。复核复检各险种疑点数据，强化对职工提前退休、一次性补缴费、工伤认定、劳动能力鉴定等重点业务监督核查。

【服务便民】 2023年，市人社局实施社保服务事项“一窗通办”综合窗口改革，157项社保类业务纳入综合窗口运行，实现“一窗通办”，试运行期间社保大厅高峰期日叫号量达1030个；全年社保大厅累计服务群众超30万人（次），办理打包业务3.80万件。实施退休待遇申领网上“预约办”、灵活就业人员养老待遇“一键办”、企业退休人员遗属待遇“自助办”、社银合作“就近办”、社税业务“联合办”。推进“全省一单”（即依据国家目录清单、省权责清单和公共服务清单，将全省市、县级政务服务事项范围、名称、类型、申请材料、承诺时限、办理流程、办理深度和行使层级等要素进行标准化统一，形成全省统一的政务服务事项办理模式。）和“一件事一次办”工作，完成清单事项认领，加强市县协同，落实企业录用员工等10个“一件事一次办”项目。

【“12333”人社热线便民服务】 2023年，市人社局“12333”来电总量158.05万个、外呼服务3.71万个，综合接通率保持在99%以上。受理“12345”热线平台转办业务4.76万件，受理“12333”转办业务1911件。上线省“12333”智能知识库系统，实现服务全过程监管，1.20万条高频事项和热点扩展问充实至数据库。助力“合肥请您来”报名及费用审核工作，报名审核3.10万人，交通补贴审核8883人。5月，全国“12333”（合肥）现场观摩交流会顺利召开。

【居民服务“一卡通”】 2023年，合肥市“一卡通”（即居民社保卡）持卡人数783.87万人，换发三代卡439.60万张，电子社保卡（含省直）签发633.50万张，即制卡网点872个。修订完善居民服务应用目录（第二批）207项，实现全开通。开展“一卡通”惠民服务活动，惠及持卡群众，优惠金额305.38万元。

（许 蕾）

2023年5月，人社部信息中心、全国各地12333负责同志观摩合肥市人社局12333现场 （市人社局/供）

劳动用工与劳动监察

【概况】 2023年，市人社局提升劳动关系公共服务，创新劳动关系协调队伍品牌，开展新就业形态劳动者权益维护，构建根治欠薪长效机制，劳动关系治理机制和劳动者权益保障制度进一步健全。

【创建和谐劳动关系】 2023年，合肥市12个省级以上开发区（工业园区）劳动关系公共服务中心建成运营，点对点指导78户和谐劳动关系培育企业提升管理水平。举办合肥市首届劳动关系协调员职业技能竞赛，培育选树10名金牌劳动关系协调员、5家金牌协调劳动关系社会组织。推广应用电子劳动合同信息平台，规范企业用工，全年累计签订电子劳动合同11.90万份，数量居全省首位。

【新业态从业人员劳动权益保障】 2023年，市人社局联合新业态行业主管部门，座谈平台企业，实施资源共享，更新工作台账。全年灵活就业28.43万人参保，新业态从业人员参加单工伤险2118人。加强新就业形态劳动者权益维护，13个县（市、区）全部成立新就业形态劳动者维权中心，推动新业态头部企业签订集体合同，调解新业态纠纷675起，受理新业态争议案件275人（次），涉及金额671.71万元。

【农民工工资支付】 2023年，合肥市开展集中整治拖欠农民工工资问题专项行动、政府及国有投资工程保障农民工工资支付专项整治、根治欠薪冬季专项行动等活动。市根治欠薪专班常态运行，市、县领导排班进驻接访点受理调处农民工欠薪投诉。全市各级劳动保障监察机构协调处理案件8946起，立案案件418起，为11119名劳动者追讨工资1.62亿元（其中，涉及建设领域农民工3471人，追讨金额1.29亿元）。以涉嫌拒不支付劳动报酬罪移交公安机关立案55起，采取强制措施60人，起诉38人，未发生因欠薪引发的重大群体性事件和极端事件。

【根治欠薪长效机制】 2023年，合肥市以落实保障农民工工资支付5项制度（即工资保证金、分账管理、银行代发、维权信息公示和实名制管理）为抓手，构建根治欠薪长效机制。3月，市委编办动态调整权责清单，6月，市“劳动监察综合执法指挥中心”建成运营，12月，增加安徽省巢湖管理局为市根治拖欠农民工工资工作领导小组成员单位。全年印发《安徽省工程建设领域农民工工资支付与监管指引（第一版）》7200册，印制20万张维权“二维码”在项目部、农民工安全帽等处张贴宣传，组织800余家建设单位集中培训51场、6200余人（次）。连续6年获省级保障农民工工资支付考核A级评价，市劳动和社会保障监察支队被评为安徽省根治拖欠农民工工资工作优秀集体，落实5项制度做法受到省委主要领导肯定并要求全省推广。

【劳动用工领域信用体系】 2023年，市人社局公示公布重大劳动保障违法行为18起，拖欠农民工工资失信联合惩戒对象名单4批（次），涉及13家建筑企业及11名责任人。开展劳动保障书面审查和守法诚信等级评价，线上审查13653家用人单位劳动用工情况，对13111家单位进行守法诚信等级评价，其中A级10360家，B级2747家，C级4家。认定市级劳动保障诚信示范单位39家，推荐省级劳动保障诚信示范单位24家。

【人力资源市场秩序清理整顿】 2023年，合肥市开展常态化人力资源市场清理整顿活动，整治人力资源服务机构各类违法乱纪行为，打击和取缔各类“黑职介”“黑派遣”。出动执法人员241人（次），检查人力资源服务机构及用人单位283户（次），查处各类违法违规案件94件，集中约谈企业20余家，公布两批次“黑职介”，公开曝光名单14家。

（许　蕾）

2023年1月9日，全市根治欠薪百日攻坚行动推进会召开（市人社局/供）

劳动争议仲裁

【概况】 2023年，市人社局推进基层调解组织建设，选树培育4家省级金牌调解组织，强化新业态劳动者权益保护，打造首家新业态调解组织；构建市、县、街镇分级负责、调裁结合、裁审衔接的争议调处体系，打造劳动人事争议多元化解闭环；推广组建农民工工资争议速裁庭，对欠薪案件开辟绿色通道。全年受理调解仲裁案件31283件，仲裁结案率99.30%。

【多元调处】 2023年，市人社局推进基层调解组织建设，印发《关于进一步加强劳动人事争议协商调解工作的实施意见》《基层劳动人事争议调解组织建设行动实施方案》，明确调解组织规范化建设标准和保障举措。构建市、县、镇三级调解网络，搭建诉裁调对接平台，开辟“先行调解+仲裁确认”快速解纷路径，全市设立仲裁院调解中心13家、组建乡镇（街道）调解中心149家。强化新业态用工争议调解，依托头部平台企业打造新业态调解组织，指导建立合肥维天运通新就业形态劳动者劳动权益调解

表 1　　合肥市省级金牌调解组织一览表

序号	组织名称	级别
1	庐阳区“法院＋工会＋人社”劳动争议诉裁调对接工作室	省级
2	紫蓬镇劳动人事争议调解中心	省级
3	蜀山区劳动人事争议调解中心	省级
4	合肥维天运通新就业形态劳动者劳动权益调解委员会	省级

表 2　　合肥市级金牌调解组织一览表

序号	组织名称	级别
1	安徽应流机电股份有限公司劳动争议调解委员会	市级
2	四里河街道劳动人事争议调解中心	市级
3	合肥高新技术产业开发区劳动人事争议联合调解中心	市级
4	望湖街道劳动人事争议调解委员会	市级
5	长丰县劳动人事争议调解中心	市级
6	巢湖市劳动人事争议调解中心	市级
7	庐城镇劳动争议调解委员会	市级
8	五里墩街道劳动人事争议调解中心	市级
9	莲花社区劳动人事争议调解中心	市级
10	荷叶地街道劳动人事争议调解中心	市级

委员会。开展打造金牌调解员、金牌调解组织行动，选树培育 4 家省级金牌调解组织、10 家市级金牌调解组织、10 名市级金牌调解员，夯实基层劳动关系治理基础。

【惠企助民】　2023 年，市人社局创新打造“三仲”服务，开展仲裁建议“说仲点”，锁定企业用工管理薄弱环节，带案走访、上门指导，点对点化解用工风险；组织劳动用工管理“仲享会”，聚焦“一类问题”，解答与会企业疑惑，预防化解行业、领域内劳动纠纷；上线“仲意庐州”劳动法规云课堂，开设线上课堂，紧盯用工热难点，解读劳动法律法规，剖析典型案例，提高用人单位依法用工意识、依法管理水平。持续以案释法，在人力资源和社会保障部政策法规专刊、省市人社部门官网及微信公众号等平台发表文章、刊登劳动人事争议案例，巩固普法服务成果。全年举办“仲意庐州”云课堂 12 期、组织“仲享会”12 次、上门“说仲点”108 次，服务 1700 余家单位、3000 余人（次），刊登案例 182 篇。

【农民工工资争议速裁机制】　2023 年，市人社局印发《农民工工资争议速裁庭建设专项行动实施方案》，探索建立农民工欠薪案件线索移送机制，规范农民工工资争议案件处理程序衔接。组建速裁庭，配齐办案人员，引入法律援助制度，保障拖欠农民工工资案件及时处理。坚持行政执法、多元调解、末端确认相结合，开辟农民工欠薪案件绿色通道，发挥仲裁护薪作用。全年各级仲裁院速裁庭处理 549 件农民工工资争议案件，为 561 名农民工追讨劳动报酬 755.30 万元。

（许　蕾）

医疗保障

【概况】　2023 年，合肥市医疗保障局（以下简称“市医保局”）围绕群众“看病难”“看病贵”问题，完善医保政策，推进职工门诊共济保障制度改革，2 次降低起付线，惠及近 200 万参保职工；推进按疾病诊断相关分组付费（DRG）国家试点工作，获批成为国家医保数据“两结合三赋能”（“两结合”指发挥国家平台建设的统一性与地方业务需求的灵活性有机结合，医保数据“走出去”与相关数据“引进来”有机结合；“三赋能”是指加强医保数据对医保改革、管理和服务赋能）联系点，搭建“合肥医保医药服务”线上购药平台，完善医保“一网通办”服务，得到国家医疗保障局肯定并在全国推广；强化医保基金数据治理和信用监管，获批医保反欺诈大数据应用监管国家试点，合肥医保“拓展场景应用范围助推医保便民利企”入选全国优秀信用案例；在全省率先实现职工医保征缴综合柜员制服务，率先实施医保业务“同城通办”（即凡是合肥市参保人员，不再区分参保地，即可就近办理医保业务）并在全省推广，率先建立重点企业医保服务专员制度和医保服务站，率先推行协议管理医药机构网签协议并实现 100% 网签。合肥市医疗保障工作在全省考核中居第 1 位，第 4 次获省政府督查激励。

【城镇职工医保】　2023 年，全市职工参保 293.58 万人；全年门诊统筹结算 121.72 万人（次），门诊慢特病结算 147.65 万人（次），住院结算 41.93 万人（次），享受大病保险待遇 13.02 万人（次），职工医保政策范围内住院费用基金实际支付比例达 84.04%；全市城镇职工医保基金（含个人账户）总收入 109.20 亿元，支出 54.60 亿元，当期结余 54.60 亿元，历史滚存结余 238.90 亿元。

【城乡居民医保】　2023 年，合肥市城乡居民基本医疗保险实际参

2023 年 8 月，合肥在全省范围内率先探索建立重点企业医保专员联系制，图为合肥经开区建立的首个企业医保延伸服务站 （市医保局 / 供）

保 552.15 万人；全年基层普通门诊结算 658.16 万人（次），大额普通门诊结算 185.11 万人（次），门诊慢特病结算 197.31 万人（次），住院结算 90.46 万人（次），享受大病保险待遇 35.30 万人（次），居民医保政策范围内住院费用基金实际支付比例达 75.19%；居民医保基金收入 58.30 亿元，支出 61.60 亿元，当期结余 -3.30 亿元，历史滚存结余 11.40 亿元。

【生育保险】 2023 年，全市职工生育保险参保人数 246 万人，其中：女性 108.78 万人。全年享受生育待遇 24.24 万人（次），生育保险基金支出 12.97 亿元，其中：生育医疗支出 2.43 亿元、生育津贴支出 10.54 亿元。

【医疗救助】 2023 年，合肥市全年医疗救助基金收入 4.65 亿元，支出 5.05 亿元，累计结余 1.56 亿元。享受城乡医疗救助待遇 89.31 万人（次），其中：直接救助 65.79 万人（次），资助困难群众参保 23.52 万人。

【疾病应急救助】 2023 年，全市 4 人（次）获得疾病应急救治，支付疾病应急救助资金 28.01 万元。

【支付方式改革】 2023 年，市医保局深化医保支付方式改革，推进 DRG 付费国家试点工作，DRG 付费医疗机构由 95 家扩大到 207 家；DRG 付费医保基金支出 70.20 亿元，占住院医保基金支出的 96.70%。规范基层医疗机构适宜日间病床收治住院病种按病种付费工作，将 9 个中医病种、10 个西医病种纳入实施范围，纳入付费的基层医疗机构达 62 家；实施精神病按床日付费，控制医疗费用不合理增长。

【药品供应保障】 2023 年，市医保局落地实施集中带量采购药品 602 种，高值医用耗材 22 类，全市公立医疗机构当年度国家、省集采药品、医用耗材和试剂全部超额完成约定采购量，平均完成比例达 197%，年度累计节约医药费用支出约 13.88 亿元。市级与长丰县联动开展全市第二批普通医用耗材集中带量采购工作，包含一次性使用腰硬联合麻醉穿刺包、高分子夹板、无针输液接头、留置针贴、输液贴等 5 个品种，中选耗材平均降幅 60.18%，最高降幅 89%，每年可节约采购资金近 1900 万元。

【医保信息化】 2023 年，市医保局在全国率先上线应用国家标准的医保线上购药平台，1098 家医保定点零售药店接入购药平台，平台日均使用频率超 1500 人（次），交易金额 129.50 万元，成交订单 16450 笔，其中医保结算 123.37 万元。完善医保公共服务平台，医保网办事项拓展至 8 大类 63 项业务，年办理量突破 1000 万件。推进基于医保码的就医全流程应用，支持医保移动支付的医院达 22 家，其中三级医院 13 家，部分三级医院移动支付结算比例近 90%。

【医保监督稽查】 2023 年，市医保局开展超量开具新冠药品违规行为、血友病违规线索、基层医疗机构“挂床住院”（即病人虽办理住院手续，但在住院期间内病人不在医院病房住宿就医的现象）等专项检查，引入第三方机构参与监管，全年现场检查定点医药机构 5155 家，处理定点医药机构 4129 家，解除违规定点医疗机构协议 2 家，暂停医保服务协议 53 家，移送司法机关 8 起，追回医保基金 1.01 亿元。

（陶晓春）

民政事务管理

【概况】 2023年，合肥市落实社会救助及补贴标准自然增长机制，提高低保等6项社会救助补贴标准，惠及57万余名民政特殊困难群众，发放救助金12.30亿元，保障全市13.93万低保对象、2.95万特困供养人员基本生活；公布实施《关于加强老年助餐服务的决定》，成为首个将老年助餐服务列入地方立法的省会城市；孤儿基本生活保障标准提高至每人每月2420元，保障标准居长三角地区前列；全市社区社会组织11672家，提前并超额完成省定任务要求。合肥市连续9年位列全省民政工作综合评估优秀市。市民政局获评全国社会救助工作先进单位、全国维护妇女儿童权益先进集体，养老服务和社会救助工作获省政府督查激励。

【社会救助】 2023年，合肥市民政局（以下简称“市民政局”）依托市社会救助大数据平台，建成全市困难群众数据库，对在库人员实行分层分类、动态管理，开展低收入人口常态化监测，及时发现困难群众，实现救助政策找人，全市在库人员63.90万人。城区、县域低保标准调整为每人每月924元、881元，同比分别提高7%、4.5%，低保标准居中部省会城市第2位、长三角中上等水平。建立政府救助与社会参与衔接机制，成立社会救助专项基金80个，筹集资金3322.64万元，成立987个“救急难”互助社，社会救助专项基金和“救急难”互助社筹集资金6142.33万元，实现对全市1774个村（居）困难群众补充救助和应急救助全覆盖。推动社会救助从生存性救助向发展型救助转变，乡镇（街道）设立156个社会救助服务项目，投入资金1258.02万元，撬动社会资金217.6万元，服务困难群众14.5万人（次）。创立“近邻关爱”机制（即发动社会力量参与发现救助流浪乞讨临时遇困人员，让更多人关注关爱关心身边的特殊困难群体），并全省推广。推进街面流浪乞讨人员“动态清零”和春节期间“全进站零流浪”，保障流浪乞讨人员安全。

2023年9月24日，瑶海区七里站街道学苑社区开展迎中秋“童心辩论赛”
（市民政局/供）

【养老服务】 2023年，市民政局加强养老服务设施建设，打造12个城市街道级居家社区养老服务综合体、104个社区养老服务站，完成适老化改造2586户，建成家庭养老床位4119张。新建老年食堂（助餐点）290个，日均服务老年人3万多人（次）。政府购买居家养老服务377.53万人（次），发放高龄津贴3.81亿元，惠及24

表3　合肥市入选国家智慧健康养老应用试点示范一览表

序号	单位	类别
1	安徽福康通健康产业发展有限公司	国家智慧健康养老应用试点示范企业
2	高新技术产业开发区蜀麓社区	国家智慧健康养老应用试点示范街道（乡镇）
3	庐阳区双岗街道	国家智慧健康养老应用试点示范街道（乡镇）
4	包河区义城街道	国家智慧健康养老应用试点示范街道（乡镇）
5	肥西县三河镇	国家智慧健康养老应用试点示范街道（乡镇）
6	蜀山区	国家智慧健康养老应用示范基地
7	肥西县	国家智慧健康养老应用示范基地

万余名老年人。中国康养集团华东总部落户合肥，华东老年示范公寓建成运营。1家企业、4个乡镇（街道）、2个县区入选国家智慧健康养老应用试点示范名单。全市百岁老人首次突破700人。

【未成年人保护】 2023年，市民政局牵头做好市未成年人关爱帮扶组工作，建立周调度、月统计报告制度，开展个案督导与专题督导，构建家庭、学校、属地及部门“三位一体”关爱帮扶格局。建成149个乡镇（街道）未成年人保护工作站，实现乡镇（街道）全覆盖。开展合肥市儿童主任牵手行动，发布省级地方标准《乡镇（街道）未成年人保护工作站建设指南》。

【社会事务】 2023年，市民政局实施内地居民婚姻登记“跨省通办”试点工作（即办理婚姻登记不用返回原籍，可以就地办理），办理量占全省76.8%。打造全省首家公园式婚登机关——合肥市骆岗公园“最美婚登处”。残疾人生活补贴和重度残疾人护理补贴基础标准实现提标扩面，补贴标准全省第一、中部省会城市第一、长三角城市群中上游水平。首次明确在市域东南西北处规划建设5个公益性公墓。建成乡镇公益性公墓103座，乡镇公益性公墓规划覆盖率达100%。出台《关于进一步加强全市公墓价格监管的通知》，促进殡葬事业可持续健康发展。制定生态安葬省级地方标准，推广节地生态葬式，受民政部肯定。

【区划地名管理】 2023年，市民政局完成全省首批人口较大县城设置街道改革试点工作，调整庐江县庐城镇、万山镇、柯坦镇和冶父山镇管辖范围，设立东顾山、岗湾、移湖3个街道。完成国家地名信息数据库年度更新工作。规范地名命名、更名工作，完成庐阳产业园等部分道路命名更名21条，启动运河新城、未来大科学城等片区道路命名工作。开展不规范路名及路名相关标志排查整改。开展“乡村著名行动”，命名更名乡村地名188条。

【基层社会治理】 2023年，合肥市投入资金1.38亿元，支持各地充实力量、配齐员额，实现每万城镇常住人口配备社区工作者15人。打造40个小区居民活动中心和4个国际化社区。实施合肥市智慧社区（二期）项目建设，建成1个街道级智慧社区、8个智慧社区、50个智慧小区。推进4个省、市级完整社区试点，并形成理论研究成果。推动基层减负工作，探索建立村级组织清单外事项准入机制，全省首创村级组织“五个清单”（即责任清单、规范清单、负面清单、工作清单、活动清单），平均每个社区摘撤各类牌子28块，获中央社工部肯定。推进社区规模优化调整，新增城市社区40个。加快发展生活服务类、公益慈善类、居民互助类社区社会组织，打击整治非法社会组织，全年注销“僵尸型”社会组织204家，取缔非法社会组织4家，劝散非法社会组织4家。开展行业协会商会服务高质量发展专项行动，为2734家企业减免会费665.96万元，推动商协会围绕重点产业布局助力“双招双引”，帮助招商引资落地项目25个，达成意向金额13.40亿元。引导社会组织助力高校毕业生就业，社会组织发布岗位5613个，推动会员单位招聘岗位5034个，开展各类就业服务活动252场（次）。加强社区慈善体系建设，打造具有合肥特色的“四善一体”社区慈善新模式（即推动社区慈善基金、慈善项目、慈善类组织、慈善人才“四善”建设，打造社区慈善服务综合体），新建31支社区慈善基金，建成慈善服务综合体22家，建成102支社区（村）基金，募集慈善资金1742万元，包河区、新站高新技术产业开发区实现全覆盖。打造四级社工站体系，新通过认定3个街镇社工站，308个村居社工站。全市建成街镇社工站152个，村居社工站898个，街镇社工站实现全覆盖，全市持证社工超万人，占全省社工总人数的29.8%。

（王志成）

民生工程

【概况】 2023年，市发展和改革委员会（民生办）（以下简称“市发改委”）贯彻落实民生工作决策部署，投入财政资金超50亿元，完成10项暖民心行动和50项民生实事目标任务，群众获得感、幸福感、安全感持续增强。

【实施措施】 2023年，市发改委（民生办）编制暖民心行动和民生实事实施方案，建立分级分层调度落实机制。市牵头单位推动项目落细落地，市发改委协调调度、全程管控，行动专班聚焦难点痛点攻坚克难，市政府领导统筹研究、推进，保障项目实施。围绕项目建设、规范管理、宣传氛围、成效发挥等对县（市、区）开展调研督导，委托第三方对已建成项目点开展重点

表 4　　2023 年合肥市 10 项暖民心行动简表

序号	项目名称	序号	项目名称
1	就业促进行动	6	快乐健身行动
2	新徽菜名徽厨行动	7	便民停车行动
3	老年助餐服务行动	8	放心家政行动
4	健康口腔行动	9	文明菜市行动
5	安心托幼行动	10	老有所学行动

评估，县（市、区）开展交叉互查，抽查问题整改情况。开通暖民心行动抖音专栏，上线“一码知民心”小程序，一键知晓 10 项行动，一键直达项目点位；通过门户网站、公众号、各类 APP 宣传解读民生政策措施。

【实施成效】 2023 年，合肥市创建充分就业社区 368 个，城镇新增就业 14.18 万人，新增技能人才 19.15 万人。新增老年食堂（助餐点）290 个，新增老年学校 137 所，新增学习人数 13.70 万人。为 8.70 万名儿童实施局部涂氟，为 5.20 万名儿童实施窝沟封闭。新增托位 1.80 万个，新增公办学位 3.30 万个，在园幼儿公办率和普惠率分别达 60.30% 和 92%。新增城市停车泊位 10.60 万个，新建公共充电桩 3534 个。培训家政服务人员 9.40 万人（次），新增 5 家员工制家政服务企业。完成 92 个菜市场整治改造提升。发展保障性租赁住房 1.19 万套，棚改安置房新开工 7.69 万套、基本建成 3.22 万套，老旧小区改造 117 个。农村公路提质改造 130 千米，农村公路养护 939 千米。建成城市阅读空间 140 个，开展“送戏进万村”活动 1200 场。困难残疾人康复救助 2.48 万人，困难重度残疾人家庭无障碍改造 2165 户，适老化改造 2086 户。“惠民菜篮子”运营门店达 190 家，完成食品安全“你点我检”2526 批（次）。在全国省会城市率先将老年助餐服务纳入地方立法，养老服务监测满意度居全国第 1 位。打造“15 分钟普惠托育服务圈”，千人口托位数 4.26 个、较 2020 年增长 1.40 倍，合肥市获批全国婴幼儿照护服务示范城市，入选第二批国家儿童友好城市建设名单。开展“合肥请您来，20 万个岗位供您选”等活动，成为全国知名大学生招引品牌。建立匹配经济增长的社保标准增长机制，提升 6 项社会救助标准，最低生活保障水平达长三角城市中上游水平。全市 27 万个泊位接入“合肥智慧停车综合管理服务平台”，实现车位查询、路径导航、共享预约“一站式”服务。在全省率先实施并推广医保业务“同城通办”（即凡是合肥市参保人员，不再区分参保地，即可就近办理医保业务），探索建立重点企业服务站和服务专员机制，打造医保经办“15 分钟服务圈”。推进“四好农村路”（即把农村公路建好、管好、护好、运营好）建设，合肥市创成全国首批“四好农村路”建设市域突出单位。

（秦新忠）

2023 年 6 月 22 日，“龙舟庆端午 盛夏园游会”蜀山区 10 项暖民心行动之快乐健身主题活动举办　（市发改委/供）

居民生活

【概况】 2023年，合肥市出台一揽子惠民政策举措，稳定民生基本盘，全市主要调查指标平稳运行，居民可支配收入总量、增速居全省前列，居民消费价格低位运行，新建商品住宅和二手住宅价格总体平稳。

【居民收入】 2023年，合肥市居民人均可支配收入52594元，同比增长7.70%。收入总量高于全国、全省13376元、17701元，居全省第1位；收入增速高于全国、全省1.40、1.10个百分点，居全省第4位。分城乡看，城镇居民人均可支配收入59609元，同比增长6.10%。收入总量高于全国、全省7788元、12163元，居全省第2位；收入增速均高于全国、全省1个百分点，居全省第2位。农村居民人均可支配收入31140元，同比增长8.40%，收入总量高于全国、全省9449元、9996元，居全省第3位；收入增速高于全国、全省0.70个、0.40个百分点，居全省第5位，同比前进2个位次。城乡居民收入比由2022年的1.96缩小为1.91。

【居民消费价格】 2023年，合肥市居民消费价格与2022年持平，低于2023年市政府报告预期目标3个百分点，低于全国、全省平均水平0.20个百分点，物价保持平稳低位运行态势。与全国36个大中城市对比，累计涨幅居第31位；与全省纳入汇总的14个地市对比，累计涨幅居第12位。从8大类消费品和服务价格变动趋势看，呈现“五涨三降”态势（即其他用品及服务、衣着、教育文化娱乐、食品烟酒、医疗保健价格上涨，交通通信、生活用品及服务、居住价格下降），具体来看，交通通信价格累计下降3.2%，影响居民消费价格指数（CPI）下降约0.47个百分点；衣着、教育文化娱乐累计分别上涨1.80%、1.50%，合计影响CPI上涨约0.29个百分点。

【商品住宅销售价格】 2023年，合肥市新建商品住宅销售价格环比呈现小幅波动态势，各月涨跌互现，涨跌幅在-0.30%至0.70%之间。分月看，1—5月，环比连续上涨；6—9月，转涨为跌环比连续下跌；10月，环比转跌为涨；11—12月，环比“二连跌”。二手住宅销售价格环比呈现震荡下行趋势，涨跌幅在-1%至0.50%之间。分月看，除2—3月，其余月份均为下跌态势。

（赵紫伟）

消费者权益保护

【概况】 2023年，合肥市将消费维权服务站列入市政府“为民优服务”事项，培育、发展、认定在线消费纠纷解决（ODR）单位382家，线下无理由退货承诺单位14955家；开展“你点我检”民生服务，抽检2141批（次），完成率97.32%；开展农村食品经营店规范化建设，创建食品经营“五好店”（即环境卫生好、证照公示好、索证索票好、食品质量好和接受监督好）475家。全市农产品批发市场逐步将“一枚蛋、一只鸡、两盘肉、三颗菜、四条鱼”（“一枚蛋”：鸡蛋，“一只鸡”：乌鸡，“两盘肉”：肉牛、肉羊，“三棵菜”：豇豆、韭菜、芹菜，“四条鱼”：大口黑鲈、乌鳢、鳊鱼、大黄鱼）等11个重点品种，纳入食品安全信息化追溯系统；开展“政电联动、乘梯无忧”共建活动，推动实现停电信息共享、电梯风险防控；新建文明菜市7家、改造提升8家。庐阳区中菜市在全市率先建立食品安全追溯系统，四湾菜市成为“网红菜市”。合肥市市场监督管理局（以下简称“市市场监管局”）获评12315效能评估全国优秀单位、全省系统消费维权工作先进单位。

【维权诉求办理】 2023年，市市场监管局强化“12315”“12345”平台热线下情上传、协调转办作用，市县联动、一体高效，全年受理咨询投诉举报546179件，办结率、回复率达99%以上；接听“为企服务”专席热线，化解“急难愁盼”问题；健全信访工作机制，集中治理市场监管领域“诉转访”（即投诉转信访）行为，落实领衔包案、会商会办，班子成员信访事项批阅率100%；完善消费纠纷多元化解机制，与市司法局、市中级人民法院共同组建合肥市消费纠纷人民调解委员会。

（吴晓波）

养老事业

【概况】 2023年，合肥市完善老年健康服务体系，推进医疗、养老融合发展，医院、社区协同发

表 5　　合肥市省级优质医养结合示范中心一览表

序号	机构名称	级别
1	蜀山区五里墩街道社区卫生服务中心	省级
2	蜀山区稻香村街道社区卫生服务中心	省级
3	蜀山区琥珀街道社区卫生服务中心	省级
4	蜀山区南七街道社区卫生服务中心	省级
5	庐阳区亳州路街道社区卫生服务中心	省级
6	庐阳区林店街道社区卫生服务中心	省级
7	瑶海区大兴镇社区卫生服务中心	省级
8	巢湖市苏湾镇中心卫生院	省级
9	肥东县第四人民医院	省级
10	肥东县古城镇中心卫生院	省级
11	肥西县紫蓬镇卫生院	省级
12	肥西县丰乐镇中心卫生院	省级

力，满足老年人健康养老服务需求。建成安徽省首家公立医养结合机构——合肥市第二人民医院老年护理院。

【医养结合】 2023年，合肥市获评国家级优质医养结合示范机构1家［（合肥九久夕阳红新海护理院有限公司）、省级优质医养结合示范机构1家（中铁佰和佰乐（巢湖）健康养老产业有限公司）］、省级优质医养结合示范中心12家。建成兼具养老和医疗功能的护理院（中心）28家，护理院（中心）县区覆盖率88.89%，开设长期医疗护理床位3954张。全市养老机构通过内设医务室或与医疗机构合作开展医养结合签约服务100%。对社会办医养结合机构给予一次性建设补贴和运行补贴，为7家医养结合机构兑现补助资金291.89万元，该项政策被国家卫健委和民政部作为医养结合试点经验在全国推荐。

【老年友好型社区】 2023年，合肥市推进“社区引领+社会组织管理+专家、社工服务”模式，定期上门、巡访探视、救助救援生活困难老年人。打造示范性老年友好型社区，其中国家级14个、省级28个、市级131个。

【市第二人民医院老年护理院试运营】 2023年6月6日，安徽省首家公立医养结合老年护理院——合肥市第二人民医院老年护理院试运营。该院位于瑶海区乐水路与雨山路交口以西，紧邻合肥市第二人民医院广德路院区，占地面积3.33公顷，床位1001张，依托合肥市第二人民医院医疗资源，为入住老人提供治疗期住院、康复期护理、稳定期生活照料以及安宁疗护等一体化医养结合服务，一期开放床位408张，其中护理床位224张，养老床位120张，延伸病房64张。

（李晓倩）

关心下一代工作

【概况】 2023年，合肥市关心下一代工作委员会（以下简称“市关工委”）坚持以习近平新时代中国特色社会主义思想为指导，加强青少年思想引领、道德教育、关爱服务，发挥“五老”热情，增强教育效果。全市关工组织发展到3429个，比2022年增加27个，1个基层关工委获评全国“中华魂”教育活动先进集体，2个区关工委获评全国“家校社共育实践区”称号。参与关心下一代活动的“五老”数增至50640人。

【护航成长】 2023年，市关工委坚持“五教统筹”，用思想道德教育、法制教育、科技教育、家庭及文化教育为青少年成长“导航”。

2023年9月25日，合肥市关工委走进庐阳中学开展“放飞中国梦 传承红基因”宣讲报告会，“中国好人”徐辉为师生做报告 （张俊峰／摄）

市“新时代‘五老’报告团”开展报告活动58场（次），参与活动青少年1万余人（次）。开展青少年思想道德教育1000余场，1685名“五老”担任少先队校外辅导员。组织“五老”参与法治宣讲、网吧义务监督、社区矫正、监狱帮教等工作。发动老科技工作者参与青少年科技教育、助力乡村振兴等活动。深化“‘五老’弘扬好家教好家风”活动，3400多名“五老”参加“五老”家教讲师团，参办家长学校、参与家教讲堂培训，举办“学习贯彻《家庭教育促进法》 传承中华好家风”亲子演讲比赛。开展的“党是阳光我是苗”少幼儿书画大赛活动，获省特等奖7名，一等奖27名，二等奖及以下327名，11个单位获优秀组织奖。

【关爱帮扶】 2023年，市关工委坚持“教助结合”，在教育青少年同时，注重对弱势青少年进行帮扶。开展“助学圆梦”“冬日送暖”活动，启用帮扶款项38万元，帮扶贫困青少年180名。注重对困境青少年开展思想关心和精神关爱，动员“五老”开展学习辅导、结对关爱、心理疏导等活动。在“六一”儿童节期间，开展“阅读伴我成长”活动，为3所小学赠送价值2万元的科技、法治读本。

（张俊峰）

责任编辑：王晓燕

经济开发区

合肥高新技术产业开发区

【概况】 合肥高新技术产业开发区（以下简称“合肥高新区”）是1991年经国务院批准成立的首批国家级高新区，是合肥综合性国家科学中心核心区、合肥滨湖科学城创新引领区、国家自主创新示范区、首批国家双创示范基地和中国（安徽）自由贸易试验区合肥片区核心区，是创新型国家建设战略支点。培育成功以科大讯飞、科大国盾、四创电子、华米科技、阳光电源、安科生物等为代表的一批具有自主知识产权、国内外领先的高科技企业，形成智能语音、电子信息、智能制造、公共安全、新能源、生物医药等高端产业集群，建有集成电路（芯之城）、智能语音（中国声谷）、生物医药3个省级战略性新兴产业基地。区域面积194平方千米，截至2023年底，常住人口31.90万人。2023年，合肥高新区在全国178家国家级高新区综合排名中居第七位，连续第九年居前十强。

2023年，合肥高新区完成区域生产总值（GDP）1371.7亿元，同比增长5%；实现规模以上工业增加值469.6亿元；战略性新兴产业完成产值1320.8亿元；实现规模以上服务业营业收入448.2亿元，完成营利性服务业营业收入375亿元，实现建筑业产值719亿元，完成社会消费品零售总额307.8亿元，实现全社会固定资产投资353.7亿元，完成一般公共预算收入61.5亿元，同比分别增长1.2%、18.4%、5.3%、10.3%、7%、14.6%；实现规上工业增加值、战新产业产值、规上服务业营业收入、营利性服务业营业收入、建筑业产值、全社会消费品零售额、一般公共预算收入等7项经济指标总量居全市各开发区第一位；实现人均GDP近7万美元，居全国各高新区前6位；完成全口径税收突破300亿元；实现规上工业亩均税收88.7万元，为全市2倍、全省4倍；实现规上工业企业利润占全市的50%以上。

2023年，合肥高新区推进“党建+物业”改革，推动9个安置小区建立居民服务工作站，有12个商业小区试点信托制物业，兴园北区获评全省“美好家园”，乔治庄园获评“皖美红色物业示范小区”。深化“党建+信访”工作，整合省长信箱、“12345”热线等6项内容，闭环办理“民声呼应”事项，全年办理各类事项3万余件，按期办结率达100%。

【开放合作】 2023年，合肥高新区依托中德创新园、侨梦苑、欧美同学会长三角海创中心等平台，开展海联同心讲座、海创讲堂、海创路演、中德企业对接会等各类国际交流活动，引进国际创业团队3个、海归人才项目3个。启动海外窗口建设，在迪拜设立“合肥——中东商务港”，作为两地经贸交流的“桥头堡”，推动服务企业高质量走出去，推进资本高水平引进来。完善服务平台功能，揭牌成立自贸试验区金融小镇服务站、国际商事仲裁中心，举办创投学院首期讲堂、仲裁交流研讨会及企业出海沙龙等系列活动，覆盖外向型企业近百家。推动外向型产业集聚，在光伏新能源、人工智能、集成电路、生命健康等领域培育外向型领军企业。外贸产业优势明显，获批成为国家级家电外贸转型升级基地和省级光伏外贸转型升级基地，实现进出口总额92.01亿美元；截至年底，全区拥有进出口实绩企业718家，占全市外贸企业的15%。提升外贸新动能，推动传统外贸企业、制造业企业和电商企业转型发展跨境电商，推进“跨境电商+产业”建设；构建数字服务出口多元业态发展模式，加强国家级数字服务出口基地建设，支持企业通过服务贸易方式开展海外业务，协助企业解决服务贸易环节中外汇进出、数据监管等问题；全区跨境电商交易额、数字服务出口额同比分别增长38.3%、14.1%。

2023 年 7 月 6 日，安徽省新能源和节能环保产业重点合作园区—合肥高新技术产业开发区招引项目签约仪式举行（刘　畅/摄）

【招商引资】 2023 年，合肥高新区推动全员招商向专业招商升级，压实专业招商部门责任和目标任务，突出高质量、聚焦高精尖招商，完成年度目标任务。全年外出招商 300 余次，其中管委会领导带队招商 100 余次，并赴日本、欧洲等国家和中国香港等地区开展招商活动，形成超预期合作成果。各专业招商部门和产业专班对接省、市部门，承办和承接 2023 年中国航天日活动、2023 年世界制造业大会、2023 年 CCF 量子计算大会、2023 年量子产业大会、2023 中国 500 强企业高峰论坛、2023 年合肥国际新能源汽车展览会等活动。全年签约市认定项目 287 个，协议总投资 758.69 亿元，其中世界 500 强企业项目 3 个，外资项目 6 个，10 亿元项目 19 个，50 亿元项目 2 个。

【园区建设】 2023 年，合肥高新区大建设安排基本建设项目（不含自筹类项目）268 项，总投资 507.82 亿元。全年实施建设项目 172 项，完成合同额投资 52.46 亿元，其中：市级单位建设项目完成投资 23.3 亿元，区级单位建设项目完成投资 29.16 亿元。市级重点项目完成情况：G312 合六路快速化改造（双塘路—侯店路）、新能热电一期 B 标段、七水厂二期、南岗 220 千伏输变电工程项目完工；建设南二环西延工程、G312 合六路快速化改造工程（侯店路—新桥大道）、七水厂三期项目；轨道交通 4 号线南延线进入机电安装和车站装修阶段，轨道交通 6 号线一期高新段实现洞通。区级重点项目完成情况：孔雀台路、复兴路等 27 条市政道路实现完工通车，新增通车里程 22 千米；完成兴园北区老旧小区改造、菖蒲路人慢改造、香樟花园菜市场改造等城市更新项目建设；完成香樟湖综合治理、斑鸠堰河出境断面水质提升等生态环境类项目建设；完成南岗惠园配套商业办公综合楼、高新区创新实验中学改扩建等公共服务类项目建设；完成轨道交通 6 号线科学大道站东南出口 35 千伏架空线迁改、方兴大道西侧 220 千伏高压走廊升高改造工程及菖蒲路（创新大道—文曲路）110 千伏东冠繁华线 10 千伏香蒲路支线部分杆线迁改等公共设施保障类项目建设；推进明珠大道提升改造、讯飞小镇一期工程配套道路、杨林路北延及长江西路与创新大道地下通道交口拥堵点治理工程、兴园南区老旧小区改造、保障性租赁住房等项目建设。

【产业发展】 2023 年，合肥高新区新增市场主体 2.5 万户，总数突破 10 万户，其中企业主体 8 万家。企业规模壮大，新增实现产值达百亿元企业 1 家，总数达 12 家；实现工业产值达百亿元企业的数量占全市的 40%；新增规上企业 168 家，总数超 1100 家。阳光电源、维天运通等企业上榜中国民营企业 500 强，占全市的 100%、全省的 28.5%。全区六大主导产业占该区托管区分成前工业产值的 89.7%，其中光伏新能源产业实现产值 975 亿元，同比增长 3.7%，拉动全区工业增加值增速 4.3 个百分点；汽车及配套产业实现产值 362.2 亿元，家电及配套产业实现产值 437.3 亿元，装备制造产业实现产值 138.8 亿元，同比分别增长 18.8%、3.4%、5.3%；电子信息产业实现产值 249.3 亿元，生物医药产业实现产值 129.4 亿元。

【科技创新】 2023 年，合肥高新区构建“源头创新—技术开发—成果转化—新兴产业”全链条创新体系。加快国家战略科技力量集聚，推动重大创新基地平台布局，建设量子国家实验室、类脑智能国家工程实验室、深空探测实验室等重大战略科技项目，落地各类创新平台 20 余家，占全市的 50% 以上。实施“淘金计划”，围绕国家实验室、大科学装置、高校院所、高端创新平台资源，承接“沿途下蛋”成果在高新区落地转化。全年链接国内外知名高校50余家，落地成果转化项目60余个，成立成果转化企业100余家，总量位居全市第一位。

打造“2+3+X”未来产业发展矩阵，抢占未来产业竞争制高点。发挥合肥国家实验室源头创新优势，获批“全国量子信息未来产业科技园试点”，集聚科大国盾、本源量子、中电信量子集团等量子产业链企业60余家，总量居全国第一位。发力空天信息产业，加快国家深空探测实验室（天都实验室）建设，集聚中科星图等120余家重点企业形成遥感载荷研制、卫星通信终端研制、空天信息数据服务等产业全链条。抢占通用人工智能产业制高点，发挥国家算力训练场、国家类脑工程建设中心作用，推动讯飞星火大模型追赶ChatGPT 进程，加快推动科大讯飞等1300余家“中国声谷”人工智能产业培育工作。

打造“双高（即国家高新技术企业和合肥高新区高成长企业）”企业培育体系，夯实培育基础，国科小评价入库企业3526家，新增国家高新技术企业551家，总数超3000家，占全市近36%、全省近20%。纵向构建“雏鹰—瞪羚培育—瞪羚—潜在独角兽—独角兽—平台型龙头”梯度培育体系，横向开辟“爆品、深科技、双五双十、潜行者”4个特色专题，实施定目标、有计划、有组织、成系统的重点企业培育工作。截至年底，全区拥有高成长企业1391家，“独角兽”企业5家，“潜在独角兽”企业50家。

【生态环境】 2023年，合肥高新区细颗粒物（$PM_{2.5}$）、可吸入颗粒物（PM_{10}）日均值浓度分别为34μg/立方米、59μg/立方米，出现优良天数314天，同比上升2.1%；区内三条市级考核断面水质均达到地表III类标准，水质达标率100%，水质指数同比改善29.64%，存在的突出生态环境问题全部按期整改销号。全年完成环评审批项目114个，核发排污许可证79本。全区纳入双随机监管对象1143家，开展双随机现场检查231家次。完成429家危废产生单位申报登记、480家管理计划及74家一般工业固体废物登记审核工作。推进挥发性有机物污染防治攻坚重点专项整治工作，专项检查和巡查辖区63家企业及南岗科技园、柏堰科技园区域。全年受理生态环境信访2041件，下达行政处罚决定书53件，处罚金额120万元，免罚金额80万元。当年获批成为安徽省首个国家级环境健康管理试点、第二批国家级清洁生产审核创新试点、首批国家级产业园区减污降碳协同创新试点、首批国家级碳达峰试点园区，减污降碳工作成效纳入国家生态环境部第一批典型案例进行推广。率先实施环评与排污许可深度衔接改革，此项改革入选国家商务部“最佳实践案例”，是全国生态环境领域唯一入选制度创新案例。

【社会事业】 2023年，合肥高新区发放低保、特困、临时救助资金1858.22万元，孤儿补助46.93万元，残疾人“两项（即困难残疾人生活补贴和重度残疾人护理补贴）”补贴659.97万元，高龄津贴473.89万元；建成助餐机构8个，城市社区覆盖率达100%，发放老年人就餐补贴49.29万元。完善未成年关爱专班关爱保障机制，排查关爱孤儿35人，留守儿童4人、其他困境儿童233人，辖区内88名义务教育适龄残疾儿童全部入学。推进养老服务业发展，兴园、蜀麓社区中心养老综合体入选全省首批50家示范性社区嵌入式养老服务机构（全市8家），自主培育好时刻、青松食品入选省级老年助餐服务品牌（全市5家）；蜀麓社区中心获评国家级“智慧养老示范街道”。

全区有公办幼儿园24所，新开办永和北组团、知庐、西子曼城公办幼儿园3所，新增公办学位1080个，有6所幼儿园开设托班。义务教育阶段学生增加至近2.7万人，同比增长15%，完善“五大片区”教育板块布局。新增校园建设项目2个，新增学位4464个。立项“五育（德智体美劳）”类省、市级课题17项，组织开展学科类学生活动13场，有6所学校获评合肥市德智体美劳五育融合学校和特色实验学校，有10个市级名师工作室实现“五育”全覆盖。建立校园安全调度机制，定期组织校园安全联席会议，及时消除校园隐患，探索“五大行动（德育铸魂、智育提质、体教融合、美育熏陶、劳动促进）”取得丰硕成果。县域学前教育普及普惠督导评估通过市级复核，义务教育优质均衡发展督导评估通过省级复核。

全区有医疗卫生机构128家，初步建成以安徽医科大学第一附属医院高新院区为龙头，以合肥高新心血管病医院为特色，以社区卫生服务中心为基础的三级诊疗体系。6月26日，国家心血管区域医疗中心北京安贞医院安徽医院项目开工建设。全区建立居民电子健康档案28.6万人，老年人、高血压和2型糖尿病患者管理完成率分别为113.4%、102.8%和109.2%；家庭医生签约22.1万人，完成率达165%。科大讯飞托育机构获评“全国爱心托幼用人单位”。

全区围绕“4+X”功能定位，做好8家城市阅读空间管理运营工作，完成9个全民阅读点建设工作，接待610504人次，举办各类活动1153场；完成38个村（社区）级文化服务中心创建提升工作，通过构建纵向贯通、横向互动的阅读服务体系和文化组织网络，形成公共文化服务有效供给，安排综合性文化服务中心活动任务181场，完成率达119.08%。实施文化惠民工程，满足群众精神文化需求，推进“送戏进万村”和农村电影放映工作，完成“送戏进万村”14场，完成率达100%；农村电影放映171场，完成率达101.78%；农家书屋增补图书868册，均超前超额完成全年任务。使用应急广播完成上级和该区级规定及突发事件音频播发工作，确保全区实现1个区级平台、5个中心街道平台、38个社区级（村居）平台90处终端24小时在线率。

全区有各类体育场地1000余处，场地面积820182平方米，人均体育场地面积2.86平方米。建有国家级体育公园1处，各式足球场8处，全民健身苑76处，笼式多功能健身场5处，社区体育俱乐部13处，实现社区体育设施全覆盖。组队参加全国、全省单项大赛，在2023年全国羽毛球后备人才基地赛（北方赛区）中首次获金牌，在2023年安徽省青少年羽毛球锦标赛中获13枚金牌，均打破历史参赛成绩的最好纪录。

（陈　娟）

2023年12月15日，大众安徽首款纯电动车型正式量产　（经开区管委会/供）

合肥经济技术开发区

【概况】 合肥经济技术开发区（以下简称“合肥经开区”）成立于1993年4月，是全国首批行政管理体制和机构改革试点开发区，2000年晋升为国家级，2023年，综合发展水平蝉联全国国家级经开区第6位，连续第三年进入前十位之列，居长三角第一方阵。

2023年，辖区面积268.97平方千米（南区建成区83.12平方千米，北区新桥科创示范区185.85平方千米），常住人口56万人（“七人普”数据），实有人口约86万人。全区设1个街道（高刘）、5个社区（即海恒、锦绣、莲花、芙蓉、临湖，纳入街道序列），并托管新港工业园；其“大学城”聚集大学专科院校24所。

拥有合肥经开区综合保税区（全国排第10位）、航空港（进境指定口岸）、空港保税物流中心（B型）、跨境电子商务综合试验区、合肥派河国际综合物流园五大开放平台，是中国（安徽）自由贸易试验区合肥片区核心区；并居全省国家级经开区亩均效益领跑者首位。

2023年，合肥经开区实现地区生产总值（GDP）1409.9亿元，完成规模以上工业增加值446.2亿元，实现固定资产投资633.8亿元，完成工业投资433亿元，实现技术改造投资295.4亿元，完成规模以上服务业营业收入327.10亿元，同比分别增长5.4%、7.9%、25.9%、40.5%、140.7%、21.5%，以上均居全市四个开发区首位；实现规上其他营利性服务业营业收入同比增长20.1%，实现城镇居民人均可支配收入56486元，同比增长7%，均高于全市平均水平。

近年来，合肥经开区相继获评“国家新型工业化示范基地”“国家制造业和现代服务业融合发展试点园区”“国家低碳工业园区”“国家外贸转型升级基地”“国家进口贸易创新示范区”“国家级双创示范基地”“国家生态文明建设示范区（生态工业园区）”“国家外经贸提质增效示范区”等。

【产业发展】 2023年，合肥经开区建成创新能力领先的世界级新能源汽车产业基地和具有全球影响力的世界级集成电路产业基地，世界级生物医药产业基地保持良好发展势头。形成并巩固“3+6”产业体系（即集成电路、新能源汽车、生物医药三大战略性新兴产业和智能家电、高端装备制造、汽车及零部件、智能终端、快速消费品、公共安全六大主导产业），实现工业产值占合肥市的1/3。其中，新能源汽车产业产值突破600亿元，同比增长8.6%，整车产能达106万辆。大众安徽在合肥总投资近500亿元，实现首款车型量产并出口销售，核心零部件投产。集成电路产业集群实现产值138.84亿元，同比增长7.1%，实现长鑫存储国产DRAM芯片项目一期10万片/月满产，二期投片，累计投资超1100亿元，量产国内首颗高端手机芯片LPDDR5。生物医药产业实现产值同比增长17.5%，集聚企业280余家，并全面建成合肥综合性国家科学中心大健康研究院。

新增“全球灯塔工厂”3家，在全省5家中独占4席。拥有“四上”企业（即规模以上工业、有资质的建筑业、限额以上批发和零售业、限额以上住宿和餐饮业、有开发经营活动的全部房地产开发经营业、规模以上服务业法人单位）1054家，其中工业371家。规上工业企业实现亩均产出1483万元，居全市第一，居国家级经开区亩均效益领跑者首位。拥有营业收入50亿元以上企业25家，百亿级企业15家，上市（过会）企业15家；有22家企业被认定为全市首批总部企业，拥有产业工人超25万人。国内每4台冰箱、每4辆叉车、全球每8台笔记本电脑就有1台产自合肥经开区。

【对外开放】 2023年，合肥经开区实现进出口总额191.25亿美元，占全省、全市的比重分别达16.7%、37.6%；其中：出口额104.93亿美元，进口额86.32亿美元。拥有实现进出口额超千万美元企业67家。安徽自贸试验区合肥片区经开区块当年完成外商直接投资5.24亿美元，新增企业2520家，同比分别增长6.8%、11%。

所属的省级首个药品进口口岸通过考核验收，进境肉类指定监管场地完成验收和批复，累计完成全货机航班99班、货量6505.9吨、货值约1.89亿美元的生鲜产品进口查验工作。空港B保一线实现进出口额13.3亿元，同比增长31.9%。机场吞吐量快速增长，新开达拉斯、纽约、布鲁塞尔、鄂州4条货运航线，常态化运营货运航线增至11条，实现货邮吞吐量11.46万吨，同比增长49.7%；旅客吞吐量达1117万人次。合肥经开综保区位列全国第10位，连续第四年被评为双A级，启用长三角国际航空合肥物流分拨中心。派河物流园实现开港通航，入选生产服务型国家物流枢纽位列。

梳理上报并纳入全省复制推广制度创新成果10项，省级特别清单在区块实施213项，各部门全部做到“办事可以受理、咨询及时回应”。其中，“科技+产业”集成创新构筑城市智慧安全屏障、高等教育双元制改革、创新可持续水管理新机制打造城市低影响建设开发新模式3项创新成果上报国家商务部和生态环境部，并申报国家级改革试点经验和最佳实践案例。易货贸易试点白名单制度、高等教育双元制国际合作新模式2项入选《中国自由贸易试验区发展报告2023》全国制度创新成果；高等教育双元制改革入选安徽自贸试验区三周年“十佳”创新案例。

【招商引资】 2023年，合肥经开区围绕重点发展产业，对接各产业龙头企业，分析产业链核心配套需求，有效完善产业链条。新签约重点项目143个，总投资697亿元。其中，50亿元以上项目6个，外资项目8个，世界500强项目2个。外商直接投资完成5.6亿美元，完成年度任务的121%，居全市第一位。新开工（运营）大项目11个，包含20亿元以上工业大项目3个、10～20亿元工业大项目4个、现代服务业大项目4个。新建省外亿元以上项目51个，到位资金185亿元。招商引资工作当年获评合肥市优秀等次。

【科技创新】 2023年，合肥经开区拥有国家高企总数达944家。国家专精特新小巨人企业达25家、省级205家。有15家企业入选全省研发投入百强企业之列，有4家企业进入十强企业之列，蔚来、长鑫居前两位。累计建成17个众创空间、19个孵化器（其中，省级及以上23家，国家级众创空间6个、孵化器7个），拥有有效发明11742件，连续5年年均增速超33%，万人高价值专利拥有量71.7件；PCT申请560件，超全市总量的一半。获第十届安徽省专利奖金奖3个，在全省占比15%。创新专利转让许可模式，全年融资额近8亿元，同比增长58.3%。依托高校院所科技成果转化企业52家。建成24个科技园区，入驻科技型企业2000余家。国有基金累计投资项目223个，投资额252亿元。累计引进省市级高层次人才1395人、创新团队43个，新增参保大学生8.3万人。全区技术交易合同额220.14亿元，同比增长26.23%，实现科技成果登记590项。

【土地管理与建设】 2023年，合肥经开区大建设完成实物投资39.8亿元，其中，区级32.3亿元、市级7.5亿元。释放83公顷用地空间，征地69.8公顷，找回耕地近106.73公顷，清理闲置用地40公顷、低效用地约53.27公顷、批而未供地173.33公顷，供地253.8公顷，拆迁24万平方米、安置19万平方米。新建2200套商品房、656套公租房、1765套保障性租赁住房、6所中小学、6所幼儿园、空港医院、自贸区医院。完成宿松路、金寨路快速化改造工程并通车放行，推进轨道7号线和轨道S1号线建设，建成3千米铁路专用线、110万吨铁路物流园，开通合肥市首个九类危险品运输港口，形成水、铁、公、空多式联运的大物流体系。推动王建沟生态修复、中水回用、排水防涝等工程建设，全区水土保持扰动问题“零图斑”，防汛工作获市级通报表彰，区河长制、雨污整治等涉水工作在全市保持领先水平。

新桥科创示范区全年新签约项目12个，协议投资额529.7亿元，同比增长6.2倍；完成工业投资379.5亿元，同比增长43.8%，占全区87.7%；实现工业产值344.5亿元，连跨2个百亿台阶，同比增长189.9%。全年完成财政性基础设施建设实物投资19.4亿元，统筹省市重点项目完成实物投资51.5亿元；完成约57.13公顷土地、70.533公顷林地报批、202.8公顷土地供应。蔚来片区昌北路、正定路、规划路建成，国际小镇片区淝源路、沿湖路工程完工；首个三甲医院新桥国际医院正式开诊；首个大型商业综合体硕金大街建成投用。新桥科技创新示范区（合淮合作区）管理办公室正式获批，并首创跨市域合作开发模式，与空港办合署办公、一体运行。

【社会事业】 2023年，合肥经开区教育投入11.23亿元，规划并新建16所幼儿园，规划并新建、改扩建中小学9所，新增学位数7051个。全年新增医疗机构39家，全区有医疗机构179家。全区医保服务对象69.3万人，城乡居民医保参保17.27万人，纳入医保管理的“两定”机构（即定点药房、定点医疗机构）290家，当年医保目标管理任务完成情况经市卫健委考核为优秀等次。截至年底，全区在册城乡低保1804户3181人，发放低保金2739.58万元；特困465人，发放资金987万元；临时救助606人次，发放救助金172.79万元；全年兑现各类计生奖补政策资金1104万余元。当年新增工业游、科技游、研学游项目4个，其中，江来汽车、可口可乐等企业当年获评市级工业游示范基地称号，格易集成电路企业获批市级科技旅游示范基地称号，清华大学合肥安全院获批市级研学游基地。全区全年累计接待游客445万人，实现旅游收入2.17亿元。

【合肥经济技术开发区综合保税区】 合肥经济技术开发区综合保税区前身为合肥出口加工区，2012年8月21日正式封关运行。2019年4月23日，国务院正式批复同意合肥出口加工区整合优化为合肥经济技术开发区综合保税区（以下简称“合肥经开综保区”），2020年6月19日，合肥经开综保区通过海关总署等8部委验收审核，区域规划面积1.40平方千米。在海关总署公布的2022年度综合保税区发展绩效评估结果中，合肥经开综保区在全国参加评估的138个综保区中综合排名第10位，前进1个位次，为全省唯一获评双A类的综合保税区，在中西部地区和东北三省综保区中排名第3位。

截至2023年底，合肥经开综保区累计落户招商引资项目18个，总投资额217.8亿元；注册企业48家，企业从业人员超过2万人，形成以联宝科技为代表的电子信息产业，以显耀科技为代表的集成电路产业，以保税维修、跨境电商、保税物流、商品展示为代表的新兴产业。

2023年，合肥经开综保区实现规模以上工业产值1027亿元；完成进出口总额91.64亿美元，占省、市、区进出口总额比重分别为8%、18%、46.4%；实现跨境电商贸易额10.26亿元，其中跨境电商公共服务平台累计实现网购保税进口单量311.7万单，在线清关货值2.44亿元。

（洪佳妮）

合肥新站高新技术产业开发区

【概况】 2023年，合肥新站高新技术产业开发区（以下简称“合肥新站高新区”）实现地区生产总值446.4亿元，同比增长3.1%；完成一般公共预算收入23.1亿元；实现规模以上工业总产值1054.2

亿元（全口径）；完成战略性新兴产值550.4亿元，同比增长2.5%（全口径完成844.2亿元，同比增长1.9%）；实现工业投资同比增长6.0%，占全区固定资产投资比重首次过半；完成社会消费品零售总额138.0亿元，实现城镇居民可支配收入53137元，同比分别增长6.0%、7%。

【产业发展】 2023年，合肥新站高新区构建“2+5”产业生态体系，打造显示半导体、新能源新材料2个千亿元产业集群，培育大健康、智能装备、现代服务业、人工智能、未来产业等5个百亿元级支柱产业。新型显示产业基地连续第8年在全省年度考评中获评A档，助力合肥成功入选“2023年新型显示十大城市”第一名，并以全省第一名的成绩成功创建国家级绿色工业园区。全年新签约国轩二期、踏歌智行、六顺生物、李时珍本草纲目、同庆楼富茂酒店等项目106个，其中：100亿元以上项目2个，50亿元以上项目3个，10亿元以上项目8个，重点项目签约数量位居全市各开发区前列。全面启动产业转型升级，完成全区470宗、1933.3公顷工业用地的履约回溯工作，整治低效用地11宗、总面积近78.87公顷，入选全省制造业开发区亩均效益领跑者榜单。实现维信诺柔性AMOLED模组生产线点亮，完成年产值74亿元，同比增长190%；晶合三期晶圆厂落成，打造成“安徽省汽车芯片制造中心”；国轩一期工程建成投产，国轩二期工程实现当年签约，当年投产；巡鹰三期工程实现当年签约，当年建成。

【科技创新】 2023年，合肥新站高新区提出加快构建“1356+N”科创体系（即“1”个核心、“3”条科创带、“5”大基地、“6”大行动、N个科创园区）。实现空天信息超高频半导体研究院、安中医少荃湖创新中心工程签约落地，少荃湖科创中心、芯视界一期、数字科技产业园等3个科创园区工程同步开园，全年净增国家高新技术企业98家，同比增长40.2%，新增国家级专精特新“小巨人”企业4家，创历年新高，在2022年安徽省高新区创新驱动发展综合评价中获综合排名第3位，连续第二年在全省各高新区创新驱动发展综合评价中居综合排名前3位之列。晶合集成、颀中科技实现成功上市，其中晶合创下安徽IPO记录史上最大记录；维信诺全球首发VIP技术实现重大突破，打破国外垄断；欣奕华的钙钛矿光伏电池蒸镀装备技术填补国内空白；颀中科技在显示驱动芯片封测领域位居全球第三位、全国第一位。成功举办2023年微显示创新及应用大会、“科创硬核”企业家沙龙等活动，效果良好。

【综合改革】 2023年，合肥新站高新区完成机构改革，强化经济、建设一线力量，内设机构精简至9个。启动区属国有公司改革，聚焦“产业运营、建设开发、民生服务”三大板块，建立“1+3”运营管理模式，该公司资产总额达780亿元，有效资产占比提升5个百分点，主体信用评级达AA+，全年新增授信超200亿元。建立“六办”联动工作机制，统筹推进项目建设、“腾笼换鸟”、为企服务等重点工作，各项工作落实的效率和质量明显提升。建立“325”为企服务包保体系，对重点工业项目实施的“四证齐发”“首席审批师”等6项创新事项被纳入全省第一批复制推广的改革创新试点，在全市范围推广。合肥综保区开展“智慧海关应用场景”试点，在全省首创以“无感智检”方式实现“即检即放”。

【城市建设】 2023年，合肥新站高新区完成全区国土空间分区规划编制，实现单元控规全覆盖，第六、八片区成片开发方案获省政府批复，总面积7.5平方千米，奠定“1345”城市空间发展格局。少荃湖城市副中心建设实现破局，明确城市设计方案，少荃湖南岸、北岸统一规划，少荃湖核心区主次干路网建设基本成形。铜陵北路下穿工程建成通车，文忠路高架全线贯通，轨道1号线三期工程实现开通运营，全年建成通车市政道路44条、总里程49.8千米。全年完成征迁项目72个，征迁面积27.2万平方

2023年11月，建设中的文忠路高架涉铁段转体 （张 敏/摄）

米，其中磨店老集镇、七里塘姚海冲2个市级重点城中村拆迁实现基本清零；续建安置房项目6个，总套数19891套，总建筑面积291.6万平方米，完成回迁安置1.88万套，安置面积达149.2万平方米。

【生态环境】 2023年，合肥新站高新区可吸入颗粒物（PM_{10}）均值浓度为52ug/m³，细颗粒物（$PM_{2.5}$）均值浓度为27ug/m³，同比分别下降8.77%、6.9%；优良天数比例88%，创历史最优值。全区3条河流4个市考断面水质目标考核达标率100%。组织开展全区生态环境问题大排查、大整治专项行动，累计自查上报问题187个，全部完成整改。建成开放少荃湖公园，打造初心园等4个街头游园和新海大道等4个景观带，推进“四纵四横”城市界面更新，全年完成绿化项目38个，绿化面积达62万平方米。

【社会治理】 2023年，合肥新站高新区深化平安新站建设，累计建成智慧平安小区125个，压降四类可防性案件、黄赌和电诈警情等方面问题，全区发生可防性案件66起，同比下降37.7%。组建安徽省首家高教基地派出所，实现“基础共建、治安联防、纠纷联调”的政警校联动目标。推动全区信访维稳工作，开展“大起底、大接访、大化解”信访积案专项行动，全年攻坚化解173件信访积案，化解率94.03%；在全国“两会”等重点时期实现“零进京”。

【社会事业】 2023年，合肥新站高新区获批首批“国家级市域产教联合体”，打造教育链、人才链、产业链、创新链“四链”融合的职业教育一体化发展格局。与合肥幼儿师专和幼教集团达成战略合作，成功引进四十二中、南门小学、三十八中、和平小学等优质义务教育资源，新增幼儿园学位1890个，完成义务教育招生1.25万人，从幼教到高中的优质教育体系基本形成。全国首个国家级消化系统疾病区域医疗中心落地该区，省公卫临床中心、省针灸医院、市属骨科和口腔专科医院等省市重点项目实现全部封顶，初步形成国家级区域医疗中心、三甲综合医院、市属专科医院和区属社区卫生服务中心的四级医疗卫生体系。全市体量最大、功能最全的少荃体育中心场馆建成运营，成功举办首届高教院校足球、篮球联赛，以及市大学生龙舟联赛，效果良好。解决群众急难愁盼问题，全年城镇新增就业1.82万人，新增停车场31个、停车泊位2万余个，建成老年助餐点13处。

（戴　畅）

安徽巢湖经济开发区

【概况】 2023年，安徽巢湖经济开发区（以下简称“安巢经开区”）实现地区生产总值（GDP）61.40亿元，完成规模以上工业总产值89.7亿元，实现规模以上工业增加值19.8亿元，实现战略性新兴产业产值42.8亿元，实现规上服务业营业收入42.4亿元，实现其他营利性服务业企业营业收入28.9亿元，完成建筑业产值12.6亿元，完成一般公共预算收入6.8亿元，同比分别增长3%、13.7%、15.1%、20.1%、28%、21.1%、31.1%、8.7%；实现固定资产投资38.7亿元，下降42.1%，其中，工业投资20.1亿元，技术改造投资5.9亿元，建安投资29.9亿元，同比分别下降28.8%、58.4%、44%；实现社会消费品零售总额39.4亿元，完成服务业增加值31.2亿元，同比分别下降2.6%、0.9%；完成的主要经济指标中有6项主要经济指标增幅实现两位数增长，有6项主要经济指标增幅高于全市平均水平，有5项经济指标增幅位居全市四大开发区第一。

【企业发展】 2023年，安巢经开区实现规上工业增加值、战新产业产值、规上服务业营业收入、其他营利性服务业营业收入、建筑业产值、一般公共预算收入等6项经济指标增速高于全市；其中，实现规上工业增加值、规上服务业营业收入、其他营利性服务业营业收入、建筑业产值等4项经济指标增速位居全市前列。全年新增规上企业9家，总数达74家，其中实现产值超亿元的企业有26家，占规上企业总数的35%。大恒新能源成为该区首家实现年产值突破10亿元企业。新增国家级专精特新“小巨人”企业2家、省级专精特新企业8家、省级企业技术中心1家、市级企业技术中心3家，获评安徽省科技进步奖2项、合肥市关键共性技术研发“揭榜挂帅”项目2个。全年累计兑现各类产业政策资金9909.7万元，惠及企业260户，帮助企业获政策性贷款总额度3.9亿元。

【城市建设和生态环境】 2023年，安巢经开区聚焦园区城市功能提升，投资28.56亿元，开工75个“大建设”项目，潜川路、鼓山支路等多条断头路建成通车，花山路、宜业大道、虎泉路、大闸河闸站等重点基础设施项目开工建设；

花山公租房、映湖公租房、集体建设用地公租房主体工程完工；智能制造产业园建成投用，鼓山、西山雅居二期工程、滨河家园二期工程等3个安置小区交付使用。空气质量居合肥市前列，汤河断面全年水质达标率100%。

【民生保障】 2023年，安巢经开区开展“难安置”问题专项治理工作，累计安置群众1826户，房屋5190套，完成“难安置”工作任务。推深做实“民生回应”工作，完善“统一归集诉求、分流交办核处、统一回复结果、及时督查跟踪”闭环办理机制，真正做到“民有所呼，我有所应”，效果良好。

【社会管理】 2023年，安巢经开区落实中央八项规定精神，巩固“四小四大（即工程小但利益大、科室小但权力大、干部小但胆子大、年纪小但欲望大）”专项整治成果，开展“四域四化（四域：国资国企运行管理、工程建设项目实施、为企服务优化环境、为民办事规范用权；四化：保洁‘净化’、园林‘绿化’、城管‘美化’、智慧管理‘信息化’）”专项整治工作，从严从实推动纪检监察干部队伍教育整顿和巡察工作的进行，营造风清气正的良好政治生态，效果良好。坚持以党建引领“皖美红色物业”建设为突破口，解决城市社区物业管理服务难点、痛点问题，以物业服务“小切口”撬动社区治理“大提升”，西山雅居小区成功获评全省第二批示范小区。

严格落实意识形态工作责任制，联合巢湖市共同搭建网络舆情监测、快速处置机制，全年未发生重大负面舆情。践行新时代“枫桥经验”，严格落实首接首办、接诉即办、直转快办、跟踪督办等措施，初信初访化解率达95%以上。统筹推动社会治理、便民服务等要素系统集成，搭建区街村（居）三级指挥调度平台，全年妥善处理矛盾隐患2016件，办结率超98%。

坚决落实食品安全“四个最严（最严谨的标准、最严格的监管、最严厉的处罚、最严肃的问责）”要求，强化生产、流通、消费全链条全过程监管，全年食品安全形势稳中向好，未发生重大食品安全事故。开展安全生产专项整治行动，聚力防风险、查隐患、抓整改，安全生产形势平稳可控，全年事故发生起数与死亡人数同比实现双下降，获市安委办通报表扬。常态化开展“区域联防、邻里守望”立体化巡防工作，安防类警情和刑事发案同比大幅下降。

（吴　颖）

阜阳合肥现代产业园区

【概况】 2023年，阜阳合肥现代产业园区（以下简称“阜合园区”）完成规模以上工业产值77.8亿元，实现规模以上工业增加值16.5亿元，完成进出口总额7500万美元，实际利用外资100万美元，同比分别增长62.1%、54.4%、43.6%、30%；完成经营收入202亿元，同比增长15.2%，其中“四上”企业（即规模以上工业、有资质的建筑业、限额以上批发和零售业、限额以上住宿和餐饮业、有开发经营活动的全部房地产开发经营业、规模以上服务业法人单位）实现经营收入176亿元；完成固定资产投资15亿元，其中完成工业投资7.98亿元。

【产业发展】 2023年，阜合园区装备制造、电子信息、新能源等三大主导产业实现产值68.2亿元，同比增长72.8%，占该园区实现规上工业产值的87.7%；高新技术产业实现产值68.5亿元，同比增长77%，占该园区实现规上工业产值的88%；战略性新兴产业完成产值37.7亿元，同比增长101%，占该园区实现规上工业产值的48.5%。新签约亿元以上项目20个，总投资181.1亿元，其中制造业、主导产业占比均为90%；完成省外亿元实际到位资金41.5亿元，同比增长3.41%；新入省库项目数15个，其中93.33%为十大新兴产业工业项目。

【优化营商环境】 2023年，阜合园区优化营商环境，聚焦“六破六立（即破除小进即满、小富即安的自满观念，树立走在前面、争先进位的进取意识；破除墨守成规、按部就班的守旧观念，树立破字当头、勇创新路的创新意识；破除重内轻外、自我循环的封闭观念，树立向海而兴、借船出海的开放意识；破除只想做官、不想做事的官本位观念，树立为民造福、为民谋利的服务意识；破除碌碌无为、甘于‘躺平’的畏难观念，树立攻坚克难、迎难而上的奋斗意识；破除急于求成、急功近利的短期观念，树立一抓到底、久久为功的实干意识）”，推动惠企政策“即申即享”“免申即享”和政策资金“一键送达”，解决企业资金、用地、用工等困难。调整并完善包保联系企业机制，将重点企业全部纳入包保范围；走访重点企业230余次、重点项目90余次，收集问题8个，均办结；开

2023 年 4 月 1 日，皖北首届疊街 · 颍州坊文旅潮玩节举办（唐澍澍 / 摄）

展“优环境、促发展”现场集中办公活动，收集问题 6 个，均办结。搭建惠企政策资金“免申即享”平台，为 21 家企业发放免申即享政策奖补资金 460 万元。加大政策支持企业力度，帮助企业申请省、市及园区政策奖补计 43 企次，计 4443 万元；给 55 家企业执行 2022 年高质量奖补政策，合计奖补金额 1101.43 万元。强化对企业的金融要素保障工作，在全市率先推出“园区贷”金融产品，累计授信 29 企次，授信金额 1.3 亿元，其中通过园区贷授信企业计 13 企次，授信金额 5650 万元。

【科技创新】 2023 年，阜合园区强化平台建设，按照“市场主导、政府主推、院校主研、企业主用、金融支持、各方共赢”思路，推进以复旦科技园为平台，借助创新中心第三方资源平台，加强与国内高校的交流联系，围绕“成果转化、人才培育”等开展合作，助推创新发展。强化企业培育工作，发挥企业创新主体作用，新增“四上”企业 12 家，全区累计拥有“四上”企业 68 家；新增省级专精特新中小企业 5 家，市级专精特新中小企业 7 家，全区累计拥有省级专精特新中小企业 9 家，市级专精特新中小企业 15 家。强化人才引育、聚焦人才引进和人才培养工作指标工作，加大高技能人才、新进站博士后等重点人才引育力度，做好人才及统战工作，出台人才政策，兑现人才奖补 101 万多元。强化政策落实，加大科技减税政策落实力度，鼓励金融机构创新科技贷、科创贷等信用类金融产品，对接省成果转化引导母基金，推动基金增资扩股，效果良好。

【改革开放】 2023 年，阜合园区推进管委会 + 公司改革，完善管委会 + 公司改革方案，发挥公司在基金招商、项目招引的带动作用，做大做强开发园区载体。做实亩均效益评价工作，印发《2023 年阜合产业园区深化“亩均论英雄”改革工作要点及任务清单的通知》《园区开展亩均效益评价推进工业高质量发展实施方案（修订稿）》等文件，助力高质量发展，提高资源利用效率，采取“一地一策”，逐宗对园区范围内低效闲置用地进行分类处置，运用“腾笼换鸟”嫁接新项目等多种举措，引导低效用地项目进入土地二级市场交易，开辟阜阳市土地进入二级市场交易的先河。对停滞项目进行法拍收储，促进低效用地实现高效利用，清理低效闲置土地近 24.9 公顷。

【民生福祉】 2023 年，阜合园区完善综合配套服务功能，完成第九期、第十期安置分房工作，该园区建园以来所有完成征迁项目的群众均得到安置，累计分房 4800 户、涉及群众 1.65 万人，为全市最快。安医大阜阳临床医学院实现移交并投入使用，填补阜阳市无医学类高等院校的空白。安医大附属阜阳医院运行平稳，获评三甲综合医院，医疗服务水平得到提升。阜阳疊街开街运营，节日期间人气火爆。建立驻村帮扶工作队，助力乡村振兴，改善张堂社区人居环境；拨付资金 30 余万元，实施接户道路路肩工程、河道清淤工程以及广场提升工程。配合镇村向颍州区争取建设资金，修建一座康新河桥。

（吴　奇）

合肥蜀山经济技术开发区

【概况】 合肥蜀山经济技术开发区（以下简称“合肥蜀山经开区”）实际管辖面积 23 平方千米。其中，规划批准面积 11.60 平方千米，运河新城托管区 12 平方千米；辖万泽、山湖苑、蜀麓苑、卓然、邓店等 5 个社区，人口 10 余万人。2023 年，经合肥市蜀山区人民政府批复同意，合肥蜀山经开区（西区）新增阳光、心湖 2 个社区。合肥蜀山经开区包含 4 个区块：1. 属于国家级开发区批准地块一，

2023 年 5 月 4 日，"中国环境谷"第三届院士峰会暨重大项目签约落地活动举办
（蜀山经开区管委会/供）

东至西二环，南至长江西路，西至希望路、社岗路，北至樊洼西路；2. 属于国家级开发区批准地块二，东至科学岛路，南至井岗路、长江西路，西至万泽路，北至湖光路；3. 属于国家级开发区批准地块三，东至皖山路（原开福路），南至长江西路、田埠西路，西至玉蕾路（原沁源路），北至董铺水库二级水源保护线；4. 2021 年，安徽省人民政府批准该区扩区范围，北至长江西路、望江西路，东至马场路、三乘寺路，南至望江西路、习友路，西至天柱山路、滚子河路。

2023 年，合肥蜀山经开区实现规模以上工业增加值 7.33 亿元，同比增长 14.39%；完成固定资产投资 147.52 亿元，实现工业技改投资 10.82 亿元，同比分别增长 11.84%、17.07%；实现商贸业销售额 243.74 亿元，完成零售额 128.07 亿元，同比分别增长 3.4%、14.23%；规模以上服务业企业完成营业收入 211.14 亿元，其中其他营利性服务业企业完成营业收入 96.64 亿元，同比分别增长 14.23%、23.08%；实现建筑业总产值 261.12 亿元，完成进出口额 19.24 亿美元，同比分别增长 1.35%、13.39%；外商直接投资（FDI）1002 万美元，同比增幅 534%，创历史新高。

该区在 2022 年度国家电子商务示范基地综合评价获 A 级、在省发展改革委系统 2022 年度全省省级以上开发区综合考核评价中获第 8 名、位列全省国家级开发区亩均效益综合评价第 2 名、在全省国家级产城融合型经开区土地集约利用评价中获第 2 名；成功获批成为安徽省首批科技成果产业化基地（节能环保）之一，并获全省长三角地区更高质量一体化发展优秀集体、全省重点经开区信息宣传工作先进单位称号。

该区中小企业成功入选国家工业和信息化部 2023 年度全国中小企业特色产业集群范围。

【项目招商】 2023 年，合肥蜀山经开区实现市级新签约项目 58 个，投资额超 110 亿元，新开工大项目 6 个，有省外投资亿元以上项目 19 个，均占蜀山区比重超 70%；成功引进总投资 55 亿元的中贝通信华东基地项目，首次实现在蜀山区出现投资 50 亿元以上工业项目零的突破；文轩新能源、盛位电子、联鹏新能源等 3 个项目成功申报为合肥市大项目，实现蜀山区建区以来大项目建设获市级政策支持"零"的突破；实现招商投资 15 亿元以上制造业"零"的突破；环境产业投资延伸至新能源与节能环保、碳中和等新兴产业，引进以中海蓝航、瀚海检测、禾电科技、水生科技等 15 个项目；聚焦"数字 + 算法"领域，引进中贝通信投资，成功打造全省首家、华东最大低碳 AI 智算中心；补齐建筑业产业链发展短板，引进中建三局、北京城建、中交广航局等 11 个建筑企业总部项目。

【营商环境】 2023 年，合肥蜀山经开区实施腾飞计划，有 34 家企业参加，其中签合同企业 26 家；陪伴计划企业 66 家。实施精准匹配政策，线上构建"供需服务"平台，线下开展"企业家微沙龙"活动，累计举办沙龙活动 60 次，线上发布供需信息超 500 条。帮助新媒正虹、修武工业等超 400 家企业通过国家对科技型中小企业的认定，拥有的科小企业数量占蜀山区总数的 40%；拥有高新技术企业 345 家，占蜀山区总数的 45%。

【园区建设】 2023 年，合肥蜀山经开区在产业项目建设方面，总投资 5.85 亿元，工投慧谷、泰普联合项目完工，总用地面积约 7.34 公顷，总建筑面积 13.28 万平方米；开工建设特医科技、老乡鸡智能基地、环境经济产业园、数字经济示范园等产业项目 20 个，总投资额约 102.68 亿元，累计完成投资约37.41亿元（2023年完成投资17.75亿元）。

在道路建设方面，总投资76.05亿元，运河新城开工建设G312合六路快速化改造、蜀山大道、新桥大道雨污水等9个项目，涉及道路总长度17.28千米；总投资约26.02亿元，天柱山路、西城大道等14条道路完工通车，总长度18.4千米。

在安置点建设方面，在建安置房13处，位于运河新城的12个安置点项目主体结构全部实现封顶。

在公共服务配套建设方面，中科院合肥肿瘤医院建成并投入使用，填补该区范围内缺少三甲医院的空白；市委党校、合肥八中运河新城校区主体结构实现封顶，安医大临床医学院一期工程建成并正式投入使用，在校生超6000人，市五十中学心湖校区和安居苑小学心湖校区实现如期开学；邻里中心、蜀山工人文化宫、运河新城全民健身中心等项目均在按期推进建设；占地8公顷的城市运动公园正式投入使用，心湖公园环境提升工程完工，并作为重要节点纳入引江济淮百里画廊整体规划建设之中。

【主导产业】 2023年，合肥蜀山经开区推进主导产业发展。合肥综合性国家科学中心环境研究院实现实体化运营，金额达120亿元的省新能源和节能环保产业母基金、南方建信等5个子基金成功落户；拥有400多家环境企业，实现营业收入超500亿元；安徽智能软件园集聚软件类企业285家，其中纳入省经信厅统计的软件企业突破100家，占蜀山区比重近70%；面积达12万平方米的网达软件园基本建成，安徽智能软件园杭州分园正式揭牌。在运营好“合肥＝阿姆斯特丹”国际航线的基础上，开通全省首个跨境电商中欧卡航，实现跨境电商出口清关单量1087万件，同比增长110%；在线清关货值同比增长97%。完成新城电力、人和科技等14宗计约41.67公顷土地的腾笼换鸟工作，是该区成立20年来腾笼换鸟总量的5倍。

【科技创新】 2023年，合肥蜀山经开区新增国家级科技企业孵化器1家（合肥工业设计城），蜀山区仅有的2家国家级孵化器企业均在该区。新增省级以上研发机构8家，总量达27家；新增国家级双创空间2家。新认定国家级专精特新“小巨人”企业2家，累计达6家；拥有各类专精特新企业113家，占蜀山区的73%。新申报高企131家，占过去20年发展总和的一半。

【环境治理】 2023年，合肥蜀山经开区推进生态环境治理，实现大气优良天数316天，优良率为88.02%；实现水质达标率100%，细颗粒物（$PM_{2.5}$）浓度为34微克／立方米，PM_{10} 浓度为62微克／立方米。实施东区汉西渠排口综合治理、新建小区雨污管网验收检测等项目，提升水环境质量。拥有重点产废单位60家，危险废物处置率达100%。加大环保执法检查力度，处罚15家企业，罚款约84万元；审批7项新建项目入园申请，驳回不符合要求申请13项。

【社会事业】 2023年，合肥蜀山经开区加强社会事业。

在城市管理方面，推动违法建设治理工作。通过摸清底数、加强联动、强化执法三步骤，拆除、销号违法建设1万多平方米。对市政基础设施实施精细管养，完成道路维修面积7300多平方米，安装及修复道路护栏8200多平方米，修复市政道路及污水管网4800多平方米。常态化查处违法载客正三轮60多辆，拆除违规户外广告60多处，推进数字和智慧城管工作，处置案件1.35万件；开展垃圾分类和文明创建工作，完成4家市级、4家区级文明单位的申报验收工作，获评市级最美志愿服务队1个、市志愿服务项目大赛三等奖2个、区级“蜀山好人”6名、区级“新时代好少年”2名；治理道路交通秩序，开展机动车违规停放劝离与处罚约2.5万次，设置危险区标志20处、道路标线1.08万米，安装绿化隔离护栏万余米，更换道路标识80多块；新增600多个固定停车位，首批开放自有载体享停车位500多个；新增合肥公交311路、肥西公交697路两条公交路线。

在社区治理方面，创新社区治理模式，在全省首创成立企业社工站，授牌成立6家企业社工驿站，打造线上＋线下企业社会工作服务中心。推进西区路名调整工作，组织专家教授召开多次专题命名交流研讨会，并报市规委会研究和讨论。出台《蜀山经开区住宅小区物业管理考核办法》，邀请小区党组织、网格、业主委员会、居民代表等联合参与小区协商议事。新组建业委会1个，换届2个；新组建物管会7个。推进红皖家园无水小区治理工作。

（沈　勇）

责任编辑：田　文

县（市）区概览

肥东县

【概况】 肥东县位于合肥市东部，县域面积2181.60平方千米，县内地势北高南低，江淮分水岭东西走向横贯于县境北部，区位优越，淮南铁路、合宁高铁、合福高铁、合宁高速等公路、铁路贯穿县境。2023年，全县辖12个镇、6个乡，有肥东经济开发区（合肥上海产业园）、合肥循环经济示范园。年末全县户籍人口108.70万人，同比增加0.10万人。常住人口90.90万人，同比增加0.70万人；常住人口城镇化率73.05%，提高0.65个百分点。出生人口0.74万人，出生率6.68‰。肥东县入列合肥唯一、全国首批县域商业“领跑县”名单。利用外资增长总额、增速领跑五县市，第五次获评“农村电商工作省级示范县”。市场主体超10万户，连续三年入选“全省发展民营经济一类县”。综合实力居赛迪全国百强县第75位，经济总量居全国百强县第66位。

【政治建设】 2023年，肥东县把自身建设摆在突出位置，全年召开27次县委常委会会议、13次理论学习中心组学习会。主题教育成效显著，县委常委会开展4次集中研讨，举办专题读书班，赴茶壶山烈士陵园接受红色教育、赴合肥党史馆接受党史教育、赴省党风廉政教育基地接受廉政教育。县四大班子调研180次，办结群众诉求310多件，形成调研报告26篇，示范带动92家参学单位开展学习研讨800余次，党支部集体学习7000余次。筛选确定正反面典型案例，深入剖析、以点带面、推动工作。

风清气正的政治生态更加向优。压实全面从严治党政治责任，严肃认真接受省委政治体检，50个省委巡视反馈问题整改完成率达94%。全面落实意识形态工作责任制，网络舆情管控有力，在全市赛马机制中保持领先位次。成立县委讲师团，县新时代文明实践中心新馆投入使用，开展“举旗帜·送理论”等宣讲活动560余场、受众3.20万人次。党建引领信用村建设全面推广，金融机构授信1200多万元产业项目贷款。改造提升42个社区党群服务中心综合服务功能，推荐表彰省“皖美村支书”2人，市“乡村振兴担当作为好支书”5人。“四事四权”工作法试点得到省委、市委领导肯定，全省农村基层党建工作现场会在肥东县召开。深入推进“四小四大”“四域四化”专项整治，开展纪检监察干部队伍教育整顿。

【经济发展】 2023年，肥东县生产总值（GDP）902.00亿元，按不变价格计算，同比增长5.80%。其中，第一产业增加值86.40亿元，同比增长3.90%；第二产业增加值316.70亿元，同比增长10.40%；第三产业增加值498.90亿元，同比增长3.40%。三次产业结构为9.60∶35.10∶55.30。按常住人口计算，人均GDP为99614元（折

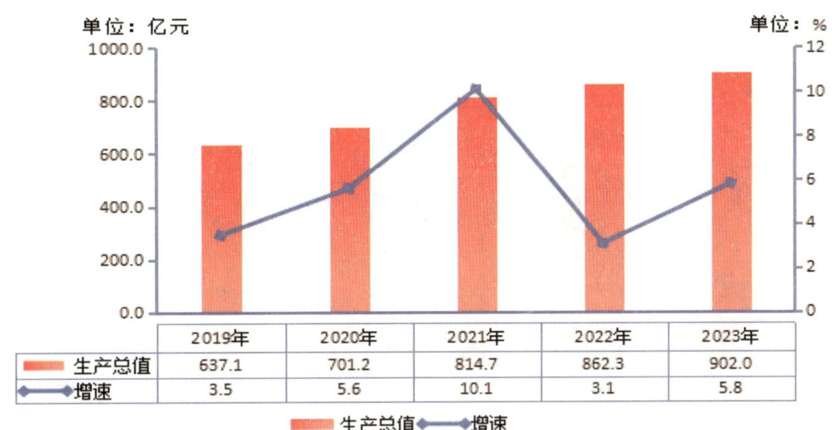

	2019年	2020年	2021年	2022年	2023年
生产总值	637.1	701.2	814.7	862.3	902.0
增速	3.5	5.6	10.1	3.1	5.8

图1 2019—2023年全县生产总值及增速

2023 年 4 月 28 日，肥东县特色文化街区撮街举行开街庆典

（肥东县文旅局 / 供）

合 14136 美元），同比增加 3860 元。

【文化事业】 2023 年，肥东县拥有文化馆 1 个，公共图书馆 1 个（分馆 24 个），博物馆 6 个（含民营博物馆），乡镇综合文化站 20 个。全国重点文物保护单位 2 处，省级重点文物保护单位 8 处，市级重点文物保护单位 15 处。国家级非物质文化遗产项目 1 项，省级非物质文化遗产项目 3 项，市级非物质文化遗产项目 18 项。有县级档案馆 1 个，馆藏档案资料 89.00 万卷（件、册），库馆总建筑面积 6463 平方米。县图书馆在第七次全国县级以上公共图书馆评估定级中蝉联“国家一级馆”。肥东县文化产业工作在市对县目标考核中再次位列四县一市首位。

文化品牌日益擦亮。全县充分彰显“世界包公，故里肥东”的历史定位，聚焦群众日益多元的文旅需求，深入挖掘包公、渡江、巢湖三大本土文化资源，凝练文化内涵，打造文化品牌。围绕包公文化开展

富民增收成效显著。常住居民人均可支配收入 41288 元，比上年增长 8.40%。城乡居民人均收入比值为 1.54，比上年缩小 0.04。社会保障臻于完善。参加城镇职工养老、失业、工伤保险人数分别为 10.60 万人、8.70 万人和 15.30 万人，全年失业基金累计支出 7756.00 万元。基本公共服务均等化水平提升。各类中等职业教育学校 5 所，其中普通中专 5 所。普通高中 12 所，普通初中 16 所，小学 41 所，幼儿园 144 所。全县义务教育经费保障机制改革惠及学生 8.30 万人，其中城市 6.20 万人、农村 2.10 万人。年末全县有医疗卫生机构（含村卫生室）459 个，其中医院 11 个、基层医疗卫生机构 439 个、专业公共卫生机构 6 个，其他卫生机构 3 个。城镇建立各种社区服务中心（站）269 个，其中乡镇级社区服务中心 20 个。

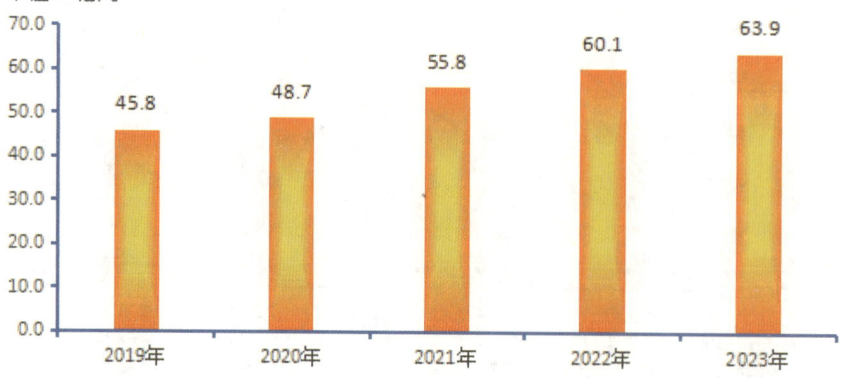

图2 2019—2023年全县一般公共预算收入

【生态文明建设】 2023 年，肥东县可吸入颗粒物（PM_{10}）年均浓度为 58 微克 / 立方米，与上年同期持平；细颗粒物（$PM_{2.5}$）年均浓度为 34 微克 / 立方米，与上年同期持平。全年空气质量优良天数为 306 天，优良率为 83.80%。

持续开展大气环境治理。持续开展扬尘管控，全力督促建筑工地落实“六个百分之百”、渣土运输全路面保洁、重点路段重点时段湿法保洁。开展裸土综合治理，对市大气办通报的裸土信息，第一时间安排责任单位进行整改，限期销号。强化三汊河片区扬尘管控，实时对码头湿法作业、搅拌站车辆进出是否冲洗等扬尘污染行为进行监督。继续强化秸秆禁烧。实施群众“家门口”问题整治。印发《肥东县整治餐饮油烟、恶臭异味和噪声扰民问题保障人民群众合法环境权益专项行动方案》，与相关部门联动，解决餐饮油烟污染 132 家、企业夜间异味 234 家、工业噪声 83 家、

交通噪声82件等发生在群众“家门口”的突出环境问题。

加紧整改水环境。全县巩固大排水整改，开展肥东经开区、撮镇镇、循环园境内217家雨污混接企业整改“回头看”，并通过市级验收销号。开展汛期污染强度专项整治，对市级交办的南淝河流域汛期污染强度专项行动中发现的49个问题，经过各部门全力整改，完成整改43个。开展滁河流域问题整治，对发现的39个问题，完成整改37个。开展巢湖蓝藻应急防控。全年出动打捞人员14791人次，打捞藻浆27.74万立方，处理藻浆27.51万立方，外运藻泥5075.63吨，打捞船只546船次。开展中小水库治理工作。对全县241个水库开展季度监测，对不达标水库开展加密监测，配合乡镇对不达标水库开展溯源执法检查。

加大土壤环境治理保护力度。开展土壤污染防控，督促30家土壤重点监管企业完成每年一次的土壤和地下水环境质量监测，监测结果达标。建立地下水重点监管单位名录，完成地下水污染防治重点区域划分。开展饮用水水源地环境保护，完善饮用水水源地规范化建设，配合县水务部门申请到中央环保资金9706万元，专项用于众兴水库、岱山湖水库的规范化建设。针对市级反馈肥东县饮用水水源地14个问题，完成整改13个，下剩1个问题正在序时推进。

农村人居环境整治严格考核。全县完成市级下达的15个建制村农村生活污水治理、10个建制村农村环境综合整治、11个驻地污水处理厂提质增效。对县水务集团运行的90座农村生活污水处理设施进行季度考核，考核结果合格发放市级补助资金180万元。启动乡镇驻地生活污水处理厂专项整治行动，完成2022年新增的黑臭水体整改3处。

自然生态保护取得实效。迎接省级湿地公园生态环境保护专项督查，强化“绿盾”自然保护地监督，审核巢湖风景名胜区内3个自然保护地疑似问题线索，基本完成问题的整改。合肥十八联圩生态建设管理有限公司被市生态环境局和市教育局命名为生态环境教育基地。

（丁梦云）

肥西县

【概况】 肥西县因位于合肥之西得名，总面积1695.41平方千米。2023年底，全县辖上派镇、三河镇、花岗镇、官亭镇、紫蓬镇、山南镇、桃花镇、丰乐镇，严店镇、高店镇、铭传乡、柿树岗乡等12个乡镇，肥西经济开发区、紫蓬山旅游开发区、柏堰科技园、新港工业园等4个园区，截至年底，全县常住人口98.80万人。县人民政府驻上派镇。肥西县先后获评全国文明县城、全国科技进步先进县、国家园林县城、全国绿化模范县、国家知识产权强县工程示范县、国家卫生县城、“四好农村路”全国示范县、全国村庄清洁行动先进县等。

2023年，肥西县实现生产总值（GDP）1153.80亿元、同比增长7.70%，一般公共预算收入73.70亿元、同比增长15.40%，规模以上服务业营收增长12.50%，社会消费品零售总额增长8.30%，固定资产投资增长24.90%。投资“赛马”稳居全省第一，财政绩效、生态环境、养老服务等6项工作获省政府督查激励，民营经济考核连续3年获全省一类县优秀等次，制造业发展连续6年位居全省10强县榜首。荣膺国家知识产权强县建设示范县、全国营商环境创新县，入选国家现代农业产业园、国家创新型县建设名单，获评长三角G60科创走廊产城融合发展示范区。全国百强县榜单再进5位，居全国第39位。

【政治建设】 2023年，肥西县坚持学思用贯通、知信行合一，扎实开展学习贯彻习近平新时代中国特色社会主义思想主题教育，深入开展解剖式调研，推动解决基层实际问题 3300多个，确立建新功事项185件，全县4.20万名党员接受一轮深刻的思想洗礼。加强党的创新理论武装，严格落实第一议题制度，探索“五个一”学习机制，形成学习研究、推进落实的工作闭环。严格落实意识形态工作责任制，建强“肥西发布”等舆论主阵地，打造“知行肥西学习市集”理论宣讲品牌，健全“3+N”舆情处置工作体系牢牢把握意识形态工作主动权。

政治生态全面优化。扎实开展省委巡视反馈问题整改，40个问题完成整改33个，整改率达83%。健全完善体制机制，制定“十严禁十强化”20条举措，聚焦责权利划分、人财物管理等领域，建章立制149项，逐步实现用制度管人管事。

工作落实力持续提升。深度运用“节点工作法”，完善节点运行规则，5300 多个节点纳入平台高效运转、闭环督办，精准覆盖

1200多个重点项目和事项，紧密关联1580名干部，节点按期完成率超 94%，以“节点赛马”推动干部落实力大幅提升。深入作风效能建设，开展明察暗访和效能专项督查12次，上线“效能监督码”实时在线监督系统，发动社会力量参与效能监督，查处违反效能建设典型问题30余起，促进干部作风大转变。

干部队伍持续优化。强化干部专业能力培育，举办各类干部教育培训班22期、参训900余人次，选派39名干部赴长三角先发地区、省市对口部门和企业院所跟班学习。依托节点工作平台建立干部一线干事档案、村书记干事创业档案，具象化识别干部：综合“一封信”推荐、比选择优等方式，多维度发现识别干部，累计优化调整干部205人。深入推进肥西经开区“管委会+公司”“小散弱”事业单位、乡镇国土所等重点改革，规范开展干部轮岗交流 40 人，干部结构不断优化、担当作为能力不断增强。

【经济建设】 三大战新产业集群成型成势。2023年，肥西县三大战略性新兴产业累计签约落地10亿元以上项目41个，50亿元以上项目11个，超百亿元项目7个，千亿产值项目1个。新能源汽车和光储产业形成全链条优势，以江汽华为高端智能电动汽车为引领，同步引入智能新能源重卡领军企业DeepWay，实现乘用车商用车并驾齐驱。零配件组团均胜安全、金力隔膜、华霆动力、大众一汽、招商车研等国际国内龙头快速汇聚、集链成群，聚集产业链上下游龙头企业20余家，满产产值超1500亿。华晟新能源、长信光伏、阳光能源、派能科技等光伏储能产业四大百亿企业相继落户，形成涵盖硅片、电池片、逆变器、储能电芯等核心环节的全链条集群式发展格局。高端智能制造领域集成电路产业异军突起，中车IGBT、银牛微电子、长鑫存储等行业头部企业纷纷进驻，实现功率芯片、视觉芯片和存储芯片封测等领域多点突破。大健康产学研深度融合，全球CRO龙头IQVIA签约落地，亿帆医药、历成药业开工建设，G60药谷、安医大新区、省疾控中心等教研机构加速推进，“产学研”一体化的优势快速凸显。

现代服务业迈向品牌化高端化。以优质供给引领消费提档升级，宝马、比亚迪等4S店开业运营，希尔顿、同庆楼等品牌大酒店加快建设，星巴克、朱光玉等首店经济火爆出圈，新业态为消费持续注入新活力。以电商产业带动商贸业提速发展，新增电商企业总部2家，带动网上零售额突破百亿大关，连续3年获评全省农村电商示范县。以品牌塑造助推全域旅游提质增效，三河古镇改造升级，紫蓬山景区业态提升，环紫蓬山高端民宿品牌创响，“合肥近郊游第一目的地”的名片持续擦亮。

科技创新动能加速释放。依托高质量的科技、产业创新政策体系和科技金融服务体系，推动创新主体加速扩张，两年净增国家高新技术企业400余家、总数突破800家，战略性新兴产业产值占比达59%，万人高价值发明专利拥有量6.80件，均居5县（市）首位，获评国家知识产权强县建设示范县。积极对接合肥及长三角科创资源，科大先研院技术转化中心、中科G60智慧健康研究院等科创平台加速壮大，新增国家级孵化器2家，市级新型研发机构实现零的突破。创新“以赛选才”“按薪定才”模式，通过在全市率先开展高层次人才自主认定、加大高端人才购房补贴、建立2亿元的人才发展资金池等措施，高端人才加快聚集，近3年新增参保大学生4.50万人、高层次人才近千名。

营商环境持续优化。建立“百千万”要素保障机制，百亿规模的政府母基金撬动形成700亿规模的基金丛林，百万平方的标准化厂房为众多小而美企业提供落户载体；千亿规模政府平台公司的融资、代建等功能充分发挥；万亩工业用地储备推动重大项目实现当年

2023年10月，派河国际物流港 （王月敏/摄）

签约、当年开工、当年投产。政务服务线上线下同步推进，上线行政审批倒计时、勘察预约和政务服务评价系统，线下“政企面对面”“全程领代办”“局长服务员”落细落实，营商环境对外品牌愈擦愈亮。

【城乡建设】　“三区一带”提品提质。2023年，肥西县加快城市新片区建设，采用打包招标、评定分离等新模式，推动三大片区从蓝图加速走向实景。41条道路全面贯通，轨道交通全新上线，派园、县档案馆、科技馆、工人文化宫相继落成，片区功能日益完善，首批获评G60科创走廊产城融合发展示范区。以江淮运河景观带建设联动老城区城市更新，依托运河九景十八驿，打造百里画廊最亮眼的一段。全面完成主城区地下管网污雨混接整治，实施13个城中村片区征迁和288个老旧小区改造，加速推进大桃花片区城市更新，初步实现优质县城向品质主城跨越。

城市治理更加精细。以全国文明城市创建为统领，多措并举推动基层治理创新，提高城市精细化、智慧化管理水平。治理模式迭代升级，依托“智慧肥西”平台，建立完善吹哨、智慧物业等重点模块，形成“大事进节点、小事靠吹哨”的问题高效闭环解决机制，文明创建步入常态长效新阶段。重拳出击肃清市容“顽疾”，华南城、二十埠等一批“老大难”问题有效解决。全面掀起“物业风暴”，清退考核不达标物业企业13家，组建业委会124个，共建共治共享的基层治理合力加快汇聚。安全生产、信访维稳形势总体可控，安全生产事故数、亡人数连续5年“双下降”，中央信联办、省信访局交办历史积案办结率100%。深入践行新时代枫桥经验，打造“一站式”矛调平台，矛盾纠纷调解成功率超98%，高店五四社区入选全国乡村治理示范村、花岗派出所入选全国“枫桥式派出所”。

乡村振兴深入推进。以国家农业现代化示范区创建为抓手，以工促农、以城带乡，共绘城乡融合共同富裕新画卷。将高标农田建设作为落实耕地保护责任、提升亩均粮食产量的重要抓手，3年新增高标农田超13333.33公顷，总量覆盖全县耕地总面积的80%以上。发挥国家现代农业产业园资源集聚优势，围绕预制菜、民宿等产业重点发力，华莱士、蜀王、新光文旅等60余个优质项目接连落地；以特色产业带动富民增收，农村居民人均收入保持全市领先，脱贫户人均收入增幅位居全省前列。依托全国唯一的苗木花卉交易信息中心，建成运营中部花木城产业示范园，打造线上线下深度融合“永不落幕”的苗交会。依托江淮运河百里画廊、紫蓬山风景廊道，打造具有肥西特色的和美精品示范村，建成省级美丽宜居村庄24个，获评全省美丽乡村建设先进县。

【生态治理】　2023年，肥西县生态环境持续优化。坚持以绿色发展理念贯穿始终，成功创建国家生态文明建设示范区。全力推进环保突出问题整改，中央及省环保督察反馈问题年度整改任务全面销号，8号排口整改入选生态环境部正面典型案例。将派河流域综合整治作为环保“头号工程”，专班化推进派河“一干十支”整治，组建肥西北排公司实现污水设施专业化运维，国控、省控、市控断面水质全部稳定Ⅲ类达标，创历年最好成绩。以智慧工地等信息化手段赋能智慧监管，全力开展裸土覆盖、扬尘治理等大气污染防治专项行动，细颗粒物（$PM_{2.5}$）浓度实现“十连降”。林长制改革纵深推进，建成区绿化覆盖率增至43.20%，三河湿地公园获评“第四批全国自然教育基地”。

【社会民生】　2023年，肥西县开展十大暖民心行动，办好民生实事，加快补齐民生短板，一般公共预算用于民生支出占比保持85%以上。将安置点建设作为最大的民生工程，3年竣工安置点近千万平方米，12万居民喜迁新居，“难安置”在全市率先实现清零。精准落实就业创业支持政策，年均新增城镇就业近2万人、支持大学生等重点群体创业近1万人。坚持教育优先发展，新建中小学、幼儿园21所、新增学位1.10万个，安师大附属外国语学校正式落户，合肥八中等教育集团托管乡村学校10所，让肥西学子在家门口就能上好学校。医疗水平显著提升，国家区域医疗中心复旦大学儿科医院、安医大一附院南区、县中医院新区等相继开诊。养老服务提质增效，华东老年示范公寓建成运营，引入中康养集团华东总部，共同打造康养事业产业融合发展的“肥西样板”，获评国家级智慧健康养老应用示范基地。

（李梦晗）

长丰县

【概况】　长丰县地处安徽省中部、

合肥市北部，东与滁州市定远县接壤，北与淮南市大通区、田家庵区交接，西与淮南市谢家集区、寿县及合肥市肥西县毗邻。地理坐标东经 116° 52′ ～117° 26′，北纬 31° 55′ ～32° 37′。辖水湖镇、双墩镇、岗集镇、下塘镇、吴山镇、杨庙镇、朱巷镇、庄墓镇、陶楼镇、杜集镇、义井镇、左店镇、罗塘乡和造甲乡 14 个乡镇和双凤经济开发区。

2023 年年末全县常住人口 83.30 万人，比上年增加 3.30 万人；常住人口城镇化率为 66.23%，提高 0.77 个百分点。年末全县户籍人口 81.80 万人，比上年增加 0.33 万人；其中城镇户籍人口 26.60 万人。2023 年，长丰县通过国家数字乡村试点工作终期评估，获评全国公共资源交易综合竞争力百强县，入选第二批全国科普示范县名单。

【经济发展】 2023 年，长丰县生产总值（GDP）946.43 亿元，按不变价格计算，同比增长 14.30%。其中，第一产业增加值 86.54 亿元，同比增长 3.20%；第二产业增加值 508.60 亿元，同比增长 28.70%；第三产业增加值 351.29 亿元，同比增长 2%。三次产业结构为 9.10：53.70：37.20。按年末户籍人口计算，人均 GDP 为 115705 元，同比增加 14586 元。

全年规模以上工业总产值同比增长 45.60%。工业用电 27.92 亿千瓦时，同比增长 23.80%。社会消费品零售总额 354.37 亿元，同比增长 3.90%。完成财政收入 98.08 亿元，同比增长 16.90%；其中一般公共预算收入 60.64 亿元，同比增长 10.50%。实施 50 项民生实事和 10 项暖民心行动，累计投入各级财政资金 13.08 亿元，惠及 83 万多城乡居民。常住居民人均可支配收入 38586 元，同比增长 8.60%。其中，城镇常住居民人均可支配收入 48272 元，同比增长 6.30%；农村常住居民人均可支配收入 29910 元，同比增长 8.40%。

【制造强县】 2023 年，长丰县“三主三新”（三主：新能源和智能网联汽车、高效节能环保、智能家具家电及相关配套三个主导产业；三新：新一代信息技术、生物健康、现代服务业三个新兴产业）实现高质量发展。新能源与智能网联汽车产业产值同比增长 255%，集聚上下游企业两百余家，节能环保及新材料产业产值增长 127%，“流体控制及设备制造”入选国家级中小企业特色产业集群，金龙浩光电等 56 个亿元以上项目竣工投产。大力引导智能化改造和数字化转型，137 家企业“上云用数赋智”，加快建设区域型工业互联网平台，新增省级工业设计中心 5 家、企业技术中心 5 家，总数分别达 21 家、34 家。新增市级以上智能工厂 13 家、数字化车间 166 个。强化亩均效益评价结果运用，清理低效闲置用地 112.20 公顷，全县规模以上企业亩均税收增长 27.70%。

2023 年 3 月 4 日，第二十届长丰草莓文化旅游节开幕，活动通过网络直播，吸引众多网友线上观看 （戴 磊 / 摄）

市场主体不断壮大，总数突破 12 万户，净增 1.26 万户。规模以上企业持续增长，总数达 374 户，其中产值 10 亿元以上企业 14 户，新增 6 户。

【科技创新】 2023 年，长丰县国家高新技术企业突破 400 家，国家科技型中小企业突破 600 家。国家级“专精特新”小巨人企业达 16 家，数量稳居全省县域第一位；省级“专精特新”企业 126 家。

新引进高层次人才团队 5 个、院士工作站 1 家、博士后工作站 3 家。深入推进科技招商试点，举办“‘科里科气’科创荟”路演等活动，科技招商落地项目 25 个，就地转化科技成果 210 项，成立企业 21 家。成立合肥市首家县级知识产权保护中心，万人发明专利 16 个，同比增长 27.90%。

【乡村振兴】 2023年，长丰县提质增效现代农业。全年找回耕地2000公顷，新建高标准农田5633.33公顷，高效节水灌溉400公顷，粮食作物播种面积116000公顷。“长丰青萝卜”入选国家地理标志证明商标。实施“互联网+”农村产品出村进城工程，全县农村产品网络销售额52.80亿元。建设和美乡村。学习推广“千村示范、万村整治”经验，杨庙镇马郢村和岗集镇青峰岭村入选省农业农村厅精品示范村建设名单，建成朱巷镇前黄村等6个省级美丽乡村中心村、28个宜居宜业示范村，实施82个较大自然村整治工程。造甲乡双河村等3个村居获评省级美丽宜居村庄。建设“两闲（即闲置宅基地和闲置住房）利用”试点项目7个。发放惠农补贴1.60亿元，遴选145名农技干部，包联指导725名科技示范户。提高农民收入，推广“红桥、金丰、大路”三种路径，“农垦（即安徽省农垦集团有限公司）+村集体+职业农民”的村企合作经验全国交流，经营性收入50万元以上村实现全覆盖，其中100万元以上村超过70%。投入衔接资金3.40亿元，实施项目76个。开发乡村公益性岗位1200个，引导脱贫人口外出务工1.50万人，支持脱贫人口创业258人。

【城乡建设】 优化空间布局。2023年，长丰县调整国土空间总体规划，从推进北城、县城和下塘新城为核心的“三城鼎力”调整为一体发展北城、下塘新能源汽车城、岗集未来大科学城和县城的“四城辉映”。完成下塘、吴山、庄墓千年古镇风貌专项规划，编制28个城市控制性详细规划和215个“多规合一”实用性村庄规划，新增城镇开发边界18.78平方千米。

完善城市功能。在县城，红莓谷特色商业街区开业，完成长丰路等三条街区改造升级，推进城西大市场改造，下塘路、吴山路完成雨污分流。在北城，启动城市更新项目，建成15个城市阅读空间，双凤医院新区投入使用。在下塘新能源汽车城，夏塘里商业街投入运营，编制汽车主题公园规划，改造千年古镇老街示范段。在岗集未来大科学城，完成项目区14万平方米拆迁工作，以路为媒串联大科学装置集群，魏武路、谭岗路、古城路通车放行。

打造宜居环境。实施城市更新项目32个，完成投资69亿元。改造老旧小区9个、惠及1.22万户，拆除违建7.10万平方米，新开工棚改安置房2.10万套。完成园林绿化58.30万平方米，建设绿道30千米，建成公园、游园4个。建成充电设施995个，新增停车泊位1.40万个，122个物管小区成功组建业委会。发挥城乡治理平台“一网统管”作用，处置问题12.90万件。

发展立体交通。滁合周高速全面开工，双凤互通立交建成通车，S102合肥至淮南段全线贯通，G206县域内全面通车，新建成国省干线18.60千米。提质改造农村公路224千米，入选省“四好农村路”示范县。

【生态建设】 2023年，长丰县推深做实“河湖长制”，省、市级水环境考核断面水质稳定达标，集中式饮用水水源100%达标，中小水库全面消除劣五类水质。深入推进“林长制”，新增造林360公顷，成功创建省级森林城镇1个、省级森林村庄11个。新增城区绿化面积5.15万平方米，绿化覆盖率39.80%。

实施农业农村污染治理攻坚战，畜禽粪污综合利用率达93.60%，地膜残留量实现“零”增长。清理整治“散乱污”企业441家，实现动态清零。中央、省环保督察交办件全部完成整改。

实施供排水一体化改革。排查雨污管网747千米，整改大排水户430户。启动北城区域雨污管网一体化改造。投资6.90亿元，推进乡镇污水处理厂、配套管网改造提升，新建下塘、吴山两座污水处理厂。建成59个生活垃圾分类收集点。试点路灯智慧化升级改造，平均节电率超60%。

【深化改革】 2023年，长丰县推进能源改革，初步构建安全低碳现代能源体系，实现“五首”示范成果：省内首个能源工业互联网平台上线，首台园区企业自发自用小风机投入运转，首座油、气、氢、充电、换电“五位一体”综合能源港正式运营，首单绿电交易顺利达成，建成全省充换电全覆盖“第一县”。

优化营商环境。落实一揽子稳经济政策，办理留抵退税9.66亿元。兑现“一事一议”、产业扶持等各类助企纾困政策补助资金16.20亿元，减税降费18.50亿元、惠及市场主体5.90万户。受理各类服务事项102万件，办结率达100%。政务服务事项网上可办率100%、全程网办率97.80%，缩减时限93.50%。全省首创公共资源交易全过程管理，全市率先试点“动态合理价格法”。

深化国资国企改革，重组智慧水务、北城科创集团。推进乡镇综合执法改革，实现乡镇综合执法队全覆盖。深化亩均效益改革，入选全省“亩均论英雄”改革综合效益榜单十强、首批“亩均论英雄”改革金融服务试点县。

【民生福祉】 加大民生保障。2023年，长丰县投入12.60亿元，开展50项民生实事。城镇新增就业1.20万人、再就业2700人。全民医保参保率稳居五县市首位。发放各类救助资金1.60亿元，惠及困难群众1.60万人。下发城乡低保资金1.98亿元，保障26万人次。建成运营未成年人保护站15个，实现乡镇（区）全覆盖。新建社区食堂36家，建成社区居家养老服务站10个、文明菜市14个。累计开通公交线路总长1885千米，投放新能源出租车65辆。

筑牢公共安全。开展安全生产隐患大排查大整改“百日攻坚”行动，事故起数、亡人数分别下降25%、28%。办理化解各类信访3874件，调处矛盾纠纷1805件。

发展社会事业。新改（扩）建学校及幼儿园16所，新增学位1万个、托位1020个，“1+N”多元托育模式全省推广。“清北”录取实现新突破。上海六院安徽院区全面开诊。举办长三角农耕健身邀请赛、农民丰收节等文体活动。长丰姑娘俞思源在杭州第19届亚运会赛艇项目勇夺金牌。

（陈　旭）

庐江县

【概　况】 庐江县位于北纬30°57′～31°33′，东经117°01′～117°34′，地处皖中，周边与巢湖市、芜湖市无为市、铜陵市枞阳县安庆市桐城市六安市舒城县、肥西县毗连。合九铁路、合肥至安庆高铁、庐铜铁路、合安高速公路、合铜黄高速公路穿过县境。截至2023年底，全县公路总里程达5080.90千米，全部为等级公路，庐江县境有高速公路111.25千米，国道2条121.78千米，省道7条314.88千米，县道450.94千米，乡道739.07千米，村道3454.24千米。其中一级公路227.51千米，二级公路378.14千米，三级公路533.52千米，四级公路3946.73千米。全县国省干线、县道、村道桥梁711座，长28342.15延米。公路网密度达2.16千米/平方千米，居合肥市先进行列。合铜公路、巢庐公路、二军公路以及四通八达的县乡村公路形成便捷的交通网络，徽州大道南延至庐江和引江济淮工程完工，水路运输通巢湖达长江。2023年，庐江县常住城镇、农村居民人均可支配收入分别为45106、29018元，同比分别增长6.00%和8.30%，分别高于GDP增速0.10和2.40个百分点。居民消费价格指数增长0.40%。市场主体活跃，当年全县市场主体净增加1.50万户，总量近9.10万户。城镇新增就业人数16476人，同比增长5.00%，城镇失业人员再就业人数2373人。

2023年，全县土地总面积234374.94公顷，其中：农用地180201.23公顷（耕地面积107747.94公顷），建设用地37963.75公顷，未利用地16209.96公顷。

黄屯硫铁矿成功入选省级绿色矿山名录，全县绿色矿山创建累计达3家。6月5日，安徽省自然资源厅颁发泥河铁矿采矿许可证，泥河铁矿探转采项目顺利落地，12月28日一期220万吨/年采选项目正式开工建设。

截至2023年底，全县林地面积44720公顷，森林覆盖率20.62%，林木绿化率35.86%。持续深化林长制改革，大力实施“五大森林”行动。完成人工造林281.66公顷，完成率232.14%；封山育林168.47公顷，完成率101.08%；森林抚育1044.41公顷，完成率104.44%。完成新建绿化54.09万平方米，新建枕流园等4个城市精品游园，绿道建设22.60千米。

围绕旅游景区建设，谋划打造汤池慢生活旅游风景线、庐南川藏线、冶父山黄陂湖风景线、环巢湖南岸风景线、庐北人文风景线五大风景线。新签约文旅项目12个，新建成开放文旅项目21个，全县建设101家农舍总部企业，建成运营精品民宿25家。

【县域经济】 根据地区生产总值统一核算结果，2023年庐江县生产总值（GDP）633.50亿元，按不变价格计算同比增长5.90%，高于全市0.10个百分点，总量及增速均居合肥市（四县一市）第4位。其中第一产业增加值65.40亿元，同比增长3.80%；第二产业增加值247.50亿元，同比增长6.60%；第三产业增加值320.60亿元，同比增长5.90%。

全县实现规上工业增加值、固定资产投资、社会消费品零售总额和地方一般公共预算收入分别为95.30、286.80、237.80和32.50亿元，同比分别增长5.00%、1.10%、8.00%和24.10%,增速分别位居全市(四县一市)第4、3、2、1位。

工业生产平稳增长。全县实现规模以上工业总产值414.50亿元，同比增长0.80%；规上工业增加值95.30亿元，同比增长5.00%。新增规模以上工业企业27户，比上年净增

11户，实现产值26亿元，上拉产值增速5.30个百分点。全县实现战略性新兴产业产值173.40亿元，占规上工业总产值比重41.80%。全县实现农产品加工业产值33.10亿元，同比增长26.10%，较前11个月提高3.80个百分点。

固定资产投资稳定。全县完成固定资产投资额286.80亿元，同比增长1.10%。其中，工业投资完成103.40亿元，同比增长10.50%，较前11个月加快1.30个百分点；工业技改投资29.70亿元，同比增长45.10%；新开工制造业投资24.80亿元，同比下降31.20%，较前11个月收窄2.70个百分点。房产投资略有回落，房地产开发投资28.50亿元，同比增长19.80%，比前11个月回落1.60个百分点。房地产销售面积39.10万平方米，同比下降11.90%。

全县实现社会消费品零售总额237.80亿元，同比增长8.00%，比前三季度提高0.70个百分点。其中，限额以上消费品零售额23.20亿元，同比增长4.00%。12月限额以上消费品零售额2.10亿元，同比增长43.90%。日用出行消费旺盛。按消费形态分，餐饮收入3.10亿元，增长20.60%；商品零售收入17.10亿元，增长6.10%。限额以上消费品零售类值中，日用品类、五金电科类、家具类分别增长6.40%、4.90%、6.20%。消费券刺激有力，全年石油及制品类增长205.20%、汽车类增长93.00%。

财政收支快速增长。全县一般公共预算总收入53.70亿元，同比增长24.20%。地方一般公共预算收入32.50亿元，同比增长24.10%，较上年加快13.40个百分点。其中，税收收入23.40亿元，同比增长8.80%。一般公共预算支出90.10亿元，同比增长11.10%。其中，民生支出76.30亿元金融存贷款增长较快截至年底，全县金融机构本外币各项存款余额881.70亿元，同比增长13.10%。本外币各项贷款余额660.30亿元，同比增长20.70%。金融贷存比达74.90%，较11月环比提高0.70个百分点。

【农业农村】 2023年，庐江县粮食生产稳定增长。当年全县粮食总面积132160公顷，总产76.34万吨，是安徽省粮食生产10强备选县。其中泥河镇单产提升行动成效突出，中籼稻最高产量1129.7公斤／亩，创安徽历史最高产量。重要农产品稳产保供。建立生猪稳产保供生产基地67个，全年生猪饲养量19.37万头。水产养殖面积6000公顷，蔬菜种植面积22773.33公顷，总产56.75万吨，全力保障“菜篮子”供应，圆满完成蔬菜稳产保供任务。

实施建设高标准农田项目5580公顷，改造提升1106.67公顷，主要进行田块整治、土壤改良、沟渠治理、建设农田基础设施。机械化耕种率提高至90%以上，进一步提升农田综合效益。开展县镇农产品质量定性和定量安全检测，并协助国家、省、市业务主管部门对县开展蔬菜瓜果、畜禽和水产监督抽检和风险监测等检测任务，农村424个生产主体入驻 “农安康”农产品智慧监管平台。2023年，庐江县登记收集农作物种质资源30份，入库20份，地方特色品种巢湖鸭列入国家畜禽遗传资源品种目录，获国家地理标志商标。

发展现代农业，种养业全面提质增效，新增稻渔（虾）综合种养面积2666.67公顷，总面积达20000公顷，产值增加3.50亿元，其中泥河镇放马滩合作社获批国家级示范社，金牛镇“稻虾鳝”综合生态种养亩均产值超1万元。数字农业发展迅猛，新认证省级农业数字工厂2家，市级2个，数字农业农村应用场景30个。农产品加工业有效提升，招引农业产业链项目26个，总投资15.10亿元，规模以上农产品加工企业增至47家，产值33亿元，增速26.20%。2023年，庐江县获评“全国平安渔业示范县”、安徽省养殖10强县称号。

科技强农成效显著。组建六大产业联盟专家工作室，推广“四新”成果116项次，农业科技进步贡献率68%。选派223名科技特派员驻村服务，组建科技特派团3个，建设省级特派员创新创业示范基地3个。引进育种单位，建设种子基地6800公顷，年产优质稻麦油菜种子4.50万吨。

机械强农再上台阶。新建农业社会化服务“三中心”9个，引进自动驾驶插秧机、智能自动化育秧流水线等农机新装备、新技术40多台套。全县主要农作物综合机械化率89%，获评2023年全国“平安农机”示范县。

扶持壮大村级集体经济。全县223个村（社区）经营性收入总额4.25亿元，村均190.38万元，同比增长80.36%，经营收益总额为2.23亿元，同比增长59.74%。所有村（社区）经营性收入在50万元以上，其中500万元以上16个，实现经济强村全覆盖。

【宜居宜业和美乡村建设】 2023年，庐江县全面推进乡村振兴，人居环境不断改善，273个美丽宜居村庄完成整治，2022年度10个省级中心村高标准建成，2023年新建9个省级中心村，当年有序推进3个和美乡村精品示范村建设。开展农村改厕提质增效工作，完成改厕10819户，农村人居环境整治入选2023年度省政府督查激励县

2023 年 3 月 5 日，农舍点靓乡村 产业赋能振兴 2023 中国·庐江"农舍经济"发展大会召开（权循志 / 摄）

名单，获评"安徽省 2021 年度美丽乡村建设先进县"，中宣部《今日中国》杂志第 4 期专题报道"庐江县：绘就宜居宜业和美乡村新画卷"，庐江县农村人居环境典型做法，在 6 月 16 日全省农村改厕技术和人居环境整治提升培训会上作交流发言。

发展乡村休闲旅游业。柯坦镇虎洞社区、矾山镇乐华村成功获批第十六批省级"一村一品"示范村，庐江县成功获批省级休闲农业与乡村旅游示范县。"农舍总部经济"模式带动村集体年增收超 2000 万元，农特产品销售超 1000 万元，解决村民就近就地就业 1400 余人。2023 年，全县农村常住居民人均可支配收入达 29018 元，增长 8.30%。

【合庐产业新城】 合庐产业新城是合肥南部新城，建设合庐产业新城是"融入大合肥、对接沪苏浙"、承接合肥市区产业转移的重要举措。新城东至徽州大道，南至白石天河，西至合九铁路，北至杭埠河，涵盖台创园及同大镇、郭河镇大部分，规划面积约 32 平方千米，其中工业用地 20 平方千米、城镇综合建设用地 12 平方千米，城镇总人口约 20 万人。2021 年 2 月 18 日，合庐产业新城建设管理委员会正式挂牌成立，与台创园两块牌子、一套人马。合庐产业新城对标雄安新区规划建设理念，借鉴合肥运河新城、空港小镇建设经验，围绕"同城化发展合肥新组团、滨湖科学城南部新支点、高质量发展合庐新动能"战略定位，重点发展生物医药、新能源新材料、高端装备智造主导产业，智慧农业、有机食品特色产业，打造具有巢湖风光、水乡风范、创新风尚的"合肥产业名城、江淮稻香水城"。

2023 年，新城城市路网逐步成型，核心区长 19.50 千米的龙桥路、乐桥路等 8 条市政道路于 5 月全面通车，二期龙磁大道等长 37.70 千米的 18 条市政道路加快建设，郭河水质净化厂等项目配套道路全面开工。配套设施加快完善，合肥四十二中南城校区建成招生，新型城镇化一期、同大片区安置房项目和爱宠生物、长三角医养结合区域中心（合肥庐江）项目建设全面封顶。大学城规划成功落地，安徽农业大学和徽商职业学院、安徽新闻出版职业技术学院、安徽邮电职业技术学院、安徽审计职业学院等"1+4"5 所大学成功落户。

招商引资。招引产业项目 36 个、协议投资额 284.02 亿元，成功引进极智嘉、光势能、爱宠生物、英利、吉文等行业龙头企业，实现 50 亿元以上项目"零"突破。2023 年签约项目 12 个，协议投资 152.90 亿元，开工率达 75%，投产率达 33.30%。

融资投资。合庐建投公司 5 月获得 AA 级信用等级评定，成为县第二家 AA 级国有平台公司，公司累计落实融资 194 亿元，用于保障新城道路、安置房水环境生态修复钟山矿文旅、劳动教育实践基地等项目建设。参与组建安徽省合庐产业新城共盈一号基金、安徽省合庐产业新城城发一号基金、安徽建庐高端智造股权投资基金（有限合伙）等产业基金，参投的珠海赛纬于当年 9 月通过上市审批，爱宠生物医药旗下狂犬疫苗获批。市场化转型步入正轨，顺利完成俊业制衣厂、新城科技孵化园等资产接管，加快推进汤池劳动教育实践基地、钟山矿文旅项目建设。合庐产业新城街衢通达，核心区建成面积 4.80 平方千米，实现由乡向城的快速转变。

2023 年，合庐产业新城实现一般公共预算收入 9874 万元，占全年任务 151.90%，同比增长 35.50%。完成固定资产投资 49.50 亿元、规模以上工业产值 6.10 亿元，建筑业产值 8.40 亿元，限额以上商品销售额 1.10 亿元，规模以上服务业营业收入 3405 万元。

大力实施科技支农、机械强农，全年实现粮食播种面积 6266.67 公顷、总产 4.3 万吨以上，分别较上年增长 3.20%、5.20%。建设水稻高产创建千亩方 4 个、县级核心示范区 2 个，数量位居全县前列。台创园北圩村示范测产单产达 973.3 公斤 / 亩和 961.6 公斤 / 亩，为全省中粳稻第一、二名，获省农业农村厅通报表彰。建立高效生产基地 2666.67 公顷，1 个村获批市级“一村一品”示范村，开展“农业大托管”社会化服务 1666.67 公顷以上，获批首批“平安农机”示范园区。农业农村部在台创园召开国家重点研发计划长江中下游水稻丰产增效集成技术现场会、全省优质食味粳稻现场观摩培训会。

继续充分发挥台创园优势，积极开展皖台交流和对台招商活动。参加川台农业合作交流活动、中国安徽名优农产品暨农业产业化交易会、2023 年海峡两岸现代农业博览会等农展会，展销推介台企产品。搭建台湾农产品网上销售专区，台企产品在京东、淘宝等网上火热销售。加强与国台办、全国台企联的交流联络，扩大台创园的影响力。两岸农业互动频繁，交流密切，庐江台创园的知名度日益提升。

投资 3.78 亿元对石大圩、牛广圩达标工程台创园辖区内整治全部完工，园区堤防等级达到 2 级，防洪标准达到 50 年一遇标准。山水工程水环境施工工程实施后，园区内部防洪排涝能力将大幅增加。对各村供水管网进行升级改造，将 10 个行政村（包含 5 个小区）用水全部接入县供水集团主管网。

人居环境改善，全年新建美丽宜居村庄 7 个，其中一般型村庄 4 个、精品型村庄 3 个，受益户 298 户。新建新城市政路网和入户道路，铺设污水管道和生态净化池，户厕维修，沟塘清淤，安装路灯，植树，进行环境整治，新增儿童游乐设施和健身器材，新建总户数 3866 户安置房，配套服务商业、配电房及地下车库。新建门急诊医技综合楼、病房楼、公共卫生综合楼、后勤综合楼、后勤辅助楼，行政综合楼及其他业务用房，配套附属设施。产业新城的安徽爱宠生物科技有限公司竣工，即将投产。合肥四十二中南城分校开始招生，安徽光势能新能源科技有限公司投产。伟昇智能装备有限公司投产，生产机器人的智嘉全球总部及配套产业园项目即将投产，生产汽车零部件的吉文金属科技有限公司、生产汽车车身结构及零部件的英利汽车工业股份有限公司也将投产，中昊港创·合庐智造产业园一期开园，园内 3 家公司入驻投产，5 家公司正式入园，7 家公司完成签约即将入园。郭河水质净化厂即将竣工，花开台创精品民宿竣工，进一步巩固脱贫攻坚成果，助推乡村振兴高质量发展。

（高天信　刘家保）

巢湖市

【概况】　巢湖市位于安徽省中部、江淮丘陵南部，地处东经 117° 25′ -117° 58′ 和北纬 31° 16′ -32°。东与马鞍山市含山县交界，西北与肥东县接壤，南与芜湖市无为市毗邻，西南隔兆河与庐江县相对，东北隔滁河与滁州市全椒县相望。巢湖市历史悠久，文字记载的历史有 3000 余年。古称南巢、居巢，秦时设居巢县，唐设巢县，1984 年设立县级巢湖市，1999 年撤市设居巢区，属地级巢湖市，2011 年 8 月，重新设立县级巢湖市，新设的巢湖市由安徽省直辖，合肥市代管。巢湖市是全国唯一以湖命名的城市，面积 2046.14 平方千米，其中区域内巢湖水域面积 463.78 平方千米。全市辖 12 个镇、5 个街道，179 个村、社区。截至 2023 年底，巢湖市（含半汤街道）常住人口 72.80 万人。

巢湖区位优越，交通便捷。商合杭高铁、京福高铁、宁西铁路、淮南铁路复线等穿境而过；合宁、合巢芜、北沿江高速等 20 多条公路干线贯通全境；巢湖港是安徽省第一大内河港口，通航能力为 3000 吨，经裕溪河可通江达海。

巢湖姥山岛、银屏山、紫微洞均为国家 AAAA 级景区，半汤温泉度假区跻身国家级旅游度假区，入选首批创建“国家全域旅游示范区”城市。森林覆盖率 17.68%，城市建成区绿化覆盖率 43.20%，是全国文明城市、国家园林城市、全国宜居生态示范城市、中国人居环境示范城市、全国农村生活污水全面治理示范县（市）、全国农村生活垃圾分类处理和资源化利用示范县（市）、全省美丽乡村建设先进县（市）。

巢湖资源富集，素有“鱼米之乡”美誉。银鱼、白米虾、大闸蟹誉为“巢湖三珍”，富有 23 种矿产资源，石灰石、白云岩储量居安徽第一位。境内有安徽组织干部学院、安徽公安学院、合肥城市学院、安徽建筑大学城建学院、合肥师范学院、巢湖学院、安徽理工学院、合肥职业技术学院等多所高校，是全国拥有高校最多的县级市。构建成合巢产业新城、半岛生态科学城、居巢经济开发区“两城一区”的园区格局，是全国最大的水泥建材生产基地、全国最大的渔网生产基地、全国十大钢构生产基地之一、全国著名的温泉之乡和全国养老产业最具投资价值城市。

2023年，生产总值(GDP)571.50亿元，同比增长6.10%；一般公共预算收入27.70亿元，增长5.70%；规模以上工业增加值增长10.90%；固定资产投资增长1.90%；城镇、农村居民人均可支配收入分别达48206元、30543元，分别增长6.10%、8.20%。位列“2023全国县域发展潜力百强县”第38位、“2023赛迪中部百强县”第32位。连续3年入选“绿色发展”“投资潜力”“科技创新”全国百强县。

【工业立市战略】 2023年，巢湖市工业经济向更高水平、更高质量、更高层次迈进。皖维年产300万套汽车玻璃、宝玛克科技镁挤压、松原安全系统部件等重点项目签约落地。成功举办全国镁行业大会年会、“创投城市计划”项目路演等招商推介，全年新签约亿元以上项目36个，其中汽车零部件项目18个、10亿元以上项目6个。工业经济量质齐升。皖维聚乙烯醇新材料产业基地、富诚汽车等17个项目开工建设，金鸿电缆、云海铝挤压等13个项目建成投产，云海三期、常捷一体化压铸等14个项目加快推进，工业投资同比增长11.40%。实施技改项目35个，技改投资增长17.10%。新增合肥市级智能工厂2家、数字化车间12家、工业设计中心4家、企业技术中心5家。新增省专精特新企业15家，皖维高新入选创建“世界一流专精特新示范企业”。晶润光电、富煌建设入选省民营企业营收百强，云海镁业、富煌建设入选省民营企业制造业综合百强。科技创新势头强劲。科技创新指数居全省第19位、前进25位，是进步位次最大的县（市）。新增国家高新技术企业45家，入库科技型中小企业260家。技术合同登记额13.82亿元，登记科技成果292项，就地转化112项，科技成果转化成立企业11家。皖维高新获批首批省级产业创新研究院，中材、菲力克斯被认定为首批省级企业研发中心。富煌集团、工布智造科技成果获省科技进步二等奖。新增授权发明专利173件、增长27.20%，万人发明专利拥有量12.82件。

【优化营商环境】 2023年，巢湖市“放管服”改革持续深化，政务服务事项平均办理时限压缩至1.90个工作日，行政许可类事项全程网办。净增市场主体5913家，同比增长13.60%。开展“优环境、促发展”活动，营商环境获评合肥市优秀等次。累计减税降费11.04亿元，发放政银担、税融通等政策性贷款47.16亿元，“信易贷”平台授信92亿元。金融机构贷款余额861.60亿元，增长17.60%。服务企业开展招聘645场，达成就业意向1.08万人，为企服务满意度稳居合肥市前列。新增四板挂牌企业10家，其中省“专精特新板”挂牌企业2家。培育二级以上资质建筑业企业22家。发行专项债券项目10个，债券额度14.03亿元。供应工业用地25宗138.93公顷，其中“标准地”9宗44.07公顷。协同高效实施重点改革73项。深化“亩均论英雄”改革，规上企业亩均营收、税收分别达261.60万元、17.70万元，分别增长9.10%、11.30%，皖维高新跻身“全省制造业企业亩均效益领跑者”。工业项目审批时限压缩至30个工作日内，更多企业“拿地即开工”。依法处置批而未供土地379.33公顷、低效闲置土地261.73公顷。推进政府公物仓建设，处理闲置资产1.05亿元，盘活财政存量资金2.90亿元。居巢经济开发区完成调区和主导产业变更。S30铜商高速、S90芜合高速肥东支线、S18宁合高速等项目稳步推进，G42S岳武高速东延段建成通车，合肥港巢城港区二期竣工，外联内畅的交通格局加速形成。积极融入长三角一体化发展，深度参与合肥都市圈建设，开放合作质效不断提升。累计认定E类以上高层次人才207名。支持企业“走出去”，参加中国国际进口博览会、中国进出口商品交易会、世界制造业大会等展会，新增外贸进出口企业16家，完成外贸进出口5亿美元。

【城乡一体化建设】 2023年，巢湖市巩固提升全国文明城市成果，宜居品质日益彰显。市级国土空间总体规划编制完成，镇级国土空间规划编制取得阶段性成果。滚动实施大建设项目137个，完成投资48亿元。完成征地355.19公顷、房屋征收25.90万平方米。建成交付安置房9258套，5433户喜迁新居。棚户区改造建成3698套，房屋销售面积70万平方米。建成和美小区4个，城市居民小区业委会（物管会）组建率87%。映月湾装配式住宅小区获“中国钢结构金奖”。服务业增加值301.70亿元，同比增长4.20%。新增规模以上服务业企业8家，总数达86家，规上服务业营收增长39.20%。净增限上商贸企业11家，“徽动消费”拉动消费近亿元。新增电商经营主体175个，网络零售额21.10亿元，增长14.90%。博物馆、龟山夕照等19个打卡点新晋“网红打卡点”，成功举办合肥柘皋夏至民俗文化旅游、环巢湖自行车赛等活

2023年6月，巢湖市苏湾镇龙华路，该道路入围全国“幸福生活小康路”名单
（巢湖市委史志室／供）

动，全年接待游客1020.90万人次。生态环境更加优美。可入肺颗粒物（$PM_{2.5}$）、臭氧平均浓度“双下降”，空气优良天数比例达84.10%。落实河湖长制，健全蓝藻防控体系，国省控地表水考核断面和集中式饮用水源水质全面达标，石茨河创成省级幸福河湖，巢湖水质创1979年有监测记录以来最好水平。启动“无废城市”建设，危废利用处置率100%。城市人均公园绿地面积15.80平方米。兆河生态清洁小流域、蒋家河流域等5个“山水工程”和城市黑臭水体治理二期项目基本完工。修复废弃矿山193.30公顷，钱家山、芦塘石灰岩矿入选国家绿色矿山。新增国家级绿色工厂2家。

【乡村振兴战略】 2023年，巢湖市现代农业提质扩量。新建高标准农田0.23万公顷，新增耕地171.33公顷，粮食总产量40万吨，再创新高。主要农作物综合机械化率86%，获评全国平安农机示范县。新型农业经营主体新增337家，农业产业化龙头企业达111家，农产品加工产值57.20亿元。新认证绿色食品、有机农产品15个，“巢湖大米”入选全国名特优新农产品名录。新增国家级生态农场1家、省级数字农业工厂1家、生态农场3家。实施“千村引领、万村升级”工程，建成省级美丽乡村1个，整治提升较大自然村106个。完成农村公路提质改造、养护工程129公里。中埠联圩堤防加固工程全面启动，下汤灌区、落沈圩、小型水库改造提升工程如期竣工。半岛花溪上榜“长三角精品露营地”，烔炀镇南湖方村入选省级精品主题村。县级以上文明镇、文明村分别达100%、79.60%。强村富民提速增效。巩固拓展脱贫攻坚成果同乡村振兴有效衔接，16个出列村集体收入增长24.70%，脱贫人口人均收入增长15.90%。农村土地流转4.72万公顷，流转率69%，20公顷以上集中连片适度规模经营占比77%，烔炀镇唐嘴村入选省级集体经济发展典型案例，“百万元村”达40个。

【民生保障建设】 2023年，巢湖市全面完成9项暖民心行动、41项民生实事年度任务。城镇新增就业2.30万人，新建（改造）文明菜市20个。新增幼儿托位550个，新建运营老年食堂（助餐点）25个，烔炀镇中李村入选全省示范性老年友好型社区。社会保险扩面征缴，全年发放城乡低保、特困供养等救助资金2.03亿元，惠及困难群体2.20万人。城市公益性公墓建成投用。长江供水工程全线贯通，合巢产业新城供水工程建成通水，农村供水保障工程新增受益人口5.60万人。新改扩建中小学、幼儿园5所，巢城中学正式招生。入选合肥市新优质学校6所、五育融合和特色实验学校3所，巢湖一中获评全国国防教育示范学校。市中医院开工建设，合肥八院门急诊楼竣工验收，建成柘皋、烔炀、槐林急救分站。紧密型医共体中心药房投入运行。全市65岁以上老人体检率94%。完成冯玉祥旧居布展提升。图书馆上榜全国公共图书馆一级馆，博物馆获评全省社科普及工作先进单位。12345热线办结群众诉求3.40万件，满意率99.80%。道路交通、燃气、自建房等领域专项治理纵深推进，安全生产事故数、亡人数分别下降36.80%、40%。镇街社工站实现全覆盖。退役军人服务中心获评全省百家优秀服务中心。51个村（社区）入选“合肥市民主法治示范村（社区）”。

（昂朝桂）

瑶海区

【概况】 瑶海区位于合肥市主城区东部，东与肥东县接壤，西、南滨南淝河，北邻合肥新站高新技术产业开发区，面积62.76平方千米，辖1个镇、11个街道。2023年，常住人口为88.90万人，实现生产总值(GDP)761亿元、同比增长3.50%，一般公共预算收入20.37亿元、同比增长3.50%，固定资产投资同比增长5.10%，规模以上工业增加值13.40亿元、同比增长3%，社会消费品零售总额462亿元，规模以上服务业营业收入109.10亿元、同比增长5.20%；城镇居民人均可支配收入61440元、同比增长5.90%。获评安徽省质量强区、安徽省科普示范区、安徽省健康区、安徽省婚俗改革实验区等，首次跻身"赛迪百强区"，列2023年度全国投资潜力百强区第59位。

【产业发展】 2023年，瑶海区出台《瑶海区主导产业振兴三年行动计划（2023—2025年）》，"中国网谷"实现产值80.80亿元、同比增长60%，物联网科技产业园入选"科大硅谷"创新单元建设试点，长三角数字科技示范园获评省小微企业创业创新示范基地。承办2023MAH发展合作大会，省药品MAH转化中心揭牌。生命健康产业实现突破，首家医药研发机构——和泽医药项目落地，沐源药业、皓誉生物制药等10家B证企业集中签约入驻，国药创服等项目顺利签约。新能源新材料行业领军企业禾丰科技、锋源氢能落户瑶海。周谷堆大兴农产品国际物流园、徽商物流入选全省现代服务业企业30强，远创人力获评省中小企业公共服务示范平台。陶永祥炒货获评"中华老字号"，"徽动消费 瑶海GO""Yeah瑶海"等主题促销活动带动消费超7.50亿元。举办2023世界制造业大会纺织服装产业发展论坛暨首届中国（安徽）原创服装设计大赛、合肥首届时装周。

【改革创新】 2023年，瑶海区以创新促转型，科技创新指数居全省城区第三位、增幅居全省城区第一位。先后承办第十二届中国创新创业大赛安徽省决赛、合肥市首届科创杯大赛。国家高新技术企业数同比增长35.20%，国家科技型中小企业数增长67.70%。"专精特新"企业实现倍增，通达新材料获评国家级专精特新"小巨人"企业，银通物联入选省级专精特新冠军企业。技术合同交易登记额51亿元。皖垦种业进入新三板创新层，元顿传感获评"中国汽车隐形独角兽"，云海量子等2家企业产品通过省首台套重大技术装备认定，道枢科技等5家企业产品方案入选市重点场景能力清单。实施国企改革深化提升行动，重组瑶海国资集团、瑶海科创集团，国企总资产220亿元，增长20%。

【双招双引】 2023年，瑶海区签约落地重点项目131个，总投资271亿元，亿元以上项目数同比增长58%。谷器数据、上海联通汽车安徽总部等项目落地。种子基金、天使基金组建运营，完成企业全生命周期基金投资体系建设。史河机器人等6家企业当年实现"对接—签约—投产—升规"四步走，玖兆壹号是全市唯一当年设立当年完成投资的高质量发展子基金。瑶海区商协会大厦揭牌成立，是全省首个县区商协会大厦，签约商协会109家，招引企业506家。海外招商实现突破，签约中德智能制造产教融合创新中心项目。承办全国共青团促进高校毕业生就业创业座谈会，与省内外50余所重点高校建立联系。省智慧就业系统登记新增专科以上就业人员19445人，增长142%，引进培育高层次和急需紧缺人才107人。

【城区建设】 2023年，瑶海区编制《瑶海区国土空间分区规划》和36个街坊控规。启动城市片区更新，和平片区进入实施阶段，其余4个片区更新方案基本完成编制。开展城市更新"大比武"，实施朱岗城中村、许岗刘小郢等57个征迁项目，征迁面积超百万平方米。推动危房解危，完成和平村24号楼危房处置。依法依规清理处置批而未供土地25.80公顷、闲置土地64.33公顷、低效土地55公顷，

2023年10月17日，2023MAH发展合作大会（合肥）召开，10家B证企业集中签约入驻瑶海区"中国网谷"

（瑶海区档案馆／供）

站塘、小修厂等9宗、33.67公顷经营性用地上市成交，土地出让金61亿元。车桥新界开业迎客，全省首个“开心麻花”黑匣子城市剧场反响热烈。城市更新项目时埠里获2023国际空间设计大奖·金创意奖。上榜2023年度全国新型城镇化质量百强区。通行效率不断提升，轨道交通1号线三期、2号线东延项目通车，轨道交通运营里程23.70千米、站点17座，广德路全线贯通，青龙路、白龙路等10条支路放行。龚大塘片区重点项目进展顺利，交付东城梦馨苑等复建点13个。新增车位1.46万个，新建提升荷塘家园菜市场等5家文明菜市，打造花冲公园、站前广场等5处“席地而坐”城市客厅。开展“净化美化靓化”市容环境专项整治，148条道路、280个街巷全面提标提档。完成惠风小区等9个老旧小区综合整治。推进城市治理“七项攻坚战”，完成24个小区二次供水改造、42个消防无水小区改造、10个供电自建自管小区改造移交。实施“减污降废”专项行动，954个生活垃圾分类站点全部投用，创成垃圾分类精准投放示范小区20个。实施物业管理“红黄牌”制度，创建“和美小区”19个，凤阳五村获评“皖美红色物业”示范小区。

【环境建设】 2023年，瑶海区持续优化营商环境，全年减税降费16.54亿元，兑现产业政策资金4893万元。举办应用场景推介会59场、政银企对接会9场，促成意向合作183次，助企融资44.70亿元，“信易贷”授信50.30亿元。推进“一件事”改革，在全省率先实施“一业一证一码”联审，实现一口受理、一站联办、一体服务。全市率先推行信用修复主动告知制度，发出首张《信用修复告知书》。开展“优环境、促发展”活动，建立企业家恳谈制度，走访服务企业2500余家次，解决问题约750个。新增市场主体4.20万余户、同比增长21%。发展民营经济考核位列全省一类县区前列。

持续美化生态环境，突出生态环境问题整改连续2年居主城区第一位，通过省级生态文明示范区现场评审。清理整治“散乱污”企业108家，累计销号环保督察信访件273件。推进美丽河流建设，打造3千米沿河亲水廊道。钟油坊污水处理厂建成投用，整改销号大排水户262家，5处考核断面水质均达到或优于Ⅳ类标准。承办第二届全国土壤修复大会合肥分会，瑶海首创的“1+1+4”（1即环境管家单位、第三方巡查单位，4即施工单位、工程监理单位、环境监理单位、效果评估单位）土壤修复体系在全国推广。全年空气质量优良天数310天，优良率85%。推进“双碳”行动，单位GDP能耗下降2.90%。建成郎溪路街头游园等11处公园游园，增绿添景50.67公顷，城市绿化覆盖率提升1.50%。

持续净化社会环境，举办首届应急系统“大练兵大比武”，应急处置能力和救援水平全面提升。开展安全生产月、大市场安全整治等专项行动，清除“三合一”场所415处，消除隐患5200余处。全年未发生较大及以上安全事故，实现生产安全事故数和亡人数“双下降”。实施食安“两超一非”专项整治和药安品质提升行动，保障群众舌尖上的安全。皖垦种业小麦育种创新基地开工建设。攻坚化解17个征地拆迁领域突出问题，妥善解决新力东园等6个房地产领域遗留问题。全省首家省级社区戒毒社区康复指导站在瑶海区社区戒毒社区康复指导中心挂牌。打击清除涉恶组织8个。电诈预警成功劝阻8112人次，四类可防性案件下降50%。开展“六情”大走访，警情下降10.60%，警情类矛盾纠纷化解经验在全市推广。

【社会事业】 2023年，瑶海区民生保障提标扩面，民生事业投入40.40亿元，占一般公共预算支出90%，高于全市平均水平。推进十大暖民心行动、50项民生实事、为民优服务专项行动，快乐健身入选省暖民心行动经典案例并承办全省现场会。举办各类招聘会464场，开发公益性岗位2520个，新增城镇就业1.50万人。发放困残补贴、城乡低保等各类救助资金6134万元，惠及困难群众12.70万人次，乡村振兴帮扶对象人均收入增长5.40%。新建综合为老服务中心2家，新增养老床位574张，胜利路街道综合为老服务中心等2家单位被认定为省级示范性社区嵌入式养老服务机构。承办全国幼儿园STEM教育现场会，获评全国“家校社共育”实践区、省德智体美劳“五大行动”实验区。建成少儿艺校双龙分校等项目12个，新增学位1.20万个，三十八中被授予西安交大“少年班优秀生源基地”，育英中学等5所学校获评合肥市“百姓身边的好学校”，通过义务教育优质均衡发展省级督导评估。深化医药卫生体制改革工作获省政府激励表彰。紧密型城市医疗集团实现社区卫生服务中心全覆盖，15分钟优质卫生健康服务圈基本形成。开展“书香瑶海”“欢乐进万家”等活动300余场次，承办第五届全国智力运动会并获优秀组织奖。“焕新瑶海一日游”成为市民游赏休憩优选路线，青年创意田园通过国家AAA级旅游景区验收。成立全省首家涉诉信访化解中心。化解信访陈案积案45个。开展“安薪无忧”“根治欠薪”行动，帮助农民工追回拖欠工资600余万元。推进“文明养犬”专项整治行动，收容流浪犬1688只。治理交通拥堵点5处，提升火车站、大东门等区域通行效率和出行安全。“数字瑶海”打通智慧城管等16个区级系统。七里站街道恒通社区“一主线两抓手三阵地”工作法获评安徽省优秀社区工作法，长淮街道入选省智慧社区建设试点单位。

【东部新中心瑶海片区建设】 2023年，瑶海区贯彻落实“全面形成热火朝天的建设场面”要求，完成片区固定资产投资63亿元，征迁面积40万平方米，治理修复污染土地111.73公顷，累计出库土地195.67公顷，发展空间持续得到释放。协调保障广德路顺利放行通车，龙岗路、轨道6号线等项目有序建设。三十八中新校、和平小学新校完工，瑶海青年创意田园二期、市青少年活动中心建成运营，“华东青年中心”定位突显。建成兴城家园二期一标等保障住房项目。老合钢区域危险住房解危处置一期、二期项目交房2218户，总体完成率近80%。招引企业15家，德邦证券安徽分公司、懂车帝安徽首店等入驻互联宝地徽园，拉开工业文明长廊企业入驻序幕。合肥东部新中心北辰青年·青年研究院正式揭牌运营。

（肖　利）

庐阳区

【概况】 庐阳区位于合肥市区中北部，2023年，辖区面积138.82平方千米，户籍人口55.27万人。辖三十岗乡、大杨镇和三孝口、逍遥津、四里河、杏花村、杏林、海棠、亳州路、双岗、林店9个街道。设有庐阳经济开发区、临庐产业园2个开发园区。

2023年，庐阳区获评“中小城市高质量发展百强区”“赛迪百强区”等8个“全国百强区”，实现逐年进位，综合实力排名升至全国百强区第83位，全国投资潜力百强区19强。全年实现生产总值(GDP)1300亿元，同比增长5%；服务业增加值1100亿元，同比增长5%以上；完成一般公共预算收入32.10亿元，同比增长9.60%；规模以上工业增加值增长7%；城镇居民人均可支配收入增长6%。

【产业发展】 2023年，庐阳区优势产业稳健发展。合肥金融广场二期、徽盐中心等高端楼宇投入使用，太平财险、国正小贷等5家金融机构签约落户，全省绿色食品产业母基金、建信南方基金等10基金注册入驻。四牌楼商圈新增一线品牌和首店60余家，淮河路步行街创成“全国示范步行街”、入选“中国美食旅游十街”。全年新增进出口企业57家，跨境电商交易额增长20%。成立区建筑行业协会，3家企业上榜全省行业50强，庐阳区获评“全省建筑业十强区”。新兴产业培育壮大。聚焦“2+3+X”产业方向，围绕“强链延链”靶向招商，新签约瑞控信、西普科技全国总部等新兴产业项目56个，新增省级“专精特新”中小企业41户、“四上”企业160余家。光电信息产业渐成规模，皓宇芯光、云海微电子等项目签约落地，长庚光学、华创鸿度等企业营收均实现两位数增长。数字经济核心产业营收突破百亿元，庐阳大数据产业园获首批省级大数据产业园认定。

【重点项目建设】 2023年，庐阳区有97个亿元以上项目纳入省市重点项目计划，年度计划投资209.80亿元，计划开工项目51个，计划竣工项目28个。全年全区项目完成投资136.40亿元，投资完成率65%；中铁四局一公司总部科技大厦、紧凑型聚变能实验装置园区项目（BEST）、集成电路产业园一期、新民老年公寓建设项目等29个重点项目开工建设，开工率45%；庐州公园二期、国贸天成、阅庐春晓项目等25个重点项目竣工或投入使用，竣工率89%。举办区域价值发布会，上市经营性用地33.33公顷，森林公园储备地块等3宗地块“竞品质”出让，实现当年拿地，当年开工。编制项目计划“横道图”，围绕131个项目生成439个“红黄牌”督办节点，做到要素紧跟项目走，服务围着项目转，实现30个亿元项目动“第一锹土”，20个重大项目竣工投用。

【科技创新】 2023年，庐阳区促成聚能电物理、未来创谷总部基地签约落户，签约引进中国科学院物理所先进科学计算与工业软件研究院、香港理工大学合肥技术创新研究院两家新型研发机构。出台“都市科创”政策，新引入上海麦腾孵化器、浙江大学校友会安徽创新基地，新认定红专 1 号、德必庐州 WE 两家市级孵化器。高标准服务未来大科学城建设，保障紧凑型聚变能实验装置（BEST）顺利开工，400 米大气环境气象梯度观测塔启动征地。全年新增科技成果转化落地企业 26 家，净增国家高新技术企业 116 家，同比增长 35%。

2023 年 4 月，庐阳区古逍遥津公园鸟瞰　　（赵　明 / 摄）

【优化营商环境】 2023 年，庐阳区畅通政企沟通渠道，举办“庐阳政企有约”恳谈会 23 期，办结为企服务平台问题 390 件。搭建“金色驿站”金融机构服务平台，通过“金色小管家”助力 56 家小微企业获得融资 2.30 亿元。加大新型政银担、税融通等财政金融产品投放力度，为小微企业提供贷款超 40 亿元。贯彻落实减税降费政策，为企业退税超 18 亿元。上线运行全省首个“云办税平台”，实现 90% 的业务办理“一次不用跑”。改进政务服务，授聘 21 名“政务服务体验官”，定期开展“局长接办日”活动。建立“民声响应”工作机制，设立“办不成事”反映窗口，受理“12345”热线咨询、投诉 12 万件，办理满意率达 99.60%。

【招商引资】 2023 年，庐阳区举办产业发展大会、徽商论坛庐阳专场活动，组建 5 个产业链专班、2 个离岸招商中心。设立规模 50 亿元的“庐州壹号”产业母基金，参与组建 11 产投、创投基金，通过基金招商撬动 6 倍投资落地。全年新签约招商项目 78 个，协议投资额 165 亿元，同比提升 14%；完成外商直接投资 1126 万美元，同比增长超四成。

【城市建设】 2023 年，庐阳区聚焦群众长期反映的环境、安全等“急难愁盼”问题，抢抓特大城市城中村改造政策窗口，扎实开展 4 大片区规划研究。先行启动龙高照城市更新片区和四里河左岸片区桃花南项目，释放土地 180 公顷，征迁工作完成 65%。同步推进新大郢等 7 个城中村改造，完成合钢三厂增征等 5 个项目征迁扫尾。全区完成房屋征迁 95 万平方米，征迁任务完成率时隔 4 年重回全市四城区第一位。

【生态环境保护】 2023 年，庐阳区践行“全城园博”理念，新增、提升绿化面积 42.50 万平方米，逍遥津公园、杏花公园被列为全国绿地开放共享现场观摩点。董铺湿地公园获评省级生态环境教育基地。坚持精准、科学、依法治污，整改各类环保问题 303 处，中央和省级环保督察转办信访件全面办结。强化扬尘监测、固废管控，空气优良天数比例达 87%。开展水源地、天河路周边环境治理，深化河湖长制综合监管，河道断面水质达标率达 100%。

【社会事业】 2023 年，庐阳区常态化开展公开接访、“六情”走访，对重点信访事项落实“老案新办”，积案化解率达 96%。将“三所一庭”机制拓展为“3+N+1”联调体系，打造“庐州街坊”百姓评理说事点 44 个，调解矛盾纠纷 1 万余起。落实“双减”政策，坚持“五育”并举，“双区”创建通过省级评估，入选全省首批保教质量提升实验区。全年新开办 2 所小学、3 所幼儿园，增加学位 4500 个；新招聘、选调中小学教师 267 人，推动交流轮岗 285 人，师资力量进一步配强。新建、改扩建 3 处社区卫生服务中心，社区医院建成率达 80%，紧密型城市医疗集团覆盖率达 100%；成功创建全省优质医养结合示范中心 2 家；在全市率先探索“医防融合”工作模式，建成基层急救站点 2 个。提升文旅产业竞争力，“走读老城”成为首批长三角人文经济典型案例，庐阳跻身全国市辖区旅游综合竞争力百强区、全省文旅产业融合发展示范区建设单位。加强文艺精品创作，《快乐皮影娃》获全国少儿舞蹈展演最高奖“小荷之星”，两部作品获评全省精神文明建设“五个一工程”奖。承办第五届全国智力运动会围棋比赛，获评“优秀赛区”。

高标准完成10项暖民心行动，37项民生实事，投入惠民项目补贴4.50亿元。建成交付龙王唐岗、童大郢复建点，结合房票、货币化方式完成6100套房屋安置；开展居河园等40个老旧小区改造，完成荣城花园等48个消防无水小区改造、10个小区二次供水设施改造，实施老楼加装电梯87部，改善4.60万户群众居住条件。建成丽水路等8条道路，打通固镇路等5条断头路，新增停车泊位2000余个。新建口袋公园2个，改建城市阅读空间16处，增设社区健身点59处、健身步道17千米，便民空间进一步拓展。坚持稳岗扩岗并举，新增就业2.80万人，吸引大学生就业1.40万人，发放人才安居补贴2164万元，“三公里”就业圈获央视报道；扶持“双创”项目202个，IE果园获评“安徽青年创业园”。探索“1+4+N”智慧养老服务模式，入选民政部优秀案例。建成市级示范托育机构2个，新增托位1504个。健全社会救助体系，发放低保金、残疾人补贴、医疗救助等各类资金7280万元。新建菜市场2处，按时启动“惠民菜篮子”工程。创成省级食品安全示范区。

（周　琳）

蜀山区

【概况】 2023年，蜀山区生产总值（GDP）突破1400亿元，增速连续7个季度居四城区第一。全国百强区名次进至第14位，稳居全省第1，连续3年获市政府目标管理绩效考核“优秀”等次。建立“管行业必管融资”机制，发行专项债券项目8个，到位资金22.80亿元，区本级实施大建设项目151项，投资完成超300亿元，以全省第一、全国第23位入选2023年赛迪投资竞争力百强区。开通全省首趟跨境电商中欧国际公路卡航，跨境电商清关单量同比增长111%。完成市级认定新签约项目90个；制定首店经济支持政策，落户71家首店。推进招大引强专项攻坚，50亿元以上工业项目签约实现历史性“零的突破”；新签约世界500强项目2个、外商直接投资项目2个，招商引资工作全市考核蝉联优秀。蜀山经济开发区在全省开发区考评中居第8位，在国家级经开区亩均效益评选、国家级产城融合型开发区土地集约利用评价中均排名全省第2。

【产业发展】 2023年，蜀山区创新推进“科创+城市更新”模式，中国科大科技园项目征迁工作、大铺头片区城市更新受到国家住房和城乡建设部肯定并获中央电视台新闻报道。融入市“6+5+X”产业格局，壮大节能环保和数字经济产业，培育新能源和生命健康产业，做优建筑业和现代服务业产业。获批全省首批科技成果产业化基地，环境检测装备产业获评国家工业和信息化部中小企业特色产业集群。

持续巩固节能环保产业优势，合肥综合性国家科学中心环境研究院实质化运营，生态环境医院实体化运行，“中国环境谷”集聚企业超400家，营收突破450亿元。数字经济规模持续壮大，新建5G基站279座，GPU智能算力中心项目落户，规划算力12000P。安徽智能软件园杭州分园揭牌成立，新增市级大数据产业园区3个，省级大数据企业达130家、同比增长58%，总数居四城区第一位。着力打造新能源汽车消费中心及后市场服务高地，比亚迪合肥迪空间签约落地，新能源汽车销售19亿元、同比增长18%。提速发展生命健康产业，上海曙光医院安徽医院开工建设，新签约生物医药企业5家、投资额9.10亿元。集群发展建筑业，成立区建筑行业协会，与安徽建工签订战略合作协议，积极以科技创新引领建筑业转型升级。提质发展服务业，“亿元楼宇”15栋，“悦活里”等标志性服务业项目签约落户，规模以上服务业营业收入580亿元，同比增长13.30%，入选中国楼宇经济创新生态示范城区、

2023年2月，匡河公园梅园　（葛庆钊/摄）

全国文化和旅游市场信用经济发展试点地区，全省唯一。

【科技创新】 2023年，蜀山区新增科创载体6.40万平方米，首批8家全球合伙人签约，6支院士人才团队落户，高新技术企业同比增长42%。加快构建“四链融合”（即将创新链、产业链、资金链、人才链四个方面有机融合，形成完整的科技创新生态系统）科创生态，200亿元合肥高质量发展母基金、120亿元安徽环保与新能源母基金落户蜀山，自主设立总规模50亿元科创母基金及20亿元直投基金，举办成果发布会、项目路演、投融资沙龙等活动50场，挂牌成立国家海外人才离岸创新创业基地（合肥）总部空间，蝉联全省科技创新指数城区第一。强化平台支撑，租改建38所产业园，升级改造百帮产业园，新医学成果转化平台主体封顶，环境经济产业园、数字经济示范园等加快建设，硅谷大厦投入使用，成为科创“新地标”，签约入驻硬科技企业超30家。新增1家国家级孵化器和4家省级众创空间。支持辖区高校、企业和科研院所建设高水平创新平台，国家通用机械基础件创新中心加快建设，新增20家省级重点实验室。促进成果转化，完善科技成果转化路径，推动高校院所就地转化科技成果397项，新成立企业27家。合肥人工智能与大数据研究院发布6项具有引领性的创新成果，3个中国科大赋权项目落地实施。有效发明专利量增长27%，国家科技型中小企业评价入库达到1104家，国家高新技术企业达到780家，新增国家级专精特新“小巨人”2家、省级专精特新企业66家。深度加强与沪苏浙科技创新、产业创新跨区域协同，加入长三角县市区（科技）产业协同发展联盟，承办G60科创走廊（合肥）跨境电商发展大会，获评首批长三角G60科创走廊产城融合发展示范区、科技成果转移转化示范基地。

【城乡建设】 2023年，蜀山区全面完成20个单元控制性详细规划、“科大硅谷”蜀山园专项规划编制，心湖公园纳入江淮运河百里画廊专项规划。五十中西校、安居苑小学教育集团心湖校区建成投用，高铁西站站房及安置点建设有序推进，全市首个地下空间轨道2号线三里庵站加快打造。完成9个老旧小区改造，既有住宅加装60台电梯。全年征地154.25公顷、拆迁101.80万平方米，新改建道路22条、25.20千米，新增公共停车泊位5445个。完成D级危房解危295套、1.60万平方米。全面推进乡村振兴。稳定发展粮食生产，粮食收获面积0.65万公顷、总产量4.40万吨。实施“千村引领、万村升级”工程，完成19个村庄规划编制，小庙镇马岗村入选全省首批和美乡村精品示范村建设名单。推动农业产业提质增效，休闲农业和乡村旅游收入增长19.30%，小岭南入选“皖美消费新场景”。探索新型农村集体经济发展路径，实现经营性收入50万元以上的村全覆盖。推进生态保护，省生态环境警示片问题按期整改销号，生态环保督察转办件全部办结。开展餐饮油烟、生产生活噪声等整治行动，强化施工扬尘和移动源污染管控，持续抓好秸秆禁烧，新建琥珀中学、旺城大厦两处“绿岛”项目。加强入河排污口和农村黑臭水体整治，市级以上水环境考核断面全面达标。推进“无废城市”建设，1103座垃圾分类投放站点全部建成投用，厨余垃圾日平均处理量达到130吨。

【深化改革】 2023年，蜀山区初步完成城投公司改革，建立“1+4+N”体系（“1”为区城投公司本级，更名为合肥市蜀山区国有资本投资控股集团有限公司；“4”为下设四个子集团，组建城市开发建设集团有限公司、城市运营集团有限公司、科技创新投资集团有限公司、乡村振兴集团有限公司；“N”为根据实际情况组建三级公司，由子集团管理）。推进科技企业“贷投批量联动”全省试点工作，深入实施零基预算改革，探索闲置资产和安置房盘活新路径。清理整合“小散弱”事业单位9家，提升工作效能。加快蜀山经济开发区“小管委会+大公司”改革，开发区下属平台公司营收实现翻番。打造更优营商环境。启用“蜀心办”为企服务平台，初步建成全区企业数据库。推进“互联网+政务服务”，谋划政务服务中心新址启用，提升服务质效。实施质量强区战略，成功复评“安徽省质量强区”。迭代升级优化营商环境行动方案，帮助企业解决痛点难题，优化营商环境工作连续3年获评全市优秀。推进更高水平开放。以制度型开放为重点加快自贸试验区建设，长三角环境技术产品协同评价模式入选安徽自贸区“十佳案例”。“名企优品长三角行”等3个C9联盟（即2021年由上海市黄浦区、南京市鼓楼区、苏州市姑苏区、杭州市上城区、宁波市鄞州区、合肥市庐阳区、合肥市蜀山区、无锡市梁溪区、南通市崇川区九个区组建的全国首个长三角主要城市中心城区高质量发展联盟）合作事项落地落实，推荐项目分别获得第二届C9联盟创新创业大赛一、二等奖。蜀山经济开发区与无锡锡山开发区签约合作，援建寿蜀产业园工作在全省南北合作共建考核中位居首位。

【社会民生】 2023年，蜀山区完善“民生呼应”办理机制，办理群众急难愁盼问题206个，办结12345热线工单15.10万件、满意率达到99.30%。全面完成10项暖民心行动年度任务，省定50项民生实事稳步推进。突出抓好稳就业，“三公里”智慧就业平台访问量突破1300万次、成功服务就业1万余人，新增参保就业3.60万人。全力保障特定群体权益，残疾人就业、无障碍改造等工作获中国残联调研肯定，全省唯一入选智慧健康养老应用试点示范城区。持续改善困难群众生活，发放城区低保等各类救助保障金6000余万元。公共服务持续优化，实施校园建设三年滚动发展计划，新改扩建中小学、幼儿园20所，增加学位1万余个，招考、引进教师318名，顺利通过义务教育优质均衡发展先进区省级督评。启动3所基层医疗机构新址规划建设，招引131名紧缺医疗专业人员，推进省级“两病”一体化试点。新增13项区级非遗项目。新改建12处阅读点，丰富“15分钟阅读圈”。承办第五届全国智力运动会国际象棋比赛，举办区级全民健身运动会、端午龙舟赛等体育赛事。建成庐州公园蜀山段(一期)、南淝河绿道提升工程，开放拾趣园等6个口袋游园。提升行政执法能力，开展行政执法业务大培训大比武大练兵6批、1200余人次。聚焦交通、消防等重点领域开展35次安全专项整治，安全形势总体平稳。深化矛盾纠纷排查化解，全面加强金融、房地产、粮食安全等领域风险管控，常态化开展“六情”（知民情、降警情、防危情、减访情、控舆情、增感情）工作，先后获评“平安安徽建设先进集体”“全省平安建设优秀县（区）”。完成南岗镇整建制托管高新区工作。工会、共青团、妇联、残联、科协、国防动员和关心下一代等工作取得新进步，统计、档案、保密等工作获得新成效，民族、宗教、外事、侨务、双拥等工作实现新发展。

（周　芬）

包河区

【概况】 包河区地处合肥主城东南，是全国唯一濒临“五湖四海”之一（巢湖）的省会城区，2023年，下辖9条街、2个镇、2个街道级大社区和1个省级经济开发区，区域面积296.70平方千米（巢湖水域面积70平方千米），常住人口131万，生产总值(GDP)1735.50亿元、同比增长4.50%，一般公共预算收入57.70亿元，社会消费品零售总额1155.80亿元、同比增长7.80%；城镇居民可支配收入70062元，同比增长6.00%，三次产业结构比0.30∶25.60∶74.10，综合实力跻身全国百强区第37位，高质量发展在全国市辖区中排名第32位。

【党的建设】 2023年，包河区把学习宣传贯彻党的二十大精神作为首要政治任务，跟进学习习近平新时代中国特色社会主义思想，严格落实以“四个第一”为重点的学习对标制度，召开区委理论学习中心组学习会议25次、交流研讨16次，组织党的二十大精神集中培训，全区科级以上干部实现全覆盖。发放党章、党的二十大报告、《习近平著作选读》等规定书目5.50万余册，全区76个单位、1771个基层党组织、4.20万名党员参学全覆盖；深入践行“四下基层”优良传统，区领导开展调研195次，形成调研报告31篇，查摆梳理问题64个、明确整改任务140条，全区兑现惠企政策资金5.20亿元，解决群众需求5300余件，以学铸魂、以学增智、以学正风、以学促干取得实实在在成效。中央巡回指导组和主题教育办先后到包河调研，给予充分肯定。区领导深入一线带头宣讲，开展“举旗帜·送理论”系列活动4200余场、受众150万人次，推出《你好！二十大！》等理论宣讲视频，“鲁化基层理论宣讲团”获评全省基层理论宣讲先进集体，《人民的渡江 人民的胜利》获评全省优秀理论宣讲微视频。建强做实小区党支部615个，有序完成19个新增社区“两委”选举，1000余个基层党建“书记项目”落地见效。新成立民营医疗机构行业党委，非公党建“两个覆盖”动态清零攻坚行动深入推进。试点推进社区“两委”进驻小区办公、实行“七天不打烊”工作法，组建业委会和物管会408家、组建率升至72%，党建引领基层治理扎实有力。先后获评全国青年文明号、全国维护妇女儿童权益先进集体、全国智慧健康养老应用试点示范街道等省级以上先进典型（荣誉）80余项。

【产业发展】 2023年，包河区

2023 年 3 月 28 日，包河国家级文化产业示范园区揭牌　　（王嫣然 / 摄）

出台产业高质量发展方案，聚焦 4 大重点产业成立产业专班。文化产业成为包河鲜明特色，竞争力居全国百强区第 16 位，获评国家级文化产业示范园区、国家文化和科技融合示范基地，5 个项目列入全省十大重点文化项目，合柴梵木艺术中心成为文旅部“文化产业园区携行计划”全国首个落地运营项目。金融产业集聚发展，金融机构总量突破 500 家、其中省级以上金融总部 50 余家，全年产业增加值突破 230 亿元，获评中央财政支持普惠金融发展示范区。人工智能视觉产业生机勃发，“中国视界”产业平台新落户研发项目 9 个。新能源暨智能网联汽车产业延链强链，集聚上下游核心企业 20 余家，包河汽车智能电控装备产业入选国家中小企业特色产业集群，国泰检测获评国家级产业技术基础公共服务平台，新能源汽车产业基地获评省 AAA 级重大新兴产业基地。以科技创新推动产业创新，加速布局低空经济、人形机器人等未来产业，国家高新技术企业达 851 家，连续 2 年净增超 200 家，年均增幅 52%，国家级专精特新“小巨人”企业新增 4 户、总量 10 户，科技创新全国百强区排名第 23 位。包河“经济大脑”获全省推介，兑现区级产业政策资金 2.86 亿元，“包 • 办好”“金牌店小二”服务品牌更加响亮，入选中国营商环境质量十佳县（市）区。上市企业数量净增 3 家、总量 15 家，居全省城区之首。全区市场主体净增 2.90 万户、总量突破 26 万户，涉税主体 14.80 万家、纳税 1000 万元以上主体 212 家，彰显蓬勃发展活力。

【城市建管】 2023 年，包河区持续深入开展城乡环境卫生整治，拆除违法建设 8 万多平方米、实施绿化美化超 230 万平方米。完成征迁 100 万平方米，48 个项目实现“拔钉扫尾”，城市环境更加清爽整洁。大连路、乌鲁木齐路等 25 条道路放行通车，披云峰路、玉镜潭路等 26 条市政道路加快建设，高铁南站年客流总量近 7000 万人次、创历史新高。文明养犬专项行动深入开展，广告招牌、流动摊点、背街小巷、农贸市场等专项整治有力推进。垃圾分类集中投放点建成数量、家庭厨余垃圾日分离量均居全市第一，区生活垃圾分类科普馆获评全国宣传教育基地。新时代文明实践中心阵地实现全覆盖，全国学雷锋志愿服务“四个 100”先进典型“包河军团”进一步壮大，道德模范、合肥好人持续涌现，文明城市创建成效显著。

【生态环境】 2023 年，包河区污染防治持续攻坚，中央和省环保督察交办问题办结率超 98%，细颗粒物（PM$_{2.5}$）、可吸入颗粒物（PM$_{10}$）浓度实现“双下降”，空气质量优良率达 86.10%，市考以上断面水质均值达标率 100%，徐河、十五里河等 5 大流域雨污混接整治纵深推进，河湖水质持续向好，包河、塘西河成为省级“幸福河湖”，南淝河水质有记录以来首次达到Ⅲ类水、发生历史性变化，巢湖包河段连续 3 年保持无蓝藻暴发良好态势。大圩磨滩被央视誉为“绿色江淮桃花源”，乡村振兴战略实绩考核居全市同类型县区之首。大圩、滨湖国家森林公园“双 AAAA 景区”一体发展迅速推进，“最美连接线”完全建成，“圩美宿集”整体开放，数字化种植工厂投产运营，现代都市农业蔚然成势。以“花漾包河”三年行动为抓手，建设多彩廊道、多姿校园、多样街角、多花游园 200 余处，实施绿化美化提升 236 万平方米，公园游园总数达 109 个，新建和改造生态绿道 30 余千米，完成植树造林、森林抚育、退耕还林更新改造 733.33 公顷，天山公园“全龄友好三件套”模式获住建部肯定并观摩推广，滨湖国家森林公园被列为全省生态环境教育基地。

【民生工程】 2023 年，包河区十项“暖民心”行动高质高标推进，开展“春风行动”等招聘活动500余场，提供岗位超10万个，兑现就业补助资金1.10亿元。建成中小学5所、幼儿园12所，新增学位1.70万个，婴幼儿托位千人拥有量位居全市第一、全省前列，教育资源日趋优质均衡。新组建区疾病预防控制局，省级社区医院增至5家，全国基层中医药工作示范区通过省级评审。累计建成老年助餐点113个、社区养老服务站66个，实现街镇居家养老服务综合体全覆盖。建成安置房项目13个、约255.6万平方米，圩美苑、休宁路ACD地块、安百苑D地块等回迁小区顺利分房，2万余人喜迁新居。实施老旧小区改造项目14个，惠及群众2600余户、9000多人。全力化解住宅小区“停车难”，盘活停车位9000多个、新增城市泊位2.58万个。新建幸福驿站、户外劳动者工会驿站95个。“15分钟公共文化服务圈”加快建设，区图书馆获评国家一级馆，区文化馆入选长三角“优秀公共文化空间”，包河凤凰剧院全面运营，合柴1972成为文化新地标，文化供给能力不断增强。

【社会治理】 2023年，包河区深层次推进“智慧治理”，高空抛物预警、消防水压监测谢谢等8种创新应用场景逐步推进，独居老人安全守护应用场景、“世纪有邻”政务工作平台获评“智慧合肥最佳金点子”，高铁南站5G智慧出行项目获长三角智能交通创新技术应用大赛优秀奖，大共治平台获评“政法智能化建设智慧治理创新案例”。高质高效办理省《民声呼应》事项，获评网上群众工作“民心汇聚单位”，方兴社区《社区学院助力社区治理现代化》入围全国城乡高质量发展典型。安全生产“码”上巡查逐步推广，“智慧宗教管理系统”全面上线，市域社会治理试点创建工作全面完成。扎实推进“八五”普法，开展全区党政主要负责人集中述法评议，加快建设安徽（合肥）创新法务区，区法学会在全省作经验交流。扫黑除恶斗争常态化机制化开展，“六情”大走访和平安包河建设“四大一优”活动深入推进，“四员一律进网格 化解纠纷见实效”工作法获中央政法委肯定并作经验交流，打击电信网络诈骗、养老诈骗工作有力有效，反邪教警示教育工作获得公安部表扬。建立重大决策社会稳定风险评估机制，专班排查处置政治安全领域风险隐患，全年未发生影响社会稳定的重大事件。食品安全“两个责任”落地落实，在市食品安全考核中连续8年获A等次，罍街成为全市唯一通过认证的“食安安徽”餐饮示范街区。将40多家楼盘资金纳入重点监管，顺利完成阳光城檀悦D区等楼盘“保交楼”工作。扎实推进安全生产、应急管理、防灾减灾、校园安全等各项工作，社会大局安宁安定。

（孙　昊）

责任编辑：赵永军

人 物

全国“最美公务员”

陈 刚 合肥市林业和园林局规划建设处处长、一级主任科员

中国好人

兰学毅 男，1961 年 12 月生，中共党员，安徽省勘查技术院教授级高级工程师。于 2023 年第一季度当选敬业奉献类“中国好人”。

40 年来，兰学毅始终坚守在地质勘查一线，孜孜不倦钻研物探技术，从一名普通的野外勘探队员成长为跨专业的综合物探工作者和国内知名的地球物理专家。曾主持多个中国地质调查局、南京地质调查中心和安徽省公益性地质项目，有省部级科技成果 5 项，市厅级科技成果 4 项，出版专著 7 部。他带领团队创新工作思路，开展技术攻关，在地质勘查领域取得了多项重大突破性成果，部分矿床类型的预测方法属于行业首创，具有显著的推广应用价值和社会效益。曾获得“安徽省直机关优秀共产党员”“安徽好人”等荣誉。

尹向阳 男，1980 年 10 月生；**蔡文俊**，男，1984 年 4 月生。二人皆为合肥市长丰县双凤开发区阿奎利亚社区居民；均于 2023 年第二季度当选见义勇为类“中国好人”“安徽好人”。

2023 年 5 月 5 日 11 时许，到江苏徐州出差的合肥市长丰县双凤经开区阿奎利亚社区居民尹向阳、蔡文俊，正在铜山区汉王镇汉王口街的一处宾馆谈事情，突然听到窗外的车辆撞击声，同时听到有人在大声呼救，二人来不及多想，立刻冲到事发现场，就看到一辆老年代步车坠入河中，眼看就要沉入水底，三人被困车内命悬一线。他们来不及脱去衣服，纵身一跃跳入河中，奋力冲向出事车辆。在岸边人的帮助下，最终砸破玻璃、撬开车门，把车上的三人安全救了出来。和平年代，英雄出自平凡，见义勇为彰显出英雄的时代价值。他们发自本能、出于本心的选择，彰显了勇气与善行的分量。他们看似平凡的义举，诠释了社会主义核心价值观在普通公民身上的生动实践。

翟大胜 男，1957 年 4 月生，安徽省巢湖市柘皋镇星火村翟二份村村民。于 2023 年第三季度当选见义勇为类“中国好人”“安徽好人”。

2022 年 8 月 26 日，3 名儿童在河道上骑车玩耍，不慎落入河中。情况紧急，骑车经过的翟大胜夫妇看见在河内挣扎的 3 名儿童，翟大胜放下电瓶车，脱掉上衣，迅速跳入河中，奋力游向落水儿童，3 次入水才将 3 名儿童救起，避免了一场悲剧。救援后，待 3 名儿童状态稳定，翟大胜夫妇默默离开现场。直到孩子们的家长通过村里微信群等方式找上门道谢，十里八乡的人才知道有这么一个见义勇为的“大英雄”。他的救人事迹曾被新华网以“关键时刻站出来，你就是英雄”为题进行宣传报道，广受网友点赞。曾获得“安徽省见义勇为弘扬正气奖”二等奖，“合肥市见义勇为先进个人”等荣誉。

商宗年 男，1950 年 10 月生，中共党员，安徽省合肥市肥东县白龙镇青龙厂社区圩塘组居民。于 2023 年第三季度当选诚实守信类“中国好人”，2023 年第一季度当选诚实守信类“安徽好人”，2023 年当选第八届安徽省道德

模范。

1939 年，当时 18 岁的吴长仪任新四军四支队司令部排长，为了营救一个烈火中的孩子，被敌人射杀。之后，商家几代人一直守护着吴长仪烈士墓，给烈士上坟、祭奠。在其爷爷、父亲和叔叔去世后，商宗年从父辈手中接过守护烈士墓的接力棒，“祖孙三代”接力守护吴长仪烈士墓长达 80 余年。自 2001 年起，他带着女儿又担负起守护新四军第四支队东进抗日纪念馆的职责。20 多年来，既当馆长，又当讲解员、保洁员、保安。“永远不能忘记先烈”商宗年语重心长地说，“守护烈士墓是守护一位英烈，守护纪念馆是守护一群英烈，只有守护好烈士，守住红色历史，才能守住红色基因，让红色精神代代传承下去”。

梁邦定 男，1949 年 8 月生，中共党员，巢湖市烔炀镇中李村儿童学校和老年学校校长。于 2023 年第四季度当选助人为乐类“中国好人”“安徽好人”。

他一生挚爱教育，拄两拐 40 多年，坚守三尺讲台。退休后，主动请缨担任当地儿童学校和老年学校的负责人。凭借顽强的毅力，克服病魔的侵袭和身边的不便，以校为家，拄两支木拐重上讲台，数十年如一日，无私地服务农村“一老一小”。他的事迹被新华网、央广网、光明网、安徽日报、安徽电视台等主流媒体报道，引发社会广泛关注和点赞。曾获得全国关心下一代工作先进工作者、全省关心下一代“十佳五老”提名奖、全省离退休干部正能量活动之星、安徽省基层理论宣讲先进个人等荣誉。

（徐冠军）

安徽好人

商宗年 男，1950 年 10 月生，中共党员，安徽省合肥市肥东县白龙镇青龙厂社区圩塘组居民。于 2023 年第一季度当选诚实守信类“安徽好人”。详见中国好人榜。

尹向阳 男，1980 年 10 月生；**蔡文俊**，男，1984 年 4 月生。二人皆为合肥市长丰县双凤开发区阿奎利亚社区居民；均于 2023 年第二季度同时当选见义勇为类“安徽好人”。详见中国好人榜。

翟大胜 男，1957 年 4 月生，安徽省巢湖市柘皋镇星火村翟二份村村民。于 2023 年第三季度当选见义勇为类“安徽好人”。详见中国好人榜。

梁邦定 男，1949 年 8 月生，中共党员，巢湖市烔炀镇中李村儿童学校和老年学校校长。于 2023 年第四季度当选助人为乐类“安徽好人”。详见中国好人榜。

周　雷 男，1981 年 7 月生，中共党员，科大国盾量子技术股份有限公司党支部书记、副总裁。于 2023 年第四季度当选敬业奉献类“安徽好人”，2023 年当选第八届安徽省道德模范。

他秉承着“科技报国”的理念，十四年如一日奋斗在量子通信技术研究和产业化一线，为建设现代化科技强国贡献应有力量。十年磨砺宝剑成，周雷以废寝忘食、扎根实验室的态度，在量子通信技术攻关中勇挑重担，设计开发多款量子通信产品，多次负责和参与完成国家、省、市科技创新重大项目，完成国际首个规模化城域量子保密通信网络——“合肥城域量子通信试验示范网”、世界首条量子保密通信干线——“京沪干线”、全球首个天地一体化广域量子通信网络——“墨子号”星地一体广域网络等量子通信网络的建设和应用推广工作。曾获得军队科技进步壹等奖、安徽省科学技术奖一等奖、第八届安徽省专利金奖、安徽省优秀共产党员、安徽省劳动模范、浙江省通信学会科学技术奖三等奖、第二十三届中国专利银奖、全国五一劳动奖章等荣誉。

（徐冠军）

安徽省道德模范

商宗年 男，1950 年 10 月生，中共党员，安徽省合肥市肥东县白龙镇青龙厂社区圩塘组居民。于 2023 年当选第八届安徽省道德模范。详见中国好人榜。

周　雷 男，1981 年 7 月生，中共党员，科大国盾量子技术股份有限公司党支部书记、副总裁。于 2023 年当选第八届安徽省道德模范。详见安徽好人榜。

邱 军 男，1981 年 9 月生，生前系甘肃省华池县人民政府副县长（挂职），中国化学所属东华公司项目管理部党支部书记、副主任。2023 年被追授为第八届安徽省道德模范。

在脱贫攻坚进入决战决胜的关键时刻，他积极响应习近平总书记号召，主动请缨到条件艰苦的革命老区挂职，积极发挥央企资源优势，开展产业扶贫、教育扶贫、消费扶贫和就业扶贫，创新“央企 + 民企 + 贫困户”的劳务输转模式，助力华池县实现整体脱贫，受到当地干部群众广泛赞誉。2021 年 1 月，邱军不幸病逝在工作岗位上，年仅 39 岁。先后被追授为“2020 年度全国脱贫攻坚先进个人”“安徽省五一劳动奖章”“央企楷模”“中央企业优秀共产党员”“时代楷模”称号。

（徐冠军）

全国见义勇为先进个人

尹向阳 男，1980 年 10 月生；**蔡文俊**，男，1984 年 4 月生；二人皆是长丰县双凤开发区阿奎利亚社区居民，于 2023 年第二季度同时当选为全国见义勇为勇士。

2023 年 5 月 5 日 11 时许，尹向阳、蔡文俊正在徐州市铜山区汉王镇汉王口街一处宾馆二楼谈事情。突然，一辆老年代步车失控坠河，正快速向水中倾斜！两人大声疾呼，同时以最快的速度冲向事故现场。由于车门受到强大水压无法打开，一家三口被困车内。事发突然，此前并未学过游泳的尹向阳、蔡文俊纵身跳入河中，向渐渐沉入水中的车辆靠近。二人用力拉开后排车门，将困在后排的女子先救了出来。尝试打开前排车门失败后，二人连忙呼叫岸上的同伴和路人递来 U 型锁，拼命砸向车窗，却一直未果。眼见水马上要淹至车内人员胸前，紧要关头，尹向阳、蔡文俊拿起岸上递来的砖头和撬棍，分头破拆前挡风玻璃和副驾驶车窗。砸了四五下，副驾驶车窗终于被砸开，两人合力将困在后排的两位老人救了出来，并送至岸边，成功挽救了一家三口的生命。

（洪晨晨）

安徽省见义勇为先进个人

刘忠果 男，1986 年 2 月生，合肥公交集团保修公司第二保修厂修理工，获 2022 年度安徽省见义勇为弘扬正气奖。

2022 年 4 月 19 日 7 时 30 分许，刘忠果驾车行至柏堰湾路与火龙地路交叉口时，见两辆轿车剧烈相撞，短短数秒，一辆轿车靠近发动机底部迅速燃烧起来。见此情形，刘忠果迅速下车奔赴燃烧车辆，不停拍打车门，试图唤醒被困驾驶员。因受困驾驶员腿部卡住无法动弹，刘忠果不顾车头燃起的熊熊大火，迅速把驾驶员从车厢内抱下来放至安全地带。

此时火势越来越大，刘忠果不顾个人安危，为了救出车上另一位昏迷不醒人员，又一次跑到副驾驶位置，由于副驾驶车门被撞变形，刘忠果拼尽全力把门拉开，可是被困昏迷人员过于肥胖，刘忠果第一次没有营救成功，他便向路人求救，在听到呼救时，路上行人纷纷伸出援手，合力把副驾驶人员抱下来抬到安全地带。就在此时，燃烧的车辆已经被大火吞噬，于是，刘忠果立马拨打 110 请求支援。

在燃烧车辆随时都有可能发生爆炸的情况下，刘忠果又跑到另一辆事故车辆前，发现女司机昏迷不醒。在路人的合力帮助下，他又成功地把受困人员抬到安全地带，三名被困人员全部营救到安全地带后，刘忠果守护在一旁等待救援。民警、交警相继赶到，刘忠果才默默离开现场。

翟大胜 男，1957 年 4 月生，合肥市巢湖市柘皋镇星火村村民，获 2022 年度安徽省见义勇为弘扬正气奖。

2022 年 8 月 26 日 12 时 50 分许，翟大胜和家人骑车准备去镇上购物，经过金平河道时，看到三名 10 岁左右儿童在河道上骑车玩耍。由于小朋友在骑行的途中因操作不当，不慎掉入金平河里，无情的河水很快淹没了三名小孩的头顶。翟大胜看到后，出于本能的反应，瞬间甩掉身上的背包和手机，一跃跳入河中，他先游到离岸最近一名小孩的身边，用胳膊夹着小孩的腰部，慢慢地往岸上游，攀住河边的一块石头上，将小孩放到岸边。还没来得及喘口气，翟大胜再次跳入水中，向第二名小孩身边游去。因为落水时间较长，小孩挣扎的意识已经没有先前强烈，他奋力托着小孩的腰部推出水面，慢慢地游到岸边，第二名小孩也顺利获救。紧接着，已经精疲力竭的翟大胜第三次跳入水中，用尽全身力气将最后一名小孩成功救上岸。看到三名落水的小孩安然无恙，翟大胜和妻子悄悄离开了现场。

董　超　男，汉族，1994 年 10 月生，芜湖市鸠江区沈巷镇螺百社区董巷自然村村民，获 2023 年安徽省见义勇为弘扬正气奖（即时表彰）。

2023 年 7 月 17 日 14 时许，董超在瑶海区站前路与胜利路交口等人，突然看到两个民警正在追一名男子，其中一名民警不小心摔倒，被追男子即将失控。董超没有半点犹豫，立刻飞速追上前去，和警察一起拦住该名男子，并协助公安民警将其控制住。现场情况稳定后，他便匆匆离开了。

“当时正在下雨，我听到一个民警大喊‘别跑！’转身就看到那个民警不小心滑到了，当时也没有想到自己的安全，就想协助警察把人控制住！”董超说，在配合民警将嫌疑人控制后便匆匆离开办事去了，也没想到还有后面的故事。

当属地政府、公安多方联系查找到董超时，他还有些不好意思，“非常感谢政府和公安机关的关心，占用了公共资源，本来就是件小事情，面对公共安全受威胁时出手，是每个年轻人都会做的。”董超表示在收到政府关心和公安慰问后，一直觉得心里暖暖的，他表示，虽然过程很惊险，自己也受了轻伤，但是能够维护社会正义，传递社会正能量，让他觉得这一切都值得。他同时表示将来遇到这样的事情，仍然会第一个冲上去，用行动弘扬社会正能量。经核实，涉案犯罪嫌疑人已被警方刑事拘留。

（洪晨晨）

劳动模范

全国五一劳动奖章

贺　羽　国仪量子（合肥）技术有限公司董事长

陈建林　合肥聚能电物理高技术开发有限公司车间主任，高级实验师、高级工

费广海　合肥市南门小学校长，高级教师

全国工人先锋号

合肥维信诺科技有限公司屏体检测组

中科美菱低温科技股份有限公司制造中心整机制造厂

“大国工匠年度人物”提名人选

陈建林　合肥聚能电物理高技术开发有限公司车间主任，高级实验师、高级工

安徽省五一劳动奖状

合肥联宝信息技术有限公司

安徽海峰分析测试科技有限公司

合肥市市场监督管理局

安徽省五一劳动奖章

王俊峰　合肥长安汽车有限公司焊装车间班组长

史世军　安徽万磁电子股份有限公司钕铁硼事业部前道工段长

孙达明　安徽盒子健康科技有限公司机修工

李　璐　合肥市南门小学教务处副主任

余兆好　安徽徽运物流有限公司驾驶员

谷圣军　合肥旭阳铝颜料有限公司班组长

宋　昕　合肥市公安局刑事警察支队警务技术四级主任

钱昌明　合肥公交集团有限公司驾驶员

焦广盈　中铁北京工程局城轨公司党委书记

谢代鹏　通威太阳能（安徽）有限公司工艺技术经理

王　品　长丰县人民医院重症医学科主任

石　磊　合肥市第八人民医院呼吸内科副主任

朱立炜　合肥市第一人民医院公共卫生处副处长、南区消化内科党支部书记

刘玉容　合肥市第三人民医院感控处处长

李海山　合肥市第二人民医院急诊科主任

李清华　合肥市滨湖医院医务处副处长、神经外科、心胸外科党支部书记

程　林　合肥市第四人民医院十六病区精神科副主任

安徽省工人先锋号

安徽安利材料科技股份有限公司生态干法车间

合肥晶澳太阳能科技有限公司

旭日班组——创新工厂 116 车间 B3 线

大众汽车（安徽）有限公司涂装车间 PVC 工段

合肥清溢光电有限公司制造厂后处理工程部

中国电信股份有限公司合肥分公司云能力中心

合肥合燃华润燃气有限公司罗集门站

中铁四局集团第四工程有限公司盾构分公司

巢湖管理局环境保护监测站中心化验室

长鑫存储技术有限公司扩散设备工程部

科大国创软件股份有限公司“安徽省公共信用信息共享服务平台”团队

（谷康霞）

三八红旗手

全国三八红旗手标兵

苏　琴　合肥市蓝天救援队队长

全国三八红旗手

汪　蓉　合肥市第四十八中学望湖教育集团理事长，合肥市望湖中学书记、校长

安徽省三八红旗手标兵

任子晖　安徽交欣科技股份有限公司董事长、总经理

安徽省三八红旗手

于晓娟　劲旅环境科技股份有限公司行政总裁

施寒梅　庐江县婚姻家庭纠纷人民调解委员会调解员

操　琳　合肥市发展和改革委员会社会发展处处长

郑晓静　合肥兴泰金融控股（集团）有限公司董事长

孙海霞　合肥市瑶海区妇联主席、一级主任科员

张玲玲　合肥市第四十六中学教师

王　玮　科大讯飞副总裁、安徽听见科技有限公司总经理

张　慧　合肥市庐阳区逍遥津街道办事处党工委副书记、办事处主任

陈　霜　合肥市肥西县公安局三级警长

吴晓莉　合肥一六八中学高级教师

陈冬梅　合肥华泰集团股份有限公司党委书记、董事长

龚　莉　合肥蜀山瑞慈健康体检门诊部有限公司总经理

刘　璐　合肥中科离子医学技术装备有限公司党支部书记、董事长，合肥市科创集团有限公司副总经理

张　艳　安徽大学电子信息工程学院副教授，电子科学与技术系主任

（王晓梅）

最美家庭

全国最美家庭

黄　英　庐江县罗河镇黄龙村鲁洼组

陈玲玉　合肥供水集团第四水厂

刘　海　巢湖市物资汽车出租有限公司

安徽省最美家庭

王群芳　安徽新华学院教师

李洪强　中国科学院合肥物质科学研究院研究员

帅艳华　合肥市李鸿章故居陈列馆文博馆员

柳书节　合肥兴泰金融控股（集团）有限公司党办主任助理

董　俊　合肥市肥西县上派镇三岗村夹衡村民组

方崇道　合肥环宇家居退休职工

梁邦定　巢湖市烔炀镇中李村留守儿童学校校长

刘莉萍　合肥信息技术职业学院教师

付恩芳　合肥市瑶海区长淮街道胜利社区居委委员

（王晓梅）

维护妇女儿童权益先进个人

全国维护妇女儿童权益先进个人

钱　莉　合肥市公安局经开分局莲花派出所一级警长

朱友生　安徽朱友生律师事务所主任

安徽省维护妇女儿童权益先进个人

尚新宇　合肥市委政法委平安

建设综合处副处长

郎秋艳　合肥市教育局基教处四级主任科员

张学宏　合肥市妇联维权信访部部长

姚楠楠　合肥市长丰县检察院第一检察部副主任、未检办主任

陆顺风　合肥市巢湖市公安局机关党委三级警长

徐　莉　合肥市包河区教体局活动中心主任、团委书记

郭　振　北京中银（合肥）律师事务所高级合伙人、律师

吴雪狂　安徽汇尚律师事务所合伙人、律师

（王晓梅）

优秀退役军人

金　棕　男，1962 年 6 月生，1979 年 10 月入伍，1989 年 10 月退役，中共党员，合肥包河区人，籍贯安徽含山，现为安徽三环科技发展集团党支部书记、董事长。退役后用实际行动彰显拥军情怀，不断续写“爱军、拥军、助军”故事，带动一大批民营企业家主动拥军、奉献国防，荣获 2023 年度安徽省“最美拥军人物”称号。

商宗年　男，1950 年 10 月生，1968 年 3 月入伍，1973 年 3 月退役，中共党员，合肥肥东县人，籍贯安徽肥东，现为中国共产党合肥历史馆工作人员。退役后在烈士墓守护工作中表现突出，荣获 2023 年度合肥市“最美退役军人”称号。

徐忠有　男，1982 年 3 月生，2001 年 12 月入伍，2005 年 12 月退役，中共党员，合肥肥西县人，籍贯安徽肥西，现为安徽雨农农业科技有限公司总经理。退役后在带领农户脱贫致富、打造高附加值稻米产业方面贡献突出，荣获 2023 年度合肥市“最美退役军人”称号。

陶永军　男，1980 年 8 月生，1998 年 12 月入伍，2003 年 12 月退役，中共党员，合肥长丰县人，籍贯安徽长丰，现为安徽省老兵应急救援队长丰大队大队长。退役后在创立农业专业合作社、打造老兵应急救援队伍方面贡献突出，荣获 2023 年度合肥市“最美退役军人”称号。

高永成　男，1978 年 9 月生，1998 年 12 月入伍，2019 年 3 月退役，中共党员，合肥巢湖市人，籍贯湖南邵阳，现为巢湖市直机关工委四级主任科员。退役后在疫情防控和抗洪抢险任务中表现突出，荣获 2023 年度合肥市“最美退役军人”称号。

方　涌　男，1978 年 11 月生，1995 年 12 月入伍，1998 年 12 月退役，中共党员，合肥瑶海区人，籍贯安徽合肥，现为合肥市火车站地区城管大队大队长。退役后在服务城市管理方面表现突出，荣获 2023 年度合肥市“最美退役军人”称号。

王小雨　男，1982 年 5 月生，2001 年 12 月入伍，2018 年 4 月退役，中共党员，合肥庐阳区人，籍贯安徽六安，现为庐阳区城管局城市容貌管理中心广告办主任。退役后在疫情防控一线表现突出，荣获 2023 年度合肥市“最美退役军人”称号。

李　峰　男，1992 年 1 月生，2011 年 12 月入伍，2018 年 3 月退役，中共党员，合肥蜀山区人，籍贯安徽合肥，现为合肥市消防救援支队蜀山大队五里墩站站长。退役后在多起抢险救援和重大火灾扑救任务中表现突出，荣获 2023 年度合肥市“最美退役军人”称号。

王　康　男，1971 年 6 月生，1989 年 3 月入伍，1991 年 12 月退役，中共党员，合肥包河区人，籍贯安徽合肥，现为合肥市包河区望湖街道沁心湖社区党委书记、居委会主任。退役后在用心用情切实为社区居民解决困难方面表现突出，荣获 2023 年度合肥市“最美退役军人”称号。

朱　峰　男，1981 年 11 月生，1999 年 9 月入伍，2020 年 7 月退役，中共党员，合肥高新区人，籍贯江苏淮阴，现为安徽国科军通科技有限公司董事长。退役后在创建科技企业孵化基地和退役军人就业创业基地方面贡献突出，荣获 2023 年度合肥市“最美退役军人”称号。

方　歌　男，1983 年 12 月生，2004 年 12 月入伍，2009 年 12 月退役，中共党员，合肥经开区人，籍贯安徽合肥，现为合肥市经开区锦绣社区志愿服务联合会会长。退役后在打造社区防疫巡防队伍、推动社区公益服务方面贡献突出，荣获 2023 年度合肥市“最美退役军人”称号。

汤正兵　男，1982 年 1 月生，2000 年 12 月入伍，2023 年 6 月退役，中共党员，合肥巢湖市人，籍贯安徽巢湖。服役期间表现优秀、功绩卓著，荣立一等功一次、二等功一次，荣获嘉奖四次、“优秀士

兵”八次。

张恩东　男，1992 年 2 月生，2010 年 12 月入伍，2022 年 12 月退役，中共党员，合肥新站高新区人，籍贯安徽霍邱。服役期间表现优秀，荣立二等功三次、三等功两次，荣获嘉奖三次、“优秀士兵”一次、安徽省金牌职工、安徽省青年岗位能手。

徐海军　男，1980 年 4 月生，1998 年 12 月入伍，2022 年 12 月退役，中共党员，合肥瑶海区人，籍贯江西丰城。服役期间在消防救援任务中表现突出，荣立二等功一次、三等功六次，荣获公安部消防局表彰二次。

汪亚华　男，1962 年 11 月生，1981 年 10 月入伍，2023 年 7 月移交至合肥市军休二所，中共党员，合肥庐阳区人，籍贯安徽祁门。服役期间在抗击“非典”任务中表现突出，荣立二等功一次。

左从中　男，1970 年 9 月生，1992 年 12 月入伍，2023 年 8 月移交至合肥市军休二所，中共党员，合肥瑶海区人，籍贯安徽庐江。服役期间表现优秀，荣立二等功一次。

黄方敏　男，1970 年 8 月生，1987 年 10 月入伍，2023 年 9 月移交安置至合肥市巢湖军队离退休干部管理服务中心，中共党员，合肥巢湖市人，籍贯安徽巢湖。服役期间表现优秀，荣立二等功一次。

刘湘伟　男，1962 年 11 月生，1983 年 8 月入伍，2023 年 7 月移交安置至合肥市军休一所，中共党员，合肥蜀山区人，籍贯湖南岳阳。服役期间在所从事的科研工作中表现突出，荣立二等功一次。

李荣胜　男，1974 年 12 月生，1991 年 12 月入伍，2023 年 8 月移交安置至合肥市军休一所，中共党员，合肥肥西县人，籍贯安徽合肥。服役期间在长期保障安全飞行任务中表现突出，荣立二等功一次。

柏文如　男，1970 年 4 月生，1989 年 8 月入伍，2023 年 7 月移交至合肥市军休四所，中共党员，江西南昌市人，籍贯安徽全椒。服役期间在长期保障安全飞行训练任务中表现突出，荣立二等功一次。

（曹玲娟）

国家卓越工程师

曹堪宇　男，1971 年生，中国国籍，清华大学物理学本科，美国俄亥俄大学物理学硕士、加州大学伯克利分校电子工程学博士，高级工程师，北京“海聚工程”特聘专家、合肥 A 类高层次人才（国际顶尖人才），现任长鑫科技集团股份有限公司首席执行官。拥有 29 项已授权专利，深度参与和推动中国 DRAM 产业发展。

（吴晓玲）

合肥市造血干细胞捐献者

范劲松　男，1996 年 5 月生，合肥市长丰县人。2023 年 2 月 6 日，成功捐献造血干细胞，挽救一位再生障碍性贫血患者的生命，成为合肥市第 99 例造血干细胞捐献者。

王冠群　男，1978 年 2 月生，合肥市庐阳区人。2023 年 2 月 23 日，成功捐献造血干细胞，为一位急性髓细胞白血病患者传递“生命的种子”，成为合肥市第 100 例造血干细胞捐献者。

王　宝　男，1989 年 10 月生，合肥市肥西县人。2023 年 3 月 27 日，成功捐献造血干细胞，为一位再生障碍性贫血女童送去康复的希望，成为合肥市第 101 例造血干细胞捐献者。

金天一　男，1996 年 11 月生，浙江省绍兴市人，在合肥市就读研究生。2023 年 3 月 30 日，成功捐献造血干细胞，再次为急性淋巴细胞白血病患者送去“生命的种子”，为患者的生命续航。2020 年 8 月 25 日，金天一曾为同一位患者捐献过造血干细胞。金天一为合肥市第二例“二次捐献者”、第 102 例造血干细胞捐献者。

孙　奇　女，1989 年 10 月生，合肥市肥西县人，中共党员。2023 年 4 月 10 日，成功捐献造血干细胞，救助一位十三岁的慢性粒细胞白血病少年，成为合肥市第 103 例造血干细胞捐献者。

许作圣　男，1993 年 4 月生，安徽省宿州市人，在合肥市高新区工作。2023 年 4 月 24 日，成功捐献造血干细胞，为一位陌生急性髓细胞白血病患者重新燃起生的希望，成为合肥市第 104 例造血干细胞捐献者。

邹恒东　男，1998 年 7 月生，安徽省六安市人，在合肥市就读研究生。2023 年 5 月 10 日，顺利完成造血干细胞捐献，为一位急性淋巴细胞白血病患者点亮“生命之光”，成为合肥市第 105 例造血干细胞捐献者。

王振洲 男，1998年8月生，合肥市肥东县人。2023年6月5日，成功捐献造血干细胞，为一位T细胞淋巴瘤陌生患者送上“生命火种”，成为合肥市第106例造血干细胞捐献者。

林 峰 男，1994年11月生，合肥市肥东县人，中共党员。2023年6月7日，成功捐献造血干细胞，为一位恶性血液病患者送上“生命火种”，成为合肥市第107例造血干细胞捐献者。

钱 瑞 男，1997年12月生，合肥市长丰县人。2023年6月29日，成功捐献造血干细胞，为陌生的血液病患者点亮生命之光，成为合肥市第108例造血干细胞捐献者。

丁成龙 男，1988年2月生，安徽省宿州市人，在合肥市经开区工作。2023年7月6日，在合肥成功捐献造血干细胞，挽救一位急性髓细胞白血病患者的生命，成为合肥市第109例造血干细胞捐献者。

李 祥 男，1998年1月生，安庆市太湖县人，在合肥市蜀山区工作。2023年7月7日，在合肥成功捐献造血干细胞，为年仅12岁的再生障碍性贫血患者送去“生命的种子”，成为合肥市第110例造血干细胞捐献者。

宁峰芸 女，1983年2月生，合肥市肥东县人。2023年8月22日，顺利完成造血干细胞捐献，为一位14岁的恶性血液病患者送上“生命火种”，成为合肥市第111例造血干细胞捐献者。

汤禹龙 男，1988年11月生，巢湖市人。2023年9月7日，完成造血干细胞捐献，为一位90后恶性血液病患者送上“生命火种”，成为合肥市第112例造血干细胞捐献者。

钱文博 男，1993年9月生，合肥市瑶海区人。2023年9月20日，成功捐献造血干细胞，为年仅12岁的再生障碍性贫血患者送去健康的“血液种子”，成为合肥市第113例造血干细胞捐献者。

马文举 男，1990年11月生，合肥市肥东县人。2023年10月24日，完成造血干细胞捐献，为正在治疗的4岁血液病患者送去生的希望，成为合肥市第114例造血干细胞捐献者。

倪 刚 男，1988年1月生，合肥市瑶海区人。2023年11月24日，成功捐献造血干细胞，挽救一位急性单核细胞白血病患者的生命，成为合肥市第115例造血干细胞捐献者。

葛浩然 男，2000年2月生，合肥市包河区人。2023年11月27日，完成造血干细胞捐献，为一名急性髓细胞白血病患者送去生的希望，成为合肥市第116例造血干细胞捐献者。

徐会珍 女，1993年11月生，安徽省淮北市人，在合肥市瑶海区居住。2023年12月11日，成功捐献造血干细胞，为一位急性髓细胞白血病患者送去珍贵的“血液种子”，成为合肥市第117例造血干细胞捐献者。

王忠斌 男，1996年8月生，山东省人，在合肥市包河区工作，2023年12月25日，在合肥完成造血干细胞捐献，挽救一位急性髓细胞白血病患者的生命，成为合肥市第118例造血干细胞捐献者。

（张 妍）

责任编辑：徐仙春

附　录

合肥市2024年政府工作报告

——2024年1月16日在合肥市第十七届人民代表大会第三次会议上

市　长　罗云峰

各位代表：

现在，我代表市人民政府向大会报告工作，请予审议，并请政协委员和其他列席人员提出意见。

一、2023年工作回顾

刚刚过去的一年，是全面贯彻党的二十大精神的开局之年，也是三年新冠疫情防控转段后经济恢复发展的一年。全市上下坚持以习近平新时代中国特色社会主义思想为指导，全面学习贯彻党的二十大精神，坚定拥护“两个确立”，坚决做到“两个维护”，在省委、省政府和市委的坚强领导下，攻坚克难、勇毅前行，较好完成全年经济社会发展主要目标任务，交出了一份高质量发展的优异答卷。

这一年，我们全力拼经济，大力实施“十大提升行动”，一揽子出台促进经济发展20条、新能源汽车36条、总部经济10条等政策措施，推动经济回升向好、持续向好。地区生产总值增长5.8%，规上工业增加值增长10%以上、居万亿城市第3位，本外币贷款余额增长17%、居万亿城市首位。净增国家高新技术企业1994户、总数8406户，国家科技型中小企业突破1.1万户、实现两年翻番，“四上企业”首次突破万户，净增市场主体17.6万户、总数169万户。我们坚持顶格推进、精准调度、高效服务，发展好势头进一步巩固。

这一年，我们聚焦强动能，全社会研发投入强度3.91%、居万亿城市第7位。世界知识产权组织发布的2023年全球“科技集群”，合肥居第40位、较上年提升15位。《自然》杂志发布的全球“科研城市”，合肥居第13位、前进3位。战略性新兴产业占规上工业比重近六成，新增百亿产值工业企业6户、总数22户。新增上市发行和过会企业13户、总数82户，A股上市企业总数居全国第12位，科创板上市企业总数居全国第6位，新型显示、集成电路产业集群获国家评估“优秀”，工业稳增长和转型升级工作获国务院督查激励。我们完整、准确、全面贯彻新发展理念，着力提质量、增效益、强动力，高质量发展迈出坚实步伐。

这一年，我们坚持惠民生，全年民生支出1219亿元，占一般公共预算支出86.4%。城乡居民收入增速高于经济增长，新增城镇就业参保47万人，动态消除“零就业”家庭。“难安置”专项治理完成16.2万套，更多群众“圆梦安居”。新建中小学、幼儿园110所，新增学位托位10.3万个。成功入选全国首批婴幼儿照护服务示范城市、儿童友好城市建设试点、青年友好型城市。安全生产事故数、亡人数分别下降18.6%和14.2%，成功创建全国市域社会治理现代化试点合格城市、社会治安防控体系建设示范城市、国家食品安全示范城市。我们坚持人民至上，倾心尽力办好民生实事，人民群众获得感幸福感安全感不断增强。

这一年，我们勇于争先进，连续两年进入“万家民企评营商环境”全国十强，成功入选国家首批知识产权保护示范区建设城市、首批中小企业数字化转型试点城市。获批生产服务型国家物流枢纽城市、国家现代流通战略支点城市，连续三届荣获“中国快递示范城市”。合肥经开区稳居国家级经开区第6位，合肥高新区升至国家级高新区第7位，蜀山稳居全国百强区14位，肥西、肥东、长丰、包河、庐阳实现百强进位，瑶海首次进入百强。新站高新区位居全省高新区前3，庐江、巢湖经济总量稳居全省十强。我们全方位对标追赶、争当示范，城市美誉度和影响力得到进一步提升。

一年来，主要做了以下工作：

（一）聚焦科技引领，创新动能持续增强。综合性国家科学中心加快建设，6大研究院建成运营，深空探测等4个全国重点实验室获批组建。未来大科学城建设提速，未来网络试验设施基本建成，紧凑型聚变能实验装置（BEST）、先进光源、雷电防护设施开工建设，量子精密测量实验设施可研获批。“讯飞星火”认知大模型正式上线，“九章三号”“墨子巡天”入选年度全国重大科技成就。科技成果加速转化，新增国家级孵化器13家、增量居全国第2位，新增国家企业技术中心3家、总数居全国第4位，新增新型研发机构19家、总数52家，新入库高校院所科技成果超3000项，转化设立科技企业400余家。成功举办中国（安徽）科交会、中国航天大会、中国科协年会、量子计算和量子产业大会等活动，全市技术合同交易额突破1200亿元，“大科技成果转化模式”入选国家典型案例。创新生态更具活力，常态化开展“合肥专班高校行、高校师生合肥行”，新增在肥就业参保大学生突破35万人，新增进站博士后949人，集聚高层次人才1.9万人。组建城市场景创新公司，实体化运行国际先进技术应用推进中心。“科大硅谷”厚植创新生态、感召五洲英才，建设高品质创新创业空间300万平方米，全球招募36个创新单元合伙人，布局9家海内外创新中心，服务对接近万名校友，落地科技项目800多个，加速成为链接全球创新网络、汇聚高端创新资源的新高地。

（二）聚焦融合集群，产业能级持续提升。战新产业蓬勃发展，新签约1200多个产业链项目，5个百亿项目开工建设、5个百亿项目建成投产。汽车“首位产业”爆发式增长，拥有整车厂6家，集聚上下游企业500多家，新能源汽车产量74万辆、位居全国前5，汽车总产量134万辆。光伏逆变器出货量全球第1，储能电池产量突破20GW，先进光伏和新型储能产值达1500亿元。16条重点产业链产值增长10.7%，长鑫首发第五代动态存储芯片填补国内空白，维信诺智能像素化技术打破国外垄断。未来产业抢得先机，全国首个量子信息未来产业科技园挂牌运营，量子专利授权量全国领先。空天技术产业聚集企业超百家，中科星图、航天宏图等龙头企业落地运营。成立聚变新能公司，协同推进聚变能源技术从实验室走向应用场。亿航智能获批全球首张无人驾驶载人适航证，加速低空经济全产业链集聚发展。元宇宙、深空探测、生物制造、人形机器人、下一代人工智能加速布局。更加重视数智赋能，新增全球“灯塔工厂”3家、总数居全国第2位，新增国家级专精特新“小巨人”企业52户、总数居省会城市第6位，新增容知日新、阳光电源等6家国家级工业互联网平台，规上工业实现“智改数转”全覆盖。

建成运营“巢湖明月”3300P国产化智算集群，“羚羊”工业云等赋能43万家合肥企业。现代服务业快速发展，新增国家级工业设计中心3家、质检中心2家、制造业创新中心1家，德国德凯汽车测试中心投入使用，招商检测华东基地加快建设。国际陆港一期、派河港建成运营，江淮运河全线贯通，新增、复航国际客货航线7条，中欧班列开行868列、净增100列。新增亿元税收楼宇30个，新引入品牌首店150家，淮河路步行街成为“全国示范步行街”，贡街获评“全国夜间经济示范街”。举办会展600余场，世界制造业大会参展企业数、中国·合肥苗交会交易量均创新高，首届国际新能源汽车展“一战成名”。

（三）聚焦攻坚克难，改革开放持续发力。长三角一体化加速推进，圆满承办长三角地区主要领导座谈会，成立合肥国家实验室上海基地，运营G60科创走廊成果转化促进中心。牵头组建新能源汽车等4个产业联盟，共建10个产业园区，融入虹桥国际开放枢纽联动发展区，152项高频事项实现长三角“一网通办”。合肥都市圈规划即将获批，新桥科技创新示范区启动建设，都市圈环线东线建成通车，合淮合作区、合六经济走廊取得新进展，合肥与省内城市优势互补、链式协同的产业格局加快构建。对外开放不断扩大，进出口总额居省会城市第7位，跨境电商交易额增长20%以上，获批全国加工贸易承接转移示范地。新增国际友城4个，引进世界500强项目15个，大众全球第二研发中心等一批标志性外资项目成功落地，新增外资企业超200家、增幅创5年来新高。安徽自贸试验区合肥片区三年试点任务全部完成，知识产权质押融资等6项制度成果全国推广。重点领域改革实现突破，全面启动科创金融改革试验区，实施“创投城市计划”，新增总行级科创金融中心9家，财政国资参与设立股权投资基金226支、总规模超4200亿元，创历史新高。“信易贷”入选全国中小企业融资信用服务示范平台，授信总额突破2000亿元、惠及企业17万户次。深入实施国资国企改革大提升行动，组建市物流集团、泊车集团，提级管理市乡村振兴公司，更好降低物流成本、方便市民出行、服务乡村振兴。深化土地节约集约利用综合改革试点，肥东、长丰入选全国首批自然资源节约集约示范县。启动建设安徽（合肥）创新法务区，扎实推进营商环境改革创新示范区建设，企业办照、办税等七大事项1天办结，“四证齐发”实现“拿地即开工”，“包容普惠创新”“远程虚拟窗口服务”做法全国推广。一年来，我们识变应变抓改革，“向海而兴”促开放，内陆腹地正成为改革开放新高地。

（四）聚焦品质提升，城市功能持续完善。规建治一体化全面推行，强化源头把控、过程把控、细节把控，市级总规报国务院待批，县级总规完成审查，城区单元控规全域覆盖。新建住宅小区“五有一纳入”、幼儿园“三件套”做法全国推广。城市大建设全面提速，沿江高铁、合新高铁等加快建设，铁路运营里程885公里、居长三角首位。沪武高速无岳段、明巢高速二期建成通车，宁合、铜商高速开工建设，建成、在建高速公路349公里。宿松路快速化改造全线通车，建成、在建快速路316公里。地铁1号线三期开通运营，2号线、3号线直达肥东、肥西县城，运营总里程突破200公里，轨道交通迈入市县一体时代。陕电入皖全面启动，龙河口引水、长江供水工程建成通水。城市更新集中攻坚，开工建设棚改安置房7.7万套，117个老旧小区改造焕新。加快104个“城中村”改造，蜀山大铺头、包河周谷堆、瑶海和平路等片区更新取得重大进展，三年征迁任务一年完成过半，“城中村”改造做法成为全国经验。城市治理持续加力，开展物业大排查大整治大提升行动，建成和美小区115个、垃圾分类示范小区100个。城区供水自管小区、消防无水小区改造基本完成。新增充电设施超1万个、停车泊位超10万个。组建城市生命线产业集团，加快示范推广和产业发展，生命线工程入选中国人居环境奖。

（五）聚焦城乡融合，乡村振兴持续加快。稳产保供更加有力，建成高标准农田30万亩，新增耕地2.8万亩，新增玉米、杂交稻育种2个国家级重点实验室，水稻良种出口连续5年全国第1。粮食种植面积、单产实现“双增”，总产超298万吨。蔬菜、肉蛋奶产量稳步增长。特色农业不断壮大，新增50亿元农业企业1家，草莓、龙虾等6个产业链突破百亿，农产品加工产值1860亿元、增长9%。农村产品网络销售额首次突破200亿元，休闲农业和乡村旅游营业收入增长30%。农业科技步伐加快，农业科技进步贡献率、主要农作物综合机械化率实现“双提升”，中国菌物谷全国首创“智慧菌房”，智慧农业谷获批省技术创新中心。肥西入选国家现代农业产业园，庐江、巢湖获评全国平安农机示范县。脱贫成果巩固拓展，健全防返贫监测帮扶机制，落实“五大帮扶”措施，脱贫人口人均收入增长16%，高于农村居民人均收入增速。集体经济强村占比达70%、提高10个百分点，“百万元村”突破300个、占比26%。乡村建设扎实推进，实施“千村引领，万村升级”工程，肥东成为全国“四好农村路”示范县，长丰成为全国乡村振兴示范县，创建全国文明村镇18个，新建省级和美乡村精品示范村14个、和美乡村中心村32个、美丽宜居自然村729个，乡村沃野正成为农民的好家园、市民的好去处。

（六）聚焦系统治理，生态环境持续向好。巢湖治理成效显著，巢湖水质创1979年有监测记录以来最好水平，全湖水质保持Ⅳ类、上半年保持Ⅲ类，连续三年未发生大面积蓝藻水华。“山水工程”入选中国生态修复典型案例，巢湖越冬鸟类创有数据以来最多。三大保卫战深入推进，空气质量连续三年保持国家二级标准，优良天数比例86%、位居长三角万亿城市前列。马合钢等污染地块完成修复，庐江矾矿等29个废弃矿山完成治理。南淝河水质首次达到Ⅲ类，20个国考断面全部达标，水质优良率90%、创历史新高。城市园林扩量提质，新增、改造绿地708万平方米，建成城市绿道177公里，新建公园游园61个，千亩以上公园达20个。翡翠湖、南艳湖公园“拆围透绿”，城市公园绿地开放共享成为全国典型。第十四届国际园林博览会在骆岗公园成功举办，奉献了一场百姓园博、精彩园博、品质园博、节俭园博，开园以来游客超700万人次。绿色转型步伐加快，“双碳”工作稳步推进，光伏并网容量稳居省会城市第1，新增国家级绿色工厂和绿色供应链企业18家。长丰成为全国首批农村能源革命试点县，合肥高新区入选全国首批碳达峰试点园区，新站高新区跻身国家级绿色园区。“最好名片”水清岸绿、百鸟翔集，大美合肥更加多姿多彩、生机盎然。

（七）聚焦共同富裕，民生福祉持续增进。全面完成十大暖民心行动任务，深入实施50项民生实事，创新开展109件“为民优服务”事项。就业创业成效明显，率先推出“稳岗贷”，稳定岗位3.6万个，兑现援企稳岗政策资金14亿元，覆盖岗位超200万个。“三公里”就业圈实现城区全覆盖，帮助5.4万就业困难人员就近就业，入选国家公共就业服务能力提升示范项目。社会保障提标扩面，一揽子提高养老、低保、特困、孤儿等6项社保救助标准，社会救助工作获全国表彰。两次降低职工门诊报销起付线，惠及职工181万人。调整优化信贷、公积金等住房政策，更好适应居民刚性和改善性住房需求。关爱“一老一小”，政府购买居家养老服务超300万人次，蜀山、肥西成为国家智慧健康养老示范基地，普惠托育服务入选国家示范项目。教育强市加快建设，入选全国义务教育教学改革实验区，庐阳、包河获批国家义务教育均衡发展先行创建区。合肥大学创建成功，合肥理工学院获批建设。教育数字化做法全国推广，产教城互融共生经验成为全国典型。健康合肥深入推进，新桥国际医院投入使用，安医大一附院南区（肥西）建成运营，新增省级重点专科5个，累计建成名医工作室100个，市属医院与54个社区共建医疗集团。儿童、创伤、中医3个国家区域医疗中心开诊，心血管、消化系统2个国家区域医疗中心分别开工、获批，与京沪高水平医院共建17个特色专科联盟，优质医疗资源加速汇聚。文化旅游融合发展，新增艺术空间、全民阅读点均超100个，市科技馆新馆、少荃体育中心建成运营，市博物馆、美术馆加快建设，包河区获评国家文化和科技融合示范基地。省“五个一工程”获奖数量创历史新高、首次实现“大满贯”。培育科创科普、古镇故居等旅游品牌，全年接待国内旅游人数增长68%、旅游总收入增长八成以上。成功举办第五届全国智力运动会、合肥马拉松暨全国锦标赛，杭州亚运会荣获3枚金牌、创历史最好成绩。社会治理效能提升，全面推进四级综治中心标准化建设，94%的建成小区实现可防性案件“零发案”，肥西花岗派出所获全国“枫桥式公安派出所”称号。乡镇（街道）社工站、未成年人保护工作站实现全覆盖，维护妇女儿童权益工作获全国表彰。常态化开展领导“大接访”，初信初访一次性化解率98%，信访积案化解工作全国优秀。第五次全国经济普查扎实推进，双拥优抚、退役军人、民族宗教、外事侨务、防震减灾、气象、审计、档案、保密等工作水平实现新提升，工会、共青团、红十字会、老年人、残疾人和关心下一代等各项工作取得新进步。

一年来，我们始终把党的政治建设摆在首位，扎实开展学习贯彻习近平新时代中国特色社会主义思想主题教育，自觉接受省委巡视监督，全面加强政府系统党的建设。主动接受人大监督、政协民主监督和社会各方面监督，办理人大代表议案建议248件、政协委员提案496件。严格依法行政，巩固提升全国法治政府建设示范市创建成果，推进府院、府检联动，法治政府建设连续14年全省考核第1。坚持政府“过紧日子”，一般性支出压减9.3%。驰而不息正风肃纪，修订出台政府工作规则，协同推进审计监督、统计监督，市政府发文、会议数量分别减少7%、5.5%，治理效能持续提升，政治生态风清气正。

各位代表！

这一年，面对复杂严峻的国际环境、艰巨繁重的发展任务，我们坚定信心、抢抓机遇、难中求成，经济社会持续健康发展，成绩来之不易。这是习近平新时代中国特色社会主义思想科学指引的结果，是省委、省政府坚强领导的结果，是市委团结带领全市人民拼搏奋进的结果。在此，我代表市人民政府，向在各个岗位辛勤工作的全市人民，向驻肥人民解放军、武警官兵、公安干警、消防救援队伍全体指战员和各中央驻肥单位，向各民主党派、工商联、无党派人士、各人民团体和社会各界人士，向所有关心支持合肥改革发展的海内外朋友，表示衷心的感谢！

肯定成绩的同时，我们也清醒地认识到，前进道路上还面临不少困难和挑战。主要有：新质生产力还要提质扩量。城市品质与满足市民对美好生活的向往还有不小差距，特大城市治理水平亟待提高。合肥都市圈龙头带动作用不够强，城市国际化程度还不高。生态环境保护压力较大，巢湖治理还要久久为功。公共服务短板仍需加快补齐。廉洁政府建设需要持续巩固，少数干部攻坚克难、敢作善为的能力仍要增强。对此，我们将采取有力措施，切实加以解决！

二、2024年工作安排

今年是新中国成立75周年，是实施“十四五”规划的关键一年。政府工作的总体要求是：坚持以习近平新时代中国特色社会主义思想为根本遵循，全面贯彻落实党的二十大、二十届二中全会精神，深入贯彻落实习近平总书记关于安徽工作的重要讲话重要指示精神，坚持稳中求进工作总基调，完整、准确、全面贯彻新发展理念，服务和融入新发展格局，着力推动高质量发展，围绕安徽打造“三地一区”战略定位、建设“七个强省”奋斗目标，落实省委“八个走在前、作示范”和一刻不停推进全面从严治党工作要求，坚持以科技创新推动产业创新，发展新质生产力，统筹扩大内需和深化供给侧结构性改革，统筹新型城镇化和乡村全面振兴，统筹高质量发展和高水平安全，切实防范化解重大风险隐患，持续推动经济实现质的有效提升和量的合理增长，增进民生福祉，保持社会稳定，坚定走好新时代高质量发展之路，奋力谱写中国式现代化合肥篇章。

经济社会发展主要预期目标：地区生产总值增长6%左右，规模以上工业增加值增长8%，固定资产投资增长3%左右，一般公共预算收入增长2%左右，社会消费品零售总额增长7%左右，进出口总额增速高于全国平均水平，居民人均可支配收入增速高于经济增速，居民消费价格涨幅3%左右，城镇新增就业14.5万人，节能减排完成省控目标。

重点做好九个方面工作。

（一）全力加固经济基本盘，持续增强经济回升向好态势。坚持稳中求进、以进促稳、先立后破，促进消费和投资良性循环、有效市场与有为政府高效协同，推动高质量发展再上新台阶。

着力扩大有效益的投资。持续深化有效投资攻坚行动，推动固定资产投资稳量提质增效。建立项目“实施库、熟化库、储备库”梯次推进机制，加强项目全链条服务、全要素保障、全周期管理，提高备案开工率、投资完成率、项目竣工率，实施亿元以上重点项目2200个左右，其中百亿项目5个以上。完善投融资机制，拓宽多元融资渠道，支持社会资本参与新型基础设施、城市更新等领域建设。加大实体经济融资规模，全年贷款余额增速力争保持万亿城市前列。发挥政府科创产业等基金撬动作用，放大“政信贷”等财政金融产品效应，“信易贷”授信规模突破3000亿元。精准开展“双招双引”，引进50亿以上重大项目20个以上。

充分激发有潜能的消费。实施消费促进行动，扩大新能源汽车、电子产品、智能家电（居）等大宗消费，超前布局充换电网络。落实房地产税收优惠政策，促进房地产市场平稳健康发展。大力发展数字消费、健康消费、即时消费，建好用好智能家电家居展销馆、新能源汽车展销中心，力争网上零售额突破1400亿元。实施地产品推广行动，全面梳理产品目录，积极培育电商平台，高质量举办促销活动500场以上，擦亮老字号，培育新潮品，拓宽新渠道。实施消费场景创新行动，丰富时尚购物、夜间经济等新业态，形成一批沉浸式、体验式、互动式消费新场景，引入首店、旗舰店100家左右，建成山姆会员店、包河万象汇等20个项目，新建改造特色商业街6个、旅游休闲街区2个。

优质高效服务各类经营主体。坚决落实“两个毫不动摇”，真心实意帮企、真金白银惠企、真招实举助企。实施企业梯度培育行动，大力推动企业上规、上榜、上市，新增“四上”企业1400户左右、专精特新“小巨人”企业60户左右、上市企业12家左右，整体提高企业能级。实施政策、创新、金融、数字、品牌、服务六大赋能行动，帮扶企业纾困解难，助推企业更好发展。完善企业家恳谈会、产业链对接会等机制，推行项目管家、企业专员等制度，实行企业要素保障问题派单销号，精准解决企业投融资、仓储物流、用工用能、产销对接等问题。深入推进公共政策兑现和政府履约践诺专项行动，强化经济政策与非经济政策协同配合，认真落实结构性减税降费政策，扩大“免申即享”“即申即享”政策范围，加快涉企事项办结速度，提高为企服务能力水平。增强国有企业核心功能，引领战新产业更好发展。坚决保护民营企业产权和企业家合法权益，在市场准入、要素获取、公平执法、权益保护等方面推出一批创新举措，千方百计为企业发展提信心添活力。

（二）全力推进教育科技人才一体发展，全面塑造新动能新优势。牢记“国之大者”，保障“国之重器”，服务“国之栋梁”，推动“四链”深度融合，持续壮大新质生产力。

服务国家战略科技力量建设。高质量服务保障国家实验室、综合性国家科学中心建设，成立量子科技产业研究院，争创国家科技创新中心、国家技术创新中心。加快建设未来大科学城，高水平建设大科学装置集群、深空科学城、科学家小镇、科学中心总部园区、科大天都校区等重大项目，开工建设量子精密测量实验装置、高精度地基授时系统，加快建设合肥先进光源等4个大装置，争取强光磁、超级陶粲装置纳入国家重大科技基础设施发展规划。在新材料、智能化学等领域争创全国重点实验室，提升国际先进技术应用推进中心运行效能，推动合肥综合性国家科学中心取得更多原创性、标志性成果。

加快科技成果转化应用。以龙头企业为主体、产业发展需求为导向，培育新型研发机构10家以上。高效运行成果转化持股平台，加强概念验证中心、中试基地、孵化器及众创空间等载体建设。高标准建设国家知识产权保护运用“双示范”，高水平运行知识产权保护中心，新增发明专利授权1.5万件，力争全市技术合同交易额突破1300亿元，打造全国科技成果转移转化示范样板区。突出企业创新主体地位，力争国家高新技术企业突破万户，国家科技型中小企业保持1万户，净增省级科技领军企业5家以上。实施场景应用“百千万”工程，新增百项示范场景，对接千项技术产品，联动万家科创企业。

提升教育服务发展能力。深入推进职普融通、产教融合、科教融汇，贯通“专业—就业—产业”通道。支持中国科大、合工大、安大“双一流”高校和学科建设，开工建设中国科大科技商学院，筹建安徽（合肥）高等研究院。深化国家产教融合试点城市建设，推动高校院所、龙头企业共建产教融合联合体、现代产业学院、卓越工程师创新研究院。推动合肥大学建设国内领先、具有国际影响力的高水平应用型大学，将合肥理工学院打造成为起点高、特色强的理工类应用研究型高校，推动安徽汽车职业学院成为全国汽车高技能人才培养基地，支持在肥各类高校提升办学水平，更好服务地方经济社会发展。

打造人才集聚强磁场。坚持以一流平台引才、一流产业聚才、一流生态留才，积极争创国家人才平台，力争新增博士后科研工作站20家左右、新招收博士后突破1000人，新认定高层次人才5000人左右，培育高技能人才4万人以上。深入开展“合肥请您来”“人才合肥行”等活动，办好科交会、量子大会、科技创新日等活动。推进人才评价机制改革，赋予更多重点企业、新型研发机构人才认定自主权，优化“人才码”功能，开辟服务“绿色通道”。纵深推进“科大硅谷”建设，打造基金云集的创投街区，高质量运营10个海内外创新中心，新招募20个全球合伙人，新增30个特色创新单元，努力实现一栋楼就是一个创新联合体、一个单元就是一个新兴产业链，聚力打造创新资源汇聚、创业生态优越、高端人才荟萃、市场主体逐梦的卓越创新高地。

（三）全力推进新型工业化，加快构建现代化产业体系。坚持以科技创新推动产业创新，促进产业聚链成群、集群成势，持续提升产业发展的完整性、先进性、安全性。

推动战新产业融合集群发展。聚力打造“6+5+X”产业集群，持续增强三大国家级战新产业集群核心竞争力，力争新能源汽车、生物医药、先进光伏和新型储能成为国家级战新产业集群，新增百亿企业5家左右、千亿企业1～2家，争创首批国家新型工业化示范区。全力打造“新能源汽车之都”，优化整车、零部件、后市场“三位一体”布局，支持比亚迪、大众、蔚来、长安等做大做强，深化江淮与华为合作，大力发展商用车、特种车，推进整零协同、芯车协同、智车协同，力争新能源汽车产量突破120万辆。增强光伏和新型储能产业全球竞争力，力争规模突破1800亿元。巩固提升“芯屏”产品领先地位，实现车规级和IGBT芯片项目投产，新一代信息技术产业突破3500亿元。加快应急安全产业发展，争创国家城市安全技术创新中心。培育壮大未来产业，扩大量子信息、空天技术、低空经济、聚变能源、下一代人工智能等先发优势，加快元宇宙技术开发应用，组建人形机器人创新中心，打造国内一流合成生物产业园，建设国际领先量子科技、产业“双高地”，争创国家未来产业先导区。

提升产业链供应链韧性和安全水平。实施产业基础再造工程，强化“工业六基”攻关，开展省级制造业核心技术攻关10项以上，力争在下一代电池技术、装备材料国产化替代等方面实现突破。实施强链延链行动，实体化运行合肥产业研究院，瞄准产业链价值链高端精准培育、靶向招引，新开工10亿元以上工业项目30个。实施跨链融合行动，开展产需对接活动100场以上，提高产业链供应链近地配套率和协同发展水平。加快产品迭代升级和新产品推广应用，用好首台（套）首批次首版次政策，新增“三首”产品150个，推动更多“合肥造”走向世界。

提档升级现代服务业。实行“一链一策一专班”，推动生产性服务业向专业化高端化延伸，生活性服务业向规模化高品质跃升。大力发展工业设计、科技服务、检测认证、现代物流等业态，争创国家级新能源汽车质量检验检测中心、医疗器械检验检测中心。挂牌运行安徽（合肥）创新法务区，加快汇聚国内外优质法务、商务等高端生产性服务资源。布局建设国家物流枢纽、重点园区、冷链基地，积极发展供应链物流、电商物流、智慧物流，争创国家5A级物流企业，打造与产业发展相匹配的大物流体系。做大总部经济，培育引进一批创新型、服务型、平台型、开放型总部企业，加快建设环骆岗科创型总部集聚区。做强会展经济，推进市场化办展，支持举办产业链大会、供应商大会、主题展销大会和场景对接大会，放大世界制造业大会等品牌效应，提高合肥各类展会的综合效益。促进健康体育、养老托育、家政服务等生活性服务业提质扩量，争创社区嵌入式服务设施建设国家试点。

加快数智化转型步伐。实施新一轮智能制造行动，完成智能化改造项目500个以上，规上工业动态实现“智改数转网联”全覆盖。实施“链网协同”行动，高水平建设“产业大脑”，新增国家级工业互联网平台2个，基本实现重点产业链“一链一平台”，提升“羚羊”等平台能级，赋能更多中小微企业提质降本增效。实施通用人工智能创新发展行动，加快完善新型网络基础设施，打造超量融合计算中心，建设“巢湖明月”新一代算力集群，统筹布局通用大模型和垂直大模型，支持开展星火大模型核心技术攻关，推进与更多产业链企业嵌入式融合发展，形成现实生产力。实施“数据要素×”行动，推动公共数据全量全要素归集，提升合肥数据要素流通平台功能，拓展数字消费、数字金融、数字政务、智慧农业、智慧城市、智能社会治理等更多领域应用场景。做优做强中国声谷，支持高新区争创首批中国软件名园。

（四）全力深化改革扩大开放，激发和增强内生发展动力。用好改革开放关键一招，持续建设市场化、法治化、国际化一流营商环境，服务构建新发展格局。

全面融入长三角一体化发展。深化“两心”同创，联合开展量子科技、聚变能源、空天探索等前沿科技攻关。实体化运作G60科创走廊科技成果转化促进中心，共建长三角产业链供应链安全研究院，携手打造新能源与智能网联汽车世界级产业集群。构建长三角场景应用一体化大市场，加快虹桥枢纽联动发展区建设，打造科创金融、中央商务、国际贸易、综合交通合肥联动区。实现长三角交通领域“一码通行”，加快教育、医疗、文旅等优质资源共建共享。提速合肥都市圈建设，推动空间规划、产业布局、要素资源、公共服务一体化发展，提升市际毗邻合作区建设水平，增强皖北结对合作共建园区发展质效。

扩大高水平对外开放。实施外贸主体培育壮大工程，新增进出口实绩企业400家以上，数字贸易和跨境电商交易额保持两位数增长，争创国家服务贸易创新发展示范区。实施自贸试验区提升战略三年行动，力争形成一批引领性制度创新成果。强化“四外联动”，缔结国际友城4个以上，招引世界500强及领军企业10家左右，利用外资增长10%以上。争创国家综合货运枢纽补链强链示范城市，打造区域航空枢纽、国际航空货运集散中心，新增国际航空客货运航线6条。深化与上海港、宁波港及沿江重要港口合作，提升通江达海能级。申建中欧班列集结中心示范工程，开行列数突破900列。落细落实144小时过境免签政策，打造少荃湖、蜀西湖等4个国际化片区，提升城市国际化水平。

持续深化重点领域改革。实施新一轮国企改革提升行动，加快市属国企战略性重组、专业化整合。深化科技体制改革，推广重大科技基础设施“多元化融资、使用者付费”模式，扩大成果赋权改革试点范围。推进科创金融改革试验区建设，提升科技企业融资可得性便利度，知识产权质押融资增长15%。推动“标准地”改革向服务业延伸，在国家级开发区推行“工业上楼”，实行“土地码”管理，强化建设用地全周期闭环管理。加快数据要素市场化改革，促进数据合规高效流通使用，赋能实体经济更好发展。实施营商环境改革创新6.0版，完善“高效办成一件事”机制，力争营商环境指标全部进入全国先进。

（五）全力建设宜居韧性智慧城市，提升特大城市治理水平。深入践行人民城市理念，精准对标、精心谋划、精雕细刻、精打细算，系统提升城市功能品质活力。

提升规建治一体化水平。坚持市域一体统筹、市县等高对接，推动市级总规获批，完成县级总规批复，完善城区单元控规成果，提高村庄规划水平。出台规划管理技术规定，健全国土空间规划体系。坚持规划前置审查，深化重点片区城市设计，强化重要廊道风貌管控，优化城市空间功能形态。推进委托代建制、总师负责制，探索项目“揭榜挂帅”，打造更多精品工程。

提升城市综合功能。深入推进“1155”大交通计划，建成下塘工业园、铜陵港江北港铁路专用线，加快合新高铁、沿江高铁、新合肥西站建设，持续巩固合肥国家铁路枢纽地位。全面推进大外环北环、西环建设。开通运营轨道交通4号线南延线、8号线一期。全力推进新时代建设领域“三大工程”，建设保障性住房3000套，改造提升老旧小区110个，抓好瑶海铜陵路片区等一批城市更新项目，谋划建设一批“平急两用”项目，加快补齐城市应急能力短板。

提升城市精细治理水平。全面升级“城市大脑”，完善城市治理

"一张图"，实现城市运行"一屏统览"、城市治理"一网统管"。强化"大城管"，推广"大共治"，加快基层治理由"社区"向"小区"延伸，持续开展物业服务提升行动，推深做实生活垃圾分类，提高业主自治和物业管理水平，创建和美小区140个。全面完成小区二次供水、消防无水小区治理任务，实现"难安置"动态清零，完成供电自建自管小区改造任务80%以上。深化打通半截路、治理拥堵点、增设停车位专项行动，优化智慧交通管理，提升城市通勤效能。

*（六）全力打造宜居宜业和美乡村，推进乡村全面振兴。*锚定建设农业强市，深入实施"千万工程"，提升乡村产业发展水平、乡村建设水平、乡村治理水平，加快农业农村现代化。

夯实粮食安全根基。抓牢耕地和种子两个要害，建立耕地数量、质量、生态三位一体保护制度，新增耕地2.5万亩，建成高标准农田40万亩。实施粮食产能提升行动，粮食面积稳定790万亩、产量300万吨左右。加快"种业之都"建设，打造江淮种业产业园，培育拥有自主知识产权的关键品种3个以上，种业销售额增长10%以上，保持全国领先。大力发展都市现代农业，设施蔬菜面积44万亩，畜牧业规模化养殖占比88%。

壮大乡村特色产业。大力发展"头尾经济"，实施农业千亿产业集群"8526"行动，力争培育百亿企业1家，新增"三品一标"农产品40个，新增200亿产业链1个，农产品加工产值超2000亿元。推进农文旅深度融合，休闲农业和乡村旅游收入增长20%左右。智慧农业谷争创国家技术创新中心，主要农作物测土配方施肥技术覆盖率90%，农业科技化、机械化、智慧化水平进一步提升。

大力推进乡村建设。实施农村道路提标改造工程，完善农村物流设施，实现村级寄递综合服务站全覆盖，农村产品网络销售额增长10%以上。加快农村电网、小水厂、小水利等改造，提高自来水普及率和生活垃圾无害化处理、生活污水治理能力。创建省级文明村镇43个，打造省级和美乡村精品示范村14个、和美乡村中心村32个、美丽宜居自然村700个。

巩固拓展脱贫攻坚成果。保持帮扶政策总体稳定，超前谋划过渡期后帮扶机制，建立易返贫致贫人口常态化帮扶政策"工具箱"。促进更多脱贫劳动力就近就地稳定就业，确保脱贫人口收入增速高于农村居民收入增速。完善联农带农富农机制，增强脱贫群众内生发展动力。

做大做强县域经济。推进以县城为重要载体的新型城镇化建设，统筹城乡基础设施、公共服务一体发展。深化市县开发区合作共建，加强"优势互补、链式配套"，提质扩量6个省级县域特色产业集群，支持长丰（双凤）经开区、肥西经开区争创国家级。做大做强农村集体经济，经济强村占比提升至80%以上。深入实施县域"两千一百"行动，新增百亿工业企业1~2个，肥西百强县位次前移，肥东、长丰迈入千亿县，庐江、巢湖力争进入全国百强。

*（七）全力推动"生态合肥"建设，打造美丽中国示范样板。*坚持以高水平保护推动高质量发展，着力打造巢湖"最好名片"，努力将生态优势更多转化为发展优势。

实施新一轮巢湖综合治理。深入推进碧水、安澜、富民"三大工程"，全面完成"山水工程"，建成十八联圩生态湿地蓄洪区，巢湖全湖水质更长时间保持Ⅲ类。深入开展面源污染治理专项行动，持续降低巢湖流域化肥、农药使用量，提升环湖乡镇污水处理设施使用效率。科学配套沿湖生态休闲设施，让百姓拥湖、近湖、更能亲湖。

持续强化污染防治攻坚。深入打好蓝天碧水净土保卫战，实施重污染天气攻坚行动，空气质量保持国家二级标准。全面完成排污口溯源，动态清零农村黑臭水体，南淝河水质力争稳定Ⅲ类，国考断面水质优良率保持90%以上。持续开展"绿盾"专项行动，完成氯碱化工污染地块修复。高质量整改突出生态环境问题。深化"无废城市"建设，争创国家生态文明示范区。

全面提升园林绿化水平。完成营造林11.1万亩，新建改造绿地600万平方米、绿道100公里。新增公园游园40个，增加文体休憩设施，让公园更有"生活味"。办好第三届国际森林城市大会，争创国家生态园林城市。做响苗交会品牌，打造科技赋能线上线下苗交盛会。完善骆岗公园服务功能，高水平建设锦绣湖片区、生态体验区，精心打造文旅新地标、生态新高地。

加快推进绿色低碳转型。稳妥推进"碳达峰十大行动"，深化长丰能源改革试点，开展分布式光伏参与绿电交易试点，稳步提升绿电消费比重。深入实施"一企一策"节能降碳诊断行动，开展重点企业用能权进场交易，创建一批绿色工厂、"零碳示范工厂"。实施基础设施节能降碳改造行动，探索碳足迹追溯、碳评估管理、碳排放统计，深化国家再生水利用配置试点，全面提升绿色建筑水平。推广"碳普惠"应用场景，创建绿色家庭、绿色学校、绿色社区，让绿色低碳生活成为新时尚。

（八）全力提升文化软实力，彰显包容创新城市魅力。更加重视发展文化事业和文化产业，让科创名城、文化之城相得益彰，更好满足人民群众精神文化需求。

大力发展文体事业。优化文体设施布局，开工建设高新体育中心、蜀山工人文化宫等项目，新增健身步道150公里、全民健身场所400个。培育引进文化人才，支持创作文艺精品，力争国家级奖项取得新突破。办好中国曲艺牡丹奖合肥赛区比赛，组织戏曲展演、小品大赛，培育引进更多优秀文化、文艺演出。精心打造文化品牌，加强文物和古镇古村保护利用，更大力度传承和弘扬包公文化、红色文化、创新文化，以文化之脉滋养城市气韵，以文化之魂激发城市力量。精心举办市第十三届运动会、合肥马拉松、环巢湖自行车赛等赛事，争创全民运动健身模范市。

聚力发展文化产业。推动文化和科技深度融合，利用5G、元宇宙、人工智能等新技术，赋能演艺娱乐、工艺美术等传统文化，创新发展云展览、云演播、数字文博等新业态。梯次培育重点文化科普企业，精准招引一批领军企业和重大项目，加快建设国家动漫和服务外包基地、原创音乐数字版权基地、广播影视科技创新实验基地，文化产业增加值突破900亿元。

深度推进文旅融合。建设“一湖一园一廊一城”文旅新地标，打响“科创看合肥、科普到合肥”品牌，丰富“八个游”旅游产品，推出15条精品线路。新增100处网红打卡点，力争开工建设合肥野生动物园，推动庐江汤池创建国家级旅游度假区。用好用活航空、气象等86个科普场馆、安徽美术馆等64个文化场馆、罍街等49个特色街区，实现在徽园尝遍全省美食、在非遗馆饱览全省非遗，打造徽文化消费体验地。

（九）全力惠民生解民忧暖民心，创造人民群众美好生活。树牢以人民为中心的发展思想，聚焦群众急难愁盼，兜住兜准兜牢民生底线。

落实就业优先战略。深入推进公共就业服务能力提升示范项目，实施智慧就业等“四大工程”，做强公共就业服务“合肥品牌”。常态化开展“直播带岗”等活动，推进“三公里”就业圈向农村延伸，做好重点群体就业服务，新增就业参保40万人以上。持续开展“创业合肥”行动，支持大学生、科研人员等2万人创业。加强灵活就业和新就业形态劳动者权益保障，努力构建和谐劳动关系。

扩优提质基础教育。优化教育资源布局，有效缓解重点区域学位紧平衡状况，建成中小学、幼儿园97所，新增学位8.8万个，一中淝河校区、八中运河校区投入使用。坚持公益性质，引导规范民办教育发展。构建家校社医联动机制，切实加强学生心理健康教育。持续开展师德师风建设，弘扬尊师重教社会风尚。

提升社会保障水平。巩固多层次多支柱养老保险体系建设成果，扩大补充工伤保险制度覆盖范围，完善被征地农民养老保障政策。动态完善医保政策，减轻患者负担。完善社会救助制度，适时调整最低生活保障、特困人员救助供养、孤儿基本生活保障等标准。提高基本养老服务水平，加快居家适老化改造，农村养老服务站覆盖率48%、提高3个百分点。

深化健康合肥建设。深入实施名医名科名院工程，全力做好5个国家区域医疗中心服务保障，建成运营市三院新区、市口腔医院滨湖院区，加快建设市公共卫生临床医疗中心、中科院临床研究医院。大力引进优质医疗资源和优秀医务人才，柔性引进知名专家，新增高水平特色专科56个。深入推进紧密型城市医疗集团和县域医共体建设，实施“一村一名大学生村医”计划，提高基层医疗服务水平。压实食品安全“两个责任”，加强食品药品全链条监管。深入开展爱国卫生运动，争创国家卫生城市。

健全社会治理体系。推进平安合肥建设，建成智慧社区二期项目。压实安全生产责任，加强应急指挥体系和基层应急能力建设，推动城市生命线工程向县域延伸，争创国家安全发展示范城市。有效防范化解重点领域风险，坚决守住不发生系统性风险的底线。坚持和发展新时代“枫桥经验”，完善矛盾纠纷多元预防调处化解综合机制。深化“四大一优”行动，常态化开展领导干部带头接访、阅批群众来信，用好12345热线、网上信访等渠道，全力化解信访突出问题。强化退役军人服务保障，加强全民国防教育和国防动员，巩固全国双拥模范城市“十连冠”成效。支持工会、共青团、妇联、红十字会等人民团体加强自身建设，广泛参与社会治理和公共服务。扎实做好民族宗教、外事侨务、防震减灾、气象、档案、保密等工作。

三、提高政府履职能力和水平

任重千钧，唯有实干；御风而行，更需自砺。我们将持之以恒加强政府自身建设，践行“忠专实”“勤正廉”，提升治理能力，锻造过硬作风，书写高质量发展的时代答卷，努力成为人民满意的政府。

*坚持以忠为魂讲政治。*深化拓展主题教育成果，坚持不懈用习近平新时代中国特色社会主义思想凝心铸魂，坚定拥护“两个确立”、坚决做到“两个维护”，不断提升政治判断力、政治领悟力、政治执行力。始终牢记“国之大者”，坚持从全局谋划一域、以一域服务全局，不折不扣贯彻落实党中央、国务院和省委、省政府及市委决策部署，把对党绝对忠诚落实到实际行动中、体现在高质量发展上。

*坚持以干为要勇担当。*树牢“走在前、作示范”的争先意识，砥砺奋勇前行的斗志，增强难中求成的担当，加强工作前瞻性思考、系统性谋划、整体性推进，不断提高推动高质量发展、服务人民群众、防范化解风险本领。完成机构改革任务，提升政务服务效能。善于运用改革的办法破难题、增活力、强动能，以政府的真抓实干、敢作善为，带动企业敢干、群众敢首创，奋力在比拼赶超中创造一流业绩。

*坚持以民为本践宗旨。*牢记政府前面的“人民”二字，向人民学习，为人民服务，发扬“四下基层”优良传统，聚焦“四个服务”狠抓落实。完善“民声呼应”工作机制，用心用情用力办好民生实事。始终把人民群众作为我们最大的依靠，始终把老百姓过上好日子作为我们最大的追求，让人民群众更多参与政府行政决策，与人民群众心连心、肩并肩，共同建设我们的家园，共同创造美好的生活。

*坚持以法为纲促善治。*增强法治观念，运用法治思维和法治方式推动工作，全面提升依法行政能力，扎实开展第三批全国法治政府建设示范创建，让法治更好护航高质量发展。依法接受人大监督，自觉接受政协民主监督，认真办理人大代表议案建议和政协委员提案，主动接受社会各方面监督，抓严抓实审计监督、统计监督，健全完善公共政策绩效评估体系，让源自人民的权力始终遵循于法、造福于民。

*坚持以严为尺守底线。*坚决扛起管党治党政治责任，认真履行“一岗双责”，加强巡视巡察整改和成果运用，完善权力监督制约机制，加强重点领域和关键环节廉政风险防控，用制度刚性防止权力任性。树牢“过紧日子”思想，严控“三公”经费和一般性支出，把每一笔钱都用在刀刃上、紧要处。严格落实中央八项规定精神和省委、市委实施细则，持续纠治“四风”，力戒形式主义、官僚主义，切实以政治清明、政府清廉、干部清正保障合肥经济社会更高质量发展。

各位代表！

向前，必有更美风景；奋斗，才能不负时代！让我们更加紧密地团结在以习近平同志为核心的党中央周围，在省委、省政府和市委的坚强领导下，满怀信心，昂扬斗志，锐意进取，在打造“三地一区”、建设“七个强省”中走在前、作示范，为推进中国式现代化合肥实践而团结奋斗！

合肥市2023年国民经济和社会发展统计公报[1]

合肥市统计局　国家统计局合肥调查队

2024年3月30日

2023年，全市上下坚持以习近平新时代中国特色社会主义思想为指导，全面贯彻党的二十大、二十届二中全会精神，认真落实党中央、国务院决策部署，按照省委、省政府工作安排，坚决扛起“八个走在前、作示范”责任担当，全力以赴稳经济、促发展、惠民生，经济运行持续回升向好，新质生产力加快培育，供给需求同步改善，民生保障有力有效，高质量发展迈出坚实步伐。

一、综合

初步核算，全年生产总值(GDP)[2]12673.78亿元，按不变价格计算，比上年增长5.8%。其中，第一产业增加值377.20亿元，增长3.5%；第二产业增加值4642.21亿元，增长7.1%；第三产业增加值7654.38亿元，增长5.1%[3]。三次产业结构为3.0：36.6：60.4。按常住人口计算，人均GDP130074元（折合18413美元），首次突破13万元。

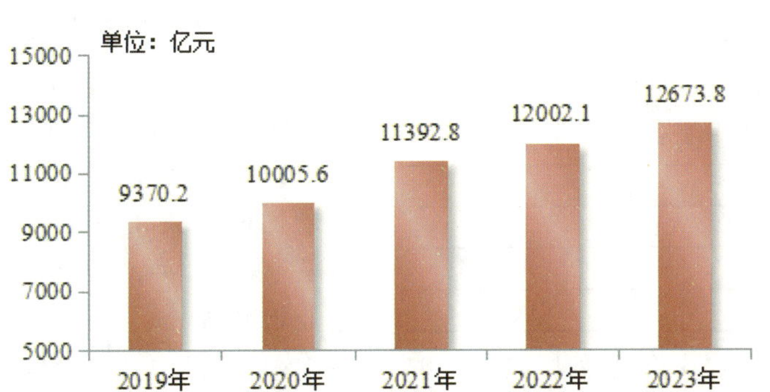

图1　2019—2023年全市生产总值（GDP）[4]

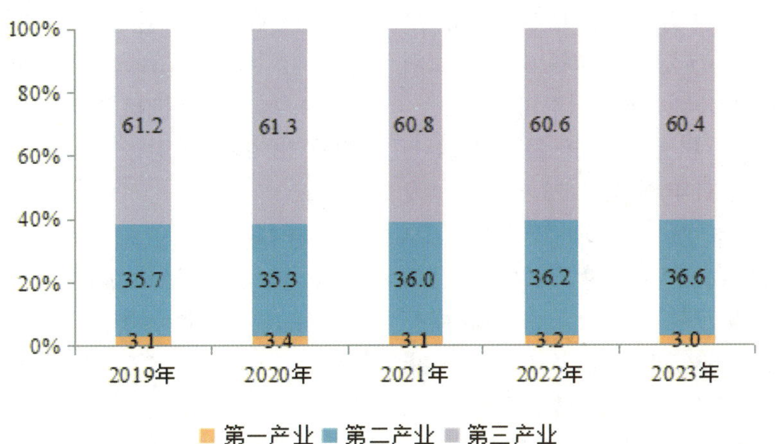

图2　2019—2023年全市三次产业增加值占GDP比重

年末全市户籍人口806.6万人，比上年增加6.4万人。常住人口985.3万人，增加21.9万人；常住人口城镇化率85.55%，提高0.91个百分点。全年出生人口7.8万人，出生率7.98‰；死亡人口6.0万人，死亡率6.16‰；自然增长率1.82‰，比上年回落1.76个千分点。

2023年城镇新增就业14.94万人，失业人员再就业5.32万人，就业困难人员就业0.81万人。

全年居民消费价格与上年同期持平，其中食品烟酒价格上涨0.3%。

新兴动能加速成长。规模以上工业[5]中，战略性新兴产业产值比上年增长11.1%，占规模以上工业产值比重达54.7%。新能源汽车和智能网联汽车产业链产值超1700亿元，增长54.6%；新能源汽车产量达74.60万辆，增长1.4倍。光伏及新能源产业链产值超1300亿元，增长18.2%；太阳能电池、

表 1　　2023 年末全市人口及其构成

指标	年末数（万人）	比重（%）	
年末户籍人口	800.16		
年末常住人口	963.4		
其中：城镇	815.4	84.64	
乡村	148.0	15.36	

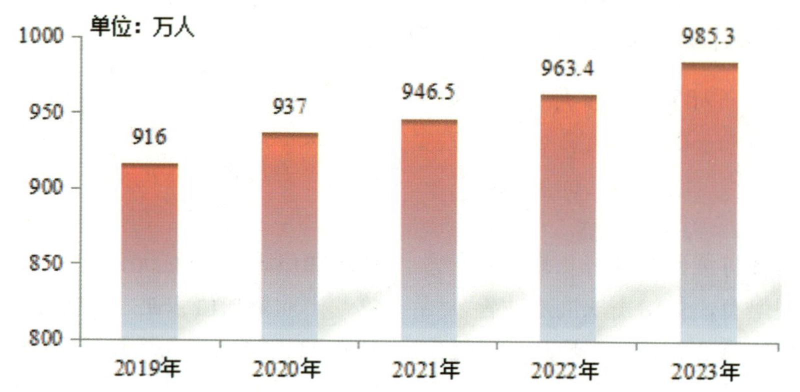

图 3　2019—2023 年末全市常住人口

表 2　　2023 年全市居民消费价格比上年涨跌幅度

指 标	涨跌幅度 %
居民消费价格	0.0
其中：食品烟酒	0.3
衣着	1.8
居住	-0.1
生活用品及服务	-0.2
交通和通信	-3.2
教育文化和娱乐	1.5
医疗保健	0.2
其他用品和服务	3.0

锂离子电池产量分别达 2209.73 万千瓦、2225.78 万只。规模以上服务业[6]中，互联网、软件和信息技术服务业企业营业收入增长 20.9%，占规模以上服务业比重 31.6%。固定资产投资中，高技术投资增长 13.7%，占固定资产投资 20.4%。

经济活力持续增强。全年新登记各类市场主体 32.93 万户，比上年增长 12.8%，创历年登记量新高，年末实有市场主体达 168.89 万户，增长 11.6%。净增国家高新技术企业 1994 户，总数达 8406 户。

二、农 业

全年农作物总播种面积 71.40 万公顷，比上年增长 1.7%。其中，粮食作物 52.70 万公顷，增长 0.3%；蔬菜 9.76 万公顷，增长 1.0%；瓜果 1.12 万公顷，增长 6.1%；油料 7.17 万公顷，增长 16.6%。

全年粮食总产量 298.74 万吨，比上年增长 1.5%。其中，夏粮 61.22 万吨，增长 2.0%；早稻 21.42 万吨，增长 0.1%；秋粮 216.10 万吨，增长 1.6%。蔬菜产量 254.63 万吨，增长 1.6%。瓜果产量 30.03 万吨，增长 7.3%。油料产量 19.78 万吨，增长 8.7%。

年末生猪存栏 79.23 万头，比上年下降 7.0%；出栏 168.51 万头，增长 2.4%。肉类总产量 36.75 万吨，增长 3.5%，其中猪牛羊肉产量 14.93 万吨，增长 3.9%。禽蛋产量 22.38 万吨，增长 5.9%。牛奶产量 10.28 万吨，增长 6.1%。水产品产量 24.72 万吨，增长 3.6%。

年末农业机械总动力 517.50 万千瓦，比上年末增长 0.7%。其中，大、中型拖拉机 1.86 万台，增长 4.5%；联合收割机 1.44 万台，下降 4.0%；排灌动力机械 18.50 万台，增长 0.8%。主要农作物耕种收综合机械化率 86.5%，比上年提高 1.0 个百分点。累计建成高标准农田 421 万亩。

全年农林牧渔业总产值 576.28 亿元，按可比价格计算，比上年增长 3.8%。

三、工业和建筑业

年末全市规模以上工业企业 2647 户，比上年末增加 162 户。其中，产值超百亿元企业 22 户。全年规模以上工业增加值比上年增长 10.6%。分经济类型看，国有企业增加值增长 8.8%，股份制企业增长 12.1%，外商及港澳台商投资企业增长 5.8%。分门类看，采矿业增加值增长 11.7%，制造业增长 11.4%，电力、热力、燃气及水生产和供应业增长 0.5%。分行业看，37 个工业大类行业有 22 个保持增长。其中，汽车制造业增加值增长 79.2%，电气机械和器材制造业增长 18.9%，通用设备制造业增长 9.7%。

规模以上工业统计的主要产品产量中，新能源汽车比上年增长 1.4 倍，液晶显示屏增长 33.2%，家用洗衣机增长 19.5%，集成电路增长 2.6%。

2023 年全市规模以上工业主要产品产量及增速

表 3　　2023 年全市主要农产品产量及增速

产品名称	产量（万吨）	比上年增长 %
粮食	298.74	1.5
油料	19.78	8.7
其中：油菜籽	14.53	13.4
蔬菜	254.63	1.6
瓜果	30.03	7.3
肉类	36.75	3.5
其中：猪牛羊肉	14.93	3.9
牛奶	10.28	6.1
蛋类	22.38	5.9
蛋类	21.13	1.9

表 4　　2023 年全市规模以上工业主要产品产量及增速

产品名称	单 位	产量	比上年增长 %
汽车	万辆	134.36	66.4
其中：新能源汽车	万辆	74.60	143.4
叉车	万辆	12.44	4.4
集成电路	亿块	18.60	2.6
变压器	万千伏安	2489.83	14.8
太阳能电池	万千瓦	2209.73	-19.4
彩色电视机	万台	516.52	-18.5
家用洗衣机	万台	2688.62	19.5
家用电冰箱	万台	2382.37	14.6
房间空气调节器	万台	873.52	10.9
微型计算机设备	万台	2125.82	-27.9
液晶显示屏	亿片	5.26	33.2
水泥	万吨	1493.17	3.3
卷烟	亿支	299.57	0.6
农用化肥（折纯）	万吨	27.92	6.1
橡胶轮胎外胎	万条	3250.87	7.8
钢材	万吨	183.18	32.9
水泥	万吨	1446.10	-10.3
卷烟	亿支	297.87	0.2
农用化肥（折纯）	万吨	26.32	8.5
橡胶轮胎外胎	万条	3016.54	6.7
钢材	万吨	137.79	-14.6

全年规模以上工业企业实现利润 473.46 亿元，比上年增长 10.4%。分门类看，采矿业利润 17.03 亿元，增长 8.3%；制造业 443.35 亿元，增长 9.8%；电力、热力、燃气及水生产和供应业 13.08 亿元，增长 39.2%。每百元营业收入中的成本为 86.28 元，比上年减少 0.45 元。

全年建筑业增加值 1833.47 亿元，按不变价格计算，比上年增长 3.6%。年末具有资质等级的总承包和专业承包建筑业企业 2115 户，比上年末增加 95 户。其中，产值超 10 亿元企业 69 户、增加 3 户，超百亿元企业 14 户、增加 1 户。房屋建筑施工面积 26279.48 万平方米，比上年增长 18.4%；房屋竣工面积 5900.45 万平方米，增长 3.9%。

四、服务业

全年批发和零售业增加值 1262.38 亿元，比上年增长 4.2%；交通运输、仓储和邮政业增加值 631.99 亿元，比上年增长 5.1%；住宿和餐饮业增加值 241.93 亿元，增长 11.5%；金融业增加值 1196.43 亿元，增长 9.8%；房地产业增加值 960.96 亿元，下降 0.9 %；其他服务业增加值 3345.94 亿元，增长 5.3%。全年规模以上服务业企业实现营业收入 2838.88 亿元，增长 9.5%。其中，信息传输、软件和信息技术服务业增长 15.2%，租赁和商务服务业增长 14.7%。

全年旅客运输量 0.71 亿人次，比上年增长 89.2%；货物运输量 4.69 亿吨，增长 7.8%。全年港口货物吞吐量 4627.20 万吨，增长 5.4%，其中外贸货物吞吐量 57.96 万吨，增长 15.8%。合肥新桥机场旅客吞吐量 1117.14 万人次，增长 95.6%。

年末汽车保有量 292.15 万辆，比上年末增长 6.9%；其中私人汽车 256.01 万辆，增长 7.2%。轿车保有量 175.67 万辆，增长 3.5%；其中私人轿车 164.81 万辆，增长 3.9%。

全年邮政行业寄递业务量 16.46 亿件，比上年增长 1.9%。快递业务量 13.37 亿件，增长 0.7%，实现快递业务收入 95.44 亿元，增长 3.7%。电信业务总量 149.12 亿元，比上年增长 31.8%。年末本地固定电话用户 112.59 万户，比上年末减少 3.54 万户。移动电话用户 1182.82 万户，增加 37.74 万户，移动电话普及率 122.8 部 / 百人。固定互联网宽带接入用户 544.54 万户，比上年末增加 56.54 万户。

全年入境旅游人数 6.21 万人次，比上年增长 4.6 倍。国内游客

表 5　2023 年全市各种运输方式旅客和货物运输量及增速

指 标	单 位	绝对数	比上年增长 %
旅客运输量	万人次	7076.17	89.2
其中：公路	万人次	1417.00	45.8
铁路	万人次	5013.48	105.9
民航（出港吞吐量）	万人次	596.69	91.6
水运	万人次	49.00	113.1
货物运输量	万吨	46940.85	7.8
其中：公路	万吨	34400.00	6.0
铁路	万吨	415.39	29.8
民航	万吨	11.46	49.7
水运	万吨	12114.00	12.5

表 6　2023 年全市房地产开发和销售主要指标完成情况

指 标	单 位	绝对数	比上年增长 %
投资额	**亿元**	**1524.06**	**4.6**
其中：住宅	亿元	1176.16	2.4
房屋施工面积	万平方米	7430.20	-8.3
其中：新开工	万平方米	1586.75	3.5
房屋竣工面积	万平方米	2281.45	-2.2
商品房销售面积	万平方米	1108.59	-24.0
其中：住宅	万平方米	937.47	-24.3

13886.13 万人次，增长 69.8%。全年旅游总收入 1870.72 亿元，比上年增长 85.9%。年末全市 4A 级及以上旅游景点（区）28 处。

五、固定资产投资

全年固定资产投资比上年增长 3.0%。分产业看，第一产业投资增长 4.6%；第二产业投资增长 16.7%，其中工业投资增长 16.7%；第三产业投资下降 2.5%，其中基础设施投资下降 16.3%。民间投资增长 2.2%

全年房地产开发投资 1524.06 亿元，比上年增长 4.6%；其中住宅投资 1176.16 亿元，增长 2.4%。新建商品房销售面积 1108.59 万平方米，下降 24.0%。

2 全市计划总投资 10 亿元以上项目 838 个、比上年增加 50 个，投资额比上年增长 9.8%，占全部投资的比重为 71.6%，比上年提高 4.4 个百分点。

六、国内贸易

全年社会消费品零售总额 5270.83 亿元，比上年增长 5.0%。按经营地统计，城镇消费品零售额 4970.92 亿元，增长 5.1%；乡村消费品零售额 299.91 亿元，增长 2.7%。按消费类型统计，商品零售额 4670.02 亿元，增长 3.3%；餐饮收入 600.81 亿元，增长 20.1%。

年末限额以上批发零售和住宿餐饮企业（单位）[7]4036 户，比上年末增加 61 户。限额以上商品零售额中，日用品类增长 2.4%，文化办公用品类增长 6.7%，通讯器材类增长 34.0%，石油及制品类增长 15.4%，汽车类增长 6.9%。绿色智能化商品中，新能源汽车、智能手机零售额分别增长 58.2% 和 38.2%。

七、对外经济

全年进出口总额 3588.13 亿元，比上年下降 0.6%。其中，出口 2327.07 亿元，增长 1.2%；进口 1261.05 亿元，下降 3.7%。出口产品中机电产品增长 5.7%。

全年新成立外商投资企业 205 户，比上年增加 65 户。外商直接投资（FDI）72.31 亿人民币。全年对外承包工程新签合同额 34.20 亿美元，比上年下降 27.1%。劳务合作年末在外人员 5696 人，增长 27%。年末 52 家境外世界 500 强企业在合肥投资设立法人企业 80 家，比上年新增 10 家。中欧班列开行国际线路覆盖 18 个国家、125 个站点城市，全年开行 868 列，比上年增长 13.0%。

八、财政、金融[8]、证券和保险

全年一般公共预算收入 929.63 亿元，比上年增长 2.2%；其中税收收入 674.03 亿元，增长 0.5%。一般公共预算支出 1411.34 亿元，增长 2.3%。重点支出项目中，住房保障支出增长 55.3%，社会保障和就业支出增长 16.2%，教育支出增长 6.7%。

年末全市金融机构本外币各项存款余额 25452.75 亿元，比上年末增长 10.2%。其中，住户存款 9434.05 亿元，增长 17.8%；非金融企业存款 8266.14 亿元，增长 4.6%；机关团体存款 5291.09 亿元，增长 11.6%；财政性存款 821.51 亿元，增长 4.6%；非银行业金融机构存款 1472.27 亿元，下降 6.0%。年末金融机构本外币各项贷款余额 27748.03 亿元，比上年末增长 17.4%。其中，住户贷款 9203.84 亿元，增长 8.6%；企（事）业单位贷款 18350.05 亿元，增长 22.7%。

全年新增上市公司 8 家，首发募集资金 178.41 亿元，其中科创板上市 4 家。年末全市共有境内外

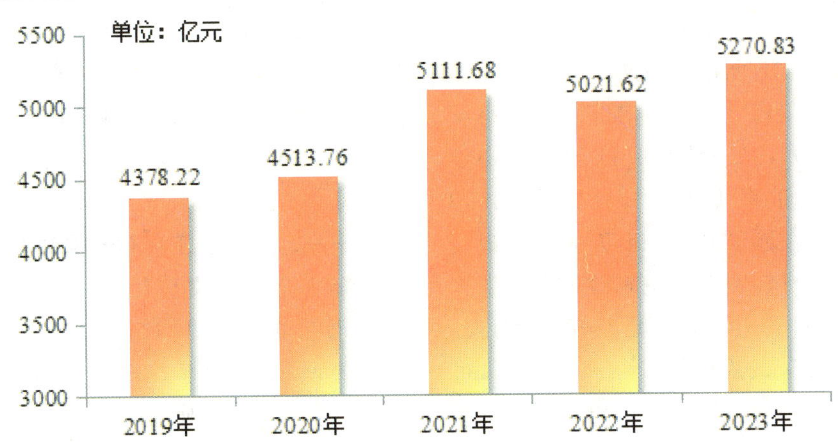

图 4 2019—2023 年全市社会消费品零售总额

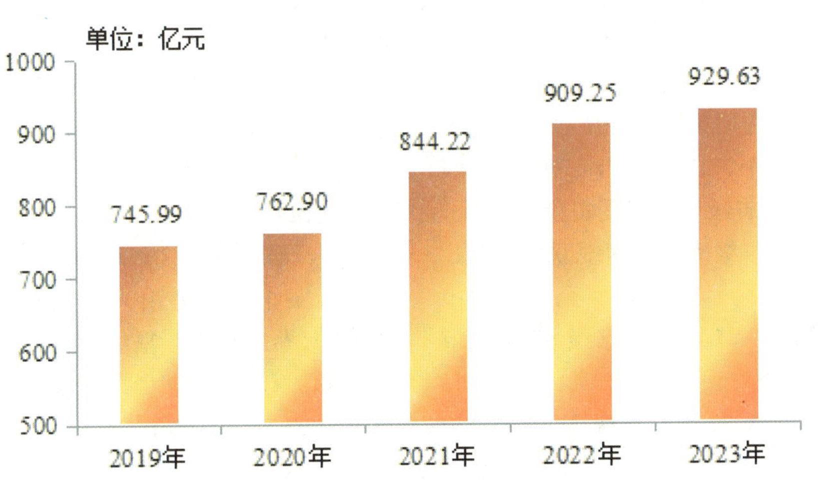

图 5 2019—2023 年全市一般公共预算收入

表 7 2023 年末全市金融机构本外币存贷款余额及增速

指 标	年末数（亿元）	比上年末增长 %
各项存款余额	25452.75	10.2
其中：住户存款	9434.05	17.8
非金融企业存款	8266.14	4.6
机关团体存款	5291.09	11.6
财政性存款	821.51	4.6
非银行业金融机构存款	1472.27	-6.0
各项贷款余额	27748.03	17.4
其中：住户贷款	9203.84	8.6
企（事）业单位贷款	18350.05	22.7

上市公司 88 家，其中境内上市公司 82 家。全年债权融资 4131.88 亿元。

全年保险业原保险保费收入 408.36 亿元，比上年增长 4.9%。其中，财产险业务原保险保费收入 142.79 亿元，增长 3.4%；人身险业务原保险保费收入 265.57 亿元，增长 5.7%。赔款和给付 157.56 亿元，增长 8.9%。其中，财产险业务赔款支出 97.39 亿元，增长 6.8%；人身险业务赔款和给付支出 60.17 亿元，增长 12.6%。

九、人民生活和社会保障

全年常住居民人均可支配收入 52594 元，比上年增长 7.7%。其中，工资性收入 31280 元，增长 8.9%；经营净收入 7610 元，增长 6.5%；财产净收入 4215 元，增长 5.7%；转移净收入 9489 元，增长 5.9%。按常住地分，城镇常住居民人均可支配收入 59609 元，比上年增长 6.1%；农村常住居民人均可支配收入 31140 元，比上年增长 8.4%。城乡居民人均收入比值为 1.91，比上年缩小 0.05。全市居民人均消费支出 30592 元，比上年增长 5.6%。按常住地分，城镇居民人均消费支出 34382 元，增长 4.3%；农村居民人均消费支出 19001 元，增长 5.3%。

市区最低月工资标准为 2060 元。年末参加城镇职工养老（不含机关、含离退休退职）、医疗（生育）、失业、工伤保险人数分别为 428.56 万人、293.58 万人、238.41 万人和 285.27 万人。城乡居民养老保险参（续）保人数 290.45 万人。城乡居民基本医疗保险参保人数 552.15 万人，参保率达 99.9%。

全年享受政府最低生活保障的

居民为163.64万人次，其中城市21.70万人次、农村141.95万人次；累计发放低保金12.05亿元，其中城市1.69亿元、农村10.37亿元。全市特困供养人员集中供养率达68.6%。全年临时救助8748人次，支出救助金2943.99万元。全年实施城乡医疗救助资助参保18.60万人，直接救助65.44万人次；支出医疗救助资金5.05亿元，其中资助参保支出0.63亿元、直接救助支出4.42亿元。

年末有各类提供住宿的社会工作机构178个，床位3.30万张，收养各类人员1.52万人。各级党群服务阵地2863个。全年销售社会福利彩票20.19亿元，比上年增长54.6%，筹集福彩公益金5.92亿元。全市慈善组织共接收社会捐款6547.93万元。

十、教育和科学技术

年末全市各类高等院校58所（含成人高校、不含军事院校），其中研究生培养院校9所。全年研究生教育招生2.77万人，在校研究生8.25万人，毕业生2.02万人。普通本专科招生28.24万人，在校生67.20万人，毕业生24.45万人。中等职业教育学校（不含技工学校）48所，在校生8.95万人。普通高中99所，在校生17.51万人，高中阶段毛入学率111.96%。普通初中216所，在校生27.36万人，初中阶段毛入学率105.13%。小学441所，在校生69.11万人，小学毛入学率109.32%。幼儿园1573所，在园幼儿33.98万人。全市义务教育经费保障机制改革惠及学生96.52万人，其中城市40.60万人、农村55.92万人。

2023年末，全市已建成全超导托卡马克、稳态强磁场、同步辐射光源等3个国家重大科技基础设施。国家级（重点）实验室15个，省级（重点）实验室203个；省级以上工程技术研究中心137个，其中国家级（含分中心）5个；省级以上工程研究中心191个，其中国家级2个、国地联合17个、省级172个；省级以上工程实验室63个，其中国家级1个、国地联合4个、省级58个；省级以上企业技术中心525个，其中国家级57个。市级以上科技企业孵化器124个，其中国家级37个、省级51个。市级以上众创空间132个，其中国家级28个、省级54个。

全年登记科技成果6563项，其中各类财政资金支持形成的科技成果571项。授权专利5.90万件，比上年下降0.6%。年末全市有效发明专利6.80万件，比上年增加1.39万件。签订输出技术合同14947项，成交金额694.60亿元，比上年增长7.3%；签订吸纳技术合同9808项，成交金额574.79亿元，增长31.8%。

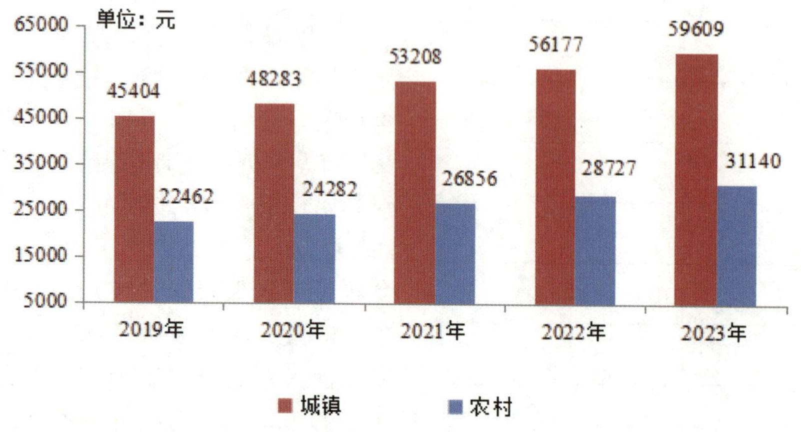

图6 2019—2023年全市城乡居民人均可支配收入

十一、文化、卫生健康和体育

年末全市有文化馆11个，公共图书馆9个，博物馆42个（其中国有博物馆17个、非国有博物馆25个），各级国家综合档案馆10个，专业档案馆（城建馆）1个。乡镇街道综合文化站133个。全国重点文物保护单位10处，省级重点文物保护单位41处，市级重点文物保护单位82处。国家级非物质文化遗产项目5项，省级非物质文化遗产项目44项，市级非物质文化遗产项目132项。各级国家档案馆馆藏档案资料651.31万卷（件、册）（不含寄存档案），专业档案馆（城建馆）馆藏档案41.52万卷。年末广播综合人口覆盖率99.9%，电视综合人口覆盖率99.9%。

年末有医疗卫生机构（含村卫生室）4013个，其中医院230个、基层医疗卫生机构3650个、专业公共卫生机构58个、其他卫生机构76个。基层医疗卫生机构中，卫生院84个，社区卫生服务中心（站）177个，村卫生室1125个；专业公共卫生机构中，疾病预防控制中心15个，专科疾病防治院（所、站）10个，妇幼保健院（所、站）12个，卫生监督所（中心）11个。年末卫生技术人员9.67万人，其中执业（助理）医师3.61万人、注册护士4.77万人。医疗卫生机构床位7.84万张，其中医院7.02万张、基层医疗卫生机构0.74万张。全年医疗卫生机构共诊疗7268万人次。孕产妇死亡率6.77/10万，婴儿死亡率2.21‰。

表 8　　2023 年全市各类教育发展情况

指　标	招生数（人）	在校生数（人）	毕业生数（人）
研究生	27692	82484	20191
普通本专科	282384	672039	244469
中等职业教育（不含技工学校）	30098	89508	45879
普通高中	59071	175061	55412
普通初中	93404	273593	88445
小学	143058	691058	92799
学前教育	106603	339776	137928
特殊教育	420	2054	390

全年组织 2 项大型赛事和 109 项市级体育赛事，成功承办第五届全国智力运动会，举办 2023 合肥马拉松赛、环巢湖全国自行车赛、环巢湖国际骑游大会、长三角房车（汽车）集结赛、长三角龙舟邀请赛等赛事活动。2023 年全市注册运动员 12345 人，比上年增加 3059 人。杭州亚运会取得 3 枚金牌，创造历史最好成绩。全市参加省级赛事共取得 333 项第一名。全市新建健身步道（绿道）46 处，完成健身步道（绿道）200 公里，新建和升级体育公园（含口袋体育公园）20 处。全年共举办全民健身活动 1926 次，参加活动总人数达到 103.53 万人次。全年销售体育彩票 45.49 亿元，比上年增长 41.0%。

十二、生态环境和应急管理

年末全市共有县级环境监测站[9]5 个。可吸入颗粒物（PM_{10}）年均浓度为 61.6 微克 / 立方米，比上年下降 2.7%。细颗粒物（$PM_{2.5}$）年均浓度为 34.3 微克 / 立方米，比上年上升 6.2%。全年空气质量优良天数 314 天，优良率 86%，连续三年保持最好水平，空气质量连续三年达到国家二级标准。20 个国考断面全部达标，水质优良率 90%。31 个省考断面全部达标，水质优良率达 100%，创历史新高。巢湖水质持续向好，县级及以上在用饮用水水源地水质达标率 100%。

全年亿元 GDP 生产安全事故死亡人数为 0.0138 人，比上年下降 15.9%。道路交通万车死亡人数为 1.207 人，下降 15.65%。

注释：

[1] 本公报数据为初步统计数。

[2][4] 生产总值及其分类项目增加值绝对数按现价计算，增长速度按不变价格计算。2019-2022 年生产总值为最终核实数。

[3] 三次产业划分标准：第一产业是指农、林、牧、渔业（不含农、林、牧、渔专业及辅助性活动）。第二产业是指采矿业（不含开采专业及辅助性活动），制造业（不含金属制品、机械和设备修理业），电力、热力、燃气及水生产和供应业，建筑业。第三产业是指除第一产业、第二产业以外的其他行业。

[5] 规模以上工业统计范围为年主营业务收入 2000 万元及以上的工业企业。

[6] 规模以上服务业统计范围包括年营业收入 2000 万元及以上的交通运输、仓储和邮政业，信息传输、软件和信息技术服务业，水利、环境和公共设施管理业三个门类和卫生行业大类；年营业收入 1000 万元及以上的租赁和商务服务业，科学研究和技术服务业，教育三个门类，以及物业管理、房地产中介服务、房地产租赁经营和其他房地产业四个行业小类；年营业收入 500 万元及以上的居民服务、修理和其他服务业，文化、体育和娱乐业两个门类，以及社会工作行业大类。

[7] 限额以上批发零售和住宿餐饮企业（单位）统计范围为年主营业务收入 2000 万元及以上的批发企业（单位）、年主营业务收入 500 万元及以上的零售企业（单位）和年主营业务收入 200 万元及以上的住宿、餐饮企业（单位）。

[8] 金融部分为不含省本部口径数据。

[9] 我市市级环境监测站已由省生态环境厅垂直管理，目前全市共有县级环境监测站 5 个，即肥东县、肥西县、长丰县、庐江县、巢湖市环境监测站。

（晏　飞）

责任编辑：徐仙春

索 引

本索引采取主题分析索引法，按索引词首字汉语拼音字母顺序排列，同声同韵字按声调、同音字按笔画顺序排列，若首字相同则按第二字音序排列，依次类推。索引词后的阿拉伯数字表示该词所在页码，数字后的英文字母 a、b、c 分别表示该页文字的左、中、右栏。

A

B

C

D

H

X

Y

Z